鸣　谢

《中国“入世”谈判风云录》在酝酿、编辑和出版过程中得到许多领导和同事的大力支持和帮助，在此特向鄢东、韩勇、洪晓东、傅星国、鄂德峰、胡盈之、陈雨松、田涯、裴文利、陈建宁、王琛、胡玺权、李东超、吴昊、刘怡等表示衷心感谢。

清华大学杨国华教授花费大量时间和精力参与访谈和编辑工作，在此特表感谢。

感谢北京市高朋律师事务所对本书出版的鼎力相助。

中国“入世”谈判风云录

A Reminiscence on China's WTO Accession Negotiations

张向晨　索必成　主编

人民出版社

责任编辑：洪　琼
版式设计：杜维伟

图书在版编目（CIP）数据

中国“入世”谈判风云录／张向晨，索必成 主编．—北京：人民出版社，2023.6
ISBN 978－7－01－025701－3

Ⅰ.①中… Ⅱ.①张…②索… Ⅲ.①世界贸易组织－贸易谈判－史料－中国 Ⅳ.①F743

中国国家版本馆 CIP 数据核字（2023）第 086389 号

中国“入世”谈判风云录
ZHONGGUO RUSHI TANPAN FENGYUNLU

张向晨　索必成　主编

人民出版社 出版发行
（100706　北京市东城区隆福寺街 99 号）

北京中科印刷有限公司印刷　新华书店经销

2023 年 6 月第 1 版　2023 年 6 月北京第 1 次印刷
开本：787 毫米 ×1092 毫米 1/16　印张：34
字数：600 千字

ISBN 978－7－01－025701－3　定价：198.00 元

邮购地址 100706　北京市东城区隆福寺街 99 号
人民东方图书销售中心　电话（010）65250042　65289539

目　录

回望河山春满眼

（代序）

2021年12月11日是中国加入世界贸易组织（WTO）20周年，这一天值得纪念，因为“入世”改变了中国，也改变了世界。而纪念的最好方式，莫过于由参与者把亲身经历记录下来呈现给大众。

当年代表中国政府签署加入议定书的中国外经贸部长石广生同志以及四任中国“复关”和“入世”谈判代表，沈觉人、佟志广、谷永江和龙永图同志，或接受过采访，或撰写过回忆“复关”和“入世”谈判的文章，与读者分享他们各自珍贵的历史记忆，这些都已见诸媒体和书籍。在中央的决策和领导下，他们在推动谈判进程中表现出的远见卓识、强烈的开放意识和宽广的国际视野，在国际风云变幻中的沉着淡定，在谈判逆境中的坚守和执着，捍卫民族尊严时的大义凌然，维护国家利益时的心细如发，研究国际规则时的严谨务实，以及在谈判中与对手过招时表现出的学养和风度，都令我由衷敬佩，也将被历史所铭记。他们对我个人的耳提面命、批评鞭策，也让我终身受益。

一场大的战役总是由若干局部战场组成，也往往会经过酝酿、侦察、初战、相持、决战等阶段。除了战役的领导者，还有人是指挥中枢的参谋助手，有人是分兵把口的一线指挥员，有人是联勤保障系统的骨干，有人在战役初期担当探路者，有人在鏖战正酣时成为生力军，有人在胜利前夜奉命转岗而留下些许遗憾。

历经15年的中国“复关”和“入世”进程，赴日内瓦直接参加过谈判的人员就超过200人。他们中的一些同志在“入世”20周年之际，将自己的经历写下来，使我们关于“复关”和“入世”谈判的集体记忆变得更加立体、丰满和生动。读着这些故事，也不由让我回想起和这些同事共同战斗的岁月。

1992年夏季的一天，刚从基层锻炼回来参加“复关”谈判工作的我，被派往首都机场去迎接一位在中国驻美国使馆工作期满回国任职的同志，他就是易小准。从那时起，我们在一起工作了30年。他在“入世”谈判中的作用，可以说是中国首席谈判代表的“左膀右臂”。他总能用他职业军人般缜密的思维和严谨的逻辑，对谈判面临的形势条分缕析，然后提出中肯的建议。他的谈判风格严谨务实，善于在双方争论中捕捉可能的交集。在工作中他要求严格，同时放手发挥大家的特长。他一贯非常低调，很少接受采访。但我发现2021年他离开WTO秘书处回国后，在媒体上增加了一些曝光率。我想，那是因为他认识到在新的形势下推动对外开放和支持多边主义需要凝聚新的共识，也需要有过来人站出来发声。他说的“中国人应当自信而不自满”，我认为是回望“入世”20年最恰如其分的总结。

李仲周同志曾是我的处长、司长，更是我的良师益友。他具有过人的远见和开阔的视野，当年他利用20世纪70年代起就在联合国机构工作的便利，跑遍日内瓦的图书馆，厘清了中国与关贸总协定关系的历史脉络。他曾任谈判代表团秘书长，在谈判中他总是保持着学者般的优雅，以理服人、绵里藏针。他为在国内普及WTO知识贡献甚多。如今年逾八旬，依然精神矍铄，思维敏捷，月作千字文，为推动改革开放大声疾呼。2021年底，他来日内瓦做眼疾检查，我陪他散步，特意来到他曾工作过多年的中国常驻日内瓦代表团驻地拍照留念。他的笑容不由让我想起我第一次常驻时他赠给我的两句诗：磨难莱蒙终不悔，感时当在国荣昌。

吴家煌同志先后在外经贸部和海关总署工作，在谈判中负责关税谈判。中国与37个成员的双边市场准入谈判，除了美欧日加这些主要成员外，主要是围绕着关税减让进行的，要价—出价、改善要价—改善出价，直到达成协议，因此关税谈判十分关键。我与吴老已有很长时间没有见面了，但当年他在谈判中的优雅风度和对谈判立场的精准表达至今仍历历在目。当年同吴老进行双边谈判的泰国代表是一位年轻的女孩子，吴老看她有些腼腆，就对她说：“和你交谈，我感觉好像是在和我的小侄女聊天。”一下子拉近了双方的距离。如今他这个“小侄女”已经是泰国驻WTO的大使了。当她和我谈起往事，仍对吴老在谈判中的风采和驾驭能力赞叹不已。

1995年WTO建立之前，在整个“复关”谈判的筹备、启动、贸易政策审议和双边磋商过程中，有一个人自始至终发挥了骨干作用，他就是王世春同志。1991—1995年他派驻日内瓦代表团，作为谈判的前方代表，做了大量的沟通磋商、调研建议和服务保障工作，为推动谈判发挥了重要作用。1996年之后，他转岗负责区域贸易合作和对外贸易管理工作，也没有脱离多边战线，仍然参与相关谈判。“入世”后他任新组建的公平贸易局首任局长，为运用WTO贸易救济措施维护国家产业安全做出了开创性贡献。在我的印象中，他是一个自律性很强的人，非常刻苦勤奋，精明干练。他最后一个岗位是在联合国工业发展组织，可以说是一个一生与多边有缘的人。

对黄海同志来说，参与“入世”服务贸易谈判只是他丰富人生阅历中的一个小片段，但他认真、谦逊和开放的精神给大家留下了深刻印象。“入世”后，他作为国家流通领域的负责人，积极借鉴国际经验，推动国内流通体制改革。2013 年初，我曾陪同他到拉美考察流通市场，他一如既往地认真，每次与外方交流，他都会提出很多问题，并不厌其详地与对方讨论。一次由于过了用餐时间，经商处的同事好意提醒，平时非常温和的他甚至罕见地发了火，说“我们这么远来，不就是要把问题搞清楚吗?”考察后他亲自撰写报告，提出政策建议，得到了国务院主要领导同志的肯定。

张月姣女士以 WTO 争端解决上诉机构前任主席闻名于世，并于 2018 年被国家授予改革先锋称号。20 世纪 90 年代，她担任外经贸部条约法律司司长，作为中国代表团的法律专家穿梭于中美双边知识产权、市场准入谈判与中国复关“入世”谈判之间，是一位令对手望而生畏的“铁娘子”，有些人甚至不希望她出现在谈判现场。我印象最深的是，1994 年中国出台新的《外贸法》，在“复关”谈判中引起缔约方极大关注。为避免对谈判造成障碍，她在日内瓦亲手把所有条款译成英文，并逐条向缔约方解释和说明，有问必答，再问再答，由于她的耐心和专业，最终在中国《外贸法》与关贸总协定规则的一致性方面成功说服了缔约方。

同样担任过条法司司长的还有张玉卿同志，除了负责“入世”相关法律条款的谈判，他还做了一件重要的事，“入世”前后中国中央政府清理的 2300 件法律、法规和部门规章，每一件都经过他和他的主要助手、后来成为清华大学教授的杨国华同志之手。他甚至因为这项紧迫的工作放弃了去多哈参加中国“入世”签字仪式的机会。退休后依然笔耕不辍，不断有新作问世，并培养出一批优秀的 WTO 法律人才。近年一场轻度中风使他的语速变慢，但却没有影响他思维的速度和对 WTO 的关注。真希望下次在北京见到他的时候，能够听到他重新操起招牌式的“京片子”与人辩论 WTO 法律问题。

陈鹏同志是我国进出口管理战线的一名老兵。他是中美双边市场准入谈判的重要参与者，这场谈判涉及进口配额和许可证等非关税措施，与“复关”和“入世”谈判高度相关。当年陈鹏和其他几位相关部委负责进口的处长，具体执行国家进口调控政策，可谓“位不高而权重”。难得的是他有一种良好的心态，不仅严于律己，而且从国家改革开放大局出发，积极配合一线谈判，为改革国内进口管理体制出谋划策。为此，我对这位前辈十分钦佩和尊重。“入世”后他作为商务部配额许可证局局长，对标世贸组织规则完善自动进口许可系统，退休后担任中国世界贸易组织研究会的法人代表，我有幸多次参加他组织的活动，也庆幸多边贸易体制又多了一名热情的鼓动者。

一些人并未出现在中国代表团的名单上却为谈判做出过贡献，唐小兵先生就是其中的一位。他20世纪80年代起到联合国贸发会议工作。作为发展中国家的智库，贸发会议为中国“复关”和“入世”谈判提供了宝贵的技术援助，唐小兵是这些活动的具体组织者和承担者。有人曾建议，为感谢联合国贸发会议专家默里·吉布斯（Murry Gibbs）和唐小兵等人的贡献，应该把他们的名字刻在一块石头上。我认为重要的是，对于所有为中国“入世”谈判提供过真诚帮助的人，我们在心里不要把他们忘记。包括唐小兵回忆的时钟策先生的贡献，都应该成为中国人关于“复关”和“入世”谈判集体记忆的一部分。

同样在日内瓦工作过的还有我的北大校友王磊，不久前他在微信里晒他故地重游时在中国驻日内瓦代表团门口拍的照片，与30年前的照片做对比。照片上他眼神里似乎少了一些往昔的锋芒，但我依然可以从中看出他对多边事业的眷恋。作为北大国际经济法泰斗芮沐先生的高足和最早介入“复关”和“入世”谈判的专业法律人员，王磊在日内瓦的6年多时间里，为谈判提出过很多专业性的意见，与缔约方做了大量沟通工作，并推动解决了谈判中一些棘手问题，深为代表团领导所倚重。由于家庭原因下海后，作为职业的国际贸易律师，他帮助中国企业打赢了不少反倾销官司。

马晓野先生也是“复关”和“入世”谈判的早期参与者。他的夫人尹利群当年曾陪同钱嘉东大使递交中国“复关”申请，成为历史的见证者，她担任海关总署WTO办公室主任时与我有过很多合作，可惜几年前英年早逝。马晓野担任的最后的一个公职是中国驻温哥华总领馆商务领事，我还记得1999年西雅图贸易部长会议期间，他不辞辛劳每日驱车往返数百公里为代表团传递信息。离开体制后，他从更开阔的视角对WTO进行观察。在中美贸易摩擦期间，他对reciprocity一词的法律含义究竟是“互惠”还是“对等”进行了溯源研究，引发了学术界一场有意义的争论。

“入世”谈判中还有一个难题是动植物检疫。赵宝庆同志是代表团中的动植物检疫专家，从他那里我们学到了地中海果蝇和小麦矮腥黑穗病等很多种病虫害的知识。有一次在谈判中讨论疫区范围界定的相对性，他用一句“fly can fly”（果蝇可以到处飞）把大家逗得哄堂大笑。通过深入浅出的解释，他最终使各方对中国的检疫体系有了比较深入的了解，“入世”谈判中的相关条款也为中国动植物检疫机制改革提供了路线图。赵宝庆同志还带出了一批既熟悉WTO《卫生与植物卫生措施协定》条款，又通晓检疫业务的人才，现在都在国家相关岗位发挥着重要作用。

王延春同志也来自海关总署，属于谈判代表团里的“技术流”，具体负责关税谈判方案的准备，特别是制作关税减让表。这项工作要求对商品属性和产业竞争力有准确、清晰的理解，并掌握根据国际协调编码制度制作文件的专业技术。王延春和他的同事们很好地完成了这项工作。在“入世”谈判后期，王延春被派往日内瓦常驻，而且担任过一段时间驻日内瓦代表团经贸处世贸组的负责人，为谈判代表团摸清前方情况、提供后勤保障做出了贡献。“入世”后他曾在新疆工作过三年，此后又做过海关稽查工作。无论在哪里，参与“入世”谈判培养出的专业精神和国际视野一直伴随着他。

负责金融服务谈判的邓红国同志来自人民银行，当年他岁数并不大，只是看上去显得成熟，被我们戏称为“邓老”。“邓老”“老而不尊”，哪里有他在哪里就有笑声，在谈判的紧张气氛中大家太需要这种笑声以缓解压力了。也许是“文革”期间在西单菜市场工作的经历使他身上染上了一层脱不掉的烟火气，我心里一直觉得他不像是个搞金融的。但恰恰是这种烟火气，使他在谈判中表现得格外务实和敏锐，银行是金融领域中最早达成协议的部门，也是开放最彻底的部门。从“入世”后的实践看，在银行领域实行国民待遇促进了国内体制改革，在谈判中争取的 5 年的过渡期也是恰当的。

在“入世”谈判中要搞清楚中国经济这台庞大机器的构造和运转方式，对外国人来说是一件难事，即使是中国人能讲明白的也不多，但有一个人做到了，他就是徐林。他在谈判后期的关键时刻承担起解释中国产业政策的责任。在国家计委从事产业规划的实践经验和对宏观经济的把握能力，以及开放坦诚的态度，使他能够与主要谈判方进行有效的沟通，从而扫除了谈判中的一个障碍。日本当年的谈判代表津上俊哉先生曾出版过一本获奖著作《中国崛起》，他在书中对徐林等中国代表在“入世”谈判中表现出的专业精神表示了由衷的敬意。

农业问题在谈判中异常复杂、敏感。中国农业专家灿若群星，但要找到一个既懂中国农业政策，又能用 WTO 规则来解释的人就不那么容易了。当年读到中国农科院程国强博士的关于中国农业国内支持的论文时，我有一种相见恨晚的感觉。易小准同志和我几次登门拜访。也许是被我们诚意所打动，忙碌于各种国家级课题的程国强博士终于同意出任谈判代表团的农业政策顾问。他后来回忆说这“三顾茅庐”使他结下了之后 30 年的 WTO 情缘。加拿大著名农业专家拉斯・布林克（Lars Brink）博士曾经评论道，程博士主持的作为中国“入世”法律文件附件的中国农业国内支持表是发展中国家当中做得最好的。

“入世”谈判是一项特殊使命，参与的人除了专业、敬业等必备素质，还需要有异于常人的抗压能力和机敏的瞬间反应。代表团荟萃了许多极富个性、充满激情的人才，现在看来，这种对个性的包容是一种力量的凝聚。风风火火、人未至声先闻的齐红儿是负责服务贸易谈判的处长，她对服务贸易谈判细节的熟稔曾经得到朱镕基总理的表扬，她在谈判中的泼辣和强悍给对手留下了深刻印象。在中欧谈判中她因对方立场反复拂袖而去，令对手瞠目结舌。在中国与瑞士谈判陷入僵局时她却流下眼泪，对方赶紧宣布休会重新评估谈判形势，待双方达成协议时她破涕为笑。我开玩笑说她这是鳄鱼的眼泪。“入世”前夕，她离开了体制，她的人生依然精彩，但“入世”谈判对她而言绝对是一段难以忘怀的经历。

我还要特别感谢杨国华教授和索必成同志为本书出版所做的大量的文字整理工作。别人认为琐碎的事情恰恰是索必成所擅长做的。他在“入世”谈判中属于小字辈，曾作为我的助手，做了很多谈判记录和翻译工作，也参与了后期的市场准入谈判，他还是代表团的“大管家”，每一个参加过谈判的同事都记得他为大家提供的各种帮助。岁月如梭，如今“小索”也已年过半百，除了谈判中的“索记琐事”，人们最应该记住的是“入世”后他为组织翻译《WTO协定》和花十年工夫整理中国“入世”谈判文件档案所做出的不可替代的贡献。

杨国华离开政府部门担任大学教授后，反而与WTO离得更近了。2020年他全票当选WTO多边临时仲裁机构（MPIA）的仲裁员，体现了他的法律功底和学术造诣。在政府工作期间，他就保持着一种难得的记录历史的责任感和浓厚的研究兴趣，他把自己参与的所有WTO争端解决案例都整理成文字，现在成了他在清华大学课堂上的生动教学案例，他通过日常的学术研究特别是与学生们的互动式讨论，不断拓展和加深对WTO的认识。我非常羡慕他现在的工作和生活方式，也祝愿他在WTO法律研究的道路上走得更远。

还有不少参加过谈判的同事，因为各种原因没有参加回忆文章的撰写，但我们不该忘记他们。我手里有一个根据档案整理出来的曾赴日内瓦参加过“复关”和“入世”谈判的同事的名单，也许仍会有遗漏，特别是有些在北京或者华盛顿和布鲁塞尔参加过中美、中欧双边谈判的同事没有列在其中，但我还是想把这个237人的名单列在这里（按姓氏笔画为序），也希望参与过谈判的同事把自己经历的难忘岁月用文字记录下来，以飨后人：

丁国光、丁玲玲、于露、马英群、马松、马晓野、马继宪、马雪松、王小龙、王天策、王文联、王世春、王仕元、王延春、王华、王沅、王沛霖、王凯园、王治超、王建凡、王建宾、王玲、王洪波、王振普、王晓东、王琴华、王锡多、王新霞、王磊、王毅、王燕、仇光玲、计友鹏、尹利群、尹虹、邓红国、石广生、石永红、龙文元、龙永图、叶绿、田华、田壮、田军、史书声、史苗苗、白永洁、丛燕军、包克辛、冯雪薇、朱凌燕、朱震元、乔宗淮、任为民、任泉、邬文献、刘卫军、刘玉珠、刘石桥、刘平、刘北桦、刘永荣、刘同泰、刘向东、刘建华、刘钢、刘俊生、刘洪洋、齐红儿、许斌、孙泉、孙亮、孙晓路、孙晓霞、孙效峰、孙鹏、苏子孟、苏家寿、杜晓黎、李少卿、李亚莹、李成钢、李仲周、李华云、李志敏、李国栋、李泽民、李建勋、李钢、李适时、李哲生、李恩恒、李海岩、李海清、李培初、李富莹、李楠、李冀、杨云天、杨玉英、杨贡林、杨国华、杨金国、杨鸿斌、杨维宏、杨静、杨燕怡、吴乃文、吴建民、吴浩、吴家康、吴家煌、吴群、何宁、何敏、佟志广、谷云龙、谷永江、汪东虹、汪震、沙玮、沙祖康、沈觉人、宋先茂、张小安、张小康、张化中、张月姣、张文元、张玉卿、张电中、张向晨、张志勇、张丽萍、张宝竹、张建斌、张贵相、张越、陆跃平、陈全庚、陈畅、陈炳华、陈鹏、武跃、范国祥、范保青、林萱、欧华榕、易小准、罗志扬、岳小兵、金立刚、金永健、金德本、周子学、周升和、周连庆、周胜建、周冠山、周植林、周醒海、庞玉珏、郑力、孟冬平、孟昭亿、练兵、赵宝庆、赵艳霞、赵梅庄、赵淑英、胡志勤、胡金木、胡盈之、胡振杰、柳孝华、柳晓昂、钟传水、段蜀、侯玉兰、侯志通、俞雨康、俞建华、俞晓松、洪晓东、姚长春、姚文国、姚申洪、姚苏峰、袁园、都晓红、索必成、夏铮铮、顾杰、顾朝安、党英杰、钱嘉东、徐林、徐秉金、徐铭、徐慧筠、高斌、高鼎新、郭永平、郭国荣、唐玉峰、谈践、黄任刚、黄汝凤、黄胜强、黄海、黄裕康、萧红明、曹德荣、盛宝良、章海贤、阎克庆、阎鲁云、寇明、寇晓伟、葛强、董云庭、韩长天、韩萍、程国强、傅星国、焦素芬、温建东、谢庚、强源炳、裘珊萍、虞成实、蔡伟、臧耀民、熊焰、暴福锁、颜明池、霍建国。

最后，就让我用 2019 年为祝贺中国首任“复关”谈判代表沈觉人同志的大作《往事如歌》出版时写的一首小诗，向所有参与过“复关”和“入世”谈判的战友和同事们表达敬意：

长歌一路却风尘，云水苍苍隔远津。
回望河山春满眼，韶光不负早行人。

张向晨

2022 年 1 月

“入世”20年：世界因中国而更精彩

易小准

【作者简介】

易小准，1951年12月生于北京，湖南人。1984年加入原外经贸部“复关”谈判工作团队，参加了中国“复关”和加入世贸组织谈判全过程。曾任外经贸部国际经贸关系司司长。2003年7月至2010年12月先后担任商务部部长助理、国际贸易谈判副代表、副部长。2010年12月至2013年11月任中国常驻世界贸易组织代表、特命全权大使。2013年10月至2021年3月，任世界贸易组织首位来自中国的副总干事。

最近大家都在学习党史，改革开放和中国加入WTO也是我们党史中重要的一页，而且是我们这一代人亲历的重要历史事件，所以今天我想就中国与WTO关系的演进谈一点个人看法。

一、我的多边贸易生涯

2021年12月11日是中国加入WTO 20周年，是一个值得所有中国人纪念和庆祝的日子。许多当年和我一起参加过这场谈判的同事们都在撰写一些回忆文章，回顾那段难忘的历史。

中国的改革开放始于1978年，我是从1984年开始加入当时的“复关”团队。据我所知，比我更早的一些同事是从1980年开始参加关贸总协定的一些活动。显然，是改革开放催生了中国的“入世”进程。记得我当时还是个年轻人，边学边干，一边恶补关贸总协定的知识，一边和同事们一起研究未来的谈判方案。当时全中国也没有几个人知道关贸总协定为何物，我们几个年轻人就经常在《经济日报》和《国际经贸消息报》上发表一点豆腐块儿似的科普小文章，介绍关贸总协定条款，以便帮助国人逐步了解这个多边贸易体制。回想起来，这可能就是中国政府学习多边贸易体制的初期阶段。那个时候，我们对关贸总协定的基本原则都一无所知。记得在1988年，我陪同一位老局长访问美国的商务部，美方在会谈中提出希望我们提高政策的透明度。就是transparency这个词局长让翻译翻了三遍，才搞明白是什么意思。今天，由于"入世"谈判，政策的透明度在中国早已是家喻户晓。还有一个小插曲，1992年，中美在华盛顿启动了第一次关税减让谈判。按照我们代表团的惯例，每天晚上要及时将白天谈判的情况报回北京。但我在使馆写电报时却犯了愁，美方将这次谈判定义为market access，驻美使馆的同志们将其直译为"进入市场"。但我总觉得这个译法没有反映出这场谈判的性质，可是冥思苦想也没有找出更好的词，就临时翻译为"市场准入谈判。"没想到电报发回后，这个词竟然被广泛接受了，并且沿用至今。

图1. 1992年12月，易小准（右一）出席GATT中国工作组第12次会议。右二为海关总署黄胜强，右三为经贸部张玉卿。

在长达37年的多边贸易生涯中，我经历了无数重大谈判，也达成过不少重要的协议。但最让我感到自豪的却是谈判以外的一件事。2013年，我正在日内瓦担任中国常驻世贸组织大使。刚好WTO的总干事拉米（Pascal Lamy）决定对WTO的办公

图 2. 上图为 2013 年 2 月，易小准（中）与 WTO 总干事拉米为苏州花园开园剪彩，世贸团朱宏公使（左）主持开园仪式。下图为苏州花园即景。

楼和院子进行一次大改造，希望中国为改造后的众多会议室捐赠一些设备。但我想到这些设备几年后损坏了就要淘汰更新。如何使中国的形象能更长久地留在 WTO？我看到日本为世界卫生组织捐赠了一个小型的日本花园，我们能否向 WTO 捐赠一个更为大气并且彰显中国文化底蕴的苏州花园呢？我的想法与时任商务部长陈德铭同志一拍即合。陈部长曾担任苏州市委书记，他立即出面请苏州市支持，派出一支专业的古建队伍，并从国内运来正宗的太湖石和古建材料，仅用了三个多月就在 WTO 的入门处建起了一座古色古香、雍容华贵的苏州花园。这座花园与美丽的日内瓦湖交相辉映，充分展示了中华文明典雅亲和的一面。西方媒体惊呼，中国不仅在 WTO 中日益活跃，而且把中式花园也搬到了 WTO。

二、中国与多边贸易体制

从我的视角来看，中国加入 WTO 并非始于我国申请“复关”的 1986 年，也不是终于 2001 年 11 月多哈 WTO 部长级会议上敲锤子的那一个高光时刻。这是一个与中国的改革开放相伴相生，并且一直延续至今的波澜壮阔的历史进程。它不仅在世界经济史上写下了浓墨重彩的一笔，而且直到今天仍然在深刻影响着中国经济和贸易政策的走向。可以说加入 WTO 为中国、也为世界留下了一笔宝贵的遗产，值得后人认真研究和总结。

我们应该庆幸，中国抓住了稍纵即逝的战略机遇窗口，果断加入了 WTO，尽管当时还有不少人抱怨代价过高。历史证明，这个机会错过了，就可能永远失去了。最近我听到有些人说，不加入 WTO 中国也一样会取得今天的发展，我不同意这个观点。事实上，加入 WTO 与中国的改革开放密不可分。没有加入 WTO 这样一轮全方位的制度性开放，中国的改革开放不可能有今天这个局面，中国向市场经济的转型还会走数不清的弯路。20 年前加入 WTO，就决定了中国走上全球化的道路，也决定了我们今天的快速发展。最终的结果是多赢的，中国是赢家，WTO 也是赢家，同时，跟我们一起谈判的贸易伙伴也在中国的市场开放过程中得到了很多好处。

记得 20 年前中国加入 WTO 的那一刻，不仅十几亿中国人，全世界都在为这一多赢的结果喝彩。事实证明，中国加入 WTO 不仅推动了经济全球化的全面提速，而且也标志着 WTO 终于成为一个名副其实的世界性的贸易组织。

加入 20 年来，中国的经济发展超出了世界上绝大多数人的预期，甚至也远超我们这些主要谈判人员的想象。记得当年在多哈庆祝中国加入 WTO 的现场，我接受了国内的一家媒体采访。面对会场内外一片欢庆场面，记者让我分享一下此时此刻的心情。我说，我们经过了十几年的漫长谈判，又遭受了无数次的挫折，现在终于完成了祖国交给的任务，按理说应该可以放松了。但我的心情却一点也不轻松，因为我知道真正的考验还在后面。我们在谈判中做了这么多开放市场的承诺，中国的经济和产业能否经受住如此大的挑战？我心里一点也没有底。如果中国的产业在加入 WTO 之后真的被激烈的外来竞争冲垮了，我们这些人是要负历史责任的。当然，过去的 20 年

图3. 2001年11月，易小准在WTO第4届部长级会议期间接受媒体采访。

已经证明，这一轮制度性的大开放促进了大改革和大发展。加入WTO极大释放了中国人民的生产力和创造力，中国经济像火箭一样开始腾飞。

在过去的20年间，中国的经济总量增长了近10倍，在世界经济中所占的比重从4%增长为17%，成为全球的第二大经济体。中国的货物贸易总额增长了8倍，进口、出口在全球所占的份额从3.8%和4.3%，分别增长至11.5%和14.7%，中国已成为全球第一大出口国和第二大进口国。外商对华直接投资的规模年均增长6.1%，连续29年居发展中国家的首位。在从以WTO为核心的多边贸易体制中受益的同时，中国也为推动全球的可持续发展做出了重要的贡献。中国对全球经济增长的年均贡献率接近30%，连续十几年成为世界经济增长名副其实的第一“发动机”。

我们只需看看中国与几个主要贸易伙伴的双边贸易发展情况，就会清楚地理解中国加入WTO对世界经济的影响。2001年时，中国仅是美国第11大出口目的地，占美国出口总额不足2%。而2020年，美国对华出口增长至其出口总额的9%，中国成为美国第3大出口市场。中国与欧盟国家的贸易也经历了同样的快速发展。按照欧盟统计，从2000年到2019年，中国从欧盟的进口增长了9倍，年均增速为12%。对欧盟的出口则增长了6倍，年均增速10%。

中国与发展中国家的经贸关系演进，南非就是一个很典型的例子。2001年，中国在南非的出口市场排名仅为第 17 位，而今天，中国早已成为南非的第一大出口目的地，中国在南非的出口总额中占比已从 1.7%跃升至 11%。对于其他一些新兴经济体来说，中国市场则更为重要。例如，中国吸纳了巴西近 32%的出口。

此外，中国还是 WTO 中仅有的几个主要发展中国家之一，承诺对最不发达国家 97%的出口产品实行零关税待遇。从 2008 年以来，中国就一直是最不发达国家的主要出口目的地，吸收了它们四分之一以上的出口。

正如 WTO 现任总干事伊维拉（Ngozi Okonjo-Iweala）日前在日内瓦的一场研讨会上所说，“在如何通过融入全球贸易来促进经济增长和发展方面，中国已成为一个教科书式的经典案例。中国的经济崛起不仅使中国，而且也使中国的发展中国家贸易伙伴中有成千上万的人摆脱了贫困。”以上就是中国对世界经济的重大贡献，但遗憾的是，世界往往只是关注中国出口的快速增长，却忽视了中国不断扩大的进口。

三、中国履行 WTO 承诺的情况怎么样?

中国在加入 WTO 时做出了高水平的开放承诺，这一点是毋庸置疑的。中国在开放市场方面做出的承诺，不仅超过了以往新加入 WTO 的所有成员，更远超 WTO 的那些老成员。例如，我们目前的农产品关税水平为 13.8%，已超过当年对 WTO 承诺的 15.8%，更低于发展中成员 56%和发达成员 39%的平均关税水平。连美方的谈判人员当年在结束谈判后都私下告诉我，他们内部无人相信中国可以履行这么高水平的承诺。但即使中国只能履行其中的 80%，对世界来说就已经是天大的好消息。事实上，中国不仅不折不扣地履行了自己的承诺，而且还在此基础上不断地进一步开放。目前 WTO 成员的平均约束关税高达 45.5%，我们当年做出的关税减让承诺是将最惠国平均关税税率降至 9.8%。但中国并未止步于履行 WTO 承诺，而是进一步主动将自己的关税水平降至今天的 7.5%。其实，更能说明一个国家对自己产业的保护水平是贸易加权关税。根据 WTO 的统计，中国目前的贸易加权关税税率已低至 3.4%，非常接近美欧的水平。

我还可以举一个真实的降税实例。在我们加入 WTO 谈判时，小轿车是保护程度最高也是谈判最困难的一个产品。当时中国轿车的整车税率高达 100%。一听说加入 WTO 要降低轿车的关税，整个汽车行业都惊呼狼来了。为了争取汽车行业同意降税，当时的中央领导亲自做工作，几次召集全国汽车企业的老总们座谈，最终中国承诺把轿车关税用几年的过渡期降到25%。此后的事实证明，降低关税并没有摧毁中国的轿车产业，反而激发了企业的活力。合资企业的外方在激烈的市场竞争压力下，也竞相把最新的技术拿到了中国，“入世”使中国的汽车产业迎来了一轮大发展。但是中国政府并没有止步于履行“入世”的承诺，而是于2018年7月起，自主将轿车的整车关税从25%一步降至15%，将汽车零部件的关税从15%一步降至6%。可见，中国政府对于降低关税并没有知难而退，而是坚决走不断开放之路。

在贸易体制自由化方面，中国也交出了一份不错的成绩单。大家知道，自从1993年乌拉圭回合结束以来，WTO的多数成员在贸易自由化方面就基本上是在原地踏步，止步不前。20多年来，在WTO中，开放市场的主要贡献是来自新加入成员在市场准入方面所做出的承诺。中国在加入WTO谈判时做出了高水平承诺，加快推进贸易与投资自由化和便利化，不断扩大各领域的对外开放。

还以关税为例。关税不只代表着财政的税收，更重要的是其背后保护的企业的利益，代表着千千万万工人的就业和农民的生计。因此，各国政府对降低关税都特别慎重。而中国的降税又远比其他WTO成员更加困难。由于历史的原因，WTO老成员的关税大多都有两层税率，一个是写在WTO关税减让表上的约束税率。这个名义上的税率通常比较高，但另一层则是实际征收的实施税率，这个税率通常比较低。因此，在WTO谈判中，这些老成员所谓的降低关税，通常是削减约束税率和实施税率之间的水分，基本上不会触及它们的实际保护水平。但我们国家由于是在20年前才加入WTO，中国没有那一层较高的约束税率，海关实际征收的实施税率就是我们的约束税率。所以我们每一次削减关税都是降低我们的实施税率，我们的谈判人员称之为刀刀都砍在肉上。所以，在WTO中，中国和新加入WTO的那些成员的降税是最实在、最真实和最有效的。

加入WTO，中国还大幅度开放了服务业市场。20年来，我们在服务贸易方面不仅兑现了加入承诺，而且还自主做出了很多实质性的开放。

1. 从开放服务部门数量来看，我们“入世”的时候承诺开放了100个服务部门，现在已经扩大到122个。其中，有37个部门的承诺做出了实质性改善，这个实质性改善就是从只允许外商在华合资经营，而且不允许外资控股，到现在允许独资。

2. 我们加入WTO的时候，最敏感也是最困难的领域就是证券服务的开放。当时1997年亚洲金融危机的阴霾尚未散去，中国政府对证券市场可能存在的系统性风险高度警惕。因此，我们在谈判中只承诺允许设立合资证券公司，且外资比例不能超过

33%。随着中国证券市场的完善以及中国政府监管能力的加强，2012 年 10 月，我们主动将外资在合资券商中的持股比例上限从 33%提高到了 49%；2020 年 3 月，又主动将外资股比上限提高到 51%；而到 2021 年年底，我们将完全取消证券公司外资股比限制，允许外商设立独资的证券公司。

3. 寿险业务的开放也是我们在加入谈判中最难啃的骨头之一。记得当时外方坚持要求外资股比允许达到 51%，而我方坚持的底线是不能超过 49%。为了使谈判不致最终破裂，经高层决策，双方在最后一分钟各让了一个百分点，达成了外方股比不能超过 50%的协议。但是今天，作为一个重大的开放举措，中国已经允许设立外商独资的寿险公司。

4. 我国服务开放还有一个重大的突破就是，以准入前国民待遇加负面清单的方式实行了制度型开放，为外国服务提供者进入中国市场提供了更加稳定和透明的投资环境。

中国近年在金融、法律服务和分销等领域推出的重大开放举措，受到 WTO 成员的欢迎。2008 年，伴随着中国逐步开放服务业市场，第三产业的外商投资企业数量占比首次超过了第二产业，2018 年更达到了 73.7%。

2020 年生效的新的外商投资法，在金融业、制造业、基础设施、农业和医药等领域不断扩大对外资的市场开放，并在政府采购、资质许可、标准制定等方面推动落实准入后国民待遇，为外资企业提供更加公平、透明和可预期的市场环境。

最近国际上出现了一些怪论，认为中国加入 WTO 是占了多边贸易体制的便宜，损害了其他成员的利益。这真是很奇怪的逻辑。因为加入 WTO 完全是中国单方面开放市场，其他成员只是享受了我们开放的好处，并没有向中国提供任何新的市场准入机会。此外，中国全盘接受并认真履行多边贸易规则，这怎么能说是占了别人的便宜?

我们常听到某些国家指责中国违反 WTO 规则，但从未见到它们拿出具体证据来证明中国违反了哪一条规则，或者是中国违反了自己哪一条多边承诺。这种指责就显得有点可笑了。因为衡量一个 WTO 成员的表现，唯一标准就是看其是否遵守了 WTO 的多边规则和履行了多边承诺。最近，这些国家又开始改口，称中国在加入 WTO 后的表现与它们当年的预期不符。这就更加可笑了，因为中国所有的贸易政策和措施都是基于多边贸易规则和我们在 WTO 中的承诺。在一个以规则为基础的世界贸易组织中，脱离多边贸易规则而用所谓的预期来评判中国在 WTO 中的表现，显然是荒谬的。

WTO是一个以多边规则为基础的国际组织。从遵守WTO规则、履行多边承诺的角度来看，中国总体上是做的不错的。作为一个贸易大国，中国的每一项贸易政策都会受到WTO成员的严苛审视。如果WTO成员确实掌握了中国未能充分履行WTO承诺的证据，它们一定会诉诸争端解决机制。我在WTO的同事们做过一个统计，中、美、欧同期在WTO争端解决机制中受到别方起诉的次数大体相当，说明美欧在遵守规则和履行承诺方面的表现并不比中国更好。更重要的是，中国对于不利于自己的裁决都做到了严格执行。迄今WTO中对拒不执行裁决的被诉方授权报复的情况一共发生过21起，其中的15起是针对美国，而中国一起都没有。

关于中国履行承诺的情况，WTO的先后几任总干事都做出过积极和客观的评价。日前，WTO的新闻发言人罗克韦尔（Keith Rockwell）在接受媒体采访时还明确无误地表示："中国加入WTO 20年来，坚持履行一切承诺，为其他国家做出了榜样，并且正在发挥巨大的领导作用。"他还说："如果你问一问当年参与了与中方谈判的那些谈判人员，他们都曾经担心这么高水平的承诺是否会把中国经济压垮。但是中国的企业家不仅认识到这是巨大的挑战，而且奋起迎接这一挑战。对于那些今天声称中国

图4. 2006年4月，易小准（右）作为商务部副部长率团出席WTO首次对华贸易政策审议，左为张向晨。

‘入世’时没有作出足够水平承诺的人，应该让他们看一看中方承诺的具体数字”。罗克韦尔是美国人，在WTO中做了25年的新闻司长兼新闻发言人。他代表WTO秘书处作出的上述评价，应该说是公允和客观的。因此，我对中国加入20年来的表现始终充满信心。

可以说，在加入WTO之后的20年中，中国既是多边贸易体制的受益方，也是最大的贡献者。但中国作为快速发展的发展中大国，对自己在20年来取得的成绩也绝不能自满，不能躺在20年前做出的承诺上睡大觉，改革开放永不停步是我们化解当前面临的诸多国际矛盾的不二选择。同时，中国还应当主动承担起与自己发展水平相匹配的国际义务，为多边贸易体制提供更多的公共产品。

四、国际上怎么看待中国加入WTO 20周年?

记得10年前在中国加入WTO 10周年的时候，中央组织了隆重的庆祝活动，我作为中国驻WTO的大使，也受邀专程回国参加了那次盛会。当时的中国在WTO中作为新加入成员中的优等生而备受推崇。中国在加入之后取得的快速发展，被视为加入WTO的成功范例而广为宣传，激励了许多发展中国家争相开始了加入WTO的进程。但是这样的好景并不长，到了15周年时，世界对中国加入多边贸易体制这一重大历史性事件的看法已经变得十分复杂。当时几乎没有任何国家就此组织过任何研讨。最后还是在华盛顿的亚洲政策协会找到我，说全世界看来只有我们还愿意就这个重大历史事件组织一次研讨，你曾亲历了谈判的全过程，现在又在WTO中担任副总干事，是否愿意与巴舍夫斯基（Charlene Barshefsky）大使共同担任嘉宾，就中国与WTO这一议题作一次对话？我当时的身份其实已经不适合参加这一讨论，但考虑到如果我不参加就可能完全没有了中国的声音，所以我还是接受了邀请，专程去华盛顿参加了这次讨论。2021年是中国加入WTO的20周年，按照中国人的传统，逢十要大庆，但我们要清醒地认识到，由于我们的快速发展，以及国际上地缘政治方面发生的变化，今天中国面临的国际环境与20年前，甚至10年前相比已经截然不同。西方的政界、民众以及媒体对中国充满了误解、偏见和负面的看法。因此，在我们中国人庆祝和纪念加入WTO 20周年之际，也不可避免地会有些人利用这一机会指责、批评和抹黑中国。

五、WTO 到底出了什么问题？

WTO 在维护世界贸易和经济持续增长方面起了很大作用。但近年来，WTO 在国际上备受指责，特朗普政府甚至威胁要退出 WTO。到底 WTO 出了什么问题，让国际上对多边贸易体制的看法有了这么大的逆转？当前国际上正在热议 WTO 改革，但改革就像医生看病，首先要找准病症，否则就会吃错药，越吃病越重。

2018 年，哥伦比亚大学教授杰弗里·萨克斯（Jeffrey Sachs）在参加 WTO 公共论坛并回答总干事的提问时说：“我没发现 WTO 出了什么问题，是美国出了问题，是我们的总统出了问题。”他一语道破问题的本质。作为 WTO 里的龙头老大，美国从自由化和全球化的倡导者和主要推手，走到了全球化和自由化的反面，这对整个 WTO 是一个很大的冲击。

记得从我们在 20 世纪 80 年代启动“复关”谈判开始，美国就一再向我们兜售自由主义理念，要我们减少贸易壁垒、降低关税、对外开放市场、欢迎外商投资、依法行政、加强知识产权保护、融入以规则为基础的多边贸易体制。我们几乎是全部接受了这些理念，但坚决拒绝放弃中国的社会主义制度。事实证明，我们作出了正确的历史选择。当时的中国正在摸着石头过河，探索从计划经济向社会主义市场经济转型的路径。这是一次人类历史上前无古人的探索，最终，我们选择了以多边贸易体制作为我们改革开放的风向标。这是一次前所未有的伟大试验。我们一方面坚持了中国共产党的领导和国家的政治体制，另一方面把在资本主义国家已经运行了几百年的成熟的市场经济运行机制成功地嫁接到了中国。而且让西方大跌眼镜的是，这一史无前例的嫁接竟大获成功，创造了中国的发展奇迹。可以说，加入 WTO 和遵守多边贸易规则在中国改革的关键时刻，成了帮助我们过河的这块石头。具有讽刺意味的是，过去 30 年，中国和美国的角色完全变了。过去，中国是相对封闭、比较内向的国家，美国是超级全球化的鼓吹者、新自由主义的倡导者。而现在，中国拥抱了全球化，支持了自由贸易，坚信了多边主义，但美国却走到了全球化的反面，实行美国优先、产业回流、购买美国货、保护美国工人的利益等一系列保护主义措施。

中美角色的 180 度大易位，造成了整个 WTO 出现空前的混乱和混沌状态，各方都不知所措。对一个没有美国领导的多边贸易体制，各国完全没有心理准备。这就是我们今天讨论 WTO 改革、讨论 WTO 未来发展方向的大背景。

六、WTO 出现领导危机了吗？

这个问题近两年在 WTO 中引发热议，但一直无解。大家知道，在“二战”结束后，是美国推动建立了关贸总协定，专门负责全球的贸易治理。当时美国经济在世界上一家独大，拥有绝对的领导力。这个时期的多边贸易体制基本处于 G1 状态，所有的多边贸易谈判都是由美国发起、推动和结束的。到了 20 世纪 60 年代左右，欧洲开始了经济一体化进程，欧共体逐渐壮大，GATT（关税与贸易总协定）的领导结构逐步形成 G2，即由美、欧两大巨头主导谈判和规则的制定。再后来日本崛起，多边贸易体制进入 G4 时代。只要美、欧、日、加四方先达成协议，就能搞定其他缔约方。中国在 2001 年加入 WTO 后，由于经济分量越来越重，中国在 WTO 中也越来越活跃，逐步进入 WTO 的决策圈。2005 年 1 月，我代表中国首次应邀参加了每年在瑞士达沃斯举行的核心圈小型部长会议。2006 年总干事拉米在多哈谈判中干脆废掉了 G4 机制，建立了一个 G6 核心决策圈，包括美国、欧盟、澳大利亚三个发达国家和中国、印度、巴西三个主要新兴经济体。虽然多哈回合谈判最终搁浅，但反映出多极化世界的核心

图 5. 2017 年 12 月，易小准作为副总干事出席 WTO 第 11 届部长级会议。

圈已经不能排除中国了。

如今，美国一度威胁要退群，虽然没有退成，但明确向其他成员表态，你们好自为之，我不再当领导了。所以，WTO 事实上进入了 G0 状态，没有任何一个成员有能力带领 WTO 往前走。本来各方期待欧盟能够站出来取代美国的领导地位，但欧盟也有自己难念的经。由于受到英国脱欧的拖累，以及经济衰退和新冠肺炎疫情影响，欧盟也无力发挥这个领导作用。可以说，多边贸易体制现在进入近乎随波逐流的状态。这样的状态对 WTO、对世界贸易以及对中国都是极为不利的。

我不认为中国试图或者能够取代美国来领导 WTO。更现实的是，要研究下一步怎样做才能发挥我们的作用，团结大多数成员实现在多边领域的合作共赢。我相信经过 5—10 年的磨合，包括中、美、欧在内的主要成员在 WTO 里可以逐步形成一个良性共治的局面。

七、WTO 改革的主要领域有哪些？

WTO 改革主要有两个维度，第一个维度是其决策机制的改革；第二个维度是改革什么内容，这个领域的难度其实是最大的。

关于决策机制的改革。在多边贸易体制历史上，多边贸易谈判主要是在美欧主导和推动下，采取协商一致的决策机制。这样的机制，兼顾了大国利益和弱小国家的利益，在以往的多边贸易谈判中，推动 GATT 取得多次成功。但是到了今天，这样的机制已经难以运转。协商一致的含义就是，任何一个决定都要由 WTO 的 164 个成员全都同意，至少要无人站出来反对。然而现在找不到这样的议题，哪怕非常小的事，比如讨论一个会议议程，只要有成员反对，议事日程都列不上去。因此，协商一致实质上形成了一票否决制，对 WTO 的前进已经形成了障碍。过去的 20 多年里，除了《贸易便利化协定》和《信息技术协定》扩围谈判，WTO 几乎没有达成任何重大的协议。

特别是近几年，因为种种因素，WTO 成员之间已经越来越不信任，严重缺乏合作的意愿，使用否决权越来越频繁。典型的如美国，一票否决把上诉机构搞瘫痪了，接着又把选出的总干事一票否决了。有些发展中国家也利用一票否决制阻挡了一些新议题的讨论。它们宣称，在 WTO 中开启任何新议题的前提，是先要结束多哈回合谈判。

这种僵局不仅严重削弱了多边贸易体制，也不符合中国的利益。为此，中国牵头并联合一些主要的发展中成员，首次以联合声明倡议（JSI）的方式启动了投资便利化议题的诸边谈判。这是中国引领 WTO 的创新之举，既开创了新的谈判模式，又将投资相关议题引入 WTO。该倡议很快得到了大多数 WTO 成员的支持，目前除美国外的所有发达成员均已加入谈判，该联合声明倡议已经有 112 个联署方。眼见我们的成功，其他 WTO 成员也开始跟进，相继推出电子商务、服务贸易国内规制和中小微企业的联合声明倡议。这种以诸边的方式推进的谈判，绕开了传统的协商一致决策机制，使 WTO 有可能推进对一些符合多数成员利益议题的谈判。最近，国际上的主流媒体一致欢呼，认为这种在最惠国待遇基础上实施的开放式诸边谈判模式，很可能成为 WTO 在今后相当长一段时间推进谈判的主要方式。可以说，这种谈判模式的创新，是中国对 WTO 所做的贡献。考虑到国际社会对环境议题的关注，最近中国又提出了在贸易领域治理一次性塑料污染的诸边倡议，现在已经得到了包括发达国家、发展中国家和最不发达国家的 66 个成员的联署。

WTO 改革的第二个维度，就是究竟要改革哪些内容。我建议，在讨论 WTO 改革的时候，我们不要对号入座，认为一说 WTO 改革就是针对中国的。实际上，WTO 的改革议题非常广泛，任何对它规则的修改都叫 reform。例如，WTO 成员正在推进的渔业补贴谈判、电子商务的谈判、投资便利化的谈判以及上诉机构的改革，都是当前 WTO 改革的重点内容。所以，在 WTO 的语境下，reform 是非常广义的。目前在 WTO 中提出的改革倡议已经有好几十个，我们可以梳理一下，里面有相当一部分中国是可以支持的，有一些还是中方牵头在推动的。我们应当积极地参加 WTO 改革的讨论，并提出有建设性的中国方案。

八、就当前热议的 WTO 改革谈点看法

在中国，改革绝对是褒义词，与开放永远是联系在一起的，二者几乎是同义词。但在 WTO 的语境下，改革这个词更加中性。并不一定意味着开放。所以，我们不要被改革一词所绑架。任何对 WTO 现有规则和现有多边承诺的改变，都被称为改革。在多边贸易体制成立后的 70 多年里，其改革的大方向是推进贸易的自由化和便利化，但在全球化退潮和保护主义高涨的今天，WTO 改革也完全可能被利用来推行贸易保护主义，开全球化的倒车。比如，我看到有几个提案的核心，就是要修改现行规则，使一些发达国家能够合法地提高关税，推行保护主义政策，滥用歧视性的贸易救济措

施。因此，面对 WTO 成员提出的名目繁多的各种改革倡议，大家都要思考，中国应该支持哪些，不支持哪些？我认为最重要的是要看这些倡议引导的大方向是贸易自由化、便利化，还是会被少部分成员用来作为借口而提高贸易壁垒和实行贸易保护？是为了加强作为多边贸易体制基石的最惠国待遇原则，还是要引进更多的歧视性因素？是维护多边贸易体制的权威，促进多边合作，还是出于地缘政治目的而搞小圈子，进一步削弱和分裂 WTO？我想，用这几把尺子衡量之后，答案就不难得出。对 WTO 进行改革是必要的，但修改多边规则不能形成对中国的歧视，更不能以把中国打入另类为目标。只要改革的目的是让 WTO 继续开放并且强化它的非歧视原则，而且结果将推动全球贸易进一步自由化和便利化，我们都应该坚定的支持，尽管有的时候这意味着中国要多做一些贡献，要多开放一些市场，但是我觉得这是我们责无旁贷的义务。

但是反过来说，如果这个所谓的改革的建议是要给中国量身定制一些歧视性的规则，是要专门打造规制中国的“紧身小马甲”，我们就要特别小心。因为我们当初加入 WTO 花了那么长时间、那么大的精力谈判，最终所寻求的就是在贸易规则上的非歧视待遇，就是要在世界贸易之林与各国平等相处。如果由于今天我们在多双边关系层面遇到了一点困难，就一松口，接受一些歧视性的条款，那将来这些条款就会永远捆绑在中国身上，我们将再也没有机会挣脱这些条款。对这一点我们要有清醒的认识，要坚持原则，牢牢把握住开放的大方向。

九、改善中美关系需要更多依靠多双边经贸关系的结合

最后，我还想谈谈目前陷入困境的中美双边经贸关系。我认为，解决目前面临困境的中美关系，也要更多地依靠多边和双边经贸关系的结合。我们一直在说中美关系是世界上最重要的双边关系。其实，中美经贸关系和 WTO 从很早就交织在一起。当年我们加入 WTO 的一个重要的目标就是要改善中美关系。后来的事实证明，中美关系的改善主要还是靠中国加入 WTO 来解决的。20 年后的今天，中美关系又遇到了困难，出现了很多摩擦，我仍然认为中国应努力在 WTO 的多边框架下来解决这些问题。这方面成功的先例就是中国加入 WTO，这场谈判成功地解决了中美关系的稳定，特别是美国对我们相对稳定的市场开放。如果没有加入 WTO，这些都是不可设想的。

图 6. 易小准任 WTO 副总干事期间在办公室留影。

十、结束语

值此中国加入 WTO 20 周年之际，我们应该很好的总结一下，中国到底做对了哪些事，才使中国经济在过去的 20 年中有了如此快速的发展，与 WTO 的其他成员相比，中国为什么会受益这么大。

我认为最主要的原因是，我们有党的坚强领导，有一个具有强大执行力的政府，他们自上而下地坚定地推动了中国加入 WTO，以此带动了中国在全国范围内的一轮制度性改革开放。这一点是其他的 WTO 成员很难复制的。在加入 WTO 之后，我们不仅全面融入了世界经济，而且主动加入国际分工，参加了全球价值链，大力地吸引外资，在全球价值链技术外溢的效应之下不断地学习，在开放中成功地实现了中国产业的快速转型升级。这些就是中国在过去 20 年中的发展路径。现在，国外有一些人说中国加入 WTO 后的快速发展是占了别的国家的便宜，我们一定要把中国为什么成功的故事要讲清楚、讲准确、讲完整。

关于未来我们还需要做到哪些，才能使中国在今后的20年中继续腾飞，并在多边贸易体制中发挥更大的作用，我的看法是：

1. 加入WTO的一个最重要成果，就是使中国经济经历了一轮全方位的制度性开放。20年来的实践证明，中国的各行各业，特别是那些在加入WTO之后开放的行业，都在激烈的国际竞争中有了长足的发展。因此，继续推动更多的制度性开放，特别是在服务业领域的对外开放，是中国在今后20年持续提高国际竞争力、防止掉入中等收入陷阱的关键。

习近平主席2020年以来多次强调，对外开放重大举措落地“宜早不宜迟，宜快不宜慢”。加入WTO的经验告诉我们，坚定不移但又稳步推进的对外开放，将使我国的经济发展更快，产业更加安全。

2. 拥抱全球化，主动融入全球价值链，是中国的产业能够在加入WTO后短短20年中实现快速迭代升级的主要因素之一。因此，继续改善营商环境，大力吸引外资，牢牢地嵌入全球价值链，不仅会大大增强中国经济抵御各种危机和风险的能力，也将使国际上的脱钩论不攻自破。

3. 中国已经成长为世界第一大贸易国，全球最大的外商直接投资流入国和流出国之一，并且已经是大约180个经济体的最大进口来源地和90多个经济体的最大出口市场。因此，中国制定的任何经济和贸易政策，都不可避免地对世界产生溢出效应。我建议，中国今后在制定和修改自己的经济和贸易政策时，应当有更广阔的全球视角，增加我们对世界经济的正面效应，减少未来可能出现的负面外溢。

4. 当前多边贸易体制正在经历70多年历史中最困难的时刻。贸易保护主义在全球蔓延，WTO中的领导力严重缺失，多边贸易谈判停滞不前，WTO的许多功能几近瘫痪。而一个开放、非歧视、以规则为基础并且能够与时俱进的多边贸易体制，对中国和世界经济的增长都是不可或缺的。值此艰难时刻，中国应当努力为WTO成员提供更多的公共产品，以主动对外开放市场来推动多边框架下的合作共赢，以带头遵守多边贸易规则赢得各方的信任。在一个多极化的世界里，中国的目标是与其他成员合作，推动WTO逐步形成集体领导、良性共治的全球贸易治理新格局。

5. 中国应当积极参与WTO的改革，并牢牢把握改革的大方向，确保多边贸易体制在开放、包容和非歧视的道路上继续前行，防止全球贸易体系滑向贸易保护主义。

“入世”——改造中国也改造世界大格局之伟业

李仲周

【作者简介】

李仲周，1941 年 7 月生，广东惠阳人，1965 年毕业于北京对外贸易学院英语系，同年进入外贸部工作，1966 年至 1971 年派驻苏丹大使馆，1971 年起任外贸部国际局干部，1979 年起在联合国贸发会议秘书处工作，1987 年起任经贸部国际司处长、副司长、司长，1997 年起任常驻联合国日内瓦代表团副代表，1999 年起任联合国贸发会议贸易效率司代司长，2003 年至 2008 年任欧中贸易项目办首席 WTO 专家。2021 年荣获中央和国家机关优秀共产党员称号。

长期负责多边贸易领域事务，亲历中国“复关”“入世”谈判，对我国“复关”“入世”问题进行过开创性深入研究，著有《关税与贸易总协定业务手册》、《关税与贸易总协定业务手册》（续一）、《亲历世贸谈判》以及《中国和平崛起和多边贸易体系之演进》等。

一、回想谈判岁月艰

中国加入世界贸易组织、融入全球经济体系是 21 世纪初最重大的国际经济事件之一。它首先改造了中国自身，使之成为充满活力的社会主义市场经济，国民经济迅猛增长，进出口贸易以两位数速度扩张，为全球经济新增了 4 万多亿美元的巨大市场。中国融入全球经济体系也激励了一批新兴经济体的崛起。全球经济大格局发生了大改观。《2014 年世界贸易报告》揭示，发展中国家作为一个整体，同发达国家经济发展程度差距缩小，占全球产出额的比重，由 2000 年的 39%上升至 50%，占全球贸易额由 2000 年的 32%上升至 50%。中国成长为世界第二大经济体、第一大贸易国，成为全球经济可持续增长的稳定器。中国已成为世界三分之二国家的最大贸易伙伴。

2021年全国上下都在庆祝我国加入WTO 20周年所获伟大成就，令我不由自主要加入庆典行列。1972年是我的“三十而立”之年，我从驻苏丹大使馆商务处任满回国，适逢联合国恢复中华人民共和国合法席位。外贸部成立了国际组专门处理与联合国经贸议题相关业务。我有幸被分配到国际组工作，让我与多边贸易体制结下不解之缘，直至退休。对世界经济全球化的机遇与挑战感受颇深。后被派驻日内瓦常驻代表团工作，并在李志敏副代表鼓励下通过竞聘加入了联合国贸易与发展会议秘书处，起初从事研究限制性商业行为和跨国公司营销和配送系统，后又转向帮助发展中国家高效参加多边贸易谈判，经常作为贸发会议观察员列席关贸总协定会议，写简报，提出我的看法上呈贸发秘书长。这段经历让我积累了关贸总协定运行模式的大量知识，也了解到其中许多不公平、不合理、亟待改革的规则，也使我有机会深入了解我国和关贸总协定关系的历史渊源。

1986年，关贸总协定发动乌拉圭回合谈判，部长宣言为中国全面参与回合谈判作出了妥善安排。我意识到，这是我为国效力的好时机，因而决定辞去贸发会议职位，回国服务。回国前投稿 *Journal of World Trade Law*（《世界贸易法期刊》），我的文

图1.20世纪80年代初，李仲周（前排左一）列席关贸总协定会议。

章题目为“Resumption of China’s GATT Membership”(《恢复中国关贸总协定成员地位》)，我的文章向国际社会解释中国要求“复关”是实行改革开放大战略的重要组成部分，让各缔约国领会到，中国回归将有利于整个多边贸易体制，有利于所有各方同中国开展互利共赢的经济和贸易合作关系。文章也指出了中方应该坚守的几条底线：无条件最惠国待遇；对发展中国家特殊优惠待遇；不可接受几个东欧国家加入议定书模式（因其中都有难以摆脱的歧视性条款）。我回国参加谈判，就以这篇文章基本内容为参考编写了《关税与贸易总协定业务手册》。

“复关”谈判是国家总体改革开放政策的重要组成部分，牵涉到整个经济体系的改革，也跟整体改革开放进程一样，采取摸着石头过河的方针。谈判代表团由十多个部委人员组成，首先要求所有人都学习了解关贸总协定规则，而且必须认真听取法律专家们的意见。首先由首席谈判代表沈觉人副部长召开权威国际法专家会议，应邀出席的包括北京大学的王铁崖、政法大学的汪暄、外贸学院的沈达明、冯大同、人民大学的郭寿康、外交部的史久镛等国际法专家，深入听取他们的意见，他们一致认为无法律障碍，也提供了一些很有价值的国际法知识。

在没有完成“复关”谈判之前，我国决定先加入关贸总协定管辖的《多种纤维协定》(*Multi-Fibre Arrangement*, MFA)，有些学者和媒体问我们，中国为什么选择加入关贸总协定最糟糕的部分？我跟他们开玩笑说，发达国家不让我们加入关贸总协定最好的部分，只能加入最糟糕的部分。为什么说MFA是最糟糕的部分？因为这个协定践踏了关贸总协定两个最核心的原则：无条件最惠国待遇和普遍取消数量限制原则。该协定允许发达国家对发展中国家纺织服装出口国施行配额限制，赤裸裸地违背了上述两原则。但发达国家作为交换条件承诺配额每年增长6%。我们选择加入是为了测试我们适应多边协议义务的能力。加入这一临时协定并未对我纺织服装业产生太大影响。发展中国家的目标是通过谈判最后取消协议，而且最终实现了这个目标。

中国“复关”“入世”是一个迟到了半个多世纪的大事件，其原因是美国为首的世界列强长期对中国实行封锁、禁运、贸易限制、贸易歧视、经济和贸易制裁，把中国拒之于世界大市场之外的结果。中国只能和部分友好国家签订双边协定以开展经贸合作。直到1971年在绝对多数有正义感的国家的支持下，联合国恢复了中华人民共和国在联合国的合法席位，开启了中国与所有国家开展平等、互利、共赢的经济贸易合作关系。“复关”本来是很简单的事，关贸总协定的原则是，凡属政治问题服从联合国决定。但总有些国家为了自身利益把事情复杂化，使“复关”“入世”谈判迁延

图 2. 1988 年 2 月，出席 GATT 中国工作组第 2 次会议的中国代表团在常驻日内瓦联合国代表团院内合影。前排左起：唐玉峰、李仲周、张月姣、张小康、马英群、赵淑英；后排左起：陈炳华、柳晓昂、李培初、王磊、李华云、王世春、葛强。

岁月 15 年。可幸，功夫不负有心人，2001 年多哈部长级会议主席一锤定音，中国完成加入 WTO 谈判，成为其正式成员。

回顾这场漫长而艰难的谈判过程，或许能给我们提供有益的启示。我对美国的谈判策略有一个深刻的感受。它们爱用战争边缘策略，也就是极限施压逼你让步。发动乌拉圭回合谈判的部长宣言实际上已为中国全面参加乌拉圭回合谈判作出安排，中国谈判成的关税减让表将被视为恢复缔约国地位减让表和参加乌拉圭回合减让表，一表两用。

当初，“复关”谈判朝着这个方向顺利进展，不幸的是国际风云突变，冷战导致苏联解体，东欧经互会成员也像多米诺骨牌一个接一个倒下。西方国家指望中国是待倒下的最后一张骨牌。这便是天安门事件和西方国家联合制裁中国的历史背景。中国政府庄严重申对外开放政策不变，恢复 GATT 缔约国地位的立场不变。但西方制裁变本加厉，致使中国失去了成为 WTO 创始成员的机会。中国无奈，只好同意把“复关”工作组改为加入 WTO 工作组。继续那漫长而艰难的谈判。我们换了个谈判策略，西方国家愿谈多久就谈多久，不管它们如何极限施压，我们坚守基本原则，绝不放弃根本利益。我们根据改革开放政策需要，实行自主改革开放、自主减税。只要加入谈判不结束，这些自主开放措施就不能成为对缔约方的法律承诺。

这种策略非常有效，中国进出口贸易不断增长。除1998年因1997年亚洲金融危机影响略有下降外，其余各年都保持良好增长。有些友好国家代表问我，中国外贸增长如此强劲，何必在意加入WTO？我对他们说，我们要融入全球经济体系，追求共同繁荣。我还是相信大卫·李嘉图的比较成本理论，贸易是互利共赢的，不是零合游戏。关贸总协定也罢，世界贸易组织也罢，都不是完美无缺的。但是，只有你身在其中，你才有机会去改革它，影响它。我们融入全球经济体系，我们就会和众多国家有共同的经济利益。1989年西方制裁，阻止中国于1995年成为WTO创始成员，但中国的进出口贸易却一直扶摇直上，只有1998年略降0.4%，1999年又开始腾飞。这时西方国家才意识到，制裁并不能阻止中国改革开放的步伐，最终同意在2001年发动多哈回合时接纳中国加入世界贸易组织。我国进出口贸易接着腾飞。2002年增21.8%，2003年增37.1%，2004年增35.7%，2005年增23.2%，2006年增23.8%，2007年增23.6%，2008年增17.8%，但2008年美国爆发次贷危机导致全球金融危机，

图3. 1997年10月，龙永图副部长与捷克和斯洛伐克代表签署双边市场准入协议。后排左起：王延春、党英杰、周冠山、李仲周、何宁、高斌。

冲击中国贸易增长，2009 年中国进出口暴跌 13.9%。

对于全球金融危机，西方七国集团无计可施，美国主导召开 20 国集团峰会，奥巴马总统主持会议，发表了联合声明，指出危机根源在于一些发达国家金融业者贪利，不顾风险，国家宏观经济政策不协调，金融监管机构失职。中国出席了峰会，积极响应会议决定，集资 4 万亿元人民币，投资国内基础设施，开拓国内市场，支持世界经济复苏。中国短期内恢复了国民经济增长，拉动了全球经济增长，此后数年对全球经济增长的贡献率高达 30%。渡过 2009 年难关之后，2010 年中国进出口贸易又跃升 34.7%，2011 年升 22.5%。

二、欣逢祖国昌荣时

对这段漫长而艰难的谈判历程，我的感受是两句话：磨难雷蒙终不悔，感时当在国昌荣。这句话终于实现了。改革开放，融入世界经济体系是我们的既定国策，一定要矢志不移，对手打压我们，仍勇往直前。这是我国改革开放 40 多年来总结出来的成功之道，但每到世界经济遇到危机，就会有人质疑我们是否犯了路线错误。2008 年，美国爆发次贷危机，触发了全球经济危机，中国经济也受到巨大冲击，又有不少人质疑中国加入多边贸易体制是否犯了方向性大错误。我当即发表《目睹三十年巨变》一文，希望舆论界不要迷失方向，失去前进的方向。

《目睹三十年巨变》

中国的改革开放已经走过了 30 个年头，回头反顾，日月已换新天。沧海桑田，世事多变。到底是变好了还是变坏了？可能各人都有不同的看法。有人愿当喜鹊，善于报喜，有人愿当猫头鹰，爱爆黑暗面。其实这也不奇，凡事都有两面性，不可能都好，也不可能都坏。尤其是社会大变革或者更准确地讲在全球经济大变革时期，机遇和挑战并存。总有胜利者和失败者，总有先行者和后进者。关键是好坏之间，要分清主次。不分主次，就会迷失方向。国家需要关照弱者，但决不可因有弱者就裹足不前，削足适履。中国加入世贸组织之后，国务院未雨绸缪，要求各部门认真研究，开放市场可能面临的经济风险。这无疑是完全必要的。但问题是有些部门，有些行业，有些学者把风险夸大了，有说中国经济已被外资所操纵，外资无助中国产业提升；也有说我国的决策过程都受外国操纵，似乎中国已临殖民地化的边缘。这太耸人听闻了。其实只有今天我们才能理直气壮地说，我们已经自立于世界民族之林。世界经济全球化为中国的发展提供了无限的机会。把前进中遇到的暂时和局部的困难无限夸大，那就是舍本求末、杞人忧天。实在有必要再来一次思想解放运动。只有客观地认识改革开放30周年带来的巨变，同时认真关注其伴生的暂时困难，才能使国人认清大局，铆足劲头把改革开放推向新的高度，借全球的力量振兴中华。回顾一下30年来中国经济所走过的路或能帮助我们认清未来30年该走什么样的路。

30年前，是笔者惶惑之年。那时农民在自留地种菜，养鹅鸭都是应该割掉的资本主义的尾巴，农民被视为资本主义的汪洋大海。若此，那世上还有好人吗？那条路线的结果是，粮油食品、鱼肉布匹及许多日用品都是定量配额。分配是够平等的，人人都得相等的份额。但那叫稀缺经济，邓小平一针见血地指出“贫穷不是社会主义”。面对如此情景，作为一个经济工作者能不汗颜吗？30年摸着石头过河，国家终于走出迷津，踏上繁荣富强之路，融入世界经济体系，登上世界经济贸易大国之列。当然我们必须承认，30年高速发展中也伴随着一些难以避免的问题如环境恶化，贫富差距、地区差距扩大了，社会保障制度滞后、服务业滞后，这些都是亟待解决的问题。但是30年的高速增长使国家积累了巨额金融资产，巨额外汇储备，建立了较健全的工业体系，财政收入达万亿元，国家完全具备足够的实力来解决上述难题。根本没有理由驻足不前。经过30年的奋斗，衣食丰足了，房子住大了，越来越多人拥有自己的房产，有车族变多了，倒有人主张回归计划经济年代的思维方式。这倒让笔者颇为忧虑。30年来，中国已经抓住了世界经济全球化这个千载难逢的机遇，现在就像一架正在起飞的A380，只有加油才能飞上天空，否则就会从半空掉下来。中国只能加速改革开放才能完成经济起飞，决不能半途而废，没有回头路可走。中国是全球化的重要受益者，只有积极参与全球化才能逐步改写全球化规则，争取更公平合理的待遇。只有积极参与世界经济，寻求融合、共荣，中国才能有真正的安全。世界在迅猛发展，封闭就要倒退。

回顾这30年的历史可以坚定我们的信心。30年前的1978年，中国经济面临崩溃边缘，一切供应都是稀缺，偌大一个国家，进出口贸易额只有206亿美元，全国都在节衣缩食，哪有多少东西出口，没有出口，自然也就没有进口，基本上没有外汇储备，侨汇是主要外汇收入来源之一。驻外外交官每月只发六七十美元生活费，国库捉襟见肘，在那种条件下谈论四个现代化都是一种奢望。邓小平力挽狂澜，实行改革开放，首先从放弃人民公社制度，实行家庭承包责任制开始，取得奇迹般的成就，很快就取消了各种定量配额制度。给人们的启示就是让农民自己当家做主，决定他们的生产。全面的改革开放逐步推开，恢复关贸总协定这个以市场经济为基础的多边贸易制度的地位成为改革开放的重要组成部分。人们开始辩论中国是否应该走市场经济的道路。有一派意见强烈主张坚持“有计划的商品经济”，认为实行市场经济制度就是偏离马列主义和毛泽东思想，就是走资本主义。这给恢复关贸总协定地位谈判造成难以逾越的障碍。邓小平再次指点迷津，市场经济不是资本主义所专有，提出“社会主义市场经济”的概念，不仅指明了中国经济发展的方向，也为关贸总协定这一多边贸易体制所接受。关贸世贸谈判历时15年，实际上就是寻找与世贸制度接轨之路，虽然旷日持久，但给了我们摸索的时间和改革的实践经验。改革的每一步都非常到位，放弃了许多政府不该管的事，由市场来去调节。当时的外经贸部带头放弃外贸公司的垄断权，采取快速扩大外贸公司数量，最终在外贸法中取消外贸经营权，实行外贸公司登记制。使所有公司都有从事对外贸易的平等权利，形成了极具活力的外贸制度。30年来，外贸事业取得奇迹般发展。2007年我国出口额12180.2亿美元，相当于1978年的125倍。2007年9月外汇储备14336亿美元，相当于1978年（1.67亿美元）的8584倍。有趣的是，头号金融强国——美国因次贷危机，有些企业需要中国金融业来为他们救驾。欧美国家都为中国企业入市购买西方企业股权而忧心忡忡。笔者不是盲目乐观，而是希望国人不要小看自己，要有所作为。

当年人们的种种担忧如狼来了，民族工业会被一扫而光，关税减让会大幅减少税源使国家财政枯竭，电子行业永无出头之日，这种种奇想全都成为今日之笑谈。中国出口从以土特产品为主转为以工业品、高科技产品为主，中国成为世界制造中心，足见我们已在产业升级上迈出了一大步。自主创新是我国产业应该加倍努力的方向，但不应该是关起门来自主创新。自主创新也不要全盘否定加工业和制造业的积极意义，不要忘记我们每年要为新增的1400万劳动力寻找就业机会，我们还有广大的欠发达地区需要循序渐进地发展。制造业，加工业还未到该摈弃的阶段。

未来30年的发展还需要再接再厉，继续改革开放，突破一些改革的瓶颈如金融业、信息和通讯业、建筑业、物流业。这关系到中国经济总体实力的全面提升。关键还是要打破垄断。有些人认为我们已加入世贸组织，我们不必再减让。这种改革不是为了别人，而是为了自我提升、自我完善，全面提高中国全球竞争力。一念之差或使我国登上顶峰，或使我国半途而废。登顶峰才是我们的选择。

——发表于2008年2月

三、期盼世界共繁荣

现在中国的改革开放已经走过了40多个年头，加入WTO也过了20年了。当年谈判，我们内部也争论不休，不知是福是祸。但我们知道评判的标准需视其是否促进了社会主义市场经济体系的完善，是否深化了对外开放，充分利用了国内外两个市场，国内外两种资源来加速国民经济发展，是否解放了我国生产力，催生出全民涌动的经济增长活力，是否对全球经济增长做出了贡献。"入世"20年我国经济建设的业绩已经给出了响亮的答案：中国融入世界经济体系是中国之福，也是世界之福。中国为"复关""入世"所做的全面经济贸易体制改革，使中国成为充满活力的社会主义市场经济体系。中国由供应稀缺经济变为供应丰富的经济。中国出口从以土特产品为主，转为以工业品，高科技产品为主，被誉为"世界制造中心"。中国加入WTO获得所有成员承诺的无条件最惠国待遇，提供了稳定的国际环境，同所有成员开展互利

图4. 2022年3月，李仲周摄于WTO会议厅。

共赢的经贸合作机会，开拓了充分利用国内外两个市场和国内外两种资源以促进国民经济发展的更大空间。

中国加入 WTO 20 年创造了奇迹，为其增加了一个 46000 多亿美元的巨大市场。这在关贸总协定和世界贸易组织是史无前例的。更重要的是，中国的加入给多边贸易体制增添了无穷活力，中国成为抵御全球性经济衰退的一支不可或缺的力量，是增长最快的进口市场，最大的制成品供应来源地和最具吸引力的投资目的地。中国已成为全球第二大经济体，第一大贸易国，也成为世界三分之二以上国家的最大贸易伙伴。在全球新冠肺炎疫情和美国发动贸易战这两灾之年的 2021，中国人民戮力同心，排除万难，消除了贫困，实现了全民奔小康的伟业，为全球经济增长作出了更大贡献。

基于规则的多边贸易体制已经覆盖全球贸易额的 98%，成为举世公认的国际贸易规则，被誉为全球经济增长的引擎，也是实现全球经济可持续增长和联合国 2030 年发展目标的可靠保障。但当前遭遇保护主义和反全球化势力的极力阻挠和破坏，面临严重危机。全球化是保障世界经济繁荣昌盛，实现世界持久和平与安宁的根本保障。国际社会应该联合起来，对保护主义和反全球化势力进行抗争，绝不能容许这种反历史潮流，损害全人类福祉的事情发生。

习近平主席在 2021 年 11 月 11 日向亚太经合组织工商领导人峰会的演讲中强调："中国将坚持真正的多边主义，维护以世界贸易组织为核心的多边贸易体制，积极参与全球治理，推动建设开放型世界经济。中国始终坚定做世界和平的建设者，全球发展的贡献者，国际秩序的维护者"。

这就是中国的大国担当，参加全球治理是每个经贸工作者必须牢记的艰巨任务。在我看来，当前全球治理急需解决的问题至少有五项：1. 恢复 WTO 争端解决机制，维护公平公正；2. 停止贸易战，撤回一切加征的额外关税；3. 实行民主、公平、公开、公正的全球治理；4. 禁止任何 WTO 成员实行殖民主义时代的治外法权，一切争端都要按多边经济贸易规则行事；5. 禁止拼凑小集团合谋打压和遏制其他国家的经济发展。实行全球治理的目的是维护全球经济可持续发展和人类的共同繁荣。

中国 40 多年改革开放的事实已充分证明，中国经济和全球经济已高度相互依存，密不可分。中国的复兴和世界繁荣可以相辅相成，相得益彰。这是迈向世界新文明之路，可惠及中国人民和世界人民。我国改革开放政策有个口号叫"请进来、走出去"。我们设了四个特区，敞开大门，欢迎外国企业来投资，同时鼓励有实力的国内企业走出去，到世界市场去经风雨，见世面。请进来的企业所图的是中国低劳动力成本，低原材料成本和宏大的中国市场，所凭借的是较高的技术水平和他们的多国销售渠道，也就是我们现在说的全球价值链、供应链。来了的都不走，说明中国的营商环境极佳。美国发动贸易战，要求美在华投资企业撤回美国，美中贸易全国委员会会长说，没有公司愿意撤回，为何呢？因为中国市场是一块沃土。

走出去的中国企业，首先要学习外国的市场经济管理经验，学习外国技术，寻找本国产品的销售市场，建立自己的销售渠道。40 多年来大中小型企业走出去的都不少。近几年来，登上世界五百强榜的数量在增加，说明他们摸索到走向世界市场的成功之路。可见，请进来、走出去就是一条互利共赢之路。

维护多边贸易体制关系到中国的切身利益，这是每个中国公民都必须牢记的。中国仍在力推建设开放型世界经济。东盟、中、日、韩等 15 国签署的《区域全面经济伙伴关系协定》（RCEP）在 2022 年 1 月 1 日生效就是一个好消息，协定生效将能促进贸易和投资在疫情中加速经济复苏，该协定涵盖全球国内生产总值约三成，覆盖全球人口约三成。协定将逐步取消约 90%商品的关税，还将对投资、知识产权和电子

图 5. 1988 年夏，外经贸部国际司二处人员摄于安定门办公楼前。以下左起，第一排：赵承军、赵艳霞、丁玲玲；第二排：杨维宏、吴家煌、李仲周；第三排：盛宝良、何宁、李树森、王世春；第四排：王磊、王毅、傅星国；第五排：钟传水、周大霖、董尚明、李月印。

商务等活动制定统一规则。其贸易额比北美和欧洲的贸易额总和还要大。

中欧签订了中欧双边投资协定，本是重大利好消息，不期欧盟内部遇到障碍。凭我个人经历，我力劝欧方勿阻拦该项协定实施。中欧没有利害冲突，只有共同利益。记得我任中欧项目办首席 WTO 专家期间，双方保持良好的经常性政策磋商。项目中期，欧盟就超越美国，成为中国的最大贸易伙伴。足见双方的关系是互利双赢的关系。中欧双方应该携手合作，团结所有 WTO 成员，进行民主协商，寻找解决当前多边贸易体制面临危机的途径。

全球化是开放贸易和科技迅猛发展带来的结果，它扩大了市场，提供了更多发展机会。但有的国家由于各种原因，基础设施不发达，不能与世界互联互通，不能充分利用国际市场促进本国经济发展。中国的“一带一路”和基础设施银行的目的就在帮助有需求的国家完善基础设施建设，实现与世界各国互联互通。合作伙伴国已有 140 个国家，与这些国家的贸易额已达 9.2 万亿美元。这些项目将对世界经济增长作出巨大贡献，也将促进欧亚互联互通。

全球化不伤害任何国家的利益。如逆世界潮流而动，退回到 20 世纪以邻为壑的贸易保护主义，发动贸易战才是当今世界所面临的最大威胁。世界各国应该同仇敌忾，共同抵御这种威胁，才能保障全球经济的健康成长。

我的海关岁月

吴家煌

【作者简介】

吴家煌，1939 年生于浙江，1962 年毕业于北京对外贸易学院，曾先后在外经贸部、联合国贸发会议秘书处、中国常驻日内瓦代表团和海关总署工作。2000 年退休后，担任过中国 WTO 研究会副会长和国务院关税税则委员会咨询委员。

1991 年 1 月初，我带着外经贸部的介绍信，到海关总署报到，开始了我公务员生涯的最后 10 年。此前，我在外经贸部干部学校、外经贸部美大司和国际司服务了近 30 年，期间两度外派到常驻日内瓦联合国代表团任职，一度派驻联合国贸发会议秘书处任会议秘书。

我在外经贸部的最后两个职务是国际司“关贸总协定处处长”以及“常驻日内瓦代表团参赞”。这两个职务看似风光，但是 1989 年政治风波后，中国“复关”谈判受到以美国为首的西方国家制裁，我心里很受挫。出任日内瓦参赞时，外经贸部许诺的副局级待遇也没有落实，思想上很不快乐。海关总署戴杰署长知道我的处境后，积极动员我到总署工作，说“总署需要补充关税谈判力量”。

一、外来的和尚念经

我对海关总署这个单位并不陌生。“文革”时期我曾在公安部成立的旧海关专案组工作过，有幸认识高祚、吴乃文等领导，并有机会查阅旧海关档案，略知当时的海关业务。在日内瓦工作期间，我跟踪过多边贸易谈判，其中关税问题是我关注问题之一。因此，从外经贸部调到海关，我还是比较从容的。我到人教司报了到，在关税司周福基司长办公室，他对我说：“你是新来的副司长，先熟悉情况，协助陈炳华副司长分管税则处和国际关税处。”

不久发现，自己好像是一个外来的和尚到一个新庙里念经，有人爱听，有人不爱听。譬如，我讲我国的“复关”谈判，一定会把高关税降下来，并变成“约束关税”，再也不可以随意自主提高。有人听了，脑子转不过来，觉得新中国浴血奋斗夺回来的关税自主权不又丢失了？再譬如，我预计深圳等五个特区自用物资免税进口这个敞开大口的优惠政策，国内口岸受惠不均等，偏离非歧视原则，恐怕维持不住。很快我就隐约发现，我的想法好像与“用好、用足减免税政策”的主流观点有些格格不入。有一次在北京平房乡关长培训班上，有学员建议我讲讲未来的关税谈判前景，我就谈了大幅度削减关税水平，大面积调整减免税政策，回归基于贸易合同价格的估价办法以及减少内部文件，提高海关政策透明度等内容。会后有的学员给我竖大拇指，也有的学员闷不作声。

半年后，我突然被调离关税司，到统计司当副司长。无论是人教司还是署领导，都没有给我任何调动解释。不过，让我宽慰的是，我是带着一个尾巴调动的：如果“复关”谈判恢复正常，我还要回来牵头关税谈判。

二、海关统计——被誉为国内最让人放心的部门统计

1991 年 7 月，我到统计司工作。不久王顺礼司长退休，我接了他的班。人教司及时配齐了司处两级干部，大家齐心协力，做好进出口贸易统计数据的汇集、编制和分析。我观察到海关统计干部工作很辛苦，思想很淳朴。我也看到一些地方海关在机构设置上特意把征税和统计合并起来取名“征统科”。一位主管关长语重心长地对我说：“统计工作确实清苦，征统合并在一起，心里就平衡多了。”

在当年的海关统计工作年会上，我与到会的国家统计局一位司领导交流业务情况，并请教她何谓“城调队”和“农调队”。她中肯地给我介绍了国内基层统计的状况和问题，接着赞赏了海关的统计质量，说它是“国内最让人放心的部门统计”，“它扎根在一张张报关单上，而不是拍脑袋出数据”。我铭记这位司长对海关统计的高度评价，每到一个地方海关出差，都要用她的话来鼓励统计干部继续努力，做好工作。我还经常强调，进出口贸易统计是中央政府宏观经济账本里的重要项目，必须掌握好准确、及时两个标准。

尽管海关统计被认为是“最让人放心的”，但地方海关统计干部却坦诚地告诉我，

他们并不完全放心。1992 年，我主持了华南片海关的“协调制度统计目录培训班”，期间去了一趟深圳。统计处的一位副处长约我去了他的办公室，给我看了一盒玻璃镜片和一卷塑料带，说不法商人为了骗取出口退税，把玻璃镜片伪报成精密仪器镜片，把塑料带伪报成“皮尔卡丹真皮腰带”，报关单上的价格是这些破烂货的几百倍。头天这些假货装船出口了，第二天在附近没有海关监管的海岸把货卸下来，待到骗税得手后，原批假货再度报关出口。他说海关统计实际上存在着这样的虚假出口。这使我回忆起 20 世纪 80 年代末，我在日内瓦工作期间见报的法国和瑞士接壤地区一起卡车运输骗税案件。一家法国公司用集装箱卡车出口货物到瑞士，又在瑞士不设海关卡口的地方原车回到法国，循环往复骗取出口退税。真是天下乌鸦一般黑啊！

我在统计司工作期间，获得了一个很意外的荣誉——国务院人事部颁发的“有突出贡献的中青年干部”称号。我有些忐忑，因为谈判未见结果，心想会不会是日内瓦“复关”谈判又要重启？

三、重返关税司

1993 年下半年某天，外经贸部一位老司长告诉我，外经贸部领导在一次会上谈起，我离开部里他们感到惋惜，似有意让我回去。不久，总署关税司黄汝凤司长升任副署长，提议我从统计司调回关税司。突然间，我好像做梦，走到了三岔路口一般：回外经贸部？还是回关税司？最后还是决定回关税司好好干。

关税司的头等大事是征税。那些年海关税收占中央本级财政可支配收入的 30%—40%，实在是非同小可。每年财政部预算司都按一定增幅给总署指令性税收指标任务，总署则转身把指令性指标切块给直属海关。关税司对武断的指令性指标很是无奈，也深深感到我们赖以征税的高税率是完成税收任务的负面因素。新中国成立后，在 1951 年颁布的第一部税则，平均税率是 52.9%，改革开放后的 1985 年修订的第二部税则，平均税率是 50%。20 世纪 90 年代初，税则目录转换成了各国通用的协调制度目录，平均关税是 47.2%。对比东京回合减税后发达国家 5%和发展中国家 15%的平均关税，中国的关税门槛实在是高得吓人。

我回到关税司后，首批来访的客人中有香港的英美烟草公司和菲利普茅利斯公司的高管。他们忧心忡忡。首先他们的产品对健康有害，其次他们不得不说中国的香烟关税 150%，加上其他税费，综合税费成本达到 400%以上，使他们的产品往往沦为走私品。他们给我们带来了一个亚洲国家、一个拉美国家的成功降税案例，期望被扭曲的中国烟草贸易能够通过“复关”谈判获得纠正。这两个国际香烟贩子说的是真话，办的是实事。如果烟草税率将来果真降下来，贸易正常了，海关每年增收几十亿税收不在话下。

汽车关税之高乃是中国税则之最。轿车关税按照排气量大小在180%—230%间浮动。凡汇率变动、审价差异、减免税实施，都牵动着汽车进口商的神经。这个行业也是走私活动的高发区。20世纪90年代中期，财政部有官员去香港考察汽车拆解走私到内地的情况，新界一带的拆车厂星罗棋布，把崭新的汽车割顶，卸轮胎，挖发动机，甚至拆成270个部件。拆散后，有的在广东偏僻小港走私入境，有的混入废钢铁报关，有的以小汽车散件出口内地。在广东一带有专门的不法公司负责接应、组装和销售。根据香港左钛汽车商会提供的数据，从1992年5月至1995年12月的3年半时间里，香港拆车行共计为内地拆解汽车52.6万辆。如果按平均一辆汽车逃税10万元计，估算逃税总额520余亿元之巨。而那些年，海关每年征税也只不过500亿元左右。

四、英明的关税自主减免

为适应社会主义市场经济需要，进行自主改革，把高关税降下来，国务院和海关总署进行了一系列战略上的部署。特别是国务院要求海关总署研究提出大幅增加海关税收、维护市场公平竞争的关税制度改革一揽子方案并批准实施后，带来了实实在在的降税效果。

一系列大幅降税安排，客观上也为“复关”谈判创造了积极有利条件。

20世纪80年代初，海关总署是联名向国务院请示恢复“关贸总协定”缔约国地位的五部委之一，国务院批复同意以“关税减让”为代价复关。当时关税税则委员会设在海关总署，戴杰署长是税委会主任。由戴署长牵头制定关税减让谈判方案，通过“复关”解决我国关税过高问题是水到渠成的事。不料“复关”谈判起始不久，美国把问题政治化了，解决高关税问题因此被拖延了下来。

1992年初，邓小平南方谈话掀起了中国改革开放的新高潮。随后国务院决定大刀阔斧自主降税，目标是若干年之内把我国的关税水平降低一半。

第一次自主降税是在1993—1994年连续两年降低几千个税目的税率，把平均关税从42.5%降低到36.6%，降幅达8.6%。

第二次自主降税是在1996年，把平均关税从36.6%降至23.%，涉及税目达4900个，减税幅度达35%，同时取消了特区进口自用物资减免税和部分外商投资企业进口设备减免税。

第三次自主降税是在1997年，把平均关税从23%降到17%。

上述降税措施源于我国的改革开放国策的内在需求，也与我国“复关”“入世”以及参与亚太经合组织贸易自由化谈判的要求相吻合。从海关总署关税司的征税工作来看，自主降税开辟了无尽的税源。高关税的1992年海关征税总额380亿元，而自主降税至17%的1997年，征税总额达到894亿元。在我写这篇回忆录的2020年，平均关税不足10%，征税总额上升到1.7万亿元！

五、一波三折的中国“复关”谈判

中国“复关”谈判过程中最积极的角色是美国。1986年7月，我国提交“复关”申请，当年11月美国即派助理贸易代表纽柯克（W. Douglas Newkirk）来北京磋商。他在开场白中，有这样动人的话：“没有任何一个国家像美国这样欢迎和希望中国进入关贸总协定。美国将和中国手拉手地进行谈判，而不是相互指责和争吵。”那时我是外经贸部的关贸总协定处的处长，参与了中美双边磋商的整个过程。长着两撇胡子、脸色黝黑的纽柯克看见我总是满脸堆笑，握手时我感到他手掌肥厚而有力。此后，中美磋商突飞猛进，至1989年5月双方对各自关心的若干问题都有了妥善的处理方式，并形成了中国回到关贸总协定的《议定书》框架。期间，总署吴乃文副署长率团去日内瓦与欧共体、加拿大、澳大利亚、新西兰、瑞士等六个国家，就中国的关税减让交换了意见。不久我被派往日内瓦代表团任关贸总协定事务参赞，负责即将到来的“复关”多边谈判协调事务。不料，在1989年春夏之交发生了政治风波，接着苏联也轰然瓦解。美国在弹冠相庆之余，认为不再需要中国来共同对付敌人了，于是国会通过了阻挠中国“复关”谈判的决议。原本顺顺利利的谈判戛然止步。记得在日内瓦一次半死不活的中国工作组会议休息期间，我与纽柯克在会场照了面。他无奈地对我说：“中国回到总协定的谈判已变成政治问题，他的代表团也不能在谈判中起主导作用了。”我发现他脸上的微笑已经消失。这是中国“复关”谈判遭遇的第一个挫折。

图 1. 1986 年 11 月，沈觉人部长助理陪同美国助理贸易代表纽柯克率领的代表团在北京参观游览明十三陵。左四为纽柯克，左五为沈觉人，右三为吴家煌，右一为董尚明。

美国和西方国家对中国“复关”谈判的制裁延续了将近 3 年时间。由于中国坚持改革开放，更因西方国家不甘放弃中国市场，谈判渐渐恢复。在结束中国外贸制度审议后就进入了市场准入谈判阶段。1993 年 9 月，中国向关贸总协定递交了一份包括 5658 个税目的关税减让出价单，我作为关税谈判组组长参与了该谈判方案的制定过程。日本、加拿大、澳大利亚、乌拉圭、土耳其、捷克、斯洛伐克、匈牙利等国家相继与我们开始了双边谈判。但是乌拉圭回合多边贸易谈判在 1993 年底结束了，各国与中国的关税谈判逐渐失去了势头。1994 年上半年外经贸部报请国务院同意，拟作出最后努力，争取在年底乌拉圭回合协议生效前完成“复关”谈判，使我国成为即将成立的“世界贸易组织”的创始成员。据此，1994 年 8 月代表团向关贸总协定递交了“复关”市场准入一揽子解决方案，包括关税和非关税措施的内容，其中农产品平均关税由 46.1%降至 21.9%，降幅 52.5%；工业品关税由 42%降至 15.4%，降幅 61.9%；全部产品由 43.2%降至 17%，降幅达 61%，是乌拉圭回合关税减让目标的两倍。1994 年 9 月，我被任命为市场准入代表团团长，在日内瓦督阵 50 余天，与 30 多个国家轮番举行双边谈判。有些国家表示接受或准备接受我们的出价，如乌拉圭、土耳其、匈牙利、捷克、斯洛伐克等。日本索要产品范围很大，但是讨价还价相对克

图 2. 1988 年 4 月，GATT 中国工作组第 3 次会议期间，中国代表团成员与工作组主席吉拉德（Pierre-Louis Girard）（前排左四）合影。前排左三为沈觉人，最后一排左二为吴家煌。

制，譬如汽车减税，我们还价降至 65% 它就满意了。澳大利亚索要产品集中在初级产品上，尤其是羊毛，缠着我们把关税降到零。有一次该国大使约我单独一对一磋商，说有一件“礼物”要我转交北京。原来还是那个羊毛降至零的诉求，不过加了三层彩色包装纸——他夸口说了零关税的三个好处：第一是可以降低中国进羊毛成本；第二可以提高中国毛纺产品出口竞争力；第三是可以保障中澳贸易双赢。讲到兴奋之处，他双手扩胸，衬衣胸口间露出了浓密的体毛。我回应他的“礼物”，说中国边远省区还有 2000 万牧民的生计需要保护呢。我也有一个礼物，请你带回堪培拉：你们国家地广人稀，可否开放一点点，接收点中国牧民移民去澳大利亚，譬如每年一千个，安排到边远地区也无妨。他连连摆手：“使不得，使不得。”

1994 年下半年的双边市场准入谈判，被称为“复关”冲刺。尽管我们出价不凡，尽管我们不遗余力，但是没有成功，原因还是美国的阻挠。它压根不同意中国在乌拉圭回合协议生效之前“复关”。谷永江副部长在日内瓦说：“（我们）未能完成中国‘复关’的实质性该判，完全是个别缔约方出于政治上的需要，蓄意阻挠，漫天要价导致的。”这是中国“复关”之路一波三折中的第二折。

中美之间在1992年曾经签订过《中美双边市场准入谅解备忘录》，中方承诺开放市场，美方承诺“坚定支持中国取得关贸总协定缔约国地位”。鉴于美国违背承诺，阻挠中国1994年年底结束“复关”谈判，中国决定自1995年1月1日起，暂缓执行对美开放市场的承诺义务。中国的反制引起美国工商界对政府的不满和压力。1995年下半年，我国的“复关”谈判转为“入世”谈判。中美之间的会谈也屡次上升到内阁级乃至最高领导人的级别。如1997年10月，中美两国元首会谈，中方表达了尽早加入《信息技术协定》的意向。当年11月，在温哥华亚太经合组织首脑会议期间，两国领导人再度会晤，中方领导人宣布2005年平均关税将降至10%。1998年上半年，中美频繁举行双边磋商。总署关税谈判小组与税委办密切合作，把中方领导人宣布的降税目标细化至美国索要的具体产品上，并及时提出了信息产品零关税和化工品协调关税的实施建议。1998年6月，克林顿访华，原拟在京签订双边协议结束谈判，不料华盛顿反华势力作妖，总统放弃签约努力。当年下半年，我退休，不再担任关税谈判小组组长，但仍然密切关注谈判进展。1999年4月中国总理访美，克林顿总统权衡国会两种势力的较量，认为结束谈判对他所代表的民主党不利，再度放弃了与中方达成协议的机会。这是中国“复关”“入世”谈判曲折道路的第三折。

事实上，中国总理离开华盛顿前往加拿大访问途中，美国国会和舆论炸锅，认为美国从双边协议草案中得分颇多，本该签约。克林顿似有反悔，电话请中方返回再谈。中方回答说“你们派人到北京谈吧”。美国人追随去了北京。谁料5月8日，美国飞机轰炸了我国驻南斯拉夫使馆，我国断然中止了中美“入世”谈判，四个月之后才恢复。11月15日，中美双边协议在磕磕绊绊中签了字。我有幸应邀参加了签字仪式。

美国对中国回到国际贸易制度的制裁、阻挠和无度的政治化，使谈判拖延达15年之久。由于中国改革开放永不动摇，终于在2001年12月加入了世界贸易组织。

结　尾

我在海关总署供职10年，见证了邓小平南巡讲话后，我国改革开放大潮中关税领域通过“复关”“入世”谈判所发生的巨大变化。高关税壁垒逐步拆除。在发展中国家间作比较，我国的关税水平已属于低关税之列。关税水平下降，但关税收入仍是中央财政收入的重要税源，尤其是进口调节税，保障了出口退税的及时全额支付。

回忆起来，我所主持的关税减让谈判自始至终都得到了署领导的大力支持，包括戴杰署长、钱冠林署长、吴乃文副署长、端木君副署长等。我所带领的谈判队伍——国际关税处，是一支出色的队伍。一场场谈判锤炼了他们，如今个个都成了堪负重任的司局级干部，在总署不同部门、世界海关组织、驻俄罗斯大使馆等岗位发挥着重要作用。每当回忆往事，我脑海里总会浮现出他们的身影。他们是：汪东虹、王延春、刘平、徐慧筠、党英杰 ... 想到这些，我十分欣慰。

图 3. 与海关总署国际关税处谈判队伍合影。左起：刘平、党英杰、吴家煌、徐慧筠、汪东虹、王延春。

“复关”到“入世”，谈判那些年

王世春

【作者简介】

王世春，1955年4月生，江苏人，毕业于对外经济贸易大学。研究生学历，经济学博士学位。1980年，入职中国对外贸易部。1988年，任外经贸部国际局关贸总协定处副处长。1991至1995年，任中国常驻日内瓦代表团关贸总协定处一秘、参赞。1996年，任外经贸部国际司副司长。1998年，任外经贸部外贸管理司副司长。2001年，任外经贸部进出口公平贸易局局长。2002年，任外经贸部国际贸易谈判代表办公室副代表兼公平贸易局长。2006年，任商务部对外援助司司长。2010年，任中国常驻联合国工业发展组织代表处副代表、公使衔参赞。2014至2020年，任联合国工业发展组织办公厅主任。

2001年，中国正式加入世界贸易组织，成为我国对外开放和现代化建设进程中的重要里程碑式事件。“复关”到“入世”这段波澜壮阔的历史进程，风云变幻，险滩暗礁，刀光剑影，曲折反复。小小入世槌的一锤定音，敲开了中国参与多边贸易体制的大门。作为中国“复关”和“入世”谈判的亲历者，忆及这15年的往事，仍历历在目，心情一时难以平静。

一、“复关”筹备

1980年，我进入对外贸易部，开始参与我国“复关”筹备工作。那时中国刚掀起改革开放浪潮，急需国际谈判和法律法规方面人才。当年，我就有机会去北京大学参加了由哈佛大学教授主讲的商法讲座。1981年，部里在人手非常紧张的情况下，先是派我去奥地利维也纳联合国国际贸易法委员会工作，从事3个月的文件翻译。这是我第一次走出国门，而且跨进的是联合国大门，兴奋心情和工作热情自不待言。随后，选送我赴美国路易斯安那州立大学法学院学习。那年我 26 岁，充满着强烈的求知欲，格外珍惜这次难得的机会。一年的海外学习，大大开阔了眼界，对美国的法律体制和开放的市场有了深刻认识，对我国体制改革和创新发展也有了更多思考。

1982 年 11 月，我国首次派代表团列席第 38 届关贸总协定部长级缔约方大会。1983 年 1 月，对外贸易部等五部委的专题请示获国务院批准，同意选择有利时机申请“复关”。我有幸参与上述大会筹备和请示文件起草。随后，我进入部里组建的工作专班，全身心投入“复关”的前期研究和铺垫工作：大量材料翻译研读、相关部委沟通协调、国内外考察调研等。1983 年 9 月，我参加了由关贸总协定和亚太经社会首次在泰国曼谷联合举办的贸易政策区域研讨会，这是我第一次参加关贸总协定的国际会议。1984 年 9 月，我赴瑞士日内瓦参加为期三个月的国际贸易政策专题研讨班，首次踏入关贸总协定总部。此后，我的人生与关贸总协定结下不解之缘。上述的工作学习过程，为之后“复关”谈判积累了宝贵的知识和经验。

图 1. 1987 年 10 月 30 日，张劲夫国务委员会见关贸总协定总干事阿瑟・邓克尔（Arthur Dunkel）。左起：邓克尔、朱小川、张劲夫、王世春。

1984 年 11 月，关贸总协定决定给予中国理事会观察员地位，自此，我国取得了参加关贸总协定所有正式会议的权利。1986 年 7 月 10 日，我常驻日内瓦代表团钱嘉东大使正式提交中国“复关”申请。国务院随即成立由张劲夫国务委员任组长的关贸总协定部际协调小组，“复关”进入漫长而艰苦的“实战”。此时提交“复关”申请，出于三方面考量：一是改革开放的推进缩小了我国在外贸体制、关税、汇率和价格等方面与市场经济国家的差距，申请时机亦已成熟；二是可尽早全面深入了解关贸总协定规则及运作；三是力争获得新一轮多边贸易谈判的参加资格，为我“复关”谈判创造有利条件。

二、“复关”攻坚

1986 年到 1989 年，我加入“复关”谈判“主战场”。1986 年 9 月 15 日至 20 日，中国代表团首次列席在乌拉圭埃斯特角城举行的关贸总协定部长级大会。此次会议启动乌拉圭回合谈判，举世瞩目。会议创造了关贸总协定历史上三个第一次：一是规模达到空前的两千余人，二是首次在发展中国家发动多边贸易谈判，三是中国作为最大发展中国家首次派团与会。为充分利用好这一多边舞台，我代表团积极开展工作：与美国、欧共体、印度、巴西、埃及、罗马尼亚等 40 多个代表团会谈和接触，摸清了各方在农产品和服务贸易等重大问题上的基本态度和分歧，阐明了我国支持发动新一轮谈判和对一系列谈判议题的原则立场，争取到了我国参加新一轮所有议题的谈判资格，并就“复关”问题同许多国家进行了磋商。此外，还为发展中乌双边关系做了积极推动。得益于此，两国一年多后正式建交。

由于当时中乌尚未建交，中方代表团需辗转取道阿根廷赴会。代表团飞抵阿根廷后，我驻阿使馆及时提供协助，专门派车运送必要的办公设备和食品赴乌。不料中途车辆出现故障，不得不另换车辆，才完成此次“不平凡”的任务。中国代表团共 8 人，沈觉人部长助理任团长，钱嘉东大使任副团长，团员除我之外，还包括驻日内瓦代表团刘显铭参赞、海关关税司陈炳华副司长、经贸部国际司吴家煌处长、外交部国际司陈健处长、我驻阿使馆李泽民同志，其中我最年轻，既要负责代表团的活动安排，又要撰写相关材料，还要承担翻译等工作。虽辛苦劳累，却能亲眼见识如此重大的国际会议并在一系列任务中有所作为，不免有一种真切的获得感。

乌拉圭回合正式启动后，“复关”和参加新一轮多边贸易谈判的两条战线交织并

图 2. 1986 年 9 月，中国代表团出席乌拉圭回合部长级会议时合影。左起：吴家煌、陈健、李泽民、沈觉人、钱嘉东、刘显铭、陈炳华、王世春。

行。1987 年 2 月，中国向关贸总协定秘书处递交中国外贸制度备忘录；3 月成立中国缔约方地位工作组；10 月举行中国工作组首次会议；1988 年 2 月，召开中国工作组第二次会议，正式进入中国外贸制度审议阶段。

毋庸置疑，中国和美国是世界上最大的发展中国家和最大的发达国家。作为一个贸易强国，美国在关贸总协定中具有举足轻重的作用，是我“复关”的主要谈判对手，中美磋商也自然成为交锋主战场。1986 年至 1989 年，双方围绕贸易制度和议定书进行了五轮正式磋商。中方团长是外经贸部沈觉人副部长，美方团长是美国助理贸易代表道格拉斯 · 纽柯克（W. Douglas Newkirk）。此阶段磋商中，双方态度积极，立场明确，讨论坦率深入，取得重大进展，形成了议定书基本架构，为后续“复关”谈判奠定了重要基础。美国人有备而来，在北京第 1 轮磋商中就首先亮出 5 点要求：1. 中国贸易政策的统一性；2. 中国贸易制度的透明性；3. 非关税措施的合理性；4. 承诺价格体制改革的必要性；5. 设立保障措施的特殊性。同样，我方也直接点明“复关”谈判三项原则：1. 以恢复方式获得关贸总协定缔约国地位；2. 坚持发展中国家地位；3. 以关税减让方式作为进入关贸总协定的“入门费”。此外，还向美方提出两项要求，一是给予中国无条件最惠国待遇，二是给予中国普惠制待遇。这三项原则和两项要求，构成中国“复关”5 点立场。

中美第 2 轮磋商于 1987 年 2 月在华盛顿举行，双方就各自的五点核心关切进一步交换意见。

中美第 3 轮磋商同年 4 月在中国举行。作为关贸总协定中国工作组成立后中美首次磋商，这是一轮承前启后的关键谈判。此次磋商，双方围绕议定书应包括要点进行详细讨论，并就中国工作组的职责案文达成共识，成效明显。美国代表团先行抵达深圳、厦门考察经济特区，随后与我方在厦门进行首场会谈。从厦门飞至北京的途中，遭遇了恶劣天气，飞机剧烈颠簸。美国贸易谈判代表办公室中国处处长威廉·阿布内特（William Abnett），身材魁梧，戴着黑框变色眼镜，留着黑胡子。他当时安慰我，“不用担心，没事！我以前是空军飞行员，这种情况常见，有惊无险”。接着，还打趣道：“中美磋商，何不像遭遇气流的飞机，虽有震荡起伏，但终会平安落地。”

图 3. 1987 年 4 月，中美两国代表团在厦门合影。前排左三为纽柯克，左四为沈觉人，后排左一为王世春。

美方代表团另一位关键人物，是关贸总协定处处长塞西莉亚·克莱茵（Klein Cecilia）女士。她在厦门鼓浪屿游览时，挎了一个沉重的大包。攀爬大岩石的时候，我本能伸手帮她拿包，她却反常地大吼一声“NO！”我吃了一惊，心想莫非里面有机密文件，怕被我看到？大家一路相处融洽，有说有笑，怎么突然翻脸？当时我十分纳闷，她也没多加解释。后来，随着与美国人打交道越来越多，才逐渐意识到，个性独立要强的西方女士会把善意帮助误为小看轻视。

1988 年 12 月，中美第 4 轮磋商在华盛顿举行，双方分别提出了议定书草案。直到 1989 年 5 月在北京举行的第 5 轮磋商，双方终于在特别保障条款和无条件最惠国待遇两个最困难的原则问题上达成意向性协议。

在中美五轮磋商时期内，中国同欧共体也进行了三轮磋商，达成不少共识。1989 年 3 月，欧洲议会通过决议支持中国“复关”。至此，中国与美欧的双边磋商均取得实质性进展，预示着中国“复关”有望。然而，1989 年政治风波后，形势急转直下，美欧态度遽变，我“复关”进程受阻。

三、前线风云

1990 年到 1994 年末，“复关”进入第二番努力，我也于 1991 年被派往常驻日内瓦代表团，开始一线工作，任务既光荣又繁重。这期间，我除了跟踪和参与乌拉圭回合众多议题的谈判外，还忙于中国工作组大量的会议准备和行政事务安排，以及开展与各国使团的日常联系沟通等一系列工作。在人手不足的情况下，还需要充当同声传译。

“复关”落入低潮，台湾当局又趁机“兴风作浪”，于 1990 年 1 月 1 日以“台湾、澎湖、金门、马祖单独关税地区”的名义申请加入关贸总协定。以美国为首的西方发达国家把中国大陆“复关”与中国台湾“入关”捆绑挂钩，使得“复关”进程更为扑朔。早在 1989 年 9 月，我和外经贸部国际司唐玉峰副司长就曾前往华盛顿和布鲁塞尔顶着压力做工作，旨在努力推动美欧恢复中国工作组多边工作进程，均未得到积极回应。为推动局势转圜，稳妥处理中国台湾“入关”问题，我方（中国大陆）按照中央确定的外交方针，积极争取发展中国家的支持。1990 年 7 月，中国代表团出访亚非拉发展中缔约国，代表团由沈觉人副部长、秘书、翻译和我四人组成，会见了包括孟加拉国总统在内的领导人及高官，详细阐述中国政府立场，得到各国明确支持。此次出访，历时 3 周，辗转孟加拉、巴基斯坦、津巴布韦、坦桑尼亚、科特迪瓦、埃及

图 4. 1990 年 7 月，王世春（左一站立者）陪同沈觉人副部长访问科特迪瓦。

和古巴等 7 国，任务艰巨，但收效斐然。

1992 年 3 月，中美欧三方在日内瓦就我（中国大陆）“复关”、（中国台湾）“入关”一揽子方案展开七轮非正式密集磋商，那也是我在常驻代表团工作的第二年，经过我方大量耐心细致的工作，最后达成了初步协议。1992 年 9 月，关贸总协定理事会通过主席声明，同意加快中国大陆“复关”进程和我方提出的处理中国台湾“入关”的三个前提条件，即一个中国、中国同意、我（中国大陆）先台（中国台湾）后。至此，两年艰苦努力终有结果，台“入关”敏感问题妥善解决，我“复关”谈判突破停滞局面。

1992 年，党的十四大作出建立社会主义市场经济体制的重大历史性决定，对结束长达 6 年的中国外贸制度审议起到决定性作用。同年，中国工作组第 11 次会议完成中国贸易制度审议，中国“复关”谈判进入多、双边谈判平行推进阶段。此后，美欧再三拖延并抬高要价，但中国代表团坚持原则，守住底线，展现超常的耐心与毅力，围绕议定书、发展中国家地位、贸易减让等问题，同缔约方进行着有理有利有节的全方位谈判。

原定 4 年结束的乌拉圭回合一延再延，历时 7 年才画上句号。中国作为完全参与方，在摩洛哥马拉喀什关贸总协定部长级大会上，签署了乌拉圭回合的最后文件。但这并不代表着中国“复关”谈判的完结，直至最后一次中国工作组会议，中国代表团都在为“复关”全力冲刺。国内对谈判进程同样持续关注，派央视团组跟踪报道。还记得那时，白天我要在龙永图团长主打的谈判场上斗智斗勇，出谋划策；晚上我还要驾车送白岩松记者前往日内瓦电视台，及时向国内发送新闻报道。

四、助力“入世”

由于美欧漫天要价和蓄意阻挠，我国在世界贸易组织成立前“复关”未果。1995年1月，WTO成立，中国由“复关”变“入世”，我也转战新的岗位，继续助力“入世”谈判。同年5月，中国应邀与WTO成员恢复磋商，开始逐一拉锯式双边谈判，我也直接或间接参与其中。1995年至1997年期间，我以中国贸易高级官员身份，参与组织或出席多场高级别国际经贸活动，如亚太经济合作组织（APEC）和亚欧会议（ASEM）的领导人会议、部长级会议，为推动国际贸易投资自由化和便利化做出努力。1998年至2001年，我主要负责多双边国际纺织品协定谈判、进出口商品管理和

图5. 2001年11月11日，中国加入世界贸易组织签字仪式，第二排右四为王世春。

外贸体制改革工作，参加了近一半的中国工作组会议以及与有关国家的双边磋商和谈判。1999 年 11 月，中美最终签署双边协议，标志着中国"入世"谈判真正进入了最后阶段。

2001 年 11 月，卡塔尔多哈，中国加入世界贸易组织签字仪式隆重举行。我作为代表团一员，在现场见证了这个历史时刻。回首 15 年漫漫历程，禁不住两眼湿润。

五、谈判感悟

时代为中国提供了难得的历史机遇，国家给了我成长发展的宝贵机会。"复关"8 年，"入世"7 年。"复关"阶段共举行 19 次中国工作组会议，首次会议因只涉及程序性安排，国内未派团出席，我参加了第 2—19 次工作组会议；"入世"阶段共举行 18 次中国工作组会议，我参加了其中 8 次会议。同时，我还参与了"复关""入世"大量磋商和会谈，以及乌拉圭回合启动、中期审评和结束的部长级大会和许多议题谈判。历尽 15 年谈判的风雨征程，思绪万千，感触良多。

第一，有效的组织机制，是谈判成功的根本保证。成功"入世"离不开党中央、国务院的坚强领导、国家部委的支持协作、谈判代表的运筹帷幄、谈判队伍的精诚合作。"复关"伊始，国务院专门成立部际协调机制，统领谈判大局；国家领导人高瞻远瞩，亲自指挥部署。各政府部门和产业界的理解、配合和支持，对"复关""入世"至关重要。沈觉人、佟志广、谷永江、龙永图四任谈判代表大将风度，骁勇善战，恪尽职守，赓续前行。谈判参与者忠诚敬业、坚韧不拔、夜以继日、奋力拼搏。全局一盘棋，从根本上保证了谈判成功。

第二，突破核心成员方，是谈判成功的重中之重。俗话说，牵牛要牵牛鼻子，与美国的博弈是谈判的最大难点。从开始"复关"到成功"入世"，美国扮演着"领头羊"和"拦路虎"的双重角色。美国曾表示："没有任何一个国家像美国这样欢迎和希望中国加入关贸总协定，美国将会与中国手拉手进行谈判。"谈判初期，美国对中国回到关贸总协定态度积极，但在某些特定阶段和关键问题上，美国又成为谈判推进的绊脚石。与此同时，作为我方重要谈判对手的欧共体也有自己的利益，有时还会与美国"唱双簧"，轮番要价，意在榨取更大让步。美、欧相继突破，为"入世"扫清了最大障碍。

第三，坚持原则互谅互让，是谈判成功的英明策略。谈判是妥协的艺术，是形成共识的过程。从“复关”初始确立的三原则，到向美方提出的两要求，再到妥善处理中国台湾“入关”事务的三条件，都是我们的核心关切。我们成功守牢政治底线，也争取到了更多经济利益。中美磋商最后时刻，解决悬而未决的7个问题是能否达成协议的关键。朱镕基总理亲临现场，拍板“舍三取四”，促成协议，成为经典。

第四，善用国际组织，是谈判成功的重要外因。关贸总协定的运转，具有中立性、国际性和专业性的特点。在中国“复关”的过程中，我方与关贸总协定秘书处合作密切，获得了许多有价值的意见建议和有力的技术支持。在中国“复关”的多个关键时刻，我们成功促成两任总干事四度访华，这对谈判进程起到重要的推动作用。

第五，开放改革强劲互动，是谈判成功的现实基础。开放推动改革，改革促进发展，发展提升实力，带动更高水平开放。谈判的15年，也是开放与改革相伴而生，相互推进的15年。对中国贸易制度的冗长审议，从最初解释有计划的商品经济，到后期阐明社会主义市场经济，说明经过改革开放，中国经济已实现质的飞跃，能够全面融入世界多边贸易体制。

岁月不居，时节如流。“入世”，是谈判的成功，也是应对“入世”后挑战的开始。“入世”后，面对错综复杂的国际贸易环境变化的新形势，我作为外经贸部进出口公平贸易局首任局长，带领着一支朝气蓬勃的年轻专业团队，奋斗在公平贸易工作战线上。在进口方面，有效运用反倾销、反补贴、保障措施等合法手段，积极维护国内产业安全，为经济发展保驾护航；在出口方面，有力应对国外贸易保护主义，妥善处理贸易摩擦，为创造稳定有利的外部环境提供可靠保障。

中国“复关”“入世”，是顺应时代发展潮流的一项重大战略选择，是中华民族复兴进程中的一次伟大实践，绝非一日之功，而是经过不懈努力、全力拼搏换来的胜利成果。中国加入多边贸易体制奋斗者们不屈不挠的意志和精神，将激励一代又一代国人坚定地向着更多高峰勇敢攀登。

我参与的“复关”“入世”分销谈判

黄　海

【作者简介】

黄海，1947 年出生，法学硕士。1988 年任中共中央政治体制改革研究室副局长，1990 年任商业部经济研究中心副主任，1994 年任国内贸易部商业经济研究中心主任，1995 年任内贸部政策法规司司长，1998 年任国家国内贸易局总经济师，2000 年任国家经贸委贸易市场局局长，2003 年任商务部党组成员、部长助理，2008 年任第十一届全国政协委员、经济委员会委员。

我亲身参与“复关”“入世”分销谈判的经历，可以分为两段。1994 年，多次在北京和日内瓦参加恢复我国关贸总协定缔约国地位的服务业多双边谈判，负责分销领域。1995 年后，除在北京继续参与加入 WTO 的服务业谈判外，主要负责分销领域对外开放政策的研究制定，配合一线谈判，提供政策支持和工作建议。

一、紧锣密鼓的 1994 年“复关”服务业谈判

随着关贸总协定乌拉圭回合谈判的推进，谈判由传统的货物贸易扩展到服务贸易，流通领域对外开放逐步纳入议程。

根据国内改革开放的需要，也为了配合国际经贸谈判，我就职的商业部经济研究中心，开始研究国内市场引进外资问题。20 世纪 90 年代初，商业部会同经贸部、国家体改委等部门，向国务院申请进行零售业中外合资企业的试点。

1992 年 7 月，国务院做出《关于商业零售领域利用外资问题的批复》，同意先在北京、上海、天津、广州、大连、青岛和五个经济特区，各试办一至两个中外合资或合作经营的商业零售企业，暂不举办外商独资经营的商业零售企业。

1994 年 4 月，乌拉圭回合协议签署。此时，我担任国内贸易部政策法规司副司长，分管商业对外开放的政策研究并代表内贸部参与国际谈判。

当时，国务院希望在 1995 年 WTO 取代关贸总协定之前，正式恢复中国的关贸总协定缔约国地位，顺利过渡为 WTO 成员，决定由相关部门代表直接参与，加快谈判进程。自此，开始了在北京和日内瓦繁忙的谈判。

记得我第一次直接走上国际谈判桌，是在经贸部进行的中美服务业市场准入谈判。会谈中，我的 BP 机忽然响了，我赶忙表示歉意。这时，中方主持谈判的经贸部李仲周司长说：“看，摩托罗拉传呼机，美国产品已经自由进入中国市场了。”中方代表笑声未落，美国贸易代表办公室助理贸易代表李森智（Lee Sands）马上“反击”说：“虽然是美国产品，但现在只能由中国企业进行销售。”这次轮到美方代表会心一笑了。我当时深深感受到，风轻云淡的谈话背后，实际上是激烈的唇枪舌剑。国际经贸谈判，真是个没有硝烟的战场，顿时觉得肃然起敬。

1994 年初夏，我和来自国家计委、经贸委、财政部、司法部、邮电部、外经贸部、文化部、央行、旅游局的代表一起，赴日内瓦参加和多国进行的多轮集中谈判。

为这次谈判，我在国内做了精心准备，其中耗费精力最多的是概念和口径问题。

长期以来，国内的商品流通行业曾有过多种表述，如商业、流通业、内贸，等等。但在“复关”和“入世”谈判中，国际上通用的表述是分销（distribution），其中包括四个领域：佣金代理、批发、零售和特许经营。每个领域要做出三项承诺：市场准入、国民待遇、其他承诺。每项承诺又包括四个场景：跨境支付、境外消费、商业存在和自然人流动。如此一来，四个部门乘以三项承诺再乘以四个场景，我们平时说的“商业对外开放”，需要变成 48 个具体内容，先用中文进行准确表述，再找到合适的英文词语。最后，原本准备的一两页纸，变成了一本小册子。

在具体谈判中，分销领域总体来看比较顺利，除了美国、日本和少数欧洲国家提出一些具体要求外，多数国家没有提出特别的要价。在外方提出的要求中，有一部分是我们目前存在的问题，如市场准入政策不透明、外资企业没有享受到国民待遇等，但更多的是对中国市场不理解，对中国政府的改革开放政策不清楚。当我对中方的商业开放政策进行详细解释，特别是谈到中国早在 1992 年就对国外开放了零售市场，日本八佰伴株式会社投资的百货店即将在上海开业，美国沃尔玛公司在深圳投资商场的谈判正在进行后，外国代表团大都表示理解和赞赏，美、日代表也祝愿合资企业进展顺利。

在几次赴日内瓦谈判期间，有几个花絮给我留下深刻印象。

一次是在日本常驻联合国办事处驻地，谈判持续到晚上，工作人员都已下班休息。不仅没有晚餐，而且咖啡也很快告罄，后来连开水也喝光了，双方饥肠辘辘、口干舌燥，只好结束谈判。

再一次是和巴西代表团谈判。当时正值足球世界杯期间，当晚有一场巴西队参加的比赛。谈到傍晚时，不仅巴西代表明显坐立不安，中方的足球迷（以国家计委宁吉喆为代表）也开始交头接耳。主持会议的经贸部李仲周司长提议：今晚世界杯有巴西队的重要比赛，是否今天的谈判就进行到这里？巴西代表团马上表示感谢中方的理解，谈判在友好的气氛中结束。看着巴西人兴高采烈的样子，我们心中都有一丝苦涩：什么时候中国足球也会有这样的时刻？

由于个别国家坚持过高要价，中国没有能够在 1994 年恢复关贸总协定的缔约国地位，中国代表团遗憾地未能完成预定任务。回国前，我和几个其他部委的同事去万国宫参观，我们都在主会场的讲台上“宣布”：我们一定会卷土重来，一定能够加入 WTO。这种行为虽属幼稚，但我们的决心和信心坚定不移。

图 1. 黄海 1994 年摄于关贸大楼前。

二、1995年后的“入世”服务业谈判

1995年3月，我担任了国内贸易部政策法规司司长，此后又担任国家国内贸易局总经济师、国家经贸委贸易市场局局长。由于工作繁忙，我没有再去日内瓦进行“入世”谈判，但多次参加在北京的谈判，并一直负责分销领域对外开放的政策研究、行业管理和谈判协调工作，直到“入世”。

WTO建立后，内部结构、运行机制、功能作用等，都经过了一段适应时期。中国“入世”谈判虽然没有停摆，但放慢了节奏，全力以赴加快推进国内的改革开放事业。

流通领域的对外开放，继续坚定不移地自主推进。

1995年6月，经国务院批准，国家计委、国家经贸委、外经贸部发布《指导外商投资方向暂行规定》和《外商投资产业指导目录》，允许商业零售、批发和物资供销有限度地吸收外商投资。

1995年10月，国务院决定在北京或上海试办两家中外合资的连锁商业企业。中国荷兰合资成立的中贸联万客隆公司、中国日本合资成立的华堂公司先后在北京开店经营。

1998年4月，国务院决定，中西部地区的省会城市经国家批准，可进行国内商业的开放试点。

在国内进一步改革开放基础上，WTO中国工作组于1998年4月在日内瓦召开第7次会议。会上，中国政府代表团提出了新的服务贸易减让表，涉及分销领域的主要内容包括：

1.零售。中国加入WTO后2年内，开放地域将逐步扩大到所有省会城市和经济中心城市，同时逐步放松数量限制。中国加入WTO后5年内，取消对设立合资合作零售企业的数量限制。中国加入WTO后5年内，取消对设立合资合作零售企业的地域限制。

2.批发。中国加入WTO后2年内，将允许中外合资外贸公司经营国内产品的批发业务。中国加入WTO后2年内，将允许中外合资零售企业经营国内产品的批发业务。中国加入WTO后2年内，将制定相关的法规，允许设立中外合资批发企业，其中外资比例不超过49%。

3. 外商投资生产企业的销售机构。中国加入 WTO 后 5 年内，在完成对有关法律法规的修改程序后，允许符合条件的外国企业在华设立独立法人形式的销售机构，销售境外母公司产品，并提供相应的维修和售后服务。

4. 特许经营。中国加入 WTO 后 3 年内，将制定相关的法规，允许设立特许经营的商业存在方式。

对于中方提交的减让表，各成员国提出了自己的要价。

美国代表团的要价主要是：1. 对分销的定义。分销服务主要由四个分部门构成，即零售、批发、佣金代理和特许经营。2. 对产品范围，要求承诺允许提供包括国产产品和进口产品在内的所有产品的分销服务。3. 要求承诺 3 年后取消所有对开设外商分销企业的限制。4. 要求承诺允许外资控股。

日本代表团的要价主要是：1. 要求取消外资比例必须低于 49%的限制。2. 要求确认对地方自行审批的合资零售企业，承认现状。3. 要求取消设立合资企业及合资企业设立分支机构的数量限制。4. 在中方出价中提到的“符合条件、标准”等字眼，应有具体内容加以明确，否则日方无法评估可行性。

欧盟代表团的要价主要是：1. 对零售业的要价：a. 中国一旦加入 WTO，即允许非零售企业在中国以分公司的形式建立合资零售企业。b. 在中国加入 WTO 后 5 年内，提前允许外资控股。c. 提前取消设立合资零售企业的数量和地域限制。d. 承诺国民待遇。e. 允许合资零售企业提供维修和售后服务。f. 产品范围应包括汽车。2. 对批发业的要价：a. 取消从事批发业务的数量限制。b. 说明外商何时能在全国范围内设立批发公司。

随着时间的推移，中国“入世”的服务贸易谈判进入深水区，金融、电信、分销谈判成为三大拦路虎。

1996 年 5 月，我根据流通领域对外开放的进展情况，结合谈判进程，撰写了《中国流通领域对外开放的回顾与思考》，文中指出“流通领域引进外资虽然只有短短几年，但对我国的商业发展已经起了明显的促进作用”，提出“把允许外商参与零售经营的地域扩大到中部地区的省会城市”“尽快开展中外合资合作批发经营的试点工作”等政策建议。

1996 年 5 月 9 日，时任国务院副总理李岚清在该报告上批示：“外经贸部：所提问题，有些确实存在，恐要研究一个规范的办法，请你们商有关部门研究提出意见。”此后，中国“入世”首席谈判代表龙永图，专门约我商谈能否进一步扩大分销开放，尽快突破难关，为推进谈判创造良好环境。

临危受命，我向时任国内贸易部长陈邦柱进行了汇报。陈部长指示要在国内流通业改革开放取得重大成果基础上，率先扩大开放，全力支持“入世”谈判顺利推进。根据国务院的统一部署，分销领域开放步伐不断加快。

首先，全面扩大试点范围。从1999年6月起，零售业中外合资合作的试点范围扩大到所有省会城市、自治区首府、直辖市和计划单列市；允许在4个直辖市各试办一家中外合资合作的批发企业。中外合资合作的连锁企业试点数量和范围，也将有计划、有控制地逐步扩大，其中经营情况较好、外国合营者已从国内大量采购产品，并能借助外国合营者的国际营销网络进一步扩大出口的合资连锁企业，经国务院批准可允许外国合营者控股。

其次，破例优先放开批发。批发处于流通链条上的支配地位，对国民经济的影响大于零售。因此，大多数国家都是先开放零售，再开放批发。我国批发改革后的实际情况是，传统的一、二、三级批发站，早已被工厂自销、工业品批发市场、连锁企业统一采购所取代，虽然批发的功能仍旧存在，纯粹的批发企业早已名存实亡。据此，我们提出了批发开放程度超过零售的建议，即“入世”两年后取消外资批发企业的地域限制，三年后取消外资零售企业的地域限制。这一承诺体现了中国的开放诚意，写入了“入世”议定书。

第三，呼应外方关切增加承诺。按照规范的减让表体例，只有佣金代理、批发、零售、特许经营四个部分。美国等国在改革开放初期，经批准在国内设立了传销企业，1998年国务院取缔传销后，整改为符合条件的直销企业。他们在谈判中，对这类企业的前景表示关切。经研究，我们在分销减让表中，增加了“无固定地点的批发和零售”这一项，承诺：“加入WTO后3年内，取消所有限制。中国将同WTO成员磋商，并与服务贸易减让表中承担的义务相一致，制定有关法规。”

由于国内流通改革与开放不断深入发展，实际开放的广度和深度，在很多方面已经超出了“入世”承诺。例如，议定书承诺中国“入世”后，立即开放北京、上海、天津、广州、大连、青岛、深圳、珠海、汕头、厦门、海南，以及武汉、郑州的中外合资零售商业企业；第二年后，开放到所有省会城市和重庆、宁波。实际上，早在1999年我们已经做到了这些。因此，分销谈判比较顺利地完成了任务，为中国“入世”做出了贡献。

三、分销谈判成果经受住了“入世”后的考验

中国“入世”后，国内外都有舆论认为，中国作出的分销承诺是引狼入室，后果将非常严重。世界知名咨询机构、美国麦肯锡公司曾预言：“按照现在的发展势头，不到五年，中国大中城市的商场格局为：外资大型流通企业占60%以上市场份额，完全掌握中国流通渠道和经济命脉；中国大型流通企业占30%，中小流通企业占10%。”

到底会不会发生上述问题？社会上议论纷纷，国务院领导同志也来询问。我们经过调查研究，得出完全不同的结论。由于“入世”前已经部分开放了分销市场，一些全球知名的外企零售企业已经进入中国，并没有对国内市场造成严重影响。这得益于中国市场的巨大体量，以及连续多年零售总额的快速增长，使得外资企业的销售额比重始终很低。同时，我们的“入世”承诺是分商品、分地域、分步骤逐步开放，有效控制了外资进入的数量和速度。

“入世”一周年前夕，中央政策研究室《简报》刊登了我写的文章，明确提出“分销领域总体上没有出现外商进入的异常情况”，“目前外商投资商业企业的销售总额，还不到全国消费品市场份额的5%，对整个消费品市场的影响不大”。朱镕基同志2002年10月13日批示：“请吴仪同志阅。”吴仪同志10月14日批示国家经贸委领导：“黄海同志这篇文章写得不错，请你们阅研。”

事实胜于雄辩。20年过去了，由于我们矢志不渝坚持改革开放，这些预言完全没有发生。本土流通企业始终牢牢掌握着国内市场主导权和控制权，非但没有被外资企业打垮，而且国际知名连锁公司家乐福、麦德龙、百安居在中国设立的企业，分别被苏宁易购和物美集团收购。物美创始人张文中发明的多点OS系统，2022年起将在麦德龙集团欧亚10个国家8000多个中小型门店使用。来自中国企业自主创新的全渠道数字化系统，首次在欧洲落地应用。继中国商品走出去后，中国的自主分销技术也开始走向世界。

四、参与谈判的几点体会

回顾当年的谈判历程，感慨万千，体会深刻。

第一，谈判是对标国际经贸规则的过程。

图 2. 黄海 1994 年摄于日内瓦湖边。

我最初参加“复关”谈判时，对分销的概念都不清楚，同谈判对手连共同语言都没有。我们把谈判作为对标国际经贸规则的过程，先对号入座，再领会内涵，进而发现差距，逐步完善政策，修改法规，改进工作。习近平总书记不久前指出:“要围绕实行高水平对外开放，充分运用国际国内两个市场、两种资源，对标高标准国际经贸规则，积极推动制度创新”。“复关”“入世”谈判，充分体现了这一精神。

第二，改革开放是谈判成功的制胜法宝。

分销谈判之所以能顺利完成，关键不在于谈判能力和技巧，真正的底气是改革开放。20 世纪 80 年代中期改革重点由农村转为城市后，商业立即进行“三多一少”（多种经济成分、多种经营方式、多条流通渠道，少环节）、“四放开”（经营、价格、分配、用工）等改革，促进了国内市场各类流通主体百花齐放、万马奔腾、蓬勃发展。90 年代初期乌拉圭回合谈判进行中，我国就主动进行零售业中外合资试点，与狼共舞，在竞争中求生存谋发展，增强了本土企业的国际竞争力。我们能够在谈判中积极主动，收放自如，底气完全来自国内的改革开放。

第三，广交朋友，倡导谈判文明。

中国自古以来就有独具特色的谈判习俗。从古代战争中“两国交兵不斩来使”，到民间商贸交易“买卖不成仁义在”，都体现了中国的传统文化。

我们常说，经贸关系是国家关系的压舱石，具有不可替代的稳定作用。那么，经贸谈判就应该是润滑剂或缓冲器，同样具有重要意义。不轻易把话说死，不随意关闭谈判的大门，不草率把经贸摩擦上升到政治层面，是我参加“复关”“入世”谈判的深刻体会。当年谈判桌上的主要对手、前USTR助理贸易代表李森智先生、前助理贸易代表帮办戴青丽（Debora Lehr）女士，成为我多年交往的朋友，共同促进中美关系良性发展。

目前，中国已正式申请加入CPTPP，即将开始新的谈判征程。只要我们发扬复关“入世”谈判精神，坚持对标高标准国际经贸规则，坚持改革开放这个法宝，坚持推动制度创新，一定可以在国际经贸谈判中继续砥砺前行。

为世界公平正义而孜孜以求、奋斗不息

——我与 GATT/WTO

张月姣

【作者简介】

张月姣,1944 年 10 月出生，吉林省吉林市人。1968 年获得法国汉纳大学学士学位，1982 年获得美国乔治敦大学法学硕士学位，1996 年完成美国哥伦比亚大学法学博士（JSD）学业，精通英语和法语。现任清华大学法学院教授，清华大学国际争端解决研究院院长。1982 年至 1984 年，在世界银行法律部工作；1984 年至 1997 年，任对外经济贸易合作部条约法律司副处长、处长、司长；1998 年至 2005 年，任亚洲开发银行助理法律总顾问、局长；2008 年至 2016 年，任 WTO 上诉机构成员；2017 年起任解决投资争端国际中心 ICSID 仲裁员；2018 年 8 月 24 日，被最高人民法院聘任为国际商事专家委员会首批专家委员；2018 年 12 月 18 日，在庆祝改革开放 40 周年大会上被授予“改革先锋”荣誉称号；2019 年 12 月 18 日，入选“中国海归 70 年 70 人”榜单。

访谈对象：张月姣

访谈时间：2022 年 3 月 3 日

访谈人：杨国华

一、经年磨利剑

杨国华：从“出席中国工作组第 2 次会议中国代表团名单”看到，您 1988 年就以“经贸部条法局处长”身份参加了谈判。请问“经贸部条法局”是什么单位？您为什么会参加谈判？您有哪些知识和经验方面的储备？

张月姣：经贸部由当时的外经部和外贸部合并而成，部里的下设单位都叫局。最早的经贸部条法局局长是邢路，原来是外经部的局长。1988 年中国第一次去日内瓦参加外贸制度审议，我当时就是代表团的成员。代表团由沈觉人副部长带队，外交部国际司、经贸部国际局、条法局、国务院法制局，还有关税税则委员会的代表，都参与了谈判。为什么条法局派我出席呢？因为我当时担任条法局贸易处处长，负责关贸总协定、联合国贸易法委员会、《联合国国际货物销售合同公约》（CISG）的加入等多边谈判。说到 CISG，1982 年我们研究认为中国要加入这个公约，因为从我们的国情出发，加入公约对我们有很多好处，跟外国人打交道和做贸易的时候，货物买卖的规则更加有透明度和可预测性，现在事实证明是对的。当时核准 CISG 的国家只有意大利、美国和中国，分别代表大陆法、英美法和新兴经济体。不同的法律制度能在联合国范围内达成合同主要权利义务和合同生效的条件，意义重大。现在该公约有近 100 个成员国。我国起草涉外经济合同法时也参考了该公约的一些条款。当时这个条法局贸易处，既搞联合国贸易法委员会、统一私法协会的谈判，也搞关贸总协定的谈判。所以从职责分工来说，我作为代表团成员参与了谈判。

另外，从经验上来说，我参加谈判之前也是经过了多方面的准备。我最早在法国留学，后来我 1974 年至 1976 年又到法国去参加我国从欧洲购买 13 套化肥、化纤合同大型成套设备引进协议的谈判和执行工作。那个时候有一点中间的空当，不回国，我就借这段时间去法国的行政学院、公共机构审计法院学习了企业管理、宏观经济管理和国际经济三大支柱（世界银行、国际货币基金组织和关贸总协定）。

1981 年，我有机会去世界银行的国际发展经济研究院参加一个国际发展经济的高级研讨班，其中有很多参加者是发展中国家的部长。参加这个班的人需要同时掌握英文和法文，因为有一些法语非洲和海地这样的国家参与，海地去了一个副总理。国家进出口委的张荃局长说我的条件正合适，一定要争取这个机会。当时中国刚刚恢复世界银行的合法席位，这是很好的机会。如果能去的话，他们（世界银行国际发展经济研究院）负责全部的费用，将近 4 个月的时间可以在那里进行全面的学习和培训。于是，我就连夜赶快用英文写了申请，还请国家进出口委的同事张之骧给我写推荐信，因为他在联合国工作过。很快国内的手续就办好了，但由于世界银行当时不了解中国人的情况，面试了我两次。第一次是他们派一个人到北京西苑饭店去面试我，后来第二次我们通过长途电话面试。最后我就成为了第一个代表中国参加国际发展宏观经济管理高级研讨班的学员。这个研讨班确实高级，因为有一位副总理和几位部长参与。参加研讨班的学员，都是发展中国家经过专门训练的高级专家。另外，他们讲的内容浓缩了国际货币基金组织、世界银行和关贸总协定的知识和实践，特别是关贸总

图 1. 1981 年，世界银行高级发展经济学研究班合影，前排左二为张月姣。

协定，因为世界银行和国际货币基金组织总部就在华盛顿，所以讲起来就比较简短，我们可以参观这两个地方。讲关贸总协定的人是从日内瓦来的专家，他们系统地把关贸总协定从 1947 年的谈判，包括关贸总协定成立初期计划成立国际贸易组织但没有通过、后来变成临时适用，一直讲到每个条款，特别是最惠国待遇、关税减让、透明度、贸易救济等等，进行了系统地讲解，所以我印象很深刻。从那时开始，我就对关贸总协定有了一个系统的了解。

我从研讨班学习回来后，马上就有机会去世界银行工作。在世界银行工作的时候，遇到了一个政策：如果在不影响工作的情况下，你用晚上和周末的时间进修你的学业，而且考试成绩达到 B plus，就可以报销学费。那个时候中国人在国际机构工作的收入 97%都要上交国家，自己留的很少，如果学费要我自己交，我一点也交不了。就是逼上梁山，我想这么难得的机会，家里都支持我，小孩也没有跟我去美国。所以，我就白天上班，晚上到乔治敦大学读国际法、国际贸易法；还有系统地学习美国的反倾销、反补贴制度，包括相关案例。另外，Oscar Schachter 和 Richard N. Gardner 是美国最有名的国际法教授，我都去听他们的课。我除了每学期必读的 4—5 门课，还根据授课老师的知名度选修其他课程。后来这些老教授都去世了。我有这个机会很难得，我一个法学硕士学位共读了 15 门课。

在乔治敦大学我读了很多我认为很有用的课程，包括国际金融法、商法、知识产权法、反垄断法、国际组织与谈判技巧等。还有国际经济法，当时 Andreas F. Lowenfeld 在中国风行一时，人民大学把他的书都翻译成中文了。我想既然我有这个机会到了美国，就去纽约，用世界银行的假期去听他的课，听了两个礼拜。Lowenfeld 也很感动，他觉得我已经这么有经验了还回来听他的课。所以，浓缩的研究和学习对我来说很有帮助。我们在课堂上讨论仲裁和纽约公约在解决国际商事争议的作用至今难忘。那个时候普惠制关税（Generalized System of Preferences，GSP）讲的就比现在更深入，会讲各个国家为什么给普惠制关税，如何制定国别政策、国别风险。另外，这段时间我还系统地把美国法浓缩学习了一遍，因为当时正值中美恢复外交关系以后对中国比较友好的时期，也是美国全力培养中国法律人的时期。那个时候像薛捍勤、李若谷、王贵国等，我们都参加了寒假美国法的浓缩班的学习，他们把最好的美国法老师请来给我们讲课。我的理解是，要把关贸总协定了解清楚，就要了解它的背景。我原来在法国留学，对法国的大陆法、公司法有所了解，但是读了美国法还是觉得很受启发。特别是 Schachter 的国际法和 Lowenfeld 的国际经济法，对我理解布雷顿森林协议还是非常有意义的。另外，关于美国的反倾销、反补贴制度，他们请了美国商务部和 ITA（International Trade Administration）的人直接来讲，讲完之后还去商务部参观他们怎么办案子。这就是在美国的准备经历。

除了这个以外，我还和 IMF 法律总顾问 Joseph Gold 关系很好。我求知若渴，因为有这么难得的机会。我在世界银行工作的时候，如果 Joseph Gold 举办 lunch break seminar（午休研讨会），他的秘书都会通知我，我都去听。他还请我到他家里，把整个 IMF 特别提款权的形成历史连他手写的东西都给了我。对于怎样理解 GATT 第 15 条——也就是关于国际货币基金组织与关贸总协定、外汇和贸易关系的条款，这位老先生讲得非常透彻，他也到 GATT、到日内瓦去讲。除了这个之外，我 1985 年跟世界银行前总顾问兼首席副行长 Ibrahim Shihata，一起去罗马发展法学院给发展中国家讲法律课，他是埃及人、知名国际法专家，这个人法律功底非常好。还有后来在日内瓦、在伯尔尼的国际谈判，包括关贸总协定的乌拉圭回合谈判模拟似的——就像你们现在的模拟法庭似的，还有联合国的谈判模式，我觉得这些都有助于我知识和经验的积累。另外，1991 年我参加乌拉圭回合《与贸易有关的知识产权协定》(TRIPS)“10+10”的谈判，是中国唯一的代表。当时吴仪部长陪李鹏同志到印度访问，问印度总理关于

图 2. 1988 年 2 月，GATT 中国工作组第 2 次会议在瑞士日内瓦举行，沈觉人部长助理率团出席。左起：马英群、陈炳华、柳晓昂、唐玉峰、王世春、沈觉人、李华云、李培初、张小康、张月姣。

美国特别 301 条款问题有什么对策，他们说赶快派人去参加乌拉圭回合关于《与贸易有关的知识产权协定》的最后谈判。所以吴仪同志直接打了电话到经贸部值班室，让我赶快去日内瓦谈判。这些实践对我参加知识产权和“复关”谈判起了很大作用。

我还参与起草中国“复关”的三个条件，向中央提了很多的建议，比如说发展中国家地位、以关税减让为“复关”条件等。“以关税减让为条件”就是世界银行 Ibrahim Shihata 跟我讲的——如果以市场准入为条件的话，像保加利亚那样无法执行就会违约；但是以关税减让为条件的话，外国产品不能进入本国市场也没有影响，不算违约。所以，在起草中国“复关”条件的时候，我提出一些建议，也为部里的领导所接受。实际上，这个申请“复关”的请示报告在 1983 年就报到了国务院。“复关”谈判草案在 1985 年已经报到国务院，后来因为又在反复地谈，中间又来回了好几次，最后我们 1986 年才把申请送到日内瓦去。我觉得谈判的准备还有谈判知识的储备，都是在实践中积累的，需要边干边学，抽空进行系统的学习，还是非常非常有必要的。特别是，当时他们正在讨论《维也纳条约法公约》（VCLT）的条约解释，我印象非常深刻，因为条约解释对我们当时搞贷款协议以及世界银行与东道国的总部协定（headquarters agreement）都是国际协定，用《维也纳条约法公约》解释总部协定非常重要。关贸总协定每个条款的解释和相关案例也经常使用《维也纳条约法公约》，对后来我到 WTO 上诉机构办案非常重要。至今我也认为，要想当一个好的法官、好的律师，搞国际法，条约的解释是工具，VCLT 是一个基本功，你一定要把 VCLT 规定的各个解释材料，就是文本（text）、背景（context）、目的与宗旨（object and purpose）还有辅助规则（supplementary rules）要牢牢地记住它的思路，我觉得它的逻辑性、它的分析都是非常重要的。

二、法律奠基础

杨国华：代表团名单中，条法司人员参加的比较少，参与的比较晚，次数也不多。您刚才提到了您的工作也好、学习背景也好，其实是一个法律人员参与谈判的特点，您能不能再展开说一说，您认为学法律的人参加这个“复关”谈判和一般人会有什么不同？

张月姣：因为 GATT 本身是以规则为基础的，所以学法律的人对条文就比较熟悉，对谈判历史、制定背景也比较熟悉。谈判过程中每个条款，包括案例、条文，都是非常重要的。我觉得首先法律人要和其他的谈判人员一样，知识面要比较广，沟通能力要比较强，外语、法律分析能力都要强，人家讲的你要听得懂。同时你又要起一个把关的作用，就是别人的要求你可以 rebut（驳回去）。你可以说这超过了关贸总协定的要求，超过了一个新成员加入的要求。我觉得法律人在团队里实际上还是起把关的作用。你可以问问谈判团长沈觉人，还有佟志广，后来的龙永图，他们都是了解的。应该说，在当时中国社会上对法律还不是很重视的情况下，我都参加了在国内、在日内瓦举行的一些主要谈判，特别是“入世”议定书的主要条文谈判。当然市场准入是各部门承担的，我介入得比较少，比如关税减让多少，那都是利益平衡的问题，但是条款需要我把一下关。另外还有介绍我们的国情，怎么从法律上把我们的国情、我们的贸易制度介绍清楚，中国的外贸法很关键。

我 1985 年获得律师资格，是中国实行律师制度后首批律师。作为政府律师，就是要比别人更辛苦一点。一方面要知识很丰富，法律基础扎实，比如说到哪个条文，哪个案例，都要很清楚，我都带着这些协议，很快都能翻到，然后给团长提出建议。

政府律师还要有政策水平，可以为政府谈判和决策献计献策。另外，要判断对方提出的建议哪些是超出关贸总协定的，“魔鬼在细节中”。在谈判的时候团队其他成员都不会有那么大精力用在条文上，但是做法律的人要每一条、每一条仔细地看条文，是“魔鬼”的就要把它挑出来。如果条文上出现问题，那作为法律顾问要承担责任的，因为你是把关的。工作上要专业，另外要敬业，而且要有团队精神，要听取其他有关部门的意见。因为经贸部不能包揽全部的内容，像关税、进口的牛奶、羊肉等问题，还要听有关部门的意见，但是核心条款还是和法律有关。所以在很多关键的时候，部领导还是找法律人来解决。

我举个例子，李岚清同志关注中国台湾加入的问题，因为这个问题我单独做了研究，包括查阅了亚洲开发银行的章程和谈判历史，其中有一个条款就是地区可以加入，这个条款就是仿照关贸总协定的模式。所以对单独关税区能不能加入，还有加入后是不是适用第 35 条互不适用的问题，我都做了系统的研究。大概是 1992 年的一天早上 6 点多，部值班室打来电话，说李岚清同志叫我赶快到部里去，也没有说什么事情。我想肯定是关于“复关”谈判的事，我就带着那个大本子，就是那本解释 GATT 条款的分析索引（Analytical Index），赶到部里。部里叫我和薛荣久去了，因为薛荣久是研究关贸总协定的。李岚清同志叫我提意见，那我就把单独关税区的问题和互不适用第 35 条的问题的来龙去脉向他介绍了。另外，我还讲了怎么避免中国台湾先

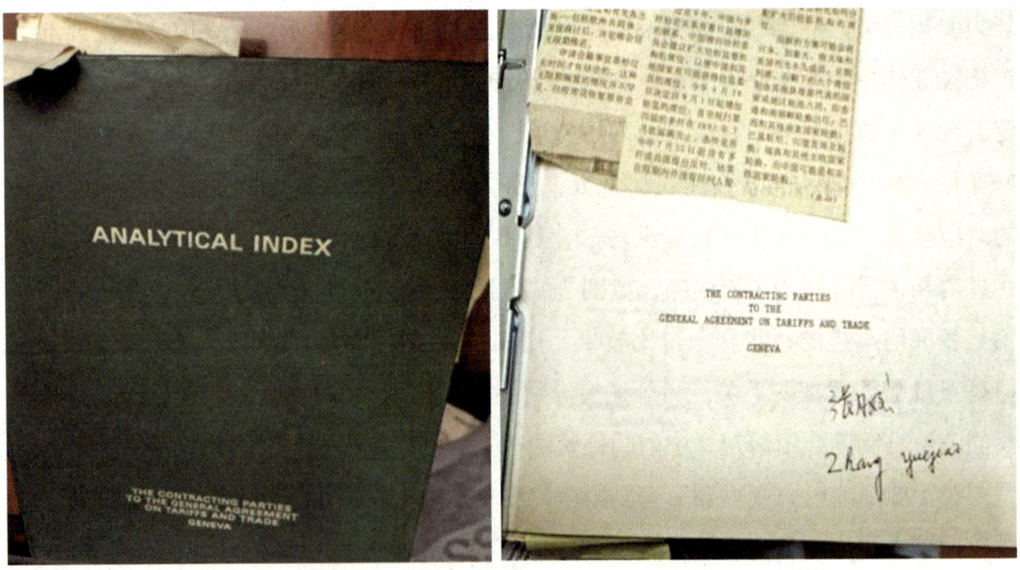

图 3. 张月姣使用多年的 GATT 分析索引。

加入然后跟我们说互不适用的情况出现，因为单独关税区必须由——用原来的称呼叫“宗主国”同意才行，意思是说，台湾地区是中国的单独关税区，只有经过中国政府同意后它才能加入，所以台湾地区不能够引用互不适用条款。为了避免尴尬局面出现，就至少要中国大陆和台、彭、金、马地区同时加入，防止台湾地区先加入然后宣布互不适用的情况出现。最后我的建议都被部长采纳了，台湾地区加入就是采取这种模式，也就是按照我（中国大陆）先台（中国台湾）后的原则处理。一开始外交部有意见，对我们谈判团长答应台湾“入世”不满意，担心要出“两个中国”的事情。后来我们把事情说清楚了，提出了怎么防范风险的建议，外交部比较满意。

三、莱蒙战群儒

杨国华：有人回忆了以下情节：1994 年中国公布《外贸法》，在谈判中引起缔约方极大关注。您在日内瓦亲自把所有条款译成英文，并向缔约方逐条解释和说明，既耐心又专业，最终在中国《外贸法》与关贸总协定规则的一致性方面成功说服了缔约方。您能具体谈谈吗？其中有两个问题，第一，为什么外贸法很重要？第二，为什么您需要自己动手翻译？怎么向对方逐条解释？

张月姣：当时在条法司里我的英文比较好，没有专门翻译，另外大家都很忙，别人也有别人的事，所以我自己翻译。我说说这个事的背景。

如果你要“复关”“入世”，就需要解释清楚你的贸易制度。贸易制度包括国际贸易政策、原则、国际贸易主体、谁可以经营外贸。原来我们的外贸是垄断的，是要经过国家授权的，现在外贸经营权放开了，取消垄断。参加外贸活动的公司变成外贸经营者。外贸法里还规定了贸易救济、反倾销、反补贴这些内容，也规定了外贸的管理，还有外贸的促进等等，这些都和关贸总协定的基本原则相一致。外国人非常关心中国的外贸法，因为外贸法出台正值中国“复关”的时候。改革开放后我们的经济体制从计划经济变为市场经济，过去都是由国家二十几个外贸公司按照计划出口和进口，一个出口大楼、一个进口大楼就解决问题了。但是现在外贸经营权放开了，不仅是工业企业可以做贸易，投资企业可以做贸易，中外合资企业可以做贸易，大家都可以做贸易了，所以要解释我们外贸体制变化的过程。

经过多年的外贸立法准备工作，广泛征求国内外各方面意见，历经二十几次修改，1994 年 5 月 12 日，第八届全国人大常委会第七次会议审议通过了《中华人民共和国对外贸易法》。我们的外贸法公布以后，缔约方提出了三百多个问题。龙永图回来和我讲——我们都比较熟，都是在学习班里的，一个班长、一个书记——他回来就问：“月姣，你这外贸法怎么搞的？”他有点着急，但他的心情我理解。外国人提的其他问题，比如有的关税不能减让，这是别的部门已经在拖后腿了，龙永图说外贸法怎么也有这么多问题。我说：“我们外贸法每一条、每一款都符合 GATT。”“没关系，他们有问题我去解释。”

1994 年 6 月召开中国工作组第 17 次会议，谷永江率团出席，我是代表团成员。中国代表团很重视各方对外贸法的问题，就安排了半天时间在 GATT 大楼最大的厅 William Rappard 大厅专门解释外贸法。要回答这 300 多个问题，就涉及外贸法整个条文，由于外国人翻译的内容很多都歪曲了原意，他们对中文也不了解，可能找了不熟悉国际贸易的华侨翻译的。从他们提的问题来看，他们没有全文翻译我们的外贸法，有些问题是翻译不准确造成的。当时来不及找翻译公司翻译，那我就自己翻译，然后我就对这 300 多个问题逐一进行了回答。当时王贺军也做了很大贡献，他和我们一起讨论怎么回复这些问题。因为我英文比较好一些，就由我来写回复，写的过程中我就把外贸法翻译了。最后外贸法的正式翻译文本基本就用了我们写的那个草稿。

有了这个文本很重要，到日内瓦去解释的时候，我就先把翻译后的文本发给外国代表团，然后我再回答那 300 多个问题，当时我底气是很足的。回答了一半问题后，我问他们：“Any question（有问题吗）？”底下鸦雀无声。我就继续讲，越讲声音越大，索性我就站起来，也不用扩音器了，把这 300 多个问题都讲完了。我还问他们：“Any question？”他们都没有。我说我就认为你们都同意我讲的，也就是中国的外贸法完全符合关贸总协定和乌拉圭回合谈判的原则。好多人给我鼓掌，非洲的一位女代表说：“We are proud of you（我们为您感到骄傲）。”但美国代表团不发言，我讲完之后经过他那，我问他：“Any comment（有何评论）？”他说你的这个“presentation is excellent, but I’m not a lawyer（介绍很棒，可我不是律师）”。我说这不需要律师，这是一个 common sense（常识），你只要做关贸总协定的业务，你只要坐到这儿，你就应该知道不会有问题的，他就笑了笑。后来真的，他们就对外贸法没提出挑战。吉拉德（Pierre-Louis Girard）说：“你那次的回答我印象很深（very impressive）。”他是中国加入工作组的主席，我后来到 WTO 上诉机构任职的时候还见了他。

当时我把外贸法的每一条、每一句，甚至句号、逗号都讲了。我还说了 GATT 是怎么讲的，另外美国法是怎么规定的，欧盟是怎么规定的，印度怎么规定的，还有埃及怎么规定的。当时我们确实搜集了很多资料，连《六法全书》我都看了。你现在看我的那本《六法全书》，我用笔画得到处都是。所以说，我们确实有充分的证据。对于外贸法中的反倾销、反补贴制度，我有百分之百的信心，因为我带着专家组，像王雪华、石召玉、焦佩斐他们，在布鲁塞尔待了一个月，跟着 Jean-francois Bellis——国际有名的反倾销专家，他写了很多书——把欧盟所有反倾销、反补贴条款的起草背景，还有它们和关贸总协定的比较、和美国法的比较，都学习了一遍。我从中挑选出对我们有利的内容加以采用，所以我们把反报复、把 337 条款都写在外贸法里了，美国人也没得可说。因为我们比美国法更公开透明，更符合关贸总协定。

杨国华：1995 年和 1996 年，您参与了中美知识产权谈判。这个中美知识产权谈判与“入世”谈判有什么关系？谈判形式有什么不同？例如美国威胁报复，中国宣布反报复。

张月姣：一个区别是，知识产权谈判是由美国特别 301 条款发起的。从 1985 年开始美国就把中国列为知识产权的重点观察国家，如果观察期间中美谈判达不成协议，中国就会变成重点国家，美国可以采取贸易报复。虽然特别 301 条款是单边的美国法律，但是由于我们跟美国的知识产权和贸易合作正在发展，我们不希望在知识产权方面影响了双方的合作。而且知识产权确实是一把双刃剑，尊重知识、尊重人才是我们的国策，科技要发展的话，没有发明创造是不可能的。实际上，我从改革开放开始，1981 年就作为经贸委代表团成员到美国考察专利法的起草工作。当时国内的工业部门，也就是机械工业部，与科委有很严重的分歧。一方面，我们要保护知识产权；另一方面，工业部门就说我们国家这么穷，我们没有外汇，如果我们保护了外国的知识产权，我们就要交许可费，但我们交不起。工业部门觉得我们越推迟保护对我们越有利，因为还可以抄一抄、仿制一下，如果保护了就没法仿制了。国内经过了激烈辩论，后来我们也到国外进行普遍的考察，最后还是觉得建立知识产权保护制度总体对我们有好处，不然的话我们自己的发明创造也得不到保护。

中国在 1982 年制定颁布商标法，1984 年制定颁布专利法，然后就是版权法。美国自己就是靠科技起家的，大家如果到美国专利商标局参观，可以看到引用林肯的一句话：“专利制度是给天才之火浇上利益之油。”为什么呢？因为它可以让发明人心中的烈火燃烧起来。美国的发家就靠知识产权，就靠专利。假如我们早一点保护知识产权，中国的四大发明早就强大了，我们的起步还是晚了！为什么把知识产权保护和 WTO 挂钩呢？大家知道，美国在乌拉圭回合谈判中强调一定要把服务贸易、知识产

图 4. 1989 年 5 月，中美知识产权谈判在美国华盛顿举行磋商，周小川（右二）带队，国家科委段瑞春（左三）、经贸部张月姣（右三）、驻美使馆黄文尊公参（右一）、驻美使馆易小准（左二）等，在谈判茶歇时在华盛顿纪念碑前讨论与美国的备忘录草稿。

权都拉在 WTO 框架下，发展中国家就说知识产权保护已经有《伯尔尼公约》《巴黎公约》了，干嘛非得要拉进 WTO 来呢？美国说这三驾马车必须得拉进来，因为《专利合作条约》（*Patent Cooperation Treaty*，PCT）没有牙齿，《巴黎公约》也没有牙齿。把知识产权拿到 WTO，特别是乌拉圭回合以后的争端解决机制有牙齿，可以实施贸易报复。所以美国把知识产权作为乌拉圭回合谈判一个很重要的议题，最后就形成了《与贸易有关的知识产权协定》（TRIPS）。在这种背景下，中国实际上"复关""入世"核心的障碍是美国——当然所有成员都要同意——但是核心的还是美欧这些大国，因此我们在 GATT 和 WTO 框架下也是在中美双边谈判的基础上实现多边的恢复和加入。美国对中国提出的条件就是知识产权必须要符合 TRIPS 的规定。我们当然是理直气壮，因为我们专利法、商标法和版权法发展得都非常好，达到了 TRIPS 的保护水平，但是美国就指责我们执法不行，侵权太多、仿造太多。所以中美知识产权谈判就围绕这个谈的，我参加的是从 1986 年一直到 1997 年、1998 年初的中美知识产权谈判。我们强调知识产权是一项民事权利，中国不仅有全套的、国际水平的知识产权

图 5. 1995 年 3 月，中美知识产权谈判休会时，外经贸部石广生副部长（右一）、国家科委段瑞春（右二）、外经贸部龙永图助理（右三）、张月姣（右四）商量谈判细节。

法律，还在北京、上海、深圳等城市设立了知识产权审判庭。知识产权拥有人应该依据他人侵权的证据到中国的法院起诉，保护其合法权益。美国政府依据其国内法向中国政府施压，让中国政府用纳税人的钱去保护外国人的私权是霸道的，也是违反国际法原则的。

杨国华：还是在这个问题项下，我印象中有一个事，就是当时由于中美在双边谈判中签了知识产权协定，所以中国在"复关"谈判、"入世"谈判的时候知识产权方面的谈判负担小一些，因为主要内容在双边已经达成了，所以您所参与的知识产权谈判，特别是 1995 年、1996 年的知识产权谈判，对"复关"谈判从实质内容上来说提供了支持，虽然"复关"谈判和中美知识产权谈判本身是两件事。

张月姣：是的。参与"复关"谈判和中美知识产权谈判的班子也是一样的，美国也是 USTR（美国贸易代表办公室），中国也是经贸部。在美国，像贸易代表巴舍夫斯基（Charlene Barshefsky），她很大一部分精力都放在知识产权上，她每次到中国来都是谈知识产权，因为除了我们"复关""入世"的时候除了关税减让之外，她还希望我们有基本的制度保障。所以，中美就知识产权达成协议对中国的"复关""入世"

起到很重要的作用。

四、援助解疑惑

杨国华：我还想问您关于国际援助的问题。在我们“入世”谈判中，国际组织、国际人士对我们谈判团队提供了哪些帮助？您也特别提到，我们邀请了GATT秘书处的法律司司长和加入司司长、专家来北京介绍GATT规则和加入程序。外经贸部还组织GATT的国际研讨会，邀请欧洲、澳大利亚的GATT专家来华介绍GATT规则和世界各国加入的程序与经验。他们还对中国恢复GATT缔约国地位谈判提出了建议。我想请您在展开说一说，在谈判过程中，他们提供的帮助是哪些方面？很重要吗？还是说不那么重要，比如您通过自己的学习就足以担任谈判的职务，还是说他们来了以后在加入程序上很有帮助？

张月姣：我觉得是相辅相成的。我们自己的研究是主要部分，在谈判中又会有很多新问题，特别是他们给中国施加很多超出关贸总协定、超出WTO规则的一些要求。我们和这些外国专家探讨，他们就很明确告诉我们哪些要求是超出关贸总协定的，比如说外商投资、对外国投资者的待遇问题。我记得联合国的一个专家说：“No way（这是不可能的）!”，因为这个investment, FDI not included in the GATT, neither in the Uruguay Round（投资、外国直接投资不包括在GATT规则中，乌拉圭回合也未涉及）。那我们就信心很足了。在那之后，他们在谈判中再提外资企业的市场准入问题，我们就说这是超出关贸总协定要求的，因为关贸总协定只谈关税的问题。再比如说反倾销，我记得当时有一个国家的贸易救济司司长来指导，我们问他怎么判断对市场造成了negative impact（负面影响），他说要有证据，要有quantity（数量），所以举证责任就很重要。我记得我们在谈判的一个条文（《中国加入工作组议定书》第15条）里提到，在中国出口商提供了证据的基础上，他们不能使用替代国方法计算反倾销税。

总的来说，他们有丰富的实践，他们参加关贸总协定的时间比我们长，对一些条款的理解要比我们深入。我记得联合国来自非洲赞比亚的一位专家，他在联合国跨国公司中心工作过，他向我们解释了发展中国家的待遇问题，也就是特殊和差别待遇，他说中国应该享受差别待遇。所以，“入世”谈判的时候外方给我们提了很高的开放度要求，要和发达国家一样，这是不合理的。这些国际专家用他们切身的经验给我们提供指导，我们又是带着问题去交流，获得国际专家的经验后，我们在谈判桌上底气就足了。不仅是这些国际专家，后来在国际援助里面也有包括软贷款、甚至赠款的培训和人力资源培训，世界银行也对我们的法律人才提供培训。在亚行工作的时候，我记得还有三个支持中国“复关”“入世”的技术赠与项目，完全是赠款，他们在北京召开座谈会提供帮助。另外，还有派我们的专家到日内瓦去参加他们多边的谈判和实习，包括在伯尔尼举办的一个谈判讲习班。我觉得，广泛利用多边的资源，特别是联合国系统的资源，为我们人员的培训和我们谈判能力的提升还是非常有帮助的。

五、难忘唯故人

杨国华：最后一个问题，是一个开放性的问题。请您谈谈在参加“复关”谈判的过程中，有哪些比较难忘的事情或者人？您可以结合中国的改革开放的大背景、当时国内国际环境等宏观的角度谈谈。

张月姣：从改革开放开始，当时的国家进出口管理委员会和国家外国投资管理委员会由谷牧任主任，副主任包括汪道涵、李岚清和马宾，他们都是国际谈判知识非常丰富的专家。我就举几个例子，第一个人是汪道涵。他的国际谈判、国际知识非常丰富，他作报告的时候大家都来听，而且听完以后都觉得他的报告非常生动、知识渊博。他很儒雅，典故也特别多，所以大家下结论说：“姜还是老的辣。”他在谈判中不动声色就可以驳倒你，另外他英语很好。1976 年，我曾和汪道涵在一个部里工作，在机械部，我们还在一个党小组学习。那个时候他还没完全恢复部长职务，有一次他去琉璃厂的旧书店里买了一个法文版的莎士比亚剧本，如获至宝。他把书给我看，问这是不是原版的，我说是原版的，他说送给你了。后来我很长时间都留着这本莎士比亚的法文剧本。国内最早的宏观经济学书籍都是他们组织人翻译的。后来我到亚行以后，每次回国到上海就给他带英文书，他的房间里、床铺上放的都是英文书。他在海峡两岸的统一问题上，还有我们国家怎么更加开放、怎么改变官本位的体制、消除腐败、融入世界，都有很多看法和建议，非常高明。当时谈判班子里有江泽民、周小川的父亲周建南，还有李岚清，他们都是改革开放的一批精英，他们也很重视人才。

还有一个人是汪尧田，他是上海外贸学院的，最早研究关贸总协定。他在哥伦比亚大学读书的时候就研究关贸总协定，回国以后他在“复关”过程中出版了很多著作，内容包括乌拉圭回合谈判。

图 6. 2002 年 11 月，中国加入 WTO 一周年之际，时任亚行局长的张月姣（右二）与汪道涵（中）、汪尧田（左二）等在汪老办公室合影。

和美国人谈判要硬，但是也要讲道理，要做好充分准备，道高一尺魔高一丈。举个例子，美国前国务卿贝克（James Baker）当年到钓鱼台来和时任副总理钱其琛谈判，涉及知识产权问题的谈判都叫我去。我也是有准备的，针对美国向中国提出的专利行政保护问题，我咨询了很多中国驻外使馆，问他们的驻在国是不是接受了美国行政保护的要求，结果有一个拉美国家，我忘了秘鲁还是哪个国家，没有接受，而且美国同意了。当时我就带着这个原稿去参加谈判，在会谈的时候我就说，美国要求我们提供行政保护违背我们专利法的规定，因为专利权是有时间性、地域性的，你已经超过了专利保护期限，不能再受到保护；而且这违背了最惠国待遇，怎么有的国家你不要求他提供行政保护，却要求中国提供行政保护。当时李岚清也在，他作为经贸部部长参加了谈判。贝克没得可说，他说我们回去以后再研究研究，就卡壳了。所以李岚清后来说，谈判的时候就得要知己知彼。

另外，钱其琛谈判也非常高明。他不动声色，但是美国很怕他。在谈判中，美国就是关注中国的人权问题。钱其琛看到美国把我们的新闻发言人吴建民放到中国关押的人员名单里，就指着我们的新闻发言人吴建民说："你怎么到这个黑名单上了？"这

图 7. 1991 年，佟志广副部长赴布鲁塞尔与欧盟谈判知识产权及中国“复关”事宜。右四为佟志广，左二为孙振宇，右二为张月姣。

句话给贝克翻译了以后，大家都笑了。

还有一个人是佟志广。他跟 USTR 谈判的时候，美国上来就说“You should do this, you should do that（你要干这个、干那个）”。佟志广就跟他们说：“Don't teach your grandma how to cook eggs（不要教老奶奶煮鸡蛋）！”美国人教你做这个做那个，中国五千年文明历史，需要你来教中国吗？中国知道该怎么做。所以弄的美国人就很害怕跟佟志广谈判，美国人英文也说不过他。

吴仪也很厉害。有一次她去美国谈判，美国人说“我们跟小偷谈判”，吴仪就说“我们和强盗谈判”。她说：“我小女子，如果接受了你的不合理的霸王条款的话，我回到中国连海关都进不了，我都入不了境，要被开除的。”

这些人有很多谈判的智慧，无形中互相感染、互相学习。我也感到，他们对我非常器重、非常重视和支持，所以我才有这么多机会参加双边谈判和多边谈判。我不仅参加了联合国贸法会（UNCITRAL）的谈判，我还是第一个中国律师被选为国际统一私法协会（UNIDROIT）的理事，参加了《商事合同通则》（*General Principles of Commercial Contract*）的谈判。另外，我还参加《国际融资租赁公约》、《保付代理公

图 8. 上诉机构主席张月姣法官（中）与上诉机构法官的全家福照。

约》的谈判，我也是公约起草委员会的成员。总的来说，我觉得中国的“复关”入世是一个长期的谈判，也是一个锻炼的机会，让我学到了很多书本上学不到的东西。

外经贸法规“元老”

张玉卿

【作者简介】

张玉卿，1943年出生于北京，北京张玉卿律师事务所主任，WTO争端解决机构专家组成员，常设专家组（WTO PGE）成员。1982年毕业于对外经济贸易大学国际商法专业，获硕士学位，同年分配到外经贸部条法司工作。1986年获得美国乔治城法律中心国际法硕士学位。1987年回国后一直就职于经贸部条法司。曾任外经贸部条约法律司司长。担任过两届UNIDROIT理事会理事，《国际商事合同通则》第三版工作组成员，中国法学会WTO研究会副会长，中国国际经济法学会副会长，中国国际经济贸易仲裁委员会仲裁员，香港国际仲裁中心仲裁员，中国政法大学兼职教授和博士生导师。2005年成立北京张玉卿律师事务所，从事国际经济贸易、WTO法律咨询和国际仲裁工作。

访谈对象：张玉卿

访谈时间：2010年5月16日

访谈地点：北京张玉卿律师事务所

访谈人：杨国华、韩立余、黄东黎、吕晓杰、史晓丽

访谈手记

张玉卿在外经贸部（现在的商务部）条法司工作20多年，先后担任处长和司长，参与和经历了中国涉外经贸法律的发展变化，参与和经历了中国从“复关”到“入世”的全部过程。早在20世纪80年代中国提出“复关”申请之初，他就参加了中国的“复关”谈判。到了20世纪90年代后期，他又参加了“入世”谈判。退休之后，他不仅继续从事着他所喜欢的法律事业，同时还作为中国政府首批推荐的专家入选WTO专家组指示性名单。2007年9月被WTO总干事拉米（Pascal Lamy）指定为审理美国、

厄瓜多尔诉欧盟香蕉案（DS27）两个第 21.5 条专家组成员，成为中国公民在 WTO 专家组任职的第一人。

对于中国的改革开放、对于中国的外经贸法律工作，他太了解了！对于那些从事外经贸法律业务的中国人和外国人，他太熟悉了！不仅如此，多年来，他还笔耕不辍，著作颇丰。正是这种忘我的学术精神，使他获得了高校和学术研究机构的青睐，他经常走入大学的课堂、走入研讨会的会场，与学生和学者们交流和对话。退休后，他的天地更宽了，他是 WTO 的“法官”、他是律师、他是教授、他是仲裁员、他是学术研究学会的会长。我们在想，对于中国外经贸关系这么些年的风风雨雨，他是最有发言权的！我们访谈对象的第一人，舍他其谁?

如此资深的外经贸法律官员，却平易近人，乐观开朗，谈笑风生，热情洋溢，诙谐幽默，慷慨大方！在他的律师事务所办公室，我们的访谈是轻松的、愉快的，大有宾至如归的感觉！

图 1. 2000 年 9 月，张玉卿（中）出席中国工作组第 12 次会议，左为冯雪薇。

然而，从他的谈话中，我们却也看到了他十分“较真”和严肃的一面。他谈到了“入世”前的大规模法律法规清理，谈到了自己担任“法官”的WTO争端解决案件，谈到了加入WTO对中国法治建设的积极作用，谈到了中国加入WTO的艰辛过程，谈到了中国在国际上的地位，谈到了中国遵守国际规则的重要性。尤其是他从自己的亲身经历，高度评价了为中国加入WTO作出重大贡献的那些人，特别是首席谈判代表龙永图先生，认为他“是中国加入世贸的功臣，我们应该感谢他的工作，记住他的名字。”

整整3个小时的访谈，令我们对张玉卿先生肃然起敬，我们敬佩他的学识，敬佩他的执着，更敬佩他的真诚！对他的访谈，不仅让我们看到了WTO对中国法治建设的积极贡献，看到了中国改革开放的丰硕成果！

访谈录

访谈人：首先，非常感谢张司长接受我们的访谈邀请。我们这次访谈的主题是“入世”十年对中国法治建设的影响。我们希望通过访谈，找到一些看得见、摸得着的实质影响，而不仅仅是纯粹的感觉。事实上，加入WTO对中国在很多方面都产生了影响，但是，我们今天的访谈主要集中在“入世”对于中国法治建设的影响上。记得上个星期，我们提出了这个系列访谈计划，想听听张司长您的看法，并请您做我们的首位受访者。您当时就说：“这事儿我坚决支持，头一个得采访我，我给你们当试验品。”今天，我们就将您作为系列访谈的“试验品”了，希望通过今天的访谈能够为我们日后展开的更多访谈提供经验和教训。

那么，我们今天的第一个问题是：张司长，为什么您说得第一个采访您？

张玉卿：（笑）我的意思是说，从20世纪80年代中期开始，我就一直参与中国的“复关”与“入世”工作，直至谈判最后完成。在中国政府里，像我这样能够参与中国“复关”和“入世”全程的幸运儿并不多。事实上，从90年代初期开始，我的工作重心就一直在WTO领域，包括参与谈判、清理国内的法律法规、参与国内立法、参与WTO案件的争端解决。

一、法律法规清理是必由之路

访谈人：大概是什么时间开始进行大规模的法律法规的清理工作的？它意味着

什么？

张玉卿：我记得，1999 年 11 月 15 日，中美关于中国加入 WTO 的双边谈判取得成功。1999 年 12 月 1 日，我们就成立了法律法规清理小组。1999 年 11 月 15 日是一个具有里程碑意义的日子。为什么这样说呢？因为美国在 WTO 中一直扮演着举足轻重的角色，它是龙头老大，能够与美国谈成协议，说明中国加入世贸的日子指日可待了。美国虽然通过谈判拼命争取自己的利益，但是，美国的方案也同时反映了欧盟、日本等大多数发达国家的利益。美国实际上是 WTO 中发达成员的总代表。中国在与美国达成协议之后，其他 WTO 成员再与中国进行谈判时，在要价上仅仅是填平补齐而已。这些国家再想对中国提出更高的要价就很难了，而且也不大可能会有国家对美国与中国达成的谈判结果表示反对。这是当今世界的现实。总的来讲，在中美谈判中，中国在某些方面争取到了十分重要的有利条件，例如取得无条件的多边最惠国待

图 2. 1999 年 11 月 15 日，中美签署 WTO 双边市场准入协议前中美双方核对协议文本。右二为张玉卿，左一为傅星国，右一为美国 Catherine Field。

遇，打掉了所谓的“一般保障措施”等等。所以我说，1999 年 11 月 15 日是个值得纪念的一天，是个具有历史意义的一天。成立法律法规清理办公室这一安排，说明我们中国政府对中美协议的高度重视，对 WTO 规则的尊重。

访谈人：中国在与美国谈判成功之后立即成立法律法规清理办公室，是美国人在谈判中提出的要求？还是我们主动采取的一项措施？这个机构的具体任务是什么呢？

张玉卿：1999 年成立的这个机构的准确名称是“法律法规清理小组办公室”。在谈判中，美国人并没有提出这个要求，它完全是我们自己的主动行为。因为当时我们很清楚，如果我们对外承诺遵守 GATT 规则，放开外贸权、按照 TRIPS 规定保护知识产权、在国际贸易中遵守最惠国待遇与国民待遇，就必须使我们的外经贸制度与 WTO 的规则相符，就必须要对那些不符合上述要求的法律法规进行清理、修改，甚至重新制定。这体现了我们对 WTO 规则和国际法的尊重以及我们履行义务的诚意。

当时，我们的任务很艰巨。首先是清理外经贸部的所有内部文件、部门规章、行政法规等，然后逐步扩展至其他各部委。国务院为此还专门成立了一个领导小组。在中央一级，需要修订、废止，或者制定的法律、行政法规、规章和其他政策措施共有 1150 余件。在中央层面的清理法律法规工作完成之后，就是各省内部的法规清理工作。对于被清理的法律法规，我们按照“保留”“修改”“废止”“重新制定”这四个档次来分类、造册。在中央和地方的法律法规清理中面临的所有问题，比如某个法规规章是否保留、某项法律法规是否符合 WTO 的规定，这都要由外经贸部的法律法规清理小组办公室定夺。具体说就是现在的杨国华副司长、当时的杨处长负责。你们可以想象得到，当时的工作量究竟有多大！

在加入 WTO 之前进行大规模的法律法规清理工作，这在世界上是绝无仅有的。以至于美国著名的 WTO 学者杰克逊（John Jackson）教授都对中国的这种做法感到吃惊！我记得，WTO 秘书处法律司有位专门负责“中国加入 WTO 工作组”法律工作的官员格特勒（Jeffery Gertler）专程来到中国约见我，了解中国法律以及法律法规的清理情况。他曾经向我提出，中国的某些法律制度和 WTO 规则不相符，但是，中国政府完全可以向 WTO 提出给予两年过渡期的请求，也就是在“入世”两年后再使中国的法律法规与 WTO 规则相符，不一定非要在“入世”前清理法律法规，这样也会使中国清理法律法规的时间宽松一些。

事实上，通过在日内瓦进行的多边和双边谈判，我们早就清楚中国的贸易制度在某些方面是与 GATT/WTO 制度不符的。我们长期实行的计划经济下的对外贸易管理

图 3. 1999 年 11 月 15 日，中美签署双边市场准入协议。前排立者右一为张玉卿。

体制与以市场经济为导向的 WTO 规则存在着很多不匹配的地方。例如，在当时，我们的外汇使用采取的是计划和内部审批的制度，进出口也是通过计划、配额和许可证进行管理，而且有权从事外贸业务的也就是那些数量有限的几十家外贸总公司以及它们控制的各省分公司。在格特勒提出建议之后，我们在研究后觉得，虽然他的建议是出于好意，但是，我们担心，如果我们不进行法律法规的清理工作，有可能会使中国在过渡期内不能取得完全的 WTO 成员地位，不能完全享受 WTO 的权利。最后，我们还是没有采纳他的建议，仍然继续进行庞大的法律法规清理工作，而且必须要在中国加入 WTO 之前完成。可想而知，我们的任务是迫在眉睫的。要想中国在加入 WTO 之后立即取得完全的 WTO 成员地位，我们必须对与 WTO 规则不符的法律法规进行彻底的清理。我们当时也感觉到，对于长期习惯于靠内部文件管理的中国，无论从程序上还是彻底性上，清理法规的工作都是十分艰巨的，这项工作就像个无底洞，没完没了。但是，为了中国早日加入 WTO，工作组的同志们还是充满了按时完成任务的信心与决心。事实也证明这项工作完成得非常出色！

杨国华（补充）：确实如您所言，作为法律法规清理小组办公室的工作人员，我当时深知任务的艰巨。我记得我们办公室的作用主要有两个：一是清理外经贸部的法规和规章；二是清理各部委的法规和规章。那时，中央的 14 个负有经济管理职能的部委都成立了类似的工作小组，例如财政部、发改委、农业部等都成立了法规清理小组。外经贸部的法规清理办公室主要负责向其提供咨询和总协调。现在看来，这项工作的意义非同寻常。

访谈人：我们想问张司长这样一个问题，在各部委成立清理法律法规小组的设想究竟是谁最早提出来的？

张玉卿：中国的“入世”谈判主要是由外经贸部牵头，所以清理法律法规的建议自然是外经贸部先提出来的。当时，国务院主管这项工作的领导是时任国务委员的吴仪同志。她提出：所有部门的法律法规是否符合 WTO 规则，是否保留，外经贸部说了算！当然，外经贸部最终要将清理方案报国务院批准。

访谈人：在当时，既然没有外国给予的压力，我们为什么要主动进行法律法规的清理呢？其他的 WTO 成员在加入 WTO 的时候也做过类似的法律法规清理工作吗？

张玉卿：在回答你这个问题之前，我们先看看 GATT/WTO 的历史发展和其基本理念。GATT/WTO 的理论是建立在市场经济理论基础之上的。在关贸总协定形成时，其所有 23 个创始缔约方都是实行市场经济的，没有计划经济或非市场经济的国家参加 GATT。关贸总协定的规则就是在总结和发展市场经济制度的基础上产生的。所以，当西方国家加入关贸总协定或者 WTO 时，它们只是面临着接受某些新规则或者适当调整某些做法和关税水平的问题，或者说是扩大市场准入，但是并不涉及根本制度的改变。

虽然在 20 世纪 50 年代至 60 年代，有几个社会主义国家，例如匈牙利、捷克等加入了关贸总协定，但是，它们都是以“进口承诺”的方式加入的，即按它们的出口贸易或国民生产总值的增长幅度承诺每年从关贸总协定缔约方进口的增长幅度。采用这种方式加入关贸总协定无需对其国内法律法规进行清理，因为加入方只要履行了“进口承诺”，就视为履行了关贸总协定的义务。采取“进口承诺”方式加入关贸总协定的最大特点就是，加入方履行其关贸总协定义务如何与这些国家的对外贸易管理体制无关，其外贸管理体制无需进行改革。关贸总协定的其他缔约方只关注加入方的“进口承诺”的大小以及是否实际履行了，而不关注其外贸管理制度。

中国在加入 WTO 时并没有采取“进口承诺”的方式。在 20 世纪 80 年代中期，我们提出的“复关”三个原则是：“以发展中国家的身份”，采取“关税减让的方式”，“恢复中国在关贸总协定中的缔约方席位”。关税在市场经济国家中对于进出口起着主要的杠杆作用。但是，在计划经济体制中，关税措施却起不到这个作用，因为国家对贸易权的管制、对外汇的控制、对进出口数量的管制等会对关税起到重大的抵消作用。既然中国以关税减让方式作为“复关”的条件，就涉及到调整中国对外贸易管理体制的问题，否则，即便是将进口关税降到零，总协定的缔约方还会担心贸易权、计划、配额、许可证等会起决定性作用，零关税不会起到促进进口的作用。所以，中国以关税减让方式加入 WTO，就必须对与 WTO 不符的法律法规予以废止或修改，就必须建立起一套与 GATT/WTO 规则相符的对外贸易管理体制。我个人觉得，中国以关税减让的方法加入 WTO 是完全正确的，它与我们建立市场经济的总体目标是一致的。同时，通过加入 GATT/WTO 谈判和法律法规的清理，极大地促进了建立市场经济目标的实现，促进了中国市场经济体制下的外经贸法律制度的提前完成。

事实上，如果我们不提前进行法律法规的清理，就不会顺利地在 2001 年 12 月 11 日加入WTO，享受完全的WTO权利。因为在历次的中国加入WTO工作组会议上，一些 WTO 成员反复提到中国限制外贸经营权、进口机电产品的内部审批、配额许可证发放的公开透明、外资法中的外汇平衡、当地含量、经济特区的特殊政策、专利保护期限、对布图设计的著作权保护等问题。它们认为，这些做法是不符合 GATT/WTO 的基本规则的，我们必须改进。因此，清理和修改法律法规是摆在我们面前的急迫问题，中国要加入 WTO，就必须先解决这些问题。

图 4. 2001 年 1 月，张玉卿（左）、李成钢（中）和张向晨（右）参加中国工作组第 15 次会议。

访谈人：《WTO 协定》第 16 条第 4 款要求每一成员必须保证其法律、法规和行政程序与协定的义务相一致。因此，我们清理法律法规也是为了履行这一义务。在清理的法律法规中，最具代表性的就是中外合资经营企业法、中外合作经营企业法、外资企业法、专利法、商标法、著作权法等 9 件法律，还有国务院制定的技术进出口管理条例、保障措施条例等。我们从 1999 年底开始进行法律法规清理工作，历时近两年的时间，涉及 3000 多个法律法规，可以说是中国历史上规模最大的一次法律法规清理工作，别的国家从来没有做过。

那么，在清理法律法规时，自然会涉及法律法规的废除或者修改，工作组有没有遇到过一些部门或地方政府不愿意修改或者废除其法规的阻力呢？

张玉卿：当然是有的，但公开反对的不多。阻力主要体现在应该如何修改法规这一问题上。在《对外贸易法》中，外贸经营权的修改是最困难的，因为它直接涉及是否允许私人企业甚至个人从事国际贸易的问题。我们与美国在 1997 年达成的双边非正式协议中，就承诺放开外贸经营权。当时，由于我们国内有些人对此坚决反对，修改外贸法的阻力非常大。许多法律法规虽然最终修改了，但有的拖了一两年，有的还要长。有些法律还留下了尾巴。

访谈人：从目前来看，在当初那么大阻力的情况下进行法律法规清理工作是值得的吗？当初这么做对中国日后的法治建设产生了哪些影响呢？

张玉卿：毫无疑问，当时进行法律法规的清理是一项重大举措，其意义是深远的。现在看来，这样做是值得的，我们也看到了积极的效果。通过大规模的法律法规清理，我国的外经贸法律法规包括外贸、外资、外汇、海关、商检、知识产权保护等方面的法律法规有了很大的进步与质的飞跃，这些外经贸法规已经基本上和国际标准接轨了。通过清理，我们将带有浓厚计划色彩的、与 GATT/WTO 不符的外经贸制度改掉了。我们因此建立了一整套全新的外经贸法律制度。我们的外贸法就是一个典型的范例。另外，中国对贸易救济制度的全面立法，贸易救济机制的全面系统的建立与实施，也是中国清理法规的重大效果之一。可以说，如果没有加入 WTO，我们至今可能还在老路上走。而且，WTO 所要求的“透明度”义务也使我们摒弃了靠内部文件、领导人讲话管理外经贸的时代。WTO 所要求的“司法审查”制度也使我们放弃了过去那种司法部门不能挑战行政部门决策的做法。现在，外贸管理、外资、质检、海关、外汇以及商标、专利等部门的行政决定都要受到司法审查的制约。这是中国法治上的巨大进步！

访谈人：我们刚才一直是在加入WTO的背景下谈法律法规的清理问题。假设中国没有加入WTO，有可能进行这么大规模的法律法规清理工作吗？

张玉卿：微乎其微，虽然有这种需求，但没有这种压力，靠自觉革命其实是很难的。

二、加入WTO是必然选择

访谈人：您认为中国加入WTO是历史的偶然还是必然？对于当时的决策者而言，加入WTO的决策是这些决策者的偶然做法吗？

张玉卿：有人说，中国的改革开放源于三个主要事件：一是1978年中国共产党十一届三中全会启动了中国的改革开放进程；二个是邓小平1992年南方谈话推动了中国进一步的改革开放；三是2001年中国加入WTO形成从外部推动中国继续改革开放的动力。我认为，这种说法不无道理。中国加入WTO既是中国经济发展的客观需要，也是中国改革开放的必然结果。在中国进行“入世”谈判时，国内外就流行这样两句话：“中国需要WTO，WTO也需要中国”。可见，中国加入WTO是一种必然的结果。

当然，决策者的作用也很重要。在中国“入世”这个问题上，决策者们顺应了这一客观必然，也有一定的魄力。例如，当时的中美两国领导人曾经直接过问中国加入WTO的事情。如果没有时任中国国家主席江泽民和时任美国总统克林顿的直接推动，中国“入世”的时间可能还要被推后。特别是在1999年11月15日那天的谈判中，如果没有时任中国总理朱镕基在关键时刻的亲自直接会见、谈判，就不会有中美的协议。对于中国加入WTO，他们是功不可没的！我觉得，中国加入WTO也好，建设法治社会也好，谁都知道这是历史的需要与必然。但是，国家领导人能够认识到这一点，并亲自推动实现这些目标，在中国是最难能可贵，也是最关键的。

访谈人：为什么您认为中国加入WTO是一种客观必然的选择呢？

张玉卿：中国必然选择加入WTO，我个人觉得主要基于以下几个方面的考虑：

第一，关贸总协定是事实上的国际组织，中国本来就是它的创始缔约方。国民党政府退到台湾之后，在关贸总协定里守候了几年，后又退出，这使得中国在关贸总协定中的席位一直空缺。中华人民共和国成立之后，一直没有和关贸总协定有任何接触和联系，也没有参加它的任何活动。但是，我们是《国际纺织品贸易协议》（《多种纤维协定》，*Multifibre Agreement*，MFA）的缔约方，中国的纺织品贸易必须按 MFA 操作。由于 MFA 时任与关贸总协定存在关联，我们开始关注关贸总协定，开始了解关贸总协定。当时，国务委员张劲夫同志了解到中国与关贸总协定的这种历史渊源后，认为基于改革开放的需要，我们应该考虑参与关贸总协定的活动。在国际经济贸易中起着如此重要作用的国际组织，中国却游离在外，这是不正常的。所以，中央当时就决定“复关”，并提出了“复关三个原则”，这无疑在当时是明智之举。

第二，改革开放后，中国的经济不断发展。这就使得中国虽不是关贸总协定的成员，但客观上还要受到关贸总协定规则的制约。比如，中国的出口产品频频遭到西方国家的反倾销和反补贴调查。它们打着总协定的招牌滥用规则，限制中国出口产品，然而我们在日内瓦却没有发言权。由于中国不是 WTO 成员，就不能享受美国永久最惠国待遇，美国国会年年要审议。如果中国的出口产品在美国得不到最惠国待遇，中国的对美出口就会遭遇致命的阻碍。这种状况必须改变，而办法就是加入 WTO。

第三，在 1999 年 9 月 11 日召开的 APEC 第七次会议上，江泽民会见克林顿时表示，中国对加入 WTO 一直采取积极态度，中国加入世界贸易组织不仅是中国经济发展和改革开放的需要，也是建立一个完整开放的国际贸易体系的需要。我们希望谈判能够在平等互利的基础上进行，争取早日达成协议。克林顿也表示，美国支持中国尽早加入 WTO。他说，他现在要亲自过问中国加入 WTO 的事情，并希望与江泽民主席共同解决这个问题。当时，他提出一个主要的加入条件，就是希望中国解决好知识产权的保护问题。同时，美国也愿意在纺织品、最惠国待遇和一般保障措施等方面采取灵活的立场。显然，这是美国就解决中国“入世”问题所做的一次关键的表态。此次江、克会谈起到了重要的推动作用。

另外，早在 1990 年 1 月，中国台湾正式以“台、澎、金、马单独关税区”的名义向关贸总协定提出了加入申请。1992 年初，美国国务卿贝克访华，转达了中国台湾想尽快加入关贸总协定的愿望。由于中国台湾加入关贸总协定不涉及繁重外贸制度问题，其加入程序可能会更快一些。中国大陆当然不会同意让台湾先于大陆加入关贸总协定或者 WTO。最终，中美双方达成了“中（中国大陆）先台（中国台湾）后”的原则。1992 年 9 月，关贸总协定理事会主席正式发表声明，确认了上述原则。所以，中国大陆加入世贸还涉及中国台湾这个敏感的政治问题。

基于上述考量，中国加入 WTO 不能久拖不决。所以中国加入 WTO 是一种客观必然的要求，国家领导人亲自支持、推动也促使了这一选择的实现。

杨国华（补充）：您这个分析很有道理。中国加入GATT/WTO与中国从1978年开始实行改革开放这个大的背景是一致的。2002年召开的党的十六大报告提到：“以开放促改革、促发展”。这句话的内涵非常深刻。它说明，国家领导人很清楚，我们在改革中遇到了一些问题，需要通过开放政策来推动改革的深入进行。

张玉卿：是的。大家都在讲改革开放，但是，怎么改？怎么开放？近期目标是什么？远期目标是什么？没有人能够讲得清楚，也没有人敢触及这些敏感的问题。而且真到了改革的时候，还有可能遭到那些既得利益者的反对。对于著作权法，我们搞了几十年就是搞不出来，最后，还是在“复关”和“入世”过程中解决了这个问题。其实，对外开放的一个重要方面就是要积极考虑加入国际上的条约，因为这些条约也是人类文明的体现，是人类对社会生活的总结。加入那些被世界上大多数国家承认的条约，也是我们对世界文明的认可，也是世界对中国的认可。“入世”前，许多人大呼“狼来了”，许多人认为中国入世“弊大于利”。“入世”10年了，看看我们经济贸易的发展，看看我们的国际地位，不都证明中国走对了吗！

访谈人：您和首席贸易谈判代表龙永图副部长一起从事了多年的WTO谈判，能谈谈对他的印象吗？

张玉卿：为了中国“复关”和“入世”，外经贸部先后有四位领导担任首席贸易谈判代表，那就是沈觉人副部长、佟志广副部长、谷永江副部长和龙永图副部长。我有幸参加过四位首席谈判代表负责的谈判工作，但一起工作时间最长的是龙部长。可以说，龙部长是对中国加入世贸工作花费时间最长、精力耗费最多、贡献最大的一位部长。没有他的努力，中国“入世”可能还要花费更长的时间。他对GATT/WTO的历史、宗旨与规则相当娴熟，对中国加入世贸的政策和原则掌握得相当准确。龙部长用他出色的英语不辞辛苦地努力与各国沟通，争取让中国早日加入世贸。他勇于捍卫国家利益，敢于对某些成员的漫天要价进行顽强的说理，甚至是严厉的斥责。他善于协调国内各个部门之间的立场与利益，能够带领谈判团队不屈不挠地努力奋斗。在“入世”谈判中，龙部长充满了对祖国的热爱，表现了毫不动摇地保护国家经贸利益的坚定立场。龙部长是中国加入世贸的功臣，我们应感谢他的工作，记住他的名字！

三、加入WTO促进法治进步

访谈人：在清理了法律法规之后，外贸经营权、外资准入、知识产权保护等方面都跟国际标准接轨了。您说过，这代表着“国际文明，社会文明”。其实，这件事情已经不仅仅是法治的问题了。记得2001年11月11日《人民日报》发表的一篇社论——《中国改革开放进程中具有历史意义的一件大事——祝贺我国加入世界贸易组织》说过，加入WTO“必将对新世纪我国经济发展和社会进步产生重要而深远的影响”。对

人民日报

RENMIN RIBAO

中国代表团向世贸组织秘书处递交授权书

中国加入世贸组织议定书签字仪式今天下午举行

世界贸易组织第四届部长级会议协商一致

中国加入世贸组织决定获通过

加入世贸组织，是党中央、国务院作出的重大战略决策，是改革开放进程中具有历史意义的一件大事，标志着我国对外开放进入一个新的阶段

社论

中国改革开放进程中具有历史意义的一件大事

——祝贺我国加入世界贸易组织

应邀访问斐济、巴新和新加坡三国

李瑞环离开北京

钱其琛等前往人民大会堂送行

胡锦涛与施罗德举行会谈

双方就共同关心的问题深入交谈并达成广泛共识

宣传贯彻六中全会精神　加强改进党的作风建设

首届人民日报论坛在京举行

杨正午当选中共湖南省委书记

图5.《人民日报》社论：《中国改革开放进程中具有历史意义的一件大事——祝贺我国加入世界贸易组织》，2001年11月11日第一版。社论指出：加入世界贸易组织标志着我国对外开放事业进入一个新的阶段；这是我国现代化建设中具有历史意义的一件大事，必将对新世纪我国经济发展和社会进步产生重要而深远的影响。

于这句话，您是如何解读的呢？中国加入WTO，除了法律上的进步之外，是否还有社会文明上的进步呢？

张玉卿：的确，加入WTO不仅给我们带来了法律上的进步，也带来了许多新的文明与理念。我记得在“文化大革命”刚开始的时候，彭真同志曾经提过“在法律面前人人平等”这句名言。但长期来，有许多事情在处理时就是不平等的，但大家都习以为常了。例如，我们习惯于按财产的所有制性质进行立法，企业也按不同的性质立法，这就导致不同所有制的财产、不同性质的企业适用不同的法律，享受不同的待遇。再如，早期有权从事国际贸易业务的就是那几十家外贸公司，其他公司没有这个权利。虽然后来放开了外贸经营权，但也只限于国有企业才有资格。加入WTO后，至少在贸易权问题上得到了彻底解决。不管是国企、私企，还是合资企业，甚至自然人，只要履行必要的法律手续，就可以从事国际贸易了。这一做法使得我国在贸易权上实现了真正的人人平等。

另外，我们经常讲透明度问题，这实际上是来自WTO的一个概念。我们在加入WTO时承诺，只实施那些公开了的法律法规，这意味着我们放弃了过去那种凭内部文件、开会传达来管理对外贸易的工作方式。在知识产权保护方面，以前根本没有现在这样的全面立法，也没有现在这样的认真执法态度。我们过去总是口头上讲，应该重视知识、重视知识分子，其实，认真和严格地保护知识产权、对侵权违法者给予严厉的处罚，才是对知识、对知识分子的真正保护与爱护。还有一个方面的进步值得关注，那就是，加入WTO就意味着我们几乎全部放弃了过去靠计划、内部审批、配额许可证的对外贸易管理方式。事实上，我们不能简单地将这种改变看成是管理方式的转变，它实际上代表了管理理念的改变。这一改变铲除了很多走后门、走关系、行贿受贿的现象！难道这不代表着我们社会的进步吗?！类似的进步还很多。这些进步都是在中国加入WTO的过程中或者是加入WTO之后才取得的。因此，加入WTO不仅给我们带来了经济上的发展，也给中国带来了许多新的机制和现代的理念。

访谈人：2010年3月，全国人大常委会决定修改《著作权法》。2001年的《著作权法》第4条第1款规定：“依法禁止出版、传播的作品，不受本法保护。”在WTO受理的美国诉中国知识产权案中，专家组认为，中国的上述规定不符合WTO规则。因为按照《伯尔尼公约》和TRIPS的规定，作者应当自作品产生之日起就享有著作权。政府可以禁止作品的出版和传播，但不能否认作者的著作权。中国在该案件中败诉之后，全国人大常委会修改了《著作权法》，将第4条第1款删除。这是自加入WTO

以来，我国第一次根据WTO专家组的裁决修改全国人大制定的法律。

您是怎么看待这次的全国人大修改《著作权法》这件事的？这件事与中国的法治建设有什么样的关联？

张玉卿：其实，第4条第1款是《著作权法》中的一个很简单的问题，一个ABC的问题。比如，我写了一本书，没有人给我出版，这本书算不算是我的作品呢？或者说，假如国家禁止出版我的书，我对我的作品是否有著作权呢？实际上，各国都承认这种著作权，这是国际上普遍遵守的一个规则，但我们的法律却与之相悖。值得我们深思的是，在立法的当时，中国并不是没有人懂得这个问题。前些天，我和中国人民大学的郭寿康教授就谈论起了这个问题。他说，当时在起草通过《著作权法》时，许多人就指出过第4条第1款有问题，但是这个意见没有被接受，还是照原样通过了。现在好了，WTO说你错了，我们才不得不改。所以，我感慨的是，中国知识分子的真知灼见为什么当时不能被采纳呢！试想，如果中国不加入WTO，这个条文可能还会执行10年、20年或者甚至更长时间。这件事应该值得我们反思！

访谈人：既然在《著作权法》立法和法律清理时没有能够解决第4条第1款的问题，而WTO争端解决机构作出的裁决促使中国删除了该款规定。您觉得，在中国“入世”之后，我们应该如何对待WTO争端解决机构对我们作出的不利裁决呢？

张玉卿：我们可以拿美国作一个例子。当初，在美国国会就是否接受乌拉圭回合的谈判结果进行讨论时，争论也很激烈。特别是以共和党议员多尔为首的不少参议员认为，加入WTO将侵害美国的国家主权。但是，大多数人还是支持加入WTO的。例如，美国著名的WTO学者杰克逊教授就到国会去讲演，克林顿总统也亲自推动这个事情，美国才得以加入WTO。杰克逊教授认为，美国加入国际条约就意味着在一定程度上让渡了国家主权，就要遵守条约。但是，如果你觉得WTO损害了国家的主权，你可以退出来。

一个国家对国际法的尊重，关乎一个国家的国际形象，涉及对国际社会的公共秩序的维护。既然中国加入了WTO，就应当尊重WTO的规则，遵守WTO的纪律。像中国这样一个大国，在遵守国际法方面更要特别注意贯彻这个理念和原则。何况我们的立法特别是那些行政法规、部门规章以及地方性法规在有些方面可能还是有问题的。知错能改，善莫大焉！尤其是在WTO作出裁决之后，就更应该认真遵守。现在，我们与WTO成员的贸易额占我国贸易总额的95%以上，我们在WTO中的地位也在不断提高，因此，我们的行为必须跟我们的大国地位、经济发展水平、贸易发展水平相匹配。在加入 WTO 之后，应该努力使我们的法律法规的制定和实施提高档次，努力与 WTO 规则保持一致。当 WTO 对我们做出不利的最终裁决之后，我们应该抱着善意来理解，按照 WTO 规则执行这些裁决。这是一方面。另一方面我们还应看到，不少国家目前对中国仍存有偏见，还有的国家对中国的发展存在嫉妒心理，或惧怕心理。因此，它们往往滥用 WTO 的规则，歧视、限制中国的出口产品，包括海外投资，从而使中国企业享受不到本应享有的权利。对此我们在尽量做 WTO 好成员的同时，还要坚决勇敢地在多双边中维护中国企业的 WTO 协定所赋予的权益。这也是对 WTO 规则的捍卫。

访谈人：执行 WTO 裁决是遵守国际法的一种体现，也是遵守国际秩序的一种意识。您认为，执行 WTO 裁决到底是一种意识还是一种需要？

张玉卿：我觉得，执行 WTO 裁决首先应该是基于有这个需要，其次也离不开意识。我们遵守国际法首先是国家主权与利益的需要，当然还涉及中国的国际形象问题。中国这么大一个国家，如果对国际法视若无睹，认为国际法可有可无，这是不可取的。如果 WTO 裁决我们败了，我们不予以执行，就有可能招致报复，就会影响我们的贸易利益，一些人就有可能失业，因此，遵守 WTO 裁决自然是基于客观需要。但是，意识也很重要，要意识到国家的形象，意识到国家、企业的利益。如果没有执行 WTO 裁决的理念和意识，你怎么可能会执行呢？如果大家都不执行 WTO 的裁决，又如何维护这个多边体制呢。所以，二者都很重要，缺一不可。当然，我们应该对 WTO 案件格外重视，认真对待，要打好官司，尽量避免 WTO 争端解决机构作出对中国不公平的裁决。

对于 WTO 争端解决机制，我们应该有正确的认识。不能官司打赢了就高兴，打输了就说人家不公平、不公正或者歧视中国。与国际海洋法庭（ITLOS）、解决投资争端国际仲裁中心（ICSID）以及国际法院（ICJ）相比，WTO 争端解决机制在国际法上有很多突破性的发展，有很多先进性。例如，对贸易争端实行强制性管辖、程序严谨、审限严格、裁决自动通过、监督执行严格等。另外，WTO 案件一律由专家进行审理，不存在任何政治势力或行政的干预。正因如此，使得 WTO 争端解决机制具有很高的信赖度，WTO 成员乐意将问题诉诸这里来解决。这样一个比较完善的争端解决机制有效地避免了过去那种弱肉强食、大打贸易战的混乱局面，提高了大家对 WTO 的信任。所以，中国应该充分利用这一机制维护我们的贸易利益。

访谈人：您认为，通过加入 WTO，我们得到了什么呢？

张玉卿：加入 WTO 为中国在对外经贸方面建立起全新的法律制度带来了动力与机遇。现在，我国的许多法律或者条文就是 WTO 规则在中国的具体体现。这些法律制度的建立不仅改进了中国的法治状况，同时也对我国的改革开放产生了很大影响。可以说，WTO 规则对促进中国对外经贸的发展起到了基础性的作用。如果没有加入 WTO，中国对外经贸活动的外部环境就不会像今天这样好，中国的对外贸易与国际投资也不会这样快的发展！而且，一个国家法治的进步和在国际舞台上的地位，要看这个国家对在国际上被广泛认可的国际公约的态度。显然，我们加入 WTO 这件事情本身使得中国在国际上的地位得到了很大程度上的提升。

通过加入 WTO，我们的立法和司法学到了 WTO 的某些长处，我们的社会有了很大的进步，我们的改革也在与 WTO 相关的方面向前发展。例如，通过清理法律法规，我们制定了全新的中国对外贸易制度，解决了与国际接轨和透明度的问题。尽管这套全新的对外贸易法律体制在某些方面还不够圆满，但从总体上而言还是应当予以肯定的。毫不夸张地说，清理法律法规和制定新的外贸制度，就像是一场革命。

WTO 的先进性并不局限在对外贸易体制方面，其他领域也大有借鉴的余地。例如，WTO 争端解决机制的独立运行制度、自动管辖制度、专家审案制度、程序的透明和公开制度、裁决书的翔实和逻辑严密性、裁决的自动通过和生效制度、裁决书严格的执行程序等，就很值得我们的立法、司法界学习。这也是国际上普遍肯定 WTO 争端解决机制的主要原因。WTO 争端解决机制重视程序规则，无论专家组还是上诉机构，它们完全依照 WTO 规则审案，不会考虑政治或其他因素。WTO 裁决不仅推理和分析严密，而且为确保条文解释的前后一致性，还非常尊重先例。我个人认为，WTO 争端解决机制是人类文明在国际法上的重大发展。我们为什么不能取其长处，为我所用呢？当然，WTO 专家组和上诉机构的报告也存在一定的问题，例如，有的报告过于冗长，并存在着大量的重复。但是，瑕不掩瑜，它的整个制度设计应该予以肯定，值得中国学习和借鉴。

访谈人：您刚才说到，清理法律法规是与国际接轨的体现，执行 WTO 裁决是遵守国际法的体现。这些都是国际法意识或者国际法治的体现。同时，您也提到，WTO 对其成员的法治包括立法、解释和审判有很多借鉴意义。例如，我国在加入 WTO 时，最高人民法院就曾经提出过要加强法院判决的说理部分。您认为，我国的司法机构如何借鉴 WTO 争端解决机制呢？

张玉卿：在中国加入 WTO 前后，我曾应邀参加一些讲课，介绍 WTO 的争端解决机制。但是，结合中国的司法审判实践，我曾提出两点建议：第一，裁决或判决要讲理。讲理是要把事实、证据和适用的法律讲清楚，对适用的条文要给予具体适用和解释。同时，裁决书还要有逻辑推理过程和相应的分析，并根据这些分析得出结论；第二，裁决或判决要回答问题。如果你读过一份WTO案件的裁决，你就会发现，专家组或者上诉机构对当事方提出的几乎所有问题都要做出交代，做出回答。在国内诉讼中，当事人花了几十万甚至上百万的律师费，经过了多次的仔细研究才就案件提出了某些法律问题，对这些无论是事实问题还是法律问题，不能愿意理就理，不愿理就弃之不顾，裁决应该对法律的适用和解释作出详细的说明，要敢于直面问题、敢讲清道理。只有这样，我们的法律才能成为活的法律、有指导意义的法律，判决成为有内容的判决，说理服人的判决。最高人民法院已经开始重视这些问题，是非常可贵的。

访谈人：目前，在涉外案件和海事案件审判中，我们已经开始加强判决的说理部分。那么，在其他非涉外领域，还有必要借鉴WTO争端解决机制吗？

张玉卿：现在，有一种概念认为，WTO就是外经贸的事情。我认为，这是不准确的或者说是将WTO狭义化了。如果说，中国加入WTO是中国改革开放的动力，那么，我们就应该不断深化对WTO的理解，扩大它的功能与作用。特别是我们的立法界和司法界，应该自觉学习和借鉴WTO的长处。独立地依照法律和规则审案，排除各方面的干预与干扰。此外，中国还应该借鉴WTO的案例法制度，要在司法实践中尽量保持同类案件判决的前后一致性，使法院判决具有相对的稳定性，对社会具有一定的指导意义。我们的法律和司法判决应该朝着法律本身提供的可预见方向发展。我觉得，我们有遵守国际法和重视国际形象的传统，但是，在国内法层面做得还很不够，还有很多方面需要改进和提高。

当然，WTO争端解决机制也不是十全十美，它在执行机制上还存在着一定的问题。我最近正在整理WTO的一个著名案件，就是美国的外国销售公司税务处理案（Foreign Sales Corporations，FSC）。我发现，美国通过各种手段取巧于WTO的程序规则，千方百计地变换手法，新瓶装旧酒，以达到抵制和拖延执行WTO裁决的目的，为此还招致欧盟每年40亿美元的贸易报复。最后，到了走投无路时，美国不得不修改了实施几十年的通过放弃税收对出口进行补贴的做法。当然，FSC案有一定的特殊性，它涉及一个国家的税收体制。而且，欧美在这个问题上已经争论了几十年，因此，在解决上存在着一定的难度。然而，在WTO作出裁决后，美国还是执行了裁决。如何避免WTO漫长持久的诉讼，及时为受到损害的成员方提供救济，这是

WTO要解决的问题。

访谈人：在刚才的访谈中，您主张，WTO制度值得其他国际组织和国内相关机构效仿。同时，您也提到，为了加入WTO，中国进行了法律法规的清理并履行了WTO裁决，实现了与国际规则接轨，遵守了国际法治，这是明显的进步。那么，在其他方面，加入WTO对中国法治的进步还有哪些影响呢？

张玉卿：加入WTO后，中国法治的进步体现在多个方面。例如，很多法律和行政法规制定得比以前更加详细和具体，我们开始重视程序规则了，法律的覆盖面也不断扩大，法院也开始重视“审判文书”的起草工作，还有目前中国所有行政部门的决定都要受到司法审查的制约，等等。但是，我们也看到了许多不足和需要改进的地方，我们大家都希望中国的立法与司法能够更加完善。例如，我们都在关注，中国的民法典何时制定出来？中国的商法在那里？我们最终通过的反垄断法还有不应该有的例外。这些不足或缺失不利于中国市场经济的发展，不利于中国对外贸易的发展。

访谈人：现在，在某些法律法规颁布前，我们已经开始公开征求社会意见、公开征求民众意见，您如何看待这一做法？

张玉卿：的确，在加入WTO之后，许多法律和法规在起草阶段就开始征求社会的意见。但是，并不是全部的法律法规都要事先征求公众意见。“公开”征求意见不是指仅仅通过政府的组织系统征求意见或者简单开几个内部座谈会征求意见即可，而是向全社会公开征求意见。例如，加入WTO之后，外经贸部在修改对外贸易法、起草反垄断法草案和修改反倾销条例、反补贴条例及保障措施条例时，就采取了非常广泛的听取意见与评论的办法，包括听取外国专家的意见等。这使得草案在日后提交批准时比较成熟。现在，中国的经济成分、市场主体已经发生了翻天覆地的变化，过去的那种封闭的征求意见手段已经落后。

访谈人：有观点认为，建设一个起作用的法治体系，对于保障改革开放之后的国家利益是很重要的，同时，它也是市场经济的保障。您是如何看待这种说法的？

张玉卿：我认为这种说法是正确的。首先，改革开放的实践活动通常走在前面，实践成功后，就要用法律予以规范起来，以保障实践做法的延续与发展。有了法治体系，并依法办事，才能真正巩固改革开放的成果。搞市场经济实际就是要搞法治经济，减少政府对经济的过度干预。如果总是用行政手段解决经济问题，市场经济的体制就得不到保障。加入WTO之后，我们更需要强调依法治国、依法管理，我们必须把这一理念贯彻下去。否则，我们的做法就会跟WTO规则撞车，国家和企业的权益也得不到保障。我们必须建立一套科学和持久稳定的法治体系，国家、企业和个人都在这一法律体系的框架下运转，只有这样，国家才能长治久安。如果靠行政命令办事，就很容易导致朝令夕改、政策因人而异。

访谈人：有观点认为，中国是唯一的一个用法律条文规定政府必须实行市场经济的国家。您怎么看待这个问题？

张玉卿：这种观点有一定的道理。根据中国加入 WTO 议定书和工作组报告书，我们必须走市场经济的道路，不能再回到过去的计划经济体制，否则，我们就会违反 WTO 规则。这也是当时在议定书中中国同意其他成员对中国出口产品在一定期限内可以适用特殊规则的原因。中国加入 WTO 议定书和工作组报告书就像 WTO 的法律文件一样，都属于国际条约，我们应该认真遵守。我相信，我们是能够做到这一点的。中国一直以来对国际法是很尊重的，中国人说话是算数的，是守信用的。既然已经参加了国际条约，就会按此去做。此外，WTO 规则是建立在市场经济机制基础上的。虽然原来的东欧几个国家加入关贸总协定不是成功的案例，但后来他们也都实行市场经济了。中国是以市场经济国家的身份加入 WTO 的，只不过由于在当时我们的市场经济体制尚未完善，所以我们接受了一些特殊过渡期条款。

访谈人：现在，我们谈“入世”对中国法治建设的影响，其实这是一个很复杂的问题。对于如何判断一个国家是否是一个法治国家，每个人都有自己的观点。那么，您是如何看待这个问题的？

张玉卿：这是一个很大的问题，更是一个很复杂的问题。让我们仅局限在外经贸领域谈谈这个问题。我认为，在外经贸领域，法治的标准是：第一，要和国际标准接轨，具体就是与 WTO 接轨。比如，对外贸易法、海关法、知识产权保护法、质检法、外汇管理法等都必须与 WTO 的规则相一致。那些涉及最惠国待遇和国民待遇的相关法律法规，例如税法、投资法或有关市场准入的法规，也要与 WTO 的规定相符。同时，还要根据新的承诺或 WTO 裁决不断修改相关法律法规，因为我们每天都要和 WTO 成员打交道。第二，要依法办事。法律是有功能的、起作用的，不是摆设，不能束之高阁。政府的所有部门都应依法办事，所有带有指令性的文件和指示都要有法律法规上的依据。如果能够长期坚持下去，就可以说中国在 WTO 方面的法治成熟了。

访谈人：根据您的看法，加入 WTO 对中国在很多方面都是有促进作用的，比如，立法、司法等。

张玉卿：那是当然的。值得骄傲的是，我们的法律法规清理、修改与制定工作是卓有成效的。这项工作避免了许多中国在 WTO 的被诉案件，并为中国建立起了一套全新的、完善的对外贸易法律制度。法院在这方面也做了大量的工作，例如，法院建立了知识产权庭，建立了司法审查的机制。可以说，“入世”以来，中国基本上符合了它对 WTO 应履行的义务。当然，仔细审查的话，我们可能还有一些不足。

那一年我参加了中美市场准入谈判

陈 鹏

【作者简介】

陈鹏，1949年2月出生于湖北省武汉市。1965年8月毕业于北京市第二中学，1970年8月毕业于中国人民解放军技术工程学院。1970年8月至1985年12月在中国人民解放军总参谋部某部工作。1985年12月到经贸部工作，历任对外贸易管理司副处长、处长、副司长、商务部配额许可证事务局局长。2010年3月任中国国际贸易学会副会长，2012年12月至2019年4月任中国世界贸易组织研究会副会长兼秘书长。

我曾经参加过中国“复关”“入世”谈判，并亲历了1999年11月15日中美签署双边市场准入协议的历史时刻，但我所写的回忆文章并不涉及中国“复关”“入世”谈判，然而这一谈判又与“复关”“入世”谈判紧密关联，那就是1991年至1992年前后九轮、历时一年半的中美市场准入谈判。

一、谈判过程

1991年至1992年经贸部牵头对外开展的一项重要工作就是中美市场准入谈判，这是一场涉及两国经济利益的贸易斗争。从1983年起，美国对华贸易即出现逆差。1989年5月后，中国“复关”谈判陷入停滞状态。美国等对中国采取经济制裁措施，美国国会每年审议给予中国最惠国待遇的问题。中美双边关系处于历史低点。

1991年4月，美国政府以在双边贸易中美方连年逆差为由，向中方提出了进行市场准入谈判的要求，想通过谈判压中国开放市场，扩大自美进口。当时中国出口贸易增长较快，而进口增长较慢，在进口管理方面确实存在不少与国际贸易惯例不符合的做法，进口限制和制度缺乏透明度，大量使用进口许可证、进口配额、进口审批等限制进口产品的措施，关税水平较高（总水平高达47.2%），实施进口替代政策等。

谈判自1991年4月启动，到1992年10月达成协议，在北京和华盛顿先后共进行了9轮谈判。

1991年4月，时任对外经济贸易部副部长佟志广应美方邀请访美，与美国助理贸易代表梅西（Joseph Messey）就市场准入问题举行首轮谈判。6月，梅西访华，与佟副部长举行第二轮谈判，梅西在谈判中提出了美国关注的问题，称一方面美国对中国的出口大幅度下降，另一方面中国政府增加了对美国产品进入中国市场的限制措施。美方的谈判目标是，扩大市场准入，争取美国企业在中国市场上获得平等的竞争条件。为此，美方递交了一份非正式文件，提出了在市场准入问题上的9点要求，即中国外贸管理缺乏透明度；53种产品实行进口许可证；实行进口替代制度；禁止进口、限制进口数量及其他市场限制措施不断增加；检验标准和合格认证方面要求148类产品进行进口检验；关税及其他进口收费方面关税过高，还实行进口调节税；农产品贸易限制措施及植物卫生检疫规定对进口构成严重壁垒；政府采购及招标方面，绝大多数政府采购合同不采用竞争招标方式；投资项目和其他主要进口机会方面，美国公司因缺乏有关计划体制及项目执行上的商业信息而无法参与大项目竞争；此外中国还对出口实行补贴。佟副部长强调指出，将美对华出口下降归咎于中国市场不开放是不公正的，美方应尽早宣布取消对中国的“贸易制裁”，应从根本上解决最惠国待遇问题，应取消对华高科技产品出口限制，并希望美方继续支持恢复中国关贸总协定缔约国地位。

8月，佟副部长与梅西率团在华盛顿举行第三轮磋商，美方提出了在市场准入方面的短期、中期和长期要求。9月30日，中方向美方递交了名为《中方关于市场准入的一些安排》的非正式文件，其中在关税、进口许可、透明度、电讯项目合作、进口替代、进口控制、动植物检疫等方面做出了承诺。美方认为，中方非正式文件虽表明中方在市场准入方面向前迈进了一步，但未能达到美方的要求。10月10日，美国总统布什（老布什）指示美国贸易代表办公室针对中国所谓进口贸易壁垒问题发起“301”调查，主要内容为透明度、进口禁令、数量限制及技术壁垒（动植物检疫、商检等），调查为期12个月。

10月下旬，佟副部长与梅西率团在北京举行第四轮磋商，中方递交了关于市场准入的谅解备忘录草案，并提出了在半年内取消进口许可证的商品清单（13种商品）、实行进口许可证管理的商品目录（53种）以及降低关税的商品税目表（56种）。

1992年2月，佟副部长与梅西率团在北京举行第五轮磋商。3月底、4月初，双方在华盛顿举行第六轮磋商，美方首次提出美方谅解备忘录草案，中方即提出了修正草案。5月，双方在北京举行第七轮磋商，中方承诺两年取消大部分实行进口许可证、进口控制和进口配额管理的商品，只对17类商品保留进口许可证，对17类商品保留进口配额、对52种商品保留进口审批。8月，佟副部长与美国助理贸易代表沃尔夫(Ira Wolf）举行第八轮谈判，中方承诺可在三年后取消全部进口许可证和和进口控制，但美方表示不能接受，磋商未取得成果，美方即公布了报复清单，涉及中国价值39亿美元的出口产品。

我在1992年结束党校学习后，在贸管司进口处工作，受指派作为司里的代表参加了自1992年4月至10月的第六轮至第九轮谈判。前方的谈判有赖于国内各相关部门的沟通交流，有赖于每次谈判前代表团的"闭门会"，来自有关部委的代表团成员认真讨论甚至"激烈"交锋，按照国务院的授权最终形成谈判方案。当时谈判方案的设计和具体实施工作由时任经贸部美大司司长孙振宇负责，谈判代表团秘书处实际上是美大司的美国处（三处)，主要由金立刚和欧华榕同志负责。

就是在这一时间段，作为工作层级的我，与国务院生产办的生产计划局（进出口局）综合处处长肖宏章、国家计委经贸司进口处处长孙晓路、国务院机电设备进口协调办公室（后于1994年与国务院机电产品出口办公室合并为国务院机电产品进出口办公室）进口处处长、还有海关总署国际司的陈炳华组成了代表团的"市场准入工作小组"。就关税减让、非关税壁垒的消减等等进行细致的准备工作，就美方提出我方拟接受减让的进口商品种类（或税号）进行核对，提出同意或反对的理由。我们4人（有时5人）一直都在团长佟志广统一领导和副团长孙振宇、徐秉金（时任国务院机电设备进口协调办公室主任）的直接领导下开展工作。中方代表团一直是抱着极大的诚意同美方进行谈判的。那时，中国根据自身改革开放需要以及关贸总协定的要求正在采取积极措施，对现行经济体制和外贸管理体制进行改革，已经取消了对出口贸易的补贴，使外贸公司走上了自负盈亏的道路。自1992年起，我们已经对225种商品降低关税，取消了进口调节税，承诺增强经贸法规和条例的透明度，已经分期分批公开了经贸管理文件。中方也已承诺3年内逐步取消三分之二进口许可证项下商品，并逐步以公开配额的方式取代当时的内部审批制度等。为此，中国代表团、特别是来自四个部委的负责进口具体工作的4位处长付出了大量的艰辛劳动。

二、最后谈判

第九轮谈判定于1992年10月在华盛顿举行，这是美“301”调查最后期限到来前的最后一轮谈判。谈判开始前，美发出威胁称，如果谈判破裂就要报复，中方也针锋相对，发表谈话称，如美报复，中方一定反报复。形势对双方压力都很大。我们从美国国内需要看，当时美大选已进入关键时刻，老布什处境困难，需要一些积极成果助选，同时由于报复对双方代价太大，老布什政府在国内经济不景气、大选的关键时刻难以下决心冒此巨大风险。

双方关键分歧在进口许可证、进口控制和进口配额方面。进口关税方面，1988年以来调高了107种进口商品的关税税率，我方坚持选择美方最关心的、对美利益较大的50种商品在2年内降低关税50%；透明度方面，中方坚持不同意公布涉及任何商业秘密的具体的进出口计划以及地方的进出口计划，只承诺公布目标性的五年计划、年度计划、国家产业政策和某些涉外建设项目。

行前准备会于9月26日召开，代表团全体代表出席。主要成员有王锡多、肖宏章、孙晓路、陈炳华、驻美公使衔参赞王天明及易小准、孙振宇、金立刚和我，国务院秘书二局臧跃民亦出席。佟副部长主持会议并做细致的动员讲话，强调这将是最后一轮谈判，要有艰苦工作的准备，还要有两手准备。

代表团于当地时间10月1日晚抵达华盛顿，即在我驻美大使馆商务处召开工作级预备会，商务处一秘戴云楼出席，由孙振宇主持。10月2日上午驻美大使朱启桢会见代表团，孙振宇汇报了谈判准备情况。

此后，自10月3日上午至10月5日全天，以孙振宇司长为首的中方工作组和以助理贸易代表李森智（Lee Sands）为首的美方工作组举行工作级磋商，为正式谈判作准备。10月6日开始举行正式磋商。6日上午佟志广团长、孙振宇副团长会见美副贸易代表莫斯考大使（Michael H. Moscow）和沃尔夫。10月7日上午在美国贸易代表办公室举行工作组会谈，双方协商修改协议文本。10月8日上午代表团在大使馆召开全团会议，佟志广团长传达代表团10月6日给国务院的请示和国务院10月8日的批复。

10月9日中美双方会谈进入冲刺阶段，国务院10月9日凌晨电复同意代表团的工作方案。佟志广团长与莫斯考和贸易代表希尔斯（Carla A. Hills）进行了最后的谈判。10月10日下午5时，中美双方原则达成协议。10日晚11时30分，佟志广与莫斯考分别代表本国政府正式签署《中华人民共和国和美利坚合众国政府关于市场准入的谅解备忘录》（*The People's Republic of China-The United States: Memorandum of Understanding Concerning Market Access*），美方即宣布终止对华“301”调查。

10月6—8日除白天谈判会谈外，4位来自不同部门的进口处处长及金立刚和欧华榕晚间大部分时间都是在大使馆保密室度过的，特别是10月8日，我们核对具体商品编码及文本，几乎两夜未眠。其间，佟志广和孙振宇两位团长及时给予我们鼓励。两位团长个人风格风采各异，但他们在谈判工作中讲大局，坚守国务院的授权，坚决捍卫国家和民族的具体利益，有非常专业的驾驭谈判的能力，给我们留下了非常深刻的印象。

图1. 1992年10月10日，《中美市场准入谅解备忘录》签署，佟志广副部长（右）与美国贸易代表希尔斯午夜会谈后握手。佟副部长身后右侧为孙振宇，左侧为金立刚。

三、协议内容

谅解备忘录正文共计9条，另有一个附件和一份换文。

第1条透明度，中国政府承诺将在经常和及时的基础上公布有关贸易措施的所有法律、规定、条例、法令、行政指导和政策，但秘密信息除外；新的法律、规定、条例、法令、行政指导和政策应在措施生效以前公布；中国政府应指定一个官方刊物公布上述各项；中国政府将保持行政法庭和司法法庭及程序，迅速审议并纠正与海关事务相关的行政行为。

第2条对进口的数量限制，中国政府承诺将根据谅解备忘录附件所规定的时间表取消附件所列类别的所有进口限制、配额、许可证要求和控制；公布负责发放许可证或其他批准形式授权或审批进口的所有机构名单。在附件中，中国承诺按以下时间分批次取消部分商品的许可证、配额和进口审批，即1992年12月31日（一次成像照相机等3种）、1993年12月31日（钢材等14种）、1994年12月31日（木浆等23种）、1995年12月31日（农药等10种）以及1996年12月31日前（农药等2种）；同时保留天然橡胶等16种许可证商品和录音机及机芯10种配额商品；5年后继续保留另外光纤通信系统等67种机电产品的审批制度。

第3条进口替代，中国确认已取消进口替代、指导和政府，今后不采取进口替代。

第4条标准和检验，中国政府承诺在备忘录签字之日起12个月内取消对进口柑橘、核果、苹果、葡萄、小麦及烟草的没有科学依据的植物卫生措施，同时美国政府承诺不对盆景、柑橘和鸭梨等进口实施没有科学依据的植物卫生措施。

第5条关税，中国政府承诺不迟于1993年12月31日削减食用水果和果仁、其他食用配料、植物油、摄影或电影摄影产品、一些种类的化学产品、钢铁产品、机械和器械、电气机械和零件、香水、化妆用品和游戏机的关税。换文中，中方承诺在1993年12月31日前将相关商品的关税税率至少分别降低50%、15%或5%。

第6条出口限制，美国承诺放宽出口管制清单和程序，包括针对中国的清单和程序。

第7条市场准入的条件，中国政府承诺确保备忘录所规定的市场准入条件不受到其他影响进出口产品的限制而直接或间接地受到损害，同时两国政府保留各自今后在关贸总协定中可享有的任何权利。

第8条301调查与关贸总协定，美国承诺自备忘录签字之日起，将停止根据1974年贸易法第301条款对中国政府市场准入壁垒发起的调查；美国政府坚定地支持中国取得关贸总协定缔约国地位。

第9条磋商和最后条文。

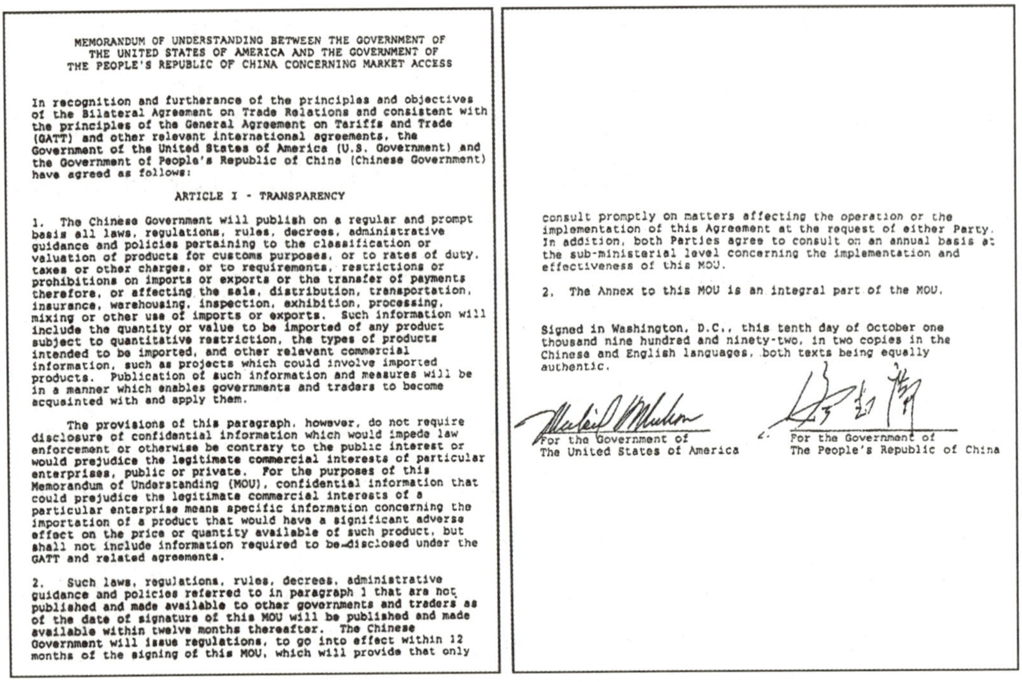

MEMORANDUM OF UNDERSTANDING BETWEEN THE GOVERNMENT OF THE UNITED STATES OF AMERICA AND THE GOVERNMENT OF THE PEOPLE'S REPUBLIC OF CHINA CONCERNING MARKET ACCESS

In recognition and furtherance of the principles and objectives of the Bilateral Agreement on Trade Relations and consistent with the principles of the General Agreement on Tariffs and Trade (GATT) and other relevant international agreements, the Government of the United States of America (U.S. Government) and the Government of People's Republic of China (Chinese Government) have agreed as follows:

ARTICLE I - TRANSPARENCY

1. The Chinese Government will publish on a regular and prompt basis all laws, regulations, rules, decrees, administrative guidance and policies pertaining to the classification or valuation of products for customs purposes, or to rates of duty, taxes or other charges, or to requirements, restrictions or prohibitions on imports or exports or the transfer of payments therefore, or affecting the sale, distribution, transportation, insurance, warehousing, inspection, exhibition, processing, mixing or other use of imports or exports. Such information will include the quantity or value to be imported of any product subject to quantitative restriction, the types of products intended to be imported, and other relevant commercial information, such as projects which could involve imported products. Publication of such information and measures will be in a manner which enables governments and traders to become acquainted with and apply them.

The provisions of this paragraph, however, do not require disclosure of confidential information which would impede law enforcement or otherwise be contrary to the public interest or would prejudice the legitimate commercial interests of particular enterprises, public or private. For the purposes of this Memorandum of Understanding (MOU), confidential information that could prejudice the legitimate commercial interests of a particular enterprise means specific information concerning the importation of a product that would have a significant adverse effect on the price or quantity available of such product, but shall not include information required to be disclosed under the GATT and related agreements.

2. Such laws, regulations, rules, decrees, administrative guidance and policies referred to in paragraph 1 that are not published and made available to other governments and traders as of the date of signature of this MOU will be published and made available within twelve months thereafter. The Chinese Government will issue regulations, to go into effect within 12 months of the signing of this MOU, which will provide that only

consult promptly on matters affecting the operation or the implementation of this Agreement at the request of either Party. In addition, both Parties agree to consult on an annual basis at the sub-ministerial level concerning the implementation and effectiveness of this MOU.

2. The Annex to this MOU is an integral part of the MOU.

Signed in Washington, D.C., this tenth day of October one thousand nine hundred and ninety-two, in two copies in the Chinese and English languages, both texts being equally authentic.

For the Government of The United States of America

For the Government of The People's Republic of China

图 2.《中华人民共和国和美利坚合众国政府关于市场准入的谅解备忘录》英文本首页和签字页。

图 3. 1999 年 11 月 15 日，中美签署双边市场准入协议后举行记者招待会。签字桌右侧内角边为陈鹏。

四、重要意义

中美市场准入谅解备忘录的达成不仅避免了中美之间一场两败俱伤的贸易战，而且在其中美方表示“坚定地支持中国取得关贸总协定缔约国地位”，为重启中国“复关”谈判铺平了道路。中美市场准入谈判被誉为“破冰”和中国重启对外开放的开始，成为改善中美经贸关系的又一个里程碑。

1992 年 12 月 31 日的《国际商报》发表了孙振宇的署名文章《中美经贸关系现状及我们面临的任务》。文章指出，中美市场准入谈判是在美国大选激烈博弈，也是在中共十四大开幕前夕进行的，双方在谈判中做出了一定的努力，表现出一定的灵活性。中国方面承诺在一定时间内使中国的进口管理体制更加符合国际贸易规范，美国方面也承诺放宽对中国的技术出口限制，并表示坚定支持中国进入关贸总协定。

此前的 1992 年 11 月 9 日，经贸部、国家计委、外交部、经贸办、协调办、海关总署六部门向国务院报送了《中美市场准入谈判工作总结》。中美知识产权和市场准入谈判先后达成协议，中美第七届商贸联委会举行，这些都标志着中美经贸关系正常化，亦被列入《国际商报》评出的 1992 年经贸十大新闻。

1990 年以来，我国外经贸改革体制大多侧重在出口体制方面，进口体制改革严重滞后，进口管理措施不适应我国社会主义市场经济运行的要求。中美市场准入谈判达成协议和我国“复关”谈判，均要求在改革出口管理体制的同时，必须加大改革进口管理体制的力度和进度，这是当时摆在经贸部面前的重大责任和任务。在以时任部长吴仪同志为首的部领导班子的主持下，外经贸部相继制定和发布了相关政策措施：

——《进口许可证发证机关名录和进口许可证商品及发证程序》，1993 年 1 月 9 日经贸部公告第 1 号发布

——《关于取消部分商品进口管理的公告》，外经贸部、国家计委、国家经贸委、海关总署 1993 年第 5 号发布

——《一般商品进口配额管理暂行办法》，1993 年 12 月 29 日国家计委、外经贸部第 1 号令发布

——《关于加快进口体制改革的请示》[1996] 外经贸管发第 788 号，外经贸部 1996 年 11 月 14 日上报国务院

——《关于报送审议〈中华人民共和国货物进口管理条例（草案）〉的请示》[1997]

外经贸管发第680号，外经贸部1997年11月12日上报国务院

1993年和1994年，国家计委会同外经贸部等相关部门组织了两次赴美采购团和一次赴欧采购团，取得了非常好的效果，大大提高和扩大了双边的贸易（商品）和人员的往来。我所在的贸管司做了大量的配合和组织实施工作。

在中美市场准入谈判结束几年后的一次小型活动中，佟副部长对当年部分代表团成员说过这样一段话：代表团的工作就像军队打仗一样，要服从命令听从指挥，就是不打折扣的听党中央国务院的，这是谈判成功的根本。代表团的同志们一部分是做菜的，另一部分是端菜的，大家团结一致，前台与后台的密切配合，才终究取得成功。这段精辟深邃的工作经验总结，至今令我们难忘。

图4. 2003年1月，佟副部长与中美市场准入谈判代表团部分成员合影。前排左起：肖宏章、佟志广副部长、易小准；后排左起：李楠、王英（佟副部长夫人）、陈鹏、孙晓路、金立刚、欧华榕。

附：

第九轮中美市场准入谈判中国代表团名单

团　长：	佟志广	经贸部副部长
副团长：	徐秉金	国务院机电设备进口协调办公室副主任
	孙振宇	经贸部美大司司长
顾　问：	王天明	常驻美国使馆公使衔参赞
成　员：	王锡多	国家计委经贸司副司长
	陈炳华	海关总署关税司副司长
	杨洁篪	外交部美大司副司长
	臧耀民	国务院经贸办外贸司副司长
	肖宏章	国务院经贸办处长
	孙晓路	国家计委经贸司处长
	张遵雄	农业部动植物检疫所处长
	陈明明	外交部美大司副处长
	耿冬久	国家进出口商品检验局副处长
	易小准	经贸部国际司副处长
	金立刚	经贸部美大司副处长
	陈　鹏	经贸部贸管司副处长
	黄任钢	经贸部交际司副处长
	李　楠	佟副部长秘书
	欧华榕	经贸部美大司官员
	刘　莉	经贸部美大司官员

从专职“复关”第一人到入职 WTO 第一人

唐小兵

【作者简介】

唐小兵，1955 年 12 月 5 日出生，安徽舒城人。1978 年 2 月至 1980 年 4 月任外贸部办公厅秘书。1980 年 5 月至 1986 年 3 月任外贸部国际联络局 GATT 事务官员，曾代表中国谈判加入《多种纤维协定》，并参与了中国加入 GATT 的早期准备工作。1986 年 3 月至 1987 年 10 月任国际纺织品服装局国际纺织品贸易专家。1987 年 11 月至 2002 年 7 月任联合国贸易与发展会议贸易司高级经济事务官员，负责多边贸易政策研究和多边贸易谈判事务。2002 年 8 月 1 日至 2020 年 12 月 31 日任 WTO 市场准入司高级参赞，负责处理非农产品市场准入、贸易便利化、信息技术产品以及其他与货物贸易有关的市场准入问题。

一、 加入 MFA——“复关”“入世”谈判的重要第一步

（一）专职“复关”

1978 年 12 月召开的十一届三中全会开启了改革开放进程。

1979 年中央决定恢复我国在布雷顿森林体系机构，即国际货币基金组织（IMF）和世界银行（WB）中的席位。恢复 IMF 和 WB 中的席位进行得比较顺利：1980 年 4 月 17 日 IMF 通过决议，恢复了中国在 IMF 中的合法席位。同年 5 月 15 日，中国在 WB 和所属国际开发协会及国际金融公司的合法席位得到恢复。随后，恢复中国在 GATT 的席位问题便提上议事日程。

我 1978 年初进入外贸部工作。1980 年 5 月 20 日，我由原外贸部办公厅秘书处调到国际关系组二处后不久，我国“复关”谈判的准备工作就启动了。作为第一个专职负责 GATT 事务的官员，我接受的第一项任务就是负责整理、审校东京回合谈判

结果和达成的 9 个协定的中文文本。虽然这些协定当时已由驻日内瓦联合国代表团的同事翻译成中文，但是我们在审校过程中，所面临的困难就像发展中国家在参加肯尼迪回合多边贸易谈判中所遇到的困难一样，对谈判所涉规则不了解、不熟悉，缺乏多边谈判技能知识，缺乏足够信息和统计数据的支持，以及缺乏对错综复杂谈判背景的理解。

我的另一项重要任务是梳理我国同 GATT 的历史关联，研究分析相关多边规则和有关国家法规对我国“复关”的影响。依据所收集整理的 GATT 文件、会议记录、历史文档、备忘录、研讨会和讲习班资料，以及驻日内瓦代表团报回的信息，起草一份按时间顺序排列的 GATT 同中国关联系列历史事件的背景资料。

接下来的工作是负责归纳研究整理我国应以何种方式“复关”，就如何开展“复关”准备工作提出初步意见、建议和对策，供上级领导参考。通过收集分析一些国家加入 GATT 的案例，特别是与我国当时的经济模式相似的东欧国家在加入 GATT 时所承担的权利和义务，结合对我国改革开放进程和经济发展目标的预测，做出合理判断，并结合我驻日内瓦代表团发回的调研报告，同时听取各方面专家和外交部的意见，最后在部内形成了统一认识：即就 GATT 当时的状况而言，GATT 不同于一般协定，更像是一个“契约”或“合同”，不仅有法律条款，还附有详细的关税减让表。从经济权益上讲，我国需要同 GATT 缔约方签署一份新的“契约”或“合同”，包含符合我国当时情况的具体权利和义务。显然中国 1948 年的关税减让表过时了。从法律上讲，我们是回归、重返，因此一定要坚持“恢复”；不管从政治上还是从经济上而言，基于我国当时的经济状况和发展水平，我们都属于发展中国家，同广大发展中国家有着相同的过去、相同的经历，又有着相同的目标：即发展经济、发展贸易、通过发展贸易来促进经济发展。

当时美国方面对我们提出要求恢复 GATT 的席位表现得非常忧虑，担心这将给美国政府带来一些官司。新中国成立不久，特别是朝鲜战争爆发后，美国对中国实施经济制裁，对自中国进口的商品征收高关税。如果我国以“复位（restoration）”方式，可能会导致美国进口商要求退还当时自中国进口商品被美国政府征收的高关税。最终，我们决定采用“恢复（resumption）”方式才打消美方忧虑。这两者之间的主要区别是，restoration 涉及 1950 年起的权利和义务的追溯问题，而 resumption 则不构成对过去权利和义务的追溯，美方也可免吃官司。

经过两年多的“复关”谈判准备工作，1982 年 12 月，对外经济贸易部、外交部、

图 1. 1983 年 9 月，外贸部考察团摄于匈牙利首都布达佩斯。左起：唐小兵（经贸部国际联络局）、陈才昌（海关总署）、丘文敏（经贸部国际联络局）、王保流（外交部国际司）、蔡天长（经贸部国际联络局）。

国家经委、财政部和海关总署联合向国务院上报了《关于参加关税和贸易总协定的请示》，其中提出中国“复关”谈判的三原则：即（1）以恢复席位的方式加入 GATT；（2）以关税减让作为加入的承诺条件；（3）坚持以发展中国家地位进行谈判。一个月后的 1983 年 1 月，国务院批准了这一请示。接下来，内部准备工作逐步加快，1983 年 9 月，我还参加了外贸部组织赴匈牙利和巴基斯坦的考察团。这次考察非常成功，使我们当时的“复关”谈判准备工作更具有针对性。经贸部于 1984 年 2 月在北京举办了“GATT 贸易政策讲习班”，邀请 GATT 总干事法律顾问林登（Ake Linden）等三位官员讲课，我参与了接待工作。1984 年 10 月，匈牙利政府经济组织特别代表尼尔格斯（Janos Nyerges）应邀来华提供咨询，我负责接待。1985 年 11 月，林登和 GATT 贸易政策研究司参赞瓦尔特（F. Wolter）来华，协助我们起草中国对外贸易制度备忘录，我负责了接待两位专家并提供了协助。

1986 年 7 月 10 日，中国正式提交“复关”申请，开启了长达 15 年的谈判历程。

（二）MFA 历史

中国最初与 GATT 发生实质联系是从 1981 年准备加入《多种纤维协定》（*Multi-Fibre Arrangement*, MFA）开始的。《多种纤维协定》正式名称为《国际纺织品贸易安排》（*Arrangement Regarding International Trade in Textiles*），是在 GATT 主持下，由主要纺织品和服装进出口国和地区就纺织品和服装的国际贸易规则达成的一项政府间“临时性”多边安排（国内称其为“协议”或“协定”，实际上并不准确）。

《多种纤维协定》是对 GATT 非歧视原则（特别是第 19 条）的大幅减损和严重背离。它允许发达国家对发展中国家出口的纺织品和服装实施有选择性的保障措施——歧视性的数量限制。因此，它为发达纺织品进口国提供了一个可以惩罚发展中纺织品和服装出口国的理由，即使它们生产效率高，价格具有竞争力，发达进口国也无需根据 GATT 第 19 条对受影响的发展中出口国给予任何补偿。

“二战”后形成的以 GATT 为主体的多边贸易体制是在美国全球霸权的主导下建立的。长期以来，美国一直将多边贸易体制作为强化其世界政治和经济强权的机器。在多边贸易体制框架下制定的 GATT 规则也被视为是美国国内经贸法规的延续或补充。GATT 规则的演变历来受美国国内政治风云变化和美国国内经济盛衰的制约。

“二战”结束后不久，尽管发达国家纺织品和服装出口的数量远远超过发展中国家，美国仍开始指责抱怨来自发展中国家廉价棉纺织品进口扰乱了国际市场，造成其国内部分产业破产和工人失业，并寻求对进入其市场的发展中国家棉纺织品和服装实施数量配额限制。1955 年，美国趁日本寻求加入 GATT 之机胁迫其承诺对出口到美国的纺织品实施自愿出口限制（VER）。1956 年，美国通过《1956 年农业法》，授予总统单方面紧急限制进口的权力。随后，美日两国于 1957 年签订为期 5 年的自愿出口限制协议，从而开创了在 GATT 范围内对纺织品实施数量配额限制的先例。

美国和西欧国家认为，从低工资国家进口的激增造成了对国内工业的损害，提出了一个违反自由竞争原则的概念——“市场扰乱”（market disruption）。1959 年 9 月，美国在 GATT 缔约国全体大会上要求讨论“市场扰乱”问题，并要求允许进口国采取行动，以缓和或消除“低成本”商品的大量进口对进口国的政治、经济和社会造成的不利影响。因此，GATT 成立了工作组，并通过决议，综述了“市场扰乱”的 4 个主要特征：(1) 来自特定渠道的特定产品的进口急剧而大量地增加或潜在地增加；(2) 这些产品的价格大大低于进口国市场质量相当的同类产品的现行价格；(3) 进口国国内生产者受到严重损害或威胁；(4) 低价不是由于倾销，也不是由于政府干预行为造成。这一概念与GATT第19条的“严重损害”概念是不同的，完全是针对生产低成本产品的发展中国家的，为发达国家对纺织品贸易进一步实行保护措施提供了理论依据，为其实施歧视性数量限制提供了借口。

1961年，美国总统肯尼迪借口避免“市场扰乱”，宣布对那些受亚洲纺织品冲击的国内纺织业给予“救援”。同年，GATT设立“棉纺织品委员会”，并主持19个纺织品进出口国和地区签订了《国际棉纺织品贸易短期安排》(*Short-Term Arrangement Regarding International Trade in Cotton Textiles*，STA)，又称《棉纺织品短期安排》，自1961年10月1日起生效。旨在保证供应者有序进入发达国家市场，必要时对出口国棉纺织品采取短期数量限制。这是第一个违背GATT基本原则而自成体系的多边纺织品贸易安排，为建立一个特别保障机制奠定了基础。

一年之后，棉纺织品委员会组织谈判达成《国际棉纺织品贸易长期安排》(*Long-Term Arrangement Regarding International Trade in Cotton Textiles*，LTA)，几乎所有纺织品进出口国都参加了该安排。与短期安排相比，许多临时安排具体化，并规定发生市场扰乱时，甚至只要存在扰乱的威胁时，进口国都可实行数量限制。发展中国家可享受每年不低于5%的增长率。

长期安排到期后两次延长，设限和受限国家及产品范围不断增加。20世纪60年代人造纤维在纺织业中得到广泛运用，发展中国家的化纤产品在70年代具有相当的竞争优势。发达国家的纺织业却成为“夕阳”工业，要求给予喘息机会进行结构调整。美国国会1970年通过纺织品配额方案，受限进口棉产品从1962年的7种增加到1970年的67种。1972年，GATT设立“纺织品工作组”(后改为“纺织品委员会”)，开始起草涵盖范围广泛的《多种纤维协定》。发达国家希望扩大限制并使双边纺织品协议合法化，而发展中国家则希望通过多边谈判使限制得以放宽，从而获得稳定的市场准入条件。经过反复较量，42个参加方终于在1973年年底达成《国际纺织品贸易安排》。基本目标是“扩大贸易，减少此种贸易的壁垒和实现世界纺织品贸易自由化。与此同时，保证这种贸易有秩序地、均衡地发展，并使进口国和出口国的个别市场和个别行业避免受到破坏性影响”。条款包括市场扰乱条款、配额基数增长率和灵活条款、通知条款、磋商条款、双边协定服从多边协定条款以及对发展中国家出口给予特殊待遇条款等。第一个MFA于1974年1月1日生效，为期4年，后于1978年、1982年和1986年3次延长。

MFA 成为发达进口国和发展中出口国之间签订双边纺织品协定的主要依据。按照双边协定进行的世界纺织品贸易实际上受到 MFA 中对发展中出口国有利条款的约束。如果我们不加入 MFA，就享受不到这些好处，而这些好处在当时是非常可观的。

由于发达国家、特别是美国国内产业的强大贸易保护主义游说团体，GATT 主持下的早期几轮多边贸易谈判在纺织服装领域的贸易自由化方面收效甚微。虽然每一轮都为发达国家的主要出口利益产品带来了贸易自由化，但纺织服装贸易却朝着相反的方向发展。在肯尼迪回合和东京回合期间，虽然发展中国家一直努力消除或减少这一对它们具有特殊出口利益领域的贸易壁垒，但美国伙同欧洲共同体在政治上施加压力，反对取消这些针对发展中国家的歧视性数量限制。事实上，在东京回合结束时，美国曾以续签 MFA 要挟其他国家从其获得最惠国关税减让。如果不续签 MFA，美国将其在东京回合中承诺的关税减让撤回到东京回合前的水平，即所谓“回弹条款(snapback clause)”。

1986 年美国对来自广大发展中国家出口的纺织服装的歧视达到了登峰造极的地步，实施全方位数量限制，将 MFA 设限的范围进一步扩大到当时市场上所有可供应纤维生产的纺织品和服装，包括所有植物纤维和丝绸混纺产品。

MFA 不仅限制了发展中国家的出口机会，对发达国家的消费价格和成本产生了不利影响，也对 GATT 代表的多边贸易体制的可信度构成了极大的威胁。由于纺织品被排除在 GATT 之外，发展中国家觉得加入 GATT 并没有得到多少好处。逐步淘汰 MFA 这种歧视性制度成为乌拉圭回合中众多发展中国家的主要目标。1986 年 9 月在乌拉圭埃斯特角城召开的 GATT 部长级缔约方大会，发动第 8 轮多边贸易谈判，决定在谈判中讨论纺织品服装回归 GATT 正常贸易规则的问题，作为该轮多边贸易谈判组成部分。

GATT 中的规则对于产业和工业发展的影响是很大的。当限制棉制品贸易时，大家就做人造纤维出口。如果再限制人造纤维，就转做多种纤维产品出口。所以，我们在某种程度上应该感谢这些贸易政策带给我们很多新的产品。商人在规避贸易政策的同时，也促进了技术进步和新产品的研发，这就是贸易政策与产业和技术进步之间的互动关系。所以，尽管 GATT 在当时不尽如人意，但在这方面还是有一定贡献的。

从 20 世纪 60 年代中期开始，纺织服装领域成为 GATT 多边贸易谈判最活跃的一个领域。后来，随着发展中国家在世界纺织服装出口中的份额不断扩大以及对发达国家出口的增加，该领域的歧视性贸易限制和反歧视斗争愈演愈烈。由于该领域涉及发展中国家重要经济贸易利益，通常它们都是把自己最好的外交官派到日内瓦负责该领域的贸易谈判。

（三）加入MFA

虽然当时中国尚未恢复GATT缔约国席位，但是根据MFA第13条第2款的规定也可以参加MFA。该条款规定：“凡不是关贸总协定缔约国或未临时加入关贸总协定的政府，可按该政府与各参加国议定的条件加入本协定”。

我们从一些主要发展中纺织品和服装出口国那里了解到加入MFA的好处，即可以为我国在同主要发达纺织品和服装进口国的双边谈判中争取到更多配额、更高的配额增长率以及更多的灵活性条款；可以出口更多的纺织品到美国、欧洲、加拿大和北欧国家。这对我们是十分有利的。纺织品和服装是我国出口的重要产品，当时就占我国出口额的四分之一。我们认为加入MFA既可以促进纺织品出口，又可以通过这个窗口，全面了解GATT的运作情况，为开展“复关”谈判积累经验。因此我们把加入MFA作为一次练兵。我们一方面向国务院提交了关于参加MFA的请示；另一方面则是极力说服当时负责双边纺织品谈判和配额管理的外贸部贸管局接受多边贸易体制。参加MFA是我国“复关”谈判迈出重要的第一步。

1981年2月28日，外贸部和外交部上报了《关于参加国际纺织品贸易协议的请示》，很快就获得国务院批准。1981年5月，中国首次提出“以观察员身份参加GATT纺织品委员会会议，以观察员身份参加第三个MFA的谈判”，获得委员会成员一致接受。随后，我国派代表团以观察员身份列席了1981年5月7日至8日和7月14日至21日在日内瓦举行的GATT纺织品委员会会议。

1983年9月下旬，我们赴巴基斯坦和匈牙利考察加入GATT问题，考察小组在访问结束后，转道日内瓦同20多个国家驻日内瓦代表团就我国加入MFA问题进行磋商。它们中除美国、欧洲共同体、加拿大、挪威和瑞典等主要纺织品和服装进口国外，还包括很多发展中纺织品和服装出口国，如巴西、哥伦比亚、巴基斯坦、印度、印尼、埃及、土耳其、泰国、乌拉圭、菲律宾、斯里兰卡、秘鲁、罗马尼亚和墨西哥等。磋商过程中，它们都同意中国加入MFA，有些国家还提供了很多支持和帮助。其中一些特别友好的发展中纺织品和服装出口国，像埃及、巴基斯坦、哥伦比亚和墨西哥等还向我们介绍了加入MFA的成功经验。尤其是墨西哥，当初加入MFA时也不是GATT缔约方。历史上墨西哥曾两次谈判加入GATT。第一次是在东京回合多边贸易谈判的后期。当时，由于墨西哥谈判加入 GATT 的谈判结果遭到墨西哥国会大部分议员的反对，没有获得批准，因而墨西哥当时一直是作为非 GATT 缔约方参加 MFA 的。墨第二次加入 GATT 的谈判始于 1985 年，并于 1986 年 9 月乌拉圭回合多边贸易谈判启动前最终加入 GATT。墨西哥的经验对我们当时加深对 MFA 的了解和加入 MFA 好处的认知有着非常重要的借鉴意义。特别是作为邻国，墨西哥在同美国进行贸易谈判方面有着丰富的经验。

1983 年 10 月 6 日，中国常驻日内瓦代表团大使李鹿野致函 GATT 总干事邓克尔（Arthur Dunkel）正式提交加入《国际纺织品贸易协议》申请。GATT 纺织品委员会在 1983 年 12 月 15 日召开的年会上审议了中国加入问题，并获得通过。1984 年 1 月 18 日中国正式加入 MFA。

当时，中国能出口到国际市场上的除了土畜产品、原材料外，就是纺织品和服装。中国改革开放的第一桶金也是从纺织品出口中获得的。正是由于当时大量的纺织品和服装出口，才积累了中国改革开放的外汇资本。

我记得 1983 年秋，中国与欧共体关于纺织品的双边协定即将到期，同时我们也在开展加入 MFA 的谈判。当时经贸部派出了两个代表团，一个去布鲁塞尔，另一个去日内瓦，两个协定谈判几乎是同时进行的。当时，我们曾和欧共体驻日内瓦谈判代表在会议室里僵持了 9 个多小时，因为相互谈判时都不知道另一边双边谈判的进度。欧共体代表坚持一定要等双边协定谈判进行完成后再同我们讨论中国加入 MFA 后应享受的配额使用灵活性问题。然而，对于我们来说，中国加入 MFA 的目的就是要争取到比中欧双边协定更多的配额和配额使用灵活性。当时没有今天这样便捷的通讯方式，只能通过发传真联系。我们的同事隔一会就出去一趟，设法联系了解在布鲁塞尔进行的双边协定谈判情况，联系完了再回到我们的谈判现场来。结果在我方的坚持下，欧方同意按照 MFA 的规定给予我方更多的配额使用灵活性。

加入 MFA 是我国改革开放早期参与 GATT 多边贸易体制一个非常重要的成功案例，对我益处颇多：使我国扩大了纺织品和服装的出口，推动和促进了我国纺织服装工业的发展；使我们在谈判加入 MFA 和运用 MFA 的过程中，从国际纺织服装领域多边贸易谈判的实践中学习到了很多东西，锻炼培养了我国第一批多边贸易谈判专业人员，从中了解熟悉 GATT 运行机制；使我们加深了对“二战”后建立起来的多边贸易体制的理解；在同广大发展中纺织服装国的积极合作中，特别是在共同反对发达国家对来自发展中国家的纺织品和服装实施歧视性数量限制的斗争中促进，并加强了南南合作；同时也促进了中韩两国建立外交关系。

（四）发展中纺织品出口国和地区协调会

1980年，正值第三个MFA谈判前夕。为了共同抵制发达进口国对纺织品贸易施加的种种更加严格的限制，发展中纺织品出口国和地区于1980年11月在哥伦比亚首都波哥大首次举行协调会。该协调会是发展中纺织品出口国和地区为能在第三个MFA谈判中加强团结合作，增强谈判力量，协调立场，拟订共同的对策而迈出的第一步和重要一步。在波哥大会议上，与会各方还决定今后继续加强团结合作，协调立场，并将这种协调机制常态化。当时，协调会共有28名成员，哥伦比亚驻日内瓦大使Jaramillo担任协调会主席。每次GATT纺织品委员会召开会议之前，协调会成员都在日内瓦进行磋商。除此之外，每年轮流在各成员举行正式协调会议。

协调会在谈判第二个、第三个和第四个MFA过程中，有效协调了发展中国家的立场，为发展中国家提供谈判背景资料，制定谈判策略，并根据实际需要向它们提供

图2.1985年9月，中国代表团出席在韩国汉城举行的发展中纺织品出口国和地区协调会。第一排（中方）左起为卢瑞书（经贸部国际联络局）、丘文敏（经贸部国际联络局），第二排中间为唐小兵。

相关技术援助。我国从 1981 年开始参加发展中纺织品出口国和地区协调会，于当年 6 月 22 日至 27 日出席了在香港召开的协调会。

1986 年 3 月 4 日至 8 日，我国作为东道国在北京香山饭店主办发展中纺织品出口国和地区协调会暨国际纺织服装局会议，并派代表团出席。这是历史上在中国召开的第一次有关 GATT 多边贸易谈判的国际会议。会议主要讨论了纺织品和服装贸易的发展及其贸易政策问题，协调发展中纺织品出口国和地区就 MFA 前途进行谈判的立场。此外还讨论了国际纺织服装局的工作安排。

鉴于第三个 MFA 将于 1986 年 7 月 31 日到期，有关 MFA 前途问题的谈判进入关键阶段。该会议是第三个 MFA 到期之前发展中纺织品出口国协调谈判立场的一次重要会议，不仅受到纺织品出口国的重视，也引起发达国家的普遍关注。北京协调会推动了发展中纺织品出口国和地区之间的团结，维护了我国和其他发展中纺织品出口国的利益，广泛听取了各方意见，了解各方立场及分歧所在，并通过了一份统一立场文件，确定纺织服装领域回归 GATT 为发展中国家乌拉圭回合谈判的重要筹码。会议还发表了《北京宣言》，要求发达国家放宽限制，逐步取消限制性和歧视性贸易体制。

（五）国际纺织服装局

为进一步加强发展中纺织品出口国和地区的合作，在 1983 年 12 月布加勒斯特协调会上决定成立一个国际机构，并通过了《国际纺织服装局协议（草案）》，在日内瓦和卡拉奇协调会上开放供签署。我国于 1984 年 7 月在卡拉奇协调会上签署该协议，并于 1985 年 1 月该协议正式生效时，成为该协议成员。

国际纺织服装局（International Textile and Clothing Bureau, ITCB）于 1985 年 1 月 12 日正式成立，总部设在日内瓦。ITCB 是一个政府间咨询机构，其主要职能是向发展中纺织品出口国和地区提供技术援助，以减少对其纺织品出口的壁垒。国际纺织服装局的最高权力机构是理事会，由该局全体成员组成，理事会设正副主席各一名。

ITCB 还有一个任务是加强南南合作，协调发展中国家在 GATT 中的谈判立场，共同为结束 MFA、取消纺织品配额限制达成更有利于发展中国家的纺织品服装贸易协定做努力。

ITCB 的正式成员有：中国、中国香港、中国澳门、印度、印度尼西亚、韩国、泰国、巴基斯坦、斯里兰卡、孟加拉、马尔代夫、朝鲜、越南、阿根廷、秘鲁、巴西、哥伦比亚、哥斯达黎加、洪都拉斯、墨西哥、乌拉圭、巴拉圭、厄瓜多尔、牙买加、危地马拉、埃及、毛里求斯、土耳其等。

在乌拉圭回合多边贸易谈判中，我国通过参加发展中纺织品服装出口国协调会和加入 ITCB，与广大发展中纺织品服装出口国和地区一道，确保了纺织品和服装经过 10 年过渡期于 2005 年 1 月 1 日最终回归 GATT 规则。

2008 年 1 月 1 日中国加入工作组报告中的纺织品特保条款到期，ITCB 于 2010 年 12 月 31 日结束历史使命。

1981 年 8 月当时的中国纺织进出口总公司经理办公室副主任周允中先生，应联合国贸易与发展会议（UNCTAD）秘书处的邀请，前往日内瓦为发展中国家纺织服装出口国合作项目方案起草了一份关于中国纺织品前景和潜力的报告。

据我所知，这是历史上国际组织发表的最早的、第一份关于中国纺织品出口贸易的报告。周先生在该报告中预计中国纺织品出口将保持突出地位，拥有光明的未来。但是，由于中国当时有 7 亿人口，以有限的耕地养活如此庞大的人口，将在相当大的程度上很难扩大棉花种植面积。因此，周先生当时的预测是中国纺织品出口增长缓慢。后来的事实证明这一预测有些保守了。

谁也没有想到，时隔近 40 年后，中国纺织服装出口额从 1980 年的 40 亿美元增加到 2018 年的 2770 亿美元，增长了近 70 倍。中国历史最高出口水平为 2014 年的 2980 亿美元；中国的全球出口份额也从 1980 年的 4.4%上升到 2018 年的 34.5%，增长了 8 倍，最高份额为 2015 年的 38.3%。由此可见，我国当时决定加入 MFA、参加发展中国纺织品出口国协调会以及加入国际纺织服装局都是非常正确的决策，也是非常成功的。

（六）入职 WTO 第一人

1986 年 3 月底，北京香山会议结束后，我应聘作为国际纺织品贸易专家入职 ITCB，开始了我 35 年的国际公务员职业生涯。

ITCB 刚成立时一共 5 名职员，其中 3 位是专职人员，2 位是秘书，我是 3 位专职人员之一，另外 2 位分别是执行主任和经济学家。我们最早的办公地点临时设在联合国贸发会议的几间办公室里。不久，ITCB 与瑞士联邦政府正式签订 ITCB 总部协定，有了固定办公地点。我在 ITCB 工作了 1 年半多。当时的主要任务就是向 ITCB 成员提供技术支持，帮助它们完成第三个 MFA 的谈判，并确保将纺织品服装回归 GATT 的议题纳入乌拉圭回合多边贸易谈判议程。

1986 年 9 月乌拉圭回合启动。为帮助广大发展中国家能积极有效参与乌拉圭回合谈判，UNCTAD 和联合国开发计划署（UNDP）达成共识，利用 UNDP 资金设立 UNCTAD 乌拉圭回合贸易谈判技术合作援助项目方案。1987 年 11 月，应 UNCTAD 贸易司司长达斯（Bhagirath Lal Das）的邀请，我入职 UNCTAD 秘书处。当时，我的主要任务是协助他将 UNCTAD 乌拉圭回合谈判援助项目方案中的亚太项目具体化并制订详细工作计划。由于亚太发展中国家缺乏专业谈判人员，该项目的重点是帮助发展中国家培养贸易谈判人才并在谈判能力建设上给予它们更多的支持。1987 年 11 月至 2002 年 7 月的 15 年半时间里，我一直在 UNCTAD国际货物与服务贸易司任职，从事国际贸易政策、贸易法的研究和多边贸易谈判工作，帮助广大发展中国家积极有效融入多边贸易体制，参与多边贸易谈判。

在中国加入 WTO 后，我是第一个进入 WTO 工作的中国人。2002 年 8 月，我放弃了 UNCTAD 长期合同，通过报名考试入职 WTO 秘书处。之所以到 WTO 工作，就是想更加深入了解 WTO 及其秘书处，了解多边贸易体制的运作模式。

从 2002 年 8 月入职 WTO 市场准入司起至 2020 年 12 月退休，我主要从事推动多哈回合多边贸易谈判和贸易便利化的工作，当时每年大概三分之二的时间都在全世界各地出席各类会议和研讨会，向发展中国家提供技术援助和咨询。

从 2005 年 4 月开始，除了负责《贸易便利化协定》（TFA）和非农产品市场准入（NAMA）谈判外，我还担任信息技术协定委员会秘书，负责协调扩大《信息技术协定》（ITA）产品范围谈判，为谈判成功做了大量工作。

在我担任 ITA 委员会秘书的 16 年里，处理过许多棘手、困难和具有挑战性的问题，特别是如何应对高科技部门贸易的进一步自由化。ITA 是 WTO 一项独特的协定，不仅关乎信息通信技术产业，对整个世界也非常重要。ITA 通过取消信息通信技术产品的关税，降低关键技术产品和基础设施的成本，而正是这些产品和设施帮助人们将自己的想法转化为新的商业解决方案，为下一代创新提供机会和新的商业模式，可以说 ITA 改变了世界。作为一种“超级资本”，信息通信技术不断推动着发达国家和发展中国家经济的增长，不仅促进了信息技术部门的发展，而且提高了所有经济部门的生产力和效率，包括对教育和医疗的积极影响。信息通信技术产品被用于虚拟现实、人工智能、机器人技术；同时还扩展涵盖至医疗设备领域，而这些产品在抗击新冠方面发挥了重要作用。信息通信技术对于普及互联网和实现联合国可持续发展目标也是至关重要的。

1996年《信息技术协定》的成功，促使协定参加方期望拓展产品范围，以进一步推动信息通信技术发展。因此启动了扩大产品范围谈判，我参加了这一谈判的全过程，包括谈判前的准备和协定达成后的执行，为使谈判取得成功，我组织举办过多次非正式会议、协商、磋商谈判、夜会、周末会议；参与了许多国家和区域研讨会、讲习班、咨询团、培训课程、会议；与商业和工业协会、高科技公司、学术机构开展外联活动。在我组织下，WTO成功举办2007年、2012年和2017年三届ITA专题讨论会以及2007年、2015年两届研讨会。参加方最终于2015年12月达成扩围协议。

二、时钟策——多边贸易体制演变的历史见证人

在经历8年“复关”和7年“入世”既复杂又漫长的谈判后，中国最终于2001年11月11日在卡塔尔多哈正式签署加入WTO议定书。这也为多年来，中国到底是“恢复（Restoration, Resumption, Reinstatement, Readmission）”还是“重新加入（Re-accession）”之争画上了句号。但历史上GATT同我国那种独特的关联是抹不掉的。

在庆祝中国加入WTO 20周年之际，非常有必要回顾一下，中国、中国人在同其他国家一道为创立战后多边贸易体制所做出的努力和贡献。

在此，我向大家介绍一位早期在GATT秘书处工作的中国籍国际职员时钟策（Constant Chung-tse Shih）先生。时老先生是在GATT秘书处工作的第一位中国人，一位非常优秀的国际职员。他的一生充满传奇色彩。

时先生1915年出生于安徽寿县，1933年至1936年在上海一家国际银行当学徒，后来又在那里工作了一年。抗日战争爆发后，他应征参战，随国民政府去了重庆。不久，他又去云南至缅甸的公路上开卡车支援抗战，当时经常有日本军机轰炸，他通过这项辛苦而又危险的工作为去英国留学筹资。抗战胜利后，他前往英国留学。

在英留学期间，一个偶然机会，他成为联合国驻哈瓦那代表团的一员并参加了于1947年11月21日至1948年3月24日在古巴哈瓦那召开的联合国贸易与就业大会（United Nations Conference on Trade and Employment）。在此期间，时先生参与了《哈瓦那宪章》（Havana Charter for an International Trade Organization）的谈判、GATT临时生效（GATT Provisional Application）的谈判、国际贸易组织临时委员会（Interim Commission for the International Trade Organization, ICITO）秘书处的筹备等工作。

图 3. 时钟策先生（中）与 GATT 秘书处同事（日期不详）。

时先生自 1948 年 5 月入职 GATT 秘书处直至 1973 年 3 月 1 日离开，在 GATT 秘书处服务了 25 年，随后他又转入 UNCTAD 秘书处任职直至 1979 年退休，在国际组织中共计服务了 30 多年。他的整个国际公务员职业生涯可以说非常成功。

时先生和我同乡，是我的老前辈，也是我的师长。虽然我之前从未与时老先生共事过，但通过接触到的早期“复关”文件资料和利用 UNCTAD 多边贸易谈判技术合作援助项目方案编写东京回合谈判手册教材，我早就久闻他的大名。

1986 年 3 月，我到日内瓦 ITCB 任职不久就有幸同他相识。随后，我在 UNCTAD 任职期间，他曾担任我所分管项目的专家。后来，时先生几乎每次来日内瓦出差，或作为私人贸易政策咨询顾问，或作为 UNDP 项目评审专家，或探亲访友，我们都会见面。每次见面他都会给我很多教诲，传授很多在国际机构中积累的经验，或讲述早期 GATT 的那些故事，使我受益匪浅，终生难忘。他在 GATT 秘书处和 UNCTAD 秘书处老同事中，以及日内瓦外交使团的老外交官中的口碑都很好。每次当我同他们聊起时先生，他们都认为时先生对同事和部下一直都非常真诚、朴实、可靠、讲义气。他非常乐于助人，并且还很幽默。

2004年1月，我向WTO秘书处人事司询问，是否保存一些有关时先生的信息，很快我就收到了他们的回复，给了我一份时先生GATT时期的履历表，那上面详细地记载着时先生的任职信息：

——1948年5月10日入职GATT秘书处任助理研究员；

——1958年1月1日晋升为数量限制科科长（Head, Quantitative Restriction Section）；

——1963年1月1日晋升为贸易政策司参赞（Counsellor, Trade Policy Division）；

——1963年4月26日任贸易政策信息部总务司参赞（Counsellor, General Division, Department of Trade Policy and Intelligence）；

——1964年2月6日任执行秘书（即总干事）办公室在职培训项目主任（Counsellor, Director of in-Service Training Programme, Office of the Executive Secretary）；

——1966年1月1日调任贸易发展部发展司代司长（Acting Director, Development Division, Department of Trade & Development）；

——1966年7月1日晋升为发展司司长（Director, Development Division）；

——1969年10月1日调任助理总干事助理，负责贸易政策部（Assistant to the Assistant Director-General, Department of Trade Policy）；

——1973年3月1日离开GATT秘书处。

由于有银行工作经历，在国际金融和财会方面经验丰富，又精通珠算，时先生是一位难得的人才。他在20世纪50年代从事了多年有关遏制和取消以国际收支为由或出于工业发展目标维持的数量限制工作；为国际收支委员会提供支持；并代表GATT与国际货币基金组织就货币储备相关事宜进行协调。

时先生还负责或参与了一些重要、敏感、棘手议题的处置。例如1955年美国农业豁免要求；GATT“免责条款（escape clause）”项下的紧急行动安排；“灰色地带”措施；“市场扰乱”问题；棉纺织品短期安排；棉纺织品长期安排；MFA；1971年美国进口附加费问题；欧洲共同市场和欧洲自由贸易区形成过程中的非关税贸易壁垒问题；加入和临时加入（日本、瑞士、南斯拉夫、波兰、匈牙利等）；援引第35条互不适用GATT义务；以及GATT“临时适用”和“祖父条款”等。

“二战”后，美国主导创立的多边贸易体制GATT从一开始就忽视贸易作为经济发展的牵引对发展中国家极其重要这一认知。20世纪50年代，特别是60年代初，发展中国家在国际贸易中所占的比例持续下降。随着越来越多的发展中国家加入联合国，联合国内要求关注贸易发展问题并为之采取行动的呼声不断。发展中国家对 GATT“平等待遇（equal treatment）”和“互惠（reciprocal）”贸易自由化极为不满。它们认为“平等地对待不平等是非常不公正的（equal treatment of un-equals is unfair）”。它们还认为 GATT 体制既没有坚固的机构基础，又忽视发展中国家的贸易利益。相反，GATT 过度热衷于削减发达工业化国家的贸易壁垒，甚至还将广大发展中国家所关心的“商品安排”踢出了 GATT。国际社会曾两次试图创立一个有机构基础的国际组织：即 1948 年的国际贸易组织（ITO）和 1955 年的贸易合作组织（Organization for Trade Cooperation，OTC），后都因没有得到美国的支持而失败。最终，1964 年成立了 UNCTAD 并召开第一届贸发大会，GATT 条款也增添了第四部分。

出于对发展中国家处境的同情，时先生在他的工作权限内积极推进 GATT 对“贸易和发展”议程的讨论；推动符合发展中国家利益的贸易自由化。包括在 GATT 第三委员会（Committee III）、行动委员会（Action Committee）、贸易与发展委员会、热带产品工作组、关于剩余限制工作组。

时先生参与了历轮 GATT 多边贸易谈判的运作，特别是肯尼迪回合。60 年代初期，他还担任过 GATT 贸易政策课程（Trade Policy Course）培训学院院长。他十分清楚发展中国家在多边关税和贸易谈判中所面临的困难：即缺乏对谈判所涉及法律和谈判技能的了解及知识的熟悉，且缺乏足够的统计信息和数据的支持。他深知多边贸易谈判技术援助和谈判能力建设对广大发展中国家的重要性。

1972 年，应联合国之邀，时先生为发展中国家参与多边贸易谈判筹划技术援助。在他的推动下，1972 年举行的第三届贸发大会通过了一项决议：决定 UNCTAD 利用 UNDP 资金设立一个多边贸易谈判技术合作项目方案，向参加 GATT 东京回合多边贸易谈判的发展中国家提供技术援助。由此，时先生被称为这个项目方案的“鼻祖”。

1973 年 3 月 1 日，应 UNCTAD 秘书长聘请，时先生离开了 GATT 秘书处，先后任 UNCTAD 多边贸易谈判技术合作援助项目方案司司长、UNCTAD/UNDP 多边贸易谈判区域间项目（UNDP/UNCTADIRP/MTN）主任和 UNCTAD 秘书长贸易政策顾问，直至 1979 年退休。

从 1973 年到 1979 年，时先生作为这个项目的负责人，领导了一个国际专家团队，为发展中国家提供各种技术援助和谈判能力建设，以加强处理东京回合谈判各项议题的能力。

时先生在整个东京回合谈判期间，包括前期准备工作期间，负责协助发展中国家多边贸易谈判协调委员会及其各区域集团筹备1973年9月东京部长级会议，包括起草东京宣言的案文；商榷东京回合的原则和目标；就特定关税和非关税贸易壁垒的背景、潜在利益、谈判技巧和战术考虑向发展中国家政府提供建议；在日内瓦和亚洲、非洲和拉丁美洲组织和举办关于东京回合的研讨会、讲习班和协调会议；协助在非洲、亚太、拉丁美洲和西亚设立多边贸易谈判区域技术援助项目；协调和支持区域项目组织活动的开展。

时先生在担任GATT培训学院院长时注重对发展中国家谈判人员的培训和人力资源的开发，在担任GATT发展司司长期间，在工作权限内积极推进GATT对“贸易和发展”议程的讨论，并推动符合发展中国家利益的贸易自由化，特别是他担任UNCTAD项目方案负责人时，在东京回合多边贸易谈判期间，为广大发展中国家能有效参与各项谈判做出了积极努力和宝贵贡献，时先生因而深受发展中国家，特别是很多拉美国家的敬重和爱戴。1989年，委内瑞拉总统佩雷斯（Carlos Andrés Pérez Rodríguez）就职时，特地派专机将时先生接到加拉加斯出席就职典礼，可见他同拉

图4. 时钟策先生（左）与GATT缔约方代表（日期不详）。

美发展中国家的关系非同一般。

1979 年退休后，时先生作为私人咨询顾问（Private Trade Policy Consultant）继续就贸易政策问题以及贸易争端和谈判向政府和国际机构提供咨询服务，包括为 UNCTAD 编辑和撰写的《纺织品谈判者手册》；就 MFA 的运作向参加国提供咨询；为发展中国家官员组织和举办 GATT 研讨会；在美国国会关于优惠制度的听证会上作证；作为 UNCTAD 代表出席美洲国家组织的贸易政策会议；为发展中国家（例如哥斯达黎加、委内瑞拉）加入 GATT 提供咨询和协助；为 UNCTAD 和发展中国家的乌拉圭回合筹备和谈判提供咨询；代表 UNCTAD 和 UNDP 访问有关国家，评估它们对区域贸易安排、乌拉圭回合等方面的区域技术合作项目的需求和支持；为拉丁美洲地区集团协调会议准备关于乌拉圭回合议题的文件；参加由联合国机构、英联邦秘书处等主办的关于乌拉圭回合的国际讨论。

时先生曾告诉我，《哈瓦那宪章》谈判结束后，关于成立 ITO 动议遭到了美国国会的拒绝。1948 年 5 月，时先生入职 GATT 时，GATT 刚刚开始运行，士气非常低迷，勉强生存了下来。他记得，在相当一段时间里 GATT 一直处于低谷。

GATT 由于是临时生效，其地位一直不确定。秘书处当时也非常小，包括时先生在内只有 7 位专业职员（professional staff）。到了 1955 年，GATT 秘书处包括非专业人员（general staff）在内也只有 40 余位职员，很长一段时间都不敢招聘新职员，已经入职的也迟迟拖着不予转正。

时先生在下属转正一事上体现了中国人的仗义。2011 年 4 月 22 日，我在日内瓦附近的法国小镇 Ferney-Voltaire 的一家旅馆见到时先生的老部下、比利时人 Paul Luyten 先生。他告诉我，他是时先生 1955 年招聘入职 GATT 秘书处的，当时是 P1 级助理官员，本应两年后转正为 P2 级，可是 GATT 秘书处在两年合同到期后一直拖着，迟迟不转正。后来在时先生的力推下，他在 1958 年才如愿以偿转正。为此，时先生花费很多精力和时间写了三份很长的备忘录，说服 GATT 秘书处上层。Paul Luyten 先生一直保留着这三份备忘录，并转交我保存。他一直都非常感激时先生。1966 年，Paul Luyten 先生回到比利时外交部任职，后来担任了第一位欧洲共同体驻 GATT 大使、常驻日内瓦代表。他们两个家庭从 50 年代就结为好友。1997 年 11 月时先生去世前，他还专程去华盛顿看望了时先生。

二战结束后，中国作为战胜国同美、英、法等国一道创建了多边贸易体制，当时的国民政府代表签署了 GATT。1950 年，台湾当局因无力履行在 GATT 中承诺的

图 5. 2011 年 4 月 22 日，唐小兵（左）与 Paul Luyten 合影。

关税减让义务，不得不退出 GATT。新中国当时受到西方制裁，无法行使代表权参与 GATT 活动。

在 GATT 没有中国参加的情况下，时先生能孤身一人一直在 GATT 秘书处坚守下来确实是一件非常不容易的事。时先生的职业生涯可以说非常成功，说明他具有很强的毅力和忍耐力。时先生的中英文功底都很好，还有扎实的专业技能，否则他很难能在 GATT 秘书处坚守 25 年。

在近代多边商务外交史上，没有一个国家像中国这样同 GATT 的关系曲折而复杂。自 1949 年新中国成立至 1978 年实行改革开放政策，我们与 GATT 近 30 年没有官方往来。但是，由于时先生的坚守，GATT 同我们还是藕断丝连。

严格地说，时先生 1948 年 5 月入职的是国际贸易组织临时委员会（ICITO）秘书处，而不是 GATT 秘书处。因为 GATT 不是一组织，只是一个协定，从来就没有过秘书处。由于美国国会未批准《哈瓦那宪章》，国际贸易组织未能成立，GATT 临时生效并借用了 ICITO 的秘书处。直到 20 世纪 60 年代，才将 ICITO 秘书处改称为 GATT 秘书处，将 ICITO Executive Secretary（执行秘书）改称为 GATT Director General（总干事）。

1971 年 10 月联合国通过 2758 号决议，承认中华人民共和国政府是代表中国的唯一合法政府，并恢复了中国在联合国的合法席位。随后，GATT 遵循联合国决议，于当年 11 月取消了台湾的 GATT 观察员席位。

1971 年 10 月底，时先生曾写过一份 GATT 与中国的备忘录，回顾了中国早期参加 GATT 的历史。1973 年 1 月，时先生回国休假时，曾向当时的外贸部国际小组（1972 年成立，后改称为国际关系组）介绍过 GATT 的情况。1974 年 11 月 16 日，时先生在北京饭店出席由外贸部国际关系组赛自爽局长召集的 GATT 座谈会。与会者有外交部国际司、外贸部部内三个局、海关局等单位。“复关”谈判启动后，1987 年 4 月时先生应沈觉人部长助理邀请访华，对中国“复关”谈判提出了意见和建议。

时先生是历史的见证人。他目睹了没有中国参与的 GATT 的前 30 年；也见证了国家改革开放前 20 年中国的巨大变化。时先生一生最大的遗憾是未能参与中国“复关”“入世”谈判。如果今天他仍在世，待到中国重返多边贸易体制之时，并看到国家改革开放给世界格局带来的巨大变化，他一定会感到十分欣慰。

三、联合国贸发会议对中国“入世”谈判的宝贵支持和援助

在中国加入 WTO 20 周年之际，我们不应该忘记那些在中国“复关”“入世”谈判最困难和最艰难时期曾经给予我们技术支持和援助的国际组织及人士，特别是来自 UNCTAD 多边贸易谈判技术合作援助项目方案（UNCTAD MTN Technical Cooperation Programme）的支持和援助。

该项目始于 1972 年第三届贸发大会通过的一项决议，决定向参加当时即将启动的 GATT 东京回合多边贸易谈判的发展中国家提供技术援助。

实施该项目方案，主要是考虑到发展中国家在之前一轮多边贸易谈判——肯尼迪回合中因缺乏对谈判所涉法律和谈判技能的了解及知识的熟悉，且缺乏足够的统计信息和数据的支持，未能有效参与难度高且错综复杂的谈判。参加多边贸易回合谈判对发展中国家来说十分重要，因为当时发达国家拒绝在多边贸易回合谈判之外讨论发展中国家非常关心的降低和减少贸易壁垒的问题以及改善市场准入的条件。

1973年，UNCTAD成立了新的多边贸易谈判援助项目司，聘任了当时GATT资深的中国籍高级职员时钟策先生担任司长。在GATT东京回合谈判过程中，该项目方案司对所有受援的发展中国家和地区集团给予了技术援助和谈判能力建设支持。同时该项目方案也为UNCTAD在多边贸易谈判方面积累了丰富的经验和人力资源。

1980年10月20日至11月2日，我们邀请了项目方案负责人吉布斯（Murry Gibbs）先生访问北京。当时GATT东京回合谈判已结束，项目方案司司长时钟策先生已退休。吉布斯先生来得非常及时。在短短几天里，他向我们非常系统和详细地介绍了GATT规则、体制和历史、东京回合谈判的结果、国营贸易国家经济与GATT规则和多边贸易谈判的关系，同与会者就“恢复（Reinstatement）”中国在GATT席位，是否接受东京回合9个协定，及加入MFA等议题进行了座谈。这是我们就中国入关问题举办的第一个讲习班/研讨会（workshop/seminar）。受邀参会人员近30人，来自外交部、财政部、中国银行、国家进出口管委会、贸促会、海关总署、外贸部部内进出口局、研究所、政策研究室、纺织品总公司以及外贸学院。与会人员都感到受益匪浅。会后，各单位还设立了“入关”问题联系人。记得当时外交部国际司“入关”问题联系人是李道豫和徐寿官。

此后，在中国参加发展中纺织品出口国和地区协调会、参加国际纺织服装局、加入MFA以及中国“复关”谈判中遇到的一些敏感、棘手议题上，不断地得到该项目方案和吉布斯先生的技术援助，特别是在谈判能力建设方面的支持。

1986年7月10日，我国正式提出恢复GATT缔约国地位申请。同年9月，GATT在埃斯特角城举行贸易部长会议，并启动乌拉圭回合多边贸易谈判。中国派团参加了会议，并作为正式参加方参加了乌拉圭回合谈判。

1987年3月，UNCTAD又设立了新的多边贸易谈判援助项目方案，帮助发展中国家积极有效地参加乌拉圭回合谈判。在整个乌拉圭回合期间，中国同其他发展中国家和地区都得到了该项目方案所给予的技术援助和谈判能力建设支持。

1992年3月，应中国政府的要求，该项目方案利用联合国开发计划署资金，通过CPR/91/543项目向中国提供了更进一步、更全面、更具体、更有针对性的技术援助。

该项目共分为两个阶段：第一阶段，即项目筹备阶段（PA），主要帮助中国制定服务贸易发展战略和加强谈判能力建设。第二阶段，于1992年11月对PA项目文件进行修订。在修订过程中，应龙永图先生要求，项目涵盖到了多边贸易谈判涉及的所有领域。当时，龙永图先生刚刚由交流中心调到经贸部国际司任司长。最终该项目文件于 1993 年 6 月签署。

该项目的主要目的是：(1) 支持中国更有效地参与多边贸易体制；(2) 通过国际谈判确定中国对外服务贸易和货物贸易所面对的壁垒和消除这些壁垒的对策；(3) 有效加强对服务业本身的支持，并为此制定战略；(4) 加强中国官员在贸易谈判中的谈判能力，提高研究机构的能力。该项目的主要方式为：(1) 为中国贸易官员开展培训；(2) 准备研究；(3) 举办研讨会和讲习班；(4) 为服务部门贸易和发展的政策制定提供咨询；并为商品和服务开发贸易数据库；(5) 传播贸易政策信息。

1995 年 WTO 建立，将项目最后阶段所需的技术援助扩展到：(1) 提高人们对多边贸易体制规则重要性和影响力的认识；(2) 加强中国贸易政策管理等方面的制度建

图 6. 2016 年 4 月 26 日，时任 WTO ITA 委员会主席、英国常驻 WTO 代表团公使 Andrew Staines 为庆祝唐小兵在国际组织任职 30 周年举办午餐会。左起：Serafino Marchese（WTO）、Murray Gibbs（UNCTAD）、Habib Ouane（UNCTAD）、Andrew Staines（英国）、唐小兵（WTO）、赵厚麟（国际电联）、Jurgen Richtering、易小准（WTO）、Miguel Rodriguez Mendoza（WTO）、李仲周。

设；(3) 提高中国履行多边规则和纪律义务的能力；(4) 进一步提升中国在贸易政策制定和贸易谈判方面的能力。

该项目执行期间的主要活动包括：

1. 先后在北京、昆明、福州、杭州、上海和海口等地举办15场研讨会/论坛/讲习班/培训课程，近1500名政府官员（包括一些高级官员）、政策制定者、贸易谈判代表、法律从业人员、企业代表和学者参加。通过这些活动提高了大家对多边贸易规则和纪律的了解和认识，极大改善了部际协调能力。

2. 组织国内外专家和国际顾问以及国际组织专家，编写了40多份研究报告和研究分析，涵盖了对中国经济和贸易有重要影响的领域和议题，包括汽车、纺织品、农业、补贴、保障措施、关税、非关税措施、国民待遇、政府采购、与贸易有关的投资措施、与贸易有关的知识产权、贸易与环境、卫星发射服务、金融服务、保险服务、旅游、视听服务、增值电信服务、自然人流动等。

3. 组织10个国际专家组访问北京，就关税谈判、非关税措施、保障措施、服务谈判、遵守WTO规则和纪律等领域的技术问题向有关部门提供咨询。

4. 组织多名中国贸易官员去国外律师事务所和大学接受短期培训，参加培训班和出席研讨会。

5. 组织国内外专家编写多边贸易体制和多边贸易谈判教材。

6. 组织中国贸易官员和研究人员就农业贸易、国营贸易、关税配额管理等问题，对有关国家进行三次考察访问，为推动“入世”谈判进程起到重要作用。

7. 组织出版由国际组织专家编写、国内研究人员翻译的《中国面对的贸易壁垒》一书。

8. 组织出版由国内专家编写的《贸易自由化的挑战—纺织、农业、金融服务和汽车所面临的风险与对策》论文专集。

9. 组织开发支持“入世”谈判的关税谈判软件程序和服务贸易的计算机化数据库，以及提供软件程序的持续升级。

10. 帮助成立贸易政策参考资料室，加强贸易政策的分析和研究能力。

11. 提供必要的办公自动化设施，如计算机、软件和复印机等，加快贸易谈判所需信息和数据的处理能力。

新西兰政府也为该项目平行设项，为外经贸部和其他政府机构的多名中国高级贸易官员组织了两次赴新考察团，调查研究与新西兰的贸易政策和贸易谈判有关的问题。

该项目对中国“复关”“入世”谈判的主要贡献是，有效协助建立与贸易政策制定和贸易谈判相关的必要人力资源能力；加强谈判能力建设；加强对贸易政策信息的收集，分析和处理能力；加强部际和其他政府各部门决策能力；增强公众对多边贸易规则和纪律的理解和认识；增强研究机构和学术界的研究能力。

该项目的三方，即资助方——联合国开发计划署、受益方——对外经贸部国际司和实施执行方——联合国贸发会议，在项目最终结束的三方审评会上一致认为该项目的实施“令人满意”。

早在 1994 年 2 月，联合国开发计划署驻华代表 Arthur Holcombe 先生即认可了 UNCTAD 在该项目中的作用，表示“UNCTAD 在中国最重要的技术合作项目可能是CPR/91/543，用于支持中国最终重新加入 GATT。UNDP 的资助金约为 200 万美元。UNCTAD 在该项目的筹备和实施过程中发挥了非常重要的作用。UNCTAD 工作人员展示了出色的技术技能，并且能够投入比其他联合国机构更多的工作人员时间和访华来支持该项目。一名讲中文的 UNCTAD 工作人员（中国籍）的参与进一步提高了对该项目的有效支持。特别是，UNDP 依靠 UNCTAD 制定项目，而不使用通常的

图 7. 2000 年 1 月，唐小兵（左）与龙永图副部长在 WTO 大楼前合影。

外部顾问，并且对项目进行强有力的技术监督，政府同意对 UNCTAD 作用的积极评价，并同意让该项目由 UNCTAD 执行。这是中国仅有的少数非国家执行项目之一”。

该项目执行于 1998 年 5 月结束。2002 年 1 月 28 日，龙永图副部长在写给 UNCTAD 秘书长里库佩罗（Rubens Ricupero）的信中（原文附后）写道：

由于我们的能力和经验有限，我国加入 WTO 的复杂谈判是一个巨大的挑战。作为一个以知识为基础和以发展为导向的组织，UNCTAD 的技术援助和支持方案一直被我们视为中立（没有偏见）和客观的。鉴于您在大使级和部长级国际商业外交方面的广泛而深入的知识和丰富的经验，您的建议和评估对我国领导人和我本人在做出这些重要决定时一直都非常有价值。

我们非常重视 UNCTAD 在多边贸易谈判方面的机构记忆，这对 WTO 的许多发展中成员，包括中国等加入国来说，都是一笔财富。在您英明的领导和指引下，这些年来，我们从联合国贸发专家团队中受益匪浅，尤其是吉布斯先生和唐小兵先生在我们“入世”谈判中涉及的许多实质性问题和技术细节上给予了我们很多专业方面的支持和技术援助。

所有这些宝贵支持都是通过由唐小兵先生协调和管理的 UNCTAD/ 联合国开发计划署 CPR/91/543 号项目的范围内向我国政府所提供的技术援助来实现的。该项目为我们培养了一大批贸易官员、贸易谈判代表、贸易政策决策者、研究人员和企业代表，其中一些人已成为我部的高级官员和外交官。该项目还就加入谈判中所涉及的，具有关键重要性的领域和议题编写了许多有价值的研究报告和技术分析论文。因此，我们在多边贸易谈判方面已经建立了一定的能力。

四、结束语

中国“复关”“入世”是一个跨世纪的“宏伟工程”，涉及到中国经济和贸易的各个方面。而这一宏伟工程蓝图的描绘，从前期准备、酝酿、构思、讨论、初稿、会签、定稿、上报、批准，仅仅用了两年多时间。这是一个无比神速、非常精准、正确的决策过程。转眼 40 年过去了，历史已充分证明当年决定的英明和高瞻远瞩。

当年中国在准备“复关”时，正处在经济体制改革的十字路口，国内地方政府改革十分散乱，有的要搞经济特区，有的要建立单独关税区。在这种情况下，GATT 规则至少可以作为进行经济体制改革的一种参数。我认为，中国加入 WTO 维护了中国

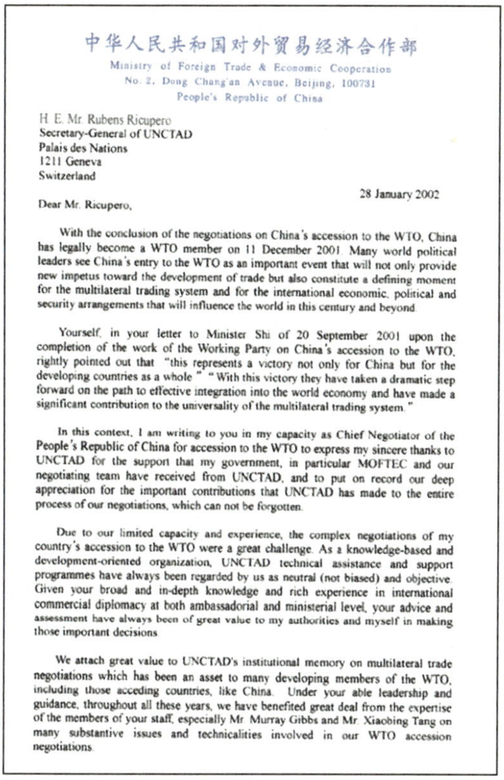

中华人民共和国对外贸易经济合作部
Ministry of Foreign Trade & Economic Cooperation
No. 2, Dong Chang'an Avenue, Beijing, 100731
People's Republic of China

H. E. Mr. Rubens Ricupero
Secretary-General of UNCTAD
Palais des Nations
1211 Geneva
Switzerland

28 January 2002

Dear Mr. Ricupero,

With the conclusion of the negotiations on China's accession to the WTO, China has legally become a WTO member on 11 December 2001. Many world political leaders see China's entry to the WTO as an important event that will not only provide new impetus toward the development of trade but also constitute a defining moment for the multilateral trading system and for the international economic, political and security arrangements that will influence the world in this century and beyond.

Yourself, in your letter to Minister Shi of 20 September 2001 upon the completion of the work of the Working Party on China's accession to the WTO, rightly pointed out that "this represents a victory not only for China but for the developing countries as a whole." "With this victory they have taken a dramatic step forward on the path to effective integration into the world economy and have made a significant contribution to the universality of the multilateral trading system."

In this context, I am writing to you in my capacity as Chief Negotiator of the People's Republic of China for accession to the WTO to express my sincere thanks to UNCTAD for the support that my government, in particular MOFTEC and our negotiating team have received from UNCTAD, and to put on record our deep appreciation for the important contributions that UNCTAD has made to the entire process of our negotiations, which can not be forgotten.

Due to our limited capacity and experience, the complex negotiations of my country's accession to the WTO were a great challenge. As a knowledge-based and development-oriented organization, UNCTAD technical assistance and support programmes have always been regarded by us as neutral (not biased) and objective. Given your broad and in-depth knowledge and rich experience in international commercial diplomacy at both ambassadorial and ministerial level, your advice and assessment have always been of great value to my authorities and myself in making those important decisions.

We attach great value to UNCTAD's institutional memory on multilateral trade negotiations which has been an asset to many developing members of the WTO, including those acceding countries, like China. Under your able leadership and guidance, throughout all these years, we have benefited great deal from the expertise of the members of your staff, especially Mr. Murray Gibbs and Mr. Xiaobing Tang on many substantive issues and technicalities involved in our WTO accession negotiations.

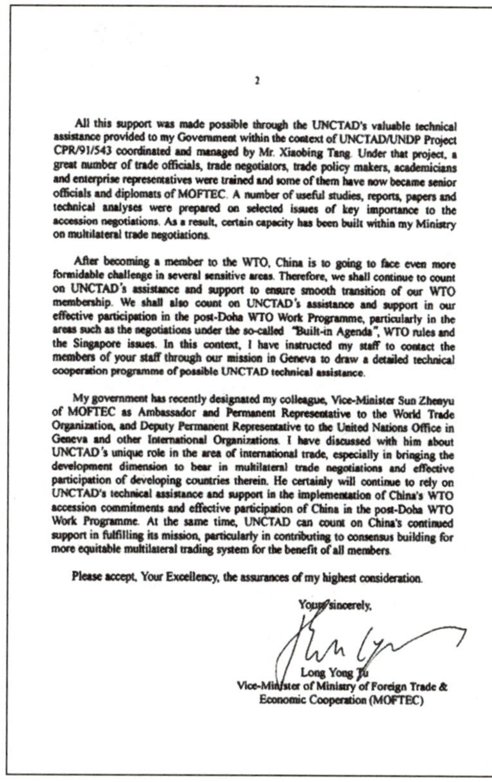

2

All this support was made possible through the UNCTAD's valuable technical assistance provided to my Government within the context of UNCTAD/UNDP Project CPR/91/543 coordinated and managed by Mr. Xiaobing Tang. Under that project, a great number of trade officials, trade negotiators, trade policy makers, academicians and enterprise representatives were trained and some of them have now became senior officials and diplomats of MOFTEC. A number of useful studies, reports, papers and technical analyses were prepared on selected issues of key importance to the accession negotiations. As a result, certain capacity has been built within my Ministry on multilateral trade negotiations.

After becoming a member to the WTO, China is to going to face even more formidable challenge in several sensitive areas. Therefore, we shall continue to count on UNCTAD's assistance and support to ensure smooth transition of our WTO membership. We shall also count on UNCTAD's assistance and support in our effective participation in the post-Doha WTO Work Programme, particularly in the areas such as the negotiations under the so-called "Built-in Agenda", WTO rules and the Singapore issues. In this context, I have instructed my staff to contact the members of your staff through our mission in Geneva to draw a detailed technical cooperation programme of possible UNCTAD technical assistance.

My government has recently designated my colleague, Vice-Minister Sun Zhenyu of MOFTEC as Ambassador and Permanent Representative to the World Trade Organization, and Deputy Permanent Representative to the United Nations Office in Geneva and other International Organizations. I have discussed with him about UNCTAD's unique role in the area of international trade, especially in bringing the development dimension to bear in multilateral trade negotiations and effective participation of developing countries therein. He certainly will continue to rely on UNCTAD's technical assistance and support in the implementation of China's WTO accession commitments and effective participation of China in the post-Doha WTO Work Programme. At the same time, UNCTAD can count on China's continued support in fulfilling its mission, particularly in contributing to consensus building for more equitable multilateral trading system for the benefit of all members.

Please accept, Your Excellency, the assurances of my highest consideration.

Yours sincerely,

Long Yong Tu
Vice-Minister of Ministry of Foreign Trade & Economic Cooperation (MOFTEC)

图 8.2002 年 1 月 28 日，龙永图副部长致 UNCTAD 秘书长 Rubens Ricupero 的信。

国内市场的统一性，国内市场从此有了统一基础。

中国"入世"给世界带来了翻天覆地的变化，改变了战后多边贸易体制的格局，中国通过"入世"这一过程，成功发展了自己的经济，并使自身能够成功融入世界经济，成为全球化的重要组成部分。

今天的 WTO 是由于国际格局以及中国的变化而形成的。如果 WTO 再往前走，没有外界的变化和推动是很难的。从 GATT 到 WTO，这是一个很大的飞跃，如果再次飞跃，就需要一些外部条件。所以我们要注重对国际关系的研究，因为国际法是国际关系的一个结果，是折中的，不是最理想的，并不一定是人们最初想要的。多边贸易体制的原则很好，目标也很好，但是所有的国际机制都有平衡的需要，也都是平衡的结果。

我认为，全球多边贸易体制应得到进一步加强和更新，以更好地反映当今世界的现实，从而更好地服务于人类的共同繁荣。

岁月忽忽，旧事堂堂

——一个法律人与 WTO 的过往

王　磊

【作者简介】

王磊，1986 年起在外经贸部及中国常驻日内瓦联合国代表团供职 10 年，从事加入 GATT/WTO 谈判工作，曾任 WTO 处副处长。辞职后在布鲁塞尔当执业律师 7 年，2003 年回国加入高朋律师事务所。一直从事 WTO 相关的国际贸易法律事务；代理企业在逾百起反倾销和反补贴调查中应诉；作为中国政府律师在 WTO 中就“中国紧固件反倾销案”（DS397）起诉欧盟，历时近 8 年获得胜诉。就国际贸易法问题在国内外发表数十篇专业论文，其中 2 篇论文被收入美国法学院教科书。2015 年作为客座教授在美国密苏里大学堪萨斯分校法学院讲授国际贸易法。中华全国律师协会授予全国优秀律师称号（2008—2010 年），北京司法局评选为先进律师（2007 年）。被钱伯斯、LEGALBAND 等国际评级机构推荐为 WTO 和国际贸易法领域中国第一梯队律师。

我与 GATT 和 WTO 结缘，必须要讲一位对我个人和整个中国国际法事业影响深远的老先生。

1980 年我进入北大法律系经济法专业学习，成为全国首届经济法专业的学生。创立这个专业的是法学泰斗芮沐先生，他是中国经济法、国际经济法的学科奠基人。先生是 1908 年生人，我入学的时候先生已经年过七旬，还坚持给本科生上课。直到 92 岁高龄，先生仍然坚持带博士生。先生在中国乃至世界法学界都享有崇高的地位，同时也是一代杰出的法学教育家，培养了一大批优秀的国际法人才。

1985 年国内已经有了一些信息提到中国准备“复关”，我把 GATT 争端解决机制等内容的研究写成了硕士论文，当时就是先生负责给我指导论文。

毕业后我到了外贸部，就直接从事 GATT 相关工作了。从那个时候起，我和先生的书信往来就没有断过。我在日内瓦工作了 6 年，先生就写信用国际邮件寄到中国驻日内瓦联合国代表团。先生说过，有关 GATT 的资料要给他找一些。虽然中国当时还不是 GATT 缔约方，只是观察员，但是我还是能够有些便利可以获取一些 GATT 文件资料，我都争取复印来。

但是资料的国际邮费我是付不起的，于是就托国内来开会的同志给捎回去。很多年来，跟先生一直书信联系，先生也将他的研究和思考与我分享。得益于在日内瓦的工作机会，跟国内法律人相比有近水楼台的优势，更易于了解 GATT 这种游戏规则，于是我把我的研究写成了英文论文在国外发表，也把文章送给先生，请他指导。

1994 年我回国后，先生就叫我来北大给研究生们讲 GATT 和 WTO 规则。那时候正是中国“复关”谈判的关键时期，我只能利用周末业余时间去北大讲课，前后讲了一年。先生跟我说：“我们系里没有经费给你，只能给你报销个打‘面的’的车费。”

这个课大概有 20 多个学生，还有韩国留学生。因为大部分都是研究生，所以我没有多少灌输式的内容，而是布置学生阅读相关文献和案例，然后分配每人选个议题，先准备文章大纲，再由学生到课堂讲解，大家评论，最后我进行点评。

这些学生都是先生培养的弟子，他们中的很多人也已经成为了中国 WTO 法律团队的中流砥柱。

一、提交“复关”申请

2021 年是中国加入 WTO 20 周年。

1986 年，中国开启了恢复关贸总协定席位和随后的加入 WTO 谈判；同年，直接导致成立 WTO 的乌拉圭回合谈判全面开启，中国受邀全面参加。这一年，我从北大研究生毕业，来到专司这两项谈判事务的外贸部国际经贸关系司二处工作。作为一个初出茅庐的法律人，有幸从职业生涯一开始就参与了谈判。

岁月忽忽，旧事堂堂。作为亲历者，回首过往，历历在目。

35 年前，中国政府向关税与贸易总协定提交了恢复席位的申请。世界为之震动。关贸总协定素来有个不褒不贬的绰号：“富人俱乐部”。二战后为复兴世界经济，主要国家酝酿并谈判降低各自关税以开放市场，于是诞生了关贸总协定，英文缩写为 GATT。因其缔约方主要为工业化发达国家，便有了此绰号。当中国这个大块头申请入会时，各方对这个俱乐部要发生什么变化，自然有揣摩和期待，均拭目以待。

中国是有需而为，有备而来。

总协定最大的吸引之处，就是缔约方之间在关税和贸易条件方面，自动互相给予最优惠的待遇（行话叫“最惠国待遇”）。中国与主要贸易国家逐个签订贸易协定，彼此给予优惠待遇，这当然不及加入总协定，即刻从所有缔约方都获得优惠来得更为便利。改革开放，中国需要更多的贸易优惠条件，从而获得更大的贸易市场。早在改革开放之初，中国就已经着眼进入总协定这个最后的重要国际组织。为此，当时的外贸部组团考察了一些总协定的缔约方，特别是考察与中国情况相类似的几个东欧国家和发展中国家。由于长期对这个富人俱乐部的排斥，国内对总协定几乎没有实质性的研究。外贸部派官员到总协定参加培训班，又请总协定的高官来华咨询授课。当然，对于参加总协定，政府内部进行了充分论证和预判。

而总协定方面，各缔约方当时正酝酿发起新的一轮谈判，通过谈判进一步降低关税和开放彼此的市场。如果中国进入总协定的谈判，能与总协定新一轮自身的谈判并行，并在总协定谈判结束之前或结束之时成为缔约方，中国将瞬间享受总协定谈判的成果。总协定缔约方就此向中国“明送秋波”，在其草拟的《乌拉圭回合部长宣言》中，明确给予中国在即将发起的新一轮谈判中“完全参加方”的地位（full participant）。

时机到来。

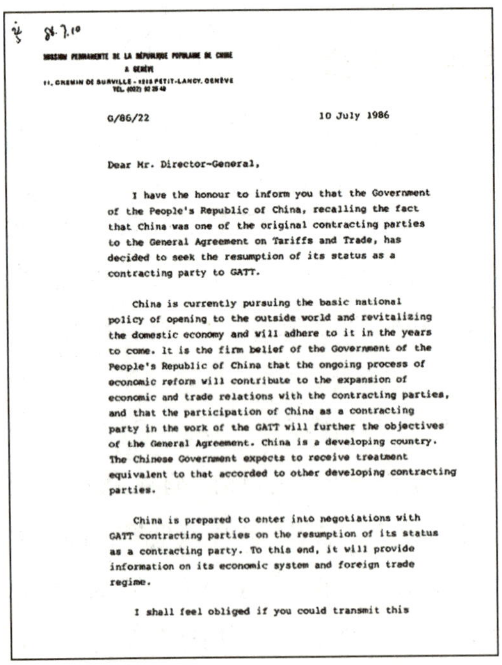

MISSION PERMANENTE DE LA RÉPUBLIQUE POPULAIRE DE CHINE
A GENÈVE
11, CHEMIN DE SURVILLE - 1213 PETIT-LANCY, GENÈVE
TEL. (022) 92 25 48

G/86/22 10 July 1986

Dear Mr. Director-General,

I have the honour to inform you that the Government of the People's Republic of China, recalling the fact that China was one of the original contracting parties to the General Agreement on Tariffs and Trade, has decided to seek the resumption of its status as a contracting party to GATT.

China is currently pursuing the basic national policy of opening to the outside world and revitalizing the domestic economy and will adhere to it in the years to come. It is the firm belief of the Government of the People's Republic of China that the ongoing process of economic reform will contribute to the expansion of economic and trade relations with the contracting parties, and that the participation of China as a contracting party in the work of the GATT will further the objectives of the General Agreement. China is a developing country. The Chinese Government expects to receive treatment equivalent to that accorded to other developing contracting parties.

China is prepared to enter into negotiations with GATT contracting parties on the resumption of its status as a contracting party. To this end, it will provide information on its economic system and foreign trade regime.

I shall feel obliged if you could transmit this

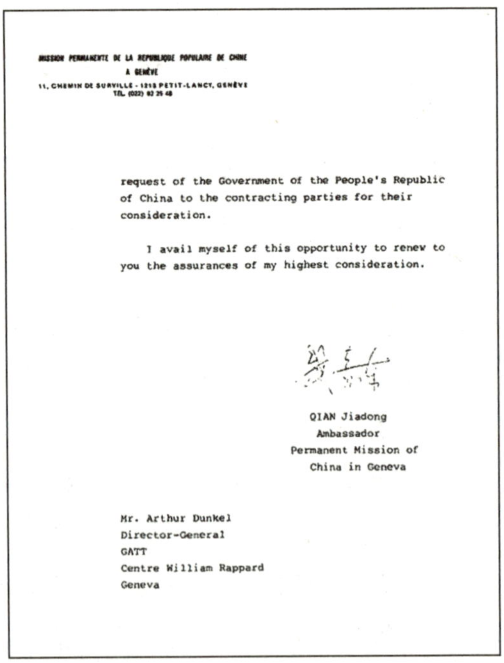

MISSION PERMANENTE DE LA RÉPUBLIQUE POPULAIRE DE CHINE
A GENÈVE
11, CHEMIN DE SURVILLE - 1213 PETIT-LANCY, GENÈVE
TEL. (022) 92 25 48

request of the Government of the People's Republic of China to the contracting parties for their consideration.

I avail myself of this opportunity to renew to you the assurances of my highest consideration.

QIAN Jiadong
Ambassador
Permanent Mission of
China in Geneva

Mr. Arthur Dunkel
Director-General
GATT
Centre William Rappard
Geneva

图 1. 1986 年 7 月 10 日，中国提交的关于恢复关贸总协定缔约国地位的申请。

1986年7月10日这一天，中国常驻日内瓦特命全权大使钱嘉东向时任总协定总干事瑞士人邓克尔（Arthur Dunkel）递交了中国恢复关贸总协定缔约国地位申请，正式开启了谈判。当时钱大使已过花甲之年，是历事无数的老牌外交官，但是可能他也未能料到，他上场开踢首球之后，这场谈判最后竟持续15年之久，获历史上谈判时长亚军（冠军为俄罗斯所得，1993年开谈，2012年加入，前后19年）。提交申请书后，钱大使即以“完全参加方”的中国代表身份，飞赴当时尚无外交关系的南美小国乌拉圭，又一次为中国开启了全面参加后来广为人知的“乌拉圭回合多边贸易谈判”进程。

钱嘉东代表中国在总协定中开启了两个谈判的长征，历史必书必载。

钱大使是我见过最大气儒雅的职业外交官，外柔内刚，忠于职守。无怪，他曾是周总理的外事秘书，还是中国首任裁军大使。像多数江南才子一样，他身材清癯，戴着好似民国时代延续到新中国生产的圆圈镜片的边框眼镜，身着北京东交民巷红都西服店定制的红都西服（那个年代外交人员的指定西服），任何场合面带微笑，举止优雅，真难想象他如奉命抗议发飙会是什么样。钱大使操吴侬普通话，慢条斯理中略带细声。但是在总协定理事会大厅，轮到中国发言时，钱大使总是明显提高音调，好像要甩掉面前的麦克风，让全体都听清楚中国的声音。日内瓦的大使不比驻某一个国家的大使，因为大使的工作对象不是所在国，而是作为同行的各国大使。在日内瓦，大使个人的学识、口才、人格魅力、行事风格，让人感到直观和真切。日内瓦是众多国际组织所在地，大使们白天穿梭于各国际组织会议厅，听会、发言、磋商、谈判，黄昏游走于各国大使的官邸参加各式各样的招待会。大使们见面互动如此频繁，便形成了日内瓦的大使圈。大使们形容他们的圈子是大学里的系（faculty），而那个德高望重、受大家敬重的某国大使往往被视为系主任（dean）。钱大使就是这样的系主任。虽然当时中国还不是总协定缔约方，无法深入参与总协定事务，但钱大使每次到总协定会议厅，总是谈笑风生，左右逢源，为众人瞩目的焦点。一方面是因为各国代表对中国谈判入会抱有热切期待，另一方面也是钱大使个人魅力使然。多年后钱大使退休回国，在谈判中与他共事多年的瑞士大使，同时也是中国工作组主席吉拉德（Pierre-Louis Girard），来华访问时专门要拜见钱大使。“Jiadong”，吉拉德都是如此亲切地称呼钱大使。

35年前，钱嘉东大使是在如此大气和谐的外交气氛中，拉开了中国进军关贸总协定的序幕。随之而来的，是一系列入会手续和问题。中国为什么要恢复席位？中国准备出什么价买门票进入这个俱乐部呢？入会的过程会遇到哪些意料之外的问题？又

图 2. 1986 年 9 月，中国代表团出席乌拉圭关贸总协定部长级缔约国大会。前排左起：沈觉人、钱嘉东、王世春。

如何应对呢？

二、加入还是恢复

恢复席位是 20 世纪 60、70 年代中国政府重返国际组织的标准动作。作为法律人对此不难理解。1949 年中国发生政府更迭，但是中国作为一个国家，国际法的主体并无变化，变化的是在国际上代表中国行事的政府。前政府在国际上的所作所为和发生的权利义务，由新政府来继承延续，前政府在国际组织中的席位，自然也就由新政府接续了。

“二战”后成立的联合国，中国是创始国之一。成立联合国的同时，主要大国于 1945—1947 年间酝酿、谈判并于 1948 年成立了关贸总协定。当时的中国驻比利时大使、职业外交家金问泗博士代表中国政府，全程参与并最终签署文件，中国由此成为总协定创始国之一。1949 年 10 月新中国政府成立后，金博士代表的前政府，即台湾

图 3. 1948 年 3 月 24 日，中国政府代表金问泗签署《联合国贸易与就业会议最后文件》。

当局，8 个月后就自行退出了在总协定中的席位。

这一退出在总协定中引发了法律问题，也即台湾当局是否有权代表中国退出总协定。老牌帝国英国对此提出了保留，并在其出版的总协定法律文本中加有注释，即“中国国民党政府宣布 1950 年 5 月 5 日退出总协定；中国中央人民政府尚未确定其对总协定的立场”。应该说，这种做法只是注明了事实，但未宣示英国对退出一事的立场。捷克斯洛伐克对该退出的合法性和有效性亦持有异议，并建议总协定征询北京对总协定的态度。总协定一些重要文件原本都在前言部分逐一列明各缔约方国家的名称，但出现上述法律问题后，就不再为续了，而是用“现有各缔约方”（existing contracting parties）代之。

1965 年台湾当局申请总协定观察员席位，又一次引发该法律问题的争论。是否接纳为观察员，各缔约方立场相左。法国、古巴反对，美国等支持，多数国家犹豫。英国、荷兰、北欧诸国及印尼、波兰、埃及等国声明，其政府承认中华人民共和国是中国的唯一合法政府。总协定秘书处则折中，称接受观察员地位并不损害缔约方是否承认一国政府的决定。最终各方还是接受了台湾当局观察员的申请。

上述法律问题的本质，是代表中国这个国际法主体在国际上行事的法律行为能力问题，即哪个政府在国际上有权代表中国行事。1971年10月联合国通过2758号决议，承认中华人民共和国政府是代表中国的唯一合法政府，并恢复了它在联合国的席位。至此，该法律问题逐渐不再是问题。这年11月总协定就从观察员席位上“请离”了台湾当局代表。

总协定对于上述退出、同意当观察员、取消观察员席位的所作所为，实际上是总协定不成文的传统所致，即遇有政治问题，尽量回避，但遵循联合国决议。

在这个背景下，1986年中国提出恢复总协定席位，就不难理解了。然而，这一要求却遇到新的难题。

与其他国际组织不同，总协定是一个各方交换市场的“大卖场”。每个缔约方都要拿出一个成百上千甚至上万商品的清单，就这些商品承诺降低本国的进口关税到某个百分比，并保证不随意变动。这个清单在总协定包括今天的WTO中被专门称之为“关税减让表”，承诺不随意变动关税，被称之为“约束关税”。对这个减让表如何谈判、如何出台、如何更新、如何惠及各方、如何修改、出现问题如何解决等，都有一套历经半个多世纪的详细规则加以规范。履行这个减让表是每个缔约方在总协定中的法律义务，也是新加入缔约方必须要付的“入门费”。台湾当局1950年退出总协定，一个很重要的原因，是它无法对其他缔约方履约了。前中国政府的关税有1067项，经过谈判承诺其中的245项为约束关税，载于中国政府在总协定的减让表中（总协定中的序号为第八号减让表）。比如，进口棉花的约束关税为10%，废羊毛的为5%，但是失去了当时四万万同胞的大陆市场后，蜗居当时仅七百万人口的台湾一隅，谈何低关税进口这些商品？同样，当时台湾当局也没有能力享受其他缔约方减让表中的关税减让所带来的利益。正所谓，皮之不存，毛将焉附。正因如此，当1950年台湾当局退出总协定时，美国率先撤销了与前中国政府谈判达成的减让表，随后欧洲各国、加拿大、澳大利亚、印度步其后尘。

时隔30多年，中国政府提出恢复总协定席位，而恢复席位在总协定历史上史无前例。中国、总协定各方和总协定秘书处围绕中国以何种方式、按何种程序进入总协定，进行了密集的商讨。一些缔约方认为中国是重新加入，应该按照加入总协定的程序行事。中国对此坚决反对，因为这样从法律上割裂了中国国际法主体的连续性，政治上也与联大决议不符。然而针对恢复席位的立场，各方提出了种种困惑与质疑：如果是恢复席位，那从 1950 年前任退出至今的账怎么算？这期间中国与各缔约方关税减让的利益如何算？这期间中国未缴会费是否要补齐？

大国行事，必起波澜，也必创历史。各方经协商，终于获得默契。在不损害恢复席位立场的前提下，中国准备事实上按加入程序与各缔约方谈判一个新的减让表，作为“入门费”，以履行总协定的权利义务。在中国事实上按加入程序谈判进入总协定的前提下，各方及总协定对中国恢复立场事实上不持异议。据此，恢复不是原中断点的恢复（restore），而是经谈判在今后谈判结束的时点上的恢复（resume），前任退出至现任恢复席位时（resume）的账，一笔勾销。

文件上玩弄字眼词句，以满足各方关切，是国际组织与生俱有的看家本领。在整个中国恢复关贸总协定席位谈判中，任何出自总协定口吻的文件，包括成立的谈判中国恢复席位工作组的名称，总协定都回避用“恢复”的字眼，代之以“中国缔约国地位（China’s Status as a Contracting Party）”。拗口，但这算是各方的最大公约数。毕竟，务实解决问题，才是各方所求。

接下来，要搭班子开始谈判了。

三、吉拉德主持工作组

一国加入总协定的流程大致如下。先是总协定成立一个工作组，主席通常由缔约方常驻日内瓦使团的大使出任，总协定秘书处为其配备工作秘书，协助主席主持会议、磋商和谈判。工作组主要有三大任务。首先要审查加入方的贸易体制和规章，以确定其与总协定的要求有多大差距；其次是提供一个平台供各方就“入门费”讨价还价谈判；第三是起草加入的法律文件，称“加入议定书”。

加入方要就“入门费”与主要利益关系方进行谈判，形成加入方的“关税减让表”。这个主要利益关系方，被称为是“主要供应国”。因为一国的关税税目下的商品成千上万，加入方不可能也没有必要与每个缔约方逐个谈判。比如，挪威最关心金枪鱼和三文鱼的关税，但不关心小轿车的关税；而马来西亚关心天然橡胶和棕榈油的关税，不关心羊毛的关税。所以，对华大宗出口产品的国家，就是与中国谈判减让表中该产品的“主要供应国”，也是该大宗产品的“初始谈判国”。根据最惠国待遇的贸易规则，挪威就金枪鱼和三文鱼作为初始谈判国与中国谈判的关税税率，马来西亚就天然橡胶

图 4. 1988 年 2 月，吉拉德（左）与沈觉人部长助理交谈，吉身后为法律司司长罗斯勒。

和棕榈油作为初始谈判国与中国谈判的关税税率，均适用于总协定所有缔约方。

中国提交申请恢复总协定席位后，总协定成立了受理申请事务的中国工作组，总协定命名为“中国缔约国地位工作组”，之后是物色主持工作组的主席人选。当时曾酝酿在挪威和瑞士驻日内瓦大使中挑选。在这两个国家中考虑人选不无道理。中国曾是东西方阵营的一方，现在决定回到总协定，是国际社会的一件大事，举世瞩目。而处理东西方事务，是这些中立小国擅长的传统。作为大使个人，能操持这件大事，是件带有挑战性的使命和荣誉。由于挪威大使离任在即，考虑到今后与会往返的不便，于是最后人选落到瑞士大使皮埃尔–路易斯·吉拉德（Pierre-Louis Girard）身上。

我在日内瓦使团工作的 6 年间，主要工作是负责中国工作组的事务，陪同我的上司一道，与吉拉德过往较密。

吉拉德是瑞士瓦莱州马蒂尼（Martigny, Valais）人，是个地道的瑞士山民。瓦莱，就是山谷的意思，阿尔卑斯山 82 座 4000 米以上的雄伟山峰有超过一半位于瓦莱州，像著名的马特洪峰（Matterhorn）、采尔马特（Zermatt）均位于其境内。瓦莱州是瑞士阳光最灿烂的地区，因此这些雄伟的山峰经常沐浴在金色的阳光中。该州还是瑞士最大的葡萄种植区和葡萄酒产地，这里的葡萄酒产量占瑞士年葡萄酒生产量的 40%。

吉拉德是少有的小个子瑞士人，好似没有太多阿尔卑斯高山的养育基因，但浅栗子色的肤色却是充分吸收了高山日照。他出生于外交世家，父亲曾是瑞士驻大阪总领事。可能正是因此，他娶了个日本太太。我们跟他玩笑，说日本女人温良顺从。他却道：呵呵，谁有谁知道啊。他们没有子女，后来离异。

吉拉德是职业贸易外交官，曾供职过国际货币基金组织。他是瑞士法语区人，流利的英语没有法语口音，但中气足，嗓门大，远闻其声。在漫长的15年工作组主席生涯中，他多次访华，受到党和国家领导人的接见和款待。这应该是这个中立小国高级外交官值得自夸自耀之处。15年间，中国谈判代表换了四任，美国换了五任，欧盟换了四任，总协定变成了WTO，总干事换了四任，唯有中国工作组主席没换，吉拉德一干就是15年！最后能把一个东方泱泱大国在其主持的谈判下，带进世界贸易大家庭，委实是吉拉德外交生涯中可书可写的一页。“我终于‘失业’了，我感到高兴”，这是吉拉德在15年工作组结束卸任时的由衷感叹。

但这一路走来起起伏伏的艰难旅程，吉拉德和中国谈判代表团一样感同身受。作为外交官，他生性略显好斗，凡事问个究竟。但是与中国打交道时间长了，他应该学会了一点委婉。“哎呀呀，今天会议室温度有点高，要开窗户透透气”。每当工作组会场上中方与他方争论激烈时，吉拉德总是从中调和。记得有几次，他把美方的发问，解释给中方听，但适得其反，中方代表正为所发问的问题感到愤懑，吉拉德的解释似火上浇油。“没见过这样的主席，哪有什么中立？”中方代表情不自禁用中文自语道。虽听不懂，但察言观色，吉拉德感觉到了会场上的愠怒气氛，及时宣布会议休会一刻钟。

曾有几次，吉拉德私下表示想辞职。他也觉得“我好难啊”。但是，他坚持到了最后。

在总协定和后来的WTO多边外交场合，吉拉德与主要大国的代表和秘书处上上下下，左右逢源，从善如流。但是面对媒体，他本能地显示出瑞士人行事低调的禀赋，对采访能拒则拒，鲜有见诸报端。而对主持工作组的工作，他又彰显出瑞士人特有的精准与井井有条。“根据我的瑞士表的时间，现在开会”。每次工作组会议，吉拉德都是如此准时宣布开会，顺便不忘给国货直播带货！年复一年，工作组文件汗牛充栋，某年某月某缔约方的某建议某提案，随需随查，随查随有。

图 5. 在中国常驻日内瓦联合国代表团工作 6 年之后，王磊于 1994 年夏调回国内，临行前专门到伯尔尼向瑞士经济部长吉拉德辞行。吉拉德高兴地请秘书给他们在办公室挂毯前合影。左起：龙永图部长助理、吉拉德、王磊。

四、贸易制度审议

工作班子搭起来后，第一件事是开会审议中国提交的《中国对外贸易制度备忘录》。这个备忘录，就是中国向总协定缔约方做自我介绍，主要内容包括中国的经济贸易制度、关税及税收制度、企业制度、进出口许可证、商品检验制度、外汇管理、经济特区等情况。备忘录 A4 纸 20 来页，但从起草到定稿提交，七易其稿，耗时两年。起草期间，多次请总协定秘书处的官员提供咨询。只要他们先看懂了，各缔约方就容易理解。

然而，一开卷，就卡壳了。

当时法律司司长是德国人罗斯勒（Frieder Roessler）先生。罗身材高大魁梧，胸膛宽阔笔挺，冷峻，不苟言笑，走路大步流星，一迈近三尺。"商品经济是什么意思？"讨论中国有计划的商品经济体制时，罗司长一脸迷茫。我们回答："这是在计划经济中，搞商品交换，讲价值规律，搞活经济。”然而对这些解释，罗还是不解。他知道世界上有市场经济体制，也有计划经济体制，但是对商品经济这种体制，他闻所未闻，不知何意。他进一步说：“商品（commodity）”在英文中指的是矿产品、农产品等初级产品，如原油、铁矿石、小麦，而在国际贸易中，“商品”是指相对制成品而言的初级贸易品。“中国的商品经济难道是原油换小麦这样初级产品交换的经济吗?”他不解地问。

这真是来自两个世界的对话，鸡同鸭讲。

看着眼前这张阿诺（好莱坞影星施瓦辛格）似的棱角分明的日耳曼式国字脸，我们忽然想起来他是德国人，于是试着问他“马克思《资本论》读过吗?”“读过。”他答道。“马克思说过，商品是构成市场的一个元素。”顺着这个路子说明，对方似懂非懂地上下摆了摆那方正的下巴。

庆幸我们和这位罗司长有着共同的“祖宗”!

“那你们说的商品经济可以认为是市场经济吗？如果是，备忘录中为什么不改写成市场经济呢?”这一问，轮到我们迷茫了。那时，中国还在为一个个体户雇用多少人才算剥削来回争论，谁敢说中国搞的是市场经济啊?!再说，马克思好像还批判市场经济。“中国实行有计划的商品经济体制，是立法机关（七届人大）确立的，不能改。”我们坚定地答复对方，同时解释到，中文的“商品”一词，泛指一切在市场上用来交易的物品。

罗氏如此迷茫下的如此提问，后来贯穿了缔约方对整个中国贸易制度备忘录的审议过程。无怪，总协定本身并未为计划经济定制规范，秘书处官员和绝大多数缔约方代表本身并无计划经济体制下的经历，去理解从无亲身经历的体制，难！而再加上该体制下的“商品经济”，难上加难!

工作组将缔约方对备忘录提出的大量问题交中方书面答复，之后还要现场口头答疑解惑。在国际机构中，由中国相关部委官员当面口头答复各国代表对经济体制方方面面的提问，可能史无前例。应中方要求，工作组把各方要口头提问的问题先书面告知。带着这些问题，相关部委的人员被组织起来，在京郊演习一问一答。但是事后觉得，这种演习的成效十分有限。

1988 年 2 月，日内瓦还在山寒水冷之中，中国第一次口头答疑开始了。中国代表团十几位清一色司局级官员，在首任谈判代表、外经贸部沈觉人部长助理的带队下，当天乘坐使团的大巴来到总协定大楼。中国代表们来自中央各部委，第一次来到

图 6. 1988 年 2 月，出席 GATT 中国工作组第 2 次会议的中国代表团在常驻日内瓦联合国代表团院内合影。前排左起：唐玉峰、沈觉人、张月姣、张小康、马英群、赵淑英；后排左起：陈炳华、柳晓昂、李培初、王磊、李华云、王世春、葛强。

这个“富人俱乐部”门口，驻足端详。一下子来了十几张东方面孔，其他国家与会代表和秘书处官员，友善打量，微笑欢迎。总协定大楼是原来国际劳工组织的大楼，建于 19 世纪初，矗立在日内瓦湖边风风雨雨近一个世纪。入口大门足足有 3 米多高，厚重的木门，得要用肩膀去用力推似的（实际上把手是电动的，按下把手，门即自动打开）。这沉重的门，中国推了 15 年。

类似罗氏的问题，果真出现在 50 多个缔约方代表与会的工作组会场，此起彼伏，接连不断。例如，（1）问：有计划的商品经济是什么样的体制？答：中国实行有计划的商品经济体制，计划与市场是内在统一的，利用计划与市场调节两种手段发育和完善各类市场，发挥市场机制的作用，保证国民经济协调发展。（2）问：指令性计划和指导性计划有何不同？答：前者有法律约束力，后者没有。（3）追问：既然有法律约束力，完不成指令性计划，有何惩罚措施，惩罚谁？（这一问似没在演习准备之中）。答：两种计划都是完成经济工作的手段，（答非所问了）……（4）问：党委领导下的

图 7. 1988 年 2 月，中国代表团出席 GATT 中国工作组第 2 次会议。坐在桌左侧由远及近：钱嘉东、沈觉人、张月姣，桌右侧由远及近：李仲周、王磊。

厂长负责制，书记和厂长到底谁负责？（5）问：有本国商人反映，同样的货物出口中国，为什么大连海关和湛江海关的税率不一样？（6）问：为什么进口商品和国产商品由两个不同的检验机构，按不同的标准来检查质量？（7）问：为什么必须与指定的专业外贸公司进行进出口交易，而不能直接与工厂和产品用户做外贸？

问问问……1988 年整整一年，上千个问题、上千个答复，一遍遍循环，一轮轮往复。最终，主要缔约方认为：中国虽不是单纯的计划经济，但市场机制不发达，与以市场机制为基础的总协定有相当距离；出口方面，国家对外贸企业直接出口补贴，容易冲击国际市场，缔约方需要中国接受一个过渡性选择性保障条款，允许对中国产品专门设限；进口方面，中国的进口批文、配额管制、进口许可制、外汇管制等行政干预手段，使得中国关税在调节进出口贸易中的作用有限，而这与总协定有一定差距。

难题出现了。所谓选择性保障条款，是允许缔约方对进口的中国产品专门提高关税或设定进口数量，而总协定的规则是一视同仁，不得对某国专门设限。选择性保障条款，违背合总协定的规则，为何要加在中国头上？所谓关税在进出口中作用有限，即中国的“关税减让表”不足以向缔约方开放中国市场，需要中国取消对进口的层层审批和数量配额的做法，而这涉及削减乃至取消诸多主管进口批文的部委机关的职责。看来，进一步的体制改革成为必然。中国体制在国际上被要求改革，这恐属首次。

这犹如总协定大楼边的日内瓦湖水一样，风起浪涌，水岸相搏，波澜起伏。

五、特别保障条款

总协定当时有 90 来个缔约方，但是大多数是休眠状态，不怎么参加总协定活动。经常参加中国工作组会议的有二三十个国家的代表，会上举手发言的不过十来个，积极分子有六七个，核心成员是四个，美国、欧盟、加拿大和日本，美国领头。

美国对中国参加总协定高调表示欢迎。美谈判代表、助理贸易代表纽柯克（W. Douglas Newkirk）称：“没有任何一个国家像美国这样欢迎和希望中国进入关贸总协定，美国将同中国手拉手地进行谈判，而不是互相指责和争吵。美国相信，中国参加国际贸易体制将给各方带来积极成果，也有助于中国努力实现经济现代化。”

然而，在中国进入总协定和后来的 WTO 的 15 年谈判中，没有任何一个国家像美国这样，极尽所能地讨价还价，也没有任何一个双边谈判，像中美这样涉及内容之广、问题之深、难度之大、政府层级之高。15 年间，中美大大小小双边谈判达上百场之多，超过中国与所有其他缔约方双边谈判的总和。

审议中国贸易制度的成百上千的问题，有一半以上是美国提出的。特别是美欧联手，要求中国接受特别保障措施，更是沿袭了他们的一贯做法。特别保障措施之所以特别，就是因为它本身违反了总协定的重要原则，即最惠国待遇原则。总协定规定有一般正常的保障措施。比如，某国进口彩电突然大量增加，本国生产的彩电卖不动了，彩电企业效益下降，无法继续生产，需要保护，这时该国政府就可以对进口彩电提高关税，给本国彩电企业以喘息调整的机会，恢复生产，重返市场竞争。这是总协定允许的一般保障措施，其实施的对象是进口的彩电，而不问是从哪个国家进口的彩电，所谓对物不对人。而美欧提出的特别保障措施，却是允许任何总协定缔约方专门针对来自中国的彩电提高关税，而来自其他国家，如韩国、日本、马来西亚的彩电却仍享受低关税。这是一种专门精准打击中国出口产品的歧视性做法。

特别保障措施在总协定中有先例，20 世纪 60、70 年代，罗马尼亚、波兰、匈

图 8. 阿克·林登（1926—2013 年）

牙利加入总协定，就被迫接受了这种歧视性的特别保障措施，其危害有多大呢？

有问题，找林登。

林登（Ake Linden）是瑞典人，总干事特别顾问。他早在 1961 年就供职于总协定秘书处，一直独身，把终生献给了 GATT 事业。他是 GATT 条文、规章、决议、案例、事件的“活字典”，是总协定不二的大管家，一直深受各国代表团和秘书处同事的尊重。他当时已是花甲之年，是秘书处标志性的银发一族，踱着慢步，衣着与银发一样，一丝不苟，举止绅士，还有北欧人特有的低调谦和、平易近人、和蔼可亲。他是秘书处最早接触中国的官员，大家遇有问题都随时向他请教，并总能获益。

林登亲身经历了东欧国家加入总协定的过程。他介绍，东欧国家加入总协定时，总协定缔约方认为：这些国家是计划经济体制，与总协定市场经济基础上的规则和运行，有相当的差距，表现在进出口方面，这些国家中央计划体制下的行政干预无法避免；进口方面，他们的关税不起作用，总协定规则中的“关税减让表”下的降低关税，对这些国家没有意义，因此罗马尼亚和波兰加入时的“入门费”，不是承诺降低其进口关税，而是承诺每年进口一定数量的外国产品；出口方面，在中央计划体制下，这些国家某些产品在某个时候对国外市场会造成迅速有力的冲击，所以缔约方需要有一个特别保障措施，专门针对这些国家的产品提高关税，防止其产品对国际市场的冲击。林登解释道：这些国家虽然接受了特别保障措施，但他们加入后的事实表明，该措施从来没有被援引过，主要是这些国家出口能力有限。

中国进入总协定，激活了东欧在总协定中创立的特别保障措施先例。然而，无论是中国当时的贸易体量和今后的潜力，都是这些东欧国家不可同日而语的，特别保障措施的要求，显然是要中国重蹈东欧的覆辙。随时专门对中国产品的出口设限，无异于给中国企业进军国际市场戴上了紧箍咒。

还有比这更棘手的问题。美国在高调欢迎中国进入总协定的同时，与中国的接触谈判比谁都频繁，对中国谈判施压的手段比谁都诡异。中美在总协定问题上，一直有只拦路虎，那就是美国对共产党国家的贸易政策。美国公开表示，中国进入总协定，引发美国是否要修改其相关的国内立法的问题。如果谈得好，美国政府可说服国会修改法律，否则美国只能引用总协定“互不适用”条款，对中国不适用总协定的规则。

美国是中国产品的最大海外市场，进入总协定而双方互不适用总协定的规则，这将使中国失去进入总协定的根本意义。

美国的如意算盘很明显。讨价还价得手，就修改国内法，跟中国在总协定中是贸易伙伴；没得手，就跟中国在总协定中形同路人。对如此近乎讹诈的谈判筹码，中国代表团一直顽强抗争了多年。美国国内法的拦路虎是何物呢？法律人要探个究竟。

六、中美适用问题

胡萝卜加大棒，是美国在国际贸易交往中一以贯之的做法。特别是对非市场经济国家，美国的贸易政策一直讲政治。“二战”后，美国法律规定不给共产党国家最惠国待遇，但又依亲疏好恶，区别对待。最惠国待遇是关贸总协定的基石，总协定第1条就开宗明义规定，缔约方之间必须无条件地相互给予最惠国待遇。当年罗马尼亚、匈牙利加入总协定时，美国国内法的上述规定直接与总协定相冲突。因此，美国选择了在总协定中与这两个东欧国家互不适用。

最惠国待遇是国际贸易中一个古老的基本规则，简言之，就是一视同仁，我给你的贸易优惠和好处，同样给其他人，而其他人给你的好处，同样给我。可以说，没有最惠国待遇，就很难进行贸易往来。各国的进口关税，最惠国税率要比无最惠国的普通税率低几倍、几十倍。比如，中国现在对小轿车的进口税率，最惠国税率为15%，普通税率则为270%。

美国政治挂帅的贸易政策，最著名的是1974年贸易法的一个修正案。苏联当年限制境内犹太人移民国外，美国国会参议员杰克逊（Henry Jackson）和众议员瓦尼克（Charles Vanik）起草并最后通过了一个法案，规定对共产党国家是否给予最惠国待遇，视其每年允许境内犹太人移民的名额多少而定。这就是臭名昭著的《杰—瓦修正案》(Jackson-Vanik Amendment)。于是，美国国会每年要讨论审议给所有共产党国家的最惠国待遇。中美1979年建交后，双边贸易协定中规定互相给予最惠国待遇，但是美国国会也同样每年审议给中国的最惠国待遇是否为续。尽管中国没有限制犹太人移民问题，但该审议逐步演变成与人权问题及两国关系相挂钩。

美国的上述贸易法律，不符合总协定关于缔约方相互给予无条件最惠国待遇的规定。中国进入总协定后，美国就应修改其国内立法，给予中国无条件的最惠国待遇，而无需每年审议。但是，美国在总协定中也有个选项，那就是如果要保留其国内法对中国的做法，美国可援引总协定的“缔约方间互不适用”条款，这样，中美同为总协定缔约方，但是互相没有总协定的法律关系，总协定的规则对中美都无效。这与美国在总协定中与罗马尼亚、匈牙利互不适用如出一辙。

在法律人眼里，互不适用是总协定和后来的 WTO 中一个有意思的问题。条约中，缔约方对条约部分条款可提出保留，如该保留获得其他缔约方同意，则保留部分对该缔约方不生效，这是条约法上的条约保留规则。而一个条约的全部内容在两个缔约方之间无效，还不多见。当时总协定 90 多个缔约方中，曾有 51 个先后 63 次援引过互不适用条款。绝大多数互不适用是缔约方之间外交上互不承认或其他政治原因所致。如 1948 年印度和巴基斯坦不承认南非，20 世纪 60 年代罗马尼亚不承认韩国，就是如此。而政治原因所致的互不适用，是美国对罗马尼亚和匈牙利。最有意思的是，多国出于经济原因对日本互不适用。互不适用的 51 个缔约方中，有 45 个是与日本不适用总协定。1955 年日本加入总协定时，欧洲各国及澳大利亚、新西兰共 14 个缔约方对日本不适用总协定，这些国家占日本当时对外贸易的 40%。之所以如此，是因为他们认为日本当时擅长通过低价倾销、大量使用童工女工、侵犯知识产权等手段进行不正当竞争，国内价格不能反映供求关系。没有特殊的保障机制，这些国家担心本国市场受日本产品冲击，于是彻底排除了与日本发生总协定的权利义务关系。60 年代，这些欧洲国家在非洲的殖民地独立后，继承了前宗主国对日本的互不适用政策。所以日本加入总协定后相当一段时间是个不完整的缔约方。随着国内改革，日本前后花了十余年时间，才逐个与缔约方解除了互不适用。

互不适用在总协定中沉寂了十几年后，随着中美在中国进入总协定问题上的角力，又一次浮出水面。这对中国，对总协定整体，成了忽隐忽现的阴云。进入总协定，迫使美国修改国内法，给予中国以总协定规定的无条件最惠国待遇，成了中方在中美谈判中首先需要攻破的堡垒。

在中国工作组审议中国贸易制度的同期，中美双方在日内瓦和各自首都展开了密集的磋商谈判。中方还请美国代表团访问经济特区厦门和深圳。中国经济体制改革的成效，在特区如火如荼的发展中充分得以体现。厚厚上唇上留着两撇八字胡的美国助理贸易代表纽柯克兴奋地说：“在深圳蛇口和厦门，我们看到了中国通过实施市场原则是何等有力地发展了经济贸易，经济特区调动了各方面的活力”，“我们相信，如果在其他地区也适用这些特区已经形成的条件，这将是中国美好的未来”。

工作组对中国贸易体制审议评估了一年之久，各方对中国贸易体制的问题和关切均已清楚。1989 年初，中美双方同意尽早结束审议工作，同时双方就中国进入总协定的条件各自列明在议定书草案中。美方称，只要谈好了议定书的条件，并且中国承诺使其经济贸易体制与总协定相符，美国政府可说服国会修改有关立法，给予中国无条件最惠国待遇。同年 5 月，谈判取得实质性进展，美国主张，给予中国最惠国待遇同议定书的实质性问题，尤其是特殊保障条款问题的解决联系起来一并考虑。美方表示，可由布什政府向国会提交一项立法，给予中国无条件最惠国待遇。八字胡纽柯克向其上司美国贸易代表希尔斯（Carla Hills）汇报，称他对与中方达成一致抱乐观态度。

隧道前方，光亮初现。

七、台湾申请入关

然而，1989 年年中，由于国内政治风波，风云突变，中国进入关贸总协定的进程，急转直下。

原定的中国工作组会议一而再、再而三地延迟，最后推迟至年底。本来拟好的会议日程是讨论中国议定书中的问题，但美国和欧共体却要求中国继续澄清外贸体制中的问题，称讨论议定书不是多数缔约方的意愿。主席吉拉德在既定的日程“讨论中国议定书中的问题”中，不得不加了个条件状语从句，变成“如果可行的话，讨论中国议定书中的问题”。工作组的工作一下子回到了原点。

美国的态度如翻书一般。美国贸易代表希尔斯表示：“中国必须放宽经济限制，才有资格参加关贸总协定。”“美国将不再在中国重返关贸总协定的谈判中起带头作用。”八字胡纽柯克几个月前的热情与期待已荡然无存，直接向中方表示：美国国会对华情绪很强烈，不可能给予中国无条件最惠国待遇，美国政府之前承诺推动国会修改有关立法，无法实现，最终将引用总协定第 35 条，与中国互不适用关贸部门总协定。

恰在此时，更复杂的问题出现了。

1990 年 1 月 1 日，总协定总干事邓克尔收到了一份由台湾当局经济负责人陈履安博士签署的申请函，申请其政府代表台湾、澎湖、金门和马祖关税地区加入关贸总协定。陈履安是个官二代，其父陈诚是前台湾当局行政负责人，国民党大佬，素有“小委员长”之称。得到消息，中国驻日内瓦代表团临时代办候志通大使立即约见邓克尔，递交外交照会，指出台湾当局无权自行申请加入关贸总协定，关贸总协定不应受理台湾的非法申请。

邓克尔是关贸总协定的第三任总干事，在任期间历经了中国申请恢复关贸席位和草就乌拉圭回合谈判文本（史称“邓克尔文本”）两件大事，为中国进入 GATT 和 WTO 的成立奠定了坚实的基础。邓克尔与同是瑞士人的工作组主席吉拉德不一样，他瘦高个子，略弓背，老花镜永远架在高耸的鼻尖上。他是个老烟枪，总是接连不断抽烟，面色微黄，说话偶有喉淤。工作之余，我曾就总协定的规则及其与中国的关系写了本书，做成英文目录和概要送给邓克尔，请他作序，他不仅欣然答应，还让我务必将书出版后送存总协定的图书馆。

作为总协定的首脑以及区区 600 来万人口小国的瑞士人，占世界五分之一人口的东方大国将进入他统领下的国际组织，邓克尔一定是乐见其成，只是或许他未料到中国问题的复杂程度。总协定不是联合国的附属机构，但是，总协定“政治问题从联合国”的不成文规则和传统，邓克尔作为总干事自然要遵循。面对台湾的申请函，总协定暂时没有什么动作。

但是，一些缔约方却暗流涌动。1989 年 9 月，美国布鲁金斯学会（The Brookings Institution）就搞了个研讨会，会上台湾当局政策研究院叶姓院长，发表题为“台湾在关贸总协定成员资格”一文，分析了总协定中几种不同的成员资格，为台湾造势。美国对台湾挤进总协定的推波助澜，可见一斑。台湾提出申请函后，鉴于中国方面的强大压力，台湾问题在总协定中暂时搁置，但是中国工作组的工作也几乎停滞。

照会邓克尔之后，接下来中方要就台湾问题做各国驻日内瓦使团的工作。当时我跟随代表团副代表王天策公使走访各国使团。“走，扫雷去!”老王在国内是经贸部国际司的司长，是我的顶头上司，他将拜访各使团排除台湾问题隐患称为“扫雷”。在照会总干事的后一年多时间里，中国使团这老少二王，在日内瓦城里走街串巷，约见、走访、会谈了 40 来个国家驻日内瓦的大使、公使、参赞、临时代办，对他们重申联大 2758 号决议、一个中国的原则。各使团均理解中方的关切并表示将此重大问题报首都。

总协定的缔约方有主权国家，还有“单独关税地区”。在中国提交恢复总协定席位之前几个月，1986 年 4 月香港以单独关税地区身份和以“中国香港”的名义成为总协定第 91 个缔约方。在法律人眼里，总协定的缔约权和成员资格又是一个有趣的法律问题。总协定是个国际组织，又是个国际条约，而缔结国际条约是主权国家政府之行为，为何无主权性质的地区也可参加呢？

起草关贸总协定时，一些殖民地的宗主国如英国、法国、荷兰，不仅谈判自己本国的关税减让，还代为其海外殖民地谈判。但是个别殖民地，如当时的缅甸、锡兰（斯里兰卡）和南罗得西亚（后来的津巴布韦），实施不同于英国的关税税率和贸易制度，谈判中要求成为单独的缔约方。总协定专门审查，认定三者贸易高度自治，为单独关税地区，同意谈判结束后可成为单独于英国的缔约方。谈判刚结束不久，缅甸和锡兰摆脱殖民统治而独立，就以主权国家身份成为缔约方，而南罗得西亚则一直是以单独关税地区身份的缔约方，直至在 1980 年独立才以主权国家身份成为缔约方。

由于单独关税地区无主权性质，不具备国际上的缔约能力，在讨论接受他们成为缔约方时，智利和捷克对单独关税地区在国际法上的缔约能力提出过质疑。鉴于总协定是处理关税贸易的非常小众的协定，多数缔约方主张单独关税地区可以参加总协定。为防止将单独关税地区理解成国家或政治实体，总协定对单独关税地区参加总协定做了十分谨慎的规定：首先，单独关税地区与其他领土之间实施不同的关税税率和贸易制度，为适用总协定目的，总协定把这样的单独关税地区作为一个缔约方对待。注意，这里并没有说单独关税地区是一个缔约方，而是“作为一个缔约方对待”。其次，单独关税地区要经对其负有国际责任的缔约方提议（sponsorship），并声明其拥有贸易自治，方可被视为一个缔约方。同样，这里没有说单独关税地区是一个缔约方，而是被视为一个缔约方。1986 年英国经过如此提议和声明程序，使中国香港被视为一个缔约方。同样，葡萄牙使中国澳门于 1991 年被视为缔约方。

无论当年的南罗得西亚，还是后来的中国香港和中国澳门，其单独关税地区的身份源于它们前殖民地的身份。换言之，总协定中单独关税地区的由来、立法历史及有限的法律实践，均与宗主国和殖民地相关联。而中国台湾提出加入总协定时早已不是殖民地，那么它能构成总协定界定的单独关税地区吗？退而言之，就算无殖民地背景，中国台湾作为单独关税地区，须经一个对其负有国际责任的缔约方提议和声明，方可被视为缔约方，而这个负有国际责任的缔约方又会是谁呢？

八、理事会主席声明

在中国使团老少二王“扫雷”的一年多时间里，中国工作组工作几乎没有进展。显然，海峡两岸进入关贸总协定的问题，事实上被捆绑在了一起。不解决台湾问题，中国的谈判就难以进行。但是，以美国为首的西方主要缔约方、总协定秘书处以及中国工作组主席吉拉德，也都十分清楚一条政治红线，那就是台湾问题无法绕开中国；不同中国政府协商，没有中国政府的同意，台湾问题免谈。

1991 年 5 月，总干事邓克尔访华，中国政府领导人向其表明了立场：台湾是中国领土的一部分，中国恢复缔约国地位之后，台湾地区可以作为一个单独关税地区加入总协定。这为谈判解决台湾问题指明了方向，开出了条件。

但条件尚未开谈，美国就蠢蠢欲动。1992 年元旦刚过，美方扬言要在 2 月份的总协定理事会上推动成立台湾工作组，启动台湾加入总协定的谈判。这无疑是个重磅地雷。这一年轮到印度驻关贸总协定大使朱奇（B. K. Zutshi）担任理事会主席。老少二王立即敲开印度使团的大门，找到朱奇大使交涉。

面对朱奇，老王逐字逐句重申，我逐字逐句翻译关于中国对台湾地区加入总协定问题的三个原则：第一，中华人民共和国政府是代表全中国的唯一合法政府；第二，中国恢复关贸总协定缔约国地位问题必须首先解决，然后才有可能考虑台湾地区加入关贸总协定问题；第三，若台湾地区想以单独关税地区参加关贸总协定，它必须同中国中央政府商量并征得同意。此三原则简言之，即一个中国，中（中国大陆）先台后（中国台湾），中国同意。

朱奇属于那种养尊处优的印度人，棕里透白的面庞圆满，但总让人觉得略有浮肿。他个子不高，略微发福，埋在沙发里，似仔细聆听。镜片后是一双浅浅微笑的目光，却总掩饰不住狡黠。听罢，他用浓重的印度英语回应道：他注意到中方的三原则，作为理事会主席，他听命于各缔约方，为此他将分别与各缔约方非正式交换意见。

与此同时，新上任的中国第二任谈判代表、外经贸部佟志广副部长开启了他所称的“破冰之旅”，到日内瓦参加中国工作组会议。会下，总协定副总干事美国人卡莱尔（Charles Carlisle）向佟部长表示，愿意以个人身份在中美之间斡旋，提出由理事会主席做个声明，明确台湾地区加入总协定的条件。卡并拿出了声明初稿。但是，围绕如何实现中方的三原则，特别是中（中国大陆）先台（中国台湾）后以及台湾地区

图 9. 王磊（左）30 多年前与同事李月印（右）在关贸大楼前留影，右后是厚重的关贸大楼正门。

图 10. 王磊出入关贸大楼的中国代表深紫色胸卡，顶端写着观察员。当时正式成员的胸卡为蓝色。

在总协定中的称谓等，初稿与中方立场相距甚远。

看来这又是一场旷日持久的谈判，但又不能久拖不决。中国驻日内瓦使团与美国驻 GATT 使团，加上欧盟驻 GATT 使团，三方就理事会主席声明的具体文字内容，展开了全天候的密集非正式磋商。

中方出场由老少二王组合，老王谈判，我翻译。美方出场的是中文名叫唐伟立（William Tagliani）的专员，欧盟由参赞卡尔·法肯伯格（Karl Falkenberg）出场。唐伟立是个坐轮椅的外交官，几年前他曾在美国驻华使馆工作，就与我们相识，后调至美国驻日内瓦使团。据说，他曾与美国立法机关交涉，迫使美国修改了残疾人不能当外交官的规则。GATT

大门前有数级台阶，无法改建残疾人专用道。唐到任后，总协定秘书处在台阶一侧装了个简易升降梯，供他使用。法肯伯格，顾名即知是德国人，时年富力强，嗜足球滑雪，貌似大大咧咧，工作起来却不失机灵与严谨。当时两德分裂40多年后刚刚统一，首都正重新迁回柏林。法肯伯格本属于那种笑意满脸的德国人，国家统一更使他春风得意、心情灿烂。在这个时刻由这位刚刚国家统一的德国人与中国商讨台湾问题，于他于我，真是别有一番滋味。

中美欧三方的磋商，照顾到唐伟立，多数在美国使团和关贸总协定大楼进行（美国使团距总协定大楼仅一百来米）。出于礼节，有几次在中国使团磋商。磋商不拘时间，一俟需要，随叫随到。从1992年1月到9月，三方四人花了8个月时间，谈成了500来字的总协定理事会主席声明。逐字逐句，无不反复推敲，其中几个程度副词和数量副词，来回谈了几个月。谈成的声明以英文文本（总协定官方语文）为准。

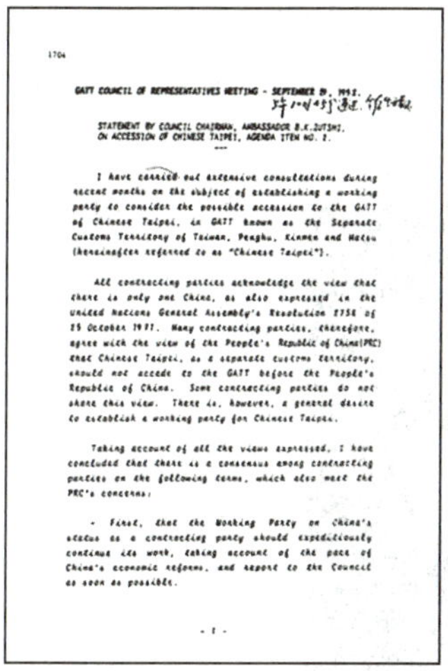

1704

GATT COUNCIL OF REPRESENTATIVES MEETING - SEPTEMBER 29, 1992.

STATEMENT BY COUNCIL CHAIRMAN, AMBASSADOR B.K.ZUTSHI, ON ACCESSION OF CHINESE TAIPEI, AGENDA ITEM NO. 2.

I have carried out extensive consultations during recent months on the subject of establishing a working party to consider the possible accession to the GATT of Chinese Taipei, in GATT known as the Separate Customs Territory of Taiwan, Penghu, Kinmen and Matsu (hereinafter referred to as "Chinese Taipei").

All contracting parties acknowledge the view that there is only one China, as also expressed in the United Nations General Assembly's Resolution 2758 of 25 October 1971. Many contracting parties, therefore, agree with the view of the People's Republic of China(PRC) that Chinese Taipei, as a separate customs territory, should not accede to the GATT before the People's Republic of China. Some contracting parties do not share this view. There is, however, a general desire to establish a working party for Chinese Taipei.

Taking account of all the views expressed, I have concluded that there is a consensus among contracting parties on the following terms, which also meet the PRC's concerns:

- First, that the Working Party on China's status as a contracting party should expeditiously continue its work, taking account of the pace of China's economic reforms, and report to the Council as soon as possible.

- 1 -

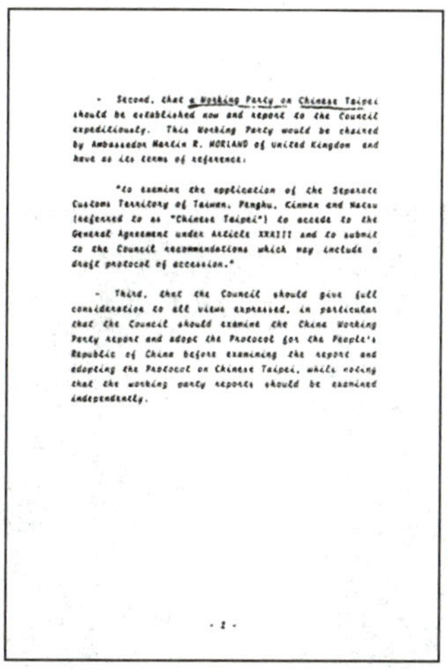

- Second, that a Working Party on Chinese Taipei should be established now and report to the Council expeditiously. This Working Party would be chaired by Ambassador Martin R. MORLAND of United Kingdom and have as its terms of reference:

"to examine the application of the Separate Customs Territory of Taiwan, Penghu, Kinmen and Matsu (referred to as "Chinese Taipei") to accede to the General Agreement under Article XXXIII and to submit to the Council recommendations which may include a draft protocol of accession."

- Third, that the Council should give full consideration to all views expressed, in particular that the Council should examine the China Working Party report and adopt the Protocol for the People's Republic of China before examining the report and adopting the Protocol on Chinese Taipei, while noting that the working party reports should be examined independently.

- 2 -

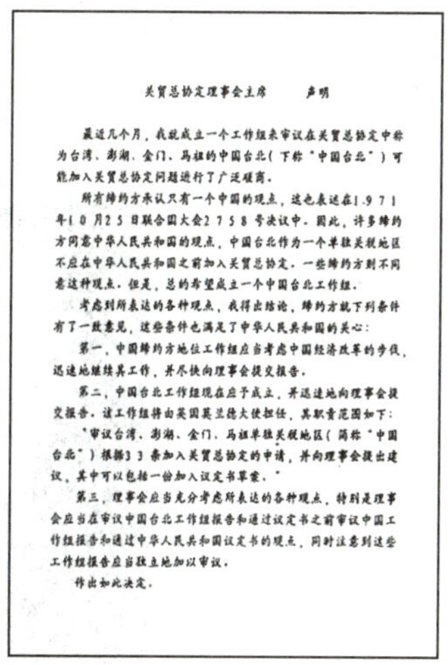

关贸总协定理事会主席　　声明

最近几个月，我就成立一个工作组来审议在关贸总协定中称为台湾、澎湖、金门、马祖的中国台北（下称“中国台北”）可能加入关贸总协定问题进行了广泛磋商。

所有缔约方承认只有一个中国的观点，这也表述在1971年10月25日联合国大会2758号决议中。因此，许多缔约方同意中华人民共和国的观点，中国台北作为一个单独关税地区不应在中华人民共和国之前加入关贸总协定。一些缔约方则不同意这种观点。但是，总的希望成立一个中国台北工作组。

考虑到所表达的各种观点，我得出结论，缔约方就下列条件有了一致意见，这些条件也满足了中华人民共和国的关心：

第一，中国缔约方地位工作组应当考虑中国经济改革的步伐，迅速地继续其工作，并尽快向理事会提交报告。

第二，中国台北工作组现在应予成立，并迅速地向理事会提交报告。该工作组将由英国莫兰德大使担任，其职责范围如下：

“审议台湾、澎湖、金门、马祖单独关税地区（简称“中国台北”）根据33条加入关贸总协定的申请，并向理事会提出建议，其中可以包括一份加入议定书草案。”

第三，理事会应当充分考虑所表达的各种观点，特别是理事会应当在审议中国台北工作组报告和通过议定书之前审议中国工作组报告和通过中华人民共和国议定书的观点，同时注意到这些工作组报告应当独立地加以审议。

作出如此决定。

图11.1992年关贸总协定理事会主席声明。

三方谈成的以上声明，遂交给理事会主席印度大使朱奇，变成了“朱奇案文”，由他在1992年9月29日关贸总协定理事会宣读，最终成为理事会决定。在宣读之后，朱奇又做了口头附加说明：

作为形成理事会刚才所作决定的谅解的一部分，中国台北在其作为观察员以及随后作为缔约方期间，其在关贸总协定中的代表权将遵循香港和澳门的代表权模式，换言之，其代表的头衔不得具有任何主权含义。

我还愿意代表理事会邀请中国台北在工作组工作期间，作为观察员参加理事会和其他关贸总协定机构今后的会议。当然，秘书处还将请中国台北当局提交必要的信息和文件，以便利工作组的审议。

上述的声明和附加说明，均已记录在关贸总协定理事会文件中，成为对缔约方有约束力的法律文件。

九、佟部长威武

2017 年 7 月的一天，传来一个令人难过的消息：中国进出口银行原董事长佟志广去世了。在去银行任职之前，他是外经贸部副部长，中国“复关”谈判的第二任谈判代表。

佟部长阅历丰富，集翻译官、外交官、商人、“红色资本家”、部长、谈判代表和银行家于一身。他早年在外贸部担任翻译，先后在中国驻印度、缅甸大使馆工作。1971 年中国刚恢复联合国席位，他即在中国常驻联合国代表团工作。在中美还没建交、只是互设联络处时，他就在华盛顿中美联络处任职。调回国内后，在中国粮油进

图 12. 佟志广（1933—2017 年）

出口公司做外贸实务，20 世纪 80 年代到香港担任华润公司总经理（香港同胞称他为“红色资本家”），多年后担任外经贸部副部长和第二任谈判代表，到龄后去了进出口银行任董事长。

佟部长是有名的“美国通”。当年可口可乐进入中国，他是引路人。1949 年可口可乐撤出中国市场，而中美互设联络处时，可口可乐找到联络处，想重返中国。在联络处工作的佟志广向对方解释道：在中国的新闻中，可口可乐与美国大兵的形象是连在一起的，中国还很难接受西方资本主义生活方式，可口可乐进入中国为时尚早。一年后，可口可乐执着地跟随回国到中粮工作的佟志广，找上门与中粮磋商谈判，最终在 1978 年中美建交前几个月，可口可乐重返中国市场。

在中国工作组停顿、台湾问题纠缠时，佟部长受命于艰难之际，出任谈判代表。他的到来，给跌入低谷的谈判，带来了一股强劲的清风。总协定会议室内外，咖啡厅，走道上，出现了一位不带翻译与各国代表侃侃而谈，时而笑声爽朗的中国谈判代表。佟部长西服考究，略微大腹便便，抬腿步履安详，端坐四平八稳，开口字正腔圆，说话慢条斯理，完全是一副大国使臣气定神闲的派头。

他不仅英文流利娴熟，而且博学贯通中西；作为谈判家，他胸怀韬略，足智多谋，刚柔并济。早年联合国使团任职的经历，使他在总协定的多边场合，面对不同大小国家、不同背景、不同肤色的各国外交官们，从善如流，游刃有余。在内地和香港当公司老总的经历，使他对总协定这样一个政府间贸易契约，理解和运用起来，得心应手。而在美国多年常驻，与美国几十年的交道，这位“美国通”的中国部长，又让大洋彼岸的谈判对手爱恨交织。

在往返日内瓦的长途飞行中，他阅读英文版的《国富论》，孜孜不倦。在欧盟代表的宴会桌上，谈及为何中国春节每年日期不同，他给欧洲人讲汤若望修历的故事。他喜欢给外国人说文解字，介绍自己的名字中“廣”的含义。“廣字一横是屋顶，一撇是墙，上面一点是烟囱，屋前有田，上面草字是庄稼，下面两点是庄稼的根。”活脱脱展现出一幅屋上炊烟起，门前禾苗青的田园写意图。“胸有成竹，你们不要以为胸腔里长了竹子，是画竹子之前，脑子里已想好怎么画了。”用西人的语言和理解习惯介绍中国的历史文化，对方爱听也听得进，同时对这位儒雅幽默的中国谈判代表也心生敬意。

在谈判的艰难岁月里，他对中国最终参加多边贸易体制充满信心，对中国今后建成小康社会也信心满满。他乐观风趣地给我们年轻人描绘了中国上班族今后的一个早晨:“以后早上出门上班，你先打开抽屉，在几只手表中选一个戴上，狗狗追你到门口送别，出了门你还要想想今天开你家哪辆车上班。”那时是1992年，他描述的场景当年觉得遥不可及，但不多年就成为了现实。

佟部长担任谈判代表只有一年半时间，是中国进入总协定谈判最艰难复杂的时期。他通晓国际事务，洞若观火，审时度势；与大国代表交手，分寸得体、谈吐不凡，能让对手称赞。在西人看来，佟部长是个十足的国际谈判家，可以不受语言障碍、谈话习惯、异国文化的限制，可以明示、暗示、隐喻、声调里带言、语气里有话地面对面自由沟通。每次工作组会前，大国代表都提前打听佟部长开会期间在日内瓦的日程，以便能安排会外的会晤、沟通、用餐，那阵势让我们这些手下真是感觉良好，因为我们知道，这正是谈判积极进展的态势。在多边外交中，大会走过场，小会谈问题，一对一亮底牌。总协定副总干事卡莱尔是个美国人，某日他约请佟部长一对一吃晚饭，我感到有事要发生。果然，卡席间透露了美欧主要缔约方对台湾加入总协定的考虑，即通过总协定理事会主席声明的方式来确立台湾地区加入的条件。对方出了底牌，这才有后来中美欧博弈谈判了8个月的理事会主席声明。

在谈判台湾问题的同时，另一件力推中国工作组进程的事件，是中美谈成了市场准入协议。1992年10月佟部长在华盛顿与美方进行最后一轮市场准入谈判。开放市场本来也是中国进入总协定的入门费，中方对此有所准备。作为开放市场的回报，中国要求美国必须承诺支持中国早日进入关贸总协定，但美方对此就是不肯答应。

这年是美国大选年，老布什总统和克林顿选情正值白热化。谈判已经是最后一天了，次日将有老布什和克林顿电视辩论。作为“美国通”，佟部长敏锐地察觉到，老布什政府此时更需要与中方谈成协议。中午时分，美方就透风，贸易代表希尔斯下午要出差去欧洲，如果双方谈不成，谈判可提早结束。谈判中以日程安排为由，施压对方尽快让步，这个套路在久经沙场的佟部长眼里是小儿科把戏。“那会谈纪要写上美方终止谈判，我们是否可对媒体宣布结束谈判?”佟部长胸有成竹地将了一军。片刻，对方又说推迟动身，傍晚再走。

“午夜11点协议”是谈判术语，系指双方对峙胶着到最后一刻才终于妥协达成一致。佟部长深谙此道，他心里很清楚，就算到了午夜12点，只要双方需要，可以现场停表冻结时间接着谈。已是午夜11:45，中方坚持在协议中必须写上：美国坚定地支持（stanchly support）中国进入关贸总协定。当晚希尔斯并没去欧洲，面对佟部长毫无松动余地的口气，她在请示白宫后，终于接受。

图 13. 1992 年 10 月，佟志广副部长出席中国工作组第 11 次会议期间与代表团部分成员合影。左起：王磊、张宝和、佟志广、王天策。

“坚定地支持中国进入关贸总协定”，这后来成了中方手里的一把戒尺，在随后工作组会议和与美方的双边磋商谈判中，每当遇有美方发难刁难，佟部长都格外高声地以此警示敲打对方。

佟部长在谈判中展现的睿智谋略和刚柔并济，令当年我这样的晚辈受益匪浅。他与西人交往中展现的博学风趣、大气自信，甚至骨子里的隐隐傲气，都令我由衷钦佩。抚今思昔，对这位杰出的经贸外交家和老领导的景仰崇敬，永存在心。

十、乌拉圭回合结束

在中国工作组重返轨道继续前行的同时，自 1986 年开始的乌拉圭回合谈判也到了最后阶段。这是一轮雄心勃勃的谈判，各方不仅就新老议题谈判开放市场，而且就多边贸易体制的组织机构和争端解决方面，展开了前所未有的造法运动。

从乌拉圭回合谈判一开始，中国就全面参加了所有议题的谈判。但是由于不是关贸总协定缔约方，参加谈判的程度有限；中国可以参与谈判议题的讨论，但最后无决策权。谈判根据议题分若干谈判组。我和代表团同事分工，分别参加各谈判组的工作，主要是跟踪议题谈判进展。我负责跟踪建立 WTO 的协定（即 WTO 宪章）、争端解决、反倾销协定、反补贴协定、保障措施协定以及关贸总协定条款的修改等组织机构体制方面的谈判，其他同事则负责跟踪知识产权、服务贸易、纺织品、农产品、原产地规则、海关估价等议题的谈判。

组织机构体制谈判组主席，是被称为“关贸总协定之父”的乌拉圭大使拉卡提（Julio A. Larcarte-Muró）。他 1947 年不到 30 岁就参加谈判了关贸总协定，经历了关贸总协定的整个诞生过程。拉卡提出任了总协定成立后的第一任副总干事，随后又出任了三任乌拉圭驻总协定大使，参加了总协定所有的 8 轮多边谈判。他成功说服总协定缔约方在其祖国发起第 8 轮谈判，也就是乌拉圭回合谈判。WTO 成立后，他出任首任上诉机构主席。谈判组的工作是技术一级的非正式磋商，经常开夜会。各方围绕若干个文本草案，咬文嚼字，互相删减、补充、修改。主席的工作就是求同存异，力求捕捉各方的最大公约数，将不同意见放在文本方括号内，逐步直至最终删除所有方括号。面对主要缔约方的辩论争吵，75 岁高龄的拉卡提以其长者的资历和耐心，不断调和、拉架。他中气十足，声音洪亮，他一说话，会场鸦雀无声，只有窗外湖水拍岸的涛声。

作为“二战”后重建国际秩序的一部分，各国本来是要成立一个国际贸易组织（International Trade Organization, ITO）的，为此谈成了《哈瓦那宪章》。但是后来美国国会未能批准，国际贸易组织没能建立，于是产生了关贸总协定。法律上讲，关贸总协定只是个国际条约，而不是一个国际组织，但是总协定一直运行了近半个世纪。在这期间，国际政商学界都试图主张创建一个统管国际贸易事务的组织，以在同等的组织机构的基础上，与国际货币基金组织和世界银行并驾齐驱，但都未能如愿。而这次乌拉圭回合谈判，各方基本达成一致，创立一个这样的国际组织，为避免当年国际贸易组织的厄运，各方主张避开“国际贸易”一词，代之以“世界贸易”，创立一个世界贸易组织（World Trade Organization，WTO）。

谈判组在拉卡提主席的召集下，把大部分的时间都花在了讨论谈判建立 WTO 的协定上。在逐条讨论此协定草稿过程中，当进行到第 12 条“加入”条款和第 13 条“互不适用”条款时，作为跟踪此议题的中国使团的代表，我举起了“CHINA”桌牌要求发言。之前，该谈判组从来没有中国的声音。代表们看中国要讲话，会场异常安静。

“主席先生，中方对草案第 12 条和第 13 条表示关切。关贸总协定第 33 条加入条款中提及的加入方，系指非缔约方政府或代表单独关税地区行事的政府，而且总协定第 26 条对单独关税地区有所界定，特别是，单独关税地区须由对其负有国际责任的缔约方提议，方被视为缔约方。而眼前这份 WTO 协定草案第 12 条加入条款，提及 WTO 加入方时，将国家与单独关税地区并列，该条及其他条款，对单独关税地区无任何界定。中方对此表示关注并认为欠妥。”

我想，该问题中国不提，不会有其他人提；就算中国不是总协定缔约方，对协定草案没有最后的决策权，但谈判组每次是有会议记录的，中方的发言将留在谈判会议记录中，而对协定今后的解释，在文字不明或有争论的情况下，翻看协定立法过程及谈判记录，有助了解问题的背景和当时即存的争议。

这时，参会的美国代表斯杜勒（Andrew Stoler）发言了。他是个祖籍乌克兰的美国人，中等个头，圆圆的脸颊两边总堆着“高原红”，在美国驻日内瓦代表团已经当了十几年的副代表。“主席先生，我请各位注意，中国现在还不是总协定缔约方，无权对协定谈判发表意见。”

斯杜勒不谈实体内容，首先从程序和话语权上实施限制，我一听，气由心生，当即表示：“中国代表团是接到谈判组的书面通知来参会的。请主席和秘书处就中方参加谈判组工作的身份做出说明。”

拉卡提大使遂请坐在身边的总干事特别顾问林登发言。“中国不是总协定缔约方，发起回合谈判的乌拉圭回合部长宣言，邀请了中国作为完全的参加方参加乌拉圭回合谈判，但是对谈判结果没有决策权。”

“既然是完全的参加方，就包括了就议题发表意见。”我紧跟着说道。

在得到拉卡提大使同意后，我继续就“互不适用”

图 14.“关贸总协定之父”，乌拉圭大使拉卡提（1918—2016 年）。

图 15. 1993 年 11 月 15 日晚，包括中国在内的各国代表完成了《建立世界贸易组织协定》的谈判起草工作后合影留念。后排立者右四为王磊，后排立者左三为斯杜勒（胸前持文件者）。

条款发言。

关贸总协定第 35 条互不适用条款，是为个别缔约方之间因适用总协定有困难而设，并规定了互不适用的条件，即当事双方未进行关税减让谈判。换言之，一旦双方进行了关税减让谈判，就失去了互不适用的条件。而 WTO 第 13 条草案互不适用条款，则将互不适用的意思表示，推迟至谈判结束提交部长大会审议时。由此，当事方特别是加入方在无法知道对方是否最终采取互不适用的情况下，不得不与对方谈判。这不公平，这也从根本上改变了总协定第 35 条的本意和立法宗旨。

斯杜勒没有跟进。但越过长长的会议桌，我看见他略微扬起的下巴和傲慢的眼神。他可能觉得，反正中国对协定的最后结果没有决策权，他不在乎我说什么。

茶歇期间，拉卡提大使过来跟我握手。他从当年总协定诞生起，与总协定每个条文及谈判历史打了一辈子交道，对“加入”条款和“互不适用”条款，现今 WTO 要做的改变，他比谁都了然于心。我对他说，中方的关切可能写不进协定，但我们要的是载入谈判历史。

“你做的是对的”，他对此表示肯定。

整个乌拉圭回合定在 1993 年圣诞之前完成了工作一级的谈判。这年 11 月 15 日夜晚，谈判组终于完成了成立 WTO 协定的文本谈判。已近午夜时分，秘书处在楼道里准备了香槟和点心，以示庆贺。大家为几年来的艰苦谈判修成正果，感到高兴，为自己参与创建 WTO 这样一个国际组织感到庆幸，更对按照所谈的协定即将诞生运作的 WTO 充满期待。大家笑逐颜开，留下了这张珍贵的合影。

这样重要的纪念时刻，中国当然不能缺席。有幸，本人作为唯一的中国代表，在其中。

十一、马拉喀什印象

1993 年 12 月，历时近 7 年半的乌拉圭回合多边谈判如期结束。给各国一年的时间完成签署核准手续后，WTO 定于 1995 年 1 月 1 日正式成立，回合谈成的协定文本正式生效。

图 16. 摩洛哥古都马拉喀什。

回合谈判的结束，给中国的谈判带来了深刻变化。中国努力恢复关贸总协定席位，总协定却被WTO替代了，于是成了要加入WTO。原先总协定框架下降低关税和非关税壁垒开放进口产品市场的入门费也远远不够了。加入WTO，中国需与各方谈判更多的议题，强化知识产权保护，开放服务业市场，在银行、保险、证券、通信、批发零售、快递、律师、会计师、咨询、建筑设计、医疗、广告、房地产、海陆空运输、环保、包装、会议、教育、旅游、计算机、维修、租赁等服务业领域，允许外国的企业、公司、事务所，在华投资兴业，或从境外跨境提供服务。市场开放的范围如此之广、程度如此之大、涉及国内部门如此之多，使得加入WTO的谈判变得更为艰难。

1994年4月，关贸总协定在摩洛哥马拉喀什召开部长级会议，供各方正式签署乌拉圭回合协议。马拉喀什，阿拉伯语“红色”的意思，是摩洛哥古都，地处撒哈拉沙漠边缘，旅游胜地。因其古城墙为大量赭红色岩石，故以阿语红色得名。

作为乌拉圭回合的全面参加方，中国由第三任谈判代表、外经贸部谷永江副部长

图17. 谷永江副部长在总干事萨瑟兰（Peter Suntherland）（右二）和总干事特别顾问林登（左二）见证下，代表中国政府签署《乌拉圭回合多边贸易谈判结果最后文件》。

图 18. 王磊出席马拉喀什部长级会议期间留影。

率团出席马拉喀什部长级会议，并签署《乌拉圭回合多边贸易谈判结果最后文件》。但中方的签署只有象征意义，从法律上讲，文本直到中国加入 WTO 时才生效。

图 19. 王磊出席马拉喀什部长级会议的胸牌。

谷部长早年在中国驻加拿大使馆工作，后来一直在外贸公司做进出口业务，曾是中国机械进出口公司的老总。他卸任第三任谈判代表后，去香港华润集团当老总。谷部长清瘦干练，儒雅风趣。他称自己是领队，龙永图是教练（当时龙是外经贸部国际经贸关系司司长，任谈判代表团副团长），我们各位都是场上球员。马拉喀什部长会议为期 5 天，除了代表中国政府签署乌拉圭回合协议之外，谷部长安排其他人员在部长会议的会场听会，自己则与主要大国的贸易部长双边会谈，以推动年底结束谈判，争取成为 WTO 创始成员。

根据分工，由我对外联系安排会谈。“小王，你尽可能多约，能约多少人咱就见多少人”。谷部长也是拼了，会谈场次，上不封顶。在没有手机，没有对方使领馆的情况下，联系会谈，只能靠会务手册上的各代表团下榻酒店的电话。会议主办方摩洛哥为每个代表团提供一辆开道警车和一辆团长专车。于是，我们的专车，跟着开道的警车，每天在马拉喀什大街小巷的各个酒店之间来回穿梭。一场结束，紧赶下一场，几天下来，精疲力竭。最后谷部长发问：“小王，我们还要见多少人?”5天会议期间，谷部长会见了22个国家的24位部长。整个会谈安排，无一差错。马拉喀什，红色城墙、大广场、阿拉伯风情集市、古都皇宫花园，均无暇光顾，倒是把城里各大酒店到访个遍。

十二、终成正果

马拉喀什会议吹响了中国谈判的集结号，但并未得到美国为首的主要国家响应，他们意在各领域提高要价，致使随后连续数月之久的谈判无果而终。

图 20. 中国第四任谈判代表、外经贸部副部长龙永图，左后为中国工作组秘书格特勒（Jeffery Gertler）。

1994年12月20日，还有几天就是圣诞节了，关贸总协定时代的中国工作组最后一次会议不得不宣布：来年WTO成立后，谈判继续。会议照例由中国代表团做最后发言，谷部长介绍了中方为谈判所做的巨大努力，感谢广大缔约方的支持，随后话锋一转："中方对个别国家蓄意阻挠谈判、缺乏诚意、漫天要价表示不满，对个别国家在总协定中主宰谈判事务表示失望，中国政府对于今后WTO能否摆脱极个别成员恣意妄为的干扰表示忧虑。"这几句言有所指，风格语调与总协定常有的会风格格不入。谷部长话音刚落，会场片刻寂静之际，台上工作组主席吉拉德立即一边环视会场，一边握着会槌，一边说道："如果没有再发言的，现在休会。""砰"，赶紧手起槌落。

不点名直言抨击美国，切中要害，这在关贸总协定谈判中不多见。会后许多代表走到中国代表团座位席前表示支持。印尼大使握着谷部长的手说道："如此一针见血的发言，只有中国能做到。"美国代表则神情尴尬，没有像往常那样走过来与中方代表握手道别。

自1986年7月提出"复关"申请至1994年12月，历时8年，关贸总协定中国工作组共举行了19次会议，中国提交了汗牛充栋的文件，解答了数以千计的问题，进行了数百场磋商和谈判，最终未果。但是，从今后开放市场的格局到权利义务的框架，以及相应的法律文件草案，这8年谈判业已夯实了工作基础，后续只是在此框架内出价还价的多少而已。

1995年11月，中国驻日内瓦联合国代表团金永健大使代表中国政府就中国加入WTO提交了申请。中国总协定工作组更名为中国加入WTO工作组，工作组主席依旧为吉拉德，中国谈判代表团则由外经贸

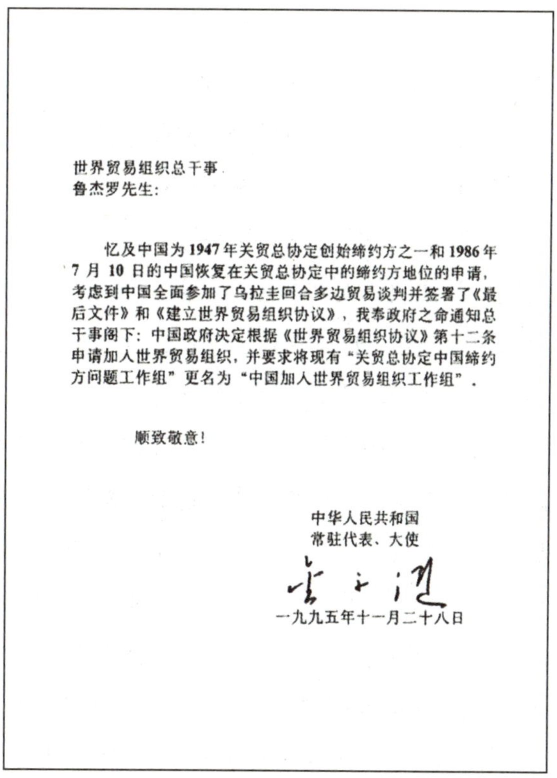

世界贸易组织总干事
鲁杰罗先生：

忆及中国为1947年关贸总协定创始缔约方之一和1986年7月10日的中国恢复在关贸总协定中的缔约方地位的申请，考虑到中国全面参加了乌拉圭回合多边贸易谈判并签署了《最后文件》和《建立世界贸易组织协议》，我奉政府之命通知总干事阁下：中国政府决定根据《世界贸易组织协议》第十二条申请加入世界贸易组织，并要求将现有"关贸总协定中国缔约方问题工作组"更名为"中国加入世界贸易组织工作组"。

顺致敬意！

中华人民共和国
常驻代表、大使
一九九五年十一月二十八日

图21. 中国加入WTO申请。

部部长助理龙永图出任第四任谈判代表。与前三任“空降”的谈判代表不同，龙是谈判代表团里“本土”出生。他作为具体负责谈判事务的国际司司长，多年来一直是谈判代表团里的核心成员，曾是谈判代表佟部长、谷部长的副手。在随后的岁月里，作为中方首席谈判代表，龙部长凭借忠诚和睿智、自信和执着、果敢和担当，以推动中国改革开放为中心，以跻身世界贸易体制为己任，顽强地推进谈判。WTO 成立近 7 年之后，中国终于在 2001 年 12 月 11 日加入 WTO，成为 WTO 第 143 个成员。

十三、结 语

2021 年春上，当年谈判中国“复关”“入世”的几个老同事小聚。之所以是老同事，是因为这都是 30 多年前谈判起步时就相识相知的袍泽故旧，我们戏称“黄埔一期”。大家觉得，2021 年是中国加入 WTO 20 周年，应该写点东西，聊以纪念。“20 周年再不写，30 周年能写的人就更少了。”有人感慨道。的确，当年还是轻蹄快马的弱冠年华，而今都已过知命之年近耳顺了。

想当初 35 年前，经贸部正式组建了关贸总协定处，我们的队伍才开张，总共只有 7、8 个人，一间办公室。这是中国“复关”“入世”谈判和乌拉圭回合多边贸易谈判的最原始班子，人数虽少，但能量惊人。我们拟就了恢复关贸席位的申请函和中国对外贸易制度备忘录，出席了乌拉圭回合的部长会议，启动了与美欧的双边磋商，以及与关贸秘书处官员的频繁往来。在这里，我们带回了缔约方和秘书处对“有计划商品经济”体制的无知和困惑，向上级最早提出可否提“社会主义市场经济”，但因时机未到而被否。也是在这里，我们遇到了“关税减让”“选择性保障措施”“互不适用”等问题，从知之甚少，到了然于心。

而现今，中国拥有了一支专司 WTO 事务的 50 多人队伍，承载世界第一贸易大国之重，在 WTO 多边贸易体制中，发挥着举足轻重的作用。加入 WTO 20 年，中国早已不再是观察员二等公民的身份，如当年那样需等别人讲完了，才轮到我们发言，更不会出现当年美国代表否决我们的话语权那样“中国不是成员，没有权利对协定发表意见”的情况。中国今天在 WTO 里说话，全场都在听，听得认真，听有所思。

中国加入 WTO 20 载，世界贸易格局发生了深刻变化。

20 年间，中国国内发生了深刻变化。加入 WTO 之前，利弊之争，莫衷一是；“狼来了”，国内对农业、工业、服务行业不堪冲击的担心，疑虑重重。加入 WTO 20 年

图 22. 安定门外东后巷 28 号，35 年前成立的关贸处位于大门正上方二楼中间，现为商务部研究院大楼接待室。

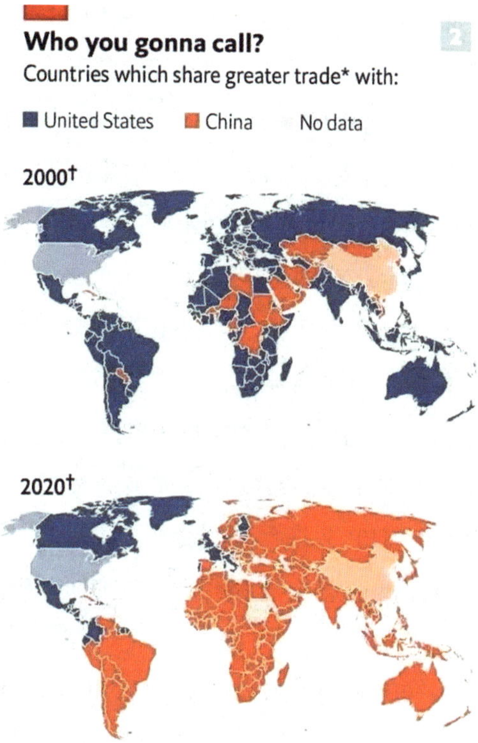

图 23. 蓝色区表示美国是这些国家的最大贸易伙伴；红色区表示中国是这些国家的最大贸易伙伴。上图为 2000 年，下图为 2020 年。国际货币基金组织制图。

间的事实充分表明，中国经济和贸易释放出了空前的活力，更多的中国产品涌向全球，开放引入的市场竞争，带动了本国产业水平的提高。第二任谈判代表佟志广副部长当年“早上上班选开家里哪辆车出门”的预言，成为现实。20 年间，中国从贸易大国向强国迈进的步伐加快，已不仅是劳动密集型产品的出口大国，更成为全球高科技产品市场上的有力竞争者。

20 年间，WTO 本身也发生了深刻变化。多边贸易体制从来没有像 WTO 这样拥有众多成员，也从来没有像 WTO 这样负重艰难前行。WTO 成立以后发起的首轮回合谈判“多哈回合”，遭遇多边贸易体制历史上前所未有的失败，而小范围的诸边协定、区域性贸易协定、自贸协定安排，层出不穷。乌拉圭回合精心设计的 WTO 争端解决机制，也遭遇前所未有的功能停摆。WTO 中成员之间传统的市场之争、规则之争，演变成前所未有的发展道路之争和制度之争。

然而，WTO依旧是当今贸易领域众多成员共同意志的承载体，无以替代。以WTO为核心的多边贸易体制所确立的基本贸易规则，依旧是各方贸易行为的基本准则，无论何种范围的区域性平台和框架，无不以WTO确立的规则为基石。

就在落笔之际，中国申请加入《全面与进步跨太平洋伙伴关系协定》(CPTPP)。这是2015年，WTO成立20年后由十几个国家谈判而成的协定，堪称一个WTO升级版。中国台北旋即也申请加入，并如当年申请加入WTO一样，以“台澎金马单独关税地区”身份而为之。1990年，台湾地区申请加入WTO前身GATT时，我们在日内瓦城大街小巷挨家挨户“扫雷”，一遍遍重申我们的三原则，即台湾地区进入GATT，必须坚持一个中国、中（中国大陆）先台（中国台湾）后、中国同意成立WTO前夕，在谈判WTO宪章成员资格时，我们就提出了对单独关税地区问题的关注，而今CPTPP又将此问题激活了。

历史如此迅速重演和相似，这使得纪念中国加入WTO 20周年更加具有鲜活意义。

1986年开启的中国“复关”“入世”谈判和2001年加入WTO，是改革开放一个又一个的里程碑。我庆幸自己生逢其时，参与和见证了这段历史。时隔几十年，现在每当想起那火红的岁月，其情其景，其人其事，仍历历在目，鲜活如生，成了脑海里永存的烙印。

青春堂堂去，白发故故生。回首往事，没有因虚度年华而悔恨，也没有因碌碌无为而羞愧。正是：

岁月真忽忽，旧事已堂堂。
青春背我去，白发欺鬓霜。
一襄披烟雨，数载历沧桑。
韶光终无悔，笑慰话过往。

图 24. 上图为王磊 1988 年到中国常驻日内瓦代表团工作时在代表团门前存照；下图为王磊 2018 年重访故地时在同一处存照。

改革与开放互相促进时代中的中国“入世”谈判

马晓野

【作者简介】

马晓野，1955 年出生，沈阳人，曾在国家海关总署、对外经济贸易部工作 20 年，曾任中国“复关”谈判代表团成员，1992 年参与中美市场准入和知识产权谈判。北京大学经济学博士。2003 年创建上海世界观察研究院任院长；北京大学中国未来研究中心美方执行主任；中国 WTO 研究会理事；对外经贸大学国际经贸学院兼职教师、硕士研究生业内导师；清华大学公共管理学院研究生课兼职教师。出版《外贸体制与国际贸易波动：加入 WTO 前中国外贸政策效果评析》专著（清华大学出版社 2004 年版）。长期在跨国公司担任高管，曾任美国泰科电子亚太区贸易合规总监；法国 BV 公司中国副总裁，瑞士 SGS 公司中港蒙古区运营董事、中国区副总裁；任瑞士在华商会副主席，欧盟在华商会顾问委员会成员、质量与安全工作组主席、政府关系委员会共同主席。

“只有观点的历史没有血肉”。——塔奇曼

20 世纪 80 年代，“实践是检验真理的唯一标准”被确定以后，当时中国的思想界十分活跃。而在经济建设方面，有了“不争论”纪律作为“隔离”手段来佑护，经济政策开始了一个时代平稳的摸石头过河过程。“不争论”为经济政策试错预留了时间和空间，也对学术界各种观点的讨论文章免予官方正式评论，所以现在知识界“回头看”的一些描述与推断，与当时历史的实际情况并不太一致。

实际上，这一期间的转型经济制度安排既不是要搞公有制计划经济的完善，也不是要改成私有产权为基础的自由市场经济，而是以经济行政部门及其官员们行使自由裁量权的方式，以提高效率为目的，借用市场机制的力量改变着中国经济原有的运行方式。改革的目标不唯“主义”，不是变换形式的计划经济，而是不管黑猫白猫，只要是能提高效率就当好猫来使用的尝试。

中国就是在这样的改革背景下开始了加入各国际经济贸易组织的谈判。对外谈判要求我们对还在摸索之中的政策做更为谨慎地描述，又不要被自己的描述禁锢在某种僵硬、不灵活的框框内。要让自己和谈判的对手方都对中国加入国际经济体系有憧憬，这绝非易事。谈判持续了15年，摸着石头过河的经济体制改革也摸索了15年。在中国加入WTO后又继续摸了20年，直到现在这个过程还远没有完成。有人发问：为什么总转来转去地在河里摸石头，而不是尽快走向市场经济的彼岸？是因为除了石头，浑水里还有鱼之类好摸的东西吗？另一些站在桥上看河里摸石头的人的疑问是：为什么不从桥上走到市场经济中去？对于这些问题，直到目前也还没有确定的标准答案，唯一确定的是中国经济仍在尝试用较多的市场经济规律来提升效率、协助发展目标的实现。

在面临世界百年未有三大变局的此时，在纪念中国“入世”20年的此刻，许多人很自然地要对改革与开放的历程寻求进一步的解释，以期辨认下一步国家发展的历史方向。我们这些参与了国际规则谈判的亲历者，曾在历史性转型的关键时段，在内外经济开始融合的阶段，刚巧在经济体制改革和贸易管理体制开始有了张力和压力的时候见证了历史过程，我们笔下的历史应该更接近“过去的历史”。我们应该记录“摸石头”的历史过程，通过描述历史真实而非宣示观点，来更有深度地发现历史，帮助后来者思考。为此，特按照改革与开放的深层逻辑与高度，新记叙当年的谈判进程如下。

“机构是没有记忆的”。“只有经过表达，历史才被听到和理解”。

一、市场化价格改革不断调整阵脚，对外开放市场谈判相机而行

1.“商品”“市场”和敏感的经济与所有制问题决定了改革的阶段性

当试图回看那并不久远的改革开放的历史的时候，人们发现宣传类的描述过于简化，而理论性的探讨很少。既有的成形文件和总结中，不见多角度的交叉诘问的踪影，而笼统的结论难以给后人较多的启迪。实际上，当初经济领域必须正视的紧迫目标是满足供给，而改革是为达到目标的手段。

受20世纪80年代农村改革的启发，调动生产者的积极性是改革的初始目的。当

奖金刺激在原国有体系下仅有短期效果，改革似应触及国企的基本运营机制时，国企改革问题的讨论及企业运营的外部环境——市场问题出现了。中国那时开始将国民经济统计由计划经济的物质生产统计 MPS 转换成 SNA 体系，为观察市场提供了新的基准。

1986 年，中国在乌拉圭回合谈判发起之际，提出了恢复 GATT 缔约国地位的申请。抓这个时间点的主要考虑是希望通过一轮互有索求的多边谈判，减轻中国一个对多个谈判方的谈判压力和谈判工作量。而在当时，国内摸石头式的改革并没有一个十分清晰的蓝图或路线图。

时任中国常驻日内瓦联合国代表团大使钱嘉东在尹利群的陪同下向秘书处递交了“复关”申请之后，国内准备了一份 20 余页的关于中国经济贸易体制描述的初稿，由王建宾和我去与 GATT 秘书处共同研究、讨论和征询修改意见。

那时国内刚刚做出决定要对城市经济体制进行改革。尽管改革的具体描述尚不能与 GATT 的基本原则直接匹配，经过了多年的思想解放的酝酿，基本的改革方向全社会还是有一定共识的。

GATT 秘书处指定了总干事法律顾问瑞典人林登（Ake Linden）、法律司司长西德人罗斯勒（Frieder Roessler）、发展司参赞巴基斯坦人哈米德（M. Hamid）三位官员，具体协助我们研究贸易制度备忘录的初稿。我们一起逐字逐句地讨论文稿，研究对文稿每一个表述的理解。很快，我们的讨论就卡在了下述有关经济体制改革的实质性问题上了。

按照国内当时经过政治经济理论界认真争论后做出的，经济体制改革前瞻目标的官方表达是：“……社会主义的，有计划的商品经济”。我们对秘书处官员解释说：“社会主义”是讲所有制基础是公有制。鉴于当时的 GATT 缔约方中就有公有制计划经济的国家，这不应该成为问题；“有计划的”是形容和限定后面的“商品经济”的修饰词。我们的解释这一表述的本意是说，国民经济要有综合平衡，这里的“有计划”与计划经济的指令性计划不一样。

外方讨论人员首先按照国际通行的释义对商品经济画了个问号。因为在国际贸易术语中，商品（commodity）是指制成品之外的大宗初级产品，是以制造业原材料形态存在的种植业、采掘业的产出品。外方直观的疑问就是：搞商品经济？中国不搞四个现代化了？四个现代化之一不就是工业现代化吗？为了谈清楚问题，我们首先得解释商品一词来自于马克思的《资本论》：生产出来的产品只有使用价值，只有进入市场进行交换才产生交换价值，通过交换产品才具有了商品的属性。外方弄清楚此“商品”是讲市场属性，而非国际贸易分类概念的生产加工程度后，进一步问道：为什么不直接用“社会主义的、有计划的市场经济”？外国人经过训练的逻辑思维过程是比较简捷的，相形之下我们的政治、文化瞻前顾后、承前启后的特点就凸显出来了。以解决问题为导向的国际谈判首要的功课是沟通，而不是突出对同一事物的解释的不同。考虑到谈判是在随着改革的推进并行推开的，当时参加谈判的代表团成员加入了由国务院领导兼任主任的、是权力机构而非研究机构的国家经济体制改革委员会的副秘书长王仕元。这对解决描述性问题较为有利。问题提出后，不用经几个部门辗转修改，而直接提交给体改委定夺。后来国内批准：可以在谈判场合使用英语“市场经济（market economy）”一词。

历史事实可以佐证，在整个20世纪80年代，改革的真正目标是要提振经济效率而权宜地利用市场机制。当时这个对外谈判可用“市场经济”替代“商品经济”的授权，超越了当时国内经济体制改革的阶段性理论探索。是否还有“外来的和尚好念经”，一举捅破了束缚人们思考的一层窗户纸的作用？好像可以有。随着恢复GATT席位谈判，以及后来的加入WTO谈判触及到相关义务的内容，越来越多地涉及边境贸易管理的政策措施与国内经济体制运营机制的关系问题，市场经济重要的制度性安排越来越多被人们意识到，被人们所接受。至少在涉及谈判义务内容的相当广的政策层面，市场经济机制的启蒙是由外向内的。

市场问题终于在1992年正式通过党的文件予以正名。尽管从那时起时至今日已经历时28年，正式文件还在不断地明确表示：市场化改革目标不变，改革任务仍很艰巨。在如此长的期间里，对外开放举措以及涉及对外开放的实施政策法规层出不穷，而这些政策经常被诟病的一个共同点就是相关规定留有模糊地带，执行部门留有一定的自由裁量权。行使自由裁量权时，进退之间政策考量的依据是什么？——唯有效率。以提升经济运作效率为重心，才有了在管理型经济框架内市场机制起作用的原点。

2.“市场价格”形成过程中的关税谈判

80年代中国恢复征收关税的时候，国内价格机制还没有理顺，计划价格不反映生产成本和企业利润。在当时尚没有形成国内市场价格的情况下，关税并不主要作为调节国内外市场价格的工具，而更多的功用是隔离国内外市场的防火墙，还有其他政策工具包括进口计划指标、许可证、行政审批、外汇审批等等同时起到墙的作用。没有主导性的国内市场价格，关税就不可能通过价格机制起到调节进出口的作用。换言之，中国通过关税减让承担的进口开放义务在较大程度上会难以体现在进口表现的变化上。

尽管如此，中国向缔约方提出以关税减让作为主要的义务并不是有意虚晃一枪，那时的关税在亟待重组的国家税收基础中，占中央财政收入中很重要的部分，高峰年度曾达到了八分之三。关税减让的确意味着真金白银的中央财政税收的流失。中国政府之所以承担关税减让义务，是在比较了原中央计划经济国家加入各国际贸易组织承诺的不同义务后做出的选择。他们当中的罗马尼亚承担了年度进口额度义务，波兰承担的是与五年计划经济增长相同比例的进口义务，匈牙利则与前两个国家不一样，是在自身进行适度经济体制改革的基础上，仅承担了关税减让义务。1985 年，在世界银行帮助中国召开的著名的改革理论研讨会“巴山轮会议”上，即 1985 年 9 月初在长江“巴山”号游轮上召开的“宏观经济管理国际研讨会”，匈牙利的改革经验也很受重视。因此，中国海关后来还邀请了当时负责匈牙利加入 GATT 谈判的尼尔格斯（Janos Nyerges）来华介绍谈判经验。

用关税减让当做“入门费”，补偿历年 GATT 缔约方相互减让关税对国际贸易自由化做出的贡献，各方并不会反对。但是当时各个主要缔约方更关注中国的关税与市场价格的基本关系，他们冷静地观察中国市场价格基础的形成过程，对中方的表态不反对、有怀疑，但也并没有立即考虑提出关税减让要价。

中国国内市场价格改革的确经历过很复杂的过程。初期的价格改革还是计划价格的“提价”，目的是要把被压抑到极点，以至于达到了抹杀生产积极性，使生产难以为继的计划价格提起来。“提价”只可能是在当时社会经济运行能忍受的程度内向上调整价格，而价格变化是有连锁反应的。“提价”的连锁反应使得政府不得不试着放开部分终端产品的计划价格。为照顾生产端考虑放开价格，是可以刺激产出增加，进而取消对消费端施行的票证管理。在这一过程中，隔离外部市场对国内市场价格的额外影响，才能更有把握地管控价格市场化对经济运行的冲击。另外，为了避免在物资全面紧缺的背景下，全面放开价格实行市场化定价将造成生产资料率先涨价，进而使得供给侧生产企业陷入绝境，政府实行了以计划管理生产资料价格，放开终端消费品价格为主要思路的价格双轨制过渡。在这种过渡性的市场价格情况下，关税水平的基本走向是一个不断被提高，以隔绝外部产品对尚未建成的市场价格的“冲击”的过程，也是一个参照国内双轨价格的既定现实的需要，设置大量的关税减免理由给予进口产品差别待遇的政策操控过程。

双轨制下衍生的腐败，以及不同部门、不同管理渠道进口产品的不同关税待遇的政策做法，曾经在建立市场价格机制初期起到了一定缓冲、润滑和分散压力的作用。自不待言，在相关机制的作用变得与原设计的目标背离的时候，改革就处在不进则退的节点上了。嗣后取消价格双轨制的改革，使得国内市场价格体系基本上理顺了关系，而进口环节各种不同的关税待遇，则是在下一步"入世"谈判进程中逐步解决的(大规模清理关税减免规定，取消了 80 多个减免税政策)。

在国内价格改革尚未到位，市场价格关系没有理顺的情况下，作为国内市场价格组成部分的关税对进口的影响也很难具体量化。于是参加谈判的各缔约方既无法否定中国关税的作用，更无法贸然同意中国仅以关税减让来承担与普通缔约方一样的扩大进口义务。

3. 畸形的高关税

中国于 20 世纪 80 年代初恢复征收关税的时候，国内经济体制改革还没上路。在全民所有制和计划经济主导的条件下，关税高低并不是一件敏感的事情。有人说，实行国营垄断外贸的情况下，关税变化的实际影响只不过是把钱从财政部的一个口袋转到了另一个口袋而已。再加上新中国对近代历史鸦片战争后实行"协定关税"，将不能自主提高关税视为国耻，又有保护主义的基本意识，所以那时的关税水平定的就比较高。80 年代初，将苏式税则向国际通用的海关合作理事会税则体系转换的时候，为了预应未来恢复 GATT 关税减让谈判的减税压力，又普遍将关税水平在原基础上提高了十多个百分点。而再后来，80 年代为建立市场价格而策划了先提高职工工资，再在消费品供给并不足的情况下，用进口家电等耐用消费品来平抑通货膨胀，以最终达到让需求决定市场价格的"价格闯关"方案。后来这一方案因外汇储备意外锐减而流产。可是预设的高关税和国内消费市场的供给乏力又激发了大规模的进口走私活动。高峰期间先是从广东、福建开始，嗣后蔓延到江浙沿海。蜂拥而至的走私小船都顺着上海的黄浦江开进了苏州河。此时，在社会反走私的舆论压力下，政府又大幅度提高了许多商品的进口关税水平，致使中国关税水平严重虚高。举例来看，中国当时最有出口竞争力的产品是纺织品，而中国纺织服装类产品的平均关税却成了全税则中最高的类别——简单平均关税达 70%。这说明关税水平的设置脱离了价格与市场的考量，关税成为了经济市场化转型中各方对经济乱象不满的出气筒。而同时并存的大量的减免税措施，已使关税脱离了对市场的经济调控功用，也使得实际征收关税与理论税负水平严重背离。在这种情况下，有权力的生产部门如鱼得水，而财政和税务部门都感觉到关税确实应该降低了。降低关税，同时取消减免税，这已经是通过一段“摸石头”式的理顺市场价格的尝试后形成的共识。

此时，中国的“入世”谈判进程一波三折，这使得为谈判而设的虚高关税因谈判进程的拖延没能适时降低，而处于一种尴尬的境地，关税对市场价格的调节功能基本失据。

从上面的历史回顾看，介于国内外市场之间的关税和其他进口限制手段，是要通过市场价格来起作用的。中国的价格改革以及理顺市场价格机制的过程，在为不同时期的对外开放以及相关的贸易谈判设定基础条件。而对外谈判又反过来使我们可以借助其他谈判对手的市场经济国家的视角，更全面的观察对外开放如何作用于国内的市场化改革。国内政策部门间进行谈判磋商时，可以很具体的将国内经济体制改革与对外开放进行互动式的思考，使得摸石头过河的过程更具方向感。

4. 谈判过程中中方以“实施税率”方式单方面主动降税

当时中国进口关税是两栏设置：普通税率和最惠国税率。两者之间存在一个基本差是 20%。那时中国与 GATT 缔约方都签有双边优惠贸易协定，所以普通税率栏基本上没有可适用的国家。但是法律上并不排除一国以高栏关税为基础开展减让谈判，而历史上许多 GATT 缔约方就是从高栏税率开始关税减让谈判的。如果中国以高栏的普通税率为基准进行关税减让谈判，最终达成的名义减让幅度看起来会更大。

如前所述，未曾想旷日持久的“入世”谈判使得为应对谈判而定下的虚高关税，会在国内市场化改革推进的时候显露出阻碍进口发展的弊端。好在摸石头过河是不用受条条框框限制的，中国用颁布年度实施税率的办法在行政授权范围内降低了进口税负。这样既可以避免“自废武功”降低法定税率，又处理了虚高的对外谈判税率与配合建立市场价格机制之间的矛盾。1992 年前中国的关税水平高达 47.2%，1992 年的税率水平为 42.5%，通过数次大幅度自主降税，中国在 2001 年加入之前的税率水平已经降到 15.3%。

图 1. 1990 年 12 月，沈觉人副部长率团出席乌拉圭回合布鲁塞尔部长级会议，代表团在会场合影。前排左起：李仲周、赵艳霞、董尚明、陈炳华、沈觉人、唐玉峰、杨维宏、马晓野；后排左起：傅星国、耿藏柳、何宁、贺钢都、丛燕军、王毅。

二、外国投资绕过关税进入受高度保护的国内市场而获得双赢结果

在中国在“入世”谈判长期没有结果，商界对中国边境贸易管理措施开放的趋势抱有希望但又未见实锤的情况下，外商对华投资却取得了大幅增长。如果关税水平通过谈判降低了，直接对中国出口似乎应该比在华投资设厂更有利。为什么会有这种悖论发生？

数据显示，中国吸收一般制造业的外国投资的形势，在中国最终敲定“入世”谈判协定之前增长势头很猛。这其中的重要原因就是高关税促使外国企业迂回到保护壁垒之内，这样就可以在壁垒内更有效率地参与中国市场。

这些奇特现象的基础是，处在转型期间的中国，对外经济政策目标是多重的：既要设立一定的进口壁垒以保护国内生产商，为国企提供政策下的生存空间，也要通过外资引进管理技术和实用技术。中国对外资进入实行全面审批，就是为了在管理上适

应多重经济贸易政策目标的客观要求。而国内市场的快速扩张使得外国企业无暇等待与中国的关税谈判达成协议的那一天。更有吸引力的是，外国企业如果能获批绕开关税壁垒在国内设厂，就可以排除强有力的国际竞争对手，凭借技术、管理和产品方面对中国企业的相对优势，在中国国内市场上领先竞争对手而得以立足。这种走后门绕开边境限制政策的做法还有一个鲜为人知的意外政策效果，那就是对外资审批的前置审批障碍，审批程序的繁复，使得外国生产商在中国市场上带给中国国内生产商的竞争压力不是“一招致命”式的，而是逐渐增强式的。另一方面，较大市场消纳价格变动冲击的功能，也帮助消纳了外资参与竞争的影响。这个非设计的渐进式增强竞争的过程，也锻炼了那些以前专注国内市场的企业。很难想象国内企业如果不经过外资在国内市场竞争逐步增强的过渡，如何能够扛得住中国“入世”的大幅度关税减让可能带来的市场震动。

三、谈判过程是开放与改革互相促进相互协调的过程

1989年的政治风波之后，无论对内改革和对外谈判都曾有过几年的彷徨。随着对华制裁的解禁，各国开始重新凝聚共识，推进对华贸易谈判。

因为邓小平南方谈话是在深圳这一对外开放前沿做出的，普遍认为讲话支持开放的意味更浓。此前，中国一段摸石头过河的计划经济转型过程中，不一刀切的、多重政策目标的存在是正常现象，也是“存在的就是合理”的经济管理政策理念的依据。许多影响局部的经济政策之间、局部与整体政策之间、国内产业政策与开放经济之间都存在着矛盾。所以，这一期间的经济政策管理在很大程度上靠的是“人治”来变通处理这些冲突。这里的“人治”并不是指官员的随心所欲，而是说各级政府和责任官员在改革与开放的大政策方向下，利用手中的自由裁量权来协调政策冲突，处理经济政策之间互相矛盾、“打架”的情况。有热衷于讲好中国故事的宣传家和经济学者总结说：地方政府分权和经济发展锦标赛是经济成功的法宝，还有的说干部政策是主要成功因素。前者的说法无视了一个基本事实——对外经济贸易政策是中央政府统一制定的，事权是属于中央的，各地政府和官员授权有限。后者则与经济实施政策讨论无关。

政府部门与各级官员在协调当时内循环经济和对外开放的矛盾的时候，一方面锱铢必较地为自己责权范围内的政策目标争取最有利的政策条件，另一方面在处理政策

图 2. 1992 年 2 月，马晓野（右）出席 GATT 中国工作组第 10 次会议，中为海关总署副署长吴乃文。

矛盾的过程中，坚持了以提升经济效益为基本考量的底线。我们谈判亲历人的体会是，当时“开放”是强势语言，甚至在某种情形下被符号化了。各部门磋商的时候，一旦负责对外谈判的部门祭出“开放”的大原则，负责国内经济转型改革的部门就会多少有些“词穷”了。当然，口舌之快并不是真正解决实际问题的利器，因为词穷不一定理屈，还需要考虑国内经济整体效率是否受益，从综合角度再看具体行业受到的冲击。如果一个产业必然受到冲击，则要有其他排解困境的改革方案。内外政策协调好了，对外开放就能够促进改革。

举一个典型的例子就是手表工业。当时国内轻工系统的手表厂普遍困难，难以为继。这个行业有十几万工人。另一方面，中国又是世界上最大的廉价表零件出口国，出口产品支持了世界最大的廉价表出口方香港的手表行业。香港的廉价表还通过走私途径大量在内地销售，进一步冲击了手表制造厂商。表面上看，通过降低关税，部分开放国内手表市场，是个在政治上和经济上行不通的政策，不可取。对外谈判过程中通过国内各部门协调，改变了始于 20 世纪 50 年代的、将手表当作奢饰品征收高额工商统一税的国内税收政策，整个行业摆脱了国内税收的政策性扭曲，困难状况得到了根本缓解。这是开放促进国内经济政策改革，改革提供进一步开放条件的成功例子之一。回顾这一点是想说明，今天中国经济取得的成功，是各个参与谈判的部门，在以提升经济运行效率为中心的原则下，利用各层级的政策自由裁量权，处理好改革与开放的关系才做到的。在中央要求我们讲好中国故事的时候，如果忽略了这真正的经验，用其他一些臆断的说法，把转型过程中管理型经济以提升效率为主线来处理各种矛盾的成功经验，幻化成简单的有为政府英明领导，实在是一种误导，也是对历史事实的不尊重。

四、在谈判过程中建立和完善各行业的涉外经济政策体系

计划经济时期，计划指令具有最高权威。政府掌控经济运行靠的是具体的计划以及长期形成的服从层级。计划数字还是绝密级别的。中国是在进行 GATT/WTO 谈判涉及经济管理制度时，才接触到关于制度规定的“透明度”概念。这时人们发现，计划经济凭指令运行的特点，导致了许多经济、行业部门缺少必要、公开的法律规定和部门规章体系。一些部门即使有一些粗略的规章，也没有配套的管理办法。而市场从业者需要充分了解经济管理制度才能辅助其决策。政策法规的透明度是市场经济的必要条件。

涉外经济政策不法规化的后果也就意味着，一旦在此基础上承诺放开某些行业，无章可循的国内市场就是一马平川，一旦该领域遇有问题就会缺少其他的经济和行政救助手段。“入世”谈判关于透明度的要求，特别是未经公布不得实施的强制性要求，使得这一可以在摸石头过河过程中或早或晚处理的问题，立时提上了日程。谈判压力促使有关部门优先补足法规的欠缺与不足，并且参照改革与开放的大方向，做了一轮大规模的内部法规清理工作；不符合改革开放要求的规定予以废止，纠正了转型期间因经验不足只发布新规定，不及时废止老规定的混乱做法；可以经修改予以保留的尽量公开发布执行，不再以内部文件实施新的规定。仅关税政策减免税规定方面，国务院就委托海关总署，在尹利群的具体主持下对国务院 87 件规定的各种减免税作法进行了清理，对其中 4 件予以保留并颁布执行，其余的予以废止。

五、谈判促使中国重新评估多重进口管理措施并进行改革

中国加入 GATT 谈判在 1989 年政治风波后暂停了两年多。为了重启中美关系，特别是为了阻止美方取消对华最惠国待遇而使得双边关系下滑势头，中美双方于

图 3. 1992 年 10 月，马晓野（右）出席中国工作组第 11 次会议时与佟志广副部长合影。

1992 年开启了以多边规则为基础的双边市场准入谈判。此前的中国，为了应对外汇短缺和为国企生存和发展，对进口的限制性管理手段不断留陈出新，管理手段重复叠加，新的进口手续和关卡层出不穷。这是因为经济转型期间，人们主观上就希望尽量封闭市场以减少对国内经济体制改革，国企经营机制改革以及价格改革的外来干扰，希望能在更可预见的情况下筹划改革步骤。当时国际上的幼稚工业保护理论对中国制造业特别友好，特别是国内准备用进口家电等耐用消费品来冲抵提高工资带来的同步通货膨胀计划的流产，外汇突然短缺也无法支付计划中的国企技术改造，以及日用品的大规模进口走私使得改革进程受到了重挫的情况下，政府各个部门都努力利用手中的行政权力，设置进口审批机制以应对形势需要。各个部门都去努力做限制进口的事情，结果一定会做过头。中美在多边原则基础上的双边谈判调查发现，中国进口限制和管理措施多达 33 种，许多管理手段是重复的，有必要按照 GATT 规则进行消减。通过中美贸易谈判和随后无缝衔接的“入世”谈判，中国大大简化了历史遗留的多重进口管理措施，大大降低了进口的制度成本，中国市场向着贸易自由化方向迈出了坚实的一大步。

“实践出真知”，消减“非关税限制措施”的谈判实践也为中国积累了简化进口管理手续的经验，使得中国能够有底气在加入 WTO 之后，在多哈回合多边贸易谈判中就势提出了中国的多边议题——贸易便利化谈判的倡议。中国提出的贸易便利化议题唤起了各方的共鸣，并在多哈谈判诸议题中脱颖而出很快就达成了协议，成为该轮谈判的“早期收获”议题，这也是WTO多哈回合多边贸易谈判全面失利后，仅存的一项谈判成果。

六、机电产品进口审查制度在谈判中的淡出

初级工业化的纺织服装行业为中国的工业化奠定了起步的基础。制造业的全面腾飞还有赖于机电产品行业。在当时，国家要扶持机电行业发展，要对制造业进行国家投资，就有必要实行进口限制，为国内制造业产品保留国内市场份额。可是处于“幼稚工业”阶段的国内制造业又没能力满足当时国内市场的需求。限制进口以支持民族工业发展，与进口同类或类似产品以满足市场需求的双重政策目标是不可能很好的互相兼容的。当时条件下唯一可行的政策选择，就是成立“国务院机电设备进口协调办公室（后改为国务院机电产品进出口办公室）”来处理这一领域复杂的矛盾。通过对每一项机电产品进口申请进行利弊权衡，视情发放进口许可证。这是一项困难、细致的工作。这是一个使用的自由裁量权，不搞一刀切，摸索最佳平衡点的经典做法，是管理转型经济必不可少的缓冲手段，这一实践凸显了政府管理型贸易的特色。

对于进口机电审查制度，国内外商界深恶痛绝。谈判对手方认定，这是没有总量额度的进口许可证制度，是最不能接受的一种任意的进口限制。因为，一个没有进口总量额度的审查制度，妨碍了机电类产品市场的商业可预见性。

而当时转型中的中国经济发展的阶段，确实无法为国际贸易商提供市场的可预见性，因为中国自己也在靠着执行政策的官员利用自由裁量权在“摸石头过河”，目的是让国内企业得以在夹缝中生存、壮大。

争取经济对外开放是大局，谈判还要推进，国内机电行业也要扶持，改革也是要审时度势。国内经济发展与对外开放如果对立起来，就会是两败俱伤的结果。后来国务院决定，将负责限制进口的机电办合并到负责对外开放谈判的外经贸部。原机电办主任徐秉金任外经贸部部长助理，直接参加谈判代表团任副团长，这样就避免了对外开放、国内改革与发展两层皮的相互对立状况。从另一角度看，也是让负责机电产品进口审查的官员的自由裁量权范围，扩大到了通过谈判逐步缩小审查产品范围，直至最终取消该机制。

这一调整是必要的，也是十分正确的。负责国内市场平衡发展，保证必要的进口，在必要的时候适度引进竞争的管理机构直接参加“入世”谈判，使得政府负责执行的官员能够从国内外市场竞争等更多的角度观察问题，既帮助了他们更好履行职责，又使他们有可能在谈判进行中摆脱被动应付的局面，有序地提前安排机电进口审查制度平稳淡出进口管理序列。回顾谈判进程可以看出，这一系列安排保证了谈判的成功。

七、结束语

对外经济政策是国内经济政策的延续。评价对外谈判的成功与否要看承担了大量的开放义务之后，中国经济是更有活力、更有效率，还是被逼到了死角无法转圜。中国加入 WTO 后的 20 年，中国交出的成绩单无可辩驳地表明，谈判是成功的，改革与开放互相促进的做法是正确的，举世瞩目的中国经济奇迹就是这样在面向市场化改革的内外经济政策引导下创造出来的。

不扭曲、不臆断地回顾历史过程，正确总结经验与教训，可为政策制定者、后来的谈判者、从事研究的学者提供参考，这是一件有意义的事。从改革与开放互动角度回顾加入 WTO 谈判的历史，使我们国家在下一步落实既定的继续进行市场化改革的决定时更有信心，也会使我们在贯彻双循环战略时更有定力。

图 4. 2001 年 5 月，马晓野（右）与美国金融家索罗斯（George Soros）合影。

改革与开放40多年是中国历史上一代人的空前盛世。我们作为普通人在历史的关键时刻处在了关键节点上，处理过重大谈判事件。我们感谢时代的眷顾，我们也拥抱了改革开放给予我们的机会，我们努力过，贡献过。整理谈判历史过程，是我们这些加入国际经济贸易体系的谈判亲历者、现在脱离了一线工作的一代人可以做的事情。抚今追昔式的回顾和整理过程，也给了我们对中国经济未来在双循环局面下的前景进行思考的机会。

中国加油！

中国“复关”“入世”谈判中的动植物检疫谈判实录

赵宝庆

【作者简介】

赵宝庆，1959 年 1 月 21 日生，河南荥阳人，1976 年 3 月参加工作，中国农大在职研究生学历，农学硕士，高级农艺师，历任陕西宝鸡县新街公社庙川七队知青组长、队委会委员、国家动植物检疫局综合处处长、局长助理兼植检处处长、国家出入境检验检疫局国际科技司副司长、驻美国大使馆经商处一秘、代理参赞、质检专员、国家质检总局国际司巡视员（正局级）。

1991 年 10 月 30 日第七届全国人大常委会通过《中华人民共和国进出境动植物检疫法》，由此确立了中国动植物检疫的宗旨，即“为防止动物传染病、寄生虫病和植物危险性病、虫、杂草及其他有害生物传入传出国境，保护农、林、牧、渔业生产和人体健康，促进对外经济贸易发展”。实施检疫的范围包括“进出境的动植物、动植物产品和其他检疫物，装载动植物的产品和其他检疫物的装载容器、包装物，以及来自动植物疫区的运输工具”。伴随着改革开放步伐的不断深入与加快，原国家动植物检疫局先后隶属于农业部、国家出入境检验检疫局、国家质量监督检验检疫总局和海关总署，全面参与了“复关”“入世”谈判，为中国最终加入 WTO 发挥了积极的促进作用。

自 1993 年 9 月首次参加 GATT 中国工作组第 15 次会议起，动植检局开始参与“复关”“入世”谈判，期间与美国、欧盟、加拿大、澳大利亚、日本、新西兰、挪威、阿根廷等 GATT 缔约方和 WTO 成员进行了几十次多双边磋商，有些磋商和谈判是针锋相对的，甚至火药味十足！通过参与谈判，我们不仅宣传了中国动植物检疫，扩大了中国动植物检疫在国内外的影响力，而且也有力促进了“复关”“入世”谈判进程。据统计，我们共参加过 7 次“复关”谈判和 9 次“入世”谈判，回答了 35 个缔约方

/ 成员提出的200余个动植物检疫问题。

当年原国家动植物检疫局和原国家出入境检验检疫局多位同志参与谈判，李海清、刘隆基、黄冠胜、张立等同志参加方案的准备和后勤支持，姚文国、赵宝庆、李海清三位同志直接参与谈判，夏红民、俞太尉、张立、赵明刚等同志参加中美、中欧、中阿等双边谈判。实际上自1986年中国申请恢复关贸总协定缔约国地位起，动植检局即从技术角度和国际惯例角度直接和间接参与谈判，通过签署双边协定、协议、备忘录等，积极促进“复关”“入世”谈判进程。在这一过程中，我们还积极参加了《中美双边市场准入谅解备忘录》和《中美农业合作协议》相关谈判，为签署两协议做出积极贡献。

一、“复关”谈判阶段

动植检局作为中国“复关”谈判代表团成员，参加了GATT中国工作组第15次、16次、17次、19次会议及1994年双边市场准入谈判，与美国、欧共体、日本、澳大利亚、新西兰等就动植物检疫问题进行双边磋商。在第16次会议前，动植检局还派员参加了中美市场准入谈判和乌拉圭回合谈判，这两场谈判与“复关”谈判有着重要关联。

（一）中美市场准入谈判

1992年10月10日，中美两国在华盛顿达成并签署《中华人民共和国政府和美利坚合众国政府关于市场准入的谅解备忘录》（简称中美MOU），谈判历经9轮、长达一年半。在备忘录中，美国承诺“自本谅解备忘录签字之日起，美国政府将停止根据1974年贸易法第301条款对中华人民共和国政府保留的某些市场准入壁垒发起的调查。美国政府将坚定地支持中国取得关贸总协定缔约国地位，并将同中国政府和其他总协定缔约国进行建设性的努力，以就一项可以接受的‘议定书’及中国迅速取得缔约国地位达成协议”。由于美国在GATT中的特殊地位和作用，中美MOU的签署不仅避免了双方的贸易战，发展了两国的经贸关系，而且也为中国的“复关”创造了条件。

动植物检疫问题是谈判的重要内容之一，动植检局参加了谈判的全过程。

中美MOU第4条对取消某些植物产品和动物种畜没有科学依据的检疫限制作了

明确规定，即：“所有卫生和植物卫生标准和检验要求必须建立在良好的科学基础上，并必须以对进口产品不构成阻碍或壁垒的方式实施。为此：（一）为便于扩大农产品出口，中国政府与美国政府将继续就对农产品进口实施的没有科学依据的卫生和植物卫生限制进行科学和技术磋商。（二）关于植物产品，中国政府和美国政府确认，植物卫生限制应以良好的科学依据为基础。中国政府将在备忘录签字之日起12个月内取消对进口美国柑橘、核果、苹果、葡萄、小麦以及烟草的没有科学依据的植物卫生限制。作为一项政策，美国政府不对进口中国盆景、柑橘和鸭梨等进口产品实施没有科学依据的植物卫生限制。（三）关于动物种畜，在12个月内，对从美国进口动物遗传材料（包括活畜、牛精液和牛胚胎），将以反映现代技术且以双方同意的良好的科学原则为基础的动物检疫议定书为准，该议定书将不阻碍此类进口产品的流动。”

美国始终坚持将动植物检疫条款写入备忘录的目的，是企图通过政治压力使中方放弃针对美国疫情的有关检疫规定和措施。自双方谈判开始，美方就指责中方将动植物检疫措施作为技术性贸易壁垒，阻碍了美国农产品向中国出口；指责中国的动植物检疫规定没有透明度，要求中方今后公布新的检疫规定前应先与美方进行磋商；指责中方的检疫规定没有科学依据，说什么虽然带有害生物的美国农产品进入中国，但不会造成危害，鼓吹有病无害论等。

面对美方的种种怪论，动植检局在农业部的直接领导下，先后两次代部起草了“关于中美市场动植物检疫谈判方案”的请示上报国务院。每次谈判前都进行认真研究并准备至少两套方案，争取谈判上的主动，做到了有理、有利、有节。归纳起来，主要从三方面与美方进行了针锋相对的谈判。

1. 坚持对等原则

美方要求中方在一年内取消对进口美国柑橘、苹果、葡萄、小麦以及烟草的没有科学依据的植物检疫限制。同时，中方也要求美方不对盆景、荔枝和鸭梨等进口产品实施没有科学依据的植物卫生限制。这一对等原则不仅写入了备忘录，而且也被中国市场准入谈判代表团写入给国务院的专题报告之中。

2. 坚持说理斗争

针对美方将检疫问题经济化、贸易化、进而政治化，然后再通过政治施压的企图，中方始终坚持检疫是技术壁垒，必须通过技术合作来解决的观点。并通过对小麦矮腥黑穗病（*Tilletia Controversa* Kuhn，简称TCK）在世界有关国家发生、发展、流行规律以及造成严重损失的分析，有力地批驳了美方提出的TCK“有病无害论”；通过对美现行动植物检疫法规的剖析指出，为保护本国农业生产的安全美国同样采取了针对中国疫情的检疫限制措施，因此美方对中国检疫规定的指责是站不住脚的。

3. 坚持以科学为基础

对于列入中美MOU中的检疫问题，我们在科学的基础上就解决途径进行了探讨。关于美太平洋西北部TCK疫麦输华问题，在中美TCK工作组会议上，中方坚决以TCK的适生性和气候相似距等科研成果充分说明TCK对中国小麦生产的威胁，并以此为依据，提出开放海南省作为接受TCK疫麦的地点。关于美水果输华问题，在邀请美国专家来华商谈之后，派出专家组赴美实地考察并广泛收集资料，并于1992年9月成立了专门的专家工作组就此事进行科学分析，分析报告出来后，又先后两次邀请美方专家来华商谈，最后达成共识。关于加利福尼亚小麦TCK疫情问题，在我专家实地考察、检验、并亲自核查了原始标本之后予以澄清。关于动物遗传材料检疫问题，通过两国专家的技术交流，应用国际兽疫局等检验技术和标准，与美方在猪、犬和牛精液检疫上达成共识。

（二）乌拉圭回合谈判

1994年4月15日，GATT部长级缔约国大会在摩洛哥马拉喀什举行，谈判参加方的贸易部长签署了乌拉圭回合最后文件，由此GATT历史上时间最长的多边贸易谈判宣告结束。中国是乌拉圭回合的全面参与方，谷永江副部长代表中方签署最后文件。最后文件中有多项协定直接或间接涉及动植物检疫问题，即《卫生与植物卫生措施协定》（SPS协定）、《农业协定》、《技术性贸易壁垒协定》、《装运前检验协定》。其中SPS协定与动植物检疫法规、原则、政策、检疫程序等最为密切，可视为动植物检疫的国际标准、准则和指南。

依照SPS协定，相关部门已要求中国动植物检疫管理部门选择一个适当单位作为SPS的咨询点，负责按SPS关于通报程序的规定执行咨询任务并协助外经贸部起草对外通报。为加入WTO需要，外经贸部国际司于1997年6月11日复函原国家动植物检疫局，同意国家动植物检疫局为中国SPS咨询点，并将以我驻日内瓦代表团的名义，尽快通报WTO秘书处，希望国家动植物检疫局为实施WTO SPS协定做好各项准备工作。1997年7月1日至2日，WTO SPS措施委员会会议公布的咨询点观察员名单中已将中国列入；2000年5月8日，对外贸易经济合作部同意中国WTO/TBT及SPS咨询点和通报机构更名为“中华人民共和国国家出入境检验检疫局国际检验检疫标准与技术法规中心中国 TBT/SPS 通报咨询中心”。

（三）GATT 中国工作组第 16 次会议

中国工作组第 16 次会议于 1994 年 3 月 15 日至 18 日召开，会议主要讨论了外汇并轨、税收新体制、农业及动植物检疫等议题，这次会议是在乌拉圭回合结束后举行的，对中国的“复关”谈判赋予了新的含义，如果能在 1994 年底完成“复关”谈判，中国就可以成为世界贸易组织创始成员。

1. 中方原则立场

俞晓松副团长代表中国政府在开幕式讲话中特别强调了动植物检疫问题，他表示：“中国对动植物检疫主要是参照国际检疫组织推荐的标准和准则。中国已是亚太地区植物保护委员会（APPPC）的成员，目前正在申请参加《国际植物保护公约》（IPPC）和国际兽疫局，中国已与 40 多个国家签订了 100 多个双边检疫协定或条款，我们愿意和尚未与中国签订双边检疫协定的其他国家签订有关方面的协议，通过协商机制妥善解决有关检疫中的问题，作为乌拉圭回合的全面参加方，中国政府将签署《卫生与植物卫生措施协定》并接受其约束”。

2. 双边谈判情况

动植物检疫被认为是非关税贸易壁垒措施而引起各国代表的广泛重视，工作组全会上，欧共体、新西兰、美国、日本等提出动植物检疫问题。

（1）美国关注中美 MOU 执行等问题

美国在全会及农业和检验问题分会上多次提出动植物检疫问题，主要涉及中美 MOU、华盛顿州苹果、中国与 SPS 协定以及对中国检疫法规的看法，质问中国的动植物检疫法实施条例都三年了还没有公布，上次答复说不久的将来就要出台，可现在还没有，使人感到很失望（澳大利亚、新西兰也有类似的问题），并追问和索要动植物检疫法实施条例草案。

中方表示，中国原则上赞成《卫生与植物卫生措施协定》，事实上，中国已对该协议中涉及的诸方面做了大量工作并将继续做出努力，逐步向该协议靠拢。中国已加入了亚太地区植物保护委员会，目前正在申请加入《国际植物保护公约》，因此，中国将严格按国际检疫标准、原则等制定中国的检疫政策。

中国进出境动植物检疫法实施条例出台慢的原因是中国现在正在实行改革，中国愿将国际检疫标准、准则、指南以及先进国家的经验尽可能的吸收入实施条例内，使之更加符合 SPS 协定，成为一部比较完善的条例。因此，需要一定的时间，目前已提交国务院，经协调有关部门后，预计 1995 年可以出台。

关于执行中美 MOU，中国在履行 MOU 规定的检疫方面作了极大努力并采取了一系列积极步骤，取得了一定成果。例如：1993 年底，中国动植物检疫总所和美国农业部动植物健康检疫局商签了美国华盛顿州苹果输华的植物卫生条件，取消了华盛顿州苹果输华的禁令，这是美国第一个享受解除从地中海实蝇疫区国家进口水果的国家。1993 年，中美还商签了从美输入猪、犬及牛精液的检疫条款。至此，中方与美方已签署了 10 个检疫和卫生条款，其中仅一个是中国向美国输出猪的检疫和卫生条件条款。

在过去的时间里，中方为履行中美 MOU 项下的义务做出了积极努力，取得了实质性进展。但美方对中国有关农产品的检疫解禁却只停留在向中方了解信息、研究阶段。我们希望美方采取积极行动，与中方同步，尽快对解禁中国盆景、鸭梨及荔枝等农产品的检疫限制取得实际进展。

（2）日本关注农产品木质包装熏蒸要求

日本代表表示“其他一些检验如农产品木质包装的熏蒸要求是没有必要的”。

中方表示：一是中方认为对木质包装物实施检疫是必要的，因为它是一种植物产品，携带病虫害的机率比较大，国际上一些发达国家也是这样要求的；二是中方从日本出口至中国南京的木质包装里确实发现过检疫性病害——松材线虫；从欧洲一些国家的机器木包装里也检出过一些检疫性害虫——美国白蛾；三是中方希望与日本等国的植物检疫部门共同合作，找到解决问题的途径。

日本代表团又专门向中方提交了两点动植物检疫书面问题。一是关于检验程序，二是关于检疫有效期问题。中方做了书面答复。

（3）欧共体关注奶制品等产品检疫限制

欧方向中方书面提出了两个问题，一是质问虽然中国已取消了对奶制品和牛皮的检疫限制，但欧共体出口至上海的乳酪和皮张却继续遭到卫生限制；二是对中方代表团提供的“对第 15 次中国工作组以后缔约方就中国外贸体制所提问题的答复”中有关欧共体牛肉和牛胚胎的答复感到惊讶，认为这种答复与 1993 年 9 月的中方答复有很大出入。

中方表示，对于输入动物产品，如果事先办理了检疫审批手续，中国各口岸（包括上海）是允许经检疫合格的产品进口的。如有可能，请告知具体出口乳酪和皮张的日期、数量、进出口货主名称等，中方愿查清后再作进一步答复。对于禁止从疫情流行国家进口动物是一种通行的国际惯例。中国目前不允许从有疯牛病（BSE）的国家进口牛及牛胚胎是中国进境动物检疫规定之一，其目的是为了防止 BSE 传入中国。

（4）新西兰关于进口肉类检疫问题

新方询问中国对进口肉类是否也要检疫的问题。中方答复所有进境的动物、植物、动植物产品和其他检疫物都属检疫范围。

（四）GATT 中国工作组第 17 次会议

中国工作组第 17 次会议于 1994 年 6 月 28 日至 7 月 1 日举行，会议主要内容包括外汇管理体制、动植物检疫、外贸法、《农业协定》、产业政策及服务贸易等。

1. 各方提出的动植物检疫问题

此次会议是自中国工作组成立以来，对动植物检疫所提问题最集中、最多、最难的一次，也是各方对动植物检疫问题最重视的一次。工作组主席吉拉德（Pierre-Louis Girard）专门安排时间，请各缔约方提出所关心的动植物检疫问题。吉拉德及新西兰、阿根廷、美国、澳大利亚、加拿大等国代表口头提出了动植物检疫问题。美国、加拿大、澳大利亚、新西兰四国在口头提问的同时还通过 GATT 秘书处向中国代表团提交了动植物检疫问题书面清单，一共 10 个问题，归纳起来都属于 SPS 协定中的问题，可分为三类：第一类涉及《中华人民共和国进出境动植物检疫法》及其实施条例；第二类涉及 SPS 协定具体条款；第三类涉及动植物检疫配套法规及简化措施。

2. 美国

6 月 30 日上午，中方与美国农业部长助理帮办肯尼思·罗伯茨（Kenneth J. Roberts）及海外农业局官员杰森·哈夫迈斯特（Jason Hafemeister）等三位官员，主要就动植物检疫问题进行了非正式磋商。中方参加人员有外经贸部国际经贸关系司易小准处长、国家动植物检疫总所代表及农业部综合计划司代表。会谈中，美方又提出了一系列要求中国解决的问题，而且措辞比较强硬，主要包括：（1）中国必须接受 SPS 协定关于非疫区的区域性规定。强烈要求中国进口美国华盛顿州以外附近州的苹果；（2）要求中国提供小麦 TCK 气候相似距数据；（3）希望中美 MOU 有关动植物检疫承诺有更多的进展；（4）如果不及时解决 SPS 问题，将影响中国 1994 年底前“复关”；（5）请求中方向有关上级转达，50000 吨小麦出口至深圳事目前在美国内已成为一个政治问题。

图 1. 1994 年 7 月，出席 GATT 中国工作组第 17 次会议的中国代表团部分成员摄于 GATT 大楼前。左起：王华（国家计委）、赵宝庆、俞晓松、杨贡林（国家外汇局）。

会谈中，中方向美方正式递交了关于中国执行 SPS 协定的通报程序，以征求美方的意见，美方对此表示欢迎并答应将转有关部门研复。美方还向中方正式递交了一份对中国关于动植物检疫问题大会发言的书面回答。

（五）1994 年市场准入谈判

中国“复关”市场准入谈判于 1994 年 9 月 10 日至 10 月 30 日在日内瓦举行，动植物检疫局代表参加谈判，回答了美国、欧共体、加拿大、新西兰、澳大利亚等提出的 SPS 问题。随着中国“复关”谈判最后时刻的临近，SPS 问题以前大多在市场准入谈判中涉及，而此时在加入议定书谈判中也开始涉及，SPS 问题从农业问题中分出，单独设立第 15 条，说明这一 SPS 问题对贸易的重要性和缔约国对 SPS 问题的重视程度。

1. 美国

中美双方就 SPS 问题进行了两场专题谈判，美方主要参加人员为首席谈判代表道斯金（Dorothy Dwoskin）、美国农业部（USDA）代表等；中方主要参加人员为首席谈判代表龙永图、李仲周、吴家煌等。双方各持己见，争论激烈，互不退让。中方发言立场坚定、证据确凿、资料丰富、准备充分、有理有节，驳的美方代表几次无言以对，只承认自己是经济学家而不敢承认是SPS专家。

美方主要观点包括：(1) 如果中国不履行中美MOU，就等于不执行SPS协定，将影响中国“复关”；(2) 中国不应当借口穷就制定更严格的检疫标准；(3) 指责中国在履行SPS等同性、透明度、疫区、危险性评估等方面存在问题；(4) 道斯金抱怨中国的SPS始终是中美MOU的一个黑点，SPS问题解决不了，中美MOU就无法执行。美方的具体SPS要价包括：

(1) 小麦。美方认为中国进口小麦并非种用，不应按“零允许量”检疫。由于小麦TCK需要积雪覆盖条件才能发生，因此，坚持将美国太平洋西北部（PNW）地区的小麦试出口至中国南方城市蛇口。美方质问中方为什么1949年以前美国出口了许多小麦到中国也没有发现TCK，并追问中国为什么至今不提供TCK气候相似距试验数据资料。

(2) 地中海实蝇。美方向中方挑战性提问，美国加州的水果可以出口至日本、中国台湾、中国香港、泰国等几十个国家或地区，但为什么不能出口至中国大陆？美国曾经邀请中国大陆检疫专家考察加州水果生产和检疫情况，但至今没有进展。中国大陆关于加州水果的有害生物风险分析（Pest Risk Analysis, PRA）仅仅集中了气象资料的分析，而对美国严格的检疫控制项目没有给予足够的考虑，进一步要求将加州水果如柑橘、葡萄、柠檬、苹果、梨出口至中国大陆。

(3) 烟叶。美方仍按其试验方案观点谈要价，但听了中方关于1994年9月12日国家动植物检疫局与美国驻华农业参赞的对话结果后，不再追问。

(4) 动物检疫。美方提出向中国出口牛、牛胚胎、牛精液问题并要求中国改变有关兰舌病媒介昆虫非活动季节有关时间的规定。

2. 欧共体

欧共体代表询问中国何时开始履行SPS协定义务，中方表示将在加入WTO后两年内履行，对方表示理解。

3. 加拿大

加拿大代表就SPS提出了较多具体问题，希望中方能考虑其市场准入要求，采取技术级谈判方式解决问题，具体产品包括：

（1）烟叶。加拿大代表认为加已没有烟草霜霉病，香烟和烤烟没有什么大的区别，希望中国能考虑进口其烤烟而不是白肋烟。

（2）马铃薯。加方认为马铃薯金线虫只发生在加拿大最东最西两个孤岛上，并且已得到控制。现在加拿大每年都出口大量马铃薯，希望中国能考虑进口其种用马铃薯。

（3）肉类。加方讲国际兽疫局（OIE）已确认加拿大为疯牛病（BSE）非疫区，希望中国能考虑进口加牛肚和杂碎。

另外，加方还询问了中美关于牛精液、牛胚胎双边检疫卫生条款的签署情况。

4. 新西兰

新西兰代表提出了较多SPS问题，听了中方代表关于《进出境动植物检疫法》第5、10、16、18、19条及有关问题的解答后感到满意，表示将与惠灵顿检疫专家研究后再考虑提出新问题。

5. 澳大利亚

澳大利亚对中国承诺将全面履行SPS协定感到高兴，提出农产品市场准入的具体问题：（1）希望在关税问题解决前先解决澳柑橘、苹果、葡萄等水果出口至中国的

图2. 1994年7月，赵宝庆（右）与龙永图副部长摄于日内瓦湖边。

检疫问题；(2) 希望得到一份中国进出境动植物检疫法的实施条例及有关涉及贸易的进出口检疫配套规章；(3) 希望了解中国进境检疫的收费标准是否符合 GATT 第 8 条关于“进出口规费和手续”的规定；(4) 出口肉制品至中国，澳大利亚商人埋怨中国官员的抽样频率与样品大小不符合国际惯例。

中方同时向澳方提出，为什么澳大利亚只向中国出口公羊而禁止出口母羊？澳方认为这不是国别歧视问题，而是 GATT 贸易争端问题，长期以来没有国家提及此问题，如中国提出挑战，可通过 GATT 争端解决机制加以解决。

（六）GATT 中国工作组第 19 次会议

中国工作组第 19 次会议于 1994 年 12 月 20 日举行，此前自 11 月 28 日起举行了市场准入、服务贸易和议定书密集谈判。对于 SPS 谈判，个别缔约国提出了无理要求，例如限定最后期限，要求中国进口其疫区水果；向中国灌输“有病无害论”，要求中国接受其疫区小麦；给中国限定时间进口其疫区动物；还设立谈判前提，威胁中国代表团“如果动植物检疫问题或 SPS 协定问题不解决，其他农产品问题就不再谈判了”。

1. 美国

关于 SPS 问题，中美进行了五场专题谈判，其激烈程度和难度超过以往。

（1）全会磋商情况

12 月 7 日。美国出席谈判的有首席谈判代表道斯金、理查德・施罗特（Richard Shrout）、李森智（Lee Sands）等；中方出席谈判的有首席谈判代表龙永图、吴家煌、徐秉金、臧耀民、刘北桦等。谈判一开始，气氛就不对头，美国主谈代表理查德・施罗特一反常态，提议将 SPS 问题列在第一个问题谈，并恼羞成怒地讲：“这次中国不解决中美 MOU 中的 SPS 问题就不谈其他任何农业问题”。抱怨小麦矮腥黑穗病（TCK）问题、地中海实蝇问题，美国可出口水果到日本等许多国家，但出口不到中国。一股杀气腾腾、咄咄逼人之势，顿时谈判气氛紧张。针对美方这种惯用的威吓谈判策略，中国 SPS 主谈代表作了五点发言：

第一，中美 MOU 与 SPS 协定不同，前者是双边协议，后者是多边协定。SPS 不仅对中国是一个新协定，对美国也是一个新协定，美国没有任何特权指责中国的 SPS 措施，事实上，中国政府代表谷永江已在马拉喀什签署乌拉圭回合最后文件，其中包括 SPS 协定，这意味着中国将履行该协定，虽然中国现在还不是 GATT/WTO 成员，但已经开始执行 SPS 协定的要求。

第二，关于中美 MOU 执行进展情况，中方比美方进展大。例如：中国解除检疫限制，同意试进加利福尼亚州小麦；取消华盛顿州苹果输华禁令；同意指定海南省为特别地区接受美国西北七州 TCK 疫区小麦；中美签署了中国从美国输入猪、犬、马和牛精液的检疫和卫生条款，而美国仅原则签署了进口中国河北省鸭梨的植物卫生条件。

第三，关于烟叶问题，双方接近达成协议，只要美方接受中方的修改意见，合作试验就可考虑马上开始。作为对美方的友好，中方承诺可将中国—希腊关于烟霜霉病合作研究成果用于美国烟叶上。

第四，检疫问题是技术问题，不是政治问题。国家动植物检疫局代表建议最好通过双方检疫部门的合作研究解决此问题，中国从来没有讲过停止与美国进行合作，事实上双方已开展了一些合作研究。

第五，中国对美国比较友好，即使发现了一些检疫问题也不像美国那样简单地采取退回、转口或销毁处理，而是通过主管部门解决。如 1994 年 10 月从美国进口小麦就发现了几次疫情，其中广西防城港 3 万多吨进口小麦中竟然平均每公斤样品发现害虫 178 头，我们采取了熏蒸处理，将通过检疫主管部门接触，杜绝将来发生类似事件。这样做，在一定程度上对贸易的影响降到最小程度，中方在履行 SPS 协定有关条款的能力上一点不比美方差。

（2）一对一磋商情况

美方一心要攻破动植物检疫 SPS 防线，经征得中方同意后特意从首都华盛顿调来 SPS 专家迈克尔·香农（Michael Shannon）与中方代表在日内瓦进行了两天三场累计八小时的一对一磋商。

在 12 月 14 日磋商中，美方理查德·施罗特敲着桌子表示：“我们今天必须取得进展。美方决定让香农先生专程来日内瓦是认真的，否则，将是困难的。对中美 MOU 中没有解决的 SPS 问题已经感到厌倦，不想再失望，今天要看到进展……”中方代表对美方的态度表现出了极大不满，后经吴家煌司长与美方协商，双方同意进行一对一专家级磋商。美方关注问题包括：

其一，烟霜霉病。美方对三个问题表示不理解，一是为什么不能从收获时的烟叶做起？二是为什么已分别贮存四年、三年、二年的烟叶不能同时做？三是为什么不能限定时间完成该合作试验？中方逐一作了答复，经过近两小时的磋商，双方取得了进展，美方同意作卵孢子的活性检测，中方同意将中国—希腊孢囊孢子合作试验成果等同用于美国烟叶，双方同意从贮存四年烟叶开始做起，然后三年、二年，经双方磋商讨论，如果美方能提供足够的样品，可考虑同时开始检测。应美方邀请和姚文国副局长此前承诺，届时可考虑派中国检疫专家赴美与美检疫专家一道进行合作试验。

其二，地中海实蝇。美方坚持将加利福尼亚州地中海实蝇监控区50公里以外的新鲜水果、特别是柑橘出口至中国，并给出诸多理由，例如加州有严格的诱捕检疫项目，且诱捕区没有发现地中海实蝇；其他国家已经接受加州内非疫区的概念；地中海实蝇仅仅发生在洛杉矶市区域；美国的水果已出口到香港，事实上也已大量走私到中国大陆，与其如此，不如通过正常渠道进口，从贸易角度讲更便宜，对进口商也是有吸引力的；智利也进口美国水果；美国也允许从曾经发生过柑橘溃疡病的日本、韩国进口橘子。抱怨中国只作了加州疫区的有害生物风险分析（PRA），而没作该州非疫区的PRA分析。

香农还讲到，柠檬不是地中海实蝇的寄主，美国已从意大利、西班牙进口并且不要求检疫处理。香农承认葡萄是地中海实蝇的寄主，询问中方能否同意通过零度低温处理后出口至中国。他还谈到要求将佛罗里达州地中海实蝇非疫区的葡萄柚、华盛顿州和俄勒冈州的樱桃等核果出口至中国问题。

中方回答了美方关心的问题，并明确表示，中国现在还不能取消对加州柑橘的检疫限制，主要是因为该州地中海实蝇疫情还比较严重。其他地中海实蝇非疫区州的水果可在美方提供资料基础上进行PRA分析后作出检疫决定。需要澄清的一点是除地中海实蝇外，其他检疫性病虫杂草仍然属于PRA分析之内。另外，双方交换了关于希望国际组织尽快制定出PRA标准模型、具体化疫区定义等问题的意见。

其三，盆景。美国动植物健康检疫局（APHIS）1994年3月曾在佛罗里达州召开过一次由14个检疫处理站参加的会议，专门研究了有关进口中国盆景等植物及其产品的检疫处理问题。美国已完成了关于中国盆景的PRA分析，已列出15种检疫性有害生物，询问中方采取什么措施可减少这些有害生物，并在出口时保证没有发现这些有害生物。如果现在能对付双方讨论中的5种盆景植物，将来其他盆景植物就容易些。关于种植介质，现在到了风险管理阶段。中方表示将按美方的进口要求进行盆景出口检疫，希望能尽快实现出口。

其四，其他检疫问题。对于梨，美方希望中方进一步提供生产地区的气象资料、桔小实蝇资料以及新疆香梨的有关资料。对于荔枝，美方已作完PRA分析，但并不等于现在就可以对美出口荔枝。对于小麦TCK问题，香农表示，负责美国对外贸易政策的人员已将此问题从APHIS要走，现在已不是检疫问题，而是贸易政策问题，如果中方坚持谈小麦TCK技术问题，将把他置于困境。

2. 澳大利亚

澳大利亚谈判代表为初级产品工业及能源部基础家畜及畜牧司羊毛局长罗杉·比特汉姆（Rosa Bitham）女士，澳方指出，SPS涉及贸易，希望中国增大透明度，将SPS措施建立在科学基础上，鼓励两国检疫部门加强合作，并对新鲜水果（梨、食用葡萄、芒果）、茄科蔬菜、商品马铃薯、园艺产品及麦芽、大麦、水稻、玉米、大豆、棉花及中央与省区市之间的检疫关系提出了一页问题清单，要求中方不对贸易采取不必要的检疫限制或其他技术性贸易壁垒，更重要的是中澳双方尽快达成受检疫限制货物的市场准入协议。

澳检疫检验局（AQIS）与中国动植物检疫局（CAPQ）当时正在就澳苹果出口至中国和中国鸭梨出口至澳的准入问题进行商谈。双方已于10月11日在北京举行技术性讨论，当时澳方请求中方继澳苹果之后优先考虑柑橘问题。

澳方认为，如果推迟对市场准入物品的有害生物风险分析（PRA），那么可能影响中国“复关”或加入WTO的减让谈判。因此，澳大利亚要求中国：其一，加快梨、葡萄、芒果、核果等新鲜水果的市场准入；其二，解禁或解除对番茄、辣椒、茄子和商品马铃薯的限制；其三，解除对麦芽、大麦、水稻、玉米、大豆和棉花的不必要的植物检疫要求。

澳方表示，中国代表也应认识到，接受SPS协定，政府就有责任采取措施保证国内下属机构遵守SPS协定中的准则。所以，澳大利亚期望中国解除目前国家和省之间明显不一致的检疫限制，并希望能证实中方对此的态度。

中方表示，对于PRA问题，首先更正一下，中国对澳苹果的PRA分析计划在11个月内完成而不是18个月内。与中国开展贸易的国家较多，PRA需要逐一完成。既然双方已于10月11日在北京签字同意关于新鲜水果和蔬菜贸易植物检疫条件的程序，那么就应当以此为准履行。PRA的时间长短是检疫技术合作问题，不是政治问题，相信通过双方的进一步合作，其他植物产品的PRA分析所用时间将缩短。中方请澳方按“中华人民共和国进境植物检疫禁止进境物名录”规定执行，非“名录”产品不作繁殖目的出口的，不需事先办理检疫审批手续，但货运到中国港口时需向当地口岸动植物检疫机关办理报检手续等。

图3. 1994年12月20日，赵宝庆(左）与国务院机电办主任徐秉金摄于中国工作组第19次会议会场。

中方表示，中国已承诺在加入WTO后履行SPS协定。中国的内、外植检部门都隶属于农业部，两个部门之间有着较好合作关系，中国的进出境植物检疫与国内各省之间的植物检疫规定是一致的，没有冲突，如有什么个别具体问题，将查清后予以答复。

澳方对这种分析观点表示赞同，希望将来与中国签署更多的双边单项检疫条款。澳方也承认有些问题是澳检疫检验局（AQIS）两年前提出的，可能不准确，回国后将请AQIS进一步核实，如有问题将直接与中国动植物检疫局接触。

3. 智利

智利参赞卡门·格尔德女士表示，智方认为需要解决两个SPS问题：一是希望中国寻求冷处理等措施进口其食用葡萄，因为智利水果产区是地中海实蝇非疫区。二是请中方认可智利是口蹄疫和新城疫非疫区，从而进口其牛肉和禽类。

中方表示，进口食用葡萄前需搞清楚食用葡萄是否是地中海实蝇的寄主，可通过双边检疫技术合作途径解决。关于动物检疫问题，请让智方主管检疫部门直接联系中国动植物检疫局局长于大海先生。双方回顾了两国植物检疫领域里的友好合作，希望能进一步发展这种友好关系。

（七）1995 年 7 月非正式磋商

应工作组主席吉拉德邀请，外经贸部部长助理龙永图率团于 1995 年 7 月 10 日至 28 日在日内瓦与缔约方就市场准入、服务贸易和“议定书”等问题进行了非正式磋商。动植物检疫局派员参加，与 9 个缔约方进行了磋商。

1. 多边谈判情况

7 月 26 日下午，在议定书非正式磋商上专题就议定书第 16 条 SPS 问题进行了讨论，会议由吉拉德主持，22 个缔约方参加，美国等 6 个缔约方接连提问，其中有三个缔约方连提两次并且直接涉及到具体农产品的市场准入问题，

澳大利亚代表强调议定书第 16 条中应再加一段关于 PRA 问题的承诺。美国代表要求中国接受 SPS 协定中非疫区（pest-free area）概念，允许其柑橘、小麦进入中国市场，还要求说明商检法定检验物名录中的农产品与 SPS 之间的关系及查验的理由。新西兰代表询问商检与动植检的查验名录应分开并说明检查的 SPS 原因或商检原因。乌拉圭代表询问中国具体什么时间开始执行国际兽疫局（OIE）标准。阿根廷代表针对中国按 SPS 协定第 14 条推迟执行协定，询问中国对 SPS 协定第 10 条第 3 款有关发展中国家寻求部分义务例外的观点。加拿大代表要求中国澄清对 SPS 协定第 14 条和第 10 条应用的区别。

中方对上述关注一一予以回复，特别对美方提出的具体问题作了具体重点解答，鉴于美方第一次在多边场合提及具体关心的农产品市场准入问题，中方也毫不留情地在多边场合用大量事实回击美方。概括起来，对缔约方提问的主要答复观点有以下五点：一是中国原则上接受有害生物非疫区概念；二是商检与动植检不同，前者检质量，后者检疫情；三是中国一旦加入 OIE 将立即正式执行 OIE 的标准；四是中国作为发展中国家，寻求 SPS 协定第 14 条的待遇；五是中国已承诺执行 SPS 协定。关于议定书第 16 条，龙永图团长答应的时间为 60 天。关于美国针对第 16 条提出的书面修改意见，经龙永图团长同意，动植物检疫局代表当场做了重点发言，回答了缔约方对此问题的关切。

2. 双边谈判情况

（1）美国

7 月 23 日。美方主谈代表为理查德·施罗特及李森智等，中方主谈代表吴家煌

等参加，动植物检疫问题作为三个重要议题之一。施罗特和李森智频繁多次甚至交叉向我动植物检疫局代表提问，一是希望于1995年11月前签署有关动植物检疫的议定书，否则将影响中国的谈判。1996年美国将举行总统大选，希望能解决加州敏感的柑橘问题。二是希望中国对美国提出的小麦TCK问题作出书面答复。只允许将小麦进口到海南岛并没有解决贸易市场准入问题。为什么中国进口德国也有TCK问题的小麦？为什么进口只有一河之隔的加拿大不列颠哥伦比亚省的小麦？不完全接受中方代表关于中国检疫政策无国别歧视的说法，认为在不列颠哥伦比亚省上是有歧视的。美国贸易代表坎特大使也很关心SPS问题，希望能尽快解决。

中方首先简要回顾了执行中美MOU的进展情况，指出中方积极执行MOU且取得实质性进展，但美国进展甚微。盆景、柑橘问题已经谈了3年，但至今不能向美国出口。美国10个TCK疫区州小麦的输华问题，从植物检疫角度讲已经解决，如果有什么港口装卸等设备问题，那是其他部门的事，不属于SPS检疫问题。应美国要求，中国将派植物检疫代表团组于1995年6月至8月间赴美考察葡萄、李子、柑橘的生产和包装场地等，期望双方能通过检疫技术合作来解决问题。

（2）阿根廷

7月13日。阿方首先向中方提交了一份事先准备好的中阿动植物检疫谅解备忘录，建议双方签署后写入中国“复关”议定书附件中，阿关心的主要问题是：其一，希望中方承认阿是口蹄疫非疫区，美国、马来西亚、印尼已经进口阿根廷新鲜牛肉产品；其二，允许自阿根廷进口羊毛等动物产品；其三，允许进口阿根廷带假高粱的小麦，这种小麦仅作为消费使用，除中国外，国际上没有其他国家提出对假高粱的检疫要求。

针对阿方所提具体问题，中方按照谈判方案进行了答复。对于阿方提供的备忘录文本，中方未承诺是否签署。

（3）瑞士

7月20日。瑞方提出的检疫问题仅一个，即对1993年9月1日中国动植物检疫总所给瑞士使馆回函中关于奶酪和奶制品限定在中国动植物检疫机关批准的饭店、宾馆、航空公司做配餐用的答复表示不理解。中方按照谈判方案作了答复，对方表示满意。

（4）智利

7月12日。智利驻日内瓦WTO大使卡门·格尔德参加了这次谈判并提出了三个

图 4. 1995 年 7 月，出席中国工作组非正式磋商的中国代表团部分成员合影。前排左起：姚申洪、易小准；后排左起：张向晨、王磊、赵宝庆。

动植物检疫问题。这些问题都是智利事先向中方提出的书面问题，磋商中中方按事先准备的方案做了解释，智利承诺将尽快答复动植检局 1995 年初给智利使馆提出的动检问题。

（5）泰国

7 月 25 日。泰方主要提出了三个问题。一是罐头食品的强制性检验应当改变。二是泰国芒果、山竹果等新鲜水果不能直接出口至中国内地需绕道香港才行。至少一年前已向中国驻泰国使馆提过，但一直没有得到答复。三是中国是否承诺执行 SPS 协定。

中方对上述问题作了简要答复，即罐头食品不是动植物检疫问题，可能是商品检验问题。关于新鲜水果问题，中国从未禁止过泰国新鲜水果进口。中泰都是亚太地区植物保护委员会（APPPC）成员，相互接触中从没有听到过这样的反映，希望今后有检疫问题可直接联系中国动植物检疫局或通过中国驻日内瓦代表团转达。关于 SPS 协定，中国已于 1994 年 4 月 15 日在马拉喀什签署乌拉圭回合最后文件，表明正式承诺履行 SPS 协定。

（6）新西兰

7 月 26 日。新方关心的问题比较广泛也比较具体，概括起来有 7 点：一是希望在中新两国首都间建立 SPS 直接联系机制，定期或不定期召开协调会，以便及时解决贸易中的 SPS 问题，此建议将向惠灵顿报告；二是关于法检问题，希望区分商检与动植检的查验名录并说明其实施商检和动植检的理由，解释二者的异同；三是提出有关食品、非食品、鱼产品的具体税号及希望取消法检的税号，建议对有风险和无风险的产品分成两类；四是希望中国动检也有一个像植检一样的禁止进口名录，以便作贸易时参考；五是询问中国除检疫性病虫害外，是否还检查非检疫性病虫害？对非检疫性病虫害是否要进行检疫处理？六是询问《中华人民共和国进出境动植物检疫法》第 19 条的含义及名录是否已发表？七是动植检危险性病虫害名录中的一些病虫害是否已经在中国局部发生？此外，新方还询问了中国对非疫区及 SPS 有关观点的看法。

二、“入世”谈判阶段

1995 年 11 月，中国提交加入世界贸易组织的申请，“复关”谈判转为加入世界贸易组织谈判。动植检局作为中国“入世”谈判代表团成员，参加了 WTO 中国工作组第 4 至 8 次和第 10 至 15 次会议。在这一阶段，对于动植检问题，多双边谈判平行推进。

在多边谈判中，各方主要围绕中国加入后履行 SPS 协定的问题，谈判中国加入议定书和工作组报告书中的具体承诺。议定书第 14 条“卫生与植物卫生措施”规定，中国应在加入后 30 天内通报所有有关卫生与植物卫生的法律、法规及其他措施。工作组报告书涉及卫生与植物卫生措施的承诺包含在第四部分“影响货物贸易的政策”D 节“影响货物贸易的国内政策”第 4 小节（第 198 段至第 202 段），中国承诺仅在保护人类和动植物的生命或健康所必需的限度内实施 SPS 措施，将不会以作为对贸易的变相限制的方式实施 SPS 措施，将自加入之日起完全遵守 SPS 协定，并保证其所有与 SPS 措施有关的法律、法规、法令、要求和程序符合 SPS 协定。

在双边方面，美国、欧盟、澳大利亚、加拿大、阿根廷、印度等围绕重点关注农产品的检疫问题与中方开展谈判。中美最终签署《中美农业合作协议》，解决了美方重点关注的小麦、柑橘和肉类对中国出口问题。中国—欧盟双边协议中关于卫生与植物卫生措施的谅解备忘录，包含欧盟对中国出口牛肉、猪肉、禽肉、活牛、活猪、活禽、牛精液、牛胚胎、柑橘、苹果、种用马铃薯、番茄、胡椒、茄子、黄瓜的检疫安排，及中国对欧盟出口禽肉、兔肉、牛肉、猪肉和马肉的检疫安排。中国—澳大利亚双边协议中，双方承诺继续开展对话以就双方关注的检疫问题达成协议。中国—阿根廷双边协议中的SPS附件，包含阿对中国出口牛肉、乳制品、禽肉、苹果、梨、柑橘及中国对阿出口猪肉的检疫安排。中国—加拿大双边协议中关于卫生与植物卫生措施的谅解备忘录，包含加对中国出口牛肉、猪肉、禽肉、种用马铃薯的检疫安排。中国—印度双边协议中包含关于印度对中国出口芒果、其他新鲜水果和蔬菜的检疫安排。

（一）WTO中国工作组第4次会议

中国工作组第4次会议于1997年5月20日至23日举行。会议在议定书谈判方面取得进展，各方就议定书的非歧视条款和司法审议两个条款达成一致。

1. 多边谈判情况

中国代表团会前向WTO秘书处提交了一份文件，即“进口法定检验物品名单和实施法定检验的国家与国际标准”，加拿大、新西兰、挪威、澳大利亚等提出质疑，核心问题是此名单是不是代表中国法定检验的唯一名单，商检检了以后，还有没有别的部门实施法定检验。

实际上这个名单仅仅是从商检角度提出来的，名单涉及商品164类，仅包括少数几种动植物检疫物，如羊毛、小麦、啤酒大麦、大米、大豆、香料烟、烤烟、白肋烟等。这与进出境动植物检疫法第十一条及“实施条例”第十六条不一致，例如：农业部与海关总署1992年（检疫）字第18号文附件1“中华人民共和国进出境动植物检疫商品对照表”仅植物检疫部分就有532个税号。根据国际惯例，动植物检疫物均应是法定检验物。

由于商检与动植检交叉问题比较突出，在欧盟和新西兰等的提议下，中国工作组主席吉拉德经商中国代表团同意，定于1997年6月上旬以WTO秘书处的名义组团赴中国专题考察《技术性贸易壁垒协定》（TBT）和《实施卫生与植物卫生措施协定》（SPS）问题。

2. 双边谈判情况

（1）泰国

5月21日。泰国WTO代表提出，泰国国内反映，泰国的水果仅能从中国的天津和上海入境，泰方希望能扩大泰水果的进境口岸。

中方根据现行植物检疫法规作了回答，即中国不禁止进口泰国水果，泰水果可从中国的任何开放的港口进境而无植物检疫限制。但水果出口中国前，进口商需办理检疫审批手续。中方应对方要求向其提供了“中华人民共和国进境植物禁止进境物名录”。

（2）加拿大

5月21日。加拿大WTO代表Kathryn Mckinley女士等4人提出了涉及动植检两方面的具体问题。动检问题，询问虽然1997年3月中加签署了进口加拿大猪肉和牛肉的议定书，但至今加猪肉、牛肉仍不能输华，请中国动植物检疫局尽快解决此问题。植检问题，1996年5月，加拿大动植物检疫局长Jean Hollebone先生曾给姚文国副局长去过一封信，至今未收到回信。1996年姚局长访加时，加方同样提出了马铃薯出口至中国的请求，至今亦无进展。加方希望了解怎样接触，需要什么程序，如何解决这一问题，下一步该怎么做？加还提出了出口烟叶的问题，认识到此问题与美国烟叶输华是一类问题并密切关注中美之间关于烟霜霉病的合作试验结果，希望将来能得到一份试验结果及有关中国与希腊关于烟霜霉病的试验报告。

中方对于上述问题进行了解释，加方表示理解，并希望能尽早解决上述问题，以便给国内出口者明确交代。

（3）智利

5月26日。智利WTO代表Setastio Saeg先生提出了具体的动植物检疫问题，即希望中国加快进口智利新鲜水果的速度，并尽快承认地中海实蝇非疫区。同时，智方也提出了原则性问题，询问在具体进口商品上如何执行TBT协定和SPS协定。

中方原则性回答了关于进口智利葡萄及地中海实蝇非疫区问题，但未回答TBT与SPS的交叉问题。

（4）瑞士

5月26日。瑞士WTO代表Rudolf D. Kummer先生表示，瑞士搞不懂为什么奶酪出口至中国要限制在宾馆和航空公司仅作配餐用，为何不能扩大到市场上销售？在家里吃奶酪和在宾馆吃有什么区别？中方作了三点解释：其一，基于1990年瑞士曾发生过疯牛病（BSE），目前还搞不清此病的传播途径，需要限制进口；其二，宾馆饭店易于动植物检疫机关进行监管；其三，不易扩散到农村影响活畜。

瑞士代表听后，表示理解，可以接受中方解释。

（5）澳大利亚

5月27日。澳大利亚WTO代表Graeme Thomson先生等提出了一系列动植物检疫问题。澳方认为中国需要进一步证实自己保持检疫限制的理由。关于动检问题，澳方希望奶牛及原肠出口中国的检疫问题能进一步得到解决。关于植检问题，澳方认为澳大利亚提出苹果输华问题已3年有余，希望中方加快解禁速度，其他如土豆等问题也希望能尽快解决。

中方作了答复，澳方表示理解。

（6）阿根廷

5月28日。阿根廷WTO代表团公使Jorge B. Riaboi先生等提出了涉及动植物检疫的几个问题。第一，认为中国允许进口美国、加拿大、澳大利亚等11家工厂出口的肉，而不进阿根廷的肉是一种歧视政策。阿根廷在日内瓦人权大会上作为发展中国家明确支持中国，阿方不理解为什么中国进口富裕国家的肉，而不进发展中国家的肉。第二，阿根廷是世界上第四大肉类出口国，能出口到欧盟和美国，为什么出口不到中国。阿根廷已根除了口蹄疫，希望中国承认并希望能提供1996年中国代表团访阿的动检考察报告，如阿方提供的资料不够，请告知，阿方将继续提供。第三，据中国台湾、俄罗斯报道，中国大陆南方部分地区发生了口蹄疫，阿方表示关注。第四，由于SPS问题，阿根廷的苹果、梨不能向中国出口。阿方的水果一直向欧盟和美国出口，一次也没有发生过检疫问题。

中方原则性作了答复，阿方表示满意。

3. 咨询秘书处情况

为更好地回答WTO成员提出的SPS问题，5月26日专题就动植物检疫的具体问题咨询了WTO秘书处SPS专家Gretchen Heimpet Stanton女士。

（1）关于SPS措施委员会

根据SPS协定第12条“管理”第7款规定，“委员会应在《WTO协定》生效之日3年后，并在此后有需要时，对本协定的运用和实施情况进行审议。在适当时，委员会应在特别注意到在本协定实施过程中所获经验的情况下，向货物贸易理事会提交修正本协定文本的建议”。中方询问是否有上述情况，Stanton女士表示，截至目前还没有一个成员正式提出要修改SPS协定文本的要求，但对个别措词提出了一些修正意见。各成员现在的注意力放在如何执行好SPS协定而不是修改文本上。

SPS措施委员会成立至今已召开过7次会议，第8次会议拟定于1997年7月初召开。一般每年开3次会，至少一年一次。每年选一次SPS措施委员会主席。1995年1月至1997年3月间的主席是芬兰的Kari Berghdm大使。SPS措施委员会下一步打算主要通过制定国际标准对各国政府进行监督，如制定具体的有害生物风险分析（PRA）标准、解决通报程序等涉及双边问题。

（2）关于设立SPS咨询点问题

Stanton女士表示，一个国家最好设一个SPS咨询点。WTO成员必须设，WTO观察员也可设SPS咨询点并将列入正式咨询点目录，目前有93个成员国及3个非WTO成员提供了咨询点信息。欢迎中国提供SPS咨询点名单，以便直接取得联系。

（3）关于标准问题

目前，国际营养标准委员会（Codex）的标准最多最全，已制定1000多个标准。国际兽疫局（OIE）制定的是推荐标准。国际植物保护公约组织（IPPC）仅制定了几个原则性标准。

另外，凡基于SPS协定规定检验的商品均为法定检验物品。

图5. 1997年5月，赵宝庆（右）出席WTO中国工作组第4次会议。

（二）WTO中国工作组第5次会议

中国工作组第5次会议于1997年7月31日至8月1日举行。

1. 多边谈判情况

中国工作组主席吉拉德集中一整天时间亲自主持了多边非正式工作组会议，主要逐个地讨论了中国在会前及会议期间提供的涉及国营贸易、农业补贴、反倾销、法检、国内支持、非关税措施一览表及动植物卫生检疫措施透明度等附件。

（1）TBT与SPS问题专家讨论会

鉴于中国工作组非正式会议上各有关WTO成员提出的TBT和SPS问题既多又细，根据龙永图团长的提议和WTO成员的要求，秘书处于8月1日下午就TBT与SPS问题举行了专家讨论会。21个WTO代表参加了讨论并提出了十分具体的技术问题和原则性问题，经过认真讨论，区别了TBT与SPS在检疫物上的不同，确立了SPS名录仅为透明目的，不作为中国议定书附件的定位。同时，进一步明确了SPS名录的修订格式及下一步工作任务。

（2）动植物检疫物名录

应成员要求，按照秘书处Gretchen Heimpet Stanton女士的咨询建议，外经贸部于7月23日向秘书处提交了应施检疫的SPS名录草案，受到成员的广泛关注，普遍对此表示欢迎。

在这次工作组非正式会议和TBT与SPS问题专家讨论会上，WTO成员都不同程度地肯定了此名录，也提出了一些具体问题，为下一步能取得进展，WTO秘书处与WTO成员协商后希望SPS名录能再增加执行机构一栏。

（3）SPS咨询点

8月4日经向秘书处核实，中国的SPS咨询点已确认，即为中国动植物检疫局(CAPQ)，联系人姚文国，此信息已经WTO SPS措施委员会确定，并将正式通报WTO成员。中国是当时SPS措施委员会中第二个以观察员身份通报咨询点的国家。

2. 双边谈判情况

（1）美国

7月29日。中美举行了农产品贸易双边谈判，其中一部分涉及SPS问题，但美方谈判代表Geoffrey Wiggin先生认为中美之间的SPS问题已不单纯是技术问题，有技术问题，也有政策问题，就技术谈技术已解决不了问题，寄希望于双方高层领导决策。因此，没有具体提出 SPS 问题。

（2）阿根廷

7 月 30 日。阿根廷代表 Jorge B. Riaboi 先生提出了一系列问题，归纳起来主要问题有 3 个。其一，希望中国尽快进口阿新鲜牛肉等动物及动物产品，不能只考虑进口美、加、澳三国的牛肉而不进阿的牛肉。阿根廷用了 60 年的时间已根除了口蹄疫并得到了 OIE 的认可。其二，希望中国尽快进口阿小麦、玉米、水果等植物产品，并讲阿出口水果到世界许多国家，从没有出现过任何 SPS 问题，而且是欧洲市场的主要供应国。其三，希望在中国加入 WTO 前解决所有与阿有关的 SPS 问题。

中方对上述问题作了具体回答，阿方表示理解。

（3）加拿大

7 月 30 日。加拿大代表认为目前根据中加双方动物检疫议定书，猪肉可以出口中国了，但牛肉还出口不了，对此表示不理解。加方希望中方尽快派检疫人员赴加拿大检疫考察，以便能尽快出口。同时，也提出了植物检疫问题，如加方希望将种用马铃薯、烟叶等出口至中国。

图 6. 1997 年 5 月，赵宝庆（右）与龙永图副部长摄于日内瓦湖畔西庸城堡。

中方对上述问题做了答复，表示牛肉问题需进一步核实后答复加方。

（4）菲律宾

8 月 4 日。菲律宾代表仅针对 SPS 名录草案提出了一些具体问题，例如，为什么对蔬菜、水果、烟草、油实施检疫？中方做了回答，并向其提供了中国植物检疫禁止进境物名录，对方表示满意。

（三）WTO 中国工作组第 6 次会议

中国工作组第 6 次会议于 1997 年 12 月 5 日召开，此前的 12 月 1 日至 11 日举行了一轮双边磋商。

1. 多边谈判情况

工作组会议上，中国进一步正式向 WTO 秘书处提交了“中国服务贸易承诺减让表修订版”，尽管 WTO 成员提出不少问题，但还是受到普遍欢迎，认为中国在服务贸易方面有进展，保持住了服务贸易的谈判势头。在商检法检目录方面也取得一定进展，普遍认为商检此次向成员散发的《实施强制检验的进口商品目录》，编制工作量大，基本解决了 WTO 成员关心的商检透明度问题。

出于策略上的考虑，中国代表团此次没有将 SPS 修订名录提交秘书处，主要原因是不想与 TBT 名录发生关联，避免相互影响，但在工作组正式会议上，澳大利亚、新西兰等成员直接提出中国应按 WTO 秘书处的要求像商检一样提供 SPS 修订名录，由于 WTO 成员的呼吁，中国工作组主席吉拉德在其简短的书面发言中也强调鼓励中国向成员提供 SPS 修订名录。

2. 双边谈判情况

（1）美国

12 月 3 日。美国代表团团长卡希迪（Robert Cassidy）仍然对中国现行的 SPS 检疫政策不满意，他认为影响美国同意中国加入 WTO 的有五类问题，即：关税、非关税措施、《信息技术协定》、服务贸易和动植物检疫，特别是美国向中国出口柑橘、小麦、烟叶、核果和肉的检疫问题已成为政治问题而不是技术问题，需要在 WTO 的基础上找到解决办法，要想在支持中国“入世”问题上得到国会的支持，就需要解决上述实际问题。卡希迪也承认中国在小麦 TCK 方面做了许多工作，但问题没有解决，可能还将影响中国最惠国待遇问题，他建议下月在日内瓦或北京集中一些时间解决上述有关问题。

中方针对美方的观点，论述了美国7个小麦TCK疫区州的情况，以及中国允许美疫区州小麦至海南岛所做的大量工作等，阐明了中国的检疫政策是有科学依据的，不会因美国的要求而改变，达到了相互沟通目的。

（2）加拿大

12月4日。加方对加拿大向中国出口牛肉检疫注册仍有疑问，Kathryn Mckinley女士讲她并不抱怨中国的检疫规定，但进出口检疫注册登记的书面程序在哪能找到？具体怎么注册不清楚。她认为一旦加拿大出口商与中国一个进口商签署了合同并共同注册后，就可同其他中方公司做同样的买卖，无需再次注册登记。

经咨询外经贸部对外贸易管理司刘俊生副司长，了解到这是一个贸易经营权的问题，中国政府对此早已做出过承诺，从检疫规定角度决定能否进口是检疫部门的事，而贸易双边进出口量的多少及与多少家贸易公司直接做生意，则是外经贸部门的事，属对外贸易经营权的问题，与动植物检疫无关。

另外，加方代表对1997年9月10日加中双方在北京签署的“植物检疫会谈纪要”表示满意，希望双方继续努力早日解决双边农产品的检疫问题。

（3）阿根廷

12月9日。阿驻日内瓦大使Annu首先感谢1997年9月中方已签署进口阿根廷牛肉的检疫和兽医卫生条件议定书等，随后提出小麦检疫带假高粱问题。他认为阿出口的小麦是消费用的，不是作种用的，不应当有检疫问题，这一点他在SPS措施委员会上也讲过。

中方向阿通报1997年9月17日农业部关于禁止从阿根廷布宜诺斯艾利斯、圣非2个省进口小麦的决定。阿方表示不能接受，因为自20世纪60年代以来，尽管美国搞封锁不向中国出口，阿根廷却一直向中国出口，而且阿根廷各个省都可出口，一直没有听说禁止之事，如果现在开始禁止，那将是一个很大的问题。

关于中国向阿出口猪肉问题，阿大使认为只要中方及时回答阿方问题清单，此问题就可能尽快得到解决。

（4）厄瓜多尔

12月8日。厄瓜多尔代表团一秘Cristian Espinosay先生认为1997年3月进口厄瓜多尔食用香蕉植物检疫议定书执行得很好，但对地中海实蝇的要求不符合SPS协定，因为厄国内地中海实蝇不危害香蕉，现在也没有地中海实蝇，同时询问为什么香蕉没有列入商检强制性检验名录中。

针对厄方的问题，中方答到，香蕉是地中海实蝇的寄主之一，如果想让中国承认厄为地中海实蝇非疫区，厄方需提供资料及有关国际组织的证明等。中国现在虽不是WTO成员，但正在按SPS协定的原则处理国际间的检疫争议，与商检强制性法检名录不同的是，中方已向WTO秘书处提供了含有对香蕉实施检疫的SPS名录，厄方对中方答复表示理解。

（5）澳大利亚

12月10日。澳大利亚贸易谈判代表Graeme Thompson先生对中国动植物检疫局（CAPQ）和澳大利亚检疫检验局（AQIS）之间的良好合作表示满意，感谢近期中国签署了植物检疫议定书使澳塔州苹果能进入中国市场，表示澳方将努力工作，争取1998年使中国鸭梨能出口至澳大利亚。希望中方能进一步考虑澳方的原肠及流感等检疫问题，建议通过双方检疫部门的直接合作解决问题，还希望中方再考虑一些解决检疫问题的新项目。同时，澳方向中方通报澳将向亚洲派驻一名检疫官员，以便及时协调解决澳与中、韩、日和新（新加坡）之间的检疫问题。

3. 咨询秘书处情况

12月15日。中方专题咨询了秘书处SPS专家Grethen Heimpet Stanton女士，除通报中国SPS咨询点进展情况外，着重向其咨询了有关SPS咨询点及通报机构的工作程序。通过咨询了解到，1998年SPS措施委员会计划在日内瓦召开四次会议，还将在印尼和南美召开SPS研讨会。截至目前，对即将执行三年的SPS协定提出修改意见的只有欧盟，因此，近期内对SPS协定的修改难以列入正式议程。据了解，SPS措施委员会现正忙于处理两宗检疫争端，一宗是加拿大诉澳大利亚违背SPS协定不进口加大马哈鱼；另一宗是美国诉日本不遵守SPS协定规定而禁止进口美国苹果。咨询中还了解到，当时国际上SPS咨询点工作比较好的国家有芬兰、加拿大、美国、新西兰等。

（四）WTO中国工作组第7次会议

中国工作组第7次会议于1998年4月7日至8日举行。

1. 多边谈判情况

根据中国工作组主席吉拉德的安排，工作组于4月6日下午举行“动植物检疫SPS措施次多边专题会”，美国、加拿大、日本、澳大利亚、新西兰、阿根廷、泰国、乌拉圭、挪威等约30个成员派代表出席，会议由SPS措施委员会秘书Grethen Heimpet Stanton 女士主持，7 个成员的代表提出了动植物检疫问题，内容主要围绕动植物检疫物清单的标准、原因以及中国 SPS 咨询点和检疫体制，有些问题还直接涉及中国新机构的改革。

澳大利亚代表的问题是：中国是否采用了国际标准、准则或指南？中国的国家标准与国际标准之间有什么不同和差距？对渔产品的检疫采用的是什么标准？请说明中国对动物产品的检疫是否以 OIE 标准为依据，中国采取什么措施来执行 OIE 标准？对于牛肉、分割肉，OIE 有相应标准，中国是否执行 OIE 标准？

美国代表的问题是：在中国提供的新附件中能否再标明哪些产品采用了国际标准？中国是如何将其国内发生的检疫性病虫害向国际社会公布的？ SPS 咨询点的机构设置和运作情况怎样？中国国内的病虫害防治是由 CAPQ 负责吗？如果不是，其他机构是如何进行防治的？它们是怎样与 SPS 咨询点进行联系的？ CAPQ 在新一届政府机构改革中会有什么变化？ CAPQ 并入海关后，检疫工作会不会因此变弱？CAPQ 是否像其他一些机构一样与国有公司有联系，如有是什么样的公司，将来这种情况是否会继续下去？

阿根廷代表的问题是：中国将怎样执行 SPS 协定？ CAPQ 与国内其他有关部门如何协调？中国如何使其国内规定与国际规则协调一致？中国对动植物的病虫害是如何防治的？疫区与非疫区是怎样确定的？采取了什么样的措施？

泰国代表的问题是：除了动植物检疫物名录提供的信息外，是否另有别的补充附件资料？能否提供更详细的情况？

日本代表的问题是：中国能否提供国内有关检疫方面的规定，例如淡水鱼（税号 03010000）的检疫方法及 GB/T15805—1995 国标。

加拿大代表的问题是：就检疫性病虫杂草名录而言，CAPQ 是如何与各省进行协调的？控制各省的检疫工作有没有原则性规定？

WTO 秘书处代表的问题是：CAPQ 提供的 SPS 名录范畴内有些检疫物如食品，涉及到了卫生方面的内容，中国是否还有其他部门负责食品卫生方面的检验工作？

中方逐一对以上问题做了耐心答复，回答问题的仅国家动植物检疫局代表一人，是一次舌战群儒的较量。专题会提问踊跃、回答直接、气氛友好，事后得到龙永图团长、工作组主席吉拉德的肯定，一定程度上起到了推动谈判的作用。

在工作组正式会议上，龙团长的发言提到了动植物检疫，吉拉德主席的总结讲话也谈到了动植物检疫，并且给予中方积极评价。

2. 双边谈判情况

(1) 危地马拉

4月3日。危地马拉代表团参赞 Carla Maria Rodriguz Mancia 女士十分关心中国的进出境动植物检疫要求，咨询了一系列动植物卫生检疫方面关于报检、审批、放行的问题。具体包括两类：一类是拟出口海产品的检疫程序，另一类是拟出口植物产品（如新鲜水果、烟叶、橡胶、原糖、咖啡豆及蔬菜等）的检疫规定。为着眼将来并打好基础，危方参赞还主动建议双方签署动植物卫生检疫协定和议定书，以促进双边农产品贸易的顺利发展。

中方按照现行检疫规定逐一回答了对方提出的问题，特别解释了目前中国禁止进口危水果、烟叶、橡胶的检疫原因，提供了中国进境植物检疫禁止进境物名录并答应通过中国常驻日内瓦代表团向其提供中国进出境动植物检疫法及其实施条例等。

危方对此表示满意并希望将来进一步就具体检疫问题进行接触。

(2) 其他成员

中方还分别于4月2日与欧盟、4月3日与阿根廷、4月9日与智利就双边市场准入问题进行了接触，对方只提出有关 SPS 的原则性问题，没有提出具体关注。

（五）WTO 中国工作组第 10 次会议

中国工作组第10次会议于2000年6月19日至23日举行。截至会议召开之时中美、中加、中欧关于中国加入 WTO 的双边协议已经签署，美国众议院也通过了关于给予中国永久正常贸易关系（PNTR）的法案。中国加入 WTO 谈判正式进入多边法律文件起草阶段，即起草中国加入议定书和工作组报告书的阶段。

1. 多边谈判情况

(1) 关于议定书

此次工作组会议期间数次提到议定书第16条关于 SPS 动植物卫生检疫问题，新西兰、澳大利亚代表在全体大会发言时指出，需要修改第16条，将向工作组秘书处提交修改案文。

(2) 关于工作组报告书

此次工作组会议还特别讨论了工作组报告书。6月21日，工作组非正式全体会议时逐段讨论了报告书，其中包括第87段至97段的 SPS 和 TBT 陈述。澳大利亚、印度、加拿大、新西兰和美国等6个成员的代表发言，主要观点为：将 SPS TBT 的陈述分开处理；中国应对SPS做出承诺并体现在此部分；应做出执行SPS协定的行动计划；澳大利亚等成员将提供修改文本。

（3）TBT法检名录与SPS透明度检验名录

工作组非正式全体会议上，加拿大、澳大利亚和新西兰等代表发言指出，应将TBT法检名录中的SPS名录区别开来，题目不宜叫法检名录，可考虑叫技术标准检验名录，工作组主席吉拉德在会议总结时指出，从TBT法检名录中撤掉与SPS有关的产品名录，把它放到应该放的地方并需澄清有关理由。

（4）关于SPS核查表

中国代表团正式向秘书处提交SPS核查表、SPS检验名录等文件，并已向WTO成员散发。工作组非正式会议上，各方没有提出具体问题。

2. 双边谈判情况

（1）澳大利亚

6月19日。澳方代表承认双方检验检疫特别是植物检疫合作良好。但同时认为中国有些现行做法不符合协定中关于有害生物风险分析（PRA）的规定，希望能像美国、加拿大和欧盟一样与中国就SPS问题签署议定书，并提供了议定书文本。澳方特别指出，澳方注册认可的产品可出口至美国，希望也能向中国出口。

中方表示，中国的现行PRA做法符合SPS协定规定，中澳迄今已签署了动检议定书16个、植检议定书3个，2000年4月签署了澳大利亚小麦、大麦输往中国的植物检疫议定书及中澳植物检疫的双边会谈纪要等。两国检验检疫部门合作关系良好，不存在什么严重问题，个别问题属于技术问题，不是贸易问题，更不是政治问题，完全可以通过双边技术管理部门协商解决。

（2）泰国

6月21日。泰方代表驻日内瓦公使参赞Pinit Korsieporn先生提出了两个问题：其一，考虑到泰国水果和蔬菜的质量已被世界广泛接受，中方能否考虑减少对进口水果和蔬菜的检疫要求？能否接受泰方出具的无病害证书？其二，泰出口商反映，向中国出口水果检验检疫时间长，以致水果都烂了还没检，请问中国的检验检疫时间是多长？

中方解释到，现在虽然中国还不是WTO成员，但中国已开始执行SPS协定有关规定，其中包括病虫害非疫区规定。例如：中国2000年解禁并进口美国柑橘就是一个例子，美国按规定出具的证书，中方是接受的。关于烂果问题，只要及时报检且手续齐全，植物检疫时间通常在1—2天内就可完成，因此，烂果不可能是由于植检所造成，可能是由别的部门有关环节造成的，为解决问题，请泰国出口商及时提供出口品种、时间、出口口岸及报检单等信息，以便中方追查并进一步答复。

（3）印度

6月22日。印方代表指出，2000年初中印签署WTO双边协议，直接涉及中国解禁印度芒果及其他水果和蔬菜的有关承诺。例如协议中中方承诺2000年3月31日前向印方提供有关进口水果蔬菜的检验信息资料和规定。中方将于2000年5月31日前派专家代表团访印，但至今既没有收到中方的任何文件也没有看到中国的专家代表团。现在是印度芒果等水果出口季节，如2000年来不及，2001年能否办到。近期从电视上看到中国开始进口美国柑橘，印方感到困惑，对此很敏感。

中方代表答复将尽快落实中印WTO双边协议中有关植检问题的承诺并答应及时将落实情况函告印驻华使馆。

（六）WTO中国工作组第11次会议

中国工作组第11次会议于2000年7月17日至27日举行。

1. 多边谈判情况

（1）议定书谈判

议定书草案第16条关于SPS问题的案文已基本达成一致，只剩下在加入后多少天内通报中国的有关法律法规的时间问题。7月20日上午近一个小时的争论几乎达到白热化程度。澳大利亚、阿根廷、加拿大、新西兰、挪威、美国、乌拉圭、巴西、日本、欧盟等10个成员先后发言，其中澳大利亚和美国代表发言各3次，吉拉德主席先后9次发言，龙部长先后6次发言，其中包括一次用较激烈的语言痛斥澳大利亚代表。在美国代表的要求下，经吉拉德主席同意，工作组秘书格特勒（Jeffery Gertler）向全体代表朗读了SPS协定第14条关于过渡期的规定。

经过针锋相对的斗争，最后各方接受龙团长的建议，即中国承诺在加入之日后30天内通报中国所有有关的SPS法律法规，否决了澳大利亚代表对16条的两条修改建议。

（2）工作组报告书

根据WTO成员上次的建议，新起草的工作组报告书将TBT和SPS内容分成两部分。SPS在第4部分，涵盖第97、98和99三段及加拿大提出的放在方括号内的案文。在工作组非正式会议开始前，中国代表团已将中方对上述条款的修改意见通报WTO秘书处，除文字和措词修改外，主要明确中国目前只有一个SPS通报机构和一个SPS咨询点。正式讨论时，加拿大代表建议将其所提案文并入SPS部分的3个段落中。其他WTO成员没有再提出新问题。

（3）SPS检验名录

在7月27日正式会议上，讨论到中国代表团7月20日提交的SPS检验名录时，成员没有提出修改意见，因此，可认为此部分内容获得原则通过。关于中国SPS名录问题，中国代表团自1997年7月23日以来已先后修改并提交过5次。

2. 双边谈判情况

（1）澳大利亚

7月25日。澳方代表态度改变较大，直接提出中国作为快要加入WTO的成员，为什么连澳检疫检验局（AQIS）与中国质检总局（CIQ SA）见面都不安排？中方代表指出，中澳之间的SPS问题是检疫技术问题，应与中国加入WTO分开处理，中方可以考虑在北京或堪培拉安排双方检验检疫部门进行磋商，但日内瓦不是中澳双方谈SPS的合适地方。出人意料的是澳方代表这次不再坚持与WTO挂钩，立即同意与WTO问题分开处理，表示可在北京或堪培拉磋商。7月27日，工作组正式会议召开前，澳方代表又正式找到中国代表表示，澳方AQIS代表近期将访问北京，希望只谈SPS技术问题。

（2）墨西哥

7月27日。中方向墨方正式提交了对墨方起草的中墨SPS协议的修改书面意见，墨代表表示尽快传回国内研究。

（3）印度

7月19日。中方代表回答了上次印方代表提出的具体SPS问题并正式递交了书面答复意见，印方代表表示理解和满意。

（七）WTO中国工作组第12次会议

中国工作组第12次会议于2000年9月12日至28日举行。

1. 多边谈判情况

2000年9月22日，在工作组非正式会议讨论工作组报告书第4部分SPS问题时，澳大利亚代表兼首席顾问Graeme Thomson先生首先发言指出相关文字需缩短一点，应加上上次会议 SPS 讨论的结果，并需提供一个 SPS 行动计划等，接近于新起草 SPS 部分。尽管中国代表发言不同意澳大利亚代表的意见，但美国、加拿大、新西兰、阿根廷等 WTO 成员均表示支持澳大利亚。欧盟则表示，现文本已感到不错了，如其他成员愿意修改，欧保留进一步修改的权利。工作组主席吉拉德表示任何 WTO 成员都有权利提出修改意见，如果不重新起草，将成为一个问题留下来。

2. 双边谈判情况

（1）印度

9 月 20 日。印方代表 Vandana Aggarwal 女士依据 2000 年 2 月中印签署的 WTO 协议提出三个问题。一是双方已同意 2000 年 3 月 31 日前提供中国现行进口水果、蔬菜的植物检疫法规和程序，印度到现在还未收到。二是 5 月 31 日已过去，到现在中国还没有派专家去印度。三是就落实中印 WTO 双边协议 SPS 条款，9 月 6 日印方已去信给中国驻新德里使馆，询问中国什么时候能派专家去印度？

中方代表回答了印方的问题并请印方尽快提供9月6日书信，以便中方尽快答复。印方承诺 9 月 22 日前提供书信复印件。

（2）澳大利亚

9 月 19 日。由于时间原因，澳方在双磋结束前只口头向中方提出了两个问题。一是建议该周内就 TBT 法检名录与中方进行讨论。二是关于 SPS 检疫问题，希望两国检疫部门专家展开一次磋商。

（3）墨西哥

9 月 22 日。墨副部长向中方提交了墨最新起草的墨中 SPS 协议文本，希望中方在限定时间内通过必要工作解决协议第 7 条所列的向中国出口肉类、水果及蔬菜的 SPS 问题，并建议 2000 年 10 月墨方派高级代表团访问北京，就签署此协议事进行谈判。

龙副部长原则上承诺中国专家将对墨文本包括解决时间在内的具体条款进行修改，同意 2000 年 10 月中墨双方专家在北京直接进行技术级谈判。鉴于墨方没有提及墨方 2000 年 8 月文本事，龙副部长未主动向其提供中方已修改的案文。

2000 年 9 月 27 日，墨西哥驻日内瓦代表非正式通知中方，墨农业部一副部长计划 10 月 23 日那一周率团访问北京并讨论 SPS 问题。

（八）WTO 中国工作组第 15 次会议

中国工作组第 15 次会议于 2001 年 1 月 10 日至 15 日举行。

1. 多边谈判情况

WTO 中国工作组第 15 次会议期间散发了中国工作组报告书第 6 稿，其中第 158 段至 162 段为 SPS 内容，仅段落序号作了改变，内容未改变。

2. 双边谈判情况

（1）美国

1 月 11 日。美国代表团郝瑞霞（Teresa Howes）女士与中方谈输华烟叶 SPS 问题，主要谈了三点。一是美国已派高级代表团去北京谈烟叶问题。否则，美国贸易代表办公室无法对美国烟草业交代；二是烟叶问题已不是检疫技术问题，现在已成为政治问题；三是中方负责此问题的官员具体是哪位。动植物检疫代表作了必要解释，并指出烟叶问题是双边检疫技术问题，可通过双边专家合作加以解决。但郝瑞霞坚持认为烟叶问题已成为政治问题。

次日上午中方得知，1 月 12 日结束的中美烟叶检疫会谈已经达成共识，双方同意核对文本后，于 1 月 17 日在北京正式签署双边议定书。中方随后将此消息告知郝瑞霞。

（2）印度

1 月 12 日。印方代表 V.S. Srhadri 先生表示，2000 年初签署的中印双边协议中关于 SPS 问题包括若干承诺，现在时间已过，看来要推迟执行了。印方于 2000 年 9 月向中方提供了有关资料，中方告知 2000 年 11 月将派检疫专家团访印，但至今未派，也再无消息。印代表认为中印 SPS 问题不是大问题，也不是非常困难的问题，但印度议员会提出问题并把此问题变成大问题。

中方代表按照动植检局致印度驻华大使馆的函及《进境水果管理办法》等作了具体答复。印方对中方的进境检疫管理工作程序表示理解，但对中方 2000 年 12 月又提出要求印度补充资料表示难以理解，并称要核实有关资料提供的时间和要求。为解决实际问题，印方代表承诺尽管有困难也将于 2001 年 1 月底前提供有关补充资料。鉴于 2001 年 2 月印度议会将召开会议，印方建议中方能在 2 月派检疫专家团访问印度，如能签署议定书则更好。如不行，印方将派代表团访问中国继续进行专家会谈。希望中方能尽快确定专家团访印日期，以便印度向国内有关方面做出解释。

（九）中美农业合作协议谈判情况

1998年6月，美国总统克林顿访华，双方未能就中国加入WTO达成协议，多双边谈判陷入停滞。1998年12月，外经贸部部长石广生赴华盛顿出席中美商贸联委会，与美国贸易代表巴舍夫斯基（Charlene Barshefsky）举行会谈。石部长要求美方不能再漫天要价，希望美方拿出“最后的没有水分的一揽子要价单”。朱镕基总理定于1999年4月访问美国，双方希望借此访推动谈判取得进展。1999年2月，美方提出了结束中国谈判的一揽子要价，在此后的一个多月时间里，中美双方先后在北京和华盛顿进行了3轮密集磋商，即2月22日至3月4日在北京举行的第20轮磋商，3月24日至4月2日在北京举行的第21轮磋商，4月4日至10日在华盛顿举行的第22轮磋商。

1. 第20轮磋商情况

美方在1999年2月的书面要价中提出，为使农产品的一揽子建议能够被接受，中方必须取消对小麦、柑橘和肉类不科学的检疫壁垒。如果由于检疫方面的限制措施，美国不能将这些产品运到中国，关税减让或关税配额量的增长将失去意义。

对于小麦，中国是世界上唯一因TCK问题而禁止美国小麦进口的国家。国际科学研究表明，TCK在中国不可能繁殖，原因有两个：一是美国小麦中的TCK孢子含量不高；二是中国小麦种植区的气候不适宜TCK的繁殖。根据这一研究结果，美国设计了一种临时办法处理TCK问题，以允许小麦进口，条件是TCK孢子的含量不超过根据科学依据确定的“可接受的”的忽略水平（tolerance level）。

对于柑橘，除中国外的美国其他贸易伙伴都认为，美国有能力处理地中海果蝇和其他害虫。事实上，美国20多年来已向所有主要市场运送了柑橘，而未发生问题。美国科学家已提供了有关美国果蝇计划项下正在采取的控制措施的证据，显示美国柑橘对中国的农产品种植没有风险。美方现建议中国认可美国的被国际接受的风险管理做法。

对于肉类，与美国其他贸易伙伴不同的是，中国出于对食品安全的考虑，除旅馆和饭店使用的肉类外，禁止美国肉类的进口。美方建议中方像美国其他贸易伙伴一样，正式认可美国的检验和认证体制，而不是逐一批准肉类加工厂进口。美国要求所有本国的肉类加工厂都达到同样严格的标准。中国仍可以保留对美国工厂和进口产品进行检验的权利。

美方于2月27日向中方提交了名为U.S.-China Agricultural Partnership（美中农业伙伴）的协议案文，包括两部分内容，第一部分是小麦、柑橘和肉类检疫问题，第二部分是美国对中国的技术援助，包括园艺产品、生物技术、农业技术与管理、水土保持与管理等内容。

磋商中，龙部长指出，中美两国都是农业大国，在农业合作上有很大的潜力和互补性。希望在中美就加入WTO达成一揽子协议后，签署一项内容广泛的、具有前瞻性的、全面的农业合作协议，而不是仅仅集中在动植物检疫的问题上。中美都有各自关心的检疫问题，例如美关心的小麦TCK、柑橘和肉类等，中方关心盆景、鸭梨、龙眼等。中方希望通过平等协商，使这些问题都能够得以解决。美方关心的动植物检疫问题对中方都是十分敏感的议题。中国有9亿农民，一旦病虫害对中国农业生产带来大面积损害，将直接影响这些农民的生计，并可能带来巨大的社会动荡问题。尽管如此，我们注意到农产品在一揽子协议中的重要性，也并不排除通过双方平等协商，找出解决办法的可能性。但这些问题能否解决，如何解决，需要由中方最高领导人最后决定。美方提交的草案是不够平衡的，协议中应强调双方共同的目标是什么，各自准备做什么。美方提供的技术援助，要尽量具有实质性的内容。

根据龙部长的提议，经农业部陈耀邦部长亲自修改和批准，农业部国际司转来关于中美农业合作的具体建议，中方译为英文后提交美方，由此形成《中美农业合作协议》（*Agreement on U.S.-China Agricultural Cooperation*）初稿。

3月8日至10日，卡希迪与美国农业大使谢尔（Peter Scher）在第20轮磋商结束后留在北京，与龙永图副部长继续进行谈判。双方对于农业合作内容基本达成一致，主要谈判焦点是三类产品的检疫问题，特别是对小麦TCK的处理方式。双方对关于三类产品的具体协议文字表述进行了反复磋商，部分磋商在龙部长办公室进行，双方多次交换修改案文，缩小了差距，但分歧仍在。

对于小麦，双方主要分歧是疫麦的处理方式，美国要求中方接受一个允许值，即以每50克小麦含4.3万个TCK孢子作为门槛，低于这一水平的，中方不进行任何处理或设港口限制，以免影响贸易进行。中方的方案是，不在美国产麦的十几个州中区分TCK疫区和非疫区，把今后工作重点放在严格检验，把住进口关，不让小麦TCK进入中国。对检验出来的疫麦一律送海南岛加工，并按国际惯例索赔。美方认为中方方案不能接受，一是不能提供真正的市场准入，二是美国出口商要承担延误和转运其他港口所带来的风险和费用，三是不能向除中粮总公司以外的中国非国营部门进口商销售小麦，四是使进口商为避免麻烦而更愿从其他国家购买小麦。

对于柑橘，双方的主要分歧是发现疫情后管制区范围的大小。美方的建议是半径为7.2公里的区域，中方提出的建议是半径为96.6公里。为避免就管制区范围定义的争论，中方又提出，出现疫情暂停全州的进口，但美不同意按照行政区划，而坚持要按管制区的范围大小谈判。

对于肉类，双方分歧不大。

2. 第21轮磋商情况

美方在磋商开始时提出，要求中方允许来自美国任何地区的全部种类小麦进口，对等于或低于TCK允许量的小麦，不得要求其转运到其他港口、进行特殊处置或处理，允许进入中国全部港口，不给买卖双方增加任何费用，包括处理、延误或转运其他港口的费用，以免使美国小麦的竞争力低于来自其他地区的小麦，允许每一个获得许可的进口商能购买小麦并立即交货，而不得因特殊处置、转运其他港口或特殊处理而造成延误，确认对合同条款的认证以小麦装船时为最终的，如出现问题，允许美国官员和销售商代表对运抵货物进行抽样和检验，确认对小麦没有其他未解决的检疫要求；承认对其他粮食或油籽不提出其他未解决的检疫要求；排除对干扰装运的所有风险，并不得出现因在小麦、其他粮食和油籽中发现TCK而增加的成本。

国务院领导同志认识到解决柑橘、小麦等检疫问题对中美关系的重要性，3月24日专门召开会议研究谈判方案的制定，强调要在保证中国农业安全的基础上争取谈成，而且要谈好。

经过此轮谈判，双方进一步缩小差距。对于小麦，中方同意对TCK孢子含量为每50克3万个以下的小麦不采取任何特殊措施；而美方要求中方在协议中写明不对低于此含量的小麦进行转港和处理。双方未能对案文完全达成一致意见。

对于柑橘，双方已就柑橘议定书中的主要问题（检疫区）达成一致，有待双方就最后文本进行核对。双方还需就工作计划进行磋商，与议定书一并签署。

对于肉类，双方已达成一致，中方同意允许经美国农业部认证的工厂向中国出口肉类，同时中方保留对美国工厂和进口产品进行检验的权利。

3. 第22轮谈判情况

4月5日上午，龙永图副部长与谢尔大使讨论了《中美农业合作协议》的最后文本，双方在小麦检疫问题上达成一致，柑橘议定书进入文本核对阶段。

国家出入境检验检疫局全程参与了协议谈判过程，并派员参与有关美柑橘输华议定书及工作计划的谈判。为配合朱总理访美，做好美输华牛精液议定书和输美陶瓷备忘录等签署工作。4月6日晚7：30至7日晨7：30，中美双方在美国贸易代表办公室（USTR）进行了12小时的谈判，就美亚利桑那州、加利佛尼亚州、佛罗里达州和德克萨斯州柑橘输华检疫议定书和工作计划，逐条进行了磋商。除亚利桑那州诱捕时间表报经龙团长批准外，其他条款都坚持住了底线，没有做出任何新的让步。为了正式签字时不出新问题，外经贸部国际司张向晨处长代表中方与USTR负责亚洲农业事务主任郝瑞霞草签了上述4个检疫议定书和4个工作计划的英文文本。在此基础上，4月7日晚10：30，即朱总理抵达华盛顿特区的当天晚上，驻美大使馆公使刘晓明与美国农业部（USDA）副部长Michael Dawn在USTR正式签署了美4州输华柑橘检疫议定书和工作计划英文文本。刘晓明公使代表中国政府向美方明确指出，希望美方从两国贸易发展的角度积极考虑并尽快解决进口中国香梨和盆景的检疫问题。

当日，刘晓明公使还与美国农业部动植物健康检疫局（APHIS）副局长兼首席兽医官Joan Arddi签署了美输华牛精液检疫和卫生议定书。这是继1992年第一次修改此议定书后的第二次修改。通过此次修改和签署，普遍注射IBR疫苗的美国肉牛精液可以向中国出口了。

4. 协议签署情况

4月10日早晨，外经贸部部长石广生与巴舍夫斯基分别代表中美两国政府，在华盛顿签署了《中美农业合作协议》英文本。协议中文本正文经双方技术人员对译文核对后，采取传签的方式，于1999年12月2日签署。

《中美农业合作协议》分正文和附录两部分，中英文合计超过100页。正文包括技术交流与合作、具体技术合作和援助项目以及贸易纠纷的解决三部分，第三部分主要涉及三类产品的检疫问题，其中规定在保证美国输华小麦不对中国小麦生产造成任何威胁的前提下，中国同意允许自美国全境进口各种类型的小麦，同意接受每50克样本不超过3万个TCK孢子的美国小麦；在美国产品不对中国农业造成任何损害的前提下，允许美国柑橘向中国出口（限定为亚利桑那、加利福尼亚、佛罗里达和德克萨斯4个州）；在确保美国输华肉类的卫生安全的前提下，允许美国农业部食品安全和检验服务机构批准的工厂向中国出口肉类。

附录A是美国亚利桑那、加利福尼亚、佛罗里达和德克萨斯4个州柑橘输华工作计划和柑橘输华植物卫生条件议定书（每州各一份）。附录B为“美国农业部食品安全检验局肉品和家禽肉检验处出口肉品和家禽肉卫生证书”。附录C为小麦抽样和检测程序。

国务院总理朱镕基率代表团于1999年4月6日抵达美国洛杉矶后，即针对美企业界对中美谈判情况不了解而持观望态度的情况，大力宣传中国采取的一系列重大改革开放措施，着重说明加入WTO不仅对中国有利，对WTO有利，而且对美国有利，同时宣布中美实际上已就检疫问题达成协议，中国将解除对美国西北七州小麦和加州柑橘的进口禁令，显示了中国对加入WTO的积极态度，鼓舞了美企业界的信心。

（十）中欧双边协议谈判

1999年11月15日，中美签署双边市场准入协议。2000年1月24日至26日，中欧在布鲁塞尔举行了第13轮双边谈判。2000年2月21日至25日，中欧在北京举行了第14轮磋商，3月28日至31日，欧盟贸易委员拉米（Pascal Lamy）访华，与中方举行第15轮谈判，仍未能达成协议。应外经贸部石广生部长邀请，拉米率团于5月15日再次访华，与中方举行第16轮磋商。在此之前，技术级谈判自5月12日已经开始，动植物检疫问题是中欧WTO谈判的重要组成部分，动植检局派代表参与谈判，直至签署协议前1个小时才结束了动植物检疫问题的谈判，为最后签署双边协议奠定了基础。

1. 谈判策略

参加本轮谈判的有外经贸部、国家计委、经贸委、信息产业部、保险监督委员会、国家机械工业局和国家出入境检验检疫局。在技术级谈判前，龙永图首席谈判代表于5月9日下午主持召开了中欧WTO双边谈判内部准备会，为在拉米到达前的技术级谈判做好相应准备工作，并作了具体部署和安排，要求各部门根据前三轮谈判的焦点问题提前做好上报请示工作。

5月15日下午，在与拉米会谈前，石部长召开了预备会。石部长根据掌握的情报，分析了本轮谈判的形势，确定了本轮谈判的指导思想：态度积极、接待热情、讲究策略、坚持原则、显示灵活。在坚持移动电信、国营贸易、汽车和保险等四个领域不能突破与美国达成协议的前提下，才可表现出灵活性，四个根本问题得不到解决，其他问题不主动出价，不能使自己无退路可走。只有欧方承诺放弃四个高于美方要价的问题，其他问题才能做出让步，谈判一定要讲究策略。采取的谈判策略为：先难后易。中欧达成协议不仅对中国加入WTO整个进程有益，而且有助于美国国会通过给予中国永久正常贸易关系法案，要力争达成，但也要做好两手准备。

2. 谈判过程

国家出入境检验检疫局代表根据外经贸部的安排，按照石广生部长确定的指导思想和谈判策略进行了有关动植物检疫问题的谈判。在谈判过程中始终与整个谈判保持同步。

此轮谈判是在前数轮谈判基础上进行的，主要议题涉及关税、国营贸易、服务贸易、动植物检疫和纺织品等。经过近一周的艰苦谈判，虽然取得了进展，但距最后达成协议还有一定差距。朱镕基同志于 5 月 19 日中午会见了拉米并就关键问题进行最后谈判，彻底打掉了欧盟在国营贸易、汽车、保险和移动电信方面高于美国的要价，并为此在其他方面做出相应的让步，最后商定双方在当日下午 4：00 签署双边协议。

动植检谈判中出现 7 个焦点问题，即备忘录的实施时间、疯牛病、二恶英、土壤、小麦 TCK、地中海实蝇和中国对欧出口产品。5 月 15 日国家出入境检验检疫局和外经贸部为此联合向国务院紧急请示，在获得国务院批准后，于 5 月 19 日下午与欧方进行最后谈判，此时还余下小麦 TCK、疯牛病、地中海实蝇和肉类加工企业注册的批准条件等四个问题，这不仅是中欧动植物检疫谈判中的焦点和难点问题，也是多年来悬而未决的问题，欧方就想利用中国加入 WTO 的机会解决这些老大难问题。经过我谈判人员的最后据理力争，谈判取得最佳效果，不仅没有全盘接受欧方意见，而且还打掉了有关小麦 TCK、土壤、疯牛病和地中海实蝇问题的要价，双方达成《中国—欧盟关于卫生与植物卫生措施的谅解备忘录》，作为双边市场准入协议的组成部分。

3. 具体问题

（1）小麦 TCK

欧方要价为，要求中方按照中美协议，同意进口欧盟国家每 50 克样本不超过 3 万个 TCK 孢子的小麦，但欧方坚决不同意和中方开展合作研究以最后确定进口的条件。

中方出价为，中方坚持要求和美国的条件一样需要开展合作研究，否则中方不同意接受每 50 克样本不超过 3 万个 TCK 孢子的条件进口欧盟国家的小麦。

谈判结果为，中方没有接受欧方要价，在谅解备忘录中删去有关小麦的条款，打掉了欧方对小麦的要价。

（2）疯牛病

欧方要价为，要求中方在 2000 年 12 月 31 日前要与欧盟有关成员国签署牛、牛肉和牛胚胎的议定书，强烈要求中方接受国际兽疫局（OIE）的规定，即允许从有疯牛病的国家进口上述产品，这是国际标准，中国加入 WTO 必须承诺采纳国际标准，否则即是违背 SPS 协定。

中方出价为，鉴于疯牛病的复杂性，本着对中国广大消费者和中国畜牧业生产负责的态度，不同意从有疯牛病的国家进口上述产品。

谈判结果为，谅解备忘录中删除了中方和欧盟有关成员国签署牛、牛肉和牛胚胎议定书的截止日期，且没有做出允许同意从疯牛病国家进口的任何承诺。

（3）地中海实蝇

欧盟要价为，要求中方同意进口来自地中海实蝇疫区经过处理的水果，后要价改为要求中方根据 SPS 协定第 4 条第 1 款的规定，同意考虑欧方提交的关于处理地中海实蝇疫区水果的保证措施。

中方出价为，既不同意从地中海实蝇疫区进口水果，也不承诺同意考虑欧方提交的关于处理地中海实蝇疫区水果的保证措施。

谈判结果为，打掉欧方关于从地中海实蝇疫区进口水果的要求，同时同意删除谅解备忘录中中方要求欧方考虑茶叶残留监测的条款。

（4）二恶英

欧方要价为，要求中方解除因二恶英问题而对比利时有关产品的限制。

中方出价为，鉴于世界各国和香港特区以及欧盟都先后解除了因二恶英问题而对比利时产品的限制，可以同意解除限制，恢复正常进口。

谈判结果为，中方同意解除因二恶英问题而对比利时有关产品的限制。

（5）肉类企业的批准条件

欧方要价为，中方应对符合有关议定书要求的肉类加工企业予以批准。中方的任何要求可在议定书中体现，而不能在议定书之外还有规定。

中方出价为，中方只批准符合中国动物卫生和公共卫生要求的肉类企业。

谈判结果为，中方将对符合有关议定书规定及中国动物卫生和公共卫生要求的肉类加工企业予以批准。

（6）土壤

欧方要价为，要求中方接受从欧盟成员国进口附着在植物上来维系其活力的土壤和生产介质。

中方出价为，根据中国进出境动植物检疫法的规定，土壤属于禁止进境物，坚持不允许进口土壤。

谈判结果为，打掉欧方要求向中国出口土壤的要价，只允许进口生产介质。

（7）中国对欧出口动物产品

欧方出价为，同意将中方关注的对欧出口禽肉、兔肉、猪肉、牛肉和马肉的问题写进谅解备忘录中，但不同意做出具体的承诺。

中方要价为，强烈要求协议的双向性，要求欧方就从中国进口上述产品做出具体时间承诺。

谈判结果为，欧方同意做出具体时间承诺。

（8）中国对欧出口茶叶

欧方出价为，欧盟同意审核中国提交的关于茶叶农残含量将以茶水中农残含量进行计算的要求，但应提供有关毒理学资料和良好农业操作规范。因中方表示无法提供欧方所需的材料，后欧方出价改为，欧盟同意审核中国提交的关于茶叶的农残含量以茶水中农残含量进行计算的资料。

中方要价为，要求欧盟同意对从中国进口茶叶农残含量将以茶水中农残含量计算，中方不需要提供有关毒理学资料和良好农业操作规范。中方无法做到尤其是要提供良好农业操作规范。欧方虽然同意不再此明确中方应提交的资料，但这决不意味着欧方同意中方不提交有关毒理学资料和良好农业操作规范。

谈判结果为，谅解备忘录不涉及此问题。

4.谅解备忘录的特点

通过谈判，谅解备忘录从最初的单向协议转变为双向协议，即从最初只规定中方的责任和义务、只有欧方关注的问题，到最终规定双方的责任和义务，既有欧方关注问题，也有中方关注的问题，谈判中打掉了欧方不合理要价。

（1）《中欧动植物检疫谅解备忘录》规定了双方的权利和义务，无论是备忘录中涉及的有关履行 SPS 协定问题，还是具体产品的进出口问题都体现了双向性。

（2）保留中方对欧方肉类加工企业实施注册的权力和中方的进口要求。

（3）《中欧动植物检疫谅解备忘录》虽然已经签署，但是欧盟有关成员国的产品仍然不能马上对华出口，只有在签署议定书后，符合议定书要求的产品才可向中国出口。

（4）打掉欧方要求中方解决进口牛、牛肉和牛胚胎的期限，有利于中国继续维持对疯牛病的政策，防止疯牛病传入。

（5）打掉欧方对小麦 TCK、地中海实蝇和土壤问题的要价，为下一步顺利实施中欧备忘录奠定了基础，同时也不影响正在实施的《中美农业合作协议》。

（6）在备忘录中写入中方关注的对欧出口禽肉、兔肉、牛肉、猪肉和马肉问题，欧方做出具体时间承诺。

在 5 月 19 日下午 6：20，石广生部长与拉米委员分别代表中国和欧盟签署中欧关于中国加入世界贸易组织的双边协议，从而结束了旷日持久的中欧双边谈判。中欧双边协议的签署，标志着中国加入 WTO 谈判进程又向前迈出重要一步。

三、结束语

回顾中国动植物检疫参加“复关”“入世”的历程，艰难的谈判场景如同昨天，历历在目，永生难忘！WTO 友好成员的鼎力支持使人感到中国的朋友遍天下，有意刁难甚至阻挠我们加入的成员使人更加增强了赶超发达国家的信心和决心。中国动植物检疫在参加的所有双边、诸边市场准入谈判和工作组全体会议上有理、有利、有节地回答了无数挑战性问题，顶住了多方压力特别是来自美国代表团的压力！可以说中国动植物检疫经受住了考验，没有辜负祖国和人民的希望，为国家争了光。

铭刻在心的加入世贸组织谈判

——一位海关人的十年谈判生涯

王延春

【作者简介】

王延春，1963年4月出生于内蒙古呼和浩特。1990年毕业于中国人民大学法律系知识产权第二学士学位专业，东北财经大学博士研究生学历，经济博士学位。1990年入职海关总署，先后在国务院关税税则委员会办公室、海关总署关税司、稽查司和风险管理司工作。1996年参加中美纺织品谈判，谈判成功后受到时任外经贸部吴仪部长的表扬。1992年至2001年，作为中国加入WTO谈判代表团核心成员全程参与关税减让谈判，1994年荣获中央国家机关优秀共产党员称号。1997年至2000年派驻中国常驻联合国及其他国际组织日内瓦代表团经贸处工作，先后任二等秘书、一等秘书。2005年至2008年间在大连海关隶属大窑湾海关挂职，任党组成员、副关长，2009年记海关总署三等功。2011年至2014年援疆，挂任新疆生产建设兵团商务局党组成员、副局长，2014年兵团委员会和兵团特授予“兵团优秀援疆干部”荣誉称号并荣记二等功。2014年7月起任稽查司副司长，2018年8月起任风险管理司副司长，2020年4月起任风险管理司副司长、一级巡视员，2022年记海关总署三等功。

2021年是中国共产党百年华诞。7月9日，我怀着崇敬的心情参观中国共产党历史博物馆，走进第三部分“实行改革开放开创和发展中国特色社会主义”展厅，映入眼帘的是世界贸易组织大楼的巨幅照片，以此为背景，悬挂着江泽民同志1993年与美国总统克林顿会晤时的照片、江泽民同志关于“复关”三项原则以及多哈签字仪式照片，显示屏里滚动播放着中国加入WTO签字仪式，陈列柜里摆放着议定书文本、签字笔和入世锤。我站在那里，思绪万千，加入WTO谈判的场景仿佛就在眼前，心情久久不能平静。

图 1. 2021 年 7 月，王延春参观中国共产党历史博物馆时在加入 WTO 专题展板前留影。

32 年前，我入职海关总署，海关总署领导让我参加中国恢复关税与贸易总协定缔约国地位谈判和中国加入世界贸易组织谈判工作，有幸参加空前的世纪谈判，从关贸总协定谈到世界贸易组织，一谈就是 10 年，我从满头黑发谈到了头发寥寥无几，但我有一个绚丽的青春。可以自豪地讲，我的青春奉献给了中国加入 WTO 的事业，我的青春无悔，参加谈判铸就了我的成长。

一、关税减让，加入 WTO 敲门砖

（一）关税减让起源

关税是一个古老而永恒的话题，是起源很早的一种国家税收，古代统治者对进入其领地内的货物或物品征收税款，是财政收入的主要来源和直接来源。根据已有的研究，国际上最早的关税起源于公元前 5 世纪的希腊。而中国在周朝就有“关市之征”

的记载。随着社会进步和发展，贸易不断发展和扩大，关税从最初的财政作用，逐步扩展为调节国民经济、保护本国工业和国际经贸斗争的手段。19 世纪初，各国都维持着极高的关税并随意提高，对贸易的发展造成了损害，1890 年在布鲁塞尔成立的“国际海关税则出版国际联盟”，为削减各国关税壁垒进行了努力，希望在未来放弃不经过事先谈判就采取为本国利益而设定高关税的做法，提出“关税假期”或“关税休战”的建议，试图能让各国通过谈判来促进贸易，但这种努力以失败告终。当时关税是一个国家完全拥有的经济主权。

GATT 从 1948 年起临时适用到 1995 年结束历史使命，一共主持了 8 轮关税减让谈判（包括 1947 年 4 月开展的第 1 轮谈判）。前 7 轮谈判重点是货物贸易领域削减关税壁垒和非关税措施。随着国际经济贸易的发展，第 8 轮乌拉圭回合谈判增加了服务贸易、投资、知识产权和农业等方面的内容，但农产品关税和工业品关税仍然是乌拉圭回合谈判中的重要内容。从关贸总协定的第 1 轮至第 8 轮关税减让谈判，缔约方由 23 个增加到 131 个，贸易额已占世界贸易的 96%。从 1947 年第 1 轮谈判，到 1979 年结束的第 7 轮谈判——东京回合谈判，缔约方的关税水平大幅降低，由于每次谈判的参加方均有变化，减让水平各不相同，据初步估算关税水平比 GATT 成立之初降低了 70%—80%。与此同时，关税水平降低后要进行约束，不能随意提高，约束也是减让。

第 8 轮乌拉圭回合谈判后，发达成员工业品对全球的关税减让幅度达 40%，即全球贸易加权平均税率从 6.3%降为 3.8%；发展中成员的关税减让水平低于发达成员，贸易加权平均税率由 15.3%降为 12.3%。在农产品领域，发达成员总体关税的削减幅度在 37%左右，如美国算术平均税率从 10.3%降为 7.2%，发展中国家算术平均税率减让幅度在 24%左右，如马来西亚减幅为 26%，韩国为 25%，泰国和墨西哥均为 24%。这充分说明关税减让谈判仍是削减贸易壁垒的一个重要手段。

从 GATT 到 WTO，降低关税是各国经济发展的必然趋势，也确实能够促进经济和贸易的增长。关税始终是保护本国产业的重要的合法手段，只要有贸易就有关税，就会形成贸易壁垒，就会在多边、诸边和双边进行关税减让谈判。同时，各国政府也会利用关税这一有效的政策工具来维护本国的政治和经济利益。

中国“复关”和“入世”必须进行关税减让谈判，关税减让谈判的目标就是要将关税设置在与中国经济发展相适应的水平上，这既是中国自身发展的需要，也符合 WTO 的原则。成为 WTO 成员可以享受成员市场开放的成果，同时我们也要开放市场，也要让渡一部分关税主权，这就是中国的“入门费”，也是加入 WTO 的敲门砖。

（二）精心准备

发出谈判邀请。关税减让谈判是“复关”谈判重要组成部分，从 1986 年我国申请恢复关贸总协定缔约国地位开始，到 1992 年 2 月召开的 GATT 中国工作组第 10 次会议，主要是审议中国的贸易制度，中国代表团需要答复缔约方针对中国经济和外贸政策的问题。中国代表团曾发出过关税谈判邀请，也与部分国家就双边关税谈判事宜进行过磋商，但没有开展实质性双边或多边关税谈判。由于政治原因，“复关”谈判在 1989 年 5 月后停滞了 2 年左右的时间。1990 年开始我国出台了一系列改革开放措施，进一步改革完善外贸体制，特别是 1992 年 10 月召开的党的十四大确立了建立社会主义市场经济的目标，推动了“复关”谈判。10 月下旬召开的中国工作组第 11 次会议决定结束对中国贸易制度的审议，开始起草议定书和开展关税减让谈判。在工作组第 10 次会议上，中方再次邀请各缔约方立即开始关税减让谈判，得到部分缔约方的积极响应。

组建谈判班子。工作组第 10 次会议后，中国代表团即着手准备关税减让谈判，此项工作由海关总署牵头。为全面开展关税减让谈判，海关总署组建了谈判队伍。1992 年 2 月成立由副署长吴乃文任组长、关税司、统计司、计算中心以及税委办负责同志参加的领导小组，并决定成立关税减让谈判工作组，由吴家煌、陈炳华、黄胜强、马晓野、王延春、陆跃平、徐慧筠同志组成，吴家煌、陈炳华同志具体负责。并要求谈判小组与外经贸部、外交部等部门密切联系配合。1993 年 6 月由于国务院进行了机构改革，税委办化归到经贸委，为此海关总署及时调整了关税谈判班子，决定将关税谈判工作组与关税司的国际关税处合二为一，作为谈判班子，同时考虑税委办的工作与关税谈判关系密切，也要请税委办同志参加谈判班子。决定成立关税谈判协调小组，国务院系统包括外经贸部、经贸委、财政部、税委办，海关总署内部包括关税司、统计司、监管一司、政法司和信息中心。1998 年国务院机构改革后，海关总署内部也进行了机构改革，关税谈判主要是由国际司承担。

学习谈判方法。1992 年成立关税谈判工作组后，为全面了解和学习掌握关税减让谈判，1992 年 9 月，海关总署派出了以时任关税司处长黄胜强为组长、税委办王延春、统计司金红蔓、信息中心余振京为组员的关税谈判考察组赴日内瓦，到关贸总协定秘书处、联合国贸发会议秘书处学习关税谈判的知识和技巧。这次学习为准备好

图 2. 1992 年 9 月，王延春在关贸大楼前留影。

关税谈判起到了关键作用。在此之后海关总署还邀请境外专家来华培训与交流，组织人员赴境外学习，不断提升谈判能力。

准备谈判资料。关税谈判是一项浩大的系统工程，而且要遵循 GATT 的谈判程序与规则，这就需要作好各方面谈判数据和计算机程序准备。一是确定商品目录。即确定谈判的商品基础，使各缔约方有一个共同认可的商品范围，有一个国际通用的语言。世界海关组织前身世界海关合作理事会一直在研究各国通用的商品目录，作为各国海关编制海关税则目录的基础。《商品名称及编码协调制度》(以下简称“《协调制度》目录”）是海关合作理事会在《海关合作理事会商品分类目录》和《国际贸易标准分类》基础上，于 1983 年制定的一套全新的商品编码规则，对贸易谈判和贸易统计有非常积极的意义。1988 年 1 月 1 日正式实施，40 多个国家或地区在第一版的《协调制度》目录的基础上制定了本国的进出口税则目录，1992 年和 1996 年进行了两次大修订。《协调制度》目录在章（2 位）、4 位、6 位编码层级上，涵盖的商品范围世界各国或地区都是一致的，各国或地区根据本国经济和进出口商品结构的特点，按照统一的编码规则设定本国的税则目录，有的是 8 位、有的是 10 位或更多位。我国 1985 年《海关进出口关税税则》是以《海关合作理事会商品分类目录》为基础制定的。中国海关从

1989年开始组织研究将《海关进出口关税税则》转换成为以《协调制度》目录为基础的新税则，同时也将统计目录由原来的《国际贸易标准分类》转换成为以《协调制度》（1992年版）目录为基础，保持《海关进出口税则》与统计目录一致，这样可以保证谈判的顺利进行。考虑到1992年1月1日我国全面实施了以《协调制度》目录为基础的《海关进出口关税税则》和统计目录，因此确定1992年实施的《海关进出口税则》作为关税谈判的商品基础。我国进出口税率是在8位编码上设定的，共计6250个，我们又将层级复杂的税则目录进行简化，在8位编码上制作商品的简要描述，并翻译成英文，供谈判使用。1996年版《协调制度》目录发布后，我国定于1997年1月起按此编制实施《海关进出口税则》。为使谈判与我国实施的税则一致，从1996年下半年海关总署组织全国海关有关专家对谈判用的商品目录进行转换，1996年版的8位税目增加了299个，共计6549个。同时也将双边谈判的减让表转换为1996年版，保证了谈判顺利开展。

二是确定基础税率。关税谈判需要有一个开始减让的基础，也就是要确定基础税率。1992年实施新税则的时候，拟根据我国对外开放的需要，大幅度降低进口关税，但考虑到我国正在开展“复关”谈判，就没有实施降税，而以临时税率的形式实施。1992年我国的优惠关税（最惠国关税）的算术平均税率高达43.2%，其中包含进口调节税。1985年6月国务院为控制外汇流出，稳定外汇量，大幅压缩一些企业的盲目进口国内外价差大的商品和成套散件，决定对小轿车、八吨以下载重车、摩托车、录像机、复印机、电视机及计算机及其外围设备、涤纶加工丝、化纤织物等征收20%—80%的进口调节税，进口调节税是在征收关税的基础上，以到岸价（海关完税价格）为基础再进行征收的，因此这些产品税赋非常重，基本无法进口，如小轿车优惠税率是120%，另加80%的进口调节税，不算增值税，进口税率就高达200%。为了进一步规范进出口税制，与国际接轨，配合谈判的进行，国务院于1992年3月19日决定从4月1日起取消进口调节税，同时提高征收进口调节税商品的进口税率，如小轿车，排气量在2升以下的优惠关税税率由120%提高到180%，3升以上的从120%提高到220%。调整以后我国的算术平均税率为42.5%。经请示，确定以1992年4月1日实施的法定优惠税率作为谈判的基础税率。

三是贸易统计数据的准备。由于1992年我国才将贸易统计目录与海关税则税率目录一致起来，因此1992年前的贸易统计无法完全与税目对应，在总署统计司的帮助下，用拆分和合并的方法将统计数据基本转换到税则目录中，这样就可以根据贸易统计数据确定商品的主要供应国和具有实质利益的国家。

四是建立谈判数据库和编制计算机应用程序。海关税则层级复杂，8位编码有6250条，6位编码有5019条，还有4位和2位编码。1992年准备谈判的时候，只有286计算机。在总署信息中心的支持和帮助下，我们建立了涵盖全本税则、简本税则目录、关税税率、许可证、数量限制和招标等非关税措施以及实施卫生、动植物检疫和工业品法定商品检验目录以及各缔约方与中国的进出口贸易统计数据库，并编制了应用程序，这些数据库有10多万条记录。谈判过程中，除每年都要根据成员的贸易统计数据进行更新外，还要随时更新缔约方要价、我出价，以及多边承诺的情况。

申请谈判授权。当时我国的关税水平均高于GATT缔约方的关税水平，在这样的水平下，如果不实质性降低关税，我国就难以成为关贸总协定缔约方，这就需要向国务院申请关税减让的授权。总体授权由外经贸部、外交部、经贸委、计委和海关总署联合向国务院请示，涉及一些重要部委的也要会签相关部委，如农业部等。国务院批准整体方案后，由20多个国务院组成单位和国务院直属部门组成的国务院关税税则委员会研究确定具体方案。具体方案由设在海关总署关税司的国务院关税税则委员会办公室（简称“税委办”）组织研究，税委办要召集国务院相关产业部门和综合部门进行讨论，尤其在一些敏感和重点行业领域争论比较激烈。20世纪90年代初为了呼应谈判，我国一直没有降低关税水平，关税水平已经不适应我国经济和贸易的发展，尤其是高关税给不法商人带来高额利润，导致走私猖獗。但一些产业部门还是不愿意降低关税，依然寻求使用高关税保护本国产业，保护所谓“幼稚工业”，综合部门均希望根据国家对外开放政策和开放水平，不断降低关税水平，促进贸易发展。经过多次艰难激烈讨论研究，最后由海关总署会同有关部门形成了授权方案，国务院关税税则委员会批准通过。关税减让授权方案不是一个整体减让方案，而是对每一个8位税目的税率都有具体的减让授权税率，各税目的减让幅度不尽相同，总体减让幅度符合国务院的授权。因此在谈判过程中任何商品的减让幅度都不能超出国务院的授权。根据谈判的进程以及各成员的要价情况，外经贸部、海关总署牵头与相关部委及时研究，及时向国务院申请调整谈判授权，包括一些敏感产业和重点商品的降税幅度，国务院批复后，由国务院关税税则委员会具体细化。

（三）多边承诺

关税减让谈判始于1992年10月GATT中国工作组第11次会议，到2001年9

月WTO中国工作组第18次会议结束。谈判地点大多在日内瓦，也有少部分是在一些国家首都进行。很多成员从国内派代表到日内瓦与我们开展谈判，一些成员则由驻WTO代表团派员参加。提出谈判要求的成员不断增加，要价单不断更新。各成员每提出一次要价，我们就要从多维度进行分析，尤其是前几轮谈判最为复杂，要分析整体要价的减让幅度，与授权的差距，每个税目的贸易来源地，确定主要供应方和实质利益方。分析之后再结合授权，运用谈判策略，对不同成员不同产品提出不同出价。在这10年期间各种谈判磋商多达数百场，如果将全部出价单摞在一起可以顶到天花板。

中国加入WTO关税减让谈判是比较复杂的过程，要在多双边框架下同时进行谈判。在多边做出整体承诺，以推动双边谈判；在双边具体谈判各成员感兴趣的商品，并达成协议。“复关”谈判阶段正是乌拉圭回合谈判的最后阶段，我国是谈判全面参加方，希望能够在WTO建立前完成谈判，从而成为WTO创始成员。在这一阶段涉及乌拉圭回合关税减让谈判和“复关”关税减让谈判，这两个谈判并行，均涉及多边和双边谈判。从谈判策略上考虑，我们不能承诺双重减让，因此我们的每一次出价，既是对乌拉圭回合关税减让的贡献，也是“复关”关税减让谈判的出价。WTO建立后，谈判变成单一的加入WTO关税减让谈判，但同样需要在多边做出整体承诺，在此基础上双边与成员谈判并达成双边市场准入协议，最后汇总形成中国的多边承诺，即关税减让表。

提交谈判基础性文件。1992年初的中国工作组第10次会议结束后，为推动缔约方与我开展实质性市场准入谈判，同时根据工作组会议的要求，中国代表团准备向工作组提交一份现行关税和非关税措施清单，作为与我进行谈判的基础。这项工作由海关总署牵头，关税谈判工作组安排由我来组织和具体落实。1992年春开始，海关总署和外经贸部的谈判团队着手开展工作，具体工作主要是我与外经贸部国际司王燕等同志一起协调和完成。当时的做法是在批准的1992年4月1日实施的海关进出口税则目录和基础税率基础上，增加非关税措施的内容。虽然在中国工作组的贸易制度审议过程中，工作组对中国实施的非关税措施进行过审议，但非关税措施涉及多个部门，具体管理要求散落在多部法律、法规、规章和文件中，说不清进出口环节有多少项贸易管制措施，与海关进出口税则8位税目相对应的有多少项非关税措施，没有进行过统计和梳理。1988年海关就建立了全国统一的通关系统（简称H883系统），进口商在申报进口商品时以8位税目进行申报纳税，如果这项商品涉及贸易管制等非关税措施，H883 系统就会提示，要求进口商必须向海关提供相关部门签发的允许进口的证明文件，否则不允许进口。因此只有通过 H883 系统，才能理清当时现行的贸易管制等非关税措施情况。在总署信息中心支持下，编写程序从 H883 调取出与《海关进出口税则》6250 个 8 位税目对应的海关监管条件。当时需要有关部委签发的进口证件有几十种，对应的 8 位税目有 3000 多条，要逐条对照法律法规和相关部委文件进行分析梳理，先去除那些不属 GATT 所定义的非关税措施，形成目录清单，再提交负责许可证管理的外经贸部、负责一般工业品配额的国家经贸委、负责农产品配额的国家计委以及涉及汽车等重要机电产品配额和招标的国务院机电办等有关部门研究，并要经过多轮沟通才能确认。确认结果返回到海关总署，形成关税和非关税措施数据库。在海关信息中心的专家郭佳等同志的支持下编写程序，按完整的《海关进出口税则》版本在 8 位税目增加关税和非关税措施信息，最后形成《中国现行关税及非关税措施一览表》（以下简称《一览表》）。《一览表》中有税率的 8 位税目共 6250 个，基础税率算术平均水平为 42.5%。涉及许可证、配额和招标等非关税措施的 8 位税目共 1247 个。这项工作耗时数月，为赶在 10 月 GATT 中国工作组第 11 次会议前提交，参与这项工作的同志夜以继日、加班加点，如期完成了任务，9 月正式向秘书处提交，秘书处以 GATT 文件形式散发给各缔约方（SPEC(88)13/ADD.12）。《一览表》的地位非常重要，是中国第一次对现行关税和非关税措施进行梳理，成为所有双边多边谈判的基础，推动了市场准入谈判的实质性开展。

提交更新《一览表》。1992 年 9 月提交《一览表》后，缔约方反应积极，表示愿意与中国展开市场准入谈判，认真研究，尽快提出要价单。为进一步推动谈判，加快我国对外开放的步伐，促进我国经济贸易的发展，进口更多经济发展需要的高科技产品和原材料，国务院决定自主降低大部分商品的进口关税税率，授权国务院关税税则委员会结合国家产业的发展情况、近几年实施减免税和暂定税率的情况，在征求国务院有关综合部门和产业部门基础上研究提出降税方案，具体方案由税委办负责拟定。在税委会全体会议上，时任海关总署署长、国务院关税税则委员会常务副主任戴杰同志对方案进行了说明，会议经过认真的讨论，通过了方案，授权由“复关”谈判代表团在中国工作组第 12 次会议上宣布，表达中方的诚意，进一步推动谈判。在 1992 年 12 月召开的第 12 次会议上，代表团团长佟志广宣布，从 1992 年 12 月 31 日起中国自主降低 3371 个税目的关税，降税幅度为 7.3%，关税水平由 42.5%降为 39.9%。这是新中国成立以来最大范围的降税，是中国对乌拉圭回合谈判的贡献，也是中国“复关"关税减让的一部分。

我当时作为税委办的工作人员参加了降税方案的草拟和审议过程，感觉到国家经济贸易综合部门和产业部门的观点差别巨大，当时产业部门的呼声还是要求设置高关税，以保护国内所谓的幼稚产业。为了使缔约方充分了解中国自主降税的情况，从而便于与我进行谈判，工作组会议结束后，我具体牵头制作完成了《中国现行关税及非关税措施一览表》(更新版)，将中国的降税成果以及中美双边市场准入谈判的结果体现其中，于 1993 年 3 月召开的中国工作组第 13 次会议上提交 (SPEC(88)13/ADD.12/REV.1)。更新《一览表》对各缔约方尽快与我开展双边谈判起到了积极作用。1994 年 3 月的工作组第 16 次会议召开前，根据谈判进程以及我国自主降税的情况，中国代表团又提交了再次更新的《一览表》(SPEC(88)13/ADD.12/REV.2)，长达 600 多页，其中对关税和非关税做了进一步减让，此项工作也是由我具体牵头组织完成的。

提交乌拉圭回合出价。1993 年 9 月，乌拉圭回合谈判在年底前结束已成为定局，我国作为乌拉圭回合谈判的参加方，需要紧跟谈判的步伐。中国代表团于 9 月 27 日提交了非农产品和农产品两个关税出价单；农产品是首次出价，非农产品曾在 1990 年 3 月 15 日做过出价。此次出价所使用的税目和基础税率为 1992 年《海关进出口税则》税目和优惠税率，与《一览表》保持一致，没有对每一项产品提出减让税率，而是承诺了约束税率和减让幅度，其中非农产品 4583 个税目，税率的上限约束分别为 80%、50%和 35%；农产品 800 个税目中，对有非关税措施的税目按照乌拉圭回合谈判要求进行了关税化转换，转换后的税率为 198%或 158%并约束，对没有非关税措施的农产品上限约束为 132%，承诺 10 年内降低 24%的幅度。这项工作由我与外经贸部和农业部的同志共同完成，这个方案比较难的部分是要将非关税措施进行关税化。当时我国的农产品有近百种商品有许可证、数量限制等非关税措施，关税化就是要对这些农产品的非关税措施按照公式计算出关税等值，要计算出这些产品国内平均价格与国际市场平均价格的差值，如果是加工的农产品还要计算出农产品原材料所占比重。海关税则的 8 位税目有的是单项商品，有的是多项商品，我们需要逐项产品找价格，再进行计算。经过艰苦细致的工作，收集了大量的国内国际价格，计算了大量的数据，我们按时完成了任务。乌拉圭回合谈判于 1993 年 12 月 15 日结束，虽然各参加方未就中国的出价单进行实质性谈判，但这是中国在乌拉圭回合谈判中的全面承诺。

提交乌拉圭回合减让表。中国是乌拉圭回合谈判的全面参加方，国务院批准同意签署乌拉圭回合谈判协议。根据乌拉圭回合谈判的要求，各参加方必须在 1994 年

3月25日前向GATT秘书处提交签署《乌拉圭回合多边谈判结果最后文件》的授权书，在3月16日前按照关贸总协定秘书处规定的统一格式，正式提交作为最后文件附件的所有减让表，这个减让表将作为乌拉圭回合谈判成果的附件，供各国政府代表签署。但在乌拉圭回合谈判框架下，中方并没有提交真正意义的减让表，只提交了出价单。如果中国在1994年前完成“复关”谈判，即可以成为WTO的创始成员，中国在乌拉圭回合谈判中作出的关税减让承诺，既可以作为中国加入WTO的谈判结果，也可以作为中国对多边谈判的贡献，一表两用。根据国务院批准的授权，我与外经贸部王燕、常驻日内瓦代表团经贸处钟传水同志，在我国常驻日内瓦代表团经贸处王世春参赞的支持下，在日内瓦连续工作多日，将《中国现行关税及非关税措施一览表》《非农产品和农产品关税出价单》中的关税减让承诺和非关税措施承诺，进行汇总、整理、核对，并在国务院授权内整体上做了进一步减让，形成了中国的乌拉圭回合减让表，同时按要求制作了农业补贴政策表、关税化表、国营贸易公司清单等一系列附件，在提交减让表的前几天大家熬过了多个不眠之夜。

1994年3月16日下午，钟传水携带常驻日内瓦代表团的照会，来到我们谈判代表团居住的外交部日内瓦招待所，陪同我们来到GATT大楼，当我们抱着厚厚的文件走进大楼时，大家都感到这是一个历史性时刻。我们将打印好的600多页减让表提交秘书处，至此中国代表团按时提交乌拉圭回合货物贸易减让表。减让表中，对于非农产品，承诺减让实施之日上限约束为40%，1998年上限约束降为35%，同时谈判一个不超过全部税则税目数10%的例外产品清单，此外对于税率在15%以下的产品，承诺将绝大多数产品的关税税率上限约束在20%的水平；对于农产品，承诺约束所有农产品关税，其中对于9类47个税目的农产品，采取较高关税水平150%的上限约束，其他农产品以1992年税率作为基础税率，10年内基础税率高于40%的税目税率降至40%，低于40%的税目减让幅度不低于10%，农产品整体减税幅度不低于24%。缔约方对上述减让出价普遍表示欢迎，认为是中国推动谈判的积极举措，但也表示非农产品上限约束应降低，农产品关税保护水平仍然过高。

我们向秘书处提交减让表后，钟传水看我们都很疲劳但又很兴奋，就带我们去了日内瓦湖边的郁金香公园，缓解我们紧张而兴奋的心情。3月早春的日内瓦还有些凉意，郁金香已长出地面，有些已经结出花蕾。我当时想，我们制作完成了乌拉圭回合谈判减让表，是不是寓意着“复关”谈判也像这郁金香一样，在不久的将来就可以绽放呢？

（四）“复关”冲刺

中国在1992年发出关税谈判邀请后，缔约方即开始分析其在中国的利益，希望中国开放市场，大幅降低关税，使它们的产品在中国市场更具有竞争力，以获得更多市场份额。1993年底，历时8年的乌拉圭回合谈判结束，WTO将于1995年1月1日建立。我国从1986年开始“复关”谈判，如果不能在WTO建立前完成谈判，那我们所复的“关”也就不存在了，就要重新开始加入WTO的谈判，那时谈判前景将更加复杂和难以预料。

为争取在1994年底前基本完成双边市场准入谈判，谈判代表团自1994年8月起开展了紧张而有序的准备工作。为进一步推动谈判，表明中国成为WTO创始成员的意愿和决心，我们在国内进行了充分准备，根据国务院授权，海关总署牵头，与外经贸部、国家计委、农业部、机电办共同完成了600多页的“市场准入一揽子出价”，并于1994年8月31日提交秘书处，其中包括大幅度降低工业品和农产品关税、取消大部分产品的非关税措施等内容，承诺约束全部产品的关税，总体减税幅度为57%，对90%的非关税措施承诺取消时间。这是中方做出的最大一次减让，综合了历次自主降税的成果，也考虑到当时经济发展的需要，更主要的是为在年底之前恢复关税与贸易总协定缔约国地位，发起最后的冲刺。

缔约方对中方新出价反应积极，结合各自要价进行了认真评估，调整了要价。从1994年9月至12月，中方与27个提出双边市场准入谈判要求的缔约方进行了三轮密集市场准入谈判，力争基本扫清“市场准入”问题，不会因未完成市场准入谈判而影响整体谈判进程。缔约方明白中国加紧谈判的用意，而且中小国家也担心，如不加紧谈判，一旦中美、中欧达成协议，它们的利益可能不保，为此很多缔约方从国内派代表到日内瓦，与我们进行了两轮以上的谈判，有的甚至六七轮。谈判异常艰苦，最多一天谈了8场，上午、下午、晚上各安排2到3场，有的谈判甚至持续到深夜。双边关税减让谈判大多是正式谈判，也有非正式磋商。正式谈判解决普遍问题，基本是双方在授权内能够达成一致的问题，谈判结果对双方具有约束力，不能随意改动。而非正式磋商是在一方或双方没有国内充分授权的情况下，对具体问题进行谈判，探讨是否存在达成一致的可能，对于一些重大问题，也会在小范围内进行非正式磋商，如果双方谈判代表能够达成共识，那就报请国内批准。通过不同类型的磋商和谈判，使双方的目标更加接近，将焦点集中在个别产品上，再进行最后谈判，以争取达成

图 3. 1994 年 9 月，中国与缔约方进行双边市场准入谈判，中方由近及远：王燕、李仲周、吴家煌、王延春、王凯园。

协议。

第一轮谈判。自 9 月 12 日开始至 10 月 14 日结束，中国复关市场准入谈判代表团由外经贸部国际司司长李仲周担任团长、海关总署关税司司长吴家煌担任副团长。此轮谈判，中方与 21 个缔约方举行了双边谈判。缔约方对一揽子出价反应良好，普遍认为中方出价是实质性减让，符合总协定自由贸易的方向。中小国家表示基本满意，但缔约方仍要求中方继续大幅度进一步减让。美欧是最困难的谈判对手，美国在谈判中要求中方参加乌拉圭回合谈判中部分缔约方达成的零关税部门安排（即啤酒、蒸馏酒、医疗器械、农业机械、建筑机械、纸及纸制品、玩具、家俱、钢材及药品）和化工品协调关税安排（即原料降为 0、中间体降为 5.5%、制成品降为 6.5%），要求中方取消汽车产业政策中的当地含量要求，并要求开放粮、棉、油、糖、水果等农产品市场。欧盟仍坚持产品部门关税减让方式，而不是其他国家通常采取的具体产品减让方式，并要求中国取消出口关税和出口许可证。谈判中呈现的几大难点包括粮、棉、油、糖、羊毛等农产品关税配额、出口补贴、汽车等产品的幼稚工业保护问题、零关税和协调关税安排问题。经过第一轮谈判，中方摸清了大部分成员的底数，在一定程度上缩小了差距。

第二轮谈判。自10月17日开始至11月5日结束，中国代表团与17个缔约方进行了双边谈判。谈判仍以中国一揽子出价为基础，中方在授权范围内，对部分产品的关税做了进一步改善出价。通过两轮谈判，大部分发展中国家和部分中小发达国家已与中国达成或接近达成协议，占全部27个与中国举行谈判国家的半数以上。然而，美欧仍是谈判中最困难的对手。美国继续要求中国参加零关税、化工品协调关税安排，要求中国对尚未列出取消时间表的非关税措施提出时间表，要求中国承诺不再给予农产品出口补贴。谈判难点仍是粮、棉、油、糖、羊毛等农产品关税配额、出口补贴、非关税措施、零关税和协调关税安排等问题。

第三轮谈判。自11月28日开始至12月20日结束，外经贸部部长助理龙永图率团与14个缔约方举行了双边谈判。磋商中，中国又对2522项产品的关税作出进一步改善出价，关税水平由43.2%降至17%，其中农产品由46.1%降至21.9%，非农产品由42.8%降至16.3%，对绝大多数非关税措施提出了取消时间表，表现了极大的灵

图4. 1994年12月20日，海关总署谈判代表团吴家煌（中）、刘平（右）、王延春（左）摄于GATT中国工作组第19次会议会场。

活性。但是，由于受到美国态度的影响，谈判进展缓慢，一些国家立场更趋僵化，有的甚至有所后退，谈判最后陷入僵局，未能与任何缔约方达成协议。但这轮磋商为日后中国加入 WTO 谈判奠定了基础。

参加过这段近 4 个月谈判的人都不会忘记这段经历。我参加了近百场谈判，草拟了所有的谈判方案，制作了每一场谈判的出价方案，并根据谈判结果草拟下一次谈判方案，制作下一次出价单。20 多个缔约方涉及上万种商品，一项一项谈判，一次一次出价、还价，对达成共识的产品一项一项核对，并制作清单请对方确认；未达成共识的产品再根据授权更新下一次出价税率，就这样反反复复地谈，给对方的出价单有的 1 页，有的几十页，当时只有喷墨打印机，墨盒用光了五六个。

中国为在 1994 年年底前完成谈判付出了巨大努力，作出了大量的实质性承诺，但由于美欧没有政治诚意，即使中方当时承诺全面开放市场，关税减到零，它们也不会同意中国成为 WTO 创始成员。正如外经贸部副部长谷永江在 1994 年 12 月 20 日工作组第 19 次会议上指出的，“中国代表团为结束实质性谈判作了巨大努力，表现了最大的灵活性，但本次会议仍未能完成中国“复关”的实质性谈判。这完全是极个别缔约方出于政治上的需要，蓄意阻挠，缺乏诚意，漫天要价导致的。中国目前所作的减让，是中国根据一个发展中国家自身的经济发展水平所能作出的最大努力”，“在涉及国家根本利益的问题上，中国过去没有，将来也不会屈服于任何外来压力。”

（五）“入世”鏖战

1995 年 11 月，中国递交加入 WTO 申请，“复关”谈判转为加入 WTO 谈判。与中国正式开展双边市场准入谈判的 WTO 成员共 37 个，即阿根廷、澳大利亚、巴西、加拿大、智利、哥伦比亚、哥斯达黎加、古巴、捷克、厄瓜多尔、欧盟、危地马拉、匈牙利、冰岛、印度、印度尼西亚、日本、韩国、吉尔吉斯、马来西亚、墨西哥、新西兰、挪威、拉脱维亚、巴基斯坦、秘鲁、菲律宾、波兰、新加坡、斯洛伐克、斯里兰卡、瑞士、泰国、土耳其、美国、乌拉圭和委内瑞拉。除这些成员外，在谈判最后阶段，以色列、中美洲五国（玻利维亚、多米尼加、洪都拉斯、尼加拉瓜和巴拿马）提出了个别关注产品或关注问题，中方与之进行了磋商并达成协议。在“复关”谈判阶段中，还有奥地利等一些缔约方曾经提出要价并与中方进行磋商，但在加入 WTO 谈判中未再与中方进行谈判。

37 个 WTO 成员向我提出的要价清单加在一起达 3 万多项 8 位税目产品，其中有很多是重复的，而即使产品相同，但要价水平也各有不同。各成员关税如何要价、如何展开谈判、如何结束谈判，体现其在国际经济贸易中的地位。美国以国际贸易领导者自居，欧盟也不甘示弱，它们的要求都是全面的、整体的；中等发达国家如日本、澳大利亚、加拿大等虽然追随美欧、呼应美欧，但其更关心自己的实际的利益，关心自己的重点产品对中国的出口和在中国市场的份额；其他小国家基本不关心美欧的立场，只关心其重点出口产品，关心我方对其重点产品的开放度，因此关税谈判实质就是要求中国开放市场的争夺战。基于这些分析与判断，我将我们采取的谈判策略总结为“以农村（中小成员）包围城市（美欧），最后拿下城市，取得全面胜利”。也就是尽可能早地结束与中小成员的谈判，不因中小国家谈判未果，而影响整体的谈判进程。对于美欧在他们没有诚意之前，要采取持久战，一旦他们想结束战斗，那就要速战速决。以美、欧、日、加、澳等为代表的谈判是持久战；与一些中小成员的谈判是小规模战斗，解决起来相对迅速；还有些成员是联合作战，如澳新对于羊毛和奶制品，北欧 4 国对于三文鱼和金枪鱼等，都相互协调谈判立场和要价。

加入阶段的双边关税谈判是在“复关”谈判基础上进行的。各方的要价范围没有大的变化。中方为推动谈判，先后两次大范围改善出价。在 1996 年 3 月 WTO 中国工作组第 1 次会议前提交了关税减让清单等文件（WT/SPEC/22），关税减让清单由我牵头制作完成，主要是在“复关”谈判最后整体出价的基础上，根据中方在 APEC 框架下提出的。涉及 4000 个税目的自主减让方案做了进一步更新和完善，文件中还包括取消 176 项非关税措施的时间表。1997 年 11 月，江泽民主席在 APEC 领导人非正式会议上宣布，中国将在 2005 年将工业品平均关税降至 10%左右，并宣布将加入 1996 年达成的《信息技术协定》。1998 年 4 月中国工作组第 7 次会议上，中方提交了涉及 5669 个税目工业品的新一揽子减让方案，包括零关税产品、关税高峰产品、化工品协调关税产品和信息技术产品。按此方案，2005 年中国工业品平均关税将降至 10.8%。各方对此表示欢迎。此次出价推动了双边市场准入谈判，特别是在 1998 年上半年与美国的双边谈判中，中方在这一出价基础上进一步改善出价，就很多产品与美方达成一致，为最终达成双边市场准入协议打下了基础。

美国打头阵。在关税减让问题上，美国和欧盟采取不同策略，美国采取双线作战方式。美国是“复关”谈判主导者，要求中国全面开放市场，解决其实质利益关注。“复关”谈判初期，美国不理会中国做出的市场准入开放承诺和关税谈判邀请，并不急于在 GATT 框架下与中国进行市场准入谈判。1989 年谈判停滞后，为解决中美两国的巨大贸易逆差，美方试图通过双边谈判缓解国内政治压力和经济压力，要求与中国开展双边市场准入谈判。中美于 1992 年达成《中美市场准入谅解备忘录》，美要求中国将中美谈判成果多边化，让所有缔约方均可享受。美国在 1996 年与中国开展的《中美纺织品协议》谈判中加入市场准入内容，要求中方在双边进一步削减关税，然后在多边适用。美国在 1994 年 6 月后才宣布与中国进行市场准入谈判，8 月提出第一份关税要价单，具体产品共 1119 项，平均要价税率为 8.62%，同时还要求中国参加零关税部门安排和化工品协调关税安排，以及参加《民用航空器贸易协定》，对于没有提出要价的产品，要求中国的实施税率约束在 15%，此后又根据谈判进程不断调整其要价。从美国总体要价来看，他们所关心的还是我国在国际市场的竞争力，是中国总体市场开放的程度，是要中国补 GATT 的 8 轮关税减让的课，尤其要补乌拉圭回合谈判的课，从根本上是要把中国作为发达国家来看待。

欧盟不示弱。欧盟作为中国的主要贸易伙伴，对中国市场开放有浓厚兴趣。但欧盟也并不急于与中国开展市场准入谈判。欧盟首次提出关税要价是在 1994 年 4 月，要价没有采取产品清单式，而是以产品部门方式提出，要求中国加入所有零关税部门安排、协调关税部门安排，参加《信息技术协定》和《民用航空器贸易协定》。从其要价单也可以看出，欧盟想要中国全面开放市场，想要表明欧盟可以代表广大成员利益，想要发挥一定的引领作用，同时也可以看出欧盟要代表欧盟成员国利益，而由于各成员国发展水平不同，主要利益产品差异较大，对中国市场开放的要求不同，关心的产品五花八门，欧盟委员会很难协调出一份共同关心的产品清单，只能按部门要价，这样就无形中增加了我们的谈判难度。

小国争利益。在中国加入 WTO 问题上，虽然中小成员对议定书有一定兴趣，但它们都明白美欧等会与中国进行深入谈判，最为关心的还是自己的重点产品进入中国市场的问题，因此聚焦市场准入，要求中国降低重点产品关税。除美欧外的 35 个成员要价产品少则几项，多则几百项，个别上千项。主要分为三类，一类是对中国主要出口产品，即主要供应国产品；二类是对其他成员出口较多，对中国有一定出口，即实质利益产品；三类是其主要出口产品，但尚未对中国出口，希望打开中国市场，即潜在利益产品。

中国在 1988 年 6 月举行的 GATT 中国工作组第 4 次会议上发出关税谈判邀请后，第一个提出关税要价的是新西兰，要价涉及 50 多类产品，包括肉类、鱼类、奶制品、水果、羊毛、毛条、木材、纸浆、计算机和无线电产品，这些产品当时的税率在 3%

到50%不等，其主要要求是约束现行税率，应该说要价不高。1992年10月我提交《一览表》后，新西兰更新了要价。之后澳大利亚、匈牙利、捷克、斯洛伐克、加拿大、乌拉圭、土耳其纷纷提出要价并与我进行谈判，这些国家提出的产品总计2300多个8位税目。日本1994年5月向我提出要价，涉及3732个8位税目，之后又提出了补充要价单，增至4033个8位税目。截至1994年9月，共有27个缔约方向我提出关税要价，涉及近2万个8位税目。

每个成员关心的重点产品各有不同，泰国、菲律宾关心大米、香蕉、棕榈油、椰子油、橡胶、果汁；挪威、冰岛关心三文鱼、金枪鱼；澳大利亚关心羊毛和毛条；乌拉圭关心毛条；阿根廷关心牛肉和马黛茶；哥伦比亚关心香蕉和咖啡；厄瓜多尔关心虾。我们当时的谈判原则是，在国务院授权内，尽可能满足对方要求，尽快结束谈判，集中精力攻克美欧及一些难缠的国家如澳大利亚等。这些中小国家经过几轮谈判，基本上可以达成协议，但由于美国还没有与中国签署协议，它们即使完成谈判也不急于签署协议。有些国家关心的个别产品，也不是技术级可以解决的，需要在部长一级进行谈判解决。

图5. 1997年5月23日，吴建民大使与匈牙利签署双边市场准入协议。右起：周冠山、何宁、王延春、吴建民、匈牙利大使。

与我们第一个结束双边关税谈判的是匈牙利，要价有几十项，要求我削减的关税幅度也不高。在经过几轮谈判后，我们根据国务院最初的谈判授权即结束了谈判，1997年5月23日双方签署协议。在1999年11月美国与我签署协议之前，匈牙利、新西兰、韩国、捷克、斯洛伐克、巴基斯坦、土耳其、新加坡、印度尼西亚、智利等10个成员已先后与我签署协议。澳大利亚在1999年7月宣布与我结束谈判，2000年5月签署双边协议，日本在1997年9月结束货物贸易谈判，2000年6月签署协议。在中美达成协议之后到2000年5月与欧盟签署协议之间，共有17个成员与我签署协议，最后结束谈判的是墨西哥，在WTO中国工作组最后一次会议即第18次会议期间才与我签署协议。

谈判中，给我留下深刻印象的产品有羊毛和毛条、奶酪和鳄梨以及龙舌兰酒。

牧区稳定是根本。羊毛和毛条是澳大利亚极为关注的产品，中澳进行了十几轮交锋，澳方讲他的牧民生存，我们谈自己几千万牧民的利益也要保护，牧民多处边境地区，利益得不到保护即可能导致边境地区的动乱。澳方要求我将羊毛关税减到1%，毛条减到3%，并增加配额量。谈判初期一直是关税司吴家煌司长主谈，一直拒绝他们的要求。但是我羊毛和毛条的国内供应不能满足需求，需要进口一定的量，但大量进口又会对我国牧民造成冲击，因此不能一味地拒绝，也要寻求解决方案。羊毛问题从第一轮谈判开始就谈，直到最后一轮，最终以实施关税配额的方式解决，在配额量内是低关税，以满足国内需求，配额量外是高关税，起到限制作用，这样既满足了国内市场又保证了牧区稳定。

闻着臭而吃着香。奶酪在20世纪90年代对于中国人来说是陌生的，新西兰希望降低奶酪关税，欧洲等国如瑞士也提出同样要求。当时国内没有奶酪，我们不知为何物，我出生在内蒙，知道牧区有奶豆腐，小时候父亲出差会带回一些，硬硬的、酸酸的，基本上嚼不动。我对奶酪产生了兴趣，专门从日内瓦的市场上买来各种奶酪品尝，我尤其对蓝纹奶酪（blue cheese）印象深刻，有点像臭豆腐，闻着味道怪，而吃起来香，我于是喜欢上了奶酪，尝试不同口味，后来还去了瑞士著名的奶酪小镇Gruyeres，了解奶酪生产过程。瑞士所产奶酪达上百种，著名的奶酪加工食品有奶酪火锅（Fondue）、烤芝士（Raclette）。奶酪火锅是将特制的奶酪放入下面加热的陶瓷或金属锅中融化，用小块面包或小土豆沾着吃，可以在锅中加洋葱、番茄以及火腿碎，还可以加威士忌。烤芝士是将一片片的奶酪放在小铁盘上，然后将小铁盘放在大烤盘上，通过大烤盘下面的加热管将小铁盘中的奶酪烤化，吃的时候将融化的奶酪放在面包片或土豆上一同食用，这两种吃法都非常好吃。我回国后专门买了专用锅和烤架，现在还偶尔享用。"吃奶酪要配红酒"，这是吴家煌司长教的，我们在谈判之余也会体验一下这种绝配。

美洲文化初尝试。墨西哥关注鳄梨（Avocado）和龙舌兰酒（Mezcal、Tequila），这些商品当时国内没有进口，墨方提出后我们根本就不知道是什么东西。现在大家都知道鳄梨就是牛油果，鳄梨是海关税则上的学名，源自西班牙语。而日内瓦是法语区，我们就通过互联网（当时没有手机且网络不发达）找到鳄梨的图片，按图索骥，终于在市场上找到了，买回来大家一起品尝了这种南美洲产品。而对于龙舌兰酒，在日内瓦的超市和商场也很难找到，我们只能去酒吧。我们点了龙舌兰酒，看似中国白酒，而酒精度数只有40度，低于我们50多度的白酒。我们不懂喝法，不敢贸然喝下，于是请教服务生。只见他将龙舌兰酒杯倒满，类似中国稍大的白酒杯，约50毫升，然后在自己手的虎口上撒些盐，先用舌头舔一下盐，再将酒一饮而尽，我们纷纷效仿，体会了一下南美刺激。这不禁使我想起电影《教父》中的场景，一人将长桌一端的龙舌兰酒沿桌面快速推向另一端，另一端的人接过来一饮而尽。这就是西方文化的一部分，虽然表面上是产品准入，而实际上是一种文化的推广。现在牛油果、奶酪、龙舌兰酒等已为国人熟知，并有大量的消费群体，降低关税起到了一定促进作用。

（六）最后谈判

承担重任。中美在1999年11月15日签署双边协议，意味着中国加入WTO的最大障碍已经排除，其他成员纷纷加快了与中国的谈判进程，而欧盟却迟迟不结束谈判。为能够尽快成为WTO成员，必须立即启动货物贸易减让表的制作。但是秘书处在未收到全部双边协议文本前，不能启动这一工作。外经贸部于是决定中方自行制作减让表。2000年初，国际司司长易小准与总署办公厅主任黄胜强沟通，希望海关总署能牵头完成这一工作，并提出，考虑到我从1992年起即作为核心成员参加多双边谈判，希望在工作层面由我来牵头。我已于1997年3月赴日内瓦常驻，2000年初时已任驻日内瓦代表团经贸处一等秘书，当时加入WTO就在眼前，我的想法是在日内瓦一直工作到中国成为WTO成员之后，再申请结束任期回国工作。黄胜强主任即将这一情况告诉了我，想听取我的意见，我当即表示服从组织安排，不管在哪里都是为加入WTO做贡献。虽然自己有点遗憾，但为加入大局，根据总署安排，我还是毅然于2000年3月离任回国。

2000 年 3 月 3 日外经贸部致函海关总署表示，为尽快完成制作我国加入 WTO 的有关文件，外经贸部牵头组织成立“WTO 文件制作工作小组”，请海关派人参加，并请海关尽快完成技术性工作，第一步是制作我国 2000 年中英文完整税则，第二步是制作我国 1996 年税则与 2000 年税则的税目转换数据库，第三步是根据我对 WTO 成员关税出价情况制作完成关税减让表，以 1996 年税则和 2000 年税则各编制一份。时任海关总署署长钱冠林对此项工作高度重视，指示相关部门在人财物上给予保障，批准我作为总署代表参加“WTO 文件制作小组”，并由我牵头从地方海关抽调两名专业人员完成数据库及减让表制作。为此总署任命我为关税征管司办公室正处级干部，没有安排其他具体工作，待此项工作完成后再确定我的工作安排。减让表制作工作需要对海关进出口税则十分熟悉的海关商品归类专家，我组织成立了工作专班，挑选了深圳海关关税处练兵和拱北海关关税处邬文献两名专家加入专班，时任国际司副司长周冠山同志是我们的直接领导，给予我们大力支持，总署安排了专门的办公室，配备了工作所需的设备。

非技术性技术工作。（1）*减让表样式。*货物贸易减让表是加入议定书的一个附件，包含中方与 WTO 成员谈判达成的关税减让结果，体现中方货物贸易市场准入承诺，是加入 WTO 法律文件的重要组成部分。减让表以英文编制，以中国海关进出口税则目录为基础，包含商品编码（税目）、商品描述、加入之日约束税率、最终约束税率、实施期、最初谈判权、其他税费等栏目。（2）*税则目录转换。*我们最初谈判时使用的是 1992 年版《协调制度》目录，而谈判接近结束时，我国已经实施 1996 年版《协调制度》目录。总署曾于 1996 年组织专家将谈判方案和双边谈判结果从 1992 年版转换到 1996 年版，但由于谈判跨度长达 10 年，双边协议有的使用 1992 年税则，有的使用 1996 年税则。2000 年海关进出口税则是以 1996 年版《协调制度》目录为基础编制的，减让表即应以 2000 年税则为基础编制。我们首先需要将 1992 年版税则目录转换为 2000 年版税则目录。1992 年版的 8 位税目为 6250 个，2000 年版的 8 位税目为 7324 个，存在一对多、多对一、多对多目录的情况，较为复杂，转换后制作成为英文版目录，作为制作减让表的基础。接下来是将使用两个版本的历次多边出价和双边协议税目进行转换，全部统一到 2000 年海关进出口税则目录。（3）*加入之日约束税率。*目录确定后，就要确定加入之日约束税率。关税谈判的基础税率是 1992 年税率，1992 年基础税率与 2000 年实施税率差别很大。在谈判期间，我国曾进行了多次自主降税。经批准，我们以 2000 年法定实施税率（不含暂定税率）作为加入之日约束税率。（4）

最终约束税率。最终约束税率即关税谈判的最终结果，主要是双边谈判的结果，对于没有双边谈判结果的产品，即以我国的多边出价作为最终约束税率。确定最终约束税率的原则是税率取最低、实施期取最长。但是由于关税谈判跨度近10年，其间提交过8次多边出价，在此基础上与37个成员进行了双边谈判，谈判结果各不相同，需要转换的8位税目加在一起近20000个，承诺税率不同，实施期不同，很多税目包含多个承诺税率和多个实施期。又由于税则转换原因，会出现产品范围不一致、一税目变多税目、多税目变一税目、多税目变不同多税目的情况，这些变化会带来成员要价产品的承诺税率是否变化的问题。（5）实施期。实施期即最终约束税率减让的时间，通常是平均削减，即加入之日进行第一次削减，此后每年的1月1日削减一次，直至削减到最终约束税率。削减过程中是“削减并约束”，即每一次削减后的税率均为约束税率。个别产品不是平均削减，如小汽车的关税，是先多减，再进行平均削减。中国加入WTO的日期是2001年12月11日，考虑到当日削减不现实，因此我国决定在2002年1月1日合并进行两次削减，这是后话。实施期与最终约束税率一一对应。承诺税率不同，实施期也就不同，大部分是5年，小部分是8至10年。我们要逐一确定8000多个8位税目的最终约束税率所对应的实施期。（6）最初谈判权。最初谈判权是指一个成员在另一个成员修改减让表时向该成员进行关税要价的权利，这种权利主要是在双边谈判中获得的，反映在双边协议之中最终合并到减让表中。对于在与我进行双边谈判中获得最初谈判权的成员，需要使用2个英文字母表示的ISO国别编码标注在每一对应税目上。

减让表在2000年9月初步完成，中方在中国工作组第12次会议期间提交各成员核对（WT/ACC/SPEC/CHN/2）。但是自此次会议起，各方重点又开始讨论议定书和工作组报告书中的焦点问题，减让表核对工作并未实质开展。2001年1月，工作组第15次会议后，谈判陷入僵局。直至2001年6月中美在上海就农业国内支持问题达成一致后，多边谈判才得以恢复。

在此期间，我们根据新达成的协议和部分成员反馈，对减让表进行了修改。2001年6月减让表修改版制作完成，包括农产品关税减让表、农产品关税配额减让表、非农产品关税减让表、信息技术产品清单等四部分内容，全部为英文版。6月20日，龙永图副部长专门就此事致函工作组主席吉拉德（Pierre-Louis Girard），正式提交中国自主制作的减让表。秘书处散发了减让表（WT/ACC/SPEC/CHN/4），同时表示，中方自行制作的减让表需要由秘书处按规定格式进行转换，再散发成员进行核对。有

图 6. 2001 年 9 月 14 日午夜，中国代表团成员与部分成员对关税减让表进行最后核对。立者左一为王延春，左二为索必成；坐者左一为 WTO 秘书处官员 Renzo Franco，左二为 WTO 秘书处官员 Denby Probst，左三为张向晨。

意思的一件事是，GATT 时代中国的减让表编号是第 VIII 号，GATT/WTO 不使用阿拉伯数字给减让表编号，而是使用大写罗马数字，即第 8 号。我们提交的减让表继续使用第 VIII 号，秘书处收到后告诉中方，中国加入 WTO 不能再沿用第 VIII 号了，要使用新号，最后秘书处的编号是第 152 号，大写罗马数字是 CLII。2001 年 7 月 31 日，秘书处散发了中国加入工作组报告书、议定书以及货物贸易减让表和服务贸易减让表，供各成员进行核对。第 18 次工作组会议定于 9 月 13 日召开。

最后时刻。9 月 11 日下午，工作组非正式会议刚刚召开不久，美国代表团突然宣布由于美国国内发生重大事件，建议休会。大家当时不知道美国国内发生了什么情况，休会后从电视上得知美国国内发生了“911”恐怖袭击事件。根据美国国内指示，美国代表团继续留在日内瓦开会。此次会议的主要目的是各方对议定书、报告书和减让表进行最后核对，最终形成中国加入 WTO 法律文件，提交年底召开的第 4 届部长级会议审议。自 9 月 5 日起，中方已与各方开始核对工作，对于报告书、议定书中的文字修改、对于减让表中存在的错误进行了一系列磋商，由于“911”事件，最后一轮核对自9月14日开始，我们减让表制作团队与秘书处专门负责减让表制作Denby Probst女士在WTO大楼三层的ROOM F，根据磋商结果在电脑上现场修改减让表，最终完成核对后，形成对减让表的勘误，最后形成新的减让表，减让表核对修改工作是最后一个完成的，当时已是15日凌晨1时。WTO秘书处在一楼大厅举行了简短的庆祝酒会，作为参加了10年谈判的中国代表团成员，我当时心情异常复杂，禁不住热泪盈眶，高兴、激动、自豪、艰辛、解脱、忐忑，五味俱全。酒会结束后，代表团全体成员回到驻地，并没有继续庆祝，而是回到各自房间，向国内的亲人和朋友通报喜讯，当时没有现在这么方便的即时通讯工具，大家通过电话、短信和EMAIL，将好消息传回国内。我相信其他人也像我一样度过了一个难眠之夜。

在9月17日举行的正式会议上，工作组主席吉拉德主持通过中国工作组报告书、议定书、货物贸易减让表、服务贸易减让表，龙永图团长在发言中指出，今天是一个值得纪念的重要日子，它标志着中国加入WTO谈判的最后结束。有关成员对中国完成加入WTO谈判表示祝贺，期待与中国在WTO中进行合作。主席手起锤落，宣布中国工作组结束全部任务，会场响起热烈掌声。掌声不仅是对中国即将加入WTO的

图7. 2001年9月15日凌晨，WTO秘书处举行酒会庆祝中国加入WTO法律文件最后核对工作完成。前排左起：WTO副总干事拉维耶（Paul-Herri Ravier）、龙永图副部长、沙祖康大使。

祝贺，也是各成员对自己所付出艰辛的鼓舞，大家共同完成了一项艰巨的工作，取得了双赢和共赢的结果。

减让表制作工作自 2000 年 4 月正式开始，至 2001 年 9 月工作组会议结束中国法律文件起草工作，前后历时 17 个月。专班同志付出了辛勤的劳动和汗水，熬过了多个不眠之夜，一次一次更新数据，解决一个又一个难题，与成员一次一次沟通，对 10 万条的数据进行核对，与 WTO 秘书处密切配合，最终圆满完成任务。

七、谈判团队

1986 年“复关”谈判启动后，海关总署即作为核心部委参与谈判方案的制定，并全面参与多双边谈判，在中国“复关”和“入世”谈判中，海关总署谈判团队主要负责关税谈判及议定书和工作组报告书中涉及海关议题的谈判，全面参加了工作组会议（仅有 2000 年 3 月工作组第 9 次会议未派员参加），参加了所有涉及货物贸易市场准入的谈判。海关参与的情况可以分为三个阶段。

图 8. 2001 年 7 月，海关总署参加谈判人员摄于 WTO 会场，左起：练兵、周冠山、邬文献、徐慧筠、王延春。

图 9. 1998 年 9 月，海关总署关税司司领导与国际关税处部分人员摄于总署大楼前。左起：汪东虹、党英杰、李鹏南、吴家煌、刘石桥、徐慧筠、王延春。

第一阶段。自 1987 年 10 月起至 1992 年 2 月，海关总署参加的人员有吴乃文、陈炳华、李哲生、周冠山、马晓野、余雨康等。主要参加工作组会议中关于中国贸易制度的审议，就海关政策统一性等问题进行答疑。1988 年 6 月工作组第 4 次会议上，中方发出了关税谈判邀请，就双边关税减让谈判与欧共体、加拿大、奥地利、芬兰和新西兰等缔约方进行了技术性磋商，但这一阶段没有开展实质性关税谈判。

第二阶段。自 1992 年 3 月至 1998 年年底，海关总署参加的人员有黄汝凤、黄胜强、吴家煌、陈炳华、周冠山、汪东虹、王延春、刘平、党英杰、徐慧筠、刘同泰等。1992 年海关总署成立关税谈判领导小组，由吴乃文同志负责，同时成立了部际协调小组，1993 年因机构改革，关税谈判组与关税司国际关税处合并。这一阶段海关谈判团队参加了全部工作组会议，参与议定书和报告书中涉及海关议题的多双边谈判，更重要的工作是牵头开展关税谈判。市场准入谈判的总牵头部门是外经贸部，参与部门为计委、经贸委、农业部、海关总署、检验检疫总局、税委办、机电办等，涉及关税、非关税措施等议题，关税谈判由海关总署牵头，外经贸部、农业部、税委办参与。海关谈判团队牵头制作完成了关税及非关税措施一览表、关税及非关税措施出价单、乌拉圭回合关税出价单、乌拉圭回合减让表等多份文件。吴家煌司长负责主谈，谈判前与参与部门协商，根据国务院授权，确定谈判方案，由我制作谈判方案和出价单，1997 年 3 月后，此项工作由党英杰同志负责，谈判后由汪东虹或刘平等人编写谈判纪要。

第三阶段。自 1999 年至 2001 年，海关主要参加的人员有周冠山、王延春、徐慧筠、练兵（深圳海关）、邬文献（拱北海关）等。1998 年国务院机构改革后，关税税则委员会办公室从经贸委划归到财政部，海关总署内设机构进行了相应调整，取消了原设在关税司负责 WTO 谈判的国际关税处，将谈判职责划归到海关总署国际司，参加谈判的人员也发生了一些变化；谈判改为由外经贸部国际司牵头主谈，海关不再牵头制定谈判方案。2000 年 4 月至 2001 年 9 月，海关总署谈判团队按照谈判代表团统一部署，牵头制作完成中国加入 WTO 货物贸易减让表。

海关总署在“复关”“入世”谈判中发挥了重要作用，戴杰、钱冠林、吴乃文、黄汝凤、端木君等历任署领导对谈判高度重视，关税司李鹏南、孙亚一、刘石桥等历任司领导和司内同志大力支持，办公厅、统计司、国际司、信息中心以及地方海关也给予了支持和帮助，外经贸部易小准、张向晨、李仲周、何宁、王世春、傅星国、王燕、赵艳霞、索必成等同志给予海关谈判团队充分信任和支持，计委、经贸委、财政部、农业部、检验检疫总局等与我们通力合作。谈判团队在市场准入谈判中发挥了不可替代的作用，并充分参与了议定书和报告书中涉及海关议题的谈判，受到石广生部长及历任谈判代表沈觉人、佟志广、谷永江和龙永图的称赞。

二、制度调整，加入 WTO 的必然要求

海关是历史悠久的职业，国际上协调解决涉及海关技术的政府间国际组织是世界海关组织（World Customs Organization，WCO），其前身海关合作理事会（Customs Cooperation Council，CCC）成立于 1952 年，总部设在比利时布鲁塞尔，1994 年改为现名。WCO 致力于简化和协调海关手续，协调海关技术性问题，达成的国际文件包括《京都公约》《伊斯坦布尔公约》《商品名称及编码协调制度公约》等，中国于 1983 年 7 月 18 日加入该组织。1978 年中国海关恢复征税起 40 年历程也正是中国改革开放的 40 年，也是中国加入 WTO 谈判 15 年到中国加入 WTO 后 20 年，这期间中国海关在国际舞台上一直发挥着重要作用。中国海关不断推进关税三大技术“商品归

类、估价、原产地确定”国际化，中国海关根据我国自身发展的需要，推动贸易便利化，不断深化与国际规则的接轨。中国不断深化改革开放，逐步建立起中国特色社会主义市场经济体系，国家经济贸易政策根据深化改革的需要并在谈判的推动下，也日臻完善。中国海关也紧跟国家改革开放的进程，不断完成制度建设，提升在国际舞台的影响力，贡献中国智慧。

中国于1986年7月10日提交“复关”申请,1987年3月4日中国工作组正式成立，工作组一项主要工作是审议中国的贸易制度，审议中国的贸易政策是否与关贸总协定的规则相一致。海关要答复各缔约方提出的问题，使他们全面了解海关的政策制度，并进行评估。海关关税制度和政策是外贸政策的重要组成部分，贸易制度审议以及报告书和议定书中涉及海关的主要内容包括关税政策的统一性，包括西藏小税则、对台贸易调节税、减免税政策等，还包括海关估价、原产地规则以及知识产权海关保护等。

WTO成员在多边和双边谈判中要求中国在全部关境内实施统一的关税政策，加入WTO后全面实施《海关估价协定》《原产地规则协定》《与贸易有关的知识产权协定》。海关谈判代表团在参加谈判前，需要向总署领导请示谈判方案和授权，并根据谈判的进展情况，及时上报和调整谈判方案。

（一）关税政策统一性

西藏小税则。《西藏地区进出口税则》（以下简称《西藏小税则》），是经国务院批准的专门为西藏自治区进出口货物而设定的关税税则。其税目比较简单，税率低于《海关进出口税则》中的税率，主要目的是为了支持西藏地区的经济发展。该税目和税率仅适用于从西藏各口岸进出口的货物，不考虑货物的原产地。第一部《西藏小税则》于1962年5月公布实施，进口税38个税目，出口税6个税目。1980年9月，《西藏小税则》经修改后，公布实施《西藏地区海关征收进口税办法》，所附《西藏地区进口税则》也仅有20个税目，而当时的《海关进出口税则》有4000多个税日。《西藏小税则》在中国“复关”谈判时是各缔约方关注焦点，随着谈判的深入，为不给西方国家口实，国务院决定自1995年1月1日起，从西藏地区各口岸进口原产于比邻地区的货物，除西藏地区自用的货物外，全面实施《海关进出口税则》。中国加入WTO后，对于西藏地区自用的原产于比邻国家的产品也不再实施特别的关税制度，在中国关境内实施统一的关税政策，维护国家外贸政策的统一性。

对台贸易调节税。对台贸易调节税是对台湾地区直接贸易运进大陆的产品所征收的一种税，不是进口关税，而是国内税。根据1982年11月19日国务院常务会议通过的《关于对台湾省直接贸易运进大陆的产品征收调节税的暂行规则》，对台湾省生产的产品征收调节税后，不征收进口关税和工商税。对台贸易调节税，以从事经营台湾省产品的大陆公司、企业或其他单位为纳税义务人。按产品划分税目确定税率，在设有海关的地点，由海关代征；不设海关的地点，由税务机关征收。调节税税目税率表有18个，税率在60%—200%之间，对于在目录中没有列明的产品，按《海关进出口税则》税率的90%征收，对大陆出口到台湾地区的货物不征出口税。实施对台调节税也是中央政府对台政策的体现，当时台湾地区也不是关贸总协定的缔约方，国务院没有将台湾地区当做单独关税区来看待，而是作为我国的一部分，对其产品征收国内税。随着关贸总协定对我国贸易政策审议的不断深入，缔约方要求我统一贸易政策，同时中国台湾作为中国的单独关税区也在申请加入GATT/WTO，中央把中国台湾与中国香港和中国澳门一样作为一个单独关税区对待，国务院决定自1996年4月1日起取消对台贸易调节税，按照对货物贸易的通行规则，对由我国台湾地区运进的、符合原产地原则的产品，统一按《海关进出口税则》规定的优惠税率征税。

减免税政策。减免税政策实质上是一种关税优惠政策，对不同地区或不同企业或行业实施优于最惠国待遇的一种关税制度安排。我国实施的减免税政策，包括法定减免、政策性减免，政策性减免税也称特定减免税，是临时性的。1979年至1992年，实施特定减免税的产品大约有50多类，涉及150多项优惠规定。优惠对象主要包括地区、行业、用途、资金来源、贸易方式等，减免税的范围主要包括生产设备、科研仪器、零部件、原材料等生产科研用货物。海关在20世纪90年代初实施以“促进为主”的工作方针，国务院批准的一些政策需要海关总署牵头商有关部门制定具体实施办法，同时大量具体减免税项目都是国务院授权海关总署进行批准，这些减免税政策在改革开放初期，对进口国内需要的原材料和机器设备，支持特定地区和特定行业的发展，推动改革开放和经济发展起到了积极作用。但这种制度安排也造成了关税制度在中国关境内的不统一性。在“复关”“入世”谈判过程中，政策的不统一性，是贸易制度审议过程中的一个重要问题，尤其是为配合国家产业政策和地区发展政策而实施的减免税政策，是关注的重点，主要涉及的是关税政策的统一性、国民待遇和投资限制。如深圳等特区的税收优惠政策涉及政策统一性问题，外商投资企业目录内的优惠涉及国民待遇问题，部分行业国产化不同，给予不同的关税优惠措施，涉及的是《与贸易有关的投资措施协定》中的投资限制问题。一方面随着改革开放的不断深入和党的十四大确定我国社会主义市场经济体制，需要有公平贸易环境和公平税负，这是社会主义市场经济发展的客观要求，同时也可以更好地发挥关税的调节作用。另一方面，随着我国“复关”谈判的不断深入，贸易制度审议基本完成，也要求我国在议定书或报告书中承诺统一关税政策、实施国民待遇、取消与WTO规则不相符的投资限制。

从1993年开始对减免税政策进行了3次重大调整和清理。逐步清理不合理或不符合国际规则的减免税政策。1995年12月26日国发1995（34）号《国务院关于改革和调整进口税收优惠政策的通知》明确，党的十一届三中全会以来，为促进对外开放和国民经济发展，我国制订了一系列进口税收优惠政策，对扩大对外贸易、吸引外资、引进先进技术发挥了重要作用。随着改革开放的不断深入和社会主义市场经济体制的逐步建立，这些政策法规与国际通行规则和市场经济公平竞争原则的矛盾日益突出。名目繁多的减免税造成地区间、企业间的不公平竞争，不利于国有企业转换经营机制和地区间经济协调发展。必须加快对进口税收政策的改革和调整，进一步降低进口关税总水平，取消过多的、不平等的进口税收减免法规，按照社会主义市场经济体制的要求和国际通行规则，建立统一、规范、公平、合理的进口税收政策，以更加开放的姿态参与国际竞争和国际经济合作，促进国民经济的发展。文件规定自1996年4月1日起，对进口设备和原材料等一律按法定税率征收关税和进口环节税，即新批准设立的外商投资企业（包括中外合资经营企业、中外合作经营企业和外商独资企业）投资总额内进口的设备和原材料、新批准的技术改造项目进口的设备一律按法定税率征收关税和进口环节税；全国各类特定区域（包括经济特区、经济技术开发区、高新技术产业开发区、沿海开放城市、沿海经济开放区、边境对外开放城市、边境经济合作区、享受沿海开放城市政策的沿江开放城市和内陆开放城市、国家旅游度假区、上海浦东新区以及其他各类开发区）进口各类物资，一律按法定税率征收关税和进口环节税。这一通知为规范减免税政策起到了关键性作用，取消了不合理和不公平的减免税政策。经过减免税政策的3次重大调整，外资企业逐步实现了国民待遇，在全国实施统一的税率，进一步增加了政策透明度。这些是我国深化改革、扩大开放的重要举措，与我国中国特色社会主义市场经济发展的要求相一致。

我国在加入WTO时承诺，在全部关税领土内实施《WTO协定》，包括建立特殊关税、税收和法规制度的经济特区和其他地区，并适用于各级政府。所有的减免税政策依照《海关法》和《关税条例》制定和实施。所有减免税在最惠国待遇基础上适用。到中国在加入WTO时，海关关税制度和政策已在全国统一实施，基本上没有不符合

WTO 规则的减免税政策，这一承诺得到全面履行。

（二）海关估价

海关估价是海关为征收海关税收，根据本国或地区法律规定，确定进出口货物完税价格的方法和程序，海关估价是一种行政执法行为。海关完税价格确定方法和程序直接影响到进出口贸易活动，不合理的限价、方法和程序会限制贸易的流动，从而阻碍贸易自由化的发展。因此世界各国一直寻求建立统一的国际海关估价制度，以约束海关的执法行为。

国际发展。为约束各缔约方海关的估价行为，GATT 第 7 条对海关估价做了原则性规定，即进口商品的完税价格应以所估进口商品或同类商品的实际价格为依据。由于只有原则性规定，没有明确什么是“实际价格”，也没有明确具体程序，缔约方有很大的自由裁量权。在东京回合之前，这一条款没有得到有效实施。为使第 7 条的规定具体化和标准化，欧洲关税同盟研究小组在 1950 年拟订了《海关商品估价公约》，即《布鲁塞尔估价公约》，该公约于 1953 年 7 月 28 日正式生效，其中规定海关估价以进出口货物的正常价格，即在公开市场上相互独立买卖双方之间进行交易的销售价格。公约受到大多数国家的欢迎，20 世纪 70、80 年代，有 30 多个国家或地区成为缔约方，有 70 多个国家采用了这种方法。公约的实施有利于打击低报价格的行为，维护诚信商人的利益，但在实践中各国海关为保护本国的税收利益，正常价格的概念通常被滥用，导致估价的武断性和虚构性，且美国和加拿大不接受这一公约。在 1973 年开始的东京回合谈判中，海关估价问题成为谈判焦点，经过谈判，各方对估价的方法程序等达成共识，所达成的《关于实施关税与贸易总协定第 7 条的协定》于 1981 年正式生效，又称为《东京回合估价守则》。估价守则比公约有了很大的进步，规定海关的完税价格应为进口货物的成交价格，在成交价格不能确定时才可以采用其他方法进行估价，明确了估价原则、方法和程序，禁止采用进口国价格，禁止采用武断或虚构的价格。无论是《布鲁塞尔估价公约》还是《东京回合估价守则》虽是国际规则，但不具强制性，各国可以选择性加入或实施，《东京回合估价守则》是一项诸边协定，也没有被全体缔约方全面实施。GATT 缔约方经过 7 轮多边贸易谈判，关税水平有了极大的降低，但由于各缔约方采取武断的或虚构的价格对进口货物进行估价，实际上减损了关税减让的成果。因此在乌拉圭回合谈判中，各方又将实施 GATT 第 7 条纳入谈判，要对《东京回合估价守则》进行进一步完善，旨在建立一套有约束

图 10. 2000 年 10 月，王延春（右）与海口海关王新处长参加在布鲁塞尔召开的世界海关组织海关估价技术委员会会议。

性的、公平、统一、中性的估价制度。经过各方共同努力，修改后的《关于实施关税与贸易总协定第 7 条的协定》纳入乌拉圭回合协议之中，成为多边货物贸易协定之一，各成员必须全面实施。至此，国际上统一的海关估价制度随着 WTO 建立得以全面实施。WTO《海关估价协定》规定了海关的完税价格是货物出口销售到进口国实际支付和应该支付的价格，即货物的成交价格，进一步明确规定了在成交价格不能确定时，应按顺序实施相同货物成交价格法、类似货物成交价格法、倒扣法、计算法和合理方法等方法进行估价，并规定了相关的程序，同时也规定了海关和进口商的权利与义务，全面规范了各成员的估价行为。

中国渊源。中国海关估价制度从新中国成立就开始建立，我国于 1951 年颁布了《暂行海关法》《海关进出口税则》《进出口税则暂行实施条例》等一系列海关法律法规。其中规定：“进口货物应以该货物运抵我国的到岸价格为完税价格”，“到岸价格系指货物在采购地之正常批发价格加上出口税、运抵我国输入地点起卸前的包装费、运输费、保险费、手续费等一切费用，经海关审定者”，“如进口货物在采购地之正常批发价格，海关未能确定时，其完税价格，应以申报进口时国内输入地点的平均批发市价减去进口费用及营业费用作为计算依据。”这一制度一直沿用到1985年。1985年我国进行了关税制度改革，制定了《进出口关税条例》。1987年对《海关法》及相关规章进行了修订，其中明确了海关完税价格为“正常成交价格”，把正常成交价格作为海关估价的基础，并且明确规定了海关估价的方法。根据《海关法》和《进出口关税条例》，海关总署于1989年发布了《海关审定进出口货物完税价格办法》，规定：“海关审定的进出口货物的成交价格，应该是该项货物在公开市场上可以采购到的正常的价格。”这一规定是考虑到我国对外贸易存在港、澳特殊市场的实际情况，为保证海关在当时的估价能力和技术水平下，对有特殊关系或受特殊条件、特殊安排影响的货物拥有估价的主动权而制定的；同时考虑到国际上的“布鲁塞尔估价定义”和《东京回合估价守则》，虽然没有采用《布鲁塞尔估价公约》和《东京回合估价守则》的内容，但采用了正常价格的概念与公约的内容更接近，建立一套既有中国特色，又力求符合国际惯例的海关估价制度。1992年海关对《进出口关税条例》进行了修订，在3月18日颁布的《进出口关税条例》中规定：“进口货物以海关审定的成交价格为基础的到岸价格作为完税价格”，并规定了三种估价方法。在1992年9月1日实施的《海关审定进出口货物完税价格办法》又做了进一步明确，海关以进出口货物的实际成交价格为基础审定完税价格，实际成交价格是一般贸易项下进口或出口货物的买方为购买该项货物向卖方实际支付的或应对支付的价格。这些规定基本与《东京回合估价守则》的原则接近，也与当时乌拉圭回合正在谈判的《海关估价协定》的原则性规定基本一致。应该来讲，这是向全面实施WTO《海关估价协定》一个过渡的估价办法，在当时的历史条件下，对于打击价格瞒骗行为、统一海关估价的尺度起到了非常重要的作用。该办法虽然引用了“成交价格”这一术语，但没有反映WTO《海关估价协定》的真正内涵，立法原意上与协定的精神有很大的差异，从估价技术上看，在成交价格的定义、估价方法、费用的调整因素、进口商的权利等方面与估价协定存在差异。

海关修订完税价格办法一方面有利于规范进出口秩序，打击低报价格行为，保护税收安全；另一方面也是我国“复关”谈判的需要，与GATT第7条保持基本一致，也为今后全面实施GATT的要求做准备。但由于20世纪90年代初，国家鼓励进口、鼓励境外投资，国内对进口商品又有极大的需求，海关实施以“促进为主”的方针，进出口贸易持续增长，而海关税收又是中央财政的重要来源之一，约占四分之一，当时的关税水平很高，平均关税在35%—42.5%之间，这使不法商人为高额利益驱动，采取低报进口价格、伪瞒报商品等形式，偷逃进口税收。为保护税收安全，防止税收流失，海关采取了一系列的措施打击价格瞒骗行为。在机构上，在总署关税司设立副司级海关审价办公室，在全国主要直属海关设立正处或副处级审价审价办公室，在方法上，采取了最低限价、参考价格等做法进行估价，这些做法有效打击了价格瞒骗行为，但因为估价过程中采用了一些武断的或虚构的价格确定完税价格，也误伤了一些合法商人。海关在加入 WTO 前一直采取这些做法，因此在谈判中，美欧等成员要求中国在加入 WTO 之日全面实施《海关估价协定》，不同意中方采用对发展中国家适用的 2 至 3 年的过渡期，同时要求中方取消最低限价和参考价格，在议定书谈判中，中方与之进行了多次交锋。随着中国加入 WTO 后关税水平大幅度降低，国内生产能力和商品质量不断提高，进口商品的利润空间得到进一步压缩，加之海关持续打击不法分子的价格瞒骗行为，通过低报价格偷逃关税的行为得到一定的遏制，进出口贸易环境有所好转，然而打击价格瞒骗行为依然是海关相当长一个时期的重点工作。

履行承诺。我国承诺在加入 WTO 之日，全面实施《海关估价协定》，以成交价格作为海关估价的基础，并实施该协定规定的其他海关估价方法，不再采用最低限价和参考价格。因此对于海关工作来讲，加入 WTO 后全面实施《海关估价协定》是海关面临的最大挑战。

加入 WTO 后，总署任命我为关税司价格处处长。当时中国的海关审价没有完全采用 WTO《海关估价协定》，仍采用最低限价的做法，这些在中国加入 WTO 后是不允许的。时任关税司司长李鹏南告诫我说：“你王延春了解国际规则，但不了解中国海关估价的现状，不了解海关现场是如何进行估价的。”鹏南司长的话对我触动很大，我回想起 1990 年入职总署后的经历，都是在参与关税政策制定和参与国际谈判，海关现场到底如何工作，我根本就不知道，可以说我不是一个合格的海关人，更不是一个合格的海关关税人。从那一刻起，我就沉下去，去现场跟班作业，了解现场海关的现状，了解企业如何进行申报，海关如何进行估价，同时组织海关估价专家团队，全面准确翻译《海关估价协定》，将国际规则与我国海关的具体实际相结合，完善法律、法规和规章，建立新工作模式，在广州海关成立了 1 个海关总署价格办公室、在天津、哈尔滨、上海、宁波、深圳海关成立 5 个海关总署价格处（“一办五处”）培养高素质队伍，应对加入 WTO 的挑战。时任海关总署副署长的龚正同志，亲自听取我向总署各部门汇报完税价格办法的主要内容，亲临全国性的培训指导和讲话，为《海关估价协定》在我国的顺利实施起到了重要推动作用。

图 11. 2001 年 12 月，海关制订特许权使用费估价办法工作团队合影。左起：罗晓宾、冯东、张咏梅、王明瑞、王延春、张翼、乐志远、李莉、虞亮。

中国加入 WTO 后，我国对《海关法》和《进出口关税条例》进行了修订，海关总署制定并于 2001 年 12 月 31 日发布了海关总署令第 95 号《海关审定进出口货物完税价格办法》，完全采用与《海关估价协定》相一致的估价方法和程序。为进一步规范与海关估价有关的做法，2003 年 5 月 30 日海关总署令第 102 号发布的《海关关于进口货物特许权使用费估价办法》，之后又将这两个文件整合和修订，发布了 2006 年 5 月 1 日起施行的《海关审定进出口货物完税价格办法》。2013 年又做了进一步修订，于自 2014 年 2 月 1 日起施行。中国加入 WTO 后，积极参与多双边国际活动。在 WTO，积极接受贸易政策审议，参与 WTO 海关估价委员会议题研究；在 WCO，将再销售价格法转移定价案例纳入了 WCO《海关估价纲要》，将“中国海关价格管理经验”作为“最佳做法”纳入了 WCO《税收一揽子指导文件 3》中，在多边贡献了中国方案，共享了中国经验。

（三）原产地规则

原产地简单讲就是指货物的生产地，也就是国际贸易中货物的“国籍”。但由于全球化的发展，生产的国际化日益普遍，一个产品会有多个国家或地区参与生产，而且还有多个国家或地区的零部件参与其中，如何确定产品的原产地就变得十分复杂，这就需要建立一套国际通用的确定货物原产地的方法和程序，以防滥用。随着国际贸易的发展，必然引发贸易冲突，越来越多的国家，对来自于不同原产地的货物实施不同的关税和非关税措施，也就是说因货物原产地不同，而给予差别待遇。原产地规则主要包括非优惠原产地规则和优惠原产地规则。优惠原产地规则是为实施国别优惠政策而制定的，对于单方面给予优惠政策（如普惠制，GSP）一般由给惠国自己制定，而对于优于最惠国待遇的多边、双边贸易安排或自由贸易协定，则是由参加方共同谈判而成（如《区域全面贸易伙伴关系协定》，RCEP）。非优惠原产地规则是为实施普遍的、无差别的贸易政策而制定的，如实施最惠国待遇关税和非关税措施、贸易救济措施、贸易统计、贸易报复等，WTO《原产地规则协定》就是针对非优惠原产地规则制定的。

国际发展。1953年国际商会提出了关于确定原产地的方案，但在GATT中未达成一致，没有得以实施，之后的20年间，各国根据自己的情况自行确定进口货物的原产地，但GATT缔约方一直致力于达成一个多边实施的原产地规则。海关合作理事会于1973年在日本东京主持制定了《关于简化和协调海关业务制度的国际公约》（即《京都公约》），该公约拟订了确定原产地的规则，供CCC成员参照，并不是强制实施，而是自愿加入公约来实施，而且CCC的公约对GATT缔约方没有约束力。GATT缔约方对原产地问题都很关注，认为有必要建立一套有约束力的国际规则，避免对国际贸易造成不必要的影响，但一直没有纳入多边贸易谈判，直到乌拉圭回合谈判后期，才将原产地规则纳入谈判，并达成WTO《原产地规则协定》。这是第一个关于原产地规则的有约束力的多边协定。

中国渊源。海关总署于1986年12月6日发布了我国非优惠原产地管理的最早规定，即《海关关于进口货物原产地的暂行规定》。我国实施的进口原产地规则比较简单，主要是明确哪些产地实施优惠关税税率，哪些产地实施普通税率。随着我国开放的扩大，原产地规则也要服务于国家贸易政策，如反倾销、报复性措施等，暂行条例已不能满足我国外贸政策的需要，但考虑我国正在进行“复关”谈判，而且当时的贸易摩擦也不多，也就没有对暂行条例进行修订，进口原产地的管理机关为海关总署。与其他国家不同的是，我国为实施对外签发原产地证书，1992年实施了《出口货物原产地规则》，管理机关是经贸部，具体签发出口原产地证书的是贸促会和国家商检局。进口、出口原产地确定标准有一定的差异。1998年国务院机构改革后原产地规则的管理机关是海关总署。

履行承诺。我国承诺，在加入 WTO 之时将保证与原产地规则有关的法律、法规及其他措施完全符合《原产地规则协定》，并以完全符合协定要求的方式实施此类法律、法规及其他措施。我国原产地规则的确定标准与方法与《原产地规则协定》存在很大差异，加入 WTO 承诺的实施给我国海关带来一定挑战，我们根据《原产地规则协定》制定了我国的原产地规则，国务院于 2004 年 9 月 3 日颁布《进出口货物原产地条例》，并于 2005 年 1 月 1 日起实施。与该条例同时生效的还有《关于非优惠原产地规则中实质性改变标准的规定》，统一了进出口原产地规则，全面履行了我国的承诺。

加入 WTO 后，中国积极参加 WTO 和 WCO 非优惠原产地协调工作，在 WTO 非优惠原产地规则制定过程中提出了中国建议。深入开展区域贸易协定原产地规则研究，全面参加 RCEP 原产地规则谈判，为 RCEP 在我国顺利实施发挥了重要作用。同时积极参与多双边框架下优惠贸易协定原产地规则谈判，海关总署从 2001 年第一个亚太协定（原《曼谷协定》）到 2022 年 1 月 1 日实施的 RCEP 共谈判签订了 20 个优惠原产地规则。在优惠原产地管理上创新理念、深化改革，推动各方“原产地电子联网”、企业“智能审核 + 自助打印”，为原产地管理贡献了中国智慧。

（四）知识产权海关保护

知识产权是一国法律规定的人们对自己智力成果所享有的权利和生产经营活动中标记所有人享有的权利。传统上知识产权主要包括工业产权和著作权两大类，工业产权主要包括专利权、商标权、禁止不正当竞争等，范围非常广泛。知识产权是一种民事权利，具有无形性、专有性、地域性、时间性、公开性和可复制性。

国际发展。国际上对知识产权保护一直非常重视，第一个公约是 1883 年 3 月 20 日法国、比利时和瑞士等 11 个国家签订的《保护工业产权巴黎公约》（简称《巴黎公约》），之后又签订了一系列国际公约，如《伯尔尼公约》《罗马公约》《马德里协定》《专利合作公约》等。除此之外，1967 年 7 月 14 日 51 个国家在斯德哥尔摩签订了《建立世界知识产权组织公约》，1974 年 12 月世界知识产权组织（WIPO）成为联合国的一个专门机构，总部设在瑞士日内瓦。WIPO 主要是通过国家间的合作促进对全世界知识产权的保护，该组织是一个协调和服务机构。国际上知识产权保护虽然有专门的机构管理，但该机构解决不了贸易争端问题，而且保护知识产权的国际公约都不在 GATT 框架下。在乌拉圭回合谈判前，GATT 没有涉及知识产权保护的协定，各缔约方认为涉及知识产权的国际公约保护范围有一定的不足，缺乏一个有效的争端解决机制来处理与贸易有关的知识产权问题。针对以往国际公约的不足，发达国家认为应当谈判一项新的国际公约以解决这些问题。乌拉圭回合谈判之初，以美国、瑞士等为代表的发达国家，主张将知识产权纳入多边谈判。因此在乌拉圭回合谈判中开始进行《与贸易有关的知识产权协定》谈判，该协定在参考和吸收前述公约的基础上进行了有效的补充和修改，成为世界范围内知识产权保护领域内涉及面广、保护水平高、保护力度大、制约力强的一个国际公约。

中国渊源。我国从新中国成立初期颁布了一些有关知识产权保护的法律法规，到20世纪80年代初开始建立一系列比较完备的法律制度，也基本遵循了相关的国际公约，并于1980年3月加入WIPO。20世纪90年代初，美国政府认为由于美国的知识产权在世界范围内没有得到有效的保护，高技术的优势得不到发挥，为扭转连年贸易逆差，对中国等国家依据美国贸易法发起"301条款"调查。如果调查认定中国采取其他不公平的贸易做法，损害美国的贸易利益，美国政府可以采取报复措施。为避免中美贸易战，从1990年开始中美双方就知识产权问题展开谈判，知识产权海关保护也是谈判的重要内容，海关总署参加了这一谈判，1992年达成《中美知识产权协议》，我国按照协议制定和修订了一些法律法规。

中国知识产权海关保护源于20世纪90年代初期，也称知识产权边境保护，指海关为禁止侵犯知识产权的货物进出口，对与进出口货物有关并受中国法律、行政法规保护的商标专用权、著作权和与著作权有关的权利、专利权依照国家有关规定实施的保护。1992年修订的《专利法》第十一条规定："专利权人有权阻止他人未经许可，进口专利产品或者进口依照其专利方法直接获得的产品。"《对外贸易法》第二十七条规定："对外贸易经营者在对外贸易经营活动中，应当合法经营，公平竞争，不得有损害中国法律保护的知识产权的行为。"虽然有这些法律规定，但海关没有制订与之相配套的执法措施，这些规定难以落地。

1995年10月正式实施的《知识产权海关保护条例》，标志着我国海关知识产权保护有了直接的法律依据。海关在制定《知识产权保护条例》的过程中，结合我国国情，借鉴了国际先进做法和WTO协定的相关规定，条例基本符合WTO规则。1987年修订的《海关法》没有关于知识产权海关保护的相应条款，为推动中国加入WTO进程，2000年7月8日人大常委会通过了修订后的《海关法》，新增第四十四条，该条规定："海关依照法律、行政法规的规定，对与进出境货物有关的知识产权实施保护。需要向海关申报知识产权状况的，进出口货物收发货人及其代理人应当按照国家规定向海关如实申报，并提交合法使用有关知识产权的证明文件。”

履行承诺。我国在加入 WTO 时承诺，全面实施《与贸易有关的知识产权协定》，并承诺向知识产权权利人提供与协定中有关条款的规定完全一致的、有关边境措施的程序。海关总署根据加入承诺，对相关规章进行了修订，2004 年 3 月 1 日起实施《知识产权海关保护条例》，该条例分总则、知识产权的备案、扣留侵权嫌疑货物的申请及其处理、法律责任。条例规定，知识产权海关保护是指海关对与进出口货物有关并受中国法律、行政法规保护的商标专用权、著作权和与著作权有关的权利、专利权实施的保护。知识产权权利人向海关申请采取依职权保护措施前，应当按照条例第七条的规定，将其知识产权及其他有关情况向海关总署进行备案。这就是说，没有向海关备案的知识产权，海关不予保护。中国海关对知识产权的保护可以划分为“依申请保护”和“依职权保护”两种模式（“依职权”一词源于《与贸易有关的知识产权协定》中的 ex-officio）。依申请保护是指知识产权权利人发现侵权嫌疑货物即将进出口时，根据条例第十二至十四条的规定向海关提出采取保护措施的申请，由海关对侵权嫌疑货物实施扣留的措施。由于海关对依申请扣留的侵权嫌疑货物不进行调查，知识产权权利人需要就有关侵权纠纷向人民法院起诉，所以依申请保护也被称作海关对知识产权的“被动保护”模式。依职权保护是指海关在监管过程中发现进出口货物有侵犯在海关总署备案的知识产权的嫌疑时，根据条例第十六条的规定，主动中止货物的通关程序并通知有关知识产权权利人，并根据知识产权权利人的申请对侵权嫌疑货物实施扣留的措施。由于海关依职权扣留侵权嫌疑货物属于主动采取制止侵权货物进出口，且海关还有权对货物的侵权状况进行调查和对有关当事人进行处罚，所以依职权保护也被称作海关对知识产权的“主动保护”模式。2010 年 3 月和 2018 年 3 月又对《知识产权海关保护条例》进行了两次修订，现行的是 2018 年 3 月 19 日修订的《知识产权海关保护条例》。

中国海关不断加强多双边国际合作，开展双边联合执法行动打击重点商品和重大国际赛事的侵权行为，参加 WCO 的专项行动，加强与有关国家的数据、情报和案件交换，参与并积极推动完成 RCEP 知识产权谈判，参与知识产权全球治理。

中国海关恢复征税 40 年，中国加入 WTO 20 年，中国海关在中国的改革开放过程中不断调整海关工作方针，坚决贯彻落实党中央国务院的决策部署。2018 年党中央进行机构改革，将检验检疫职责划归海关总署，海关作为进出境监督管理机关承担海关监督管理、征收关税、查缉走私和编制海关统计的传统职责，又扩展为负责出入境卫生检疫、出入境动植物及其产品检验检疫，负责进出口商品法定检验，负责进口食品、化妆品检验检疫和监督管理，即负责确保口岸公共卫生安全、国门生物安全、食品安全和商品质量安全，海关的职责更加重大。

三、多边谈判，铸就个人成长

（一）入职海关

我于1990年自人民大学法律知识产权第二学士学位毕业后入职海关总署，分配到关税税则委员会办公室工作。到总署求职时，总署办公地点还在西城区白塔寺，人事部门给我出了题目，我根据要求完成了笔试。税委办常务副主任兼总署关税司副司长章国胜对我进行了面试，他知道我是学知识产权专业的，就谈到了知识产权边境保护问题，当时海关法律法规还没有这方面的规定。我当时觉得到总署工作是能够发挥自己所学专业的，其实我并不十分了解总署或税委办是做什么工作的。1990年10月总署正式搬入建国门内大街6号新址，新办公楼采用门字形结构，象征着国门。当时总署是副部级机构，戴杰同志任署长。党的十一届三中全会后，我国开始实施改革开放政策，国内产业发展相对落后，而国内发展又需要引进大量国外先进技术和设备，所以关税在当时历史条件下既要保护本国幼稚产业，又要促进充分利用国际国内两种资源、两个市场，但更重要的是，海关税收是中央财政重要来源，占中央财政四分之一左右，对国家宏观调控，推动社会经济发展起着重要作用。作为国务院直属机构，海关总署既负责关税等政策的制定，也负责依法守护国门。

税委会。1985年3月国务院公布实施的《关税条例》规定，《海关进出口税则》的修改及暂定税率的确定由税则委员会负责审议并报国务院批准实施。税则委员会由海关总署、经贸部、财政部、计委、经委及其他有关部委的代表组成，其办事机构设在海关总署。当年11月国务院批准成立国务院关税税则委员会(以下简称“税委会”)，取代税则委员会，履行《关税条例》赋予的关税政策、税则目录和税率的审议等职责，由海关总署署长戴杰任主任。1987年3月国务院办公厅发出《关于成立税则委员会的通知》，调整充实了税委会，主任委员由国务委员王炳乾担任，副主任委员由海关总署署长、财政部副部长、经贸部副部长担任，相关部委的副部长任委员，税委办仍设在海关总署。1993 年 9 月国务院决定国务院副总理李岚清任主任委员，海关总署副署长任副主任委员之一，将税委办划入经贸委。1998 年 11 月国务院决定税委办设在财政部，时任国务院副总理李岚清任主任委员，海关总署副署长任副主任委员之一。2003 年 4 月，税委会主任委员有财政部部长金人庆担任，海关总署副署长任副主任委员之一。2008 年 4 月后，海关总署副署长是税委会委员，不再担任副主任委员。

税委办设在海关总署关税司期间，关税司司长周福基兼任办公室主任，关税司副司长章国胜兼任常务副主任，主持日常工作。税委办有独立的工作人员，内设两个处，主要人员有张宝竹、刘石桥、王希春、姜浩、张亦鸣等。这些前辈对我的成长给予了很多的帮助与支持。在 1993 年国家机构改革之前，总署承担税收政策的制定工作，包括减免税政策、税则目录和税率的制定，以及每年实施的暂定税率。税委办负责草拟文件，税委会审议后报国务院批准。税委办是关税制度政策的制定部门，在此工作为我今后的发展提供了一个比较高的平台。我从大学毕业从事电气设计工作，到人大毕业从事政策制定工作，进入一个全新的领域，开始了新的征程，必须点点滴滴从头学起。

学会写文。文字能力是公务员的基本功，1990 年的时候还没有个人电脑，写公文都是在公文纸上手写，需要上报或下发的文件由文印室印制。每次写公文，先向领导请示主要内容，自己先在纸上打好草稿，然后一笔一画抄写到公文纸上，根据处领导修改意见，再一次誊写到公文纸上，然后按照司领导的意见修改后，第三次誊写到公文纸上，如果是呈署领导的文件，司长还要审核，最后的清稿才能呈署领导，按照署领导的意见修改后形成最终稿，由署领导签发，每修改一次都要重新誊清。这样的流程还是在自己写的公文具有可改性的情况下，很多时候初稿就要重新起草，有时候到了司领导那也会打回重新起草。开始被打回的多，经过一段磨炼，被领导修改的越来越少。每一次修改和每一次打回我都会认真琢磨，不断提高对领导意图的领会能力，不断提高自己的文字能力，字也写得越来越好看，至少在我看来。现在都是用电脑打字、起草文件、修改签批文件，已经体会不到了什么叫“字”如其人了。

掌握计算机。学会使用计算机是工作中的最低要求。计算机对我来说并不陌生，我的第一学位是自动控制专业，税委办有一台当时也算比较先进的 286PC 机，DOS 操作系统，没有编辑功能，必须使用 DOS 操作系统的语言编制程序进行操作。如果不会计算机操作，就无法完成税则目录转换、暂定税率编制等重要工作。我找来 DOS 操作系统的书籍自学，并向前辈请教，较快地掌握了建立数据库、处理表格等操作，并随着计算机设备的不断升级，不断提高自己的计算机应用水平。

学通税则。学习掌握关税基础知识是工作的基础，《关税条例》和《海关进出口税则》是海关税收的最基本规章，上位法是《海关法》。在税委办工作，必须要熟悉关税条例和税则目录。我刚入职不久，张宝竹处长就给了我一本当时的《海关进出口关税税则》，告诉我这是在税委办工作的基础文件，让我认真学习。这本税则包括《关税条例》和税则目录。这是我首次接触税则，面对这本400多页包含大量编码和商品名称的大书，从第1章活动物开始到第97章艺术品、收藏品及古物结束，从4位编码0101马、驴、骡到9706超过100年的古物，4位、6位和8位不同层级的几万个条目，我一头雾水，不知从何学起。没有什么诀窍，我只能一遍一遍地读，有时间就翻看，不断向专家请教，逐渐掌握了税则的基本内容、分类原则和归类原则，同时我学习了关税理论和基本作用等知识。当时正好赶上税则目录转换工作，将《海关进出口税则》目录从《海关合作理事会商品分类目录》（CCCN）转换为海关合作理事会《商品名称及编码协调制度目录》（HS）。两个目录的编码标准不同、编码数量及涵盖的商品范围也不同，转换工作十分复杂，税目转换是技术工作，而税率转换既涉及技术工作更主要的是涉及税收政策，转换过程出现商品税率的降低或提高，需要与产业部门和使用部门进行沟通协调，而很多时候他们两家的意见是相悖的，生产部门希望提高税率保护产业，而使用部门希望降低关税降低进口成本，经过大量沟通协调才能达成一致，再报请税委会讨论通过。通过税则目录转换工作，我把关税理论与实际工作结合起来，进一步提升了自己的工作能力。

了解产业。了解产业情况是关税政策制定的前提条件。国家的经济发展政策、产业政策是制定调整关税政策的依据。关税政策需要支持经济发展、促进产业发展和优化。20世纪90年代初期，正值国家实施以促进为主的政策，要促进工农业发展，又要提高人民生活水平，这就需要进口一些国内急需的商品。而当时关税税率比较高，又处于“复关”谈判阶段，我们不能直接降低关税，而是采取每年制定暂定税率的方式促进部分急需商品的进口。对于紧缺而国内生产能力不足或无法生产的产品只能依靠进口，但进口多少，设置多高的关税，需要向国务院综合管理部门和产业部门了解产业现状和发展规划，向国内使用单位了解需求情况，还要掌握国内外产品的价格。关税政策要平衡国际国内两个市场，既要满足国内的需求，又不能对国内的产业或同类产品造成冲击。了解产业政策的过程也是了解国家经济发展的过程。

在税委办工作期间，我打下了牢固的业务基础、技术基础，深入了解了产业政策，这些对我后来参加 WTO 谈判大有裨益。

（二）承担新责

1992 年海关总署成立关税谈判小组，我作为税委办的代表参加小组工作。1993 年机构改革后，税委办划归经贸委，原则上所有人员都要随机构到经贸委。由于关税减让谈判仍由海关总署牵头，我向时任关税司黄汝凤司长申请留在总署继续参加谈判。黄汝凤司长与相关司局商量并得到署领导批准后，同意我留在总署关税司，税委办的其他人员则全部暂时随机构到经贸委，经过一段时间的工作交接后，根据个人意愿部分同事回到了海关，部分同事留在了经贸委。

图 12.1993 年 7 月，王延春（右）与吴乃文副署长合影。

为做好关税谈判准备工作，1992 年 9 月总署派以关税司黄胜强为组长、税委办王延春、统计司金红蔓、信息中心余振京为组员的关税谈判考察组赴日内瓦了解学习关税谈判知识。考察组费尽周折才抵达日内瓦，原定行程是由巴黎转机，但到戴高乐机场时才被告知，日内瓦机场是瑞法两国共管，我们需要办理法国入境签证才能登机，无奈只能将机票改签苏黎世，再乘火车抵达日内瓦。

抵达第二天，常驻日内瓦代表团经贸处钟传水同志带我们去了日内瓦湖畔的

图 13. 1993 年 7 月，王延春（左）与黄汝凤副署长合影。

GATT 大楼。GATT 秘书处官员向我们介绍了 GATT 成立以来的谈判情况，介绍了谈判程序、谈判商品基础和税率基础的确定、谈判原则、最初谈判权的确定、谈判类型、产品对产品减让、公式减让、零关税部门和协调关税部门减让等谈判方式，介绍了谈判数据库建立方法，包括 GATT 秘书处的 IDB 关税数据库。联合国贸发会议秘书处接待我们的是原在外贸部工作的唐小兵先生，他向我们讲解了 GATT 的基本情况和谈判的基本知识，并请专家向我们讲解了谈判技巧，谈判数据库建立方法，我们学习了贸发会议 TRAINS 等数据库。通过几天的学习，我们初步了解了什么是 GATT、什么是关税谈判、以及怎么准备进行关税谈判，深感谈判工作的压力。

我在关税减让谈判工作组中具体负责关税谈判准备工作，包括草拟谈判方案，草拟国务院授权方案，建立谈判基础数据库和编制计算机程序等。我建立了以 1992 年税则目录编制的基础数据库，包括关税、许可证、数量限制和招标等非关税措施以及实施卫生、动植物检疫和工业品法定商品检验的商品目录，建立了与 1992 年税则目录相对应的统计数据库，建立了全本税则中英文描述和 8 位税目简版中英文描述的两个基本税则目录数据库。当时的数据库软件不多，我使用的是 DBASE 数据库软件，1993 年 WPS 文字编辑软件问世，其中的 CCED 输出软件可与 DBASE 数据库对接，大大提高了数据库内容输出的便利化。后来有了微软 OFFICE 软件，我学习掌握了 WORD、EXCEL 和 ACCESS 等软件应用，成为关税谈判的有利工具。

在谈判准备和开展过程中，总署信息中心给予我们大力支持，为我们编写了输出为表格文件和可打印输出的应用程序。市场准入谈判从开始准备就是一个系统工程，不是一个单位几个人能够完成的，而是涉及多个部门，需要一个团结的团队共同协作完成。随着谈判的深入，数据库需要不断完善和扩充，增加国务院历次授权、对 WTO 成员的历次总体出价以及 30 多个成员历次要价和我历次出价情况，数据库记录多达近 10 万条，我们每一次出价都要认真细致核对，来不得半点马虎，必须做到 100%正确，99.99%就是不及格。谈判过程中我制作完成的上千份多边、双边的承诺和出价，没出现过任何错误，市场准入谈判工作得到谈判代表团团长和其他单位的表扬和肯定，也得到总署领导和司领导的表扬。

我参加谈判过程中经历了佟志广、谷永江和龙永图三任谈判代表。“复关”谈判阶段，从 1992 年 12 月首次参加 GATT 中国工作组第 12 次会议，到 1994 年 12 月第 19 次会议，我共参加了 5 次工作组会议，参加了 1994 年下半年的三轮市场准入谈判，参加了那两年的绝大多数双边关税减让谈判。进入加入 WTO 谈判阶段，自 1996 年 3

图 14. 2000 年 6 月，王延春（左）与龙永图副部长摄于 WTO 中国工作组第 11 次会议会场。

月中国工作组第1次会议，到2001年9月第18次会议，我共参加了17次工作组会议，作为加入WTO谈判代表团核心成员，参加了在日内瓦举行的全部双边关税谈判，从第一轮启动到最后签署协议，只个别未在日内瓦进行谈判的成员除外（如以色列），谈判加在一起足有几百场。我负责草拟谈判方案，制作出价单。组织上对我的工作也给予了充分肯定，1994年与总署信息中心设计的关税减让系统荣获海关总署信息中心微机应用项目海关科技进步三等奖，我在1994年荣获中央国家机关优秀党员称号。

（三）当外交官

赴任。根据组织安排，我于1997年3月赴日内瓦代表团常驻。1971年中国恢复联合国合法席位，1972年设立常驻联合国日内瓦办事处和瑞士其他国际组织代表团，简称"驻日内瓦代表团"，负责联合国人权、军控、裁军、联合国贸易与发展会议、世界贸易组织、世界卫生组织、国际劳工组织、世界知识产权组织、世界气象组织、国际电信联盟、国际红十字委员会、联合国难民署、国际移民组织等联合国专门机构和其他国际组织相关事务，代表团由外交部副部级官员担任代表（相当于大使），外经贸部派司级领导担任代表团副代表，主管代表团经贸处，经贸处分设贸发组和关贸/世贸组两个组，由外经贸部派出两名处级干部担任组长，分别负责联合国贸易与发展会议和关贸总协定/世界贸易组织相关事务。海关总署很早就通过借调外经贸部的方式派员到经贸处工作，第一任是吴乃文同志（曾任海关总署副署长），之后是马晓野、陶济生、余雨康、周冠山、刘同泰，我是第7任，接替刘同泰同志，最初任经贸处二等秘书，2000年2月，任一等秘书。在日内瓦工作三年多，吴建民和乔宗淮同志先后担任大使，李仲周和李恩恒同志先后担任副代表，经贸处世贸组的参赞是何宁同志，3年期间一起工作过的世贸组同事有傅星国、高斌、胡盈之、王晓东、杨静等同志。

参会。我在经贸处世贸组工作，主要负责WTO与货物贸易有关的协定以及"入世"市场准入谈判。我负责的会议包括货物贸易理事会、市场准入、农业、海关估价、原产地规则、进口许可程序、装运前检验、卫生与植物卫生措施、技术性贸易壁垒、知识产权协定等，参加以上各理事会和委员会会议的目的是了解各项协定的运用情况，会后及时将会议情况报回国内。很多时候其他代表团成员发言没有书面稿，需要会上认真听、详细记，我不是学英文专业的，一开始对一些成员的发言根本听不懂，尤其是印度、菲律宾以及南美等成员的英文，好像每个词都懂，但加在一起不知何意。遇到这种情况，我就用录音笔录音，并找相关代表团成员拿到文字材料，之后再反复听录音，不断提高听力，逐渐适应了这种高强度的工作。

在日内瓦工作的三年多时间里，我参加了近百场会议，有很多尴尬和无奈。中国当时还不是成员，只是观察员，会场座次排在所有成员之后，而且观察员只能参加正式会议，正式会议就是走个形式，基本上半天结束。WTO 作为多边经济组织，以协商一致为议事规则，不是通过表决确定多边政策，最主要的活动是成员间进行沟通以协调各方立场，首先进行不同范围的非正式磋商，达成一致后再在正式会议上通过。作为观察员，成员很少与我们进行沟通，我们如不被邀请也无权参加非正式磋商，即使在正式大会上发言也不起作用，因此很多时候不了解 WTO 政策出台的背景和目的，我们只能被动接受。当时各方正在根据《原产地规则协定》协调非优惠原产地规则，谈判以协调制度商品目录为基础，按章、4 位商品编码或 6 位商品编码列出具体商品的原产地标准，涉及近 5000 多个商品编码，该项工作本身技术层面就非常复杂，加之原产地标准也是隐形的非关税壁垒，涉及各成员的政治和经济利益，各成员间的磋商和谈判非常激烈。记得在讨论手表的原产地标准时，瑞士代表团提出作为 SWISS MADE（MADE IN SWITZERLAND，即瑞士制造）原产地标准应为除机芯、表壳是瑞士生产外，还必须附加在瑞士境内封装的标准。中国香港出售的很多瑞士手表，机芯表壳虽是瑞士原产，但在中国香港封装，瑞士提出的这项标准将极大地冲击中国香港手表业，因此中国香港代表不希望附加封装标准，他们找到我们，希望中国代表团能够帮助他们发声，但是我们的地位很尴尬，我只能私下与有关代表团沟通，请他们支持中国香港的建议。

谈判。那段时间，我国加入 WTO 谈判密集进行。我们一方面需要根据国内授权，与有关成员就市场准入问题进行接触，把他们的诉求及时报回国内，以利谈判顺利进行；另一方面需要在国内谈判代表团抵达日内瓦之前和之后，与有关成员联系，了解他们对此轮谈判的需求和想法，判断市场准入谈判能否取得进展，为国内代表团出席工作组会议和后续谈判做好准备。我驻外期间，召开了 6 次工作组会议和多轮非正式磋商，期间举行了多场双边关税谈判。其中一次给我印象深刻的是 1999 年 3 月 19 日在舒业别墅（Demaine de Choully）内举行的非正式磋商，那时正值中美双边谈判密集进行之际，工作组主席吉拉德邀请龙永图副部长率团到日内瓦，与美国、欧盟、日本、加拿大、澳大利亚、新西兰、阿根廷、智利、马来西亚等代表团团长进行非正式磋商，为避开记者，会议选在日内瓦郊外的“舒业别墅”召开。我们为国内代

图 15. 1999 年 3 月 19 日，中国代表团部分成员摄于舒业别墅。左起：杨静、郑力、索必成、王晓东、齐红儿、王延春、张向晨。

表团成功参会做了大量组织协调工作。

文章。我在日内瓦期间撰写了多篇分析文章，如《从 GATT 到 WTO 看我国关税发展趋势》（1997）、《世界贸易组织关税配额情况分析》（1998）、《我加入 WTO 关税谈判中的若干问题》（1998）、《中国加入世贸组织谈判的进展和现状》（1998）、《美国对我引用世贸组织“互不适用”条款的几点看法》（1999）、《世界贸易组织与竞争政策》（1999）、《关贸总协定关税谈判简介》（1996）、《乌拉圭回合农产品协议及谈判情况》（1996）、《西雅图会议——进一步贸易自由化的起点》（1999 年）、《“千年回合”多边贸易谈判》、《农产品贸易能否全面纳入世贸组织》、《新一轮谈判是否还要继续削减关税》、《新一轮多边谈判能否形成有效的竞争环境》等。有的文章提供给相关部门参考，有的在《人民日报》或《瞭望》杂志发表。

游行。在日内瓦工作期间，我参加了 WTO 第 2 届和第 3 届部长级会议。第 3 届部长级会议于 1999 年 11 月 30 日至 12 月 3 日在美国西雅图举行，石广生部长、龙永图副部长、驻美大使李肇星等率团参会。当时何宁参赞已奉调回国，我作为世贸组代理组长参加会议。经贸处负责会务工作，我们提前到达西雅图后，看到媒体大量报道

图 16. 1999 年 12 月，王延春（左二）、胡盈之（右一）与中国香港代表团成员摄于美国西雅图。

美国反全球化集团、印度等国家的农民已到达西雅图，正计划在会议开幕当天举行大规模游行示威。为保证代表团顺利参会，我们当即研究了从酒店去会场的多条路线，设计了车行路线、步行地上线路、步行地下通道线路等多种预案并到实地踩点。11 月 30 日那天西雅图阴雨连绵，劳工、环境与动物保护组织和农业利益集团组织了近 3 万名示威者，他们身着保护动物的标志，打着“保护环境，不要 WTO”的标语，抗议 WTO 所倡导的自由贸易给环境、动物、农民和劳工带来的危害，指责 WTO 只“关注利润而忽视人类”。游行人群不仅封锁了高速公路的进出口，而且还在会议中心外阻拦代表进入会场。警方最终使用了催泪弹和辣椒喷剂驱散人群，并以违反“示威法”为由逮捕了一些示威者。12 月 1 日开幕式当天，我们意识到事态的进一步严重性，建议龙部长和李大使步行前往会场，我与胡盈之陪同两位领导主要通过地下通道前往会场，在中转通道时需要上到地面，看到美国警察荷枪实弹在控制示威人群，李大使还想走上前与示威人群理论，我们赶紧把李大使劝回来，继续赶往会场，几经周折，我们终于到达会场，但参会人员寥寥无几，因为大部分参会者都被示威人群阻拦在会场外。随后陆续赶到的中国代表团人员中，一些人眼睛红红的、不断流泪，原来是遭遇了催泪瓦斯。由于示威游行的影响，开幕式推迟 5 个多小时。在开幕式上，神情严峻的总干事穆尔（Mike Moore）对开幕式未能按时举行表示遗憾。他说，西雅图经历了“痛苦的一天”。

生活点滴。驻日内瓦代表团坐落在 Petit-Lancy 附近的 Chemin de Surville 11 号，院子里面有办公楼和宿舍楼，经贸处最初在院子前面的小楼里办公，大家住在宿舍楼里。1995 年，经贸处搬到三角广场的 Boulevard du Pont—d'Arve 28 号，宿舍楼选在 Carouge 大街附近的 Rue des Battoirs 9 号，是日内瓦的居民住宅楼，共 12 层，我们租了两个单元中的十几套住房，宿舍和办公室离得不远，步行大约 10 多分钟，上下班十分方便。我 1997 年 3 月到日内瓦后就住在这里，我的房间在一楼，一室一厅一厨一卫，厅很大，厨房是开放式的，南面是一个 40 多平米的小院子，覆盖着草坪。房间内有公家配备的家具和电器，个人生活物品需要自行购买。我入住第二天，经贸处的同事就陪我去了离日内瓦 30 多公里的宜家（IKEA），当时宜家还没有进入中国。到了宜家发现真是太大了，能把人转晕，我们买了床等生活物品，还购买了可放在一楼小院里的户外桌椅，后来同事们经常坐在小院子里喝茶聊天。我在一楼驻了大约 1 年多的时间后搬到了 4 楼，那是一个两室两厅两卫的房间，一直到我离任，期间曾遭瑞士小偷光顾，遭受了损失，保险公司给了一定赔偿。

我常驻时，外交机构还没有进行车改，车辆是根据各驻外机构的情况由主管部门统一配备的，瑞士外交车辆牌照统一以蓝色底色的 CD 开头，然后是白色底色，先是州代码，日内瓦州的代码是 GE，再后是车辆编号，最后是国别代码，中国代表团的国别编号是 55，世贸组有两辆公车，一辆丰田 CD GE 2055，一辆欧宝 CD GE 5455，后来分别更换为奔驰和宝马。我赴任前在国内驾校拿到了国内驾照，基本上没怎么开车上路就到了日内瓦。瑞士驾照是终身的，想要取得瑞士驾照，还要经过一系列考试，而要取得国际驾照是不需要考试的，我当时就直接更换为国际驾照。当时的车都是手动挡的，第一次在瑞士开车是傅星国夫妇陪练，从一条不太高的山路开下来，我技术很差，不断踩急刹车，一路盘旋下来很是惊险，把他们吓得够呛，我也吓出一身冷汗，之后我没事就去练车，有一次在去洛桑方向的国道上，走走停停，经常熄火，被瑞士警察拦下，他看了我的身份证和驾照，也就没有为难我。

经贸处的两个组大家在一起工作很和谐，周末有时大家会一起出去领略瑞士风光，由于法国的物价比瑞士低，我们会结伴去附近法国小镇购买生活必需品，也会每家做一两个拿手菜聚会。为了做自己的拿手菜，新来的年轻同事还会给国内父母打电话请教。我们还经常一起包饺子，但要想吃韭菜馅饺子可不是一件容易的事。韭菜、葱、香菜这些在瑞士和法国属于调味品，价格非常高。只有等到春天，我们去住宅楼边上的混水河边或郊区采摘瑞士野韭菜，虽然味道比国内韭菜味淡，但大家一起包一顿韭菜馅饺子，也能弥补一下思乡之情。如果想吃涮肉，那就只能自己买回羊腿手工切片了。

那时在瑞士的中国人很少，在日内瓦的就更少了，在那认识的一位超级“名人”是杨锡兰。杨锡兰在 80 年代是中国女排获得三连冠的主力队员，是二传手。女排夺冠伴着我从高中到大学，女排精神激励了我们这一代人。杨锡兰夫妇后来选择到瑞士生活，住在日内瓦附近的小镇上，周末有时也会与日内瓦代表团的工作人员一起打打排球。曾经风靡全球、红遍大江南北的人物，用现在流行语讲那是全国人民的“YYDS”啊，看到她退役后平淡的生活，我感触很深，人的一生中，任何辉煌都是暂时的，不能永远躺着功劳簿上，还是要走好人生的每一步，最终都是归于平淡生活。

经贸处办公楼前面是著名的日内瓦“三角广场”，实际名称是 Plaine de Planpalais，因其形状像两个共用底边的锐角三角形而得名。每逢周末，广场就变成了跳蚤市场，在圣诞节等一些节日里，还会有马戏团表演，开设游乐场。这个跳蚤市场小有名气，日内瓦附近的瑞士或法国人经常光顾，商品琳琅满目，有油画、钱币、邮票、唱片、磁带、书籍、摆件、器皿、用具、玩具、家具、地毯、服装等等，旧货居多，也有新货。常驻日内瓦的人和经常来出差的人都喜欢去三角广场逛逛，淘点喜欢的老物件，兴许还能“捡个漏”。贸发组的李强曾在三角广场买到徐悲鸿大师的一幅喜鹊图，当时并不相信是真的。但是张向晨鉴定是真迹，因为徐曾在法国旅居，而且早期善画喜鹊。画拿到国内，果不其然卖了高价。我也曾在三角广场淘过几幅油画。

咖啡记忆。我第一次品尝真正的瑞士咖啡是在 1992 年 9 月赴日内瓦学习关税谈判方法的时候。当时经贸处钟传水同志带我们第一次走进 GATT 大楼，我的手第一次触到大门的金色把手，进入大楼，我的心情非常激动，感受到整洁、安静、神秘，还有一丝威严，首先走进一进门的总理事会会议大厅，一面墙上大量镶嵌着类似装鸡蛋纸盒的倒扣纸浆托，很有特色。我的手触摸到软软的黄色皮质座椅，闻到远远地飘来咖啡的香味。我们寻着香味，来到会议大厅侧面的咖啡厅。在这之前我只知道速溶咖啡，只知道瑞士有雀巢咖啡，不知道咖啡还有美式（AMERICAN）、意式（ESPRESSO）、拿铁（CAFFE AU LATTE）、卡布奇诺（CAPPUCCINO）之分。第一次喝到瑞士咖啡，咖啡的香味一下子就驻留在我的记忆中，后来我每次到这里都禁不住诱惑，要喝一杯，而且只喝那种不加糖不加奶的黑咖啡，边喝边观察着来来往往的人，有秘书处的工作人员，有代表团的外交官，有的在聊天，有的在讨论，有的在看文件，有的在翻阅报纸，咖啡厅俨然是一个 WTO 的社交场所。

“王关贸”。1998 年 11 月，我儿子王重淳来日内瓦探亲。他出生在 1994 年 11 月 11 日，当时正是“复关”谈判冲刺阶段，所以人们都叫他“王关贸”，表达了代表团成员的一种心愿和期盼。1994 年一年，我 7 次去日内瓦，每次都要 7 到 15 天，9 月底在日内瓦待了一个多月，他出生后 10 多天我又飞到日内瓦，他是伴随着中国加入 WTO 谈判过程成长的。他 7 岁生日当天的 2001 年 11 月 11 日，石广生部长代表中国政府签署了加入 WTO 议定书，并向总干事穆尔递交了国家主席江泽民签署的批准书。他的童年成长过程，我没能很好地陪伴，留下诸多遗憾。我要么在谈判，要么在准备谈判，要么去谈判的路上。他的成长得益于瑞士奶粉和纸尿裤。谈判代表团成员每次都要帮助我，有的帮我采购，有的帮我分担行李重量。1997 年 3 月至 2000 年 3 月，我常驻期间，他绝大多数时间留在国内，只是在 1998 年 11 月至 12 月在日内瓦短暂停留了 2 个月，期间到访过 WTO 总部。2000 年前互联网技术还没广泛应用在生活当中，当时的主要通讯工具还是电话，每月的国际长途费用是我的主要支出。值得

图 17. 1998 年 11 月，王延春之子王重淳摄于 WTO 大楼门口。

欣慰的是，现在他已在美国完成大学和研究生学习，正在工作实习，即将开启他的人生之路。

四、结束语

加入 WTO 是党中央在经济全球化形势下作出的战略决策，有力地推动了我国改革开放进程，促进了中国特色社会主义市场经济体制的建立与完善，是中国深度参与经济全球化的里程碑，标志着中国改革开放进入新阶段，为中国未来发展提供了更广阔空间。

我有幸参加加入 WTO 谈判，亲历中国成为 WTO 成员的艰苦历程，为中国加入 WTO 做出了自己的贡献，这是我毕生的骄傲与自豪，这也是时代赋予我们这一代人的光荣使命和责任。30 多年的时间，我从刚刚走出校门的大学生到走上了重要工作岗位的公务员，与 WTO 结下的情怀一直催我奋进、助我成长。参加了谈判，才能深切体会到党中央在关键时刻所做战略抉择的英明；参加了谈判，才深刻体会到一个人的成长与进步的每一步，都离不开领导和同志们的支持与帮助；参加了谈判，才深深感受到自己知识的匮乏和能力的不足。回忆历史，更催我们奋进，在第二个百年的赶考路上，我们要认真做好答卷人，为中华民族的伟大复兴贡献自己的力量，共向未来。

我亲历的加入 WTO 金融部门谈判

邓红国

【作者简介】

邓红国，1955 年出生，获意大利经济发展学院硕士学位。1983 年起在物资部政策体制法规司工作，任副处长；1992 年起先后任中国人民银行国际司、外资司、一司处长、副司长；2003 年起先后任中国银监会三部副主任、四部主任；2010 年起任中诚信托公司董事长；2014 年起任嘉实基金管理公司董事长。在近 30 年的金融从业经历中，作为监管者负责审批监管外资银行、政策性银行、资产管理公司、邮政储蓄银行；作为中国加入 WTO 谈判代表团金融部门谈判代表，在 10 多年间参加数十场多双边谈判；作为研究人员发表关于股份制、企业集团、金融期货、金融国际化、购买力平价、银行业加入 WTO 等著作、译作近百万字。

我在 1992 年至 2006 年期间，参加了中国恢复关贸总协定（GATT）缔约国地位谈判和加入世界贸易组织（WTO）谈判中有关金融部门的几十场多双边谈判，见证了这一影响中国现代历史的重大事件的进展过程。在中国加入 WTO 20 周年之际，写下若干体会与随想。

一、参与谈判

（一）WTO 金融服务谈判背景

1986 年，中国提出恢复 GATT 缔约国地位申请，提出申请的主要考虑是：中国作为联合国安理会常任理事国，应该在多边谈判和规则制定上拥有自己的地位，发挥在全球经济上的影响力和在制定多边纪律上的主观能动性，同时享受缔约方之间相互给予的最惠国待遇。

1995 年，WTO 建立，取代了 1948 年起临时适用的 GATT，成为由 130 多个国家和地区组成的世界上最大的、永久性的多边贸易组织，其协调的范围从货物贸易扩展到服务贸易和与贸易有关的知识产权领域。

作为 WTO 扩展出的领域，服务贸易的进出口是指一个国家的服务消费者在境内或者境外购买另一国家提供的服务，相当于前一国家的服务进口。同样，从供给方面分析，一国的服务提供者，在境内或者境外向另一国家的消费者提供服务，则属于前一国家的服务出口。因此，服务的消费方是服务的进口方，服务的提供方是服务的出口方。各国服务的总出口，便构成了国际服务贸易。

从 WTO 的组织框架看，WTO 总理事会下设货物贸易、服务贸易、知识产权 3 个理事会；服务贸易理事会下设金融服务委员会、具体承诺委员会、国内规制工作组、服务贸易总协定规则工作组等 4 个 3 级机构。由于金融业的特殊重要性，金融服务委员会成为服务贸易十余个产业中，唯一单独设立的产业委员会。金融服务委员会不定期举行会议，讨论多数成员关心的议题，如金融危机及其应对措施、网上银行等，并按成员对具体关注议题的要求安排会议议程。

WTO 谈判中，金融服务谈判的目标是，在不影响各成员实施货币政策和审慎性管理措施的前提下，促进金融市场的开放，使各成员的金融机构在海外市场也可以获得竞争机会。

金融服务业往往是经济活动中受到严格管制的部门，直至全球资本与贸易活动逐渐自由化之后，金融服务业才走向国际化、自由化。经过 WTO 的推动，金融服务业从跨越国界的国际活动逐渐转向全球市场；而 WTO《金融服务协定》的签订，也进一步促进了资本流动的自由化。

实际上，各国金融服务贸易的对象、范围和制度有很大差异。金融一体化、金融产品的创新、金融机构的并购等国际金融服务活动的发展，给各国金融服务的监管带来了严峻的挑战，金融法律、法规、制度出现了一定的滞后现象，国际金融服务贸易的开放进程更是参差不齐。跨国金融服务的发展存在着严重的不平衡因素，发达国家和发展中国家之间在金融服务自由化上存在着开放程度、经营限制等方面的制度冲突。

因此，国际金融服务贸易领域的协调机制——WTO《金融服务协定》应运而生。金融服务方面的有关协定与原则，作为 WTO 重要的精神之一，对于调节成员与成员之间的金融服务贸易交往，缓解和解决各国金融开放进程过程中存在的不对等、发展不均衡以及贸易争端方面的问题，起着举足轻重的作用。

1994 年乌拉圭回合结束时，有 71 个成员（当时欧盟 12 个成员国计为 1 方），在体现其服务贸易市场开放承诺的减让表中，纳入了金融服务的内容。此后，经过多轮谈判，1999 年 1 月，102 个 WTO 成员达成《金融服务协定》，形成 WTO 在金融服务贸易领域的重要成果，进一步提高了承诺的水平，成为各国开放金融市场、开放金融服务贸易的重要国际协调准则和机制。其中金融市场发达的美国、欧盟，除了一些有限的限制之外，全面开放了金融市场。

WTO 关于金融服务的协议包括 3 个部分：一是《服务贸易总协定》及所附《关于金融服务的附件》和《关于金融服务的第二附件》；二是《关于金融服务承诺的谅解》；三是《金融服务协定》。

《服务贸易总协定》对于金融服务的定义是：一成员金融服务提供者提供的具有金融性质的任何服务。金融服务提供者指希望提供或正在提供金融服务的一成员的任何自然人或法人，但一成员的政府、中央银行或货币管理机构、或者由一政府拥有或控制的、主要为政府目的执行政府职能或从事政府活动的实体则不包括在内。

从金融业的承诺与外汇等相关金融管理体制的关系看，在金融服务业做出承诺，并不意味着需要立即改变基本的金融管理运行模式，如取消外汇管制、利率管制、账户管理制度等。对外资银行的外汇管理制度，需要根据银行业开放的承诺和 WTO 有关市场准入、国民待遇等原则，进行相应调整，取消非审慎性限制。改革利率管制、账户管理制度的原则，与此相同。

回忆起来，我先后和外汇管理局的陈全庚、杨贡林、胡晓炼等同事，分别在服务贸易、货物贸易代表团中一起参加过谈判。

（二）金融服务谈判与金融危机的关系

1997 年亚洲金融危机爆发时，恰逢金融服务谈判进入第二轮。受危机冲击的泰国、马来西亚、印尼、韩国、菲律宾等国家，并没有因此改变在谈判中扩大金融市场开放的承诺，这为金融服务谈判的顺利结束创造了条件。WTO 的部分官员认为，正是由于金融市场的动荡，才使亚洲、拉美等成员做出了开放金融市场的决定；相对封闭的金融体制、不严密的金融监管体系、缺乏竞争力的金融市场，更容易受到危机的冲击。

金融危机产生的原因是一个存在争议的问题。一般的分析认为，原因来自于：(1) 结构性问题，包括过于宽松的货币政策和信贷约束，过分依赖国际市场，经常项目下大额逆差等。(2) 宏观积极政策失误，金融监管存在缺陷的情况下开放资本项目，不适当的汇率政策。(3) 金融体系存在缺陷，金融创新受到抑制，金融机构治理结构不健全，风险控制机制缺失。(4) 监管不够有效。

从全球银行业资本实际流动的角度看，1990 年至 2003 年投向拉丁美洲银行业的外国投资占全球银行业投资的 58%，这也正是该地区更早出现金融危机的重要原因之一。有研究表明，绝大多数新兴市场国家，银行业放松外国投资限制后，外国直接投资的增长与金融危机呈高度正相关关系。

（三）金融谈判部门的变动情况

WTO 所谈判的金融服务包括银行、证券、保险等领域。由于金融业涉及存款人、投资人、投保人的利益，可能影响千家万户，金融危机会对社会产生重大冲击，所以从事金融业务的机构必须获得由相应金融监管部门颁发的营业执照，并接受后者的监管。与可能产生的社会动荡相比，实施金融监管所付出的成本是必要的。加入 WTO 的金融谈判先由中国人民银行(人民银行)、后由中国银行业监督管理委员会(银监会)负责，具体承担谈判职能的部门也几经变化。

1. 人民银行国际金融组织司（国际司）。1992 年时我调入人民银行国际司国际金融研究室，在主要开展金融研究工作的同时，间接地负责复关谈判中涵盖银行、证券、保险三个领域的金融谈判。在我入职国际司的考试中，时任副司长李若谷提出了有关 IS-LM 模型的问题，我圆满地解答了出来，之所以能够解答是因为我在此前刚刚获得在意大利攻读的发展经济学硕士学位，而财政金融学的内容当时占了我近一半的专业课程。

在短短两年多从事金融研究的时间里，我看完了北京图书馆所有标题带有期货、期权、掉期、远期的英文书籍，累计厚度几近我的身高。同时，我结合全世界 50 多个证券、期货交易所定期、不定期给我直接寄来的资料，独自一人续办了人民银行的不定期刊物《国际金融研究》，向国内介绍国际金融自由化及其监管、期货行业动态、购买力平价等前沿的发展趋势。时任人民银行主管副行长陈元对此印象深刻，他曾说过：老邓（我其实当年 37 岁）也太能写了，前面的一篇稿件我还没来得及审呢。时任人民银行研究室主任吴晓玲看到我的文章后，专门收集了我写的所有相关各期刊物。在此期间，我承担了外经贸部国际贸易研究所的有关课题，在加拿大多伦多证券交易所开展了两个多月的研究，我的研究成果体现在由中国金融出版社出版的《中国金融市场发展与国际化——中国、加拿大案例比较研究》（中国金融出版社1996年版，主编邓红国）的署名专著中。在此前后，我还发表了近百万字的著作、译作。

这些研究经历为我日后在WTO谈判中解释中国金融市场的现状与面临的压力、援引国外监管者的规则与惯例等，奠定了较为深厚的基础。

2. 人民银行外资金融机构管理司（外资司）三处、一处。1994年，我随着谈判职能的移交调到人民银行外资司。按照当时的分工，以我为主承担谈判工作。同时，我作为外资非银行金融机构的监管者，与王沅、王娴等同事一道，参与了审批外资非银行金融机构的市场准入的工作。这一段工作实践，使我得以深入地了解金融机构市场准入监管的依据、流程与规则，亦为我承担以市场准入为重要内容的加入WTO金融谈判，积累了专业经验。工作中最深的感触是，金融领域的对外开放在监管实践中，逐步引入并强化了WTO的透明度原则——从个案审批进步到立法为先，逐步

图1. 1994年7月，邓红国摄于关贸大楼。

建立了依法监管的审批机制。具体监管实践包括审批中国资本市场上第一家合资企业——中国国际金融股份有限公司（中金公司）；起草国内第一部境外中国产业投资基金管理办法等。

3. 人民银行银行监管一司、银行管理司。应该说，中国证券、保险行业对外开放的规模与速度，远远落后于中国银行业市场。随着证监会、保监会的设立，证券业、保险业的谈判职能，也逐步移交给相应部门，之后我只负责银行业的谈判。随着人民银行内部监管职能的不断调整，谈判职能也随之先后调整到银行监管一司、银行管理司。在此前后，我作为外资银行的监管者，在澳大利亚储备银行进行了由亚洲开发银行资助的、持续两个多月的研究项目，研究了澳监管当局监管外资银行的经验与方法。与我一起履行外资银行市场准入监管职能的同事，分别有肖远企、殷连臣、高鼎新、段继宁、邓玉梅、李文泓等。有趣的是，我曾短时间内同时在银行监管一司和银行管理司任副司长，同时承担这两个司的相关工作，分别向唐双宁司长、王华庆司长报告；曾经在同一天的上、下午，分别代表不同司出席有关会议。

4. 银监会银行监管三部。在 2003 年银监会设立时，谈判职能调整到银监会三部，我任三部副主任。具体谈判内容，也从接受 WTO 对我国银行业履行承诺的审议，扩展到参加新一轮服务贸易市场准入谈判，向其他成员提出我国银行部门要价；针对其他成员向我银行部门提出的要价，提出我方出价；从银行业角度研究服务部门建立紧急保障机制的可行性和方法，研究金融业务分类与自主自由化等规则问题，研究和提出我国银行业整体应对措施、审慎监管措施等。

（四）银行业谈判的特点

1. 在部门授权范围内严格遵循的规范流程。

一般情况下，由谈判对方成员先征求本国在华外资银行对进一步开放中国银行业市场的具体意见；再由该成员驻 WTO 的谈判代表将这些意见形成符合 WTO 专业表述的要价单，提交中国驻日内瓦代表团，代表团转回国内外经贸部，外经贸部再转交人民银行、银监会等相应的主管部门；人民银行 / 银监会在对中资银行的现状、问题、差距、出路和国外银行业开放及其监管情况进行调研的基础上，根据银行业市场发展和改革开放的现状与安排，提出进一步开放银行业市场的高中低方案，据此形成出价单，附在有关报告之后逐级上报获得相应授权；在谈判过程中，通过列举大量数据与事实，说明市场发展的局限性、银行业面临的压力与挑战，为完成谈判创造条件。

由于出价单既要符合重大国家利益和商业利益，又要符合 WTO 减让表的专业表述，所以必须字斟句酌。由于相关文件内容敏感、政策性强，所以密级很高，不仅同一个部门非报告线上的同事不能参与，而且对文件的起草、打印、保管都要有严格限制。由于谈判的技术性、连续性和专业性较强，为保持谈判的水平与效率，因此参加谈判的人员需要相对固定。

银行监管部门参加的，是需要对对方成员提出的银行业要价进行答复的谈判代表团，一般是与服务贸易其他领域的同事共同组成的服务贸易谈判代表团，包括金融（银行、证券、保险）、电信、旅游、海运、专业服务（法律、会计）、分销等领域。谈判由外经贸部牵头组织安排，由上述专业部门与对手方成员具体进行。在除了新一轮谈判以外的多数情况下，银行业谈判的对方代表是经济、贸易官员，而不是银行业监管者。对方的要价可以明显反映出背后所代表的政府、国会，对中国加入 WTO 的整体意图与倾向性，这在谈判的不同时期是有所变化的。

证券和保险业曾经一起参加谈判的同事，分别有汪建熙、谢庚、韩平和孟昭亿等。谈到汪建熙，需要多说几句。记得有一次在时任外经贸部国际司司长易小准主持的谈判中，老汪一口流利的英语发言在谈判后得到了大家的称赞，他对此回应道：我并不是学英语的。这句话把我说得一怔，难不成他是学法语的吗？我进而问他那你是学什么的呢？他笑着回答：学会计的。真是太会开玩笑了——汪建熙、郝荃夫妇都是我爱人骆小元在中国人民大学 78 级会计专业的同班同学。正是因为我们俩有这几十年的交往，老汪在听说我多次参加巴塞尔委员会有关会议时，格外关注我起草的相关报告。汪建熙读后，认为有一定的监管行业借鉴作用，即以其证监会领导的身份，将我的报告批转给证监会内有关部门参考。

在中国与多个成员之间进行的多边谈判，内容主要涉及起草中国议定书和工作组报告书、遵守 WTO 规则、中国的权利义务、新一轮谈判、对执行承诺情况的审议等。在十几年间，我大约去了近 20 次日内瓦进行上述内容的谈判，这也反映出 WTO 成员对中国金融市场开放所表现的强烈兴趣与信心。中国与特定成员之间进行的双边谈判，内容主要涉及市场准入问题，基本上是在双方的首都进行的。比如我随石广生部长访问埃及与对方总理进行的双边谈判，谈判代表所遵循的基本原则是，必须将谈判严格限定在授权范围内，不可以越雷池一步。

图 2. 2000 年 3 月，邓红国（左三）陪同外经贸部石广生部长（左七）访问埃及与埃及总理举行双边会谈。

2. 部门出价之间的协调与超越部门授权之上的最终决策。

由于各部门进一步开放的出价，是基于本领域的市场发展与改革时间表所形成的，所以对谈判代表的授权基本上是由本部门的领导做出的。如决定银行业的谈判方案授权的是中国人民银行行长。

从各成员要价看，不同成员在 WTO 中的地位和话语权不同，其各自的产业优势及其对中国开放市场的诉求存在很大差别。因此，中国各部门的出价对不同 WTO 成员诉求的匹配程度是不同的。而从综合协调各部门出价的角度看，需要从国家整体利益出发，互相配合支持，齐心协力，根据不同部门的出价情况以及其他谈判议题的进展情况，决定何时出价以及如何出价，实现整体出价的效益最大化，争取达到预期的总体目标。就是说，需要综合考虑协调要价与出价之间、各部门出价之间的差异。这里，外经贸部做了大量协调工作。

而不可回避的难题是：在事关全局的谈判进入最后阶段时，如何建立并运用超越部门所授权限的机制，通过在重大问题上做出实质性的让步，换取实现加入 WTO 的最终目标。这已经超越了谈判本身的技术性要求，最后的决策需要极强的政治决心、坚定的决策力、敏锐的判断水平与高超的谈判技巧。

3. 专业性强、文件量大、时间紧迫。

由于 WTO（及其前身 GATT）的基本性质是多边贸易组织 / 协定，几十年来其适用的原则、规则与术语既专业又繁杂，而且与金融监管的规则截然不同。因此，涉及金融谈判的对接文件特别多，积累下来有一米多厚，仅熟悉谈判的专业术语、历史演变、转折过程、重要环节等，就需要相当长的时间。

研究谈判对手要价单、准备出价单并逐级上报的环节众多，需要的时间较长。而谈判的安排，往往是根据谈判对方的临时要求确定的。所以，应对的即时性要求很高，有时甚至是已经到了谈判地点、下飞机以后才拿到问题单，需要连夜按已有授权准备口径，马上进入谈判过程。

记得有一次，有的 WTO 成员临时对非银行的金融领域提出要价，而该领域并没有派代表参加本次中国谈判代表团，所以紧急抽调我与张向晨一起，在谈判的前一天晚上，按照该领域的已有授权，准备有关出价。为了便于应对各种提问，我们在每页纸上只写一个问题。正式谈判中，张向晨在其他成员提出要价的过程中，不停地把准备好出价的相应纸张，临时递给坐在前排的龙永图副部长。我正在担心龙部长怎么能在这么短的时间内充分理解并准确表述相关问题的时候，龙部长不动声色地在所有要价提出完毕时，宣布休会 10 分钟，让我们在这短短的空隙中解释相应的重点、要点。再开会时，龙部长从容不迫地娓娓道来，既在授权范围内争取了最大利益，又体现出了对时间节奏把控的绝妙技巧。

（五）中美双边谈判

美国在 WTO 中，与其在其他多个多边组织中一样，长期占有举足轻重的地位，其拥有的话语权远远超过任何其他单个成员。诸多议案明显反映出美国的意图，但只是在事前与其他相关成员商议的结果，根本不用美国直接出面。根据我个人的观察，美国代表在大会发言时，其他成员基本上都会全神贯注，没有交头接耳的现象。从这个意义上讲，中美双边协议能否签订，实质性地关系着中国加入 WTO 的整体进程。

1999 年 11 月 10 日至 15 日，最后一轮中美双边谈判就是一场事关全局的谈判。此前的 5 月 8 日，以美国为首的北约悍然轰炸我驻南联盟使馆，我国立即中止与美国的谈判。此后，美国克林顿总统两次给江泽民总书记打来电话，希望恢复双边谈判。在 11 月谈判前，克林顿总统承诺以下三项条件：努力使国会给予中国永久最惠国待遇、放弃一般保障条款及放弃延长纺织品配额。

谈判的中方谈判代表团团长为外经贸部部长石广生，团员由 14 个部门的代表组成；美方谈判代表团团长为巴尔舍夫斯基（Charlene Barshefsky），总统经济顾问斯珀林（Eugene Sperling）也参加了代表团。我与王兆星作为人民银行的代表直接参加了谈判。

此次谈判是在党中央、国务院的直接指挥与领导下进行的。江泽民同志非常重视，积极推动并具体部署；朱镕基同志在谈判进行到关键的时刻，按照江泽民同志的要求，在深夜主持召开相关会议，甚至亲临谈判一线现场，在充分了解分析双方立场、意愿、底线与难点的基础上，亲自协调要价出价，直接拍板做出最终决策，结束了与美国进行的中国加入 WTO 的关键场次谈判，终于达成了历史性的中美双边协议。

谈判不分昼夜、连续进行了六天六夜。所有谈判代表，除匆匆回家更换衬衣以外，所有时间全部守在谈判大楼里。即便是自己所在部门谈判轮次暂时休会时，也不能离开，最多只是在外经贸部国际司办公室的行军床上休息片刻，时刻都要保持箭在弦上、蓄势待发的状态。那时，BP 机一响，心跳就加速，意味着马上要应对新一轮的突击谈判。美方代表从第三天起就开始了各种表演：走进谈判间时直接拖着自己的行李，意味着如果中方再不让步就直接赶往机场回国了；中途多次表明已预定了回程的机票；在谈判进行的过程中，随时在耳边交换一下意见，就直接集体退场，而且长时间处于失联状态。好在这些技巧都被熟知各种谈判策略的我们一一识破，并未为其所动，丝毫没有干扰到谈判进程。

回想起来，此次谈判的气氛从一开始就显得那么与众不同，双方刚刚落座就前所未有地安排媒体记者拍照。在谈判进行到最后阶段，石广生部长在谈判现场被告知"朱镕基总理在找你"，他以为是朱总理打来电话，即马上往红机电话的方向跑去；但随即被告知"朱总理已经到了外经贸部"，他马上又调整了跑步方向。在谈判结束后举办的新闻发布会上，有的摄影记者为了抢到一个理想的机位争先恐后，混乱中鞋子被踩掉都顾不上捡。类似的众多花絮，不仅在紧张的谈判工作之余给我们带来了一丝轻松，而且使领导和各领域当事人的形象更加丰富与立体起来。

最后一轮中美双边谈判，涉及银行业的谈判过程是：11 月 10 日，谈判首先涉及汽车信贷领域。在此之前，人民银行曾于 4 月 23 日首次对美承诺，正式开放中国汽车消费信贷市场，在 5 年后允许外资金融机构开展汽车信贷消费业务。11 月 10 日我们按照授权，再次对汽车消费信贷市场做出两个方面的承诺：一是外资银行在中国加入 WTO 5 年后被批准对中国居民开展人民币业务的同时，可以开展汽车消费信贷业务；二是在允许中国企业集团财务公司开展这项业务的同时，允许外资企业集团财务公司开展对成员企业生产的产品的购买者提供买方信贷业务，但不得进入中国银行间拆借市场。

11月13日我们按照国务院有关会议决定的新的授权，与美方进行了技术级磋商。磋商内容包括：

——关于人民币业务的地域限制，将美方要价中北京的开放时间从加入时改为第3年；将天津、大连改为第1年。

——将美方要价中“不迟于2年、5年分别对中资企业和居民开放人民币业务”，改为在加入后2年、5年内开放。

——将对汽车消费信贷的承诺改为：允许外资企业集团财务公司作为非银行金融机构立即进入中国汽车消费信贷市场开展业务，在市场准入和国民待遇方面无限制；同时，保留对外资银行开展此项业务的承诺。

——补充现有法规中对人民币业务资格的有关开业3年的规定。

——关于金融租赁业务，经当晚请示戴相龙行长后，对美方承诺：目前没有相应法规，将来拟订的法规在市场准入和国民待遇方面，不会对外资公司制定和中资公司

图3. 1999年11月15日，中美签署双边市场准入协议后双方交换协议文本。最后排右一为邓红国，右二为刘彩。

图 4. 2000 年 5 月 19 日，外经贸部石广生部长与欧盟贸易委员拉米签署双边协议。后排右八为邓红国。

有不同的限制条件。

在作为中国加入 WTO 谈判主要对手方的美国与欧盟，银行业都是优势产业，其立场基本一致，但是又有所区别。按照 WTO 最惠国待遇原则，双边谈判的成果可以为其他成员所享有。而欧盟在中美双边协议签订后，既表示欢迎，但又表示欧盟对中国有特殊的利益，不能将此协议作为中欧双边协议的基础。比如欧盟当年的葡萄牙籍轮值主席就为该国提出了对中国银行业的进一步要价：将葡资银行所在的珠海市人民币业务开放的地域限制年限从 3 年改为 1 年。由于这项要价不属于实质性的减让，所以我经过请示人民银行的领导取得授权，在中欧双边谈判中表示同意。

（六）谈判内外的故事

谈判需要讲究策略和方法。龙永图副部长经常谈的一句话是：保持谈判的气氛很重要。这句话被谈判代表牢记在心，几近融化在血液中。记得有一次中日双边银行业谈判陷入僵局，外经贸部国际司齐红儿突然转移话题说：糟了，外面开始刮沙尘暴了，我们家的窗户还没关呢。一句题外话，气氛有所缓和，使此后的谈判得以在缓和了的气氛中继续进行，并取得了良好的结果。应该说，策略与技巧，成为我们能顺利完成谈判不可或缺的基本条件。

谈判代表们承受着巨大压力。在1999年11月中美谈判中，我连续多日处于极度紧张、疲劳状态后的某一天晚上，直接栽倒在谈判间的沙发上，周边并没有其他人，意识虽然还保持着清醒，但四肢毫无知觉，无法行动。就这样持续了大约几分钟之后，才慢慢地逐渐恢复正常。在谈判结束的半个月里，我走路都像是在踩棉花，后来去医院检查时才知道低压已经到了110以上，从此带上了高血压的帽子。这也算是我个人为加入WTO付出的一点代价吧。说到代价，不得不提到我右耳的听力下降，主要是由于常年在不同国家之间奔波，频繁的飞机起降所造成的。最繁忙的一年，我有近三分之一时间，不是在出国就是在出国的路上。

紧张的谈判工作也给我带来诸多意想不到的趣事。

我第一次和外经贸部的张向晨、索必成坐飞机时，他们由于不习惯飞机上的套餐，竟坦然地拿出了烧鸡、黄瓜、西红柿与我分享，引得周围旅客投来羡慕不已的目光。由于谈判代表团在赴日内瓦的途中经常需要在法兰克福机场的43号登机口转机，所以该登机口附近的桌子下面，常年藏有扑克牌，仅供我们知情的谈判代表团成员使用，用完后继续留在原处。

为了给中国驻日内瓦使团的同事们提供一些方便，每次去日内瓦时，要尽可能多地捎带他们家属所委托的物品。有一次在北京机场值机时，我主动请缨，把众多的箱子放在我乘坐的公务舱名下托运，以减少其他同事额外托运的压力。没有想到的是，除我以外同行的其他所有人，所乘坐的另一个航班离开北京时发生延误，挤占了预留在戴高乐机场的转机时间，没有赶上预定的下一班飞机的值机截止时间，而不得不改期到次日登机，被迫在巴黎滞留了一晚。这就造成我在戴高乐机场瑞航值机柜台前，被值班小姐用非常诧异的神态盯住：你怎么一个人带了11个箱子！我只好找各种理由解释，反复强调所有的箱子的尺寸都仅为手提公文箱大小，并使出谈判的解数请对方通融，最终把这11只箱子顺利地带到了日内瓦。为了帮助我从传送带上搬运这么多行李，使团多派了好几个人到机场来。

帮忙托运行李的故事，也曾发生在电子工业部谈判代表刘彩的身上。刘彩在回国航班的值机柜台，出于节省时间的目的，好心地帮助其他同事在自己名下托运了行李。意料之外的是，他在芝加哥转机时，临时决定更换航班去看望在此学习的女儿，并带走了他本人的行李。按照当时的航空安全规定，刘彩名下的所有行李必须当即同时卸下，包括他代其他同事所托运的行李。而此时他已经离开机场，并没有留下联系方式。这些行李如果被卸下来，也无法与刘彩的下一段航程相衔接再运回国内。

为了阻止行李被搁置在芝加哥无人领取的情况发生，齐红儿与机组人员争执起来。齐红儿一口咬定，行李是中国加入 WTO 谈判代表团团长石广生部长的，石部长是美国政府请来的要客，卸下行李会造成严重的后果。在机舱门口发生争执的声音之大，我们在 2 层上都听得很清楚。最后的“谈判”结果是，对相应的行李进行核查，如果确实是石广生部长的，则予以放行。

现在回想起来，特别值得庆幸的有两点：一是箱子恰巧的确有石部长的，因为箱子上还别着他的名牌；二是此事发生在 911 恐怖袭击之前，否则齐红儿纵有天大的谈判本领也无济于事。

二、履行承诺

（一）银行业承诺内容

1. 银行业监管中的国民待遇问题

我国加入 WTO 之前，对中外资银行遵循不同的监管法规，造成对中外资银行监管的内容、方式存在很大差异。

（1）外资银行在外债、账户管理和个别监管比例方面，受到审慎性监管严格控制：

—三个月以上存款的准备金率为 3%，三个月以下为 5%，不计利息；中资银行为 6%，利息为 2.07%。

—外资银行分行营运资金的 30%以人民银行指定的生息资产形式存在，包括在中国人民银行指定的银行的存款等；对中资银行没有类似规定。

—独资银行、合资银行、独资财务公司、合资财务公司资本中的人民币份额与其风险资产中的人民币份额的比例不得低于 8%。外国银行分行营运资金加准备金等之和中的人民币份额与其风险资产中的人民币份额的比例不得低于 8%。

—当地注册机构对一个企业及其关联企业的授信余额，不得超过其资本的 25%。

—外资金融机构从中国境内吸收的外汇存款，不得超过其境内外汇总资产的70%。

—当地注册机构的固定资产，不得超过所有者权益的40%。

对中资银行的要求，与对外资银行的以上要求有所不同。

(2) 外资银行在税收、业务审批和经营地域等方面，享受着超国民待遇。

—税收方面。

①外资银行的外汇业务收入所得税税率为15%，并享受“一免两减”的税收优惠；中资银行为33%，无税收优惠。

②在城市维护建设税、教育附加费、土地使用税、房产税和车船税等小税种方面，中外资银行也存在不同程度的差别待遇。需要说明的是，在我们日后对全球银行业外资银行监管情况的调研中，没有看到任何一个国家或地区出现类似中国的外资银行税收超国民待遇的情况。

—业务经营范围方面。

①外资银行可向中资金融机构借入一年期以上的人民币资金，当时尚无明确的法规允许中资银行开办人民币同业借款业务。

②当时对外资银行的外汇业务客户对象没有地域限制；同时，上海外资银行的人民币业务客户对象已从上海市扩大到江苏和浙江两省；对深圳的外资银行已从深圳市扩大到广东、广西和湖南三省。而且，在中美双边谈判中我方已承诺在加入时，在一个城市获准经营人民币业务的外资银行即可向其他已开放人民币业务地区的客户提供服务；而根据中国人民银行《贷款通则》，贷款人发放异地人民币和外汇贷款，或者接受异地人民币和外汇存款，应报中国人民银行当地分行备案。

—贷款收费方面。

中资银行对本外币贷款不得在计收利息之外收取其他任何费用，外资银行在收取贷款利息外，可再收取贷款承诺费、管理费等费用。

—税前列支的呆账核销。

外资银行在税前列支的呆账核销最高可达贷款总额的3%；而按财政部的有关规定，国内银行税前列支的呆账核销额不得超过1%。

在加入WTO后修改相关法规规章的过程中，以上监管差异成为我们逐步调整的重点内容。

2. 银行业承诺的主要内容和重点

在加入WTO的谈判中，银行业对外开放主要把握了以下三个原则：一是对外资银行经营人民币业务的地域、客户仍要有限制，不能马上取消；二是分别实施外资银行经营人民币业务的地域限制和客户限制，坚持人民币业务客户限制的开放服从于地域限制的开放；三是在市场准入方面仍保留相应的限制，要经金融监管当局按审慎标准严格审批。

中国加入 WTO 对开放银行业的具体承诺体现在《中华人民共和国加入 WTO 议定书》及其所附的减让表中。这是中国与 WTO 成员经过谈判达成的协议，对中国和 WTO 成员都具有约束力。实质性的减让措施是在 5 年过渡期结束时取消人民币地域与客户限制、取消非审慎性监管措施、实施国民待遇等。外资银行将其看作中国银行业市场在 1979 年批准设立第一家外资银行代表处之后的第二次开放。

中国加入 WTO 的有关银行业承诺的减让表，用简化的文字可以表述为：

（1）自加入 WTO 之日起，取消对外资银行办理外汇业务服务对象的限制，外资银行可以对中资企业和中国居民个人开办外汇业务。

（2）加入后每年逐步取消外资银行经营人民币业务的地域限制；加入后 5 年内，取消所有地域限制。

（3）逐步取消人民币业务客户对象限制；加入 WTO 后 2 年内，允许外资银行对中国企业办理人民币业务；加入后 5 年内，允许外资银行对所有中国客户办理人民币业务。

（4）允许外资银行设立同城营业网点，审批条件与中资银行相同。

（5）在加入 WTO 后 5 年内，取消所有现存的对外资银行所有权、经营和设立形式，包括对分支机构和许可证发放进行限制的非审慎性措施。

（6）允许设立外资非银行金融机构提供汽车消费信贷业务，享受中资同类金融机构的同等待遇；外资银行可在中国加入 WTO 后 5 年内向中国居民个人提供汽车信贷服务。

（7）允许外资金融租赁公司与中国公司在相同的时间提供金融租赁服务。

这里的关键问题，一是如何充分利用仅有的短短 5 年宝贵过渡期，迅速提升中资银行的核心竞争力；二是如何合理参照国际规则与惯例应用审慎性监管措施；三是如何规划人民币零售市场的开放方式。

（二）承诺履行情况

1. 宣讲加入承诺

在中美双边协议刚刚签订后的 1999 年 11 月 24 日，时任中国人民银行行长戴相龙组织了有政策性银行和国有独资商业银行主要负责同志参加的情况通报会议，由我们介绍了谈判的背景、过程与结果，介绍了中美双边协议中的银行业承诺的原则、内容与要点等。相关银行的负责同志提出了关于加快股份制改造进程、改革分业经营体制、降低不良资产、鼓励创新、加大科技投入等建议，同时建议尽快取消不平等税负的超国民待遇。戴行长提出，要统一认识、坚定信心，通过深化金融体制改革、健全监管法律法规、加快人才培养等方式迎接挑战。戴行长还要求我们测算履行协议的承诺可能对中资银行产生的冲击与影响，以制定相应的应对措施。

在中国加入WTO前后，戴相龙行长多次以加入WTO与金融部门的对策为题做了报告，提出了清理完善法律体系、加快国有商业银行改革步伐、提高制定实施货币政策的水平、加强审慎监管等应对措施。如2000年1月举办的省（部）级重要领导干部国际形势与WTO培训班,2001年3月举办的中国银行业改革与开放高级研讨会，2001年11月、12月在国家行政学院多次举办的相关研究班等，戴行长都到会做了专题报告。我曾多次参与了戴行长有关讲话稿的起草与修改。

2002年2月，党中央、国务院召开了由各地方主要领导参加的“国际形势与世贸组织”专题研究班。江泽民同志亲自讲话，朱镕基同志作了报告，整体部署了下一步的应对策略和政策措施。中国人民银行戴相龙行长做了加入WTO后我国金融业的应对措施的专题报告。我们各部门的谈判代表在会上介绍了WTO的规则、背景、本行业履行承诺的难点等，为领导决策提供了依据。

在中美双边协议签订之后的2000年，中国人民银行为了加强中国加入WTO的培训工作，编写出版了《WTO与中国金融发展》（中国金融出版社2001年版，主编中国人民银行培训中心）一书，列入2000年培训工作计划和重点培训班计划，作为2000年干部培训和考核的内容，并把加入WTO与中国金融发展作为各类培训班的重要教学内容之一；举办了“中国加入WTO与加快科教兴国战略高级研讨班”。

在加入WTO前后，我参加了人民银行、银监会召开的多次专业会议，研究、制定相关的应对措施，出台相关法规规章与政策；还通过会议、培训班等方式，培训金融监管者与从业者，大力普及推广加入WTO的相关规则、条款、权利、义务等。

同时，我出于监管在华外资银行的职责要求，组织了大量对中外资银行的调研工作。得出的整体的印象是：外资银行普遍对未来中国银行业市场的发展表现出强烈的兴趣、信心与期待，积极调整战略定位，纷纷拟订发展规划，准备发挥创新优势，抓住时机加大投入；而中资银行的立场、观点则发生了明显的变化：从认为外资银行市

图 5. 2000 年 1 月，邓红国宣讲 WTO 承诺。

场份额太小、不怕与其竞争，到担心在客户、人才、创新等方面产生的激烈竞争、要求放缓开放速度，再到认识差距、苦练内功、学习外资银行的各类长项并迅速转化为自己的优势。在上海、深圳、北京等地多次召开的座谈会上，都明显反映出了这种全方位转向优化管理、提高内力的趋势。事实证明，应对中国银行业加入 WTO 的挑战，过于悲观与过于乐观的观点都是要不得的。

2. 修改国内法律

WTO 要求各成员的贸易制度和政策尽可能透明和公开，以保障成员之间贸易活动的可预见性。因此，要求所有的贸易政策都必须及时对外公布。

中美签订中国加入 WTO 的双边协议两天后的 1999 年 11 月 18 日，时任外经贸部石广生部长召集中美双边加入 WTO 谈判代表团所有成员开会，转达了江泽民同志对代表团全体成员的慰问与感谢。石部长指出：在党中央、国务院的高度重视与直接指挥领导下，谈判团空前团结，坚持既定的方针、策略与方法，取得了阶段性的重大成果。石部长要求对由外经贸部起草向党中央、国务院上报的中美双边中国加入

WTO谈判总结报告提出意见。我建议在报告中强调两点：一是这次谈判协议的成功签署是在党中央、国务院直接领导、指挥下取得的，是与各部门的协调、配合分不开的；二是必须立即研究修改法律的问题，使下一步的开放受到法律保护。由于此次修改涉及各个行业的有关法律、行政法规、部门规章等不同的法律层次，所以建议有关修改法律报告，通过国务院上报全国人大。

此后，我具体参与了银行业相应法规的修改工作。2001年加入WTO时，按照银监会履行承诺的安排，我组织了代国务院起草修订1994年颁布的《中华人民共和国外资金融机构管理条例》及其实施细则的工作。

2006年底前结束过渡期时，按照中国加入WTO中银行业的承诺，将对外资银行开放国内居民个人的人民币零售业务，因此需要再次修订《中华人民共和国外资金融机构管理条例》，该条例更名为《中华人民共和国外资银行管理条例》。修改的原则是：为公平竞争创造法律环境；参照国际惯例，体现风险管理、合并监管、审慎监管；保护存款人。修订后的法规，明确规定了向外资法人银行开放中国境内的人民币业务、扩大外资银行分行业务的范围，取消了非审慎性监管措施和不必要的审批事项，集中体现了WTO的以下原则：

—强化市场准入中依法审批和审慎监管原则。在可能的情况下减少审批层次，重新规范了对外资银行机构、业务和高级管理人员的审批或核准条件、资料和程序等。更重要的是突出了资本或营运资金监管在银行业监管中的核心作用，不同外资银行根据其经营重点和战略的不同，适用不同的资本金或营运资金要求。

—落实国民待遇的原则。对法人银行适用国民待遇，并使中外资银行开办银行业务的条件和程序逐步趋同。在监管政策和法规的制定方面，逐步加强对中、外资银行的普遍适用性，减少中、外资银行监管适用不同法规的情况。例如，加入WTO后颁布实施的若干管理办法、指引等，都是同时适用中、外资银行的。

—提高审批程序的透明度。除在《条例》和《细则》中明确规定了对外资银行各项申请的审批时限外，法规规章还明确划分了监管部门各层次的职责权限，明确监管的程序性层次和特点。例如，法规规章对银行监管系统各层次涉及的外资银行市场准入、退出工作程序等，进行了统一规范，明确了外资银行各项申请的每一个环节需注意的问题和办理程序，并针对每一环节规定了各级监管机构和外资银行办理有关事项的合理时限，从而对监管机构和外资银行双方均予以适当约束。

其中，最实质性的调整是引入法人导向的政策：一是引导有多家分行的外资银行转制成为在华注册的法人银行，通过资本充足率、拨备、集中度等指标，提高监管的有效性，先设立独资银行，再将现有的外资银行分行并入独资银行。在修改法规前，我们对在上海的外资银行进行了调研，法人银行的方式得到了外资银行的正面评价。二是法人银行可以经营人民币零售业务。三是在业务范围上区分法人与非法人的主体地位。四是《外资银行管理条例》及其实施细则对法人银行及其下设分行的监管要求与中资银行保持一致，如注册资本与营运资金、资产负债比例、大额资金跨境转移报告制度、信息披露等，既向统一中外资银行监管标准迈出了实质性的步伐，又有力地防止了高风险资产和非法交易资产向中国境内的转移。

同时，银监会按照中国加入 WTO 的承诺与改革的需要，依据有关法律、法规，会同人民银行对有关市场准入、风险管理、内部控制、资本充足、风险集中、关联交易、金融诈骗、反洗钱等 2000 多项法律、法规、规章进行了清理、修改、颁布、实施工作，逐步建立、完善了依法监管的运行机制，提高了监管规则的透明度与效率，并注重法规的后评价与更新。

（三）引入审慎性措施有效缓解压力

按照中国加入 WTO 银行业的承诺，在 2006 年底过渡期结束之前，已经放开了外汇业务与人民币批发业务；在过渡期结束时，放开人民币零售业务，取消所有非审慎性措施，这对中资银行形成了直接的冲击。

零售业务具有客户量大分散、增长迅速、收益稳定的特点，可规避非系统性风险，比公司业务受经济周期的影响更小。从当时国际商业银行的实践看，花旗银行、美国银行、汇丰银行等大型国际银行，通过差别化管理网点、细化业务流程、深度挖掘和维护高端客户等管理方式，使零售业务的利润贡献率高达 43%—53%。零售业务的对象，是国内居民个人，这与批发业务对象是企业截然不同，它关系到国计民生，风险涉及面广，社会反应敏感，所以，零售业务既是各国商业银行争夺的焦点，也是各国监管当局关注与监管的重点，对外资银行开放零售业务是对监管部门能力的重大考验。

1. 借鉴美国开放批发零售市场的经验

在过渡期结束约一年前的 2005 年 11 月，我率由中国国际文化交流中心组织的中国金融代表团访问美国，团员有巴曙松等三人，走访了美联储、纽约联储、货币监理署（OCC）等银行业监管当局和花旗银行、JP 摩根大通银行、瑞士银行、高盛、美林等商业金融机构，专门调研了美国对外资银行监管制度及其演变过程、外资银行参与零售业务的相关情况。

（1）美国对外资银行开展批发与零售业务分别采用分行与法人银行差别化监管制度。

1991 年美国《加强对外资银行监管法》和《联邦存款保险改进法》规定：外资银行设立分支机构或收购美国银行 5%（以前是 25%）以上的股权，需向美联储提出申请；允许当地注册外资法人银行加入存款保险体系，进而有资格从事零售业务；不允许外资银行分行加入存款保险体系，理由是分行不是法人，而且监管部门不能及时了解其母行的情况，从而不能接受 10 万美元以下的存款。这就在事实上禁止了分行开展零售业务。

2005 年在美外资银行 345 家，占银行业市场总资产份额 18.8%。其中分行 279 家，主要从事批发业务；当地注册的法人银行 66 家，主要从事零售业务。

（2）从监管角度考察分行与法人银行的差异。

—公司性质、评级、筹资成本。分行由其母行承担无限责任，评级以母行的信誉为基础，在资金成本等方面有巨大的优势；而法人银行则由自身的注册资本金承担有限责任，在评级、资金成本等方面的劣势很明显。

—监管职责分工。母国监管当局负责监管外资银行分行的支付风险和流动性风险；而东道国的监管当局则负责监管法人银行的支付风险和部分流动性风险。

—监管能力水平。对于监管水平领先的美国与其他发达国家监管当局，法人银行比分行更容易接受监管。应该看到，在宏观经济波动，特别是出现金融危机时，法人银行的支付风险和流动性风险，对监管能力较弱的东道国的监管当局会形成冲击与考验。

因此，我在访美考察报告中明确建议：在华申请经营人民币零售业务的外资银行，必须是当地注册的法人银行，并且应当将这一原则纳入下一步调整有关外资银行监管法规的计划。从加入 WTO 过渡期结束之前所有应对措施的准备与论证过程来看，正是这个报告首次提出经营人民币零售业务仅限定于外资法人银行的建议。

2. 调研其他国家开放零售市场的情况

在 2006 年底过渡期结束之前的当年 4 月，我们组织了两个考察团，分别对欧洲、亚洲的发达国家与发展中国家，监管外资银行开放本币零售业务的情况，做了进一步考察、调研、论证。各国监管者以风险监管为本，对外资银行从事零售业务形成了四种监管模式：

（1）禁止外资银行分行从事零售业务。加拿大不允许外资银行分行加入存款保险体系，并将其分为全能银行和借贷银行，前者不能从事零售业务（接受 15 万加元以下的存款），后者不能从事存款业务。澳大利亚限制外资银行分行吸收 25 万澳元以下的存款，实际上就相当于禁止了这项业务。这两个国家的做法与美国基本一致。

（2）区别对待来自不同监管水平国家的外资银行分行。欧盟根据 2005 年初实施的《欧盟金融集团监管指引》，对申请设立外资银行分行的、非欧盟的母国监管者，根据巴塞尔委员会《有效银行监管的核心原则》的水平进行评估，只有满足了以下标准后才会审查其他开业的条件：一是母国监管者的风险监管措施和水平，不低于欧盟；二是母行向欧盟东道国监管者承诺，对分行实行符合欧盟标准的风险监控指标并保证其资本充足程度。对于《欧盟金融集团监管指引》实施之前设立的、来自监管水平低的国家的外资银行的分行，则鼓励其转制为法人银行。

（3）对分行采取限制措施，视其为法人银行进行监管。菲律宾对外资银行分行有数量限制，总量在实际上控制在 14 家；外资银行母行必须为其在菲律宾分行的负债提供担保；外资银行不得同时设立分行和法人银行，转制为法人银行后的分行必须撤销；外国股东投资菲律宾现有银行的股份不得超过 60%。

（4）禁止外资银行以分行形式进入。俄罗斯、哈萨克斯坦等国家在加入世贸组织的谈判中，坚持不允许外资银行设立分行，其理由是可能为恐怖活动或洗钱提供便利。马来西亚要求所有外资银行分行在 1994 年以前必须按照《银行和金融机构法》转制为法人银行，并将其持有股权的上限从 60%提高到 100%。

这些考察、调研的结论为我们根据国际监管规则和惯例，实施只允许外资法人银行经营人民币零售业务的监管方式提供了基础，并成为修订后的国务院有关条例的重要组成部分，同时也得到了 WTO 成员的认可。更重要的是，在严格履行世贸组织承诺的前提下，为适度借鉴发达国家经验、合理运用审慎性监管措施，探索并提供了有效的途径与模式。

3. 政策实施的实际效果

回顾开放银行业市场的进程，外资银行经营人民币零售业务仅限于法人银行，而开展其他业务的主要形式是分行，其直接效果是：在国内银行业市场规模迅速发展的情况下，外资银行的市场占有率始终基本保持在低于 2%的水平。由于认识与措施到位，对中资银行的冲击并未超过在加入 WTO 时的预计。

在华外资银行的数量、规模与实力出现良性增长：

（1）从数量考察：截至2020年底，外资银行设立了法人41家、分行116家、代表处144家，营业性机构总数946家。值得注意的是，在加入WTO之后，银行监管部门专门为外资银行设立分支机构开辟“绿色通道”，通过鼓励引导政策，支持外资银行的机构设立与业务发展向中西部和东北地区重点倾斜。

（2）从市场规模考察：近20年来，中国银行业市场的资产规模急剧扩张，比加入WTO之前增长了约20倍。截至2020年底，外资银行总资产为3.78万亿，与中国银行业市场资产规模的增长基本保持了同步；外资银行在中国银行业资产市场的占有率为1.42%，基本维持在加入WTO之前的市场占有水平。

（3）从综合实力考察：2020年外资银行实现净利润170亿元人民币，相当于加入WTO之前的10多倍，资产利润率为0.47%，资本充足率为18.32%，不良贷款率为0.58%，拨备充足率为367.87%，综合实力大大提高。

据世行统计，我国在华外资银行的市场占有率，为20个新兴国家中的最低水平：爱沙尼亚、保加利亚、波兰、捷克、匈牙利等5个国家超过60%，智利、秘鲁、墨西哥等3个国家超过40%，哥伦比亚、巴西、摩洛哥、马来西亚、泰国、菲律宾等6个国家超过15%，以色列、印度、印尼、土耳其、埃及、南非等6个国家超过4%。据国际清算银行和欧洲中央银行对18个新兴市场国家和地区的研究，外资银行的资产份额平均值为50.3%，占GDP的比重为58.2%；占末位的中国分别为2%和4%。

（四）贸易政策审议情况

通过贸易政策审议机制对各国贸易政策进行定期监督，是WTO敦促各国增加政策透明度的重要方式，这一机制不仅要求成员的贸易政策是透明的，而且要求其贸易政策及其执行符合国际规范。

WTO各成员对中国金融市场开放的评价，准确反映在WTO专门安排的对中国履行承诺而进行审议的报告中。在加入WTO后10年内，我曾多次赴日内瓦，每次都像要参加考试一样，直接面对各成员的过渡性审议。

WTO成员在审议中比较集中提出的问题是：

（1）关于对外资分行人民币业务要求资本充足率8%的问题。外方的要价是：中国对外国银行分行经营人民币业务规定“资本充足率”，不符合国际惯例，忽视了外国银行分行不是法人机构这一事实。

我方的答复是：

第一，这是我国从防范风险考虑制定的审慎性规定。由于人民币尚未实现资本账户的自由兑换，外资银行人民币业务的经营风险，无法随时自由地由外汇来偿付。因此，为确保外国银行在中国境内分行的审慎经营，我国对其营运资金中的人民币份额提出了这一审慎性要求。今后，随着人民币实现可自由兑换后，我国将考虑逐步放宽该项要求。

第二，规定每一家外国银行分行都必须达到这一要求，并非没有先例。中国不是唯一对外国银行分行有此类要求的国家，法国、意大利、匈牙利和南非都有此类要求。

—法国实施8%的资本充足率有三套办法：一是对欧盟区内银行的分行，不单独要求需满足8%的资本充足率规定。二是欧盟区外国家的分行，若能满足以下三项条件，也可不实行资本充足率规定：①其总行执行8%的资本充足率要求；②总行保证分行拥有足够资金承担业务风险；③有关国家的监管当局对法国银行的分行不实施资本充足率要求。三是其他国家分行应执行8%的资本充足率要求。

—意大利规定：非欧盟国家银行分行的资本充足率为不低于8%。

—匈牙利规定：包括外国银行分行在内的信贷机构，须按法律规定的计算方法保持8%的最低资本充足率。

—南非规定：10%的最低资本充足率，适用于所有银行和外国银行分行。

第三，国际银行业出现将分行视为法人管理的趋势。在银行业，特别是大型银行的经营已高度国际化、集团化的情况下，虽然外国银行的母行承诺对其分行的负债承担责任，但东道国监管当局难以把握和控制其母行的全球性经营风险。因此，为保护我国国内存款人的利益和金融体系的安全，我国考虑设立该项监管指标，以便将分行的风险与其母行面临的全球性风险进行隔离。

（2）关于外资银行最低资本金的规定。外方的要价是：人民银行规定的外资银行资本金要求，高于其他国家的水平，影响外资银行在中国的发展。

我方的答复是：对当地注册外资银行的资本金要求，应体现国民待遇原则。在2006年底过渡期结束时，我国将最终取消对外资银行经营本币业务的地域和服务对象限制，对当地注册外资银行的资本金要求将与中资银行相同。在过渡期结束之前，对其资本金要求是低于对中资银行要求的。

（3）有关外资银行的营运资金的低限及其运用问题。外方的要价是：中国对营运资金的相关规定，妨碍了外资银行的经营活动。《中华人民共和国外资银行管理条例》及其细则规定：外资银行分行经营外汇业务和人民币业务，营运资金应当不得少于3亿元人民币或等值的自由兑换货币；营运资金的30%以6个月以上定期存款的资产形式，存放在境内中资银行，以保证在退出时清偿我国境内的债务。

我方的答复是：

第一，从国际标准看，根据国际金融组织的报告，各国对外资银行营运资金的要求差别很大，在发展中国家中，有许多都比中国的要求更高；OECD国家中，只有欧盟国家低于中国。我国对外国银行分行的营运资金要求，必须符合我国现阶段金融发展水平，包括银行业及银行监管的发展水平，我国仍处于市场转型时期，需考虑相应的风险。

第二，中国制定此项监管规定的主要考虑是，区别批发零售等不同类型业务范围所面临的实际风险。据了解，有些发达国家甚至不允许外资银行经营零售业务。因此，讨论这一问题必须置于一定的前提条件之下：比如作为最大的发展中国家、金融业欠发达的中国，金融开放程度在零售业等重要领域甚至高于发达国家，允许外资银行从事的业务范围，包括业务品种和服务对象，远宽于许多国家允许外国银行从事的业务范围，营运资金应当与业务种类及其风险相匹配。

第三，营运资金要求满足不同类型外资银行的需求，外资银行可自愿选择营运资金的标准。当时外资银行根据自身所经营的业务范围，已全部完成了增资手续。其中，59家外资银行已可从事全面外汇业务，45家外资银行可从事人民币业务。

第四，审慎监管的程度受监管能力的制约。应该承认，中国银行业的市场发展程度、机构运营水平、特别是监管能力，比发达国家相差甚远，而且在短期内也很难赶上。这里的问题，一是当我们向发达国家请教审慎监管方法时，发现他们的有些措施比中国的规定严格得多；二是中资银行申请设立海外机构时，外国监管当局经常以中国的监管能力有限为由而拒绝批准，但外资银行并未因中国监管能力有限而放缓其进入中国的脚步；三是与较弱的监管能力相匹配的，应当是更高的监管标准，而实际上中国对外资银行的监管标准，只与欧盟以外的一些国家相同。

第五，中国在2004年已经降低了相关标准；下一步，还会根据外资银行业务发展与风险控制能力，再考虑是否调整；并且将关注发达国家在新一轮谈判回合中，开放零售市场并降低同一标准的出价。

（4）关于人民币同业借款40%上限的问题。外方的要价是：中国人民银行正在制定的以下规定，将严重限制外资银行扩大业务的能力，《人民币同业借款管理办法》（草案）规定，商业银行通过同业拆借获得的人民币贷款与其人民币负债总额之比，不得超过 40%。

我方的答复是：此项规定是符合 WTO 国民待遇原则的。按照我国加入 WTO 的承诺，从 2003 年 12 月开始，外资银行可以向中资企业办理人民币业务，届时外资银行资金来源对同业借款的过度依赖状况，将会逐步得到改善。因此，人民银行对商业银行同业借款的管理，应不会对外资银行发展产生太大影响。该管理办法还将充分考虑外资银行目前的情况，在时间上予以适当宽限，减轻外资银行的调整压力。

总之，我们针对各成员的不同要价，根据承诺的内容和法律依据，将实际开放的状况准确表述在出价中，经过耐心细致的沟通与解释，使每次的审议都得以顺利通过。

总体上说，中国在履行银行业加入 WTO 承诺方面所做工作，已得到国际社会积极评价：“短期达标值得称道”。中国银行业在开放市场、加强立法和改革中资银行方

图 6. 2006 年 1 月，邓红国（左）出席 WTO 服务贸易委员会组织的会议介绍中国银行业的改革开放与监管情况，右为商务部世贸司汪震。

面，以积极的态度兑现承诺，在银行业市场准入这一核心领域，允许更多的外资银行进入中国市场，法规规章的全面性、透明度和可操作性得到了很大提升。个别领域，比如允许外资银行为合格境外机构投资者开办境内证券投资托管业务方面，超过了加入 WTO 承诺，而成为自主自由化措施。正如花旗银行中国区行长当时在接受道琼斯新闻社采访时表示，中国认真履行开放银行部门的承诺，并以十分坦率的态度对待向外资银行开放市场的问题。

（五）改革与开放相互促进

中国银行业涅槃重生的过程充分证明：改革与开放是我国基本国策中相辅相成的共同组成部分，加大改革力度是发展的根本出路和内生性需求，金融体制改革的深化为实现金融开放的整体目标创造了有利条件，金融开放以金融体制改革和金融市场发展为前提和基础，开放有利于推动改革；促进民族银行业竞争力的提高是开放的目标，而这个目标可以通过引进外资银行产生的鲶鱼效应得以实现。

1. 开放促进了改革

（1）直接引进资金。据统计，通过引进境外战略投资者、境外上市等方式，银行业累计吸收境外投资超过 1500 亿美元，其中在 2004 年起的短短 2 年内就达到约 130 亿美元，使得亚洲地区在历史上第一次超过拉美、欧洲地区，成为吸收银行业外国直接投资最多的地区。同时，来自境外发放于境内的外汇贷款，在国内外汇资金来源有限的情况下，为作为最大的发展中国家的中国，提供了迫切需要的大量资金，特别是中长期资金。

（2）改善外资外贸环境。明显改善外商直接投资和对外贸易的环境，进而促进国民经济的发展。在华投资和进行外贸活动的外资企业，在其母国的金融服务需求，基本上是由相应的外资银行所提供的。所以，外资银行对在华外资企业基本情况的了解，远远比中资银行更深入、广泛，中资银行补短板的需求强烈。

（3）参与金融全球化。中国银行业通过强化竞争与合作机制，深化了内部机制的改革，在更大范围、更深层次上参与金融全球化进程。外国战略投资者在分享中资银行的投资收益和客户网点资源的同时，积极参与中资银行的改革重组，派了几百名外国专家，分批次常驻各个被投资的中资银行，执行了上百个相关项目。对中资银行的治理结构、发展战略、风险控制机制、业务流程、资本配置制度、财务会计制度、业绩考核体系、资产分类、风险拨备、内部审计体系、人事激励制度、信息科技建设等方面，进行了脱胎换骨的全方位流程再造与优化。有一大批具有强烈的督导与受托责任、具有规范的职业操守和丰富专业经验的国际金融知名人士，担任国有商业银行的董事或独立董事，并在董事会下设的专业委员会任职。国际评级公司认为，引进外国战略投资者是评级公司提高对中国银行业的评级，或维持积极、稳定的展望的主要原因。这进而成为中国商业银行能够在海外成功上市的重要影响因素。

中资银行在利益共享、风险共担的合作机制下，通过财务重组消化了历史包袱，明晰了产权关系，建立了持续的资本补充机制，按照现代企业制度对经营体制与内部机制进行了深化改革，通过在资本市场的上市获得巨大的推动力，逐步成为国际金融市场的重要组成部分。

（4）促进创新。促进中资银行管理技术、产品和服务的创新，扭转了其长期产品与服务同质化的局面，学习、引进了一系列现代化银行管理模式和方法，如结构扁平化、矩阵式结构、运营模式、经营多元化、风险管理技术（EVA、VAR）、业绩考核方法等。同时，开发了收费业务、银行卡、网上银行、金融衍生产品、个人理财、消费信贷、资产证券化、QFII托管、不良资产的市场化处置等产品。在这个过程中，外资银行的产品和理念，不仅直接影响着大众对金融服务需求的升级要求，也给市场带来了示范效应。

（5）人才培养。在华外资银行的一般策略是：在后台严格执行全球统一的风险控制体系的前提下，前台经营人员尽量本土化。在过渡期结束时，东亚银行内地雇员的比例占80%；花旗银行当地员工占亚洲1.5万员工的比例是97%。这些人才成为日后中国金融市场发展的重要因素。有报告显示，在中美双边协议签订的1999年，外资银行营业性机构人均年薪（工资、奖金）人民币14.5万元，而四大国有商业银行人均工资及相关费用仅为人民币2.4万元。同一时期，外资银行（包括代表处）高级管理人员中中国公民169人，其中包括原中国银行职员32人。

根据普华永道在过渡期结束前对35家在华外资银行的调查报告，雇员人数两年内从6600人会增加到16900人。增加的雇员主要针对三个方面：一是合规官、法律、国际业务、资金交易、IT等关键岗位；二是支行长、信贷、零售、风险控制等方面的管理人员；三是前台柜员、人力资源和行政人员。所增加人员的主要来源，一是自己培养，大型外资银行为占领零售市场，自中国加入WTO的那一刻起，就已经开始有目的地为相应岗位储备人才；二是从其他外资银行吸收人才，中资银行在管理体制、工作节奏与氛围、沟通方式等方面，存在较大差距，直接从其他外资银行吸纳成熟的专业职员，能够迅速、有效地补充短缺人才；三是应届大学生。

中资银行为建立适应现代商业化要求的培训体系，加大了对金融理财师、注册评估师、金融分析师、金融分析管理师等人力资源的投资与培训，培养出一大批具有创新能力与市场竞争力的人才；甚至有些大型商业银行在关键岗位上直接引进了国际专才。

（6）经营理念的影响。更重要的是经营理念、方式、机制等方面的影响：经营目标从资产扩张向利润、权益最大化转变，注重产品非同质化，提高资源使用效率；更重视高端客户、高附加值产品等服务价值与回报；加强内部控制、会计等风险管理系统；细化不同分支机构、部门、产品间的成本核算管理；转变机构、人员管理策略，从重扩张到重科技含量与素质。

2. 改革促进了进一步开放

从主动开放角度考察，在充分履行承诺的基础上，中国银行业监管部门进一步实施了自主自由化（AL）的开放措施。如 2014 年取消外资银行设立营业性机构须先设立代表处两年的要求，将外资银行经营人民币业务的开业年限要求从 3 年降至 1 年；如 2019 年放宽持股比例限制，大幅削减对外资设立机构和开展业务的总资产、经营年限等数量型要求，扩大投资入股外资银行的股东范围等。应该说，正是银行业体制改革所取得的丰硕成果，为中国在履行加入 WTO 承诺基础上的进一步开放，奠定了坚实的基础。

（六）推动银行业与国际标准迅速接轨

中国加入 WTO 的成果之一是银行业的经营机制与国际标准迅速接轨按照加入 WTO 的承诺，对具有明显竞争优势的外资银行开放国内银行业市场的紧迫性，是党中央、国务院下决心解决国有商业银行不良资产问题的重要考虑因素。

应该说，在加入 WTO 时，长期受到行政干预和过度保护的中国银行业所面临的挑战，在我国国民经济的各行业当中是非常典型的。国际货币基金组织 2002 年度中国磋商工作报告认为，中国银行部门的潜在损失占 GDP 的 45%—70%。一些国际媒体认为，中国国有商业银行按照审慎监管标准衡量，资本充足率为负数，技术上已经破产。而在 2006 年底短短 5 年的过渡期结束之前，仅仅依靠银行自身的力量，消化沉重的不良资产包袱，是根本不可能实现的。这对我国改革开放的大局和争取有利的国际环境，产生了严重的负面影响。

为此，国家投入大量财力物力，实施了包括发行 2700 亿元特别国债、剥离近 1.4 亿元不良资产交由资产管理公司处理、成立汇金公司向国有商业银行补充资本金等各项重大战略政策，扭转了国有商业银行深度亏损的高风险状态。其中相当程度上是由于长期政企不分，承担维护经济发展、社会稳定等责任而形成的。

在极大提升了国内外市场对中国银行业发展信心的基础上，银监会报请国务院批准，发布相关管理办法，逐步引进国外战略投资者。其原则，一是维护国家对国有商业银行的控股地位，二是确保国有资产保值增值，三是严格审查战略投资者的资质，四是重视合作成果的转化落实。

实际上，引进国外战略投资者提升本国银行的竞争力，不乏成功的国际经验，如东欧、南美等发展中国家和韩国等遭受金融危机冲击的国家等。第一，根据哈佛大学的有关统计，50 个国家前 10 位商业银行中，国有股的比重 1970—1995 年平均为 80%，1996 年为 60%，2001 年降为 30%。各国通过大幅度改革调整到适应市场需要的程度。第二，根据对 41 个国家银行业产权改革和引进外资等不同模式的调查，引进外资为大多数经济增长较快的国家所采用。第三，不同调查结果表明，外国投资者能在一定程度上对当地银行予以帮助：如提高当地银行对自身信用的重视度；促进银行业整体业绩的提升等。

加入 WTO 后，中资银行直面挑战，开始引进外资战略投资者。通过改革国有产权结构促成投资主体的多元化，在相当程度上缓解了深层次的矛盾与问题，迅速实现了实质性的战略转型：国有商业银行消除了长期依赖国家救助的道德风险，被置于严格的市场约束与监督之下，降低了银行业的系统性风险；被投资的国有商业银行，都达到了银监会参照国际排名前 100 家银行的平均水平制定的三大类七项考核指标；中国银行业在与外国战略投资者反复磨合的过程中，加快自身体制改革，吸收、消化国际先进的经营机制，建立现代金融企业制度，提高了核心竞争力与综合实力。

银行业通过上市实现股权结构多元化、国际化带来的影响是，接受国外投资者按照国际资本市场规则进行的价值衡量。国外投资者对上市银行的评估，是从成长性到发展方式、战略乃至经营团队的素质、风格、职业水平等方面的综合考察，这就要求中国银行业以国际先进银行为标杆改进经营管理，以全球化视野推动经营发展，抓住千载难逢的历史机遇，迅速向国际一流银行看齐。

一般而言，国际一流银行的基本特征是：良好的公司治理，监管者、投资者、客户都认可的有效的风险管理，优良的客户服务和品牌，强大的专业管理团队，高于同业的运营效率，稳健的资产负债表，突出的财务业绩等。

按照国际通行的统计标准，考察中国银行业市场产生的变化：

—法人机构从2001年末的39641家，整顿为2020年底的4601家；总资产从2001年的14.8万亿元增长到2020年的319.7万亿元，增长了20.6倍，按规模已居全球第一位；29家全球系统重要性银行，有4家来自中国。

—2001年，17家主要银行（含3家政策性银行、4家国有独资银行、10家股份制银行）的平均资产利润率为0.53%，资本利润率为12.98%；到2020年银行业金融机构平均资产利润率0.77%，资本利润率9.48%。根据过渡期结束前的2006年香港的《亚洲周刊》，2004年才引进外国战略投资者的建设银行和中国银行的盈利能力，在亚洲前300家银行中分别排在第一位和第六位，实现了中国银行业历史上的突破。

—2001年四家国有独资商业银行不良贷款比例超过25%，股份制商业银行不良贷款比例为12.94%。经过核销损失、剥离不良资产、注入资本、引进战略投资者、公开上市等举措，至2020年底，银行业金融机构的不良贷款率降为1.84%。

—2001年银行业金融机构资本与资产的比例约为4.1%（世界银行数据），工农中建四大行平均资本充足率约为5.72%（公司公告数据）；2003年银监会成立时，全国130家法人银行中，只有8家小型银行的资本充足率达到了8%的最低要求。截至2020年底，商业银行资本充足率14.7%，一级资本充足率12.04%，核心资本充足率10.72%。商业银行的成本收入比从2006年的40.2%，下降到20%多，低于国际同业水平。

为了通过制度性安排巩固改革开放的成果，银监会报请国务院批准，于2003年底发布了《境外金融机构投资入股中资金融机构管理办法》，在审慎稳健的基础上，规范了境外投资者的资质与标准。同时，专门对新设股份制银行做出规定，除了规定公司治理、内控制度、专业化人才、有效的资本和风险管理约束等条件以外，特别规定发起股东中应有合格境外投资者。

银行业国际化的实践，基本上实现了短期目标和中期目标，即满足监管当局最低资本充足率、改善商业银行公司治理结构；目前，正朝着促进社会资源合理、有效配置的长期目标迈进。这有力地证明了邓小平同志的有关论述：在充分吸收外国的先进技术和资金方面，也还要摸索经验，尽管有这样那样的困难和问题，但是我相信我们现在走的路是正确的。同时也有力地证明了江泽民同志对签订《中美WTO双边市场准入协议》的基本判断：这将有利于促进中美经贸关系的发展，为世界经济的发展与繁荣注入新的动力，是一个双赢的结果。

三、结束语

中国加入 WTO 具有深远的历史意义，它有力推动了改革开放的进程，并且使其不可逆转，提高了中国融入全球化的深度与广度。加入 WTO 的直接影响，可以在 20 年来中国国民生产总值和进出口额猛增、汽车走入百姓家等物质变化中体现；而更为深远的，是观念转变等带来的间接影响：政府官员强调规则、注重权利的意识在增强；企业主动适应国际贸易规则、坦然应对争端；公众以平和、务实的心态面对充满竞争的世界，接受法律是解决问题的正常方式，等等。中国利用加入 WTO 的契机，把贸易规则透明度的原则，推广到政府和经济行为中，进而变成事关全局的重大部署。这不能不说是对中国社会文明发展做出的巨大推动。

总体上看，银行业的开放与我国对外开放的总体目标是一致的，与我国整体的、根本的、长远的利益，经济发展水平，市场发育程度，实体经济和消费者的服务需求，区域发展战略，中资银行转型的节奏和审慎监管能力是基本相适应的，是在系统、有序、稳健、可控和国际化的基础上逐步推进的。

中国从 1986 年 7 月正式递交恢复 GATT 缔约国地位申请，到 2001 年 12 月正式加入 WTO，经历了 15 年艰苦曲折的谈判过程。我也从“小邓”谈成了“邓老”，这源自张向晨的一句戏言：老邓已经有人叫了，干脆叫你邓老吧。以至于龙永图副部长每次见到我就开玩笑：这次邓老亲自来了，肯定能谈成了。“邓老”，这一打上 WTO 烙印的绰号，至今仍被我珍惜地留作网名。十余年的加入 WTO 谈判，使我有机会经常近距离跟随石广生部长、龙永图副部长等领导工作，直接领略了他们的领导风范、政策水平、工作方法与谈判技巧，受益匪浅；十余年加入 WTO 谈判期间的朝夕相处，也使我与谈判团的许多成员，成为了终身好友。我认为，加入 WTO 改变了中国的国运和老百姓的命运；直接参与中国加入 WTO 这一历史性事件的谈判过程，是谈判团每一位成员都终生难忘的幸事。

从加入 WTO 到加入 CPTPP：中国产业政策的未来

徐　林

【作者简介】

徐林，1962 年 6 月出生于湖南长沙。1989 年 8 月自南开大学经济研究所研究生毕业后，加入原国家计委长期规划司，历任规划司预测处主任科员、结构处副处长、处长、规划司副司长，2006 年任财政金融司司长，2012 年任发展规划司司长，2017 年任中国城市和小城镇改革发展中心主任，2018 年 10 月任中美绿色基金董事长。曾参与中国经济社会发展多个五年发展计划和规划的编制，负责中国经济社会发展第十三个五年规划纲要的具体编制和起草，全程参与中共十八届五中全会和十九大报告起草工作；参与国家若干区域发展规划、国家新型城市化规划、若干主要城市群规划编制，参与多个国家产业政策的制定与实施；参与国家财政金融领域若干重大改革方案的制定，以及资本市场特别是债券市场、私募股权投资、全社会信用体系的发展和监管，任三届中国证监会股票发行发审委委员。参与中国加入 WTO 的谈判，专门负责产业政策和工业补贴谈判。

2021 年是中国加入世界贸易组织（WTO）20 周年，是值得纪念的一年。中国加入 WTO 对中国的改革开放和经济发展，对世界日益深化的经济全球化来说都是大事件。对中国来说，加入 WTO 使中国的贸易环境大大改善，在更大范围获得了基于规则保护、更稳定的贸易最惠国待遇，出口产品面临更低的关税障碍和非关税壁垒，围绕贸易争端的解决有了基于多边规则的可预见性。也由于 WTO 规则的约束，通过修改大量国内法律法规，我国国内涉及经济和市场管制的制度和规则变得更加公开透明并符合国际惯例，营商环境得到相当程度的改善并日益国际化。

为了履行中国的对外承诺，中国政府做了大量工作，实施了大量改革开放的实质性举措，所有承诺全部履行完毕。中国清理了 2300 多部法律法规和部门规章，使中国的市场准入条件更加透明和规范，更具可预见性。通过人大、国务院各部门修订 325 件，废止 830 件，范围涉及货物贸易、服务贸易、知识产权、投资等各个方面；地方政府协同采取行动，共清理出 9 万多件地方性法规、地方政府规章和其他政策措施，并进行了修改或废止处理。应该说，这是中国政府为了与国际规则对标进行的涉及面最广的一次制度改革与修订。

中国按照承诺逐步削减进口关税，平均关税总水平从 2001 年的 15.3%下降到目前的 9%左右，其中农产品平均关税从 18.8%降低到 15%左右，工业品平均关税从 14.7%降低到 7.5%左右。除农产品按谈判结果实施关税配额制度外，进口配额等非关税壁垒也相应取消。在服务贸易领域，特别是金融、电信、分销、运输等重要部门，中国服务业的开放水平已接近发达国家，各部门制定、修订了外资市场准入相关法律法规，取消了一些部门对外商企业的歧视性待遇以及股比、数量、地域、资质等方面的限制，不少已经超出了当时的开放承诺。

加入 WTO 后，中国的对外贸易获得了大发展，货物进出口总额从 2002 年的 6208 亿美元，增加到了 2020 年的 44670 亿美元，年均增长 11.6%，累计形成的货物贸易顺差达到 5.16 万亿美元，其中来自美国和欧洲的贸易顺差累计分别达到 3.61 万亿美元和 1.86 万亿美元。即便算上服务贸易，中国货物和服务贸易累计形成的贸易顺差也达到了 3.85 万亿美元。中国的投资环境也大大改善，吸引了大量外国直接投资进入中国，中国的产业体系也由于营商环境的改善以及与国际规则和惯例的接轨，越来越深地融入国际产业链，成为国际制造体系的重要组成部分，中国也因此成为全球最大、门类最齐全的制造业大国，制造业增加值名列全球第一。2002 年至 2020 年，我国累计利用外国直接投资超过了 1.4 万亿美元，外商投资企业的产业分布和企业结构更加多样化，外商独资企业数量持续上升。金融领域的市场准入也更加开放，外资控股的金融机构数量和领域都在增加。外资通过在中国的商业存在、技术引进、技术转让、技术培训、技术研发等不同方式，为中国的产业升级和技术进步做出了积极贡献。根据公开的官方统计资料计算，外资企业以占 2%左右的市场主体数，贡献了 10%左右的就业，40%左右的进出口，16%左右的税收。国际贸易和投资规模特别是出口规模的扩张，拓展了中国经济自身生产要素和国内市场决定的生产可能性边界，累计使 3 亿左右的农村富余劳动力得以转移到城市地区的制造业，特别是劳动密集型出口加工业就业。如此大规模的生产要素从劳动生产率更低的农业部门配置到生产率高出几倍的非农产业，不仅大大提高了国家整体的劳动力要素配置效率，也提高了中国经济的增长速度和整体竞争力。大量贫困农民通过跨地区、跨产业转移就业在解决温饱问题的基础上摆脱了贫困，通过参与工业化和城市化进程，提高了自身的就业技能和综合素质，对中国社会的现代化也产生了积极作用和深远影响。所以，无论从哪个视角分析，加入WTO对中国经济社会发展和产业技术进步的积极效应和财富效应都是全面、显著而深刻的。

2021年初，当年共同参与谈判工作的同事们通过微信群聚集在一起，觉得有必要将各自参与的谈判经历和体会写出来，或许对历史和未来都会有点用处。我当时的谈判搭档，中国商务部原副部长，现任WTO副总干事张向晨先生在赴日内瓦就任前专门打电话给我，希望我能认真写一篇文章记录当年的谈判点滴，也把个人的专业体会表达出来，给感兴趣的读者和政策制定者带来一些面向未来的启发和思考。向晨的话说得非常真切，他说，如果今年不写出来，再过10年到30周年时，有的人可能就不在了，有的人想写也写不动了，或者记不住了。这些话对我触动很大，我坚信自己30周年时还能活还能写，但觉得早一点写出一些作为当事人的点滴故事和思考，或许对未来是有意义的。

一、因产业政策参与中国加入WTO谈判

1989年夏天，我从南开大学经济研究所毕业后进入国家计划委员会长期规划司预测调研处任主任科员，主要工作是经济预测和调研。1992年，因长期规划司和产业政策司合并为长期规划和产业政策司，我调入发展战略和生产力布局处工作，后来又调入产业结构处任副处长。产业结构处是原产业政策司的核心处，刘鹤、杨伟民都分别担任过这个处的处长。结构处的主要工作职能就是分析和研判产业结构变动趋势，研究制定中国的国家产业政策。在时任主管副司长刘鹤的领导下，我参与了20世纪90年代国家产业政策纲要、汽车产业政策、建筑产业政策，以及为应对亚洲金融危机出台的《当前国家重点鼓励发展的产业、产品和技术目录》等产业政策的讨论、编制和实施。我原本是学数学专业的，后来读了数量经济学专业研究生，主要长于经济模型分析，并无公共政策制定的专业背景和实践经验，跟着领导们参与并共同讨论一些政策和战略话题，对我来说是一个难得的产业政策学习、思考、实践和反思的机会，至今受益匪浅。

作为一个发展中国家，中国产业政策的实践起源于新中国成立后的工业化进程，政府采用中央计划经济手段加速推进工业化。比如，中国的第一个五年计划本质上就是一个以 156 个工业项目为重点的工业化计划，这实际上是不以产业政策为名的产业政策。政府通过中央计划的资源调动能力，将资源优先配置于计划确定的重点工业项目，这不仅包括资金和土地供给，还包括大学的专业设置和大学毕业生的分配，国家计划项目所需生产和生活资料的配给，甚至还包括配套的专用交通线路的建设。今天我们说举国体制，实际上那个年代国家实施重点产业发展或重点项目建设的主要政策机制和手段，算得上名副其实的举国体制。

如果按照更广义的产业政策定义，即政府通过自身掌握的资源配置权影响并改变基于市场资源配置的产业发展路径和模式，中国以工业化为目标的产业政策至少可以追溯到清朝洋务运动前后，那时候清政府不仅有官办的特定产业，甚至还有对私人和外国投资于特定产业的激励政策。但中国真正以产业政策为名开始制定并实施产业政策，是在 20 世纪 80 年代中后期。这主要是基于国务院发展研究中心团队对日本产业政策制度的研究、借鉴和建议，他们的研究成果和建议得到了当时国家最高领导人的批示和首肯，认为产业政策是对传统计划模式的一种更市场化的替代。为了贯彻落实领导批示，1988 年，原国家计委成立了专门的产业政策司，负责产业政策的制定和实施工作。在时任司长周才裕的领导下，产业政策司研究编制了 1989 年 3 月发布的我国第一部以产业政策为名的产业政策——《国务院关于当前产业政策要点的决定》。

我在国家计委接触到的第一个产业政策实际案例是 1991 年副主任芮杏文（曾任上海市委书记）牵头领导的关于若干产业领域重复建设、产能过剩的调研。我参与铝型材小组的调研，专门到广东省佛山市南海大沥镇调研。铝型材加工行业的进入投资门槛和技术门槛都不高，当时很多民营小厂买几台注塑机就可以进行铝型材加工，这些小企业经营灵活，具有明显的成本优势。原有的国有企业设备虽然更好，但因内部机制等原因，产能反而得不到发挥，处于亏损状态，因而对南海的民营铝型材加工企业有颇多抱怨，认为它们破坏了市场秩序，产品质量达不到标准。如何看待民营企业进入导致的产能过剩，当时在调研组内部就有不同看法。一种看法是要强化对产能的计划管理，防止民营企业盲目进入导致重复建设和产能过剩，破坏市场秩序；另一种看法认为，在市场经济形成过程中，有一定程度的重复建设和过剩产能是促进市场竞争和产业技术进步的基本条件，不可能通过政府的计划管理做到产能供求完全平衡。让我印象深刻的是，芮杏文副主任作为一名资深的部级领导，在总结讨论时认为，不能因为部分产业放开民营经济的市场准入后存在一定程度的产能过剩，就要对产能实施计划管理，一定程度的产能过剩对促进行业内竞争是有好处的，政府和市场都应该有一定的容忍度。作为从计划经济年代过来的高级领导，芮主任在当时就能有这样的看法真是令人敬佩。最终，国家计委给出的调研结论是整体产能过剩的状况并不严重，引入民营企业促进行业竞争有利于提高产业技术水平和竞争能力，政府需要加强产业信息披露和投资引导，强化技术标准管理，确保产品质量达标和市场的同质竞争。铝型材加工行业最终的发展结果是，在佛山南海的大沥镇，形成了我国最大的铝型材加工基地，也形成了亚洲规模最大、水平最高的民营铝材加工厂。

进入 20 世纪 90 年代，特别是经过 1989 年至 1991 年的“三年治理整顿”和 1992 年邓小平“南方谈话”后，中国发展和改革进入了新一轮增长周期。为了适应这一趋势，国家计委在编制完成并开始实施国家“八五”计划的同时，开始研究制定面向 90 年代的新的国家产业政策。1994 年上报国务院，最终出台了《90 年代国家产业政策纲要》(以下简称纲要)。纲要在深入分析国内需求结构和产业结构变动趋势的基础上，第一次提出了国民经济支柱产业的概念，将汽车、建筑等明确为我国经济的支柱产业，并针对支柱产业的发展，制定了专门的《汽车产业政策》《建筑产业政策》《水利产业政策》。特别是汽车产业政策的出台，引起了各方面的广泛关注，这不仅是因为针对我国汽车开始逐步进入家庭的趋势，第一次明确将汽车工业作为国民经济的支柱产业，还因为汽车产业政策在产业组织结构、产业准入、规模经济、合资企业国产化等方面提出的政策举措，引起了国内外媒体、产业界和政府的广泛关注。为了迎接汽车进入家庭时代的到来，《建筑产业政策》还前瞻性地规定城市大型公共建筑和住宅小区，都要规划、设计、建设地下停车场。这些产业政策的出台恰逢中国正在努力进行加入 WTO 谈判时期，由于美国汽车制造企业的格外关注，美国谈判代表率先提出了讨论中国产业政策的要求。

1995 年春，当时的外经贸部国际司易小准处长和张向晨找到我，希望了解我国产业政策的制定情况，并告诉我美方在我国加入 WTO 谈判中提出了对我国产业政策的关切。不久后，美国贸易代表办公室（USTR）助理贸易代表道斯金（Dorothy Dwoskin）女士通过外经贸部提出要和我见面，了解中国新颁布的产业政策。考虑到对方是一位美国联邦政府的副部级官员，我请示当时的规划司司长蓝世良，希望他出面牵头会见美方，我陪同会见。但不知道出于什么原因，蓝司长坚持先由我来会见。最后，我带着处里的一位刚从人民大学毕业的年轻公务员，会见了道斯金，回答了她针对中国新出台的产业政策，特别是汽车产业政策提出的问题，并围绕中国产业政策的实施机制和主要政策手段等进行了讨论。从讨论情况看，美方关注汽车产业政策的部分政策手段可能对汽车贸易产生的扭曲性影响，特别是美国汽车进入中国市场，美国汽车企业在中国投资受到的不利影响。此后，因为产业政策问题成为中国加入 WTO 谈判的一个议题，我开始作为国家计委的派出成员，正式加入中国“入世”谈判代表团。1995 年 6 月至 1996 年 7 月，我受汉弗莱奖学金资助，赴位于美国首都华盛顿的美利坚大学国际关系学院做了一年研究生访问学习，回国后继续代表国家计委参与相关谈判。

二、关于产业政策谈判的主要议题和关注点

从整个谈判议题看，最难的谈判话题并不是产业政策和补贴议题，而是市场准入的相关话题。这包括降低工业制成品关税、取消非关税壁垒、农产品关税和关税配额、信息技术产品零关税（ITA）、服务业市场准入（涉及金融、各类专业服务、批发零售等）。这是因为围绕这些话题的出价（一般被认为是让步或妥协），国内相关部门会存在不同意见，外经贸部在新一轮谈判前协调统一谈判出价和立场都具有较大难度。有时代表团在日内瓦驻地“5 号”（外交部日内瓦招待所），还不得不为一些出价议题进行内部争吵，立场很难统一。我特别能够理解牵头部门外经贸部、特别是谈判代表团负责人龙永图先生的不易，对内对外都需要“打架”以协调谈判立场。在谈判特别胶着且难以取得实质性进展的那段时间，我能感觉出他的焦虑和无奈。有一次晚饭后在日内瓦湖边散步时，我问龙部长，我说总书记和总理对中国加入 WTO 到底是什么态度？我问这个问题是因为我觉得没有最高领导的政治支持，代表团内部成员和部门之间还存在不同意见，仅靠技术层面对内对外的讨价还价，中国加入 WTO 这样的大事件是难以取得实质性进展的。龙部长似乎也没有把握给我一个十分具体的说法，我记得他只是说江泽民同志喜欢看英文书，他觉得喜欢看英文书的人一般都比较开放，应该会支持中国加入 WTO。后来的事实证明，江泽民同志和朱镕基同志都对中国加入 WTO 谈判给予了强有力的政治支持，在谈判最后阶段都亲自投入时间和精力参与了重大谈判议题的拍板，这是中国最终能够顺利结束谈判的坚强支撑。

相比市场准入的讨价还价，围绕产业政策的磋商并不算特别困难。中国产业政策手段主要有三类：一是关税和非关税措施，主要功能是保护国内产业；二是与贸易有

关的投资措施，比如针对外资企业的国产化率（local content）要求，也包括针对国内投资项目的国产比例要求；三是针对特定产业或企业的专向补贴，包括直接财政资助、税收优惠、贷款贴息、价格支持等。前两类议题都有专门的谈判小组负责，但没有专门的工业补贴谈判小组。可能是出于对我的信任，龙永图团长最终决定由我来专门负责工业补贴的谈判。按照当时在代表团内部的分工，补贴领域的谈判主要由张向晨和我负责，他负责农业补贴谈判，我负责工业补贴谈判。WTO《补贴与反补贴措施协定》对补贴是有明确定义和分类的，对政府补贴有明确的定义，即政府或任何政府机构提供的财政资助即被认定为补贴，主要包括以下几个方面：一是政府涉及的直接资金转移（如赠予、贷款、投股），潜在的资金或债务直接转移（如贷款担保）；二是本应征收的政府收入被豁免或不予征收（如税收优惠和抵免）；三是政府提供不属于一般基础设施的商品或服务，或购买商品；四是政府向基金机构支付款项，或委托或指导私人行使上述列举的一种或多种通常是赋予政府的职权，以及与通常由政府从事的行为没有实质差别的行为；五是政府对企业的收入支持或价格支持。除此之外，协

图 1. 1997 年秋，徐林（右）与龙永图副部长摄于瑞士日内瓦湖边。

定还定义了专向性（specificity）、禁止性补贴（prohibited subsidies）、可诉补贴（actionable subsidies）、不可诉补贴（non-actionable subsidies），以及在何种条件下因补贴导致纠纷，可以通过何种方式解决纠纷或采取反补贴措施。

简单地说，《补贴协定》禁止成员实施以扩大出口、进口替代为特定业绩目标的补贴，这类补贴属于禁止性补贴；协定把针对特定产业或特定产业主体的政府补贴定义为专向补贴，这类补贴虽然不是禁止性补贴，但由于可能对别国特定产业造成损害，是一种可诉补贴，在特定情况下会导致争端并面临反补贴措施。除此之外，协定将政府对特定产业主体的直接或非直接研发补贴，在一定条件范围内，视同为不可诉补贴。中国的总体谈判立场是，如果中国作为发展中国家加入 WTO，在允许的过渡期结束后，中国将遵守《补贴协定》的各项规定。

有了上述基本立场，关于工业补贴的谈判不是如何讨价还价，主要任务是梳理国内存在的各类补贴措施并履行通报义务，在此基础上向谈判对象解释各类补贴的含义和范围，解释能力和说服力是关键。为了完成补贴谈判任务，我花了不少时间读懂《补贴协定》的各项规定，并研究相关国家涉及产业补贴的主要做法，在充分理解的基础上查找梳理我国针对不同工业领域的主要补贴措施并通报 WTO 成员。在我接手这项工作时，我们提供给 WTO 成员的补贴通报（notification of industrial subsidies）只有 4 页纸。在谈判时美方代表认为，欧盟成员国提供的补贴通报累计有 1000 多页，美国提供的补贴通报也有 80 多页，而中国作为一个非市场经济国家，只提供 4 页纸的补贴内容肯定是有隐瞒的，完全不具有说服力。在谈判中，美方通过华裔雇员从中国各类官方媒体找到了不少补贴“证据”，并以此作为谈判素材，证明中方没有对国内的工业补贴项目提供足够的通报，这曾经让我十分被动。经过梳理和归纳，我和外经贸部国际司的胡盈之，共同努力提供了一份 40 多页的工业补贴通报。这些资料散见于中国国内涉及财政税收的各类统计和年报资料中，主要包括针对特定地区和产业的税收优惠政策、国有企业的亏损补贴、预算内研发支出等，大多数是可诉专向补贴。美方对数据的要求不仅涉及补贴的年度数据总额，还要求落实在不同的产业部门，以便于他们分析中国政府对不同产业的补贴强度。不过，与外方围绕补贴进行的谈判，主要还不是像市场准入谈判那样的讨价还价，更多是解释政府提供各类产业补贴的背景、补贴逻辑、补贴规模、主要做法、未来如何改变等，有时候像是在进行学术探讨而不是在谈判。

与补贴谈判相关的一个话题是国有企业问题。在补贴谈判中，美方代表提出了中国工业部门的国有企业问题。他们认为，中国国有企业本身属于政府出资成立的公司，是政府对企业的资本金或股权支持，符合《补贴协定》对补贴的定义。此外，他们还认为，中国国有企业相对于民营企业和外资企业而言，利用国有企业具备的政府信用支持，可以从银行享受更低的贷款利率，相当于政府补贴，而且构成了对竞争对手的不合理优势，会导致市场的贸易扭曲。针对外方提出的问题，我根据当时国内国有企业改革的思路和进展，在谈判中进行了如下解释和争辩：一是中国正在对国有部门进行改制，很多地方政府所属的国有企业已经改制为民营企业或混合所有制企业，国有经济还会进一步实施“有进有退”的战略性布局调整，国有经济将逐步收缩在事关国计民生的少数关键领域，特别是提供公共服务和产品的领域，而不是量大面广的竞争性领域；二是中国国有企业从事出口贸易的比重并不大，中国的出口主要是由民营企业和外资企业完成的，国有企业完成的出口占比不到20%，因此中国国有企业对外国同类产业的直接竞争并不显著；三是国有企业虽然相对于国内民营企业能享受更低的贷款利率，但比境外企业在境外的贷款利率还是要高不少，并没有构成对外国企业直接的财务成本竞争优势。这类解释在当时似乎能得到外方相当程度的理解和接受。

另一个谈判话题是中国作为发展中国家可以享受的过渡期问题。在谈判中，我们坚持中国应该作为一个发展中国家，享有全面履行协定的过渡期安排，但美方似乎对此并不认同。记得有一次在与美方代表讨论这个问题时，美方牵头谈判的官员是曾经负责与日本进行汽车贸易谈判的商务部官员，他当时反驳我关于中国是一个发展中国家的观点时说，虽然中国用人均GDP衡量是一个低收入发展中国家，但是在讨论贸易问题时不能完全只看这一个指标，中国的特殊性在于，世界上没有哪个发展中国家有中国这样庞大的制造业体系和制成品出口规模，中国对全球贸易体系的影响是其他规模更小、收入更低的发展中国家难以做到的，所以不能简单地对中国适用针对一般发展中国家的过渡期安排。我当然不能同意他的观点，但他的观点也从一个侧面反映了美国对中国作为发展中国家特殊性的一种看法。

实事求是地说，当时的工业补贴问题并没有成为中国加入WTO谈判的实质性障碍，我们的谈判对手特别是美国并没有过多纠缠这个话题。我个人认为主要有以下几个原因：一是当时中国各级政府的财力还不足以为国内产业发展提供过多的或者显著的专向补贴，很多政府补贴在当时主要用于国有企业下岗职工的安置，而不是真正用于扶持特定产业的发展，不同行业补贴规模占销售收入的比重也达不到《补贴协定》

规定的“显著”标准；二是很多在经济特区、各类开发区实施的税收优惠政策，受惠主体不少是外商直接投资企业；三是中国在西方国家掌握核心技术的高附加值产业方面尚不具备供给能力，或者有供给但还不足以构成竞争挑战；四是美国等西方国家希望将中国纳入多边贸易体制，以规范中国的贸易行为，并没有真正把补贴问题作为阻碍中国加入 WTO 的障碍性话题；五是它们更在意的是中国加入 WTO 后会按照承诺尽快实现向市场经济体制转轨，遵守《补贴协定》的各项规定，完全取消禁止性补贴，透明实施可诉补贴和不可诉补贴；六是从国际政治的角度看，西方国家在政治意愿上普遍希望尽快将中国纳入国际多边贸易体系，无意为中国设置太多的谈判障碍。

总体来看，西方国家特别是美国对中国加入 WTO 的政治立场和态度对谈判进程起着至关重要的作用。我第一次接触的道斯金女士，在我们会见后不久就离开 USTR 到日内瓦 WTO 总部工作，多年后一次偶然的机会我了解到，她是因为个人立场上不赞成支持中国加入 WTO 而被白宫调离了这个岗位。这说明当时的克林顿政府在政治立场上是支持中国加入 WTO 的。在实际谈判过程中，日本作为中国的重要贸易伙伴并在中国有较多合资企业的国家，支持中国加入 WTO 的态度也十分鲜明，我们在谈判间隙私下与日本谈判官员接触时，日方甚至还会给我们介绍一些日本人如何在谈判中对付美国人的“经验”。与欧盟谈判官员的接触和交流也很融洽，虽然在正式谈判时会因为具体议题争论和讨价还价，但在结束谈判后的交谈中非常友好，我和欧盟的谈判对手在休息时甚至还一起讨论过布莱尔当选英国首相后的英国政治新气象和新面貌，以及在欧盟总部英语和法语的主导性问题，因为毕竟在与欧盟谈判时，工作语言是英语而不是法语。这些谈判工作中的点滴虽是小事，但能够从一个侧面说明当时围绕中国加入 WTO 谈判的国际政治氛围是比较轻松友好的，这有利于加强谈判官员彼此间的信任和营造好的谈判氛围。

2000 年底，围绕工业补贴的谈判和磋商基本结束，我方提供的补贴通报也基本得到认可。由于我在国家计委规划司的主要工作转入了中国第十个五年计划的编制，作为规划起草组核心成员，司领导要求我尽快回归“主业”，如非必要，就不要再参加谈判工作了。虽然我挺想继续参加谈判以更好地了解谈判进程和感兴趣的重要议题，但我还是以自己的主业为重，结束了在谈判代表团的工作，专心投入国家“十五”计划的编制。不过最终我也没有真正从头到尾完成“十五”计划的编制起草工作。2001 年 1 月，受李光耀奖学金资助，我离职一年赴新加坡国立大学李光耀公共政策学院和哈佛大学肯尼迪政府学院攻读公共管理硕士学位。恰恰是在读书期间，中国结束了谈判，正式加入 WTO。当年，肯尼迪政府学院还十分应景地专门围绕中国加入 WTO 举办了一场国际研讨会，会议由著名的杰弗里·萨克斯（Jeffrey D. Sachs）教授主持，我认识的朋友方星海、马骏等中国学者和专家都参加了这次会议。这次会议反响热烈，充分说明中国加入 WTO 这一事件的国际影响力。令我记忆深刻的是会上的一段小插曲：一位在哈佛念书的印度学生也参加了会议，他向萨克斯教授提了一个问题，希望他回答印度大概什么时候能够追赶上中国。萨克斯教授迟疑了一会儿后回答：我认为印度的人口总数很快就会追上中国。这个回答引起了会场的哄堂大笑，让我觉得有点意外，让那位印度学生满脸通红，很是尴尬。说实在的，我当时并不喜欢这样的回答，觉得如果教授的回答是个玩笑，这个玩笑也有点过头了。

2002 年，我结束学业回到国家计委规划司工作。外经贸部易小准与我联系，说是和龙永图副部长商量过，希望邀请我加入外经贸部新成立的 WTO 司，负责贸易政策审议工作。这是一份很专业的工作，需要对国内不同部门的政策机制有足够多的了解，同时还要熟悉 WTO 规则，在必要时有能力说服国内的相关政策部门改进政策机制，并对外进行有专业和有说服力的解释。我当时觉得换一个工作领域未尝不可，也感觉自己在国家计委这么多年的历练，有能力胜任这一新岗位的工作，就同意了易小准的邀请。不久后外经贸部正式给我委人事司发来商调函。由于当时的发改委主要领导、分管领导，以及我所在司司长都不同意，我的调离企图未能得逞。2006 年下半年，陈德铭副主任从国家发改委调任商务部部长后，还专门打过一次电话给我，告诉我商务部的事业也很有干头，并希望我找时间去他办公室聊聊。我理解陈部长电话的含义，但考虑到马凯主任刚提拔我担任发改委财政金融司司长，就没好意思过去找陈部长。后来一次和德铭部长聚会时他告诉我，是易小准副部长等建议他把我调过去，他后来也觉得不好意思挖马凯主任的“墙脚”，此事就此作罢。从此我与 WTO 谈判的工作关联就完全结束了。尽管如此，我对 WTO 框架下这一领域重要议题的谈判进展却一直保持着敏感和关注，一则是因为对中国经济发展和改革开放有影响，二则是国际规则的变化也会影响中国政府的政策模式和行为手段。

三、中国参与并完善国际贸易体制的未来议题

中国加入 WTO 20 年来的发展不仅改变了中国，也在相当程度上改变了世界。在这个过程中，中国与世界的关系、中国与西方的关系、中国与邻国及地区的关系，特

别是中国与美国的关系，也相应发生了改变。这些关系的改变毫无疑问对多边贸易体制、区域自由贸易体制与双边自由贸易和投资体制，以及经济全球化进程，都在带来新的影响和挑战。各有关国家都存在一个相互适应变化的过程，并需要重新思考未来的发展道路和体制重建。特别是在新冠疫情后百年未有之大变局的复杂背景下，如何构建国与国之间稳定有序的经济贸易关系，依然是影响国与国之间政治关系的经济基础或“压舱石”，也是构建人类命运共同体无法回避的话题和挑战，有不少问题值得我们深入思考并明确思路和举措。

（一）如何积极参与并完善全球多边自由贸易体制

作为乌拉圭回合谈判的成果，世界贸易组织取代关贸总协定，成为规范全球贸易活动的多边贸易体制，这一体制的核心是谋求基于自由市场经济体制的全球自由贸易和公平竞争。国与国之间通过广泛贸易获得好处的经济学理论基础，经历了从亚当・斯密的基于绝对优势的专业化分工和贸易，到大卫・李嘉图的基于比较优势的分工和贸易理论的演变，各国都可以通过基于市场的自由贸易获得基于生产并出口自身具有比较优势的产品的经济福利。这一多边体制为维护全球自由贸易制定了基本规则、争端解决机制和监督机制，是二战结束后美国主导的国际秩序的支柱之一。但随着全球化的不断深入，贸易规模不断扩大和贸易不平衡格局的演变，这一体制的规则性缺陷和效率低下的弊端也日益显现，对其进行改革完善的呼声日益高涨。多哈回合谈判试图对这一体制进行改革和完善，但由于不同成员间分歧较大，任何具有分歧的议题都很难获得成员“协商一致”的赞成，虽然谈判了 20 多年，至今未取得任何议题的实质性进展。由于多哈回合谈判迟迟不能在一些议题上取得一致，区域性自由贸易协定越来越成为一些国家解决问题的替代性选择，产生了《全面与进步跨太平洋伙伴关系协定》（CPTPP）、《跨大西洋贸易与投资伙伴关系协定》（TTIP）、《区域全面经济伙伴关系协定》（RCEP）等区域自贸协定，这些协定不仅覆盖的区域范围不同，涉及的自由贸易领域和标准也有所不同。

从过去几年的变化看，除了原有改革议题的一致性立场外，还有几个关键因素也可能左右未来 WTO 改革多边谈判是否能取得积极进展。一是美国对 WTO 未来作用的态度，因为在特朗普执政期间，已经基本上甩开 WTO 机制，对不满美国的贸易伙伴单独采取提高关税等惩罚行动，并倾向于单独和这些有争端的贸易伙伴通过谈判达成双边协议，表现出对 WTO 机制的失望和不满。美国上届政府时期国会曾经对

WTO 改革问题举行过听证会，主要立场和观点包括：WTO 改革的第一要务是改革上诉机构，美国在 WTO 和上诉机构方面总体上得大于失，美国应致力于改革而非摧毁 WTO 和上诉机构，应由国会而不是美国贸易代表办公室主导美国对 WTO 的立场和政策，现行破而不立的政策，浪费美国实力，丧失各国信心，不符合美国利益，美国应以上诉机构改革促 WTO 全面改革。新一届拜登政府将如何修正特朗普路线目前尚不明朗，但大致会延续上届政府对 WTO 改革的主要立场，并强调贸易政策要以美国工人阶级和中产阶级为中心，让美国工人阶级和中产阶级从国际贸易中更多受益，并更多关注一些发展中国家获得的“不公平”特殊和差别待遇问题。二是以美国为首的西方国家不会简单满足于 WTO 原有规则基础上的自由贸易，可能会更在意修改某些现行规则，或增加某些新规则，提高在劳动者权益、环境保护标准（可能涉及碳排放）、知识产权保护、产业补贴、数据安全等方面更高标准的公平竞争基础上的自由贸易。这些立场从几年前 G20（二十国集团）德国峰会宣言中采用公平贸易而不是自由贸易的提法中就已现端倪。最近 G7（七国集团）关于 WTO 改革的宣言，进一步强调了所谓团结民主国家维护自由贸易、关注非市场经济做法对市场的扭曲、强制性技术转让要求等针对中国的议题，具有更多的意识形态和价值观色彩。三是考虑到不

图 2. 2019 年，徐林（中）与龙永图副部长共同出席凤凰财经网举办的年度论坛。

少条款的修改或增加具有针对中国的意图，中国政府能在多大程度上接受并做出针对性调整也有相当大的不确定性。四是中国也会提出涉及自身贸易利益和公平贸易的规则修改诉求，比如针对中国的高技术出口限制、市场经济地位问题以及替代国标准问题等。五是发展中国家能在多大程度上形成同一立场，毕竟主要发展中国家之间在贸易关系方面也存在利益差异和同质竞争关系，一些发展中国家可能并不见得会认同中国的所有立场。西方国家能够认同的特殊和差别待遇，可能只会提供给那些最不发达或低收入国家群体，中国已经不属于这个群体，甚至几年后可能就进入世界银行标准的高收入国家行列，不太可能享受到这一特殊待遇的好处。上述这些不同的议题和因素，在未来的讨论过程中都具有相当的政治经济复杂性，尽管围绕这些议题要达成一致非常困难，但考虑到多边贸易体制的重要性，中国需要有系统的分析、策略和立场，在一些特殊议题上可以考虑在多边一致性和诸边一致性方面做出选择，以便更好地参与、改进、维护更加合理有效的多边自由贸易体制。

（二）如何重塑与美国的正常经贸关系

毫无疑问，美国是中国最重要的经济、技术和贸易伙伴，也应该是共同应对全球性挑战的合作伙伴，这不仅是因为两国经济体量巨大，两国间贸易额巨大，中国的贸易顺差主要来自美国，还因为美国是中国主要的高科技来源国，中美两国各自的产业链和技术链相互依赖，并对全球产业链的稳定具有一定影响。正因为如此，中美两国的企业界总体上都希望两国政府能够克服障碍，采取措施稳定两国之间的正常经贸关系。中美过去围绕贸易不平衡问题、知识产权保护问题、反补贴、反倾销、汇率操控等问题发生过多次争端和纠纷，但最终都能通过谈判和增加从美国进口等方式予以化解。特朗普政府在对华贸易方面采取了不同于以往的处理方式，开启并升级了全面的关税战，对中国的高技术行业实施了范围日益扩大的技术封锁和关键零部件、设备封锁，从过去传统的与军事用途相关的领域扩大到了民用领域。加之新冠疫情的冲击和蔓延，美国政府在人权、中国香港、中国台湾、新疆、病毒溯源、南海等议题上采取了日益敌对的对华政策，中美双边关系正面临改革开放后前所未有的挑战。拜登政府上台后，虽然在双边关系上开展了多次接触，表达了在不同领域与中国开展竞争、合作、对抗的基本立场，但其政策框架并没有完全修正特朗普时期的做法，比较明确的是继续把中国作为战略竞争对手，甚至在南海和台湾问题上更多采取了边缘性博弈手段来挑战中国的核心利益底线，但又明确不希望两国间日益激烈的竞争演变为冲突或新冷战，并希望中美双方能共同加以管控，避免失控。

总的来看，由于政治对经济贸易的干预日益加深，中美经贸关系的好坏依然会受到中美整体外交关系好坏的困扰，这涉及两国在意识形态、政治制度、地缘政治、宗教人权等方面的立场差异，具有相当的复杂性。但从两国经济关系看，美国目前更多担忧的是中国日益增强的产业技术竞争力，以及对美国产业产生的竞争冲击，担心自己诸多领域的技术领先地位会被中国逐渐取代，保持对中国的技术领先已成为他们的首要目标。美国把中国科技和产业升级的成功归结为中国政府实施了日益强化的产业和科技政策支持，得益于中国政府持续强化的进口替代补贴支持。恰恰是出于上述主观理解和部分实证支持，美国政府一方面公开指责中国的产业政策模式，另一方面正在对中国采取日益严格且广泛的高技术产品出口封锁，并试图联合其西方发达国家盟友，共同实施对中国的技术封锁，甚至不惜实施与中国的产业链和技术链脱钩，以阻碍中国产业技术进步和产业升级的步伐，以此保持美国自身的技术领先和竞争优势。从美国和部分西方国家近年来的具体做法看，虽然中国对美国和西方国家的实质性态度和立场并没有发生大的变化，但他们对中国的态度的确发生了很大变化，他们的策略似乎在有意妖魔化中国或抹黑中国执政党和政府，渲染中国对西方世界和国际秩序的挑战，以便在采取敌对中国的政策时获得更有利的国内政治环境。因此，中美政治和经贸关系在政治上已经成为双方政界十分敏感的政治话题，在这种政治环境下处理好中美两国的经贸关系和纠纷，毫无疑问会比过去困难复杂得多。

从美国国内政治对华态度演进趋势和国际环境变化趋势看，美国不太可能满足于通过谈判获取中国增加从美国的进口以缩小中美贸易顺差的结果，而会以所谓市场经济标准的结构性改革、公平竞争基础上的自由贸易等为由，逼迫中国政府在国有企业、产业政策、政府补贴、劳工权利、气候环境、知识产权保护等领域做出进一步改革并减少市场和贸易扭曲的承诺，强化对双边协议实施的监督。美国智库最近也加大了对中国不同行业产业政策和政府补贴对市场和贸易扭曲的实证性学术研究，并提出了针对中国的所谓“创新重商主义（Innovation Mercantilism）”的新概念，对中国的创新驱动政策进行重商主义归类，并认定中国带有重商主义色彩的创新政策会阻碍全球创新，需要发达国家携手共同应对。这类研究可能会为未来中美贸易谈判涉及的结构性改革议题提供学术支撑或讨价还价的“炮弹”。作为应对，中国智库也需要深化对美国或其他西方国家类似政策的系统研究，在知己知彼的基础上提出我们自己能够主导的谈判议题。因为在贸易投资自由化和公平竞争方面，美国和西方国家政府的做法并非无懈可击，他们在技术创新、军事采购、产业补贴等方面，也有许多各自不同的做法和模式，值得我们认真研究和对待。从公平对等角度看，我们需要在谈判中促使美国和其他西方国家放弃对中国长期实施且范围日益扩大的技术出口限制，如果美国不放弃高科技出口限制，中国就有权实施这些领域的进口替代政策，这本身就是一种对等的竞争博弈。从大的贸易平衡角度看，我们不仅要看中美之间的货物贸易，还要看服务贸易，并从货物贸易、服务贸易的大视角，以及如何更好地服务国内消费升级、产业升级、低碳转型，分析判断有利于我国的综合性双边贸易投资框架和相关谈判议题，寻求更综合的双边利益平衡。特别值得研究的是，如何在气候变化合作方面，立足于碳中和目标的实现，推动中美之间在绿色低碳领域技术、产品、服务的贸易自由化和投资便利化，消除跨境交易的任何不合理障碍。

（三）如何推进中国的自由贸易区战略

尽管全球不少国家出现了反全球化趋势和贸易保护的民粹浪潮，但专业性主导力量依然相信并坚持自由贸易制度，只是更多强调在公平竞争上的自由贸易体制和投资便利化体制，越来越多地推崇所谓高标准自由贸易体系建设。中国加入 WTO 后，通过全球化经营实实在在地享受了自由贸易体制的好处，国家对外开放的方向和目标没有改变也没有必要改变。中国过去的对外开放路径总体上经历了从选择性对外开放、全方位对外开放，到国家“十四五”规划纲要提出的高水平对外开放的演变进程，并开始实施自由贸易区战略，在国内多地进行了自由贸易区试点，在海南全岛实施封闭式管理的自由贸易港制度。这些做法总体上表明了中国政府坚持扩大开放的基本立场和姿态，也就是说不管国际环境如何变化，中国对外开放的大门只会越开越大。但如何更好地适应新的国内外环境变化，更有效地推进中国的自由贸易区战略，还需要进一步理清思路并有步骤地加以实施。

首先，要看到国内现有自贸区试点示范的局限性。从上海开始的自由贸易区试点示范已经推广到全国多个地区，并扩展到海南自贸港建设。但从试点示范的主要内容看，自贸区试点示范更多体现的是国内自主扩大开放的一种试验，主要体现在货物贸易、服务贸易的市场准入，贸易和投资方面进一步便利化，以及营商环境的国际化改善上，并不涉及与有关国家和地区的双边或区域性的共同关税减让、市场准入扩大以及需要共同遵守的贸易投资和市场竞争规则。这一试点在某种程度上已经成为各省区市极力争取的一种区域政策或区域开放政策，对未来在国家层面构建多边、区域和双边多层次自由贸易协议，很难起到实质性的试验和示范作用。如果要真正让自贸区试点具有推进国家自由贸易战略的试验和示范意义，就必须充实自贸区改革的试点内容，在货物和服务贸易自由化、资本项下货币自由兑换、区内区外市场的便利性对接、政府管理和政策机制与国际规则接轨等多方面开展试验，这样才具备检验是否能在全国推广的实际意义，对推进国家的自由贸易区战略才具有试验试点的参考价值。

其次，要有清晰的多边、区域、双边自由贸易体系的构建策略，形成相互支撑和补充的自由贸易制度安排。总体上看，中国需要努力维护并积极参与改进 WTO 多边自由贸易和投资体系，因为一个稳定的多边自由贸易和投资制度，对中国这样的国家利益分布日益广泛的全球性大国来说是一个稳定有利的制度保障，维护海外经济利益的成本也是最低的。考虑到维护并改进 WTO 体系的日益复杂性，中国需要系统梳理好谈判议题，区分不同议题准备我们的谈判立场，特别是对那些主要针对中国的议题，要前瞻性地做好研究，哪些议题我们可以让步，哪些不能让步。对市场经济标准、替代国标准、出口管制、国家安全、环保和劳工标准等影响自由贸易和公平竞争的话题，也要有我们自己的理论研究支撑和话语引导权。针对美国拉帮结派构建立场联盟的做法，中国也要针对不同国家的立场差异和共同点，构建我们自己参与多边贸易体制改革完善的统一战线，多寻求与不同国家的利益共同点，在此基础上推进 WTO 多边自由贸易体制的改进和巩固。

在此基础上，中国还需要加大区域性和双边自由贸易协定构建的力度。目前，我国已经与 26 个国家和地区签署了 19 个自由贸易协定，覆盖的进出口贸易接近 40%，但还没有与美国、欧洲等大的贸易伙伴签署自由贸易协定。最近我国政府正式提交了加入 CPTPP 的申请，表明了我们愿意按照高标准自由贸易的要求签署新的自由贸易协定，这是一个非常积极而明确的表态，意味着中国愿意为遵守高标准自由贸易协定明确的规则，考虑国内的相关制度改革。这一主动释放的开放和改革信号，不仅对化解外部矛盾具有重要意义，对推动内部市场化改革，也具有对标性引领意义。当然，围绕加入 CPTPP 的谈判绝不会一帆风顺，会比当年加入 WTO 的谈判更难，因为这个区域性自由贸易协定已经带有地缘政治色彩，美国、英国虽然不是缔约方，但其影响不可小觑，一定会通过其盟友日本和澳大利亚等，给中国加入该协定的谈判设置种种障碍。

从中国的立场看，在对待加入高标准自由贸易协定的态度和策略上，我们要有更清晰的新战略思考。不要以为一定要等中国的主要产业都足够强大了才能加入高标准自由贸易协定，实际上中国越强大，别人对我们的要求会越苛刻，门槛甚至可能会更高，这是因为缔约方会更担心中国加入导致的竞争压力和挑战。以中国产业和企业过去 20 年市场开放后表现出来的竞争力和韧性，只要不受制于内部政治辩论的争议，我们完全有条件做出更开放的市场化改革承诺，谋求尽早与更多国家和地区签署更高标准的自由贸易协定，为中国企业的全球化布局和经营创造一个更好的基于制度保障的国际环境。

（四）如何推进中国自身的结构性改革

要更好地融入全球自由贸易体系，推进高水平对外开放，中国需要在制度改革方面按照高标准自由贸易体系的要求推进相应的结构性改革。也就是说，未来的高水平对外开放，不仅仅是对外国产品、服务和技术的市场准入扩大开放，更多会涉及国内制度改革，是一个制度型开放问题。以 CPTPP 为例，这一协定不仅在市场准入方面涉及货物贸易、服务贸易和投资领域，实现了高水平的贸易自由化和宽领域、深层次的服务和投资市场开放，在贸易规则领域，也提出了比 WTO 以及其他自由贸易协定更严格的纪律要求和新规则，包括电子商务、政府采购、竞争、国有企业、劳工、环境、监管一致性、透明度与反腐败等领域。如果没有国内相应的结构性改革，是难以达到标准并被缔约方接纳的。这些结构性改革的实施作为谈判结果或许会被某些人认为是迎合国际规则的一种倒逼效应，心理上或许并不舒适，但其实这是符合中共十八届三中全会提出的社会主义市场经济改革方向的，应该作为一种主动的改革开放行为加以实施，更重要的是这对实现中国的高质量发展将是十分有益的。

从现行高标准自由贸易体制的门槛看，有几个与自由贸易体制有关的改革话题可能是难以避免的。

1. 政府和国有企业的资源配置

中国的体制特征决定了政府掌握的资源是十分广泛而庞大的。从生产要素看，城镇建设用地一般由政府从农民手里征用，再由集体农用地变性转换成国有建设用地，而各级政府每年的用地指标实行的是计划额度分配体制，土地资源基本掌握在政府手里，其配置方向也基本由政府所左右。从资本要素看，中国的储蓄率虽然有所下降，仍然高达 40%以上，但这些储蓄资源大部分掌握在国有控股的银行和保险等金融机构手中，其金融资产占比为 70%左右。这些金融机构虽然名义上是商业机构，有自身资产配置的商业化标准，但因为其国有性质及其主要高管的任命方式，依然容易被认为是由政府控制的机构，其资产配置方向要听从政府的指令，并执行国家的产业政策。从技术要素看，2022年中国的研发投入总额虽然已经排名世界第二，达到3.08万亿元，占GDP比重达到2.5%，但政府占比只有不到25%，依然低于美国等部分发达国家的政府投入强度，政府对技术资源的配置虽然有战略方向上的调控和引导，但总体并不显著，且中国政府鼓励政府资助研发项目成果的商业化应用。中国人力资源配置除了在体制内高层和少数核心机密领域还存在人力流动的限制外，已经基本实现市场化。中国的这一资源配置体制与完全市场化体制的主要差异在于政府有能力对鼓励或支持的部分产业领域，提供条件更优厚的土地供应、资金供应和研发支持，这容易被认为导致不公平竞争和市场扭曲。解决这一问题的出路，对中国来说不可能是私有化土地所有权，也不可能私有化所有金融机构和国有企业，能做的是减少政府对这类资源配置的直接干预，尽可能使土地、资金、研发资源的配置有公开透明的标准、竞争性获取的程序，以及商业化配置的标准，将政策性配置资源的领域，尽可能缩小到具有公共品属性的领域。这样做其实也符合中共十八届三中全会和十九大报告明确的市场对资源配置起决定性作用的改革要求，有利于提高资源配置的整体效率，符合促进高质量发展的体制构建要求。我们更应该看到的是，在未来高标准自由贸易体制下，政府影响或控制资源配置导致的价格扭曲，特别是要素、产品和服务的低价，比如煤电价格不能联动等，也极有可能被视为一种影响公平贸易的价格补贴行为。

2. 产业政策和政府的产业补贴

中国的产业政策总体上带有进口替代的色彩，政策逻辑是先通过进口替代摆脱对国外的依赖并突破技术封锁，更好地满足国内需求，在此基础上出口分享国际市场。这是因为新中国的工业化是在冷战时期开始的，西方集团一直对中国有严格的技术封锁，最开始虽然有苏联集团的技术援助，后因为关系破裂不得不完全追求独立自主。改革开放后，西方国家放宽了对中国的技术出口限制，外商直接投资推动了部分领域的技术转让和技术外溢，但在与军事和国防相关的领域，一直有严格的技术出口管制，近年来在美国的带领下有进一步强化并向民用领域扩散的趋势。中国工业化进程中的历史和现实，使中国政府工业和科技部门的官员在制定科技和产业政策时，一直具有突破海外技术封锁和摆脱海外依赖的意图，这可以理解为一种对等竞争博弈的具体做法，也可以理解为保持产业链和技术链安全的一种预防性做法。随着中国产业技术水平的不断提升和竞争力的提高，中国产业的供给能力不断拓展，技术层次不断提升、竞争能力日益提高，开始在越来越多层次更高的产业领域对发达国家的产业构成竞争挑战，这使美国等西方国家更加关注并研究中国的产业政策、产业补贴等问题。他们认为，中国迅速成为工业大国和制造业出口大国，且能够持续保持贸易顺差，是实施了大量的产业政策和产业补贴的结果。这当然涉及如何评价中国产业政策的成效问题。

关于产业政策成效的争论，最著名的莫过于北京大学林毅夫教授和张维迎教授的公开辩论。产业政策的作用到底如何，国际学术界也一直有不同看法，世界银行在其多年前的报告《东亚奇迹》中也有过研究和评价，但不都是积极的。从学者的争论看，张维迎的观点更多是基于完全自由市场机制做出的，认为政府官员的认知能力和知识的局限性，不能保证他们可以先知先觉地制定出能够引领未来的产业政策，而且现有官僚体系还有可能使官员在明知产业政策已经发生错误时，继续维持错误而不是认错并加以纠正。他认为我国产业技术和竞争力的提高不是政府产业政策的成效，这算是比较偏激的观点。作为产业政策制定实施的参与者，我们也曾分析和反思产业政策的效用，总体感觉产业政策在基础设施、基础产业等领域的成效相对比较明显，依靠政府动员资源的能力，比较快就解决了基础设施和基础产业短缺不足和瓶颈制约问题。但在竞争性领域，政府通过政策明确重点并给予支持的做法并不都是成功的，因为我们在很多领域，政策支持的重点项目或企业最终并不成功，有的甚至最终在市场竞争中消失了，这样的失败案例并不少见。很多被视为产业政策的各类产业规划，往往具有“雷声大雨点小”的特点，毕竟我们的产业领域如此广泛，政府的资源十分有限，不可能为各部门制定的诸多产业政策和规划配置资源予以支持。即便有一些成功案例，如果用投入产出效率分析，也不见得是效率最优的，但或能够满足国家的某种战略目标，依然是值得的。

考虑到政府资源的稀缺性且日益繁重的公共品提供职责和投入压力（共同富裕），政府总体上应减少在竞争性领域以实施产业政策为名的直接投入，而应该创造更好的公平竞争环境让更多国内外市场主体通过竞争性参与来实现发展目标，有限的政府资源应该更多聚焦于风险更高、市场投入意愿不强的核心技术、共性技术、基础技术的研究开发，发挥对市场资源的杠杆带动作用而不是替代作用。

值得关注的是，近年来国外智库也在加强对中国产业政策成效的实证研究。最近流传比较广泛的一篇报告是美国学者（China’s Industrial Policy: An Empirical Evaluation, Panle Jia Barwick, Myrto Kalouptsidi, Nahim Zahur, 2019）以中国造船业的产业政策为例，对中国产业政策进行了迄今为止最规范的实证研究。他们的研究主要针对两个问题：第一，中国的产业政策如何影响国内和全球产业的演变？第二，不同政策工具的相对成效如何？这包括生产补贴（如补贴材料投入、出口信贷和买方融资）、投资补贴（如低息长期贷款和加速资本折旧）、进入补贴（如低于市场价格的土地价格）和企业合并政策（白名单）等。他们的研究发现：相对于造船业的规模而言，产业政策的规模巨大，2006 年至 2013 年的政策支持相当于 6240 亿元人民币，其中绝大部分用于进入补贴（4310 亿元），其次是生产补贴（1560 亿元）和投资补贴（370 亿元）；这些政策也使得中国国内的造船业投资增加了 140%，进入企业数量增加了 120%，并使其相应的世界市场份额增加了 40%，其中几乎四分之三的份额是通过挤占对手国家的业务取得的。但是该研究还发现，该政策造成了相当大的扭曲，仅为国内生产商带来了 1530 亿元的净利润，以及 2880 亿元的全球消费者剩余。该政策吸引了大量低效生产者，加剧了产能过剩的程度，而且从长远看并没有转化为明显的行业利润。这类实证研究并不容易，但或许还会继续增加，因为无论是学术界还是政策制定部门，都需要这样的报告来验证某些结论和猜想，或者为新的决策和贸易谈判提供依据和支撑。

与学术圈的讨论不同，对国内政策制定者来说，问题不在于要不要制定产业政策，关键是要解决制定什么样的产业政策，在哪些领域制定产业政策，设计什么样的政策实施机制，从而使产业政策真正有用并产生效率，使其能被广泛接受而不是成为攻击对象或实施贸易报复和贸易保护的借口等现实问题。

从这个角度看，中国产业政策的确还有较大的改进空间，产业政策应该变得更加聪明。改进的方向大致可以是以下几个方面：一是将选择性产业政策转型为功能性产业政策，重点为不同产业发展营造公平的竞争环境，减少具有所有制、产业和区域歧视的产业支持或限制政策，减少对鼓励类产业的各类补贴，减少因补贴导致的财政预算配置扭曲和各级各类补贴导致的重复投资和产能过剩。二是为非鼓励类产业营造正常经营环境，对非鼓励类产业不能采取“一刀切”的方式阻断对这些行业的资源配置，因为很多传统产业、非鼓励产业并不是没有市场需求的产业，依然是国家产业体系的组成部分，这些产业依然需要生存、发展和提高，依然需要技术升级方面的投入。三是围绕最核心最薄弱的产业技术环节和技术瓶颈进行扶持，在广泛征求企业和研究机构意见的基础上，明确技术研发重点，以公开招标的方式面向全社会征召研发机构，重点强化对基础性核心技术、共性技术和基础工艺的研发支持。四是在国际贸易谈判中坚持要求发达国家取消针对中国的高技术产品出口限制，如果不取消就坚持我国在这些领域实施进口替代政策的权利，明确这也是公平贸易的内涵，不能让西方国家认为对中国高技术领域的出口限制是一种理所当然的合理存在。五是中国不是产业政策的发明人，只是产业政策的追随者，要系统研究并合理借鉴美国等发达国家普遍存在并行之有效的产业政策做法，形成相互认可、对等可比、相互借鉴的产业政策及其实施机制的基本规则。六是继续开放包括制造、服务、信息、研发在内的国内市场，通过跨境投资、企业兼并更多与先进经济体形成你中有我和我中有你的产业利益格局，继续积极参与全球化产业链和研发链的构建，积极参与相关国际规则的制定，构建稳定可预期的国际化产业链和技术链制度保障。

3. 国有企业导致的“市场和贸易扭曲”

如果不考虑多边贸易体制和高标准自由贸易体制对国有企业地位和竞争行为的约束，即便站在国内完善社会主义市场经济体制的立场上，国内学术界对国有企业的地位和作用，也一直有不同的观点和争论。改革开放以来，中国的国有企业和国有经济改革经历了几个不同的阶段。第一阶段主要以扩大企业自主权，推行经济责任制为主要内容，目的是改善经营状况；第二阶段主要以“抓大放小”为特征，促进国有企业改革脱困；第三阶段主要以股份制改革为主要内容，建立现代企业制度；第四阶段以混合所有制改革为主要特征，促进股权多元化。当前的国有企业改革，重点是深化国有企业混合所有制改革和推进国有经济布局优化和结构调整。

对于国有企业和国有经济的地位和作用，尽管实施了“有进有退”的战略性布局调整，政府依然强调保持国有企业和国有经济在国计民生和战略性领域的控制力，而且还进一步强调了国有经济作为公有制经济的主体地位，国有企业是中国共产党的执政基础。党的十九大报告将原来一直表述的“做优做强做大国有企业”改变为“做优做强做大国有资本”，在十九届五中全会关于“十四五”规划的建议中，又改成了“做优做强做大国有资本和国有企业”的提法。这说明，在国有企业改革的信号释放方面，决策层可能还在探索、思考，并未最终定型。因此，不管高标准自由贸易体制如何在规则上施加约束，中国不太可能在基本经济制度层面削弱国有经济或国有企业的地位、作用和控制力。既然如此，如何解决西方国家抱怨的国有企业导致的市场扭曲或贸易扭曲，应该是谈判成功的出路所在。

从 CPTPP 对国有企业的相关规则看，协定对国有企业制定的新规则包括以下四个方面：一是加强信息透明度，提供国有企业名单。也就是说应其他缔约方要求，各国有义务提供政府对国有企业的所有权和控制权，以及对企业提供的非商业性支持程度等信息；二是要求确保国有企业经营活动均基于商业考虑，政府对国有企业提供的非商业支持，不得损害其他缔约方及其产业的利益；三是规定各缔约方法院对在其境内经营的外国国有企业拥有管辖权，要求各国政府在企业监管方面保持非歧视和中立性；四是明确国有企业有关规定适用于争端解决条款。考虑到我国越来越多的国有企业已经成为上市公司和正在成为上市公司，本来就需要公开透明并以商业原则作为经营基准，这些条款的规定其实与我国国有企业改革方向并不存在实质性矛盾，承诺这些条款不应该存在实质性障碍。但从谈判前景看，在全球贸易大国中，像中国这么多国有企业和这么大国有经济规模的国家和地区可能也是绝无仅有，因此无论是多边贸易体制改革，还是高标准区域自由贸易体制的谈判，都可能针对中国体制的独特性提出更严格的透明度要求和监督审查机制。

这也意味着为了融入高标准自由贸易体系，中国国有企业和国有经济需要进一步推进市场化改革，未来的改革可能需要聚焦以下几个方面：

一是进一步优化国有经济或国有企业的战略布局。要对国有经济和国有企业的“进退”有更详细、可操作的标准，现有“国计民生”和“战略性”标准还过于笼统，范围偏大。要综合资源配置效率、战略重要敏感性、社会资本进入意愿、公共社会属性、自然垄断特性、竞争充分性、国际规则约束等因素，确定国有经济和国有企业的布局调整标准，在一般竞争性领域，减少国有企业的商业存在，但可以保持国有资本的有效参与。在推进相关改革时，如何取得做优做强做大国有企业和国有经济“有进有退”的战略性布局调整的一致性，是需要做出一些取舍选择的难题。

二是在制度上确保国有企业竞争中性。国有企业“竞争中性”在国际贸易谈判中已经成为一个重要概念和实践准则，许多国际组织开始研究如何推广竞争中性的理念，倡导全球范围内不同形式的企业之间公平竞争，这主要是为了解决国有企业垄断问题，降低其在税收、补贴、贷款以及监管等方面的不正当竞争优势。简单说就是国家在市场竞争中对国有企业和民营企业应当一视同仁。《全面与进步跨太平洋伙伴关系协定》和《跨大西洋贸易与投资伙伴关系协定》，都将国有企业和指定垄断纳入竞争中性的约束范畴，也就是说，“政府享有所有权或控制权”的企业，以及任何政府授予特定垄断权的私人垄断或政府垄断企业也应受竞争中性的约束。美国倡导的竞争中性甚至还含有“要求政府逐渐减少对国有企业的持股甚至最终实现终止控股”的内容，隐含了最终消除国有企业的目标。

除了避免西方国家对国有企业在竞争性领域造成市场扭曲和贸易扭曲的指控，按照竞争中性原则推动相应的改革，其实也有利于促进国内市场形成不同所有制企业公平竞争的市场环境，符合中国国有企业改革的要求。正因为如此，2019 年政府工作报告指出：“坚持两个毫不动摇，鼓励、支持、引导非公有制经济发展。按照竞争中性原则，在要素获取、准入许可、经营运行、政府采购和招投标等方面，对各类所有制企业平等对待。”目前需要做的是，把 2019 年政府工作报告关于竞争中性的设想落到实处。从中国的市场现实看，这或许并不容易，但值得决策层认真对待，逐一落到实处。在这个过程中，国有企业或许会因此失去一些“优待”，但有利于为广大民营企业营造更公平的竞争环境，并创造更好的条件加入高标准自由贸易协定，为所有中国企业营造更有制度保障的国际自由贸易和投资环境。

三是进一步完善国有企业公司治理结构。公司治理结构是确保一个公司有效运作、股东权益得到有效保护的基本制度。虽然一直在改革完善，但我国国有企业公司治理结构存在的问题还比较明显，涉及股东结构不合理，所有人、董事会、管理层之间的关系，国有资产管理监督与企业经营独立性的协调，企业内部激励机制的有效性，党委与董事会、管理层之间的领导与被领导关系与企业经营决策机制之间的协调等诸多问题。进一步完善国有企业公司治理结构，的确受较多复杂因素的牵制，需要通过探索和实践规范化与制度化，这有利于规范国有企业的经营运作与决策流程，有利于国有企业建立与国际惯例和规则对标的现代企业制度，也有利于我国国有企业在高标准自由贸易体系中接受更严苛的相关监督。

4. 规范日益兴起的政府产业投资引导基金

近年来，为了促进产业技术创新和升级，更好地招商引资，各级政府都出资发起设立了名目不同、规模不等、指向各异的产业投资基金和引导基金，包括引导投资早期项目的创业投资引导基金。安徽合肥的“投行政府”模式，算得上典型代表，正备受推崇。这些产业投资基金在贯彻落实政府产业政策和战略意图、促进技术创新成果的产业化、协助地方政府招商引资、推进产业转型升级方面一定会起到程度不同的积极作用。但这一政策工具和手段也带来一些问题。第一，由于这类基金都存在政府出资的情况，尽管政府出资比例各不相同，起到的是撬动市场资本的作用，但也容易被纳入政府产业补贴的范畴，扩大补贴规模和补贴效应的计算。但考虑到这类基金的投资总体上也坚持商业化投资标准，也要收取市场化投资回报，这么简单地被纳入补贴范畴，实在是有点“冤屈”，如果被投企业因此被认定接受了政府补贴，在从事贸易时导致“双反”报复，那就更“冤屈”了。第二，导致一定程度的投资标的估值扭曲。由于政府出资特别是国有机构负责管理的基金相对于市场化基金更“财大气粗”，在选取投资标的时如果存在与市场化投资机构的竞争，它们更倾向于通过提高估值水平来获得被投企业的接纳，这已经是市场比较普遍存在的估值扭曲现象。第三，地方政府引导基金作为母基金在给子基金出资时，一般都会提出不同比例或倍数的返投要求，这类返投要求往往导致投资管理机构在投资组合配置方面的难题，处理不好会导致风险或投资收益的下降。第四，在市场募资环境比较紧张、募资比较困难的环境下，国有机构发起设立大规模产业投资基金，还在一定程度上挤压了市场化投资管理机构的募资资源，导致对市场化投资机构的挤出效应。为了避免上述问题，还是要更好地规范并改进政府出资发起设立各类产业投资基金的行为和做法。总体上还是要减少各级政府主导的产业引导基金数量和规模，让市场化股权投资基金和创业投资基金更好地发挥作用。政府设立的国家级大规模产业基金应该更多聚焦母基金业务，减轻直投对管理团队的资产配置压力，更好地发挥市场化管理团队的资产配置和投后管理能力。政府设立的各级引导基金应该更多配置于可能存在市场失灵、市场化机构风险回避的早期投资领域，通过引导基金撬动引导创业投资机构更多投资风险更大的早期投资项目，为创新创业提供早期融资支持，孵化更多的创新型实体企业。

四、结语

总而言之，在加入 WTO 20 年后，中国获得了成功，但成功后也面临新的挑战。当前国际经贸体系正在进行艰难的重构和改善，在这个过程中，中国需要以更积极的姿态参与其中，更深入地融入其中，为我国企业的全球化经营和资源配置创造可预期和有制度保障的国际环境。但这远不是你情我愿那么简单，而是要通过广泛深入的谈判磋商消除障碍和分歧，更需要通过国内的结构性改革达到相应标准并迈过门槛。这可能比加入 WTO 更复杂、更艰难，但障碍并非不可逾越，需要用更大的政治勇气和战略魄力加以推动，以更专业精细的谈判策略和政策制度改革加以落实，值得有关各方为之付出持续努力。

回望“入世”农业谈判

程国强

【作者简介】

程国强，原中国加入 WTO 代表团农业谈判专家组组长。现任中国人民大学杰出学者特聘教授，国家粮食安全战略研究院院长。国家杰出青年科学基金获得者，中组部国家“万人计划”哲学社会科学领军人才，中宣部国家文化名家暨“四个一批”人才（理论界），国务院政府特殊津贴专家。兼任中央农办、农业农村部“乡村振兴专家咨询委员会”委员，国家粮食安全政策专家咨询委员会委员，中国农业经济学会副会长、中国粮食经济学会副会长。连续 11 年参加中央农村工作会议文件和中央一号文件起草。国务院发展研究中心学术委员会原秘书长、国际合作局原局长。

2020 年下半年，当年参加中国加入 WTO 谈判的老同事，提议应该纪念中国加入 WTO 20 年。他们说，“复关”“入世”谈判是我党、我国历史上一场重要谈判，谈判历程艰辛，对我国影响深远，因此当年参与中国“复关”“入世”谈判的代表团成员应该写一写亲历“复关”“入世”谈判的回忆文章，以为历史留照，供后人借鉴。确实，作为“入世”谈判亲历者，当下对这段历史最好的纪念，莫过于写点个人亲历的谈判花絮、随笔。尤其是我本人，一直深感荣幸的是，我是中国“入世”谈判代表团唯一一位以专家学者身份参加谈判的成员，见证并直接参与了以“入世”为标志的中国全面对外开放的历史进程，这段经历更是弥足珍贵，是我这一生中不可磨灭的记忆。

2021 年 5 月下旬，几位“入世”谈判老友相约为张向晨赴 WTO 任职话别时，也有人问起我是否已经写了点什么。无奈自年初开始，整个上半年处于从上海回北京的工作转换调整之中，始终没有抽出时间静下心来梳理那段激荡起伏、意义非凡的日子。眼看 12 月 11 日“入世”纪念日一天天临近，我突然开始焦虑起来，甚至夜不能寐。终于下定决心把其他工作全部抛开，动手梳理当时的文件和笔记，也慢慢打开记忆的闸门，剪辑纷乱的思绪，梳理成这篇小文，是为纪念。

一、意外加入“入世”谈判

1996年9月，我在中国农业科学院师从我国著名农业经济学家刘志澄研究员，从事农业经济方向的博士后研究，即将出站留在该院农业经济研究所工作。当时我接到一个来自对外贸易经济合作部（简称外经贸部）[①]国际经贸关系司二处的电话，说易小准处长希望和我见面谈谈，并约了见面时间。

记得见面是在一个上午，时任国际司二处处长易小准[②]和官员张向晨[③]如约来到我办公室，和我们研究团队成员开一次小型座谈会。易小准问我是否知道关贸总协定和WTO，对农业国内支持是否了解，并说看到我发表的论文，知道我专门研究农业保护和农业补贴问题，还有农产品贸易问题。

我说我的博士论文就是研究关贸总协定（GATT）乌拉圭回合农业贸易谈判影响的，特别是模拟分析了中国“复关”对农业的影响。我们团队正在研究乌拉圭回合《农业协定》，刚刚从WTO秘书处索取了农业协定文本（当时只有纸质印刷版，WTO秘书处邮来WTO官方文件，同时还给我邮寄了一本乌拉圭回合协议文本导读），但我们还来不及翻译，也没有得出评估研究结论。对于农业保护和补贴问题，我介绍了在《经济研究》（1993年第4期）发表的论文《农业保护与经济发展》以及其他几篇文章。其中，《农业保护与经济发展》采用OECD研究农业国内支持政策的PSE生产者补贴等值方法，主要用于测度一个国家的农业补贴水平，并由此来判定该国对农业的保护程度。

听完我的介绍后，易小准简要说明了来意，并介绍了当时中国加入WTO的背景情况，其中农业问题是中国“入世”谈判的重中之重、难中之难。农业谈判中，除了农产品市场准入外，农业国内支持（domestic support）是一个技术性强、谈判难度大、敏感度高的问题。乌拉圭回合谈判期间，主要谈判方也曾邀请政策专家为农业国内支持谈判提供技术支持。有鉴于此，时任对外贸易经济合作部部长的吴仪同志要求国际司商请专家提供农业谈判技术支持。

易小准说，他们这次来农科院，就是想请我们参与“入世”谈判相关工作，为农业国内支持谈判提供技术支持。我知道易、张的来意后，感到非常荣幸，也深感责任重大、使命光荣。当即表态，马上组织团队力量开展WTO农业国内支持谈判技术研究，全力为农业谈判提供支持和服务。

就这样，我作为一个专家学者，也是加入 WTO 代表团唯一的一个以学者身份，参与到这个关乎中国对外开放全局、具有历史性意义的谈判之中。当时的主要团队成员为孙东升（现为中国农科院农经所副所长）、彭廷军（现为农业农村部国际合作司副司长）、丁平(现为财政部国有金融资本运营评价中心处长)，以及部分在读研究生。

按照“入世”谈判代表团的要求，我们团队的主要职责是：(1) 负责农业国内支持谈判的技术支持、方案评估与政策咨询；(2) 参与农业国内支持的技术问题谈判，回应各方对农业补贴问题的质询；(3) “入世”谈判中其他涉农问题的决策咨询。

二、开展农业谈判技术支持工作

从农业国内支持谈判看，当时最紧迫的任务是根据“入世”农业谈判需求，尽快研究制定“农业国内支持通报表”，并根据此来确定我国“入世”的农业国内支持的减让基期和承诺方案。而提供“农业国内支持通报表”，是 WTO 对申请加入国家《对外贸易制度备忘录大纲格式》(*Outline Format for a Memorandum on the Foreign Trade Regime*) 第 4 条的要求，即“各申请加入 WTO 的国家必须以与《农业协定》通报义务要求相一致的方式，提供实际执行的国内支持和出口补贴措施方面的真实资料”，是加入议定书的重要支持文件。为此，WTO 秘书处专门发布名为《申请加入 WTO 国家应提供的农业国内支持和出口补贴信息技术说明》的文件（以下简称 WT/ACC/4)。

为此，我们确定了谈判技术支持实施框架和推进路径，并取得预期进展和效果。

第一，准确把握 WTO《农业协定》条文的法律涵义与谈判适用性。《农业协定》将农业国内支持措施分为两类，一类是不引起贸易扭曲的政策，称“绿箱”政策[④]，可免予减让承诺；另一类是产生贸易扭曲的政策，称“黄箱”政策[⑤]，要求各方用综合支持量（Aggregate Measurement of Support, AMS）来计算其措施的货币价值，并以此为尺度，逐步予以削减。

对 WTO 农业国内支持规则的准确把握，要求我们必须以乌拉圭回合农业谈判为基础，系统掌握国际农产品贸易谈判的背景、矛盾与改革共识，并根据我国农业政策术语、表达习惯进行释义解读，使我们团队全体成员尽快理解农业协定各条文的法律内涵、政治经济范畴与谈判关键风险点。

图 1. 2000 年 9 月，龙永图副部长、张向晨（左）、索必成（右）在 WTO 中国工作组第 12 次会议间隙。（程国强摄影）

我们团队或许是国内最早系统研究《农业协定》条文的研究人员。目前国内使用的《农业协定》的中文版，是外经贸部国际司二处索必成根据我们团队的翻译稿修订译校而成，收录于原对外贸易经济合作部国际经贸关系司译《乌拉圭回合多边贸易谈判结果法律文本》⑥。

我们关于《农业协定》的一系列研究成果，2000 年以《WTO 农业规则与中国农业发展》专著方式，由中国经济出版社公开出版，2001 年根据新情况修订出了第 2 版。

第二，立足我国改革开放全局开展农业谈判战略研究。农业是稳民心、安天下的产业。我国人多地少，农业资源短缺，农户经营规模偏小⑦，大宗农产品生产经营成本高，粮食、油料、棉花等大宗农产品基本不具备参与国际商业竞争的优势。因此，农业谈判是我加入 WTO 谈判的关键领域之一，受到国内外的广泛关注。当时，国内不少人对农业对外开放在认识上存在一些误区，认为加入 WTO 后，国内农产品市场将大举开放，对国内农业将产生严重影响。如何在农业谈判中，趋利避害、争取我农业最大的发展空间，成为我们开展农业谈判战略研究的出发点和落脚点。有鉴于此，我们启动了新世纪中国农业国际化战略研究。在国家自然科学基金委员会、外经贸部与农业部等部门支持下，我们团队重点开展三个领域的研究：(1) 中国农业支持与保护的理论研究与政策分析，提出新时期我国农业支持保护战略与政策体系；(2) 中国农业国际化战略研究，为加入 WTO 后中国农业发展提供战略方案；(3) WTO 农业规则及中国“入世”农业谈判研究，为农业谈判提供科学的决策依据。特别需要感谢的是，国家自然科学基金管理学部在 1995—2000 年连续给予两期项目支持后，2000 年又给予我国家杰出青年科学基金项目，使我能够连续十几年开展农业国际化战略问题研究。

从农业国内支持技术视角看，按照我国长期以来的国内政策话语体系，将国内各种农业支持政策措施按照《农业协定》国内支持规则分类，并进行既符合政策涵义、又能使谈判方理解的语言转换，这在当时是一个巨大挑战。

按照 WT/ACC/4 文件要求，我们全面系统查询、收集、分析、归类我国分散在财政部、国家计委、国家经贸委、农业部、粮食储备局等十几个部委的涉农政策信息与数据。1996 年底，我们团队向“入世”代表团提交第一份“农业国内支持表”初稿。经代表团组织相关部门研究核校、讨论和确认后，代表团向 WTO 秘书处提交了第 1 版“中国农业国内支持表”，列入 1997 年 3 月 4 日在日内瓦召开的 WTO 中国工作组第 3 次会议文件（WT/ACC/CHN/5）。从第 1 版（WT/ACC/CHN/5），到 2001 年 7 月中国工作组第 17 次会议的最终版（WT/ACC/CHN/38/Rev.3），历时 4 年半，经历了十几轮技术磋商和谈判。

第三，系统研究美国、欧盟、日本、凯恩斯集团等 WTO 主要成员的农业国内支持谈判及通报经验，为我加入谈判提供借鉴。1995 年 WTO 建立以前，由于农业保护深深地植根于美欧等发达国家的国内保护政策之中，使农产品作为一个特殊领域长期游离于 GATT 纪律有效约束之外。1986 年启动的乌拉圭回合谈判，农业贸易问题被确定为中心议题。而农业谈判主要在三大利益集团之间激烈博弈，即美国、欧盟和凯恩斯集团。其中，农业补贴是当时造成国际农产品贸易不公平竞争的主要原因之一，成为各方谈判的焦点问题，曾对乌拉圭回合谈判进程产生决定性作用。

因此，研究借鉴 WTO 主要成员，特别是作为农业贸易自由化谈判进攻方的美国、凯恩斯集团在乌拉圭回合的农业谈判经验，预判其对我加入谈判中关于农业国内支持的要价、谈判策略以及我方的应对战略，对我制定多边和双边农业谈判应对策略具有重要意义。尤其是国内支持的计算与通报问题，虽然各方在乌拉圭回合期间已形成基期支持水平的计算，但在 1995 年 WTO 建立之初，这对所有成员仍然是新生事

图 2. 2000 年 3 月，与加拿大农业食品部 Lars Brink 博士团队交流国内农业支持问题。左起：陈美清、程国强、Brad Gilmour、Lars Brink。（程国强提供照片）

物，如何合理合规通报，依然具有一定技术挑战。我们在研究美欧日等主要成员通报表的同时，还在外经贸部国际司协调下，与加拿大农业食品部农业国内支持问题专家 Lars Brink 先生等建立专家对话交流机制，我们通过专家交流而非政府正式层面，深入沟通交流国内支持信息通报的技术和方法问题，充分借鉴加拿大以及其他成员的通报经验和做法，增强我方通报的合规性、透明性和专业性。

第四，筹建团队研究专班全力完成谈判技术支持任务。为组织力量开展谈判技术支持工作，根据代表团要求，我们成立了“中国加入 WTO 代表团农业谈判专家咨询组”，由我牵头负责。以此为基础，1997 年底，我在中国农科院农业经济研究所筹建了具有正式人事编制、研究室建制的“国际农产品贸易研究中心（简称 CIAT）”⑨。当时，中国农科院农经所研究人员许国雄（已退休）、李锐（现任北京师范大学教授）和梁艳（现在美国）加入到 CIAT，我的研究生孙东升、彭廷军、丁平，毕业后也分配到 CIAT，再加上我指导的在读研究生常秀亮、陈俊红、史君卿，以及中国人民大学研究生刘合光、王大彬、徐赟，形成了小具规模的研究团队，开启了我国农业贸易谈判研究的先河，为农产品贸易学科建设打下基础。1999 年 7 月，农业部计划司以“国际农产品贸易研究中心”为依托，成立农业部“农业对外经贸专家咨询组”，负责为农业部农业对外经贸发展战略与政策研究提供决策咨询支持。

国际农产品贸易研究中心自1997年成立，到2001年3年我调到国务院发展研究中心任职为止，团队成员在一线为加入WTO农业谈判提供咨询支撑的同时，还在《经济研究》《管理世界》《世界经济》《国际贸易》《中国农村经济》等重要期刊以及有关报刊发表学术论文20多篇，科研成果获得国家科技进步奖二等奖1项，省部级科技进步奖二等奖1项。同时决策咨询成果还多次得到国家领导人的重要批示。我也荣幸获得国家杰出青年科学基金项目资助、国务院政府特殊津贴等。

图3. 国际农产品贸易研究中心主要成员。左起：孙东升、史君卿、梁艳、谢新兰、程国强、彭廷军、常秀亮。（程国强提供照片）

三、农业国内支持谈判的关键时点

（一）“入世”农业谈判总体情况

按照《农业协定》的框架，中国加入WTO的农业谈判，主要包括市场准入（农产品关税削减、农产品关税配额管理等)、国内支持、农产品出口补贴以及动植物卫生检疫(SPS)与技术性贸易壁垒(TBT)等议题。

WTO中国工作组共召开18次会议，农业问题始终是其中的重点议题，谈判后期更是成为决定谈判全局的焦点问题。2001年6月亚太经合组织贸易部长上海会议期间，外经贸部石广生部长在中美非正式磋商会上强调，农业问题最为敏感和困难，只有解决了其他问题，才能进一步探讨解决农业问题的可能性。

农业国内支持是贯穿“入世”农业谈判全过程的难中之难。如1996年3月20日至22日在日内瓦举行的中国工作组第1次会议，各方对会议议题清单中没有纳入农产品问题表示关注。对于农业政策，各方从国内支持表政策信息的透明度出发，要求中方提供有关农业出口补贴和国内支持的详细内容和近几年补贴的使用情况，并要求中方在提交的表格中列入补贴的定义以及透明度说明等技术细节。美方称我国农业国内补贴和现行采购措施等国内支持手段影响农业公平竞争，不应豁免等。

图4.2000年9月，WTO中国工作组第12次会议上的中国代表团。(程国强摄影)

1997 年 3 月 4 日举行的 WTO 中国工作组第 3 次会议，中国在会前第一次向 WTO 秘书处提交了“中国农业国内支持表”（WTO 文件 WT/ACC/CHN/5），但此次会议会期较短，没有就农业补贴问题进行专题磋商。

1997 年 5 月 20 日至 23 日举行的 WTO 中国工作组第 4 次会议，首次就农业补贴问题举行多边小组会议，各方从技术层面讨论 WT/ACC/CHN/5 文件中的中国农业国内支持表，就补贴措施的涵义、数据以及计算方法等提出疑义，修改补充的意见建议。

WTO 中国工作组从 1997 年第 5 次会议至完成全部谈判的 2001 年 7 月 16 日至 20 日第 17 次会议，就农业补贴问题召开十多次诸边会议[10]，中方收到针对农业补贴的问题共 30 多个。中方在通过诸边会议向各方沟通交流、反馈质询、释疑解惑的同时，不断修改完善支持表。综合而言，受到各方关注的支持表主要有 4 个版本。最终版为 WT/ACC/CHN/38/Rev.3（2001 年 7 月 19 日），是《中国加入 WTO 议定书》附件 8——货物贸易减让表“第四部分—农产品：限制补贴的承诺”的支持表。

（二）农业国内支持谈判的 6 个关键时点

对于农业国内支持问题，在 1996 年至 2001 年的 6 年谈判中，从最初国内农业支持政策信息的澄清释义、通报提供，到与美方关于发展中国家待遇条款的博弈、最终承诺的形成，主要有 6 个关键时间节点。

1. 2000 年 3 月 20 日至 21 日召开的中国工作组第 9 次会议，是中国加入 WTO 从双边谈判转向多边谈判的标志性会议，我方根据与美国等国家达成的双边协议情况，提交了《中国对外贸易制度备忘录（更新版）》，推动多边谈判进程。我们也根据谈判新形势更新了“中国农业国内支持表”，其中调整比较大的是计算基期，从以前的 1993—1995 年调整为 1996—1998 年，于 2000 年 6 月 19 日至 23 日中国工作组第 10 次会议正式提交（WTO 文件 WT/ACC/CHN/22）。

2. 2000 年 9 月 12 日至 22 日中国工作组第 12 次会议，美国第一次对国内支持问题提出动议，要求中国不得享受《农业协定》中的发展中国家待遇条款，AMS 的微量允许（de minimis）支持水平[11]只能为农产品产值的 5%（即必须按发达国家水平承诺），而不是发展中国家的 10%。

2000 年 12 月 25 日，美贸易代表巴舍夫斯基（Charlene Barshefsky）提出《关于解决中国加入 WTO 关键问题的一揽子建议》，其中关于农业补贴问题，仍然坚持中

图5. 2000年9月，程国强出席在日内瓦召开的WTO中国工作组第12次会议。（程国强提供照片）

国不能享受发展中国家待遇，只能使用5%的微量允许水平。这意味着，美方全方位阻止中国享受WTO发展中国家待遇的企图，已直接投射到农业领域，农业国内支持谈判由此进入更加艰难的阶段。

3. 2001年1月10日至17日中国工作组第15次会议，我方坚持享受《农业协定》为发展中国家规定的权利，美国始终不同意中国使用10%的微量允许水平，双方对此进行多次交锋。如美方2001年1月12日提出方案，拟同意中方援引第6.4条（b）项，在加入后5年内使用10%的微量允许水平，但要求中方5年后使用5%的微量允许水平。2001年1月16日晚，美方再度提出方案，要求中方将《农业协定》第6.2条[12]规定的补贴计算在综合支持总量AMS之中，在加入WTO后5年内第6.2条和第6.4条的补贴水平不超过5%，此后可以继续增加，最终不得超过7%。我方对此坚决拒绝，谈判再次陷入僵局。

4. 2001年3月至5月中美密集开展非正式磋商，探讨一揽子解决遗留问题的解

图 6. 2000 年 9 月，为避免被监听，龙永图副部长率中国代表团走到日内瓦湖边商讨谈判方案。（程国强摄影）

决方案。农业补贴仍然是其中的难点问题。3 月 7 日至 13 日易小准司长偕助手索必成、3 月 22 日至 23 日龙永图副部长率中方代表团先后赴华盛顿进行非正式磋商，美方新任贸易谈判谈判代表佐立克（Robert Zoellic）、美农业部长维尼曼（Ann Veneman）分别提出非正式农业国内支持谈判方案。2001 年 5 月 18 日至 23 日，中美在日内瓦再度举行非正式磋商，仍然没能就农业补贴达成共识。

5. 2001 年 6 月亚太经合组织上海会议，为双方就农业补贴问题达成共识提供了机会，中美双方试图解决多边遗留问题。中方为双方磋商确定的原则是，坚持一揽子解决多边遗留问题，先解决其他问题，最后解决农业问题。

中央决策层根据谈判总体形势对农业谈判进行了充分的研究谋划和战略考量。2000 年底、2001 年初，我多次出席吴仪国务委员等领导召开的农业补贴问题专题会，呈报的农业补贴问题专报建议也受到国务院领导的重视和重要批示。在日内瓦谈判期

图 7. 2000 年 9 月，中国代表团出席 WTO 中国工作组第 12 次会议。桌左侧由远及近：龙永图、张向晨、王世春；右侧由远及近：乔宗准、李适时。（程国强摄影）

间，龙永图副部长也多次组织对农业谈判形势和全局影响进行综合研判，十分注重我们团队对农业补贴问题的技术工作与谈判方案评估。

2001 年 6 月 7 日在中美上海农业补贴工作级磋商中，美方继续围绕阻止中方获得《农业协定》发展中国家待遇，设计抛出各种谈判条件，即《农业协定》第 6.2 条、第 6.4 条中发展中国家待遇的中国适用问题，而中方则坚持要获得发展中国家的基本待遇，双方在谈判代表层似乎已无法实现突破。2001 年 6 月 7 日晚 10 时至 8 日凌晨 1 时 30 分，双方改由石广生与佐立克直接进行高级别谈判，在美方坚持的 5%发达国家允许水平和中国坚持的 10%发展中国家允许水平之间，双方反复交锋博弈，最终达成共识，确定中国农业国内支持微量允许水平为 8.5%，从而结束了最为困难的农业谈判，为推进加入谈判全局注入了新的动能。

6. 2001 年 7 月 16 日至 20 日中国工作组第 17 次会议，基本完成加入 WTO 法律

图 8. 2001 年 7 月 WTO 中国工作组第 17 次会议，龙永图副部长与美国代表核对农业政策文本。（程国强摄影）

文件起草工作，为下次会议结束工作组全部工作和在 2001 年 11 月多哈 WTO 第 4 届部长级会议上完成中国加入 WTO 程序打下了基础。我们根据农业谈判的最终结果，完成中国农业国内支持表修订，形成支持表最终版（WT/ACC/CHN/38/Rev.3）。关于农业国内支持的承诺条文记入中国加入 WTO 工作组报告书 WT/ACC/CHN/49 文件第 235 段。

四、农业国内支持谈判的难点问题

美欧曾经在 20 世纪 80 年代爆发农业补贴战，由此推动将农业问题纳入关贸总协定乌拉圭回合多边贸易谈判，并对谈判的走向和结果产生深刻影响。农业补贴问题也始终是我加入 WTO 谈判的难点问题。加入 WTO 20 年后的今天，再回头看当初谈判的困难，虽然纷乱复杂、千头万绪，但我觉得其中的关键问题，主要体现在两个方面。

一是建立基期国内支持计算基本范式的博弈。基期国内支持计算基本范式，按照 WTO《农业协定》术语，叫国内支持计算的“构成数据和方法”，即加入 WTO 谈判时确定的农业国内支持通报的数据计算与方法的基本范式，各谈判方必定会想方设法在谈判中给我们锻造一个“紧箍咒”。谈判中涉及的难点问题主要有：基期的选择、AMS 负值的计量、有资格接受适用管理价格的产量的选择[13]等。其中，由于农业国内支持的基期水平，对我加入承诺的农业支持补贴空间有着直接影响，基期补贴水平越高，意味着今后可保留的空间越大，因此备受各方关注。特别是，中国加入 WTO 15 年后，2016 年 9 月，美国向 WTO 起诉中国农业国内支持政策[14]，认为 2012 年至 2015 年期间，中国对三种主要农作物（大米、小麦和玉米）的“市场价格支持（MPS，即 Market Price Support）”超过中国在 WTO 规则下的承诺[15]，违反了《农业协定》。而起诉的依据则是基于他们自己的计算，其中一个理由是，美方认为中国的基期不能是 1996—1998 年，而应该是 1986—1988 年。这意味着，美国试图推翻中方按照《农业协定》计算，并经过与美国、加拿大、澳大利亚、欧盟等主要成员谈判确认的基期——这也开启了美方对既有谈判结果反悔、不认账的危险先例。

二是中美围绕《农业协定》发展中国家待遇的激烈斗争。中国无疑是世界上最大的发展中国家，获得 WTO 的发展中国家差别待遇理应顺理成章。但美国坚决反对，在所有谈判领域均千方百计、处心积虑地阻止，是美国在整个中国加入 WTO 谈判中的战略基线和攻防红线，试图最大限度迫使中国承担更大的开放义务。

（一）技术难点：建立国内支持计算的基本范式——“构成数据和方法”

《农业协定》第 1 条 (a) 款 (ii) 项与第 1 条 (h) 款 (ii) 项规定，在向 WTO 通报计算现行综合支持量时，应当按照或考虑到成员减让表第四部分引用而并入的支持材料表所使用的“构成数据和方法”。而且，该支持材料表是“入世”议定书的一部分，与“入世”议定书具有同等法律地位，所以支持材料表中所使用的构成数据和方法也是各国“入世”议定书中的组成部分。因此，加入 WTO 谈判时建立的“构成数据和方法”，是各成员履行国内支持通报义务的基本模式和方法式，其重要性不言而喻。

这些构成数据和方法，包括计算 AMS 的基本要素，如基期、固定外部参考价格

（FERP，即 Fixed External Reference Price）、有资格接受适用管理价格的产量的决定方法、用差价还是预算支出作为非免除直接支付（Non-exempt Direct Payments）的计算方法的选择等，也包含《农业协定》第 1 条 (b) 款和 (i) 款所提到的基本农产品的含义和以何种年度方法计算综合支持总量。这就决定了我国加入 WTO 谈判中，农业国内支持谈判在技术上的复杂性和敏感性。综合而言，主要有以下几个方面的难点：

第一，基期问题。农业国内支持的基期水平是“构成数据和方法”的基本要素，对我加入承诺的补贴空间有着直接影响，基期补贴水平越高，意味着今后可保留的空间越大，因此备受各方关注。我方 1997 年提交给 WTO 秘书处的农业国内支持表有三个版本，分别为 WT/ACC/CHN/5、WT/ACC/CHN/8、WT/ACC/CHN/9，均以 1993—1995 年为计算基期。随着加入 WTO 谈判的不断推延，到 2000 年，我们根据 WT/ACC/4 文件第 6 条第 2 款[16] 以及第 15 条[17] 规定，将计算基期顺延至 1996—1998 年（WTO 文件 WT/ACC/CHN/22）。对此，美国和凯恩斯集团成员澳大利亚、加拿大、阿根廷、新西兰等多次提出质询，为什么要用 1996—1998 年作为基期，而不再用 1993—1995 年作为基期?

对此，我们将磋商保持在技术层面，基期时间调整的主要依据是 WT/ACC/4 文件第 6 条第 2 款以及第 15 条规定，使我农业国内支持政策通报信息尽可能客观地反映近期情况，以便及时反映政策的变化。经过技术层面的数轮磋商，质询方澳大利亚、加拿大、阿根廷、新西兰等成员，尽管对我们调整的意图心知肚明，但由于我方依规有据，不得已最终对我使用 1996—1998 年作为基期不再提出异议。

美国在 2001 年上半年中美农业补贴谈判的关键时期，也曾考虑用计算基期来做文章。如美方试图用锁定农业补贴计算的基础来锁定我今后农业的支持水平。当时美方曾提出两种方案，一是用固定基期[18] 锁定今后的农业补贴空间，即以我 1996—1998 年的农业生产总值作为计算农业补贴的基础[19]，锁定我今后农业补贴增长空间。另一种是用相关年份的农业生产总值作为计算农业补贴的基础，美要求中国的农业补贴微量允许水平，只能在 5%—10%之间确定一个较低的百分比。当然，这个方案被我方拒绝。

然而，中国加入 WTO 15 年后，2016 年 9 月，美国向 WTO 起诉中国农业国内支持政策，认为 2012—2015 年期间，中国对三种主要农作物（大米、小麦和玉米）的“市场价格支持”超过中国在 WTO 规则下的承诺[20]，违反了《农业协定》。而起诉的依据则是基于他们自己的计算，其中，美方认为中国的基期不能是 1996—1998 年，

图 9. 2001 年 9 月，中国“入世”谈判接近尾声时，程国强与 WTO 中国工作组主席吉拉德（Pierre-Louis Girard）先生合影。（程国强提供照片）

而应该是 1986—1988 年。这从总体上推翻了中方按照《农业协定》附件 3、WT/ACC/4 及 G/AG/2 等加入指导文件所计算完成的并经过与美国、加拿大、澳大利亚、欧盟等主要成员谈判确认的基期 Total AMS（综合支持总量）及其计算方法。那么，一个成员的加入谈判成果是否可以被推倒重来？

根据我们的研究，根据乌拉圭回合谈判以及 1995 年以来加入 WTO 谈判的实践，基期的确定主要有两种情形，一是参加乌拉圭回合谈判的 GATT 缔约方（1995 年转为 WTO 成员），根据乌拉圭回合农业谈判模式文件的要求，确定农业国内支持削减承诺的基期水平为 1986—1988 年的综合支持总量。二是 1995 年 WTO 建立以来加入 WTO 的国家（地区），与其他 WTO 正式成员通过谈判来确定“基期”，再根据“基期”的固定外部参考价格，以及《农业协定》附件 3 的方法（除附件 3 第 9 条有关 1986—1988 年外部固定参考价格基期外）计算基期农业补贴水平。

目前WTO成员共164个，除了128个关贸总协定的缔约方演变而来的WTO创始成员外，新加入成员36个。36个新成员中，仅保加利亚、厄瓜多尔和蒙古3个成员分别于1996年和1997年加入WTO，使用1986—1988年作为基期。其他1998年以后加入WTO的新成员，均在“入世”谈判中排除选择1986—1988年，而是使用以后的相关年份作为减让基期。按照美国的逻辑，这些新加入成员的基期该怎么处理?

第二，AMS负值问题。由于20世纪90年代我国内农产品价格低于国际市场价格，因此，按照《农业协定》附件3计算的各农产品的AMS是负值，这也是大多数发展中国家存在的普遍现象。那么，在特定农产品AMS计算表中，负值应如何表示?一是印度等发展中国家认为，负值应该冲抵正值的AMS，加总时，正负相抵。二是美国认为，负值应该计为“零”，不做任何正负相抵计算。美方曾对我方提交的WT/ACC/CHN/22文件中标有负值AMS的支持表提出异议，要求改为“零”。三是新西兰曾就负值问题向WTO秘书处专门提交建议（G/AG/W/34，1998年6月11日），尽管《农业协定》对负值问题没有明确的规则，但其建议负值不能冲抵正值AMS，避免使超过微量允许的补贴规避约束。

我方在技术层面磋商中提出，计算表中出现的特定农产品的AMS为负值，反映了中国农业国内支持的实际情况，这与大多数发展中国家的情况类似，即政府还没有能力向农产品生产提供正保护。如果用“零值”表示，则粉饰了这一现象，不符合《农业协定》和WT/ACC/4文件关于计算AMS的规定。但在加总Total AMS中，可按《农业协定》第6.4条的规定，即关于微量允许的规定，将Total AMS记为零。这样，我们同意有关工作组成员的意见，在Current Total AMS（现行支持总量）栏中的Total AMS行，将Total Base AMS记为“零”，并按照《农业协定》第7条第2款(b)项的规定来执行国内支持承诺。

第三，有资格接受适用管理价格的产量。正是因为基期国内支持表所使用的构成数据和方法如此重要，所以我们在基期、变量与方法选择时，与谈判方进行了多次斗争。其中，有资格接受适用管理价格的产量的选择，将决定价格支持政策AMS的大小。如何将基期的计算模式与方法为今后的农业政策变化预留空间，是我们当时必须考虑的基点。因此，在与谈判方博弈有资格接受适用管理价格的产量选择时，我们坚持用“实际收购量”，而不是主产区的产量。例如，20世纪90年代中期，我国实施粮食定购价和保护价政策，当时国家确定了粮食定购量[21]、保护价收购量[22]。但谈判方认为，政府的价格政策具有溢出效应，也就是，价格政策不仅仅对收购的粮食有影响，而对其他粮食产量也有影响，因此，不同意我们使用粮食定购量和保护价收购量，要求我们计算 AMS 时必须使用主产区的粮食产量。

但是，由于当时国家定购价与保护价低于外部参考价，因此我们认为，农民不可能接受低于外部参考价（等同于市场价格）的政策性价格，若按照当时的收购政策，卖完国家定购粮和保护价收购粮后，其他粮食肯定将按照高于政府收购价的市场价格销售，因此，有资格接受适用管理价格的产量，只能选择政府的收购量，这在最后与谈判方特别是与美方代表取得共识。按照这一基期确定的计算模式和方法，对目前我国国内支持通报也具有重要的合规性意义。

（二）政治博弈：发展中国家待遇

美国对中国加入 WTO 的条件设定，始终是中国只有承担足够多的义务，才能使谈判获得成功。因此，美方在取得中方足够好的农产品市场准入条件、SPS/TBT 条件以及中方放弃农产品出口补贴后，就把重点转向国内支持谈判。而《农业协定》对国内支持已有规范框架，唯一可以榨取中国的，就是美国在其他所有领域所坚持的，绝不承认中国的发展中国家身份，绝不在 WTO 体系给中国以发展中国家待遇。

《农业协定》第 6 条规定了各成员需按照规定削减国内支持。但是第 6.2 条和第 6.4 条却规定了给予发展中成员的例外情形。其中，第 6.2 条规定，发展中国家不需要承诺削减用以鼓励农业和农村发展的措施，包括一般可获得的投入补贴、对低收入者的补贴及对鼓励放弃种植非法麻醉作物所给予的支持。第 6.4 条规定，各成员不需削减“微量允许”支持。美国与中国谈国内支持问题时，设计的所有谈判方案，采取的种种威逼利诱策略，自始至终围绕着一个主线——“坚决不给予中国发展中国家待遇”。这也是为什么农业谈判如此复杂的原因所在。

五、没有结语的农业谈判

加入 WTO，使中国农产品市场成为全球最开放、最包容的市场之一。中国全面削减农产品进口关税，平均关税率已降至 15.2%的全球低水平，仅为世界平均水平的四分之一；全部取消农产品非关税措施，对粮棉油糖等部分重要农产品实施 WTO 成员通用的关税配额管理措施。中国是世界最早取消农产品出口补贴的少数成员之一。

相对发达成员目前仍然拥有占农业产值20%—40%（部分发达成员甚至在50%以上）的黄箱补贴空间而言，中国作为发展中大国，农业国内支持是“零”承诺，微量允许的支持水平只有8.5%，既不能享受发展中成员微量水平10%的待遇，也不能享受发展中成员促进农业和农村发展的支持措施。

中国加入WTO的20年，是农业全面履行承诺、大幅开放市场、进一步深化改革、聚力提升竞争力的20年。20年来中国农业逆势而上，在国际化挑战中，积极调整完善农业支持政策，不断增强国内支持的针对性、适应性、有效性与合规性，实现农业持续稳定健康发展，为确保国家粮食安全，消除农村绝对贫困，促进农村同步实现全面建成小康社会目标奠定了坚实基础，为我国战胜各种艰难险阻、稳定经济社会发展大局，发挥了“稳定器”和“压舱石”作用。

中国作为WTO成员，是农业贸易自由化的先行者，是推动全球农业发展的贡献者，更是多边贸易体制的捍卫者。“入世”20年，中国发展成为世界最大的农产品进口国，农产品进口占世界的份额，从20年前的3.3%，增加到目前的11.7%；中国也是重要的农产品出口国，农产品出口占世界的份额，从20年前的3%，增加到目前4.3%。中国超大规模农业食品市场，是当前全球农业发展的重要动力所在。中国积极支持并参与WTO等主导的全球农业贸易治理，是维护多边主义、共建开放型世界经济的坚定践行者。

世界正面临百年未有之大变局，全球性挑战更加复杂严峻，世界比任何时候都需要坚持多边主义，维护多边体系的核心作用。但是，全球农业贸易保护主义仍然深深根植于发达国家高补贴的农业保护政策之中，目前国际农业贸易治理规则不平衡、约束不充分问题仍然突出，对国际减贫发展、粮食安全关注不足、治理缺失问题严重，亟待WTO重新发挥引领作用，推动新一轮农业谈判为全球经济复苏和持续稳定发展注入新的动能。如何进一步推动建立公平合理的国际农业贸易规则，积极维护多边贸易体制的权威性和有效性，全球农业谈判任务艰巨、任重道远，但希望仍在，值得期待。

尾注：

1. 2003年改为商务部。

2. 易小准历任商务部副部长、中国常驻世界贸易组织代表团特命全权大使、世界贸易组织副总干事。

3. 张向晨历任商务部部长助理、商务部国际贸易谈判副代表、中国常驻世界贸易组织代表团特命全权大使、商务部副部长、世界贸易组织副总干事。

4. 如没有或仅有最微小的贸易扭曲作用、对生产的影响很小的支持措施，以及不具有给生产者提供价格支持作用的补贴措施。

5. 如政府对农产品的直接价格干预和补贴、种子、肥料、灌溉等农业投入品补贴、农产品营销贷款补贴等。

6. 法律出版社 2000 年版。

7. 中国农户户均经营规模仅0.7公顷，美国是中国的240倍，欧盟是中国的25倍。

8. 乌拉圭回合农业谈判中形成的凯恩斯集团，1986 年 8 月在澳大利亚凯恩斯成立，包括澳大利亚、加拿大、阿根廷、巴西、智利、新西兰、哥伦比亚、斐济、匈牙利、印尼、马来西亚、菲律宾、泰国及乌拉圭等 14 个农业生产国和出口国。

9. 据了解，这是国内早期发起成立的智库之一。

10. 中国农业国内支持诸边会议主要参加方包括美国、欧盟、澳大利亚、加拿大、阿根廷、新西兰、日本、智利、印度、乌拉圭等，诸边会议主席为 WTO 秘书处官员 Renzo Franco。

11.《农业协定》第 6.4 条规定，各成员不需削减“微量 (de minimis)”支持。所谓“微量支持”是指影响最小的支持，对发达国家来说，这一水平为不超过一种产品总值的 5%，对于非特定产品支持，为农业生产总值的 5%。发展中国家微量支持水平的最大值可以为 10%。

12.《农业协定》第 6.2 条是对发展中国家的例外待遇，规定发展中国家不需要承诺削减用以鼓励农业和农村发展的措施，包括一般可获得的投入补贴、对低收入者的补贴及对鼓励放弃种植非法麻醉作物所给予的支持。

13. 如美国等谈判方在谈判中一直反对我们使用当时粮食保护价收购的“收购量”数据，要求用“生产量”数据。在我们反复坚持和斗争下，最后与谈判方特别是美方代表取得共识，形成了 AMS 计算模式和基本方法，对目前我国国内支持通报也具有重要的合规性意义。

14. 即 WTO DS511 争端案“美国诉中国农业国内支持措施案”。

15. 根据中国工作组报告中 WT/ACC/CHN/49 文件第 235 段，中国将在相关年份中对特定产品支持给予微量允许水平，相当于基本农产品总产值的 8.5%。

16. WT/ACC/4 文件第 6.2 款规定，每一措施所涉及的货币价值和放弃的财税收入，一般用最近 3 年内的平均数。

17. WT/ACC/4 文件第 15 条规定，对每一种所涵盖的农产品，这些表要求提供的资料如下：影响生产者价格的任何国内支持措施（通常为最近 3 年对其发生影响的）。

18.《农业协定》并没有固定基期要求，是美国专门为中国设置的约束条款。

19. 这是《农业协定》的一般要求。

20. 根据中国工作组报告书 WT/ACC/CHN/49 文件第 235 段，中国将在相关年份中对特定产品支持给予微量允许水平，相当于基本农产品总产值的 8.5%。

21. 粮食定购量指国有粮食企业根据政府粮食定购计划，按国家定购价向农民收购粮食的数量。

22. 保护价收购量指国有粮食企业根据政府政策规定，按保护价向农民收购粮食的数量。

犹似当年醉里声

齐红儿

【作者简介】

齐红儿，1988 年毕业于浙江大学外语系，加入原外经贸部国际司，先后从事联合国发展援助组织在中国方案实施和项目活动、亚太经合组织的经济和贸易事务以及加入世界贸易组织服务贸易谈判。2001 年 1 月离职后先后在微软公司、博鳌亚洲论坛和佳士得中国任职。2008 年至 2015 年作为创业者，从事顾问咨询方面的工作。

多年过去，我偶尔会想起 1999 年 11 月 15 日，那一天中美签署了双边市场准入协议。那天傍晚，我收到了一位朋友的祝贺电邮：你可能不知道你做的事有多重要，它将改变每一个中国人的生活。

是的，所有关于那一天的回忆都很丰满，历历在目。每次想起，内心充盈着喜悦和骄傲。

当日凌晨，我就犯了错。电话铃叫醒了我：美国人回来了！过去的 5 天 5 夜，我们一直在办公室，几乎没有合眼。14 日晚上，美国谈判代表团撤退，我们终于可以各回各家。刚刚睡了一个多小时，电话就来了，需要马上回去工作。我很疲倦，非常困，嗯，美国人回来意味着此次结束谈判的可能性大增。我靠在床头想了想，就在这个当口居然眯着了。大约过了 30 分钟，遽然醒来，马上飞奔下楼打车。这么重要的一天，这么重要的时刻，我，迟到了。

外事活动都在外经贸部谈判大厅进行。大厅很气派，有高高的中庭，四周是大大小小的会客室，大家都四散在大厅里。从凌晨 5 点开始恢复的谈判又陷入了僵局。上午 9 点多，我有点不相信自己的眼睛，吴仪国务委员匆匆走进大厅，问我巴舍夫斯基（Charlene Barshefsky）在哪儿？茫然的我引着她在洗手间门口等到了老巴。吴仪让我翻译了一句话：朱总理现在在办公楼 11 层会议室等你，他和你亲自谈。

图 1. 1999 年 11 月 15 日，齐红儿（中）与美方核对并草签协议文本。

就在那天下午，所有的细节都得到了确认，中国结束了“入世”最重要的谈判，中美双边协议在外经贸部 1 号楼二层会见厅举行了签字仪式。

那一天是 1999 年 11 月 15 日，中国加入 WTO 完成最为关键的中美谈判，从此进入了快速推进的轨道。

2001 年 12 月，中国完成了所有多双边谈判，正式成为 WTO 成员。而我在之前的 2001 年 1 月就离开了外经贸部。

20 年了，有的时候还有人会问起，在我最好的年华离开了大有前途的工作，后悔吗?

2021 年的 12 月 11 日，很多人在庆祝中国“入世”20 周年，我也在朋友圈贴出了 2020 年搬家时发现的《纽约时报》有我签字的协议文本样张：今天是个特别的日子，体制内的一切都离我很远，只有在我周游世界时候路经曾经踏足过的 USTR、EU 总部和 WTO，才会想起那个意气风发的自己。那段经历丰富了我的人生，并且令自己骄傲至今，这份报纸我一直留着，仿佛留着我和中国“入世”的私情——是我草签了

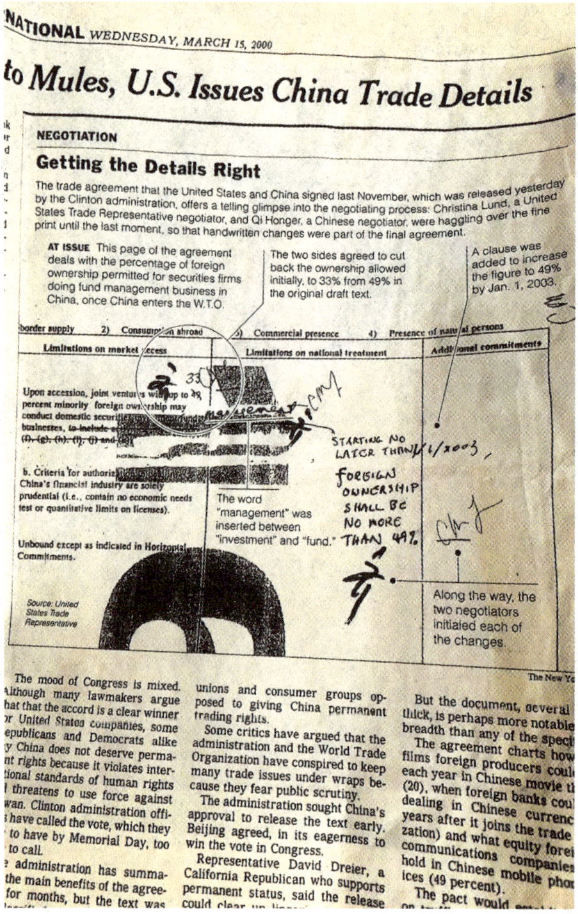

NATIONAL WEDNESDAY, MARCH 15, 2000

to Mules, U.S. Issues China Trade Details

NEGOTIATION

Getting the Details Right

The trade agreement that the United States and China signed last November, which was released yesterday by the Clinton administration, offers a telling glimpse into the negotiating process: Christina Lund, a United States Trade Representative negotiator, and Qi Honger, a Chinese negotiator, were haggling over the fine print until the last moment, so that handwritten changes were part of the final agreement.

AT ISSUE This page of the agreement deals with the percentage of foreign ownership permitted for securities firms doing fund management business in China, once China enters the W.T.O.

The two sides agreed to cut back the ownership allowed initially, to 33% from 49% in the original draft text.

A clause was added to increase the figure to 49% by Jan. 1, 2003.

The word "management" was inserted between "investment" and "fund."

Along the way, the two negotiators initialed each of the changes.

Source: United States Trade Representative

The mood of Congress is mixed. Although many lawmakers argue that that the accord is a clear winner for United States companies, some Republicans and Democrats alike say China does not deserve permanent rights because it violates international standards of human rights and threatens to use force against Taiwan. Clinton administration officials have called the vote, which they hope to have by Memorial Day, too close to call.

The administration has summarized the main benefits of the agreement for months, but the text was

unions and consumer groups opposed to giving China permanent trading rights.

Some critics have argued that the administration and the World Trade Organization have conspired to keep many trade issues under wraps because they fear public scrutiny.

The administration sought China's approval to release the text early. Beijing agreed, in its eagerness to win the vote in Congress.

Representative David Dreier, a California Republican who supports permanent status, said the release could clear up

But the document, several inches thick, is perhaps more notable for its breadth than any of the specifics.

The agreement charts how many films foreign producers could show each year in Chinese movie theaters (20), when foreign banks could begin dealing in Chinese currency (five years after it joins the trade organization) and what equity foreign communications companies could hold in Chinese mobile phone services (49 percent).

The pact would

图 2.《纽约时报》2000 年 3 月 15 日刊登的关于中美双边协议的介绍文章，其中附协议文本样张，上有齐红儿草签手迹（“齐”字）。

中国与重要贸易方的中国“入世”的服务贸易协议。

记忆，太多的时候是带着有意无意的滤镜。大量细节和时间节点都变得模糊。比如我怀疑自己是不是草签了与日本的“入世”服务贸易协议，应该不是我。

就这样吧，是与不是，都改变不了那是一段激情燃烧的岁月，那是我的高光时光。

一、通向高光之路

1988 年，我大学毕业分配到了外经贸部国际司一处，同时分到一处的有 3 人，但是分到二处有 8 人！二处也叫关贸处，看上去关贸处有点高大上。而我的工作，则是负责联合国发展援助机构在中国的方案和项目。那个时候有出国机会的工作，对国人来说还是很有吸引力的。我第一次出国就是去维也纳，参加联合国工业发展组织理事会。但是只要在会议室，我就会觉得极度困乏，只好找借口，什么喝咖啡、上厕所，总之就是出去透透气清醒下。

后来我去纽约联合国总部开会，也是一样，都是一进会议室就犯困。有时候无聊看看周围，偶尔也能看到有人瞌睡，但是我不想是其中的一个。

1989 年上半年，分配到部里不到一年时间，每天早上扫地、打水、擦桌子，上班不是抄抄写写就是翻译。虽然不是一地鸡毛，但也觉得自己没用，没什么意思，就很随心地提出辞职请求。当初想辞职后去搞什么已经记不起来了，只记得想去广州。但是我的辞职请求没被接受，而且因为刚工作就提出辞职，加上我开始在公共场合抽烟，我被大多数领导视为异类。

因为开会犯困，我就寻思着在司里换个工作。那时候看上去最“活色生香”的是负责援助的国际司三处和六处，直接负责多双边无偿援助，深受各地政府欢迎。但是对我没什么特别的吸引力，我还是想做能让我有兴趣的工作。当然要换工作首先要有领导的支持，要得到领导的支持就必须先建设自己，把工作努力做到最好，才能有选择的可能。这是我朴素的思想。后来我带年轻人工作，这么多年，我跟他们分享的还是这个朴素的道理，这个世界无论什么体制都需要做实事的人，想要做的比别人好，只有更努力这一条路。

我在外经贸部有一位伯乐和一位贵人。伯乐是当时的国际司司长龙永图，他看到了我在工作上的潜力，一次次重用了我。而当时的吴仪部长则是我的贵人，她就像在我头上撑起了一片天，让我保持了个性，在体制内能够自由地发挥自己的想象力和创造力。

1994 年我得了肝炎，休养生息一番后，我顺利调到了国际司五处——亚太经合组织处。这个工作有个好处，可以住五星级酒店。印尼、日本、菲律宾、新西兰、加拿大等等亚太国家每年开会轮流坐庄，我走访了很多国家，很有意思。但是一进会场，我的老毛病还是一样，眼皮要打架，困!

而我看着隔壁的关贸处，时而忙忙碌碌，时而冷冷清清。随着 GATT 变成 WTO，关贸处也变成了“入世”处。

我在司里有个饭伴。他在食堂吃小炒，我也吃小炒；他在外面吃餐馆，我就跟着蹭饭。他的同班同学张少刚跟我同时分到一处，但是他继续在北大读了研究生。1990

年他自己跑到人事处直接要求去关贸处。他有个绰号叫张大嘴——大嘴吃四方，秃笔写乾坤。能讲会写，是我见过最聪明的同龄人。他就是后来我最密切合作的同事，现在的 WTO 副总干事张向晨，我喜欢跟聪明人一起做事。

那个时候我已经在司里待了 8 年了，司里给我机会让我公费去欧美国家留学。但是都不是最好的学校，因此我兴趣不大。机缘巧合，我陪同时任外经贸部部长吴仪出访了几次，她很喜欢我，所以我在司里还是可以撒撒娇。我就提出来想去 WTO 参加贸易政策培训班，几经周折总算成了。在日内瓦期间，我就在 WTO 大楼里待了整整三个半月，这三个半月，给我打开了一个新世界。

培训期间，开过一次中国工作组会议，我也去听了会。咦，这次我没有犯困！

培训结束回来后，我就进入了国际司一处，主持改组后一处的工作，负责中国“入世”服务贸易谈判以及经合组织。从此踏上了通向 1999 年 11 月 15 号那一天的高光之路。值得一提的是，可能因为我是谈判团第一个参与实质性工作的女性处级干部，领导们不放心，把原来处里刚留学回来的一个最优秀的年轻人派给了我。他叫郑力。后来他得到了欧洲商学院 EMBA 全球唯一的全额奖学金，先我一年多离开了外经贸部，从此成为了生意人。

二、服务贸易谈判

那时候，服务贸易是个新生的概念，很多人都不太了解服务贸易是什么，甚至我们的高层领导对此也不熟悉。1999 年 11 月 15 日中美谈判结束后，最高领导会见美方代表前先慰问谈判代表团。咱们的领导对瀛台迎熏亭的典故熟稔的很，但当介绍到负责服务贸易的我时候，领导起初一愣还以为我是打字员。其实，不光是服务贸易，对于 WTO 规则，很多人都是一知半解。后来外经贸部就把宣讲 WTO 规则作为一项重要的工作内容，为“入世”后将要迎接的挑战和转变预做准备。我们一线谈判人员只要有时间也必须去宣讲。我记得吴仪部长当初给所有省部级干部宣讲 WTO 规则，她完全脱稿，我们佩服得五体投地，那记忆力和理解力真是令人惊叹。当年我就服务贸易的知识做了个 PPT，前几年搬家看到一个光盘，里面存储的正是我当年讲课的视频。PPT 特别没有美感，讲课速度太快，但是那时候我也很年轻，也很有激情。世界发展太快，如今光盘过时了，而服务贸易概念已为大部分人所知。

不仅中国，世界同样如此。服务贸易是乌拉圭回合谈判时才有的内容，所以早期的“复关”谈判就完全没有涉及。随着乌拉圭回合《服务贸易总协定》的谈判进展，主要贸易方在和中国进行“复关”谈判中逐步触及服务贸易的谈判，但都是浅尝辄止。随着WTO的建立和《服务贸易总协定》的生效，最重要的是，随着中国市场的发展，服务贸易越来越成为中国“入世”谈判中的重要议题，在中美、中欧谈判中，最关键的问题大多是服务部门的开放问题。在我之前负责服务贸易的同事们，已经做了一些工作。但是对我来说，日内瓦三个半月的培训只是一个起步课，所以只能边学边干。我们拜访了很多部委，让他们都深度引入，并直接参与对外谈判。我们很幸运，大家都很愿意把他们的部门情况和自己的思考毫无保留地与我们分享。

1997年的“入世”谈判处于低谷，我第一次以谈判团成员身份陪同龙部长会见时任日本驻华大使。大使对于局势很不乐观。大使是中国通，深知如果“入世”这件事只停留在外经贸部这个层面，是无法取得突破的。在此以前，“复关”和“入世”问题确实没有进入到最高领导的决策视野。起起落落太多年，无数的利弊分析，很多人觉得中国外贸发展已然那么迅速，为什么一定要为了“复关”作出妥协，承诺开放呢？按照自己的改革开放时间表继续推进开放，难道不更符合中国的利益？对于这点，我们都很佩服龙部长，他一直坚信，中国的改革开放需要新的驱动力，而中国“入世”将把中国的改革开放推进到更为快速发展的新阶段。所以，他坚守着中国必须尽快“入世”的信念，真正凭一己之力通过各种渠道把中国“入世”推动进入了最高政治决策范围。而20年来的实践也早已终结了当年的“入世”利弊之争。

也就是从那时候开始，仿佛一下子进入了快车道，我与最好的时光加速相遇。

三、中美“入世”谈判

关于中美谈判，应该很多人都有具体的回忆，都会比我的描述准确。我沉浸其中，写几件发生在1999年有关谈判的小事和趣事。

先说说朱镕基总理。中美谈判的特殊性使我这个小小的处级干部有机会在多个场合近距离接触到朱镕基同志，亲身领略了他的风采。朱总理是我一生见过最聪明的人，他的领导力、领悟力、他的气度、他的睿智都令人不由自主地倾倒。我在政府工作期间也见过其他领导，但是朱总理是我心中的唯一。1999年4月朱总理访美期间我们曾经尝试与美国结束谈判，但是由于美国国内政治生态和舆情完全不利于完成谈判，所以克林顿总统坦率地告诉朱总理，即使达成协议也无法获得国会批准，因此谈判在朱总理抵达白宫的那个晚上就摁下了暂停键。这样我们就第一次有机会在美国媒体全方位感受朱总理的个人魅力。他访美所到之处，基本都是脱稿演讲，习惯了照本宣科的国内随行翻译根本跟不上，后来大家在电视上看到的那个女翻译已生活在美国多年。起初美国媒体对朱总理访美的报道很克制，甚至可以说很冷淡的，但一两场活动之后美国人也被朱总理的魅力所折服，报道覆盖越来越广，也越来越正面。在最终与美国“入世”谈判阶段，我们几个核心谈判干部更是直接参加了包括总理办公会议的最高决策过程，更近距离地感受到总理超群的远见和洞察力。张向晨在朱总理与巴舍夫斯基（Charlene Barshesky）谈判中直接给总理递过小条子，我也曾经在总理办公会议上擅自举手越级发言。那真是个特殊的时期。

再说说谈判策略。谈判中美国人用尽了传说中的各种谈判技巧，私下接触摸底线、玩疲劳战、搞失踪、临阵换人、有人唱红脸、有人唱白脸，等等，招数多多。甚至有一次全体拿着手提行李来了谈判大厅，说要赶早上 8 点的飞机。想起来令人莞尔。他们在国际社会横冲直撞，也不仅仅因为其国家实力，确实是好好地研究了谈判这门艺术。而且美国贸易谈判代表办公室那些职业对外谈判人，好的时候跟你勾肩搭背，转眼就可以翻脸不认自己说过的话。遇到这种人大可不必惊诧，用现在的话说，都是套路。当然，我们也一样采用策略，比如在与欧盟谈判中，我们曾在会谈中拂袖而去，以此表示我们确实退无可退，无步可让。

中美“入世”谈判最后冲刺阶段那 6 天 6 夜的紧张和疲倦，确实对于任何人都是艰苦的挑战，体力上、心理上、情绪上皆是，史无前例。举个例子，大概是 11 月 13 日清晨，石广生部长向我们传达了总理的指示，并与我们共同评估了谈判进展。说到没日没夜，时年六十出头的石部长说，他真怕自己猝死在办公室。大家的精神压力和身体疲惫可见一斑。

11 月 15 日早上 6 点左右，石广生部长把易小准、张向晨和我叫到交际司接待处，非常严肃地逐个叫名字，让我们仨就目前能不能签署协议明确表态。我们都很坚定，认为可以签。向晨比较了解石部长，他后来说，那是个关键节点，我们但凡有一点犹豫，估计汇报的时候就可能会有保留了吧。

11 月 15 日上午 9 点，我看到吴仪国务委员无人陪同匆匆进入了谈判大厅。我迎上去，她让我一起去找巴舍夫斯基并翻译。巴当时在厕所，她就和我等在门口。巴出来后，吴国委让我翻译：朱总理现在办公楼 11 层会议室，他要跟你谈判。我在震惊中翻译了这句话。巴听完又进入了厕所，去给华盛顿打电话。

那天总理和巴舍夫斯基谈完后，我们就开始核对文本。货物贸易方面将谈判结果落实到文本上是很快的，而服务贸易减让表有100多页、四种模式，有一些小的分歧是不会拿到总理那里谈的，我们必须解决好这些分歧，所以我们又花了几个小时核商具体内容。最后草签文本里面有许多修改后的内容，除在每一页上草签外，每一处修改也需要双方签字。上面提到的《纽约时报》登载的协议样张就是其中一页。当时我们花了太多时间核对文本，以至于龙部长像热锅上的蚂蚁，进来催促了好几次，很怕煮熟的鸭子飞了的感觉。后来我实在忍不住，就把他请了出去，技术层面的错误会影响到具体的承诺内容，急也没用。

在那段工作中，我们对领导们都很直率，平时说真的距离是很大的，毕竟处级离部级领导隔了那么多层级。但是那时候说到具体的事，都是我们这一级别的业务。领导们也会理解错误，毕竟涉及方面太多了，我们就直言相告。领导们对我们也是出乎寻常的包容。当然有时候也会被领导责骂。谈判期间我们饮食无定，石部长就让后勤把小餐厅开放给我们，随到随吃。有一次我在吃饭，石部长就进来劈头盖脸痛骂我，他虽然就骂过我一次，但是骂得特别凶。我吃着饭心里特别不忿。龙部长也当着代表团全体骂过我一次，就在日内瓦代表团湖边的新址。想起来吴仪同志在出访新西兰时候也数落过我一次。领导们骂我，都是有原因的，我也有错，不过骂过就过去了，虽然我倒是一直记着。辞职后，2001年在上海APEC领导人会议期间偶遇石部长，石部长专门单独请我吃了饭，我们还兴致盎然地说了些谈判的趣事。而龙部长，后来又请我去博鳌亚洲论坛工作。我那时候“开了挂”，运气好，遇到的领导都对我特别包容。至于吴仪同志，我离开外经贸部后就再也没有交集。但是她对我的知遇之恩，我至今感怀在心。

期间有个很遗憾的事。11月13日通宵开会后，我们陪同朱总理会见美国代表团。朱总理进来后，罕见地提出与我们合影。一般和领导合影都得按照官职，最大的官占中间，我们在最靠边靠后的位置。那天吴仪同志一把把我摁在她和总理之间，我都挣扎不掉。谈判结束后几天，我很想要那张照片，但是因为总理会见外宾前与中方合影的时候官方摄影记者没有进来，都不知道那时候是谁拍的照，也就找不到了。我后来也遇到一些了不起的人，但是我不是个热衷于合影的人，那张照片没留下，对我却是很大的遗憾。

还有个更神乎的事，那是美国对华首席谈判代表卡希迪（Robert Cassidy）后来告诉我的。他说克林顿总统也知道你。我听了很高兴，因为克林顿总统是很有魅力的人。不过美国贸易谈判办公室好多人真真假假，但是卡希迪眼睛大大的很天真的样子，这一次我就权且信他吧。

图 3. 1999 年 11 月 15 日，外经贸部石广生部长与美国贸易代表巴舍夫斯基签署双边协议。齐红儿（右一）担任助签。

图 4. 2000 年 5 月 19 日，外经贸部石广生部长与欧盟贸易委员拉米（Pascal Lamy）签署双边协议。齐红儿（右一）担任助签。

四、鳄鱼的眼泪

我的美国对手也是个女的，助理贸易代表帮办伦德（Christina Lund），也抽烟，不过她比我大十几岁。因为谈判有时会在深夜突然进行，会谈室就没有服务人员，我们要复印就到自己的办公室。大概是13日深夜，克里斯蒂要复印文件，就一起去了我办公室。她斜倚靠着复印机，先说美国首席谈判代表卡希迪下午在酒店大厅吧喝着咖啡在座位上睡着了，她说自己也实在太疲倦了，然后就不受控制地掉泪了。平时一个混不吝的人，居然因为疲倦而掉泪。看看，体力多重要。当你运用疲劳战这样的谈判策略，小心它会成为双刃剑。

在外国对手眼里，应该是觉得我很强势，外交上谦和的日本人有时候就直接叫我女强人。但是有一次我当着对手，不仅仅是掉眼泪，是哭的喘不过气来，整整哭了有五分钟，吓坏了在场的所有人。

那是2000年9月在瑞士日内瓦。

那时中日、中美、中欧等主要贸易方的谈判都已经结束，我们已经在隧道里看到了光明。2000年7月底，中国工作组第11次会议在日内瓦举行。我一次次深夜走在莱蒙湖畔，思考自己的前路。选择是痛苦的，但是我还是决绝做出了人生最重要的决定，我要在谈判结束后离开外经贸部。是的，外经贸部培养了我，并且给了我无比精彩的平台，让我发现了自己的潜力，做了一生最重要最有意义的工作。但是我也是在外经贸部，认识到世界很大，自己有更大的可能性，人生可以更多样。因为当时谈判没有结束，我向领导们和同事们承诺我会完成所有的谈判后再离开。瑞士就是最后一个谈判方。

每一个国家，不论大小，只要向中国提出要价，就应该去研究这种要求来自何方诉求。欧美国家的经济诉求大部分是企业在推动的，瑞士也是如此。虽然表面上他们在金融、电信上也提出了要价，但是其真正的诉求来自SGS（瑞士通用公证行），是全球最大的检测公司，他们希望我们放开法定检测的市场限制。我们在2000年7月已经和瑞士深入谈过一轮，9月继续谈。接触前我们分析了瑞士面临的政治压力，我认为瑞士在9月底这轮谈判一定会和我们签署协议，因为瑞士无法背负延迟中国“入世”的巨大压力。基于这个判断，我们两手空空，在瑞士驻日内瓦代表团与瑞方进行会谈。我的对手是瑞士国际司司长，他们方面五六个人，因为我们没有什么实质性让步，我就带了一个人数众多的代表团，以表示重视，人员来自国家动植物检疫局、国家工商总局、人行、工信部等部门。第一轮下来，瑞士人就搁置了会谈，不理我们了。即使我们相信自己的判断，但是那时候面临的压力也不小。9月下旬，石广生部长难得的来了日内瓦，他希望能在逗留期间签署中瑞这最后一个双边服务贸易协议。那天下午我们坐上一条船，在莱蒙湖上游荡，着看远方的雪山，天高云淡。我坐在石部长对面，汇报了谈判的僵局和我的评估。我说我等着瑞士给我电话，只要来电话恢复谈判，我预计第二天就可以举行部长级签字仪式。果不其然，就在船上，瑞方来了电话，晚上9点继续谈。我放下了一颗心，一旦中瑞签署协议，我就可以按照自己的计划辞职走人。

晚上按照约定，双方进行了谈判。到凌晨3点，瑞方开始总结，认为中方没有诚意，所以没有签署协议的基础。等对方总结完，我也做了总结，逐一陈述了我们在中美、中欧谈判中已经做出的开放承诺，指出银行保险证券等这些都是瑞士的强项，瑞士将受益于这些开放措施。最后我说我们对瑞士抱着最高的诚意，从7月到9月，我们付出了巨大的努力和无数的时间和精力。中国工作组主席吉拉德（Pierre-Louis Girard）也是瑞士人，对中国“入世”一直保持支持的态度，没想到中瑞会破裂。我说我不愿意相信瑞士会愿意成为中国“入世”的障碍。最后我说，对我个人来说，这场谈判的意义最为特殊，因为谈完我就离开这个工作了。就在那个瞬间，我开始掉泪，同事给我拿纸巾，我开始泪如雨下，逐渐变得泣不成声。我只好哭着请大家全部离开会议室让我独自待着。我一个人在会议室放声大哭了整整5分钟。平静了大约10分钟，我走到茶水间，洗了脸，开了咖啡机。这个时候我的对手走进来了，很温柔地给我拿了咖啡，问我何时可以草签协议。本来他的总结就是最后来个绝杀，看能不能诈出中方的干货。无论如何没想到我把私人情绪带入了谈判，如此绝望地放声大哭。后来还有几个人常拿这事取笑我，说我掉的是“鳄鱼的眼泪”。

我曾经在朱镕基同志访美谈判期间整夜整夜的难以入睡，脑海中全是激烈的思考；也曾经6天6夜连轴转加起来睡眠不到10个小时，身心极端疲倦；也曾经因为考虑辞职的事情而在一个月内没有完整的睡眠，晚晚天人交战、考虑利弊。但是我从来没有崩溃过。这次，不是因为谈判艰巨，也不是因为身体疲倦，当时思想一片空白，回想起来应该是觉得不能顺利签约就会影响我的人生计划，控制不住地悲从中来，崩溃不期而至，就像小孩想着去迪士尼却因为疫情不能成行的那种悲伤。

与瑞士草签完，天已微微发亮。回住处的路上，经过莱蒙湖，水波涟漪。日内瓦

图 5. 2000 年 9 月 26 日，外经贸部石广生部长与瑞士联邦政府委员、经济部长库什潘(Pascal Couchepin）在 WTO 总部签署双边协议。左二为齐红儿。

是我最熟悉的异乡。

五、我们的欢乐

有时候谈判会因各种原因停滞，我们就能正常上下班。但是总的来说，那几年太忙了。谈判组的人几乎天天在一起，出差，开会。所以我们也有我们的娱乐和享受。一个是“升级”，一个是烧烤。记忆中，很多谈判的细节早已经忘记，但是走到哪“升级”到哪，却是忘不了。法兰克福机场转机，必须“升级”。结果是，在法兰克福机场转机了十几次，我还是傻傻分不清东南西北，那 4 个小时的转机时间都去找“拖拉机”了。好几次谈判在部里举行，各部委的人都在办公室等待进入会议室，有时候一等几个小时，所以边等待边打牌边聊天，谈判组的友谊就这样天长地久。在日内瓦，周末是不工作的，我们都会买上各种食材，找个湖边的烧烤点聚餐。我总是第一批出发的，因为要去占烧烤点的位置。一到地儿就开始打牌，边吃边打，一直到结束返回。有的时候，晚上我们也会在住处打牌，打牌时候无年龄无性别无官职大小，该

图 6. 2000 年 1 月，齐红儿（右）与张向晨摄于 WTO 大楼前。

吵吵该闹闹，有人也会摔牌而去。条法司司长张玉卿牌技一般，却极爱打牌，而屡战屡败。败的多自然有时候来个浑水摸鱼，有一次被我逮个正着，就羞辱了一番，也许我冤枉了他，结果他恼羞成怒，拂袖而去，我没错还得道歉，又把他叫回来再战，我记得那次还惊动了龙部长。我打牌胜绩高，有两个稳定搭档，张向晨和李成钢，都很聪明，后来都当了副部长。他们目前都在日内瓦，不知道还打不打牌。而我依然热爱打牌，是中国游戏中心的在线高手。后来慢慢变成再忙也要争取打一局睡觉，可现在这么闲，反而没心思打长局了。

那个时候我们长途飞行多，就很排斥机上食品。每一次我们的大管家索必成都会带上新鲜的黄瓜、烧鸡还有自己烙的饼。一到用餐时间，我们就啃鸡腿吃黄瓜咬烙饼。那时候出国的人少，基本都是精英，对我们简直是侧目而视，估计把我们当第一次坐长途飞机的土老帽，居然自带餐食。唯有空姐，露出知己的表情。说到大管家索必成，我们都叫他“索妈妈”，平时唠唠叨叨，埋怨这个文件乱放，抱怨那个没有完成什么，甚至有时候自作主张修改我们服务贸易的汇报材料（因为他协助综合汇总）。但是他是我们所有人最好的助手，他是我们的资料库，是我们的编辑。甚至我们要吃什么零食，他也会满足我们。他是我们整个谈判组最不可或缺的人。

那个时候，一出访就几十人，打牌有人，聊天有人，散步有人。最多的是在那外交部招待所天井里，边侃大山边抽烟。我们外经贸部谈判组的成员貌似就我一个人抽烟。不抽烟的人难以理解烟友们的友谊，相互递过烟，一起抽过烟，感情就升华了。不过我终于在3年前戒了烟，这是后话。

那个时候有一些部门对开放市场都还有些疑虑和保留，我们服务贸易部门涉及广，电信、金融、分销、文化等部门都是我们谈判中的难题，所以涉及部委都有司局级干部参与我们谈判组工作。有的人给我留下了深刻的印象。当年的电影局局长刘建中，对“入世”问题很重视，他不仅自己直接参与谈判，了解外方的市场诉求，还思考中国电影业如何迎接“入世”后的市场开放。他请我去给中国电影人讲电影市场的开放和“入世”的挑战，当年那些著名导演都在场。可惜我从来不是很好的演讲者，应该没有给导演们留下深刻的印象，不然也许有人把这场波谲云诡的谈判拍成电影。中美“入世”谈判结束以后，刘建中局长请了谈判团所有成员去电影资料馆看了两个电影，其中一个电影应该是刘建中局长的特别安排，那就是陈道明主演的《我的1919》，那是关于外交官顾维钧参加巴黎和会的经历。那个时候对于“入世”的挑战，很多人是很担心的。对于谈判也是疑虑重重。

我很怀念这些日子，这些人。相比当年的所见所闻所思，这些记忆只是一点点皮毛。就如相机拍不出眼里最美的风景，那些最好的时光，在安静的月夜想起，会情不自禁地微笑。说到这些人，我要特别提一个人，那就是我在这段工作中收获的好朋友——外资司的仇光玲。她业务好，熟悉利用外资的政策和现状，对未来的开放也很有见地，并且就事论事，能够把全局利益置于部门利益之上，而且为人单纯善良又低调。她因为中美协议签字仪式的一张照片受人污名，指她站在见证人的中央是要出风头。事实上，当天的签字出乎大部分人意料，并无周密准备，本应由交际司安排的礼仪缺位，太多参加过谈判的人被通知来见证这个时刻，他们在那里等了很久，推来推去，她是被人群推到那个位置的。而我们具体谈判的核心成员因为仪式前一刻还在忙具体事项，好几个人都没出现在这个照片里。朱总理谈完后，中美双方又花了很长时间核对文本。而且这个签字仪式是我助签石广生部长的。我们谈判组成员都非常了解仇光玲的为人，只不过外人不知，污蔑她的流言开始传开。或许照片事件还影响了她的仕途，很遗憾，她本该有更好的发展。

那时候我真是意气飞扬，骄傲任性。

那我为什么辞职？后悔吗？

2020年开始的新冠疫情让我对世界有了新的认识。是不是很难理解欧美人为了不戴口罩的自由而上街示威游行，而死了几十万人也没看到民众有什么动静？东西方

图 7. 2000 年 9 月，齐红儿摄于日内瓦莱蒙湖游船上。

的生死观大不一样，或许现在可以理解裴多菲那“若为自由故，两者皆可抛”包含的价值观。世界上最难的是互相理解，但理解自己何尝不是同样困难呢？那 3 年的工作让我赢得了对手的尊重，领导的认可，甚至总理的表扬，可能当时的我已经清醒地认识到，即使留下来继续升迁，今后也不会再有如此有挑战又如此能带来自我满足和成就感的事业了。不可避免的，中国加入 WTO 后，我应该还会在会议室犯困；可能我太渴望自由，希望不用贵人给我撑起一片天就能自由闯荡世界；可能我希望自己的人生有更多的未知和可能性，走更多的路，欣赏更多的风景，而不是那一眼望到底的一条仕途。当然，也许是因为我很随性，那时突然魔怔了。大半辈子过去了，再洒脱也会更多地回望来路。那些吉光片羽因了对国家和社会的意义而愈加闪闪发光。

我真是躬逢盛事，人间值得！

谈判琐记

索必成

【作者简介】

索必成，1969年1月出生于北京。现任商务部世界贸易组织司处长。1992年毕业于北京外国语学院英语系，同年进入外经贸部，先后在国际司和世贸司工作，2013年至2015年在河北唐山挂职曹妃甸工业开发区管委会副主任。1996年至2001年参与中国加入WTO谈判工作，负责关税、非关税措施等谈判。2002年起，参加多哈回合多边贸易谈判、中国加入《政府采购协定》谈判、中澳自由贸易协定谈判及《信息技术协定》扩大产品范围谈判等。加入WTO后负责整理中国加入世界贸易组织谈判历史档案，著有《中国加入世界贸易组织谈判历程》《中国加入世界贸易组织谈判文件资料选编》，并翻译出版《乌拉圭回合多边贸易谈判结果法律文本》《中国加入世界贸易组织法律文件》《贸易走向未来》《认识世界贸易组织》《乌拉圭回合协议导读》《政府采购协定》等书籍。

我的回忆文章之所以称为“琐记”，一是因为张向晨同志和我已经在2011年编写出版《中国加入世界贸易组织谈判历程》，同期我还编辑出版了《中国加入世界贸易组织谈判文件资料选编》，加入谈判已经有了较为完整的官方记录；二是我是谈判代表团中的小字辈，是主谈人员的助手，只能是记录一些亲身经历的片段；三是“琐”字与我这少见的姓氏同音，也即“索记谈判琐事”。总之，我的回忆仅是谈判历程的补遗，或是谈判过程中的花絮，有些甚至可能细细碎碎，但是都是有据可查的历史片断，是对正史的补充，可使当年的谈判战友唤起共同记忆，也可供后人了解谈判岁月的工作和生活。

一、入职经历

（一）入外经贸部

经过两次高考，我终于在1988年8月考入心仪的北京外国语学院英语系英语专业，开始了难忘的大学生活。1992年1月放寒假前，离毕业分配还有半年多，经贸部和外交部就同时到北外来招人，各有10余个名额。家里人是搞音乐教育的，对经贸部一点不了解，打听来打听去好像经贸部下面的公司还不错，于是就报了名。那时的分配手续简单，用人单位面试觉得不错就被录用了。当年是美大司的隋晕处长给我面试，她板着脸，裹着厚厚的羽绒服坐在英语系冰冷的小教室里，让我翻译李岚清同志的一篇讲话，我的小专业是翻译，这点文字自然不在话下，就这样2月份就通知我被录用了，3月份即签了协议。

（二）到国际司

1992年8月10日到经贸部报到后，先进行入部培训，9月1日起进行近一个月的军训，10月5日起到吉林石化进行为期4个月的下放锻炼，暂不分配到司局。在这之前，我还曾到美大司面试，后来还参加过外事司的翻译考试，都没有了下文。1993年1月中旬吉化要我回京办事，到家后我给招录我的人事司一处梁杰同志打电话，主要是想打探分配去向。我告诉他想去下面的公司，他说这不可能，你在北外担任学生会主席，我们准备留你在人事司工作，我当时就懵了。父母知道后也认为我不适合搞人事，力劝我争取去专业司局。第二天一大早我即到部里人事司去找梁杰，他很开通，说要不然你去国际联络司，我马上同意了。就这样1993年2月在挂职锻炼后宣布我去国际司。

（三）进四处

新入部的干部要先去小汤山管理干部学院马列班学习，我因为要做近视眼手术，请求暂缓参加并获得同意。我在大学戴了三年隐形眼镜，已经不能再忍受眼中异物之痛，有框眼镜戴上后我又头疼难耐，因此下决心在工作前摘掉眼镜。这样就被暂时安排到国际司办公室工作。1993年3月1日是我正式上班的第一天。我到友谊医院准

图 1. 日内瓦湖光山色。（索必成摄影）

备住院时，医生要我先回去治疗眼部炎症，再复检，消炎后再才能做手术，手术日期确定不了，我只能跟着办公室的小姑娘于昕一起跑文件交换。那段时间，东长安街 2 号新建办公楼，国际司临时搬到出口大楼办公，跑文件交接可以坐面包车去部里。那时候国际司年轻人少，忽然来了个还算眉清目秀的小伙子，各处都感兴趣，三处和四处都向司领导表示想要我。龙永图同志是当时的国际司司长，他给我们新来的人宣布分配处室时，把我分在了三处，我向龙司长表示想去四处，龙问为什么？我说因为已经答应四处的卢瑞书和唐克芬两位处长。龙司长当时没有表态，但不久司办就通知我被重新分配到四处。

（四）管贸发

四处主管联合国贸易与发展会议。卢、唐两位处长是我父母的同龄人，对我呵护有加，我与四处的同事相处融洽。我 1993 年 5 月改在协和医院做了当时先进的准分子激光近视眼手术，算是国内成功摘镜的第一例，视力一直保持到现在。那年夏天，我一边学习当时先进的 286 电脑和五笔字型输入法，一边养眼睛，我这个大学时代连 CCDOS 都不知道的电脑白丁后来成了司里的电脑高手。处里分配我跟北外学姐蒋季青学习主管普惠制（GSP）、限制性商业惯例（RBP）业务。1993 年 10 月中旬，我第一次出差去日内瓦，算是从事多边工作的第一差，当时正值金秋时节，我为那里的湖光山色所陶醉，没想到后来去了 100 多次。我在四处度过了一段愉快的时光。

（五）调二处

1996 年 5 月贸发九大后，美国刻意削弱贸发会议的职能，四处的工作面临缩减压力。我入部后曾有一段时间找不到感觉，属于毕业后的彷徨期，自己不甘心每年去两趟日内瓦开那些老生常谈的贸发委员会会议，先是想去日内瓦常驻，可处里说要优先考虑更年长的同事，于是又想跟北外同学一样出国留学，可是报考欧盟同传培训没有入选，报考部里的澳大利亚留学项目没有考上，后来决定自己考 GMAT 和 TOFEL 去美国留学，可惜考试成绩不佳，没有获得多少奖学金而只能作罢，那段时间似乎处处碰壁。

1996 年年中，主管“入世”谈判的国际司二处人员变动较大，王磊由于家庭原因要离开部机关，洪晓东去澳大利亚阿德莱得大学学习一年，然后要去国外常驻，打字高手叶忠休产假，当时由“复关”转为加入 WTO 谈判还不到一年，处里人手严重不足。我 1993 年 11 月补上马列班时，认识了同班的张向晨，他 1991 年从北大研究生毕业入部，同是北京人，见面即感到亲切，1995 年下半年，张向晨在日内瓦参加 WTO 贸易政策培训班，我前后两次到日内瓦出差，期间与他有了更多交往，相互间更为熟识。二处负责“入世”谈判，在我心目中是高不可攀的。可这时候，我不知道哪来的勇气，找到张向晨提出想调到二处，他爽快地答应帮忙推动。我再去找我们处长老唐谈，自己提出调动处室这在机关里是很忌讳的，但没想到老唐很痛快地同意了，语重心长地嘱咐我要好好干。这样我就在 1996 年 6 月 10 日调入国际司二处，正式开始从事加入 WTO 谈判工作。

（六）整档案

我到二处做的第一件“大事”就是整理档案。当时谈判已经进行 10 年，加上以前的旧档案，数量众多而缺乏系统整理。处内同事为了工作方便各存各的文件，请示报告等红头文件写上名字就存在自己的文件夹里，加上由于常驻等原因人员流动大，查找档案非常困难。张向晨说，小索你整一整吧。我从小就爱收拾东西，看到家里、宿舍里脏乱就要动手打扫，整理档案正是我爱干的活儿。刚到处里，看到处长易小准桌上文件文具乱成一片，我用了一个晚上整理完毕。第二天，老易说，小索啊，谢谢啊，可是收拾整齐了，我就找不着文件了。我无语。

1996 年 7 月起我开始整理档案，找出所有文件夹，再找到多个复印纸箱标上年

图 2. 1996 年夏，张向晨与索必成（右）摄于外经贸部国际司二处北面办公室。

份，将文件从文件夹中取出，按年份放入复印纸箱，初分后再将每一箱中的文件按月份细分，第三步再将每个月的文件按照日期排序，打孔放入文件夹中，最后统一打印好文件夹的标签。当时使用的文件夹很多是从日内瓦带回来的洋货，国内还少见，后来为存放这些档案，我们专门在国内购置了高大的灰色文件柜和统一的黑色文件夹，所有文件夹统一制作标签，整齐存放，方便查找，处里也面貌一新，这些文件成为日后中国加入 WTO 谈判历史档案的组成部分。

（七）买电脑

我做的第二件“大事”就是购置电脑。国内当时使用的是 DOS 系统上的 WPS 软件，硬件软件处理速度都很慢，无法完成数据表格等高难任务，处内各位也是各存各的电子文件，不按文件类型存放，文件名编排随意，不方便查找。当年政府采购还未推开，国家机关还没有系统提供计算机设备，国际司有很多援华项目，主管外经处室的电脑都是项目下提供的，二处不负责援华项目，“家徒四壁”，处里的一台电脑还是我们四处老唐送的。到日内瓦谈判需要调用瓦团关贸处的台式机，而且要通过发传真明确指示代表团：“请将你处钟传水同志使用的电脑搬至5号招待所供谈判代表团使用”，这是因为钟传水的电脑速度快。让我们下决心更新设备的是一次误操作，1996年10月中国工作组第2次会议期间，我和1995年12月分到二处工作的胡盈之负责编写谈判纪要。回国前，我们想把台式机里的电子文件拷贝到3寸软盘上带回，小胡在拷贝时没捏住鼠标，一松手，一部分文件就消失在电脑硬盘与软盘之间，我们俩为丢失工作成果而懊恼不已，好在已经打印出纸面文件。我从来都相信求人不如求己的理念，从那时起就撺掇着张向晨说服老易用贸发会议CPR/91/543援助项目的钱买电脑。我在管贸发会议业务时，即认识了项目主管唐小兵先生，他非常帮忙，将原来项目里的服务项目改为货物项目，当时电商不普及，电脑很稀缺，买电脑可不是一件简单的事，费尽一番周折，我们从国内来源购买了4台台式机、一台笔记本电脑、打印机、复印机和办公软件。4台台式机一拉溜放在二处南面办公室里，安装着当时先进的WINDOWS系统和MS-OFFICE，蔚为壮观。我在四处学的电脑知识派上了用场，这4台电脑相互之间连接，可以相互调用文件，实现了文件共享，更重要的是，我和小胡设定了文件目录，按国请、部请、双边谈判、工作组等划分文件目录，每个目录中再按年份甚至月份细分目录，分类存储，方便查找，对文字命名也进行了规范，极大地提高了办公效率。自此，每遇工作组会议提供大量文件、表格都易如反掌，这些电脑和设备真是帮了我们的大忙，这真要感谢贸发会议的援助项目！再后来，我们又利用世界银行援助项目，多次更新了笔记本电脑。没有这些电脑的保障，谈判工作的效率会大打折扣。

到了二处以后，我即开始从事经常加班、经常出差的高强度工作。每天8点前上班忙到下午6点，到食堂吃过晚饭，再回到处里上“第二个班”，4个多小时后，再跟张向晨一起打车回家，他把我放在复兴门下车回家，他自己再到西直门下车，从来不用我付车钱。一个国外差出完了，往往从机场直接回到办公室，放下文件，还要继续工作好一阵儿才能回家。我也不再彷徨，觉都不够睡，哪有时间彷徨。

从大学毕业到此时，每个阶段都有不同的引领人将我引入下一段路程，想走自己的路又走不成，最终将我引入此后大半生从事的多边贸易谈判工作之中，一直到了现在。20多年后的今天，我开始相信这是冥冥之中的安排，命运真是神奇！

二、谈判片段

我在谈判中主要参与货物贸易市场准入谈判，重点是关税谈判和非关税措施谈判，参加了1996年下半年至2001年之间的多双边磋商，负责谈判文件准备、谈判纪要编写、请示报告起草等；另一项主要工作是负责代表团的联勤保障，包括磋商安排（来往通信、人员名单、房间预订）、食（就餐安排）、住（住宿安排）、行（护照签证机票）、财（出国经费）。谈判情况已经收入《历程》一书，谈判文件已收入《文件资料选编》，如果要深入了解这些谈判情况，那就需要阅读详细的谈判纪要，整理上百盒的工作组会议录音磁带，工作量大，但愿日后能够有时间完成此项工作。在此写一些给我留下深刻印象的谈判片段。

（一）谈判者性格

最值得回忆的是与美国的谈判。在讲美国谈判的一些片段之前，先说说谈判人员的性格特征。每个人的性格各有不同，有人严厉、有人温和、有人果断、有人优柔，但是为了国家利益，谈判者所表现出来的外部特征必须一致，超越个人性格，这需要经过专业训练和多年历练。历任美国贸易代表均是语言犀利之人，长相上按北京话来说都是“鹰鼻子鹞眼”“不是善茬儿”，前一分钟还与你嘘寒问暖，下一分钟就如猛虎野兽般提出要价，带着手下使出各种手段，不达目的不罢休，不按正常时间工作，可以夤夜鏖战，可以闻鸡起舞，可以不吃不喝，可以不讲级别对等。

欧洲人则是一种完全不同的性格。作风绅士，温文尔雅，鲜放狠话，他们严格遵守工作时间，即使来中国谈判，也是按北京时间执行朝九晚五作息，九、十点钟才开始谈判，中午要留出午餐休息时间，下午两三点钟开始，五点钟肯定结束，晚上是绝对不会加班的。究其原因，一是不同文化背景下形成的性格不同，另外也与多边贸易体制的权力结构有关。欧盟人知道美国人冲锋在前，他们可以坐等战利成果，自己再“找补一点”就可以交差了，交差这二字可以体现出欧盟谈判人员的国际职员性质，他们来自不同欧盟成员国，通过竞聘进入欧盟委员会工作，并不代表任何成员国的利益，只向委员会负责，不论结果如何，但动作要做到位。当然，首席谈判代表的个性和作用不同，欧盟贸易委员拉米（Pascal Lamy）是个执着而顽强的人。中美谈判结束后，中欧经过四轮谈判才签署协议，拉米先后两次来京，目的一是要向中方表明美

图 3. 2000 年 5 月 19 日，中欧谈判人员草签双边协议文本。右起：傅星国、索必成、张向晨、Hiddo Houben、Paul Verburgt。

国“吐出的馍”欧盟不吃，协议要有欧洲特色；二是要做给成员国看，表明谈判人员已竭尽全力。总体上说，欧盟是国际事务中的“千年老二”，美国在，它跟随；美国不在，它暂时出头。别的事情不说，就是在中国加入过程中，多次遇到中美谈判停滞的情况，这时候欧盟就会出来“引领”谈判，提出自己关于谈判的设想和建议，一旦美国重出江湖，欧盟马上退下，结束代理引领人任期。欧盟还有个特别之处就是爱写信，谈判那些年，欧盟主管谈判的官员每年都要以信函方式向中方提出要价，说出一大套要价的理由，再附上要价单，这一点恐怕也是为了记录在案，以备日后成员国有据可查。而美国通常是甩过来一两张纸的要价清单，要价理由则由谈判代表在谈判中口头表述，没有那么多繁文缛节。2000 年 5 月 19 日与中欧签署双边协议的时候，也让我一惊，协议文本本该一式三份，双方各持一份，第三份交存 WTO 秘书处，至少也要一式两份。结果欧盟只带来一套文本草签，告诉我们，签署后他们复印一份拿走就行，言外之意是不必签那么多字。

加拿大人的谈判性格也是温和的，但与欧盟不同的是多了些坚韧，比如谈判中加拿大最为关心的是加拿大油菜籽和菜籽油，canola seeds 和 canola oil，加人最为担心的就是同类产品获得更好的待遇，例如豆油、棕榈油、羽扇豆（lupin，一种饲料，开花叫鲁冰花），因此坚持要求在中国减让表中写上平等对待同类产品的表述，英文叫 parity。当然，加拿大在国际问题上必须是以美国马首是瞻的。1999 年 4 月，中美谈判结束后，我们即坐着螺旋桨小飞机一路颠簸着转战渥太华，争取能在 4 月 16 日朱镕基同志到访前结束谈判。双方谈了三天，15 日晚上到了摊牌的时候，我们事先评估，中方此时的出价是可以和加方达成协议的，但是那天晚上在小小的谈判间里，加方一侧低眉顺眼，不愿意抬头看向中方，加方首谈 John Klassen 指着墙上一幅画，那画上是一头背坐在地上的大象和一只并排背坐在地上的小耗子，加人说，大象好比美国，我们好比小耗子，美国没有结束谈判，我们也就不能结束。而到了 1999 年 11 月 15 日中美结束谈判后，加方迫不及待与中方结束谈判，当时已不可能从首都派团来京，更主要的是双方 4 月已经谈得差不多了，加于是派驻华使馆官员于 16 日与中方开始谈判，在北京草签协议最后赶在石广生部长 11 月 26 日访加时与中方正式签署协议。

图 4. 澳大利亚谈判代表 Graeme Thomson

最讲政治的要算是日本。1997年9月桥本龙太郎首相访华，表示支持中国加入WTO。他还派他在通产省的同事津上俊哉常驻北京使馆，加强与中方的沟通。日方在货物贸易和服务贸易方面都有要价，于是将两者分开处理，在桥本访华前与中方结束货物贸易谈判，日本最关心的小汽车关税只谈到2005年50%，日方就接受了。事后美国代表讽刺日本怎么这么高的税率就接受了，日本人回答：“不是还有你们吗？”日本人当然知道，美国人会在谈判中要求更低的税率，他们不会失去什么，而会得到中方的赞誉。

澳大利亚人的谈判性格则是如农民一般固执，他们的要价就是他们的底线，中方出了价，澳方收下，然后接着要。澳方的谈判代表是贸易部的顾问Graeme Thomson先生，老爷子白色卷发，一脸皱纹，谈判不动声色，似乎不需要什么谈判技巧，就是不断要价，直到满意为止，让中方很伤脑筋。

总之，各国谈判者各为其主，在多边历练多年，个个身手不凡，精通规则，能言善辩。他们私下可以成为你的朋友，但友情永远不能超越国家利益。我刚一入职，何宁处长就告诉我“多边没朋友”，就是这个道理。据我观察，谈判者所谓的技巧，一是漫天要价坐地还钱，二是重要利益不断重复，三是抓住时机促成交易。要价方最初所提要价并非其真实要价，肯定加了水分，如何辨别真实要价是对被要价方的考验，如果能够准确判断，就可以申请到足够的授权而结束谈判。谈判最后时刻往往会产生一种胶着的气氛，看似万念俱灰，而可能突然间峰回路转，双方为取得突破而做出妥协，通过放弃部分要价换取对方出价，最终达成协议。

（二）对美谈判

美国与中国谈判的主管部门是美国贸易代表办公室（USTR），成立于1962年，办公地点坐落在华盛顿特区第17街600号，是一座以建筑师William H. Winder命名的砖红色历史建筑，建于1848年，是当时华盛顿第一座高层建筑。我们在谈判时曾多次出入这座在美国算得上古老的建筑物。

美第一任谈判代表。美方谈判的级别是助理贸易代表（Assistant USTR，缩写为AUSTR），第一任谈判代表是纽柯克（W. Douglas Newkirk），自1986年11月中美第1轮双边磋商到1993年3月第6轮磋商，中方的谈判代表是沈觉人副部长，1991年佟志广副部长接任。在1989年5月之前，美方对中国加入是全力支持的，这段时间担任美国USTR的是尤特大使(Clayton K. Yeutter,1985—1989年任职)。1989年年初，希尔斯（Carla A. Hills，1989—1993 年任职）接任，她在回复沈觉人的任职贺信时表示，全力支持关于中国参加总协定的谈判。1989 年北京发生政治风波，但美方仍坚持来京，在 5 月 24 日至 28 日与中方举行第 5 轮磋商。而此后美方态度则发生了很大变化，1990 年 3 月，纽柯克在接受记者采访时表示，我们最初与中国的磋商是建立在中国改革计划进展的基础之上。我们开始与他们会谈时，改革的进展相当快。但自从去年开始，他们的改革计划似乎放慢、停顿或后退。这确实改变了我们以前工作的基本方式。

美第二任谈判代表。1993 年 7 月中美第 7 轮双边磋商起，美国助理贸易代表道斯金（Dorothy Dwoskin）女士接替纽柯克担任美方谈判代表，此时中方的谈判代表已由谷永江副部长接任。这时的贸易代表是坎特（Michael Kantor，1993—1996 年任职）。道斯金与中方进行了第 7 轮至第 10 轮双边磋商。道斯金态度强硬，死抠条文，缺少灵活性，当然这与美方当时对中国加入的政治态度变化是直接相关的。1995 年起，谷永江不再担任中方谈判代表，龙永图部长助理接任。

美第三任谈判代表。1996 年 4 月，美国商务部长布朗（Ronald Harmon Brown）坠机遇难，贸易代表坎特接任商务部长，副贸易代表巴舍夫斯基（Charlene Barshef-

图 5. 1995 年 5 月，外经贸部孙振宇副部长（左二）与美国副贸易代表巴舍夫斯基（右二）谈判知识产权问题，右一为李森智。

sky，1997—2000年任职）任代理贸易代表。这一时期，随着中国经济快速发展，中国市场的吸引力越来越大，美国开始调整对中国加入WTO的策略，1996年9月，巴任命助理贸易代表李森智（Lee Sands）担任第三任谈判代表。李是中国通，会讲中文，头发稀疏，眼镜后面是一双令人琢磨不透的圆眼，总是面带微笑，但也时而语露机锋，1991年起就与中国谈判知识产权和市场准入问题，1994年起担任助理贸易代表帮办（Deputy Assistant USTR，缩写为DAUSTR），1995年起担任助理贸易代表。他负责中国加入WTO谈判的时间虽不足一年，但是促成了一些积极进展。1997年1月，中方邀请美、欧、日三方到北京进行磋商。为避开记者围堵，龙永图建议在小汤山外经贸部管理干部学院进行。代表团抵达前，三方驻华使馆派员到小汤山踩点，但是他们似乎对住宿条件不甚满意，主要是嫌上楼没有电梯，吃饭不能实行分餐。最后只有日本代表团住在小汤山，美、欧代表团住在市内，每天开车往返小汤山进行磋商。中美在这次磋商中就议定书中的贸易权案文达成初步一致，在2月底、3月初的中国工作组第3次会议上，各方就贸易权案文达成一致。议定书在1994年12月20日GATT中国工作组第19次会议后就一直没有谈过，此次总算有了突破。

美第四任谈判代表。可是到了1997年4月，李森智提出辞职，离开政府去律所工作，助理贸易代表卡希迪（Robert Cassidy）出任第四任谈判代表。卡生于1944年，当时50多岁，稀疏的寸头配上花白的短髭，给人一种邻居大叔的亲切感，卡1992年2月起担任助理贸易代表。在新华社编发的新闻稿中，用的是“卡西迪”三个汉字，我坚持使用“卡希迪”，我跟张向晨说，要在他名字中加点“希望”。经过交涉，此后“入世”谈判报道中凡是出现他的名字都用“希”字而不是“西”字。小老头后来确实把事办成了！

与李森智一同出场的通常是助理贸易代表帮办莱尔（Debora Lehr，中文名戴青丽），一位金发碧眼、语速惊人的美女。卡希迪的助手是助理贸易代表帮办伦德（Christina Lund），一位头发散乱、烟不离手的服务贸易专家。但卡不需要伦德同行，常常独来独往，一个人拖着个装满文件的拉杆箱来见龙永图副部长。卡希迪在谈判中侧重于市场准入谈判，伦德侧重于服务贸易谈判，议定书部分由副法律顾问Catherine Field女士负责，她长期在USTR工作，熟悉规则和加入谈判的各个细节，极难对付。她总是将金发盘在脑后，嘴总往上撇着，因为她的名字不好念，我们于是私下称其“歪嘴”。

卡希迪很倔强，关注谈判细节。对中方态度不满意也不绕弯子，就直接说出来。

1997 年 10 月下旬江泽民主席访美前，卡先后两次来京与龙永图副部长磋商。他对中方的反馈很不满意，就瞪着大眼睛对龙副部长说：I am not happy（我不高兴）。龙冷冷地回应，说出了我们后来经常调侃的那句：If you are not happy, you are not happy（你要是不高兴，你就高兴不起来）。尽管如此，双方都希望在江主席访美期间推动谈判，后来也的确取得了积极进展，双方发表了《中美联合声明》，中方宣布参加《信息技术协定》。

1998 年上半年冲刺。1998 年 6 月克林顿访华前，中美于 4 月 17 日至 25 日进行了第 16 轮磋商，6 月 15—27 日进行了第 17 轮磋商，卡希迪还于 5 月 18—21 日来京就服务贸易进行非正式磋商。1998 年 4 月，中方在工作组第 7 次会议上提交了 2005 年工业品降税至 10%的出价单。这是对全体成员的出价，自然与美方在具体产品上的要价有差距，需要进行多轮双边磋商才可能达到中美双边均可接受的削减水平。中方负责工业品关税谈判的是海关总署关税司司长吴家煌。在 4 月第 16 轮磋商期间，吴司长带着我和海关的党英杰先后与卡希迪进行了 7 次小范围非正式磋商，主要讨论乌拉圭回合零关税部门产品。为体现磋商的非正式性质，其中连续几次磋商特意选在北京中国大饭店的自助餐厅中进行，座位由美国大使馆负责预订，选定一处安静角落的长桌，三面用竹子屏风与餐厅其他部分隔开，双方围坐在桌旁，并不用餐，而是摊开文件和电脑进行谈判。采取这种形式的非正式磋商主要考虑是，通过磋商摸清美方可以接受的税率水平，然后履行国内协调、批准程序，再向美方确认，如果美方对出价不满意，或者国内不能接受美方的要价，那么所有非正式磋商讨论的内容就一风吹，不作数。虽然美方有负责关税谈判的高个子美女 Heather West，但卡对每个税号都不放过，瞪大眼睛听着吴老优雅地表达中方的观点。磋商取得了进展，缩小了差距。4 月和 6 月，巴舍夫斯基两次访华，双方都做出了努力，但是此时华盛顿反华暗潮涌动，克林顿担心访华时与中国达成协议会被美国国内认为是向中国妥协，因此美方提高要价，导致双方差距过大，而最终未能达成协议。

6 月 26 日晚，石广生部长与巴舍夫斯基举行会谈。那段时间，外经贸部的谈判间装修，谈判大都改在 2 号楼三层临时改建的会见厅进行。但当晚的磋商在 2 号楼 10 层中间朝长安街的会议室内进行。尽管是美方抬高要价导致谈判无果，但是作为美国贸易谈判代表，巴还是要表现出始终如一的强硬。这时候克林顿已经乘坐专机从西安飞到北京，车队正行驶在长安街上，巴冷冷地说：如果一位美国总统访华时都不能达成协议，我真不知道还有什么时候能够达成协议。

6月之后，中美谈判进入低谷期。我正好利用那段时间充电，司领导安排我到日内瓦参加为期12周的WTO第9届贸易政策培训班。1998年11月，中美在旧金山进行了一次非正式磋商，没有取得进展。12月，石广生部长在华盛顿出席中美商贸联委会时，向巴舍夫斯基提出，美方不能再漫天要价，要拿出"最后的没有水分的一揽子要价单"，当时用的英文就是dry proposal。这一建议得到美方积极回应。

1999年谈判冲刺。朱镕基同志定于1999年4月访美，中美双方都希望借此访推动谈判。2月，龙永图副部长带着我们到华盛顿，与美方举行第19轮磋商，主要讨论dry proposal的具体内容。双方人数都很少，谈判就在卡希迪的办公室里进行。2月12日我们刚回到北京，就收到美方转来的dry proposal，长达40页。要价单发自白宫situation room，以加密方式传真到美国驻华使馆，然后再由使馆人员送到外经贸部。1999年的春节是2月16日，我们收到要价单后紧急征求相关部门意见、召开协调会、赶在15日、大年三十中午将初步评估报告报到了朱镕基同志办公室。

在2月下旬至4月上旬的近两个月时间里，中国代表团在华盛顿—北京—日内瓦—北京—华盛顿—渥太华之间奔波，没有一刻停歇，我们进入全天候的密集磋商状态，我在1999年的效率手册上记下了那段时间的日程，每天密密麻麻，经常是多场谈判平行进行。2月12日至22日中国代表团进行内部准备工作；2月24日至3月4日中美在北京举行第20轮磋商，3月2日巴舍夫斯基抵京，与石部长举行多次会谈，3月4日朱总理会见巴；3月8日至10日，美国农业谈判大使谢尔（Peter Scher）、纺织品谈判大使约翰逊（Don Johnson）和卡希迪率团分别与中方就《中美农业合作协议》、纺织品问题以及议定书问题继续进行磋商；3月19日，工作组主席在日内瓦召集非正式磋商，中国代表团于3月15日至19日与部分成员举行非正式磋商，3月22日回到北京；3月24日至4月2日中美在北京举行第21轮磋商，3月29日朱总理会见巴；中国代表团4月4日抵达华盛顿，4月5日至7日中美举行第22轮磋商，4月11日又赴渥太华与加方磋商，最终于4月19日回到北京。

中美双方围绕议定书、市场准入、动植检和纺织品四部分问题进行谈判。在北京的两轮磋商中，双方代表团分四个组平行开展谈判，过程虽然艰难，但取得较大进展。令人遗憾的是，由于前面提到的美国反华浪潮持续给克林顿政府造成很大压力，克林顿担心与中国签署"入世"协议会受到攻击，立场出现摇摆。在朱镕基同志访美前，中方已预判到美方将难以与中方签署协议。尽管如此，中方仍派出谈判小组与美磋商。

4月4日抵达华盛顿后，龙永图副部长带领张向晨、傅星国、齐红儿、我和郑力等6人于5日至7日进行了连续3天的磋商，分头与美方谈判议定书、服务贸易、关税等议题，一直谈到7日晚间。此时朱总理已经抵达华盛顿。克林顿在当晚小范围会见时表示，此次很遗憾不能与中方达成协议。朱总理回答，我早有所料。一切努力戛然而止。

8日上午克林顿在白宫为朱总理举行欢迎仪式，然后双方举行大组会谈，会谈中提议双方发表关于中国加入WTO问题的联合声明。技术级谈判没有了，我们这些谈判人员就待在驻美使馆经商处等待消息。下午2点多，突然通知我们去USTR签署《中美农业合作协议》。当我们赶到USTR大楼门口时，看到石广生部长正准备乘车离开，龙永图副部长也在那里，他正在与美方讨论联合声明草稿。由于美方并未做好签署协议的准备，中方部长拂袖而去，我们也悻悻地返回驻地。

8日晚饭后，当时在美国使馆常驻的洪晓东看到大家无事可做，于是提议开车到城里去看樱花，那时正是樱花盛开之时。我们开车到了波多马克河边，一路坐在车里看到如雪般的花海，令人赏心悦目。可刚转了半圈，就通知我们赶紧回商务处。原来这时美国USTR网站单方面公布了中美协议内容，我们快速对网站内容进行分析，其中关税承诺出入不大，服务贸易则存在较大问题，部分表述并未达成一致，议定书部分也有一些内容双方并未达成一致，我们把相关分析以最快速度送交易小准司长，他此次随朱镕基同志代表团出访，已经到了华盛顿。协议没有达成，美方为什么要公布协议内容？现在回头分析，有可能是美政府受到支持中国"入世"的工商界的压力，为扭转被动局面而为之。

9日午夜过后，我们接到紧急通知去中国代表团下榻的威拉德饭店（Willard Hotel）。我们进入吴仪同志的套间，吴国委、石部长、龙副部长正在与巴舍夫斯基等在大客厅里进行磋商，另外一个小房间里，驻美大使杨洁篪正在一字一句核对中美联合声明的中译文。经过一夜谈判，双方于10日早7点签署《中美农业合作协议》英文本、《中美关于中国加入WTO谈判情况的谅解备忘录》，并就《中美联合声明》达成一致，8点声明发表，声明中美国表示坚定支持中国在1999年加入WTO。

11日一早，龙永图副部长带领我们转场渥太华，与加拿大进行谈判，但是加方不愿意在美国之前结束谈判。朱总理访加时，双方发表了联合声明。中国代表团于19日回到北京，卡希迪21日即率团跟到北京，与中方磋商，一直到24日。26日欧盟来京与中方磋商，直至28日结束，5月5日、6日石部长与欧盟委员会副主席布里坦举行两次会谈。中方还与日方进行了接触，澳大利亚也定于5月10日一周来京磋商。谈判仍然十分密集，但由于丢失了目标，磋商有些走过场的意味，各方只是努力维持着谈判势头。但接下来发生的事情出人意料。

5月8日，以美国为首的北约轰炸中国驻南斯拉夫联盟使馆，在这种情况下，中方决定中止对美谈判，密集磋商状态瞬间停止。自1999年初开始，谈判就像一列火车，飞奔向前，已经看到隧道尽头的光亮，可是却被克林顿踩了刹车，速度一下子降了下来，但仍在前行中，而此刻则完全停了下来，谈判再次陷入低谷。

这一停就是3个多月，从5月中旬到9月初。期间克林顿几次来函来电，要求与中方恢复谈判。9月初，"炸馆事件"处理告一段落，双方开始恢复接触。9月上旬，石广生部长与巴舍夫斯基在新西兰奥克兰举行会谈，"十一"前，石部长率团赴华盛顿与巴舍夫斯基再次举行会谈。那次最后一次磋商是27日晚上在USTR边上的小餐馆里进行的，双方边吃边谈。晚饭是一条没有什么滋味的鱼，那次谈判人员只有我陪同出访，连日奔波，十分疲劳，可是石部长还是中气十足，面无倦色，与巴侃侃而谈，翻译王洪波不紧不慢，字正腔圆地准确表达出石部长的意思，巴似乎对中方的立场有一丝无奈。石部长最后请美国考虑派团到北京进行技术级磋商，并希望美方再准备一份结束谈判的一揽子建议。

图6.1999年11月10日，石广生部长与美国贸易代表巴舍夫斯基举行大组会谈。

6 天 6 夜最后谈判。10 月我们去了一次日内瓦进行非正式磋商，大家对谈判前景感到茫然，就是到了 11 月 10 日中美开始磋商时，大家心里也没有底。因为失利太多，似乎有些麻木了。尽管如此，我们还是做好了迎接大战的准备。石部长指示部里做好后勤保障，食堂师傅专门送饭，行管局送来折叠床，当时的国际司在 2 号楼三层，北面中间部分是一个大房间，床就放在那里。参加谈判的其他部委的同事也要在外经贸部待命，随叫随到。而谈判实际上主要在中美部长之间进行，先后共进行了 10 场会谈。每天晚上，我们要把当天谈判情况写成简报，以最快的方式上报，当时省去很多程序，工作人员起草，司领导修改，直报部长审定，清稿后打印若干份，每份装入一个大信封就送出了。

13 日晚上 11 点多，石部长办公室打电话让我到部大门口迎接一下吴仪同志，我出了大门，不一会儿，吴国委的车到了，她走下车，叫了一声“小索”，我赶紧把她引上 2 号楼 11 层，进入东头的部长办公室，两位领导见了面。过了一会我再去送文件，看到吴仪同志坐在外间秘书的位置上，我问“您怎么坐这儿呀？”她说，“我让石部长在里屋睡一会，他太累了”。

14 日下午，第八场会谈时，石广生部长临时需要回办公室，双方休会。巴舍夫斯基带着美方突然走出谈判间。易小准司长和我追出去，发现巴舍夫斯基和斯珀林（Eugene Sperling）已经坐进大使馆的加长卡迪拉克轿车，巴说了一句要回去报告，就离开了，再也没有回来。我们于晚 9 点与美使馆联系，询问美方情况，使馆一秘祖志明（Jim Zumwalt）告，“美方今晚不会要求与中方举行会谈，要举行会谈，应由中方提出。麦克海（William McCahill）公使现正在家中，如果中方需要，龙副部长可往他家里打电话。”那段时间美国大使尚慕杰（James Sasser）不在北京，由麦克海公使当代办。

我们判断，美方肯定是对谈判进展不满意，这次可能又“黄”了。等到半夜，龙副部长说，大家好几天吃住在部里，先回家洗洗澡换换衣服吧。我负责的关税谈判在前几轮已经大部分解决，这次负责对内对外联络，外宾接待没有请外事司帮忙，这就是为什么当时留下的视频里，看到我在谈判间门前迎候巴舍夫斯基和引领美方的镜头。没想到，石部长把我留下，说美国人这样不明不白地走了，我们要把这几天的谈判情况梳理一下，以便及时向中央领导报告。于是我继续留在部里编写这几天的谈判大事记，写好后送石部长修改，然后再回到办公室电脑上修改，打印，再送石部长办公室，工作完成后已近凌晨 4 点，在卫生间洗个澡，躺在办公室的折叠床上昏昏睡去。刚过去大约一个小时，我就被电话吵醒，说美方找到了，马上要来部里谈判。我赶紧洗把脸，穿上正装赶到龙副部长办公室，这时候是早上5点，卡希迪已经到了，还是一个人，拉着他的拉杆箱，内穿蓝色立领衬衫，外罩灰色西服。卡冷冷地递给龙副部长一份英文协议封面页。

实际上，外交部美大司司长卢树民14日晚上10点半给麦克海打电话询问情况，麦告，巴将于15日早8时离饭店赴机场回国。晚上11点半，龙副部长给麦克海打了电话，表示中方一直在等待美方进行谈判，现在突然得到美国代表团明早8时就要离开的消息，中方认为不应该这样不辞而别，中方随时准备与美方进行会谈。麦允与巴商量后告中方。后麦告，巴同意15日早7时与中方举行会谈。15日零时，龙副部长与卡希迪取得联系，希望与美方举行会谈。1点多，卡回电告，可与中方举行会谈，时间定在15日早5时。

有记者评论，美方的这种做法就是典型的“出租车策略”，即以离开谈判相要挟。也有媒体分析，美方对中方的意图有误解，认为中方故意把美国人晾在谈判间里，让美国人自己跟自己谈判。我自己的观察，误解和策略兼而有之。15日早上，美国使馆的莫柔（Lauren Moriarty）在谈判间还认真地问我，“Steven（我的英文名），能不能找到一辆警车，护送美国代表团去机场，因为时间来不及了”。我知道她是在演戏，而且我也没有那么大本事，就敷衍过去了。

15日早上7点45分，石部长与巴进行第9场会谈。巴对中方立场表示强烈不满。石部长在巴说完后，平静地表示，“我当然希望马上就签署协议，但没有时间了。如果有时间，则可以交换意见。我想问你一个问题，如果我们这次达不成协议，我们怎样向新闻界宣布?”巴听到此话马上加快语速，历数具体谈判议题，言外之意双方差距并不大。她表示，“在减让表中，我告诉您哪些我们可以接受，农产品没有问题，议定书可与诺维克（Robert T. Novick）讨论几分钟。关税，我们会把汽车和汽车零部件的关税手写进减让表，然后单独草签，就这么多了！然后我们再在日内瓦就减让表进行技术性核对。服务我们能够接受许多方面，一点也不能再让步了。在核对出来的18个问题上，我可以在一些问题上让步。我想听听您对我们底线的反应，听听您对减让表和议定书的反应。然后请您回答yes或no，如果是yes，则按你我达成的一致意见达成协议；如果说no，那我站起来就走！但我还是敦促您与我们结束谈判。”她说这一套话，重点在最后一句上，即她实际上是非常希望达成协议的。

这时候大概9点半刚过，有人进来报告，吴仪同志来到谈判大厅了，石部长知道后立即中断谈判，走出会谈室，吴对石说，你们不要谈了，朱总理已经到了11层，他要与美方直接谈。谈判大厅马上骚动起来，我和张向晨赶紧走三层连廊从1号楼跑到2号楼3层，挤进电梯到了11层，这时候老易已经在我们前面到了11层，他对我们说："你们俩人赶紧进去记录，我昨晚没有休息好。"

11层会议室门外挤满人，有中方、外方、包括中警局的警卫，石、龙、张和我俩人以及翻译王洪波与美方挤进会议室，会议室中间是个长圆形会议桌。朱镕基同志、钱其琛同志、吴仪同志已经坐在会议室里，背朝长安街，石、龙坐在两侧（自西向东为石部长、钱副总理、吴国委、朱总理、王洪波、龙副部长），美方面对长安街坐在桌子对面（自西向东为麦克海、巴舍夫斯基、斯珀林），张向晨和我面向西一左一右坐在东侧桌子转角处。

朱总理在与巴会谈中对于部分问题坚守中方底线：对于音像制品分销（1）录音、录像和电影院不允许外资控股；（2）录音和录像不包括出版和制作；对于增值电信和寻呼（1）外资股比不超过50%；（2）不承诺外资拥有管理控制权；对于寿险（1）外

图7. 1999年11月15日，中美双方在签署协议前草签协议文本。前排左起：卡希迪、郝瑞霞、张向晨、索必成、伦德、易小准。

图 8.1999 年 11 月 15 日，中美签署 WTO 双边市场准入协议。前排右一为索必成。

资股比不超过 50%；(2) 不承诺外资拥有管理控制权；对于国营贸易，不取消化肥等 8 种产品的国营贸易。同时对部分问题表现了灵活性：对于电影，每年允许进口 20 部分账电影；对于保险、电信，同意加快取消地域限制，对于反倾销条款，接受 15 年过渡期。

在此基础上，双方同意达成协议。会谈结束时已经将近中午 12 点。

15 日下午，石部长与巴举行第 10 场会谈，齐红儿和郑力与伦德等人继续谈服务贸易减让表，张向晨在中国汽车工业协会董扬的协助下，与卡希迪谈定了汽车关税降税模式，我则赶回办公室翻译卡希迪早上递过来的那页协议封面页，用外经贸部的红头信函纸打印出中文版后，赶回谈判间，这时候大概是 3 点多，张向晨、我和美方走进二楼签字大厅，签字桌上美方已经放好协议文本，打印在美国 letter 纸上，共 200 多页，一式两份，我们开始草签协议文本，双方各出一人负责一部分协议文本，各自飞快地在每页纸的左下角和右下角签下中文姓氏（中方）或英文姓名缩写（美方）。这时候双方谈判人员开始陆续进入大厅，由于时间仓促，没有安排礼宾顺序，双方人员大致站在两侧，不一会儿蹲守多日的记者们冲了进来，大厅里人声鼎沸，场面一度混乱。15 时 50 分，石广生、巴舍夫斯基走进大厅，在签字桌前坐下，签署双边协议，之后两位部长站起身来，满面笑容地交换协议文本。从当时的照片上看，当时中美双方都是兴奋的，后来经常使用的那几张签字协议照片还是我从美联社用美元购买的。

协议签署后，举行了简短的新闻发布会，然后石部长带着我们赶到中南海瀛台，在那里，江泽民主席会见了美方，与美方谈笑风生，我们在座的谈判人员心中也是充满喜悦。

会见结束后回到部里，我们先到食堂吃晚饭，餐厅柱子上安装的电视机里正播放着中美达成协议的新闻。回想 1999 年这一年的历程，这 6 天 6 夜的经历，特别是 15 日这一天的感觉，就像坐过山车一样，事情发生得太快了，不敢相信是真的，一切仿佛在梦里，而此时也感到无比踏实。接下来还要写报告、写纪要，还有很多谈判要应对，但是打完美国这一仗，其他都不算什么了。

农业补贴问题。中美签署协议后并非万事大吉，还有一些多边问题要解决，其中最为突出的问题就是农业补贴，这个问题不是要和美国一家谈，但毫无疑问美国仍是

图 9.2001 年 1 月，中国工作组第 15 次会议期间，工作组代理主席、WTO 副总干事拉维耶（Paul-Henri Ravier）主持诸边会议。右一为欧盟 Karl F. Falkenberg，右二为拉维耶，左三为美国 Don Phillips，左四为美国 Catherine Field。

图 10. 2001 年 3 月，索必成在美国首都华盛顿留影。

最关键的一方。中美在 2000 年 4 月就化肥关税配额谈判达成协议，前来谈判的是法律总顾问诺维克。卡希迪在中美达成协议后离开政府，第五任谈判代表是菲利普斯（Don Phillips），像一位西部老牛仔，为人憨厚，不像一个谈判者。这时已经进入起草中国加入法律文件的多边谈判阶段，谈判中出现了农业等 12 大诸边问题，工作组主席安排每个问题由一位协调人负责召集磋商。克林顿于 2000 年 10 月 10 日签署永久正常贸易关系（PNTR）法案，眼看着 2001 年 1 月克林顿任期将尽，而摆在谈判者面前的问题仍然众多。巴舍夫斯基 10 月 12 日访华，朱总理在人民大会堂 118 厅会见了巴，随后巴与石部长举行会谈。巴还在 11 月 APEC 领导人非正式会议期间与石部长举行会谈。经过工作组第 13 次和 14 次会议，诸边问题得到不同程度解决。2001 年 1 月中国工作组第 15 次会议期间，美方做出最后一搏，提出了解决农业国内支持等问题的建议，但由于差距过大，最终卡在这一问题上，未能在克林顿政府结束任期前解决中国加入问题。

2001 年 1 月 20 日，小布什就任美国总统，由于与戈尔的大选计票之争，小布什迟迟未任命政府阁员，谈判就这样停了下来。3 月初，易小准司长带着我去了华盛顿，与美方就农业国内支持等问题进行磋商。当时已经任命佐立克（Robert Zoellic）担任贸易代表，但还没有任命对华谈判代表，暂时由伦德代理。我们与伦德谈了几次，美方提出了解决国内支持问题的建议案文，美国农业部长维尼曼（Ann Veneman）在听取了中美农业国内支持问题磋商的汇报之后，提出了解决农业国内支持问题的另一种选择。我们将案文发回国内分析研究，等待国内进一步指示。那段时间在谈判之余，洪晓东带我们把华盛顿的主要景点转了个遍，我还买了一台索尼数码相机，拍下了华府春日的景色。3月下旬，龙副部长率团到了华盛顿，会见了佐立克，强调了农业国内支持问题的敏感性。5月下旬，中美在日内瓦举行非正式磋商，龙副部长在与伦德会谈中提出了中方的建议，但伦德表示失望，双方只能留待双方6月初在上海 APEC 贸易部长会议期间继续谈判。

中美在农业国内支持问题上存在三点分歧：一是微量允许水平，发达成员为5%，发展中成员为10%，美方只同意中方采用介于发达国家和发展中国家之间的比例，如6%；二是黄箱例外补贴的处理，《农业协定》第6.2条规定发展中国家所使用的投资补贴、投入补贴及为放弃种植非法麻醉作物而给予生产者的补贴等三类补贴免于削减义务，美方要求中方设有数额限制或并入第6.4条计算；三是计算农业补贴的基础，微量允许水平以相关年份的农业生产总值为计算基础，而美国要求中方固定采用1996至1998年之间的农业生产总值平均数作为计算基础。1999年我国农业总产值为2468.5亿美元，绿箱补贴总量为1531.62亿元（184.53亿美元），黄箱补贴总量为789.33亿元(95.1亿美元)，占农业生产总值3.34%，黄箱例外补贴为55.23亿元(6.65亿美元)。如果选择固定基期就等于限制了中国未来的微量允许水平。

6月4日起，中美双方在上海国际会议中心开始举行磋商。第六任谈判代表贝德

图11. 2001年6月，石广生部长（右）在上海会见美国贸易代表佐立克。

（Jeffery Bader）正式亮相。他 1945 年出生，当年 50 出头，头发灰白，有些谢顶，态度友善，穿着考究，但西服总是敞开怀穿，肩膀跨一个大皮包，不像一位谈判者，倒像一位大学教授，此前曾担任美国驻纳米比亚大使，后来在奥巴马总统任内担任国家安全委员会亚洲事务主任。

6 月 7 日磋商中，美同意在工作组报告书中正面表述中国可以使用该款项下的补贴，中方则同意将这一部分补贴量计入“非特定产品的支持总量”中。关于计算农业补贴的基础，美方提出两种选择，一种是使用固定基期（即中国 1996—1998 年的农业生产总值）作为计算农业补贴的基础，以限制中国今后农业补贴增长的空间。另一种是使用相关年份的农业生产总值作为计算农业补贴的基础。中方坚持中国必须与其他国家相同，用相关年份的农业生产总值作为计算农业补贴的基础。美方最后接受，但暗示如果中国使用相关年份作为计算基础，美国在农业补贴允许量上，只能同意在 5%—10%之间给中国一个较低的百分比。这个百分比要留待石部长与佐立克进行谈判。

6 月 7 日晚 22：10 至 8 日凌晨 01：30，外经贸部石广生部长与美国贸易代表佐立克在上海国际会议中心 5B 会议室就农业补贴问题举行了会谈。中方参加人员为龙永图副部长、张向晨、索必成和译员王洪波；美方参加人员为助理贸易代表贝德、郝瑞霞（Teras Howes）和译员。

石部长阐述了农业问题的敏感性，强调中方同意将 6.2 条项下补贴放在基数中计算是中方显示的重要灵活性。佐立克强调美方一直主张给中方一个“固定基期”，如果中方坚持浮动基期，那么百分比就要降低。

22：52，美国驻上海领馆官员进入会谈室，告佐立克美国副总统切尼希望与他通电话，佐走出会谈室，23：02 返回。

从 7 日 23：02 至 8 日零时，双方继续谈判。

第一轮出价。美方：特定 7%、非特定 7.5%，中方：特定 9%、非特定 9%

佐立克说，中方的数字不可能接受，但美方愿意再做一次努力。

第二轮出价。美方：特定 7.5%、非特定 8%

中方表示不能接受。

8 日 00：00，双方休会。

00：23，中方要求复会。

第三轮出价。中方：特定、非特定均为 8.5%

图 12. 2001 年 9 月，中美欧谈判人员在中国工作组第 18 次会议会场外合影。左起：洪晓东、Jeffery Bader（美国）、Karl F. Falkenberg（欧盟）、索必成、王晓东、李海清。

00：25，美方要求休会进行内部研究，中方离开会谈室。

00：30，美方要求复会。

佐立克说："我赞赏您所做的努力，但您的建议超出了我的授权。我建议与华盛顿通电话，现在那里是白天，我将把结果告诉您。"

佐立克离开会谈室，与美国农业部长通电话，中方也离开了会谈室。

00：45，美方表示可以复会。

佐立克表示同意中方关于农业补贴的解决方案。

此时，佐立克站起身来与石部长握手，会场响起一片掌声。

（三）多哈时刻

2001 年 9 月 17 日中国工作组第 18 次会议审议通过中国加入 WTO 法律文件，将提交 11 月 9 日至 14 日在卡塔尔多哈举行的第 4 届部长级会议审议，中国加入 WTO 谈判将迎来高光时刻。

行程。2001 年 7 月，秘书处即启动部长级会议筹备工作。9 月初我们即给各单位发组团任务通知。最后中国代表团前后方共计 44 人，石广生部长任团长，龙永图副部长、李适时副主任、周秀华大使、佟志广副部长任副团长，其中国内人员 38 人，国外人员 6 人，外加人民日报记者龚雯。这样一个大团在人生地不熟的地方驻扎一个多星期，参与重要外事活动，联勤保障的压力是很大的。

卡塔尔当时与北京没有直航，需要中转多次，会议召开期间进出多哈的各国代表和记者达 6000 人。我们为代表团查找航班费了很大力气，当年没有发达的网络订票系统，我们只能自己翻阅航班手册查找，然后发传真到西单民航要客室预订，后来又请经商处提出建议并代为预订和购买回程机票，最后航班确定为：龙副部长率代表团于 11 月 6 日上午 9 时 55 分乘 CA111 飞香港，转乘 CX733 飞 9 个小时到巴林，再乘 GF156 飞多哈，6 日晚 10 点半抵达，当地与北京时差为 5 小时，已是北京时间 7 日凌晨 3 点半。回程为 14 日晚 8 时 45 分乘 GF174 飞阿布扎比，转乘 GF152 飞曼谷，再乘 TG614 飞北京，到北京已经是 15 日下午 4 点半。我们负责统一为代表团成员办理会议证件，统一办理卡塔尔签证，统一预订航班，由各单位自行到西单民航大楼携带支票出票，因为要经过香港，各单位还要自行办理港澳通行证。石部长此前先赴文莱访问，7 日晚抵达多哈，14 日中午赴约旦访问。

图 13. 多哈喜来登酒店远眺。

图 14. 从我们在喜来登酒店的房间阳台远眺大海，碧水蓝天，风景如画。（索必成摄影）

住房。住房确定也费了一番周折。部长级会议安排在多哈喜来登饭店（Sheraton Doha）举行，那是一座海边的白色建筑，像一艘靠岸的大船，后来留在很多中国人的记忆之中。我们很早就按要求填写了住房需求，但是卡塔尔会议主办方迟迟不回复。最后驻卡塔尔经商处费尽周折才找到主管，原来只有他一个人负责所有代表团的住宿，一个人办事效率倒是也不低。经商处人员磨破嘴皮，对方只同意在喜来登酒店给每个代表团分配少量房间，仅供各团长和主要助手住宿，其余人员需要安排在其他酒店。给中国代表团的房间数是 6 间，其中一间为大套间，供代表团团长使用，可以会见客人，另外 5 个单间，每个单间可以住 2 人，其余人员统一安排在 Movenpick 酒店，是一家即将开业的新建酒店，离喜来登酒店 8 公里，每日需要乘坐 shuttle bus 到中转场换车再到喜来登酒店。我们原想集中住宿更为方便，于是提出能不能全部转到 Movenpick 酒店，可主办方答复集中住宿也不行，只好作罢。最后安排石部长、办公厅主任高燕、外事司副司长黄任刚、石部长秘书鄂德峰、办公厅付艳、外事司翻译袁园、张向晨和我住在喜来登酒店，6 个房间都在酒店三层，龙永图、李适时、佟志广三位团领导率大团住 Movenpick 酒店，共 35 个房间。主办方为团长提供专车，我们为其他团领导租用了专车，安排了大车机场接送其他代表团成员。

周秀华大使安排几位领导每日中午和晚上到大使官邸用餐，其他人员到中资企业长城饭店用餐。

审议。这次会议中国代表团共有两场重要外事活动，一是11月10日审议批准中国加入WTO的决定，二是11日议定书签字仪式。我们制定了详细的工作分工和工作方案。代表团分为6个组。会议组负责会议各项议程的讨论（易小准任组长）；加入组负责加入决定的审议和议定书的签署（李恩恒任组长）；新闻组负责新闻发布等事务（高燕任组长）；双边组负责部领导的双边活动安排（张向晨任组长）；礼宾组负责礼宾事务（黄任刚任组长）；后勤组负责食、住、行等安排（李恩恒任组长）；由张向晨和我担任总协调员。

11月10日18时，WTO第4届部长级会议全会正在萨尔瓦大厅（AL SALWA）举行，中国代表团成员陆续进入会场，按照事先制作的座位图在会场第一排预留座位就座，第一排安排代表团团领导及各派出单位的司局级干部，其余人员在第二、三排就座。

18时20分，部长级会议主席、卡塔尔财经贸易大臣卡迈勒（Youssef Hussain Kamal）宣布大会转入第2项议题“部长行动”，开始审议该议题下第1分议题——中国加入WTO问题。会议主席首先介绍与本议题有关的程序，随后WTO中国工作组主席吉拉德（Pierre-Louis Girard）向大会报告工作组的工作情况，并向大会提交《中国加入WTO议定书》及工作组代拟的部长级会议《关于中国加入WTO的决定》，提请大会审议通过，会议以协商一致方式通过这一决定，卡迈勒手起槌落，中国代表团和与会成员代表站起身来长时间热烈鼓掌。之后，石广生部长在张向晨引导下，走上主席台发表演讲。考虑到WTO的官方语文是英、法、西三种语文，石部长大学是学法文的，因此他发言中先后使用了中文、英语和法语。为此，我们编辑发言稿时费了一番心思，发言稿1400字左右，给石部长使用的稿件是中—英—法—中混排，先是一段中文，接下来是英文（同时用小一号字体标中文供参考）、再下面是法文（同时用小一号字体标中文供参考），最后一段回到中文，而给英法同传翻译的稿件就要分别注明哪里照常翻译，哪里暂停翻译，即石部长使用英文时，英文译员暂停、法文译员照常翻译；而石部长使用法文时，法文译员暂停、英文译员照常翻译。回国后，这套发言稿我好像给了国家博物馆收藏。

随后几十位部长先后走上主席台发言祝贺，现场气氛十分热烈。每一发言者走下主席台即走过来与石部长握手拥抱，石部长热情回应，每次都是用力起身，座椅就离开身体越来越远，这要是直接坐下来就坐空了，我坐在第二排，正好在他身后，看到

部长级会议全会通过我加入决定时
我代表团座位安排

主 席 台

会场第一排

12	11	10	9	8	7	6	5	4	3	2	1		1	2	3	4	5	6	7	8	9	10	11
刘北桦	俞建华	黄任刚		王成安	周亚滨	霍建国	刘新华	王世春	姚申洪	孟昭亿	张向晨		石广生	龙永图	李适时	佟志广	周秀华	高燕	易小准	李恩恒	张宝竹	李延	李少卿

图 15. 2001 年 11 月 10 日，WTO 第 4 届部长级会议审议通过关于中国加入 WTO 的决定，石广生、龙永图、李适时、佟志广、周秀华、高燕、易小准、李恩恒等（前排右起）鼓掌庆祝。

这惊险一幕，赶紧悄悄把椅子挪到他身后，随后每次石部长站起身来都紧紧盯住，防止意外发生。

签字。10 日晚，中国常驻日内瓦代表团副代表李恩恒带着胡盈之和我向 WTO 法律司司长卡普（Pieter Jan Kuijper）递交了朱镕基同志签署的授权石部长签署加入

图 16. 2001 年 11 月 10 日，中方向 WTO 秘书处提交朱镕基同志签署的授权签署加入议定书的全权证书。左起：索必成、法律司司长卡普、李恩恒、胡盈之。

图 17. 2001 年 11 月 11 日，索必成（右一）和胡盈之（右二）与喜来登酒店经理讨论签字仪式安排。（北京青年报记者摄影）

WTO 议定书的全权证书。

签字仪式定于 11 日晚 7 时 30 分至 8 时（北京时间 12 日零时 30 分至 1 时）在马佳利斯大厅（AL MAJLIS）举行。11 日一早，我、胡盈之、姚申洪等就来到大厅布置仪式现场。这个大厅实际上是一个小剧场，前方是一个小舞台，座位是固定的。我们选在舞台前与观众座位之间的空地举行签字仪式，但是空地进深不大，于是请酒店撤掉前面 3、4 排座位，这样可以容下 50 位观礼人员和签字桌椅。我们请酒店搬来 6 个三级阶梯，放在主席台前，阶梯长 1.2 米、宽 1 米，这样观礼人员在地面站一排，在阶梯上再站两排，我们三个人肩并肩计算每排的人数，回去后绘制了站位图。

中国加入签字仪式站位图

III

01	02	03	04	05	06	07	08	09	10	11	12	13	14	15	16	17	18
王侃	韩长天	雷国铭	魏华	谢中妹	白永洁	胡盈之	李成钢	刘北桦	付艳	刘殿勋	傅兰英	洪晓东	王宝忠	贺松	王晓东	袁园	鄂德峰

II

01	02	03	04	05	06	07	08	09	10	11	12	13	14	15
冯雪薇	张益俊	黄任刚	王成安	王世春	霍建国	李少卿	张宝竹	李延	刘新华	孟昭亿	周亚滨		俞建华	尤文泽

I

	01	02	03	04	05	06	07	08	09	10	11	12	13	
索必成（调度）	李恩恒	高燕	哈宾森	李适时	穆尔	龙永图	大会主席	佟志广	吉拉德	周秀华	拉维耶	易小准	侯赛因	姚申洪（调度）

张向晨（助签）

石部长

签字桌

阶梯前 1 米设签字桌，摆放待签字文本、台笔、签字笔、吸墨器、鲜花。舞台上方的幕布上悬挂横幅，中英文标“中国加入世界贸易组织签字仪式”，这个横幅是由在卡塔尔的中资企业连夜加班制作完成的，蓝底白字，形式简普，庄重大方，后来带回国内交给了国家博物馆收藏。余下座椅设置隔离线，前三排空出，之后中间部分座椅为记者席，两边座椅供出席签字仪式的各国代表使用。空出的前三排中，中间部分作为与记者的隔离区，两边的座椅为我代表团成员结束签字仪式后参加记者招待会时使用。签字桌右方设两个立式麦克风，供签字仪式后致辞使用，主席台上设台式麦克风，供新闻发布会使用。

图 18. 2001 年 11 月 11 日，张向晨和索必成（左）检查签字仪式准备情况。（北京青年报记者摄影）

11 日傍晚，张向晨和我提前到场，做最后检查，调试签字桌后座椅的高低，拧松签字笔笔帽。秘书处人员已将厚厚一摞议定书文本摆放在签字桌上，签字页放在桌子正中。19 时，代表团成员抵达大厅，按照站位图站好，19 时 20 分，石广生部长、会议主席、WTO 总干事入场，石部长坐到签字桌前，即开始签署议定书。石部长在面前的议定书最后一页上用中文签上姓名、日期，在中文日期左侧下方标注中文“须经批准”，右侧下方签上英文姓名和日期，并标注“SUBJECT TO RATIFICATION”字样，石部长分别使用 4 只国产金星钢笔完成签字。签字后，石部长与前排站立的中外方观礼人员握手互相祝贺，随后邀请总干事穆尔（Mike Moore）一起走向麦克风，先后作简短发言。这时侍者送上香槟酒，石部长与卡迈勒、穆尔三人碰杯庆祝。

随后，石部长、龙副部长和穆尔走上舞台，在长条桌后落座，召开新闻发布会，新闻发布会后我们降低横幅高度，石部长带领代表团成员在横幅上签字，然后走下台来，与代表团全体与国旗合影留念。

此时就差提交批准书这一最后环节。此届部长级会议还将审议中国台北加入

图 19. 2001 年 11 月 11 日，石广生部长在横幅上签名。

图 20. 2001 年 11 月 11 日，石广生部长递交批准书（左图），WTO 总干事穆尔签署加入议定书签字页副本（右图）。

WTO 的决定，为保证中国大陆在中国台北之前加入 WTO，即 1992 年理事会主席声明中确定的“我先台后”原则，全国人大已于 2000 年 9 月批准我加入议定书，需要在签署议定书后即提交时任国家主席江泽民签署的批准书，为确保万无一失，批准书中引述的议定书签署日期在国内办理批准书时先空着，我们到达多哈后确定 11 日可以签署议定书，张向晨即用毛笔填写上了“十一”字样。

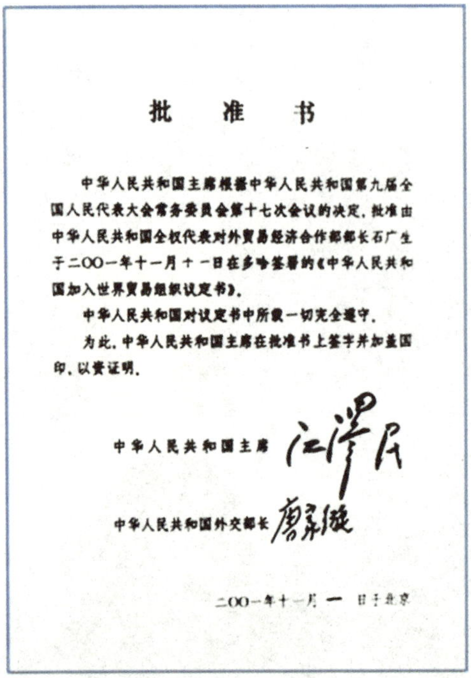

批 准 书

中华人民共和国主席根据中华人民共和国第九届全国人民代表大会常务委员会第十七次会议的决定，批准由中华人民共和国全权代表对外贸易经济合作部部长石广生于二〇〇一年十一月十一日在多哈签署的《中华人民共和国加入世界贸易组织议定书》。

中华人民共和国对议定书中所载一切完全遵守。

为此，中华人民共和国主席在批准书上签字并加盖国印，以资证明。

中华人民共和国主席 江泽民

中华人民共和国外交部长 唐家璇

二〇〇一年十一月 一 日于北京

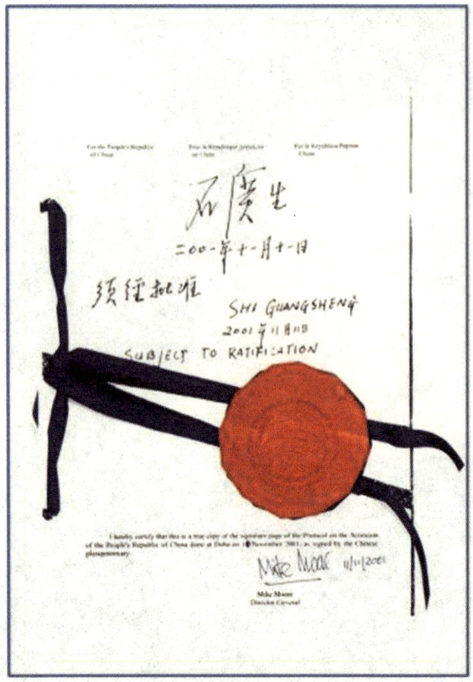

石广生

二〇〇一年十一月十一日

须经批准

SHI GUANGSHENG

2001年11月11日

SUBJECT TO RATIFICATION

Mike Moore

Director-General

图 21. 左：《中华人民共和国加入议定书》批准书；右：《中华人民共和国加入议定书》签字页经核证的副本。

图 22. 2001 年 11 月 11 日和 12 日，中国“入世”成为中外报纸头条新闻。

图 23. 2001 年 11 月 11 日，中国加入世界贸易组织签字仪式。（海湾时报记者摄影）

之后，石部长一路疾行前往总干事设在酒店中部的临时办公室，我紧跟其后，手里提着会议统一赠发的公文包，里面装着批准书，石部长扭头问我："批准书带了吗？"我说："带了！"那几天，石部长走到哪儿都是新闻记者追逐的对象，我和代表团的同事都要充当"人体盾牌"，抵挡靠近的记者和伸过来的麦克锋和照相机。这时候记者们也是紧紧围绕着我们，一路紧跟到总干事办公室。石部长走进办公室，向总干事递交批准书，穆尔当场签署议定书签字页，对议定书予以核证，然后将签字页副本交给中方。根据《WTO 协定》，中国加入 WTO 议定书签署后要交存 WTO 总干事，总干事要向加入方提供一份经其签署的核证无误的副本。至此，中国加入 WTO 的手续全部完成，30 天后的 12 月 11 日将成为正式成员。

第二天，签署议定书的新闻成为国内外电视台和报纸的头条，当时参加签字仪式时，大家的神经都是紧绷着的，海湾时报登出了一张大家欢笑的照片，我们回想起来，当时大家的心情确实也是愉快的，见证了一个重要的历史时刻。我们赶紧联系这位记者，要到了电子文件。

说到照片，有一件事到现在还不能释怀。为保证签字仪式顺利进行，WTO 秘书处只允许中外摄影记者各一名入场，我们安排新华社驻开罗分社记者入场拍照，还请其拍摄石部长双边会见的照片，并请其提供一套完整图片资料复制给我部，对方表示同意。可是谁也没想到，他事后只提供了数量极少的照片，国家大事岂能戏言，我们回到北京在新华社资料库里也没有找到，于是部里专门发办公厅函向新华社交涉，但也没有结果，个中原因不得而知，留下很大遗憾。好在我们向卡塔尔摄像记者购买了通过加入决定和签字仪式的录像带，作为资料保存。北京青年报的记者植万禄、甄蓁专程从北京到多哈进行采访，为我们留下了很多图像资料，无偿提供给部里，他们还带回了入世锤，后来送给国家博物馆收藏。

随后的几天里，石部长在他的套间会见 20 个国家的贸易部长，接受各国的祝贺，并畅谈加入后的合作前景。我当时带着佳能 EOS 3 胶片相机，留下了许多会见的场景。会议期间，代表团的多位司局级干部还接受了中外媒体的采访。

11 月 12 日晚，为庆祝中国加入，周秀华大使在官邸专门为全体代表团成员举办晚宴，会后大家还举行了联欢，畅谈感想。我驻卡塔尔经商处只有魏华和傅兰英两位同志，为代表团成功参会付出了大量心血，他们背后有周秀华大使及使馆其他同志的大力支持和精准调度，多位中资企业人员参与协助，为中国代表团成功参会做出了重

图 24. 2001 年 11 月 13 日，中国代表团部分成员在石部长套间举杯庆祝。左起：刘殿勋、易小准、高燕、龙永图、袁园、佟志广、俞建华、石广生、姚申洪、李适时、王宝忠、韩长天、张向晨、周秀华、洪晓东、冯雪薇、尤文泽、王世春、鄂德峰、魏华。（索必成摄影）

要贡献。

中国台北。再说说中国台北。第 4 届部长级会议同时审议中国台北加入决定。根据“我先台后”原则，必须在审议批准中国加入决定后才能审议中国台北的加入决定。秘书处原定 11 日中午审议中国台北的加入决定，我们得知后提出，审议中国加入决定的时间是 10 日 18 时 20 分，时差 5 小时，即北京时间 23 时 20 分，会议稍有延误，即到了北京时间 11 日凌晨，这样与审议中国台北加入决定的时间就会是同一天，很有可能被炒作为大陆与中国台北同一天加入，因此我们立即要求秘书处将两次审议的时间间隔拉开 24 小时，秘书处于是将审议中国台北的时间推迟到 11 日晚 6 时，12 日晚 7 时签署议定书。我们 14 日离开多哈回国时，携带着议定书副本，放在秘书处提供的一只木箱子里，在办理登机手续时，忽然发现 5 米开外的地上也放着一只同样的木箱，原来是中国台北的代表携带议定书副本在办理登机手续，两只木箱自此别过，只能“隔海相望”了。

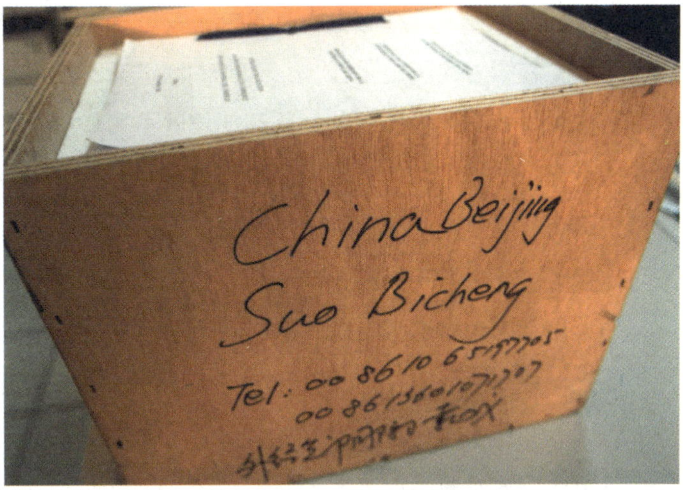

图 25. WTO 秘书处提供的装有议定书副本的木箱。

秘书处提供的议定书副本是用普通 A4 纸打印的，回国后我们连同总干事签署的议定书签字页经核证的副本原件交给了部档案处存档。近年来陆续迎来改革开放 40 周年、新中国成立 70 周年和建党百年等重要纪念活动，加入 WTO 是我党和我国历史上的重要事件，为配合有关部门举办纪念展览，我们专门制作了议定书和加入批准书复制件，还利用 3D 打印技术仿制了入世锤，这样可使公众更真实地感受中国加入 WTO 的谈判历程。

三、人物印象

回望“复关”和“入世”谈判，中央领导同志审时度势、当机立断，历任谈判代表立场坚定、灵活务实，代表团成员勇于担当、能力出众，中国能够在新世纪之初加入 WTO 是国运使然，然而也幸有这样一支"高配置"的谈判队伍，能够承担重任，圆满完成党和国家的历史重任。

石广生。石部长刚担任外经贸部部长后不久，一天下班，我走到部门口，这时石部长的专车开了过来，他看到我，放下车窗问，"小索你住哪呀?"我说："住复兴门"，他说："上车，我捎你一程。"我赶紧战战兢兢地上了车，惶恐地在复兴门下了车。后来与他接触多了，发现他是一个充满正气又和蔼可亲的老人家。

如果用一个词来形容石部长的谈判性格，那就是坚定。早期在五矿公司工作的经历，熟悉对外交往之道，他在谈判中充满正气，气场强大，把握谈判方向，准确判断外方意图，在中美、中欧的最后阶段谈判中发挥着关键性作用。对年轻人呵护有加，长者风范，令人敬佩。

加入 WTO 后，石部长仍然关心着中国参与多边谈判的工作，关注 WTO 的发展情况，每年都要与我们这些当年的谈判人员见面，关心我们的个人成长，对 WTO 的这份情谊不减当年。

龙永图。1993 年我就在龙司长领导下的国际司工作了，但他忙于加入谈判，与

图 26. 2000 年 1 月，中国代表团部分成员合影。前排左起：郑力、杨静、齐红儿、龙永图、胡盈之、索必成；后排左起：王延春、刘钢、张向晨、易小准。

他接触不多，只觉得他很严肃，对他心存敬畏。1995年5月我们在南非参加贸发九大，我们国际司四处的同事与他同住在约翰内斯堡郊区的一幢房子里，有了近距离接触。没想到后来能够参与加入谈判，在他直接领导下工作。

2000年11月他曾经一度想让我当他秘书，他问过了所有熟悉我的人，我也知道他在考虑这件事，可始终没跟我提出来过。后来老易向我转述他的话，让他（指我）上来（就是到11层部长办公室当秘书），下面（国际司二处在3层）那一大摊子事让谁管呀？

龙副部长早年当过国际职员，英语一流，他能够与外方充分交流沟通，外方也对他坦诚以对，这一点在谈判中是非常重要的。加入谈判中，他的那种执着精神难能可贵。在谈判过程中，他是直接谈判者，亲自深入参与各项议题的谈判，对内协调各部委的立场，直接面对强大的内外压力。但无论谈判高潮还是低谷，他都能坦然面对，锲而不舍，不计个人得失，抓住一切机会推动谈判。历史会铭记他为中国“入世”立下的汗马功劳。

易小准。我到国际司二处的时候他是处长。大家以前叫他“小易”，我到处里不久，他就命令大家改口叫“老易”，后来他职位升迁，我们私下还称老易，岁月不居，但那份战友情常在。老易在工作中，无论对人对事，都是态度温和，严谨认真，是我们的主心骨和定心丸。老易是A型血，这种血型做笔记是最全的。每每老易单独去国务院开会，回来后打开他的笔记本，将会议情况娓娓道来，我们输入电脑就可以作为记录保存，实际上他写字很慢，不会写连笔字，但脑子里对于会议情况记得很全，当然，记得全也忘得快，这点不像我们O型血，能够像照相机甚至摄像机一样记录当年事件发生的具体情景。

他后来任驻WTO大使和WTO副总干事，在不同岗位始终发挥着重要作用，对中国参与多边事务有着深刻理解，在关键时刻坚定维护中国利益，卸任后继续为中国参与多边事务而奔走。

李仲周。老李是中国“复关”和“入世”谈判的先驱者，对祖国充满感情，对工作倾心投入。当年毅然放弃国际组织的高薪职位，回国参与复关谈判，亲历贸易制度审议的全过程，为宣传关贸总协定，在当年翻译编写了大量介绍性文章，并亲自进行宣讲，他带出了一支“复关”“入世”谈判队伍，为中国参与多边事务打下坚实基础。

老李与我父亲同年，对我们有着父辈般的关爱，从来不发脾气，关心下属，言传身教，至今仍然时刻关心多边事务，关心我们的个人成长，近年来虽患眼疾却仍笔耕不辍，把多边事务作为自己毕生奋斗的事业。老李在2021年建党百年之际荣获中央和国家机关优秀共产党员称号，可谓实至名归。

张向晨。张向晨是我们谈判代表团中的“大笔杆子”，又是全能型选手，对各项议题都能快速深入了解，得益于他有着高于众人的认知力和判断力，每每对各项事务有着准确判断，是谈判代表的重要助手。

他拿得起、放得下，有大家风范，工作时是能手，闲暇时是高手，寄情于山水之间，擅长书法，又喜爱摄影。他在北大研究过党史，谈判之余经常给我们讲党史故事。他对同事充分信任，充分授权，放手工作，我们得其信任而尽全力工作，达成事倍功半的效果，每办一事而能力大增，他实在是难得遇见的好领导。

高翻们。“复关”“入世”谈判中主要使用英文与外方谈判和交流，需要完成大量的口笔译工作，“复关”阶段担任翻译的主要是国际司二处的同事，有王世春、傅星国和丁玲玲，还借用过部欧洲司的葛强，后来在“入世”谈判中，每逢重要谈判都要请外事司翻译处提供协助。其中给我印象最深的是王洪波，她参加过多次工作组会议，特别是参与了后期对美谈判的全过程，她的翻译准确，中英文俱佳，作风扎实沉稳，是我见过的最好的翻译。还有翻译处的袁园，参加过多次工作组会议和多哈第4届部长级会议，她的翻译风格是准确、速度快、有激情；参加过工作组会议的高翻们还有孙亮、陈畅、田华、熊焰和汪震，WTO总部的同传间里都曾留下他们辛勤工作的身影。

唐克芬。最后我想写的一位同事不是加入谈判代表团成员，但是她对我产生了重要影响，她就是我的第一位处长唐克芬女士，其实她跟“复关”谈判是有间接关系的，我后来整理加入历史时发现，她在常驻日内瓦期间，丈夫王建宾同在代表团工作，参与了早期的“复关”谈判。我刚到国际司四处时，老唐就说，她上班之后才出生的小孩，现在已经成为同事了。她是上海人，考入北京外贸学院，毕业后进入外贸部工作，一干就是一辈子。我来时她已经50多岁，仍然每日精致打扮准时出现在办公室里，干活仍然有股冲劲，性格泼辣，带领全处认真工作，每年还几次长途飞行到日内瓦参加贸发理事会会议。当年贸发会议倡导设立贸易点（TRADE POINT），就是现在单一窗口的雏形，她热心联络上海市政府，力推在上海设立试点。老唐嫉恶如仇，关心处内同事，甚至为他们个人的遭遇打抱不平，热情出手相助。她是个美食家，经常自掏腰包，请处里同事聚餐，与我们建立了亦师亦友的和谐关系，现在还经常联系。

她的工作方法和为人处世方式对我后来从事多边贸易谈判影响很大，我很幸运能够遇到这样一位好师傅。

四、联勤保障

在1996年到2001年5年多时间里，代表团到国外出差几十次，我的一项重要工作是负责安排代表团的食、住、行、财，大事领导定，小事全我管，很多人称我为“大管家”，这是对我的抬爱。我从小就爱张罗事，遗传了爷爷和父亲认真细致办事的风格，有能力也愿意承担各种琐事。大二进北外学生会先开始干的就是生活部部长，我首创了“生活部长联席会议制度”，意在解决同学们的后勤生活难题。龙副部长曾经开玩笑说，小索这能力可以娶四个媳妇，他说这话时我还单身。

（一）行

食住行财按照顺序，先要讲讲行。

护照签证。工作组会议的会期或双边磋商的时间确定后，我们就开始向国务院上报出访请示，并向部领导上报组团请示，向外单位人员发“组团任务通知书”。代表团通常由外经贸部和其他部委人员组成，少则10余人，多则20、30人，护照由各单位自行办理，签证可以交我们统一办理，也可以自行办理。办护照或者护照延期要到外交部签证处办，3天就能办出来。可办签证是个费力气的活，护照办好后往往离出发时间就很短了，而使馆办理签证又有固定时间要求，交进去需要若干工作日才能拿到，这时候就要求助部里地区司的同事给使馆“打招呼”，加快办理，但往往并不那么有效。如果遇到需要办理两国签证，像我们要先去日内瓦磋商，再转去布鲁塞尔磋商，就需要跑瑞士和比利时两个使馆，这时候我们就需要派员跟着外事司办签证的专员一起跑一上午，签证专员很辛苦，每天要跑好几个使馆交申请材料、取签证护照，如果在一个使馆长时间排队就耽误去其他使馆办事了，因此我们自己的人就是要先去一个使馆帮助排队，等专员从其他使馆办完事再过来交申请材料，对于因公签证，使馆只接待经外交部认证的签证专员。后来有了申根签证及瑞士使馆发的一年期多次申根签证，减轻了一些工作量。

机票。代表团行程通常统一安排，外单位的同志按照建议的航班购买机票，这样方便接送机。当年没有电子机票，是传统的纸质票，每联（张）一段航程。那时候也没有机票政府采购，每个单位通常设有行政人员负责向国航直接购买机票，部级领导要报“要客（VIP）”。如果会期有变，就需要打电话回国申请改签。改票在当初是一件不容易的事，如果能改成，还需要收到国内的传真，拿着一起办理登机手续。记得1997年下半年我们在日内瓦磋商，是个周五，中午临时决定代表团延期，可这时北京西单国航已经下班，无法联系改票，唯一的办法是到苏黎世的国航办事处改票。经贸处请司机张天明师傅带我去，张师傅曾经给石部长开过专车，车技高超，走高速一路狂奔到苏黎世，赶在下班前找到办事处改好了机票，我们回到日内瓦已经是晚上10点多。

航班。当年北京与日内瓦之间没有开通直航，需要在苏黎世或者法兰克福转机。北京—苏黎世—日内瓦（CA961转SR930）这条线比较“顺”，中午从北京出发，当地时间下午6点就到日内瓦了，时差夏天6小时、冬天7小时，倒时差不太痛苦。可是在1999年10月以后，由于生意不好，这条航线卖给港龙航空了，我们只能经法兰克福转机。北京—法兰克福—日内瓦（CA931转LH4588）这条线比较“累”，因为中转时间长达4个多小时，真是太长了，代表团里的牌友们只能打扑克消磨时间。我通常是在机场商店里转转，可是商店就那么几个。等到困得不行了，当地时间晚上10点多才能登上飞日内瓦的航班。到了日内瓦已经是北京时间早上5、6点，然后再出关、提取行李、与接机的同志会合，到了住地再分配住房，从头一天早上离开家到入住，近30个小时，第2天马上就有各项磋商等着我们参加。我们小年轻还算好，可是代表团里的一些年长者，特别是龙副部长，还有与外方谈判的压力，可想有多么辛苦。

北京飞欧洲通常10个小时，回来的时候由于北半球西风带推动飞机的原因会少一个小时（这是财政部的张宝竹司长告诉我们的）。1996年至1999年，国际航班坐不满，我们甚至有时候能独占一排座位，把座椅扶手收起，裹着毛毯睡一路，无论是去程还是回程，对于参加高强度谈判的我们，睡眠是宝贵的。2000年以后，我们只能经法兰克福转机，回程的时候，国航德国总经理卢徐煌先生和法兰克福航空站站长张春枝女士只要在德国就都要迎接龙副部长一行，安排我们到贵宾室休息，如果飞机上有空位，还有可能给我们几个小年轻升到公务舱。他们敬仰龙副部长的大名，知道代表团成员谈判非常辛苦。我一般一上飞机就睡觉，不吃飞机上的餐食，我和张向晨分工，他负责买烧鸡，我负责带自己烙的饼和黄瓜。吃过倒头便睡，抓紧时间补觉，坐着也能睡得很香。

行李。上面两个航线也不是天天都有，如果这两个中转点没有航班了，就只能转道巴黎，但我们几次走巴黎都遇到行李跟不上的事，第二天才送到住处，这一是因为巴黎机场两个航站楼相距远，如果转机时间短，行李是来不及从 Terminal 1 转到 Terminal 2 的，二是法国人干活不如德国人和瑞士人勤快。我们回北京也遇到过丢行李的事，一次唯独老易的行李箱没有到，过几天才拿到，打开来发现里面被翻乱了，原来老易帮别人带回几封家信，瑞士是个警察国家，过安检的时候这几封信引起了瑞士人的兴趣，于是“留中不发”了。另一次回到北京后，一位代表团成员的行李迟迟未拿到，这时候拿到行李的其他成员已经回家了，行李是一起托运的，搞不清行李号码就无法查找，于是我们只能打电话挨个排查，早走的已经到家把行李签扔垃圾箱，好不容易确认了丢失的行李号码，后来我长记性了，托运的行李回执我一个人收着，到了北京机场，拿到行李的人向我报号，销号后才能离开。

代表团离开北京时各自办理登机手续，大家飞机上见面，到了日内瓦提取行李后统一交行李车运到住处。回来的时候，通常大部队一起行动，指定专门的行李车，告诉大家何时结房账、何时下行李、何时交护照，行李车专门负责运送托运行李。到了日内瓦机场，我们先要找到负责大件托运的行李工，类似国内火车站的小红帽，把行李卸下来放在大型平板拖车上，按行李数结小费，交接好后，再拿着收上来的护照、机票和知音卡到执机柜台统一办理登机手续，有时个别人还要提出座位选项要求（靠窗或过道），也要照顾到。办完登机手续后，我们把行李签交给“瑞士小红帽”，请他们挂到行李上，目送行李拖车进到机场里面，最后一项工作是给各位发放护照和登机牌，这时候大家再去过安检，等候登机。统一托运行李的好处是，不必每个箱子称重，大家从日内瓦或多或少要买些东西，还要给常驻同事托带几个箱子，超重在所难免。可是在“911”之后，这样做就不行了，必须人箱一一对应，超重就不好办了，只能相互拆借行李指标。

遇险。1997 年 11 月 30 日，中国代表团一行 26 人前往日内瓦出席工作组第 6 次会议。乘坐 CA961 航班自北京飞苏黎世，然后再转 SR930 抵瓦，当天下午就可以到了，12 月 1 日开始磋商。我吃过饭就睡了。一觉醒来，看时间应该飞过莫斯科了，无意中看到窗外好像不是高空中应该有的云彩，再一看，飞机飞得很低，能够清楚地看到地面上的积雪。这时候，海关的汪东虹处长忧心忡忡地从机舱前部走过来说，飞机驾驶舱一扇窗户的外层玻璃裂了。飞机已经到了西伯利亚上空，返回北京不可能了，附近也没有合适的机场，飞行员只能小心翼翼地降低速度和高度飞莫斯科，太快或者太高，内层玻璃就可能破裂，那可就要出大事了。那架飞机是波音 747 SB（short body），比标准的 747 短 14 米，这种飞机一共生产了 45 架，1982 年就停产了，国航有 4 架，飞行年龄接近 20 年，玻璃想必是老化了。几个小时后，飞机颤颤巍巍地在莫斯科机场落了地，下机后我们被大巴车拉到乱糟糟的航站楼里等待，过了好一阵子又被拉到机场附近的一个小旅馆，旅馆四周都是围栏，可能是为了防止非法入境。先分配房间，两人一间，房间很小，勉强放下两张单人床和一张桌子，倒是有独立的卫生间，也还算干净，可是抬头一看那毛巾架，我的妈呀！上面挂着无数条色彩各异的旧毛巾，一定是过往住客留下来的。然后统一安排我们去吃晚饭，四人一桌，等了半天，一位俄罗斯大姐才挨桌端上四杯红色的茶水和四片方面包，满脸地不高兴，肯定是不愿意加班呗。我们以为还有其他食物，哪知道一人就一片面包。勉强吃下后，回到房间，赶紧洗漱，这真是漫长的一天，我们忍着饥饿倒头便睡。第二天早上，我们又被拉到航站楼，挨个办理登记手续，改坐俄罗斯航空公司一架伊尔 62 飞到苏黎世，然后我们再改签瑞航航班，终于在 12 月 1 日下午到了日内瓦，原订当天的磋商只能推迟到 2 日进行。那次龙副部长和老易前面还有其他差，没有同行。代表团里有外经贸部、外交部、经贸委、海关总署、农业部、商检局、技术监督局、邮电部、人民银行等单位的同志，都是多年从事谈判的人员。龙副部长事后担忧地说，那架飞机要真出了事，我可还得重新组谈判班子呀！

（二）财

出国费用由各派出单位负担，这种费用在财务术语里叫临时出国预算，财政部专门为谈判增加了 100 万元人民币预算费用，但是在部里打通了用，也就是其他临时出国也可以使用，但保证谈判出差费用。当时的行管局财务处处长何建平是个爽快人，知道轻重缓急。我每次找他签财务请示，他大笔一挥即签字同意，待部领导批准请示后，就要办理购汇手续，预算下的是人民币，出国时需要用这笔钱到中国银行购买外汇。出访的前一天，我再忙也要到行管局领取购汇单和支票，再赶到当时位于阜成门的中国银行大厦二层取汇。带现金通常是不可能的，一是当年没有那么多瑞郎现金，二是路途中带现金很不安全，所以只能领取瑞郎的旅行支票，旅行支票需要两次签字才能在当地银行兑换出现金，领取时我要当着中国银行工作人员的面签一次，旅行支票很少能有 500 元面值的，经常是 100 元面值，每次出差都需要取 3、4 万瑞郎，我需要一口气签几百个名，很有明星的感觉。等到了日内瓦，我还要在工作日里抽时间到5号附近的小银行兑换出瑞郎现金，这又要签几百个字。然后我按照事先打印好的表格，为每个人发放伙食费和美元零用费，住宿费由我统一结账，发放时要请大家签字，避免不必要的麻烦。

（三）住

代表团通常住外交部在日内瓦开设的招待所，招待所位于 Rue Jean-Charles Amat 街，门牌号是5号，因此俗称“5号”，招待所的管理人员、厨师、司机和打扫卫生的人员都是外交部派出的。据说这里以前是一所学校的学生宿舍，共有两幢6层楼，分别叫5号楼和10号楼，每层10个房间，除顶层各有两间部级领导使用的“高套”外，大部分房间都很小，一张单人床、一只电视柜加一台电视机、一张小茶几和两张椅子再加一张小写字桌，都是国内运来的设施。单人床上有硬硬的席梦思床垫，可没有床笠，只有一张薄薄的床单，床垫是那种老式的，表面光滑，往往一觉醒来，发现床单已经滚作一团。我每次都跟老唐学，自带床笠，她甚至还要自带枕头。卫生间狭小只供一人转身，浴缸深深的，像我这样个子矮的需要费点力气才能爬进爬出。房间与房间之间只有一堵薄薄的墙，隔音不好，有时要听着隔壁房客的鼾声入睡。同样叫招待所，可条件跟国内的招待所没法比。

那几年，我们一年多次往返，几乎每次都住5号，即使条件简陋也习惯了，我一段时间把常用的文具和个人物品存在5号仓库，不必带来带去。我通常驻五号楼503房间，这个房间临街，有烟火气，我喜欢。有一次安排到正对面的504房间，床的位置正好相反，晚上我摸着黑下床，按照503房间的方向就撞到了墙上，第二天赶紧换到对面的503房间。

图27. 左：5号招待所外景；右：5号招待所5号楼503房间内景。

我的房间就是代表团工作间，备着电脑、打印机、饮用水、水果和食品，大家来工作间打文件、看通知、交纪要，还可以来聊天、吃零食。每晚我都要和张向晨商量日程，然后写在一张简陋的白板上，放在我房间外的桌子上，大家第二天吃过早饭后，走上5层楼来看通知，再根据订车时间穿戴好西服正装去谈判。

从5号到WTO总部有一段距离，可以从日内瓦湖边走到WTO，但是通常情况下，谈判辛苦而密集，经贸处的同志要开车接送，人多了就需要预订5号招待所的车辆接送，每次工作组会议，上午和下午需要预订大面包车往返四趟，车在WTO楼前一停，走下几十位西服革履的中国人，很是壮观。

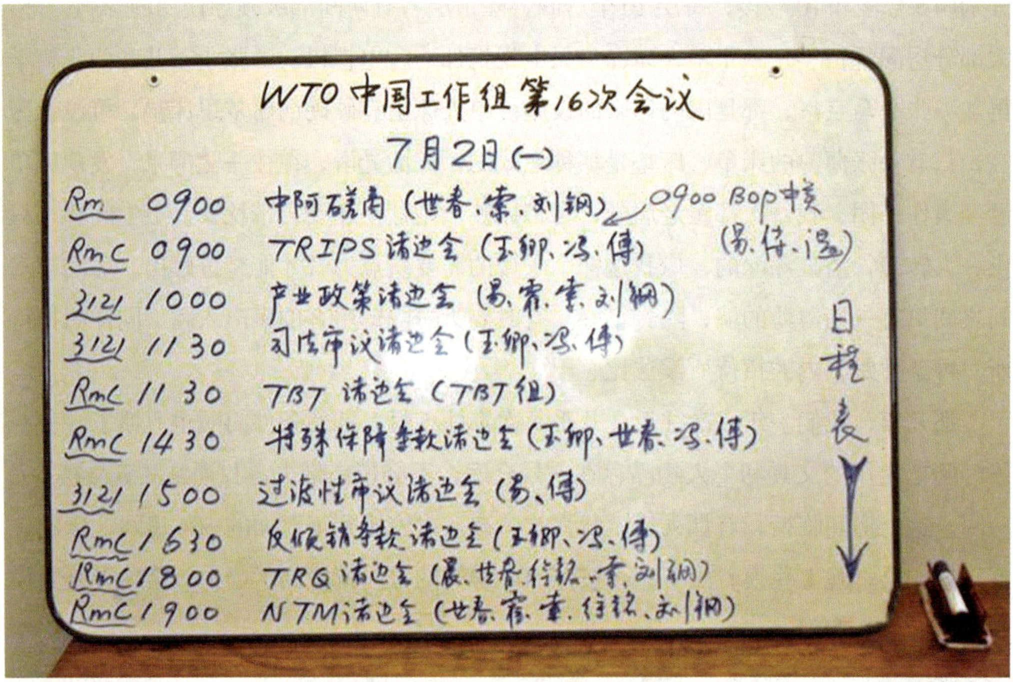

图28. 中国工作组会议期间中国代表团通知白板。

（四）食

5号的食堂设在10号楼一层，饭食是地道的中国饭，换句话说就是食堂大锅饭，米饭炒菜，偶尔才会做饺子、面条，房费里包含早饭和晚饭的费用，中午饭要另交钱，而且要提前登记，部级领导可以加个小炒。代表团成员中大多数是"中国胃"，吃中国饭舒服，可我吃不惯，头两三天还行，后面几天我就自己解决了，要么买面包，要么到5号边上的小馆子吃牛排或披萨。到了夏天，如果代表团跨两周谈判，我们就张罗着周末去洛桑日内瓦湖边烧烤，给代表团改善一下伙食。

湖边烧烤包括采买、准备、占地、烧烤四大环节，缺一不可。张向晨起得早总是负责占地，一大早就带着一干人等呼啸着奔赴洛桑日内瓦湖边上的绿地，那是一片开阔的公共绿地，不远处就是国际奥委会的办公楼，绿地里免费提供长木头桌子供游客就餐，所谓“占地”就是要占两张大长桌子。先遣队抵达后，把两张桌子拉过来连到一起，桌子自带座椅，几个人坐下来开始打牌，等候大部队的到来。采买和准备工作要在前一天完成，通常是胡盈之和夫人骆晓雯开车带着我去法国境内的超市，日内瓦实际上插入法国领土内，开一会就到了法国，那里的东西比瑞士便宜，我们买好猪排、牛排、鸡翅、酒水饮料，回到经贸处后，大家一起动手，给肉食码味，切好姜蒜，把肉食放在大盆里，用酱油拌好，再用保鲜膜一盖，同时检查烧烤炉、木炭、引炭是否齐备，再备上一些酒水小吃。经贸处的李强和朱倩夫妇也经常是准备工作和烧烤的主力。第二天，龙副部长带着大部队稍晚一点出发。抵达洛桑后，胡盈之、骆晓

图 29. 2000 年 9 月，中国代表团成员谈判之余在洛桑日内瓦湖边聚餐。

雯夫妇和我各支开一个烧烤炉，炉子半圆形，直径 60—70 厘米，深 40—50 厘米。先要放入足够的木炭，中途再加炭效果不好，然后洒上助燃油，再点燃白色引炭，引燃炭，待烟散去，用手试探温度足够高后，架上烤架，这时候开始放上腌制好的肉排，不一会肉排受热，开始嘶嘶啦啦地发出声响，诱人的肉香也越来越浓，引来众人侧目。众人抵达后，已经开始就着薯片喝起啤酒，这时候早已等不及了。两翻三翻后，第一拨肉排出锅了，端上桌来，大家开始享用久等的美味，只听到刀叉轻微碰撞之声。我们三个大厨通常乐此不疲，不断送上新出锅的美味。待大家吃饱后才肯自己享用，这时候别人也会来试试身手。酒足饭饱后，大家开始三三两两，或聊天，或散步，或划船，放松一下因为谈判而紧张的神经。

龙副部长在周末经常会去爬山，我们也会跟随。瑞士没有什么纪念性的建筑物，但是到处绿草如茵，碧空如洗，河湖众多，山川秀美，称其为人间天堂并不为过。现在想来，我们当初是少年不知愁滋味，不能体会到团长所面临的谈判压力，他是要借着爬山和散步释放一下，思考如何破解僵局。

（五）通讯

最后再说说代表团的通讯方式。当年与日内瓦代表处和外方联络主要靠传真，更早是用电传。文件资料需要交外交部信使托带。我刚到国际司时，每个月司里会贴出外交部转来的信使行程表，走欧洲线的信使一站一站走下来，如果有文件资料要交给前方，需要按照行程确定信使时间，然后通过国家机关之间的文件交换系统转交外交部信使队。到了 1996 年、1997 年前后，互联网开始普及，一些不涉密的文件可以发邮件了。部里是没有现在的内外网系统的，需要到电信局购买拨号上网服务。我记得二处的第一个电子邮箱，是农科院的程国强博士帮助设立的。那是在 1996 年秋天的一天，他开着刚买的捷达，拉着张向晨和我到农科院办理开设手续。他刚拿到驾照不久，一路摇摇晃晃，好在那时车少。有了拨号上网和邮箱，对外通讯就方便了一些，但也只有这个功能，并不像现在这样可以浏览网页。代表团住在 5 号招待所，那里有一套电话系统，外部拨打总机（7388729）然后转各房间，代表团团员抵达后，自己可以到办公室打国际长途给家里报个平安，遇到工作上紧急的事情，也只能通过国际长途联络国内。可是有段时间这个系统坏了，代表团对外联络很不方便。20 多年前手机很稀罕，智能手机还没有问世，当时的手机功能就只是打个电话、发个短信，没有微信。当时国内联络都是 BP 机，后来有汉显的，但也无法实时通话，在国外也不

图 30. 索必成出席 WTO 会议的部分证件。左上、中：WTO 观察员胸卡；左下：WTO 成员胸卡；右上：WTO 第 1 届部长级会议证件；右下：WTO 第 4 届部长级会议证件。

可能使用。大概是在 1998 年上半年，老易和张向晨决定用处里的稿费买一部手机，我于是奉命到西单电话营业厅买了一部诺基亚 8110，号码是 13801006398，为了这个尾号是 8 的靓号，还多付了些钱。这样到日内瓦对外联络就方便多了。后来一度国家机关清理手机，这部手机也被列入清理之列，李恩恒副司长费尽口舌说明对谈判的重要性才保住手机没有上缴。

现在回忆这些细节，与我们现在的优越条件相比，有一种恍如隔世的感觉，条件是那么简陋甚至艰苦，但是留在我们记忆中的，是我们当时的欢乐和我们最后的成功。

五、历史文献

我刚到二处的时候，虽然干多边工作也有三年多了，但却是 WTO 的门外汉。记得刚到处里，澳大利亚专家来讲关税配额，老易让我和出国留学回来的丁玲玲去做记录和写报告，我能听懂专家的英语，但弄不明白讲的是什么，费了老劲才写出个报告，被领导一通改。后来我一边整理档案，一边阅读档案，学习《关税与贸易总协定业务手册》，在各级领导的帮助下，快速掌握 WTO 的基础知识，不久就能写出来专门介绍关税配额的小材料。由此与 WTO 协定翻译和谈判档案整理结了缘。

（一）WTO 协定

1982 年 1 月 5 日，英国广播公司的英语教学片《跟我学》（*FOLLOW ME*）第一次在中央电视台播出，掀起了全民学外语的高潮。我也开始对英语学习着了迷，买来 FOLLOW ME 的磁带和教材，认真学起来。在北京三中读高二时，英语老师换了一位上海籍的优雅女士，名叫聂家明，她发音纯正，待人和蔼，使我对英语更是倍加热爱，下决心要考上北外英语系，最终以 1988 年北外新生英语单科最高成绩 97 分（百分制）考入。加入谈判队伍后，英语成为重要的工作工具。1998 年 10 月至 12 月，我参加了 WTO 秘书处举办的第 9 届贸易政策培训班，系统学习了 WTO 规则。学习过程中有了翻译 WTO 普及读物和重新翻译 WTO 协定的想法。

我回来后跟张向晨谈了这一设想，我们确定先翻译 Trading into the Future 这本介绍 WTO 基本知识的小册子，我把书名译为《贸易走向未来》，从北大毕业分配到处里的张江波和我一起翻译，张向晨担任校译，同时还确定了另外几本图书，包括我和胡盈之合译的《乌拉圭回合协议导读》、张向晨写的专著《发展中国家与 WTO 的政治经济关系》、刘钢翻译的《世界贸易组织协定概要》等，定名为“世界贸易组织丛书”。我们与法律出版社的蒋浩先生以前就有过出版合作，这次找到他，他却有点犹豫，社会上当时觉得短时间内加入 WTO 无望，他担心书卖不出去，希望部里能给一点资助。《贸易走向未来》在 1999 年 6 月出版，这时候中美谈判已经引发国人关注，到了年底中美达成双边市场准入协议后，这本书卖得很好，出版社也就不再提补贴的事，丛书中的其他几册也在 2000 年上半年出版了。

乌拉圭回合协议于 1994 年签署，国内曾于 1995 年翻译出版过中文本，但是由于时间紧迫和译者理解不深入且水平良莠不齐，译文有很多不准确、漏译和误译之处，各项协定的译文没有统一，WTO 术语的译法也是“政出多门”，没有规范，其中收录的《关税与贸易总协定》的中译文采用的是历史版本，包含许多过时的语言，如现在很少说的“输出”“输入”等，许多内容是意译，没能反映英文原意。1995 年译本排版质量也比较差，是一本大 16 开的厚书，携带和使用起来都不方便。中国台北也出版过乌拉圭回合协议的中译本，但其中使用了很多文言文，“半文半白”，难以理解，而且其中竟然没有收录《关税与贸易总协定》的译文。司里决定对乌拉圭回合协议进行重新翻译，目标是修正错误、统一译法、统一风格、统一格式和重新排版。重译工作从 1999 年 7 月开始，那时中美谈判正处于中止状态，又是暑期，有一些空闲时间可以搞翻译。我们原打算采用修正 1995 年译本的办法，但不久即发现这个译本可用之处不多，反而给翻译工作增加难度，因此决定完全抛开，从零开始翻译。为保证译文质量，我们制定了严格的工作程序，每一协定先由一人“初译”，再由二至三人“二译”、甚至“三译”，后由一至二人校译，最后由我负责统一审定。每一协定均由三至四人译校，有些甚至多达五至六人，像《农业协定》和《补贴与反补贴措施协定》这两个内容比较复杂的协定。每个协定都是数易其稿，有的甚至多达 10 余次，全书译稿草稿放在一起有近半人高，这还不算在电脑中直接修改的译文。2000 年初夏，大家的初译和校译工作基本完成，我开始对全部中译文进行校译和审定。当时正值与欧盟进行双边市场准入谈判的最后时刻，此后不久中国工作组的多边进程即明显加快。我白天忙于谈判，只能在晚上进行这项工作，在近半年的时间里，每天忙完工作，回到家坐在自己的小屋子里，从晚上 10、11 点开始翻译到凌晨两三点，有的时候不知不觉睡着了，惊醒后要么接着翻译，要么爬上床昏昏睡去，一大早又要起来赶着正点上班。那时网络不发达，需要查阅很多字典。我在上大学前就喜欢买字典，高中附近有一家新华印刷厂，里面可以买到翻印的外国字典，很是便宜，我买了很多本。大学时的翻译老师陈德彰教授告诉我们，一本字典你查到一个词的解释就值了，于是我更有了逛外文书店买字典的动力。每晚开始翻译时，我把字典先放在左边，高高的一摞，查完一本放在右边，不一会右边又是高高的一摞。中译文中的每个字都要经过认真推敲，500 多页的英文原文我逐字阅读了三遍。校译过程中我将 WTO 各项“协议”统一译为“协定”，将“shall”一词统一译为“应”，并统一采用“如……则”的句式，我还对传统的国际条约中文翻译规范和出版规则做了一些创新，例如协定条文序号统一为阿拉伯数字，1995 年的译本曾使用“甲、乙、丙、丁”作为标记，无法实现与英文对应；协定条款标记按层级确定为“条、款、项、目”；中译文中使用英文缩写，如WTO、DSU、AMS等。翻译中确定了一些关键术语的译文，例如AMS（综合支持量）、de minimis（微量允许）。后来香港的出版人陆文慧女士专门约我写了介绍翻译过程的文章，收在香港中华书局2002年出版的《法律翻译：从实践出发》一书中。

时任国际司司长李仲周担任这本书的主编，重译乌拉圭回合协议一直为他所倡导，他亲自参与翻译了《关税与贸易总协定》《WTO协定》《补贴与反补贴措施协定》等重要协定。译校人员包括外经贸部国际司、条法司、贸管司的同事，还包括海关总署、农业部、国家出入境检验检疫局和国家质量技术监督局的专家，多达30余位，分处北京、日内瓦、布鲁塞尔等多个地点，其中大部分人员是参与“复关”和“入世”谈判的政府官员，是各自领域的专家，对具体协定有比较全面和深入的理解，为中译文的准确性提供了有力保证。

为方便使用，我设计了中英文对照的排版方式，即左页是英文，右页是中文，这样书打开后，看到中文后，可以轻松地找到英文原文。排版需要在中文译文定稿后，按照英文排版对中译文进行断页，保证中英文每页内容相同或基本相同。这种排版方式一直沿用到今天，包括我2020年参与的《全面与进步跨太平洋伙伴关系协定》重译工作。同事傅星国一提起这种排版方式就满脸兴奋，说真是太爱了，应该去申请专利。

这本书也是由法律出版社出版的，蒋浩先生建议用小16开本（高24厘米宽16厘米），用当时先进的字典纸印刷，这种纸薄而韧，可以保证1000多页的协定方便携带。当时北京还没有印刷厂能够使用这种纸印刷，协定是到美国当纳利公司在深圳开设的印厂印制完成的，在2000年10月出版发行。我们的翻译工作动手早，使我们能够在加入WTO前夕，及时向国人提供学习和研究WTO的重要参考材料，中国加入WTO法律文件也依照上述方法翻译而成，在加入WTO后的2002年1月出版，两书为我国履行承诺提供了重要依据。

（二）谈判档案

我在加入WTO后做的一项重要工作是整理加入WTO谈判档案。根据石广生部长的指示，世贸司于2002年8月正式启动“中国恢复关税与贸易总协定缔约国地位及加入世界贸易组织谈判档案”整理工作。这项工作由于各种原因一度中断，前后历时10年才告完成。

整理分为两个阶段。第一阶段是2002年至2007年，整理工作在位于原外经贸部5号楼三层的世贸司资料室中进行。开始时进展较为顺利，但进入攻坚阶段后，大量文件资料出现，而整理场所不足20平方米，文件难以全部摊开整理。当时多哈回合新一轮多边贸易谈判正在密集进行，我负责非农产品市场准入谈判，整理工作只能抽空甚至利用业余时间进行，进展放缓。

2008年年初，世贸司办公地点迁至新建的6号楼中，没有提供整理档案的场所，整理工作中断，档案装箱堆放在狭小的储藏室中，状况岌岌可危。2009年10月，在时任世贸司司长柴小林的不懈努力下，部里给司里新增一间资料室，整理工作具备重启条件。

我按照新的档案管理要求，制订整理计划，重新制作档案盒，并向部里财务司申请添加了轨道文件柜、计算机、扫描仪、打印机等设备，在经过一年的筹备后，整理工作于2010年12月重启，历时两年，最终于2012年12月完成，全部档案移交商务部档案库保存，并在文档数字化基础上制作了可查询数据库。

档案以原外经贸部国际经贸关系司二处保存的谈判文件为主体，同时并入常驻日内瓦代表团经贸处保存的谈判文件。整理工作分为筛选、分卷、装盒、编号、编目、录入、扫描等7道工序。

筛选是按照时间顺序对文件进行排序，剔除重复和无价值部分；分卷是按照年代卷、工作组卷、国别卷和专题卷四部分，将文件进行分类；装盒是对经分类的文件按时间顺序排序，装入档案盒，并为每份文件加套档案封套；编号是对文件逐一加盖档案章，并填写卷号、件号、页数、年、月、日等；编目是为每份文件确定文件标题；录入是将每份文件的文件号、标题、日期、页数等录入计算机数据库；扫描是对文件进行逐页扫描，实现数字化。

在实际整理过程中，上述工序往往重复多次，其中编目是整理工作的核心，主要由我负责，编目和录入是整理工作的关键，关系到日后档案的有效查询，主要由工作人员负责，整理人员需要对照原件多次校对和修改计算机数据库内容，并在年代卷、工作组卷和国别卷间进行调换和补充，以保持各卷的完整性和连续性，扫描后还需要对照原件校对和调整电子文件。在整理过程中，每页文件都要在整理人员手中摩挲多次，细致程度极高，工作量巨大。

经过整理，共形成档案592卷，包含14969件文件，共计130099页。年代卷收入1946年至2001年期间的文件，按照时间顺序排序，共计194卷，5169件。工作组卷收入GATT中国工作组会议和WTO中国工作组会议文件，按照工作组会议顺序排序，共计136卷，2913件。国别卷收入全部双边市场准入谈判文件和全部双边市场准入协议文本，按照国别顺序排序，共计185卷，5089件。专题卷收入纺织品、港澳台问题、乌拉圭回合谈判、研究报告等专题文件，共计77卷，1798件。

入世档案整理工作受到石广生、沈觉人、龙永图和易小准等老领导的高度重视，商务部陈德铭、高虎城、姜增伟及俞建华等部领导给予了大力支持，何宁、张向晨、柴小林等世贸司历任司长倾力相助。张向晨同志是档案整理的主要倡导者，提供了自己保存的珍贵档案，并对整理工作提出了重要指导性意见。

整理工作任务繁重，我个人之力实在有限，离不开很多人的支持与参加。金悦原就职于外经贸部文印中心，自2002年整理工作启动时起即全面参与此项工作，负责整理过程中的全部具体事务，包括计算机录入、档案分卷、扫描校对等，为此项工作付出了巨大努力。世贸司胡盈之同志负责安排将常驻日内瓦代表团经贸处保存的文件运送回国，商务部办公厅档案处的孙萍和吴春同志等对整理工作提供了详细的业务指导，星达伟业公司承担文档数字化和数据库制作工作。在整理工作重启后，辽宁社会科学院WTO法律研究所的姜岩和曹颖杰同志、对外经济贸易大学的耿蓓蓓和褚晓磊同学、北京城市学院的俞梦夕和柴明月同学以及实习生郭登峰同学等参与了具体工作，为此项工作的最终完成打下了重要基础。这一工作还得到了许多同志的帮助、支持和关注，包括黄任刚、杨国华、洪晓东、傅星国、王振华、尹维静、叶忠、丁为、卢先堃、韩长天、田涯、孙女尊、黄凯、高虹、符荆捷、张笑寒、王琛、罗海蓉、孙巍、胡玺权等。

（三）《谈判历程》

加入WTO之际，根据石广生部长的指示，外经贸部组织力量编写了《中国加入世界贸易组织知识读本》，读本以丛书形式出版，第一册是WTO规则介绍，第二册是加入WTO法律文件中译文，第三册是WTO协定中译文，于2002年1月由人民出版社出版。此后，石部长指示编写中国加入WTO谈判历程，作为知识读本的第四册出版。为此，张向晨同志与我自2006年起即开始共同编写《中国加入世界贸易组织谈判历程》一书。编写以加入档案中所存谈判过程中产生的请示、报告、纪要等为主要依据，我个人保存着1988年以来的效率手册和1993年3月以来的工作笔记，从中可以查找一些谈判细节和时间节点，我已将1993年3月至2011年12月的60本个人工作笔记交存商务部档案库，其中大部分内容是我谈判过程中所做谈判记录。全书分为绪论、谈判启动、“复关”多边谈判、中美双边谈判、中欧双边谈判、其他双边谈判和“入世”多边谈判七章，对“复关”和“入世”谈判历程进行了全面回顾，书中收录100余份谈判文件（首页），书后附有谈判大事记。为力争在2011年加入WTO 10周年之际出版，我和张向晨在2011年下半年加快写作速度，最终得以按期完成编写工作。与此同时，我还对读本第一册内容进行了修订。《读本》一套四册以全新排版方式于2011年11月出版，成为一套完整介绍WTO规则和加入WTO历程的知识读本。人民出版社还出版了精装本，供呈送有关领导同志参阅。

（四）《资料选编》

李仲周和张向晨两位同志非常重视谈判档案整理工作，他们认为，中国“复关”“入世”谈判从筹备到最终加入跨度达20年以上，从中产生的大量文件资料应妥为保管，同时也应善加利用，可以将其中可以公开的文件汇编成册，供后来人研究这段重要的历史进程。根据他们的建议，在报请部领导批准后，商务部世贸司在中国加入WTO 10周年之际开始了《中国加入世界贸易组织谈判文件资料选编》一书的编辑工作。

定名为“文件资料选编”，是张向晨同志提议的，借用GATT和WTO的《文件资料选编》（*Basic Instruments and Selected Documents*，缩写为BISD）一书之名，我们译为“文件资料选编”，这套图书收录了GATT和WTO历年来通过的宣言、决定和谅解。可编入我们这套选编的谈判文件资料数量众多，共约2万页，时间跨度为1946年至2001年，主要集中在1986年至2001年之间，所选文件资料绝大多数为原件影印件，少部分文件根据原件重新录入排版，如名单、日程、发言等。在不影响阅读的情况下，我们对影印件进行了技术处理，去除无用信息，同时为尊重历史原貌，少量页面保留了原件上的字迹和标记。使这些文件具有可读性是编辑的关键。我按照中国加入世界贸易组织谈判历程为主线对文件进行编排，按照多边谈判和双边谈判进行划分，并将综合类文件单独立卷，形成综合卷、多边卷和双边卷3卷，每卷再细分为若干册。为方便阅读，我还设计了将文件序号标在文件首页页眉正中的版式，这样可以根据每一节的文件目录中对应的文件序号查找文件。考虑到文件资料数量巨大，纸质文件翻阅不便，专门为图书配备光盘，收录图书全部内容。最终形成总计20册

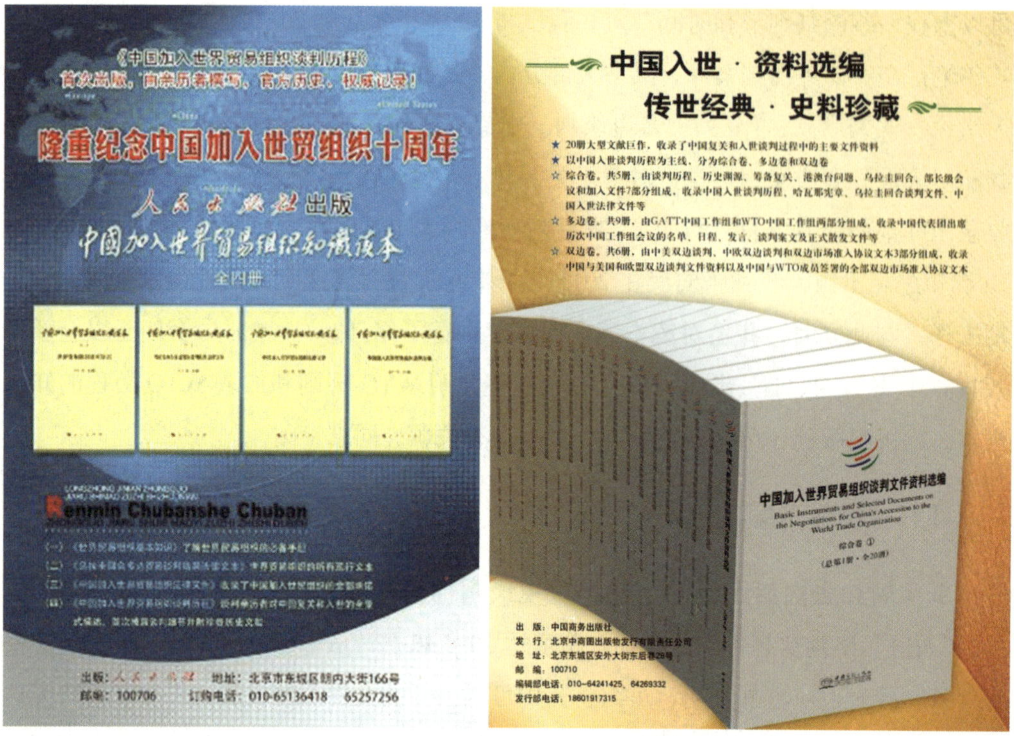

图 31.《中国加入世界贸易组织知识读本》和《中国加入世界贸易组织谈判文件资料选编》宣传页。

的巨制。

综合卷，由谈判历程、历史渊源、筹备“复关”、港澳台问题、乌拉圭回合、部长级会议和加入文件 7 部分组成，收录中国加入世界贸易组织谈判历程、哈瓦那宪章、乌拉圭回合谈判文件、中国加入世界贸易组织法律文件等内容，共计 5 册。

多边卷，由关税与贸易总协定中国工作组会议和世界贸易组织中国工作组会议两部分组成，收录中国代表团出席历次中国工作组会议的名单、日程、发言、谈判案文及正式散发文件等内容，按照工作组会议顺序编排，共计 9 册。

双边卷，由中国与美国双边谈判、中国与欧盟双边谈判和双边市场准入协议 3 部分组成，收录中美和中欧双边谈判文件及中国与世界贸易组织成员签署的全部双边市场准入协议文本。中美和中欧双边谈判按照时间顺序编排，双边市场准入协议按照英文国名首字母顺序编排，共计 6 册。

石广生部长在得知我们编辑此书后，非常支持，并欣然作序。选编于 2012 年 12 月由中国商务出版社出版。

六、结束语

回顾过去 30 年，我 1992 年毕业正好是在邓小平同志南方谈话之后，一毕业就赶上了国家改革开放腾飞之时。加入 WTO 后这 20 年，我参与了多哈回合谈判中的非农产品谈判、农业谈判、加入《政府采购协定》谈判、中澳自贸协定谈判，参加了第 1 届、第 4 届、第 6 届至第 10 届部长级会议，巧合的是，这些届部长级会议都是成功的，或形成宣言，或达成协议，而我没有参加的会议都没有成功，如第 3 届西雅图、第 5 届坎昆、第 11 届布宜诺斯艾利斯。所以有同事调侃道，部长级会议“有‘索’‘必成’；没有‘必成’，必定不成”。

2021 年是加入 20 周年，2022 年我参加工作满 30 年，我在加入 WTO 之前的 5 年里参与密集谈判，在加入 WTO 之后的 20 年里没有离开过多边谈判工作，既赶上了加入谈判的高光时刻，又参与了中国成为核心成员的全过程，现在想来，一个人一

图 32. 2005 年 12 月 19 日，商务部世贸司出席 WTO 第 6 届部长级会议人员在会议结束后于香港会展中心酒店留影。前排左起：卢先堃、鄂德峰、傅星国、张向晨、蒋苏晋、俞建华、洪晓东、索必成；后排左起：刘健男、万怡挺、吴聪、穆忠和、周立春、田涯、符荆捷。

辈子最好的时间也不过20、30年，全部投入到自己热爱的工作之中，真是一种幸运！

还有一件令我感到欣慰的事，那就是这些年来我带出来了多位年轻同事，已经成为WTO工作的主力干将，我与他们也建立了亦师亦友的个人感情，虽然其中有些人由于各种原因离开了多边工作，但多边经历是一生难忘的，他们在各自岗位发挥着重要作用。我们国家现在有着一支业务水平较高、业务范围相对齐全的多边谈判队伍，有世贸团和世贸司为多边事务努力工作的同事，我们的多边事业是后继有人的。

有位读者在张向晨同志加入WTO 20年专访的稿件下留言称，中国现在是轻舟已过万重山。这句话实在令人感慨。经过改革开放40多年的努力，我们就像一条大船成功穿越了激流险滩，进入平缓开阔的水面，沉稳而坚毅地驶向前方，“复关”和“入世”谈判与我们国家的改革开放并行，加入WTO进程推动了这条大船昂然前行。今日的中国已经进入新时代，在百年大党的领导下屹立于世界民族之林。我们在前进的道路上虽然还会有许多艰难险阻需要克服，但是中国的国力已不可同日而语，解决问题的手段和智慧更为丰富和高超。我为自己能亲历这一历史进程而感到自豪，为能参与这一历史性谈判而感到骄傲，可谓不枉此生！

附录一　中国加入世界贸易组织谈判大事记

20 世纪 40 年代至 70 年代

△ 1945 年 12 月，美国和英国联合提出召开世界贸易与就业会议的提案，并提议各贸易国之间开展谈判以降低贸易壁垒。

△ 1946 年 2 月 18 日，联合国经济与社会理事会第一次会议在英国伦敦举行，会议批准美国关于召开国际贸易与就业会议的提案，任命 19 国组成会议筹备委员会。

△ 1946 年 10 月 15 日至 11 月 26 日，联合国贸易与就业会议筹备委员会第一次会议在英国伦敦举行，与会代表对美国提交的宪章草案进行了讨论，形成了《联合国国际贸易组织宪章草案》，中国驻比利时大使金问泗率团出席此次会议。

△ 1947 年 1 月 20 日至 2 月 25 日，联合国贸易与就业会议筹备委员会下设起草委员会会议在美国纽约举行。会议对《联合国国际贸易组织宪章草案》进行了修改完善。其间，起草了《关税与贸易总协定》文本。

△ 1947 年 4 月 10 日至 10 月 30 日，联合国贸易与就业会议筹备委员会第二次会议在瑞士日内瓦举行，继续讨论《联合国国际贸易组织宪章草案》，中国驻比利时大使金问泗率团出席此次会议。

△ 1947 年 4 月至 10 月，美国、英国、法国、比利时、荷兰、卢森堡、澳大利亚、加拿大和中国等 23 个国家开展关税减让谈判，并达成协议。此轮谈判后被称为第 1 轮多边贸易谈判。

△ 1947 年 10 月 30 日，美国、英国、法国、比利时、荷兰、卢森堡、澳大利亚和加拿大等签署了包含《关税与贸易总协定》文本、附件、减让表在内的联合国贸易与就业会议筹备委员会第二次会议最后文件。比利时、加拿大、卢森堡、荷兰、英国和美国还同时签署了最后文件之中的《关税与贸易总协定临时适用议定书》，同意自 1948 年 1 月 1 日起实施《关税与贸易总协定》条款。

△ 1947 年 11 月 21 日至 1948 年 3 月 24 日，联合国贸易与就业会议在古巴首都哈瓦那举行，会议最终审议通过了《哈瓦那国际贸易组织宪章》，与会 56 国中的 53

个国家签署了包含这一宪章的联合国贸易与就业会议最后文件。

△ 1948 年 1 月 1 日，《关税与贸易总协定》临时适用。

△ 1948 年 3 月 24 日，中国政府代表签署联合国贸易与就业会议最后文件，并成为国际贸易组织临时委员会执行委员会成员。

△ 1948 年 4 月 21 日，中国政府代表签署《关税与贸易总协定临时适用议定书》，自 1948 年 5 月 21 日起实施减税，成为关贸总协定 23 个创始缔约国之一。

△ 1949 年 4 月至 8 月，关贸总协定第 2 轮多边贸易谈判在法国安纳西举行，中国派团参加了此轮谈判。

△ 1950 年 3 月 6 日，台湾当局照会联合国秘书长，宣布决定退出关贸总协定。3 月 7 日，联合国秘书长函告总协定执行秘书，“退出决定”自 1950 年 5 月 5 日起生效。

△ 1965 年 1 月 21 日，台湾当局提出派观察员出席关贸总协定缔约国大会的申请，关贸总协定执行秘书同意了这一申请。

△ 1971 年 11 月 16 日，关贸总协定第 27 届缔约国大会决定终止台湾当局观察员地位。

1980 年

△ 1980 年 8 月 4 日，中国政府代表出席国际贸易组织临时委员会执行委员会会议，选举阿瑟·邓克尔担任临时委员会执行秘书。

1981 年

△ 1981 年，中国政府派员以观察员身份列席关贸总协定纺织品委员会主持的第三个《国际纺织品贸易协定》谈判会议。

1982 年

△ 1982 年 11 月，中国政府派代表团列席关贸总协定第 38 届缔约国大会，对外经济贸易部国际联络局局长卜昭敏担任中国代表团团长。

△ 1982 年 12 月，对外经济贸易部、外交部、国家经委、财政部和海关总署联合向国务院上报《关于参加关税和贸易总协定的请示》，1983 年 1 月，国务院批准了这一请示。

1983 年

△ 1983 年 8 月 26 日至 9 月 9 日，对外经济贸易部、外交部和海关总署联合组团赴巴基斯坦、匈牙利和南斯拉夫，就加入关贸总协定问题进行考察。

△ 1983 年 10 月 6 日，中国常驻日内瓦代表团大使李鹿野致函关贸总协定总干事邓克尔，提出加入《国际纺织品贸易协定》的申请。

1984 年

△ 1984 年 1 月 18 日，中国成为《国际纺织品贸易协定》正式成员。

△ 1984 年 2 月，对外经济贸易部在北京举办"关税和贸易总协定讲习班"，邀请关贸总协定总干事法律顾问林登等官同来华讲课，介绍关贸总协定条文及其运用情况。

△ 1984 年 10 月 24 日，中国常驻日内瓦代表团大使李鹿野致函关贸总协定总干事邓克尔，提出列席理事会及其附属机构会议的申请。11 月 6 日，关贸总协定理事会一致通过中国的申请，决定给予中国关贸总协定理事会观察员地位。

1985 年

△ 1985 年 9 月 30 日至 10 月 2 日，关贸总协定特别缔约国大会在瑞士日内瓦举行，会议讨论新一轮多边贸易谈判的内容和方式问题。经贸部国际联络局顾问丘文敏率中国代表团出席。会议结束后，中国代表团分别同美国、加拿大、日本和欧共体代表团就中国复关问题进行了首次非正式磋商。

1986 年

△ 1986 年 1 月 4 日至 11 日，关贸总协定总干事邓克尔应对外贸易经济部部长郑拓彬邀请首次访问中国，与中方就复关问题举行会谈。

△ 1986 年 4 月 23 日，香港以"中国香港"名义成为关贸总协定第 91 个缔约方。

△ 1986 年 7 月 10 日，中国常驻日内瓦代表团大使钱嘉东代表中国政府正式提交关于恢复中国在关贸总协定中缔约国地位的申请。

△ 1986 年 8 月 5 日，国务院关税和贸易总协定部际协调小组成立，国务委员张劲夫担任组长，对外经济贸易部部长郑拓彬、外交部副部长钱其琛和海关总署署长戴

杰担任副组长。

△ 1986 年 9 月 15 日至 20 日，关贸总协定部长级缔约方大会在乌拉圭埃斯特角城举行，会议通过《乌拉圭回合部长宣言》，标志着关贸总协定主持下的第 8 轮多边贸易谈判正式启动。以对外经济贸易部部长助理沈觉人为团长的中国代表团出席会议。

△ 1986 年 11 月 18 日至 22 日，对外经济贸易部部长助理沈觉人率团与美国助理贸易代表纽柯克在北京举行双边磋商，美方在磋商中提出处理中国进入关贸总协定问题上的五点要求。这是中美第 1 轮双边磋商。

1987 年

△ 1987 年 2 月 13 日，中国常驻日内瓦代表团大使钱嘉东代表中国政府向关贸总协定总干事邓克尔递交《中国对外贸易制度备忘录》。

△ 1987 年 2 月 27 日至 28 日，对外经济贸易部部长助理沈觉人率团与美国助理贸易代表纽柯克在华盛顿举行双边磋商。这是中美第 2 轮双边磋商。

△ 1987 年 3 月 4 日，关贸总协定中国工作组成立。

△ 1987 年 4 月 18 日至 25 日，对外经济贸易部部长助理沈觉人率团与美国助理贸易代表纽柯克在北京举行双边磋商。这是中美第 3 轮双边磋商。

△ 1987 年 5 月 14 日，关贸总协定中国工作组职责范围获得通过。

△ 1987 年 6 月 10 日至 11 日，对外经济贸易部副部长李岚清率团与欧共体委员会对外关系总司总司长洛夫在布鲁塞尔举行磋商。这是中欧第 1 轮双边磋商。

△ 1987 年 6 月 17 日，瑞士驻关贸总协定大使吉拉德出任中国工作组主席。

△ 1987 年 10 月 22 日，关贸总协定中国工作组第 1 次会议在瑞士日内瓦举行，中国常驻日内瓦代表团大使钱嘉东率团出席。

△ 1987 年 10 月 24 日至 31 日，关贸总协定总干事邓克尔第二次访华，与中方就复关谈判问题举行会谈。

1988 年

△ 1988 年 2 月 23 日至 24 日，关贸总协定中国工作组第 2 次会议在瑞士日内瓦举行，对外经济贸易部部长助理沈觉人率团出席，会议开始审议《中国对外贸易制度备忘录》，中国代表团进行第一次外贸制度答疑。

△ 1988 年 4 月 26 日至 28 日，关贸总协定中国工作组第 3 次会议在瑞士日内瓦举行，对外经济贸易部部长助理沈觉人率团出席，会议继续审议《中国对外贸易制度备忘录》，中国代表团进行第二次外贸制度答疑。

△ 1988 年 6 月 28 日至 30 日，关贸总协定中国工作组第 4 次会议在瑞士日内瓦举行，中国常驻日内瓦代表团大使钱嘉东代理团长率团出席，会议继续审议《中国对外贸易制度备忘录》，中国代表团进行第三次外贸制度答疑。会议期间，中国正式向缔约方发出关税减让谈判邀请。

△ 1988 年 9 月 27 日至 28 日，关贸总协定中国工作组第 5 次会议在瑞士日内瓦举行，对外经济贸易部副部长沈觉人率团出席，会议继续审议《中国对外贸易制度备忘录》，中国代表团进行第四次外贸制度答疑。

△ 1988 年 12 月 5 日至 9 日，乌拉圭回合“中期审评”会议在加拿大蒙特利尔举行。对外经济贸易部副部长沈觉人率团出席。

△ 1988 年 12 月 12 日至 13 日，对外经济贸易部副部长沈觉人率团与美国助理贸易代表纽柯克在美国华盛顿举行双边磋商，双方各自提出议定书草案。这是中美第 4 轮双边磋商。

△ 1988 年 12 月 18 日至 22 日，对外经济贸易部副部长沈觉人率团与欧共体委员会对外关系总司司长阿博特在北京举行双边磋商。这是中欧第 2 轮双边磋商。

1989 年

△ 1989 年 2 月 28 日至 3 月 1 日，关贸总协定中国工作组第 6 次会议在瑞士日内瓦举行，对外经济贸易部副部长沈觉人率团出席，会议开始评估中国的贸易制度。

△ 1989 年 3 月 2 日，对外经济贸易部副部长沈觉人率团与欧共体委员会副主席安德里森在布鲁塞尔举行双边磋商。这是中欧第 3 轮双边磋商。

△ 1989 年 4 月 18 日至 19 日，关贸总协定中国工作组第 7 次会议在瑞士日内瓦举行，中国常驻日内瓦代表团大使钱嘉东代理团长率团出席，会议继续对中国外贸制度进行评估。

△ 1989 年 5 月 24 日至 28 日，对外经济贸易部副部长沈觉人率团与美国助理贸易代表纽柯克在北京举行双边磋商，磋商取得实质性进展。这是中美第 5 轮双边磋商。

△ 1989 年 12 月 12 日至 14 日，关贸总协定中国工作组第 8 次会议在瑞士日内瓦

举行，对外经济贸易部副部长沈觉人率团出席，会议实际上开始重新审议中国的贸易制度。

1990年

△1990年1月1日，台湾当局以"台湾、澎湖、金门、马祖单独关税区"的名义申请加入关贸总协定。1月16日，中国常驻日内瓦代表团临时代办侯志通向邓克尔递交照会，指出台湾当局无权自行申请加入关贸总协定，关贸总协定及其理事会不应受理台湾的非法申请。

△1990年7月6日至30日，对外经济贸易部副部长沈觉人率中国代表团就中国复关问题出访孟加拉、巴基斯坦、津巴布韦、坦桑尼亚、科特迪瓦、埃及和古巴等关贸总协定中7个发展中缔约方。

△1990年9月20日，关贸总协定中国工作组第9次会议在瑞士日内瓦举行，中国常驻日内瓦代表团大使范国祥代理团长率团出席，会议继续审议中国贸易制度，中国代表团澄清国内"治理整顿"情况。

1991年

△1991年5月18日至21日，关贸总协定总干事邓克尔第三次访华，与中方就"复关"谈判问题举行会谈。

△1991年7月9日，对外经济贸易部国际司副司长唐玉峰率团与欧共体委员会对外关系总司司长阿博特在布鲁塞尔举行双边磋商。这是中欧第4轮双边磋商。

△1991年7月9日至19日，对外经济贸易部国际司副司长唐玉峰率中国复关磋商代表团先后在布鲁塞尔和日内瓦与欧共体、美国、加拿大、日本、北欧国家、澳大利亚、新西兰、瑞士等就中国复关问题进行双边磋商。此轮磋商标志着复关谈判重新启动。

△1991年10月19日，国务院总理李鹏致函关贸总协定总干事和各缔约方首脑，申明中国在复关问题上的立场，表明中国在台湾加入关贸总协定问题上的原则立场。

1992年

△1992年2月13日，关贸总协定中国工作组第10次会议在瑞士日内瓦举行，对外经济贸易部副部长佟志广率团出席，会议基本结束了对中国贸易制度的审议。

△ 1992年7月30日至8月2日，关贸总协定中国工作组主席吉拉德访华，与中方就复关谈判问题举行会谈。

△ 1992年9月29日，关贸总协定理事会主席朱奇根据中国与主要缔约方谈判达成的共识，就处理台湾加入关贸总协定问题发表声明。

△ 1992年10月10日，《中美市场准入谅解备忘录》签署。

△ 1992年10月21日至23日，关贸总协定中国工作组第11次会议在瑞士日内瓦举行，对外经济贸易部副部长佟志广率团出席，会议决定结束对中国贸易制度的审议，工作组主席吉拉德提出中国恢复关贸总协定缔约国地位议定书框架文件，并建立了议定书非正式磋商小组。

△ 1992年11月23日《人民日报》发表署名葛齐思的文章《在对外经贸工作中按国际规则办事—论恢复我国在关贸总协定中的缔约国地位》，全面阐述了中国复关谈判的意义。

△ 1992年12月9日至11日，关贸总协定中国工作组第12次会议在瑞士日内瓦举行，对外经济贸易部副部长佟志广率团出席，会议讨论了《关于中国议定书及工作组报告书有关内容的初步综合问题清单》。

1993年

△ 1993年3月1日至2日，对外经济贸易部副部长佟志广率团与美国助理贸易代表纽柯克在北京举行双边磋商。这是中美第6轮双边磋商。

△ 1993年3月15日至17日，关贸总协定中国工作组第13次会议在瑞士日内瓦举行，对外经济贸易部副部长佟志广率团出席，会议讨论了《初步综合问题清单》。

△ 1993年5月24日至28日，关贸总协定中国工作组第14次会议在瑞士日内瓦举行，对外贸易经济合作部副部长谷永江率团出席，会议继续讨论《初步综合问题清单》。

△ 1993年7月22日至28日，对外贸易经济合作部副部长谷永江率团与美国助理贸易代表道斯金在华盛顿举行双边磋商。这是中美第7轮双边磋商。

△ 1993年9月28日至10月1日，关贸总协定中国工作组第15次会议在瑞士日内瓦举行，对外贸易经济合作部副部长谷永江率团出席，会议继续讨论《初步综合问题清单》。

△ 1993年12月15日，各方就乌拉圭回合一揽子协议达成一致。

1994年

△1994年1月10日，国务院总理李鹏再次致函关贸总协定总干事和各缔约方首脑，阐述中国关于复关和成为WTO创始成员的立场。

△1994年2月21日至22日，对外贸易经济合作部副部长谷永江率团与美国助理贸易代表道斯金在北京举行双边磋商。这是中美第8轮双边磋商。

△1994年3月15日至18日，关贸总协定中国工作组第16次会议在瑞士日内瓦举行，对外贸易经济合作部副部长谷永江率团出席，会议重点讨论非关税措施问题。

△1994年4月12日至15日，关贸总协定部长级会议在摩洛哥马拉喀什举行，111个参加方签署或草签了《乌拉圭回合多边贸易谈判结果最后文件》和《马拉喀什建立世界贸易组织协定》。对外贸易经济合作部副部长谷永江率团出席会议，并代表中国政府签署上述文件。乌拉圭回合多边贸易谈判正式结束。

△1994年5月9日至14日，关贸总协定总干事萨瑟兰访华，与中方就复关谈判问题举行会谈。

△1994年5月30日至6月1日，对外贸易经济合作部部长助理龙永图率团与欧盟委员会对外关系总司司长阿博特在布鲁塞尔举行双边磋商，欧共体提出中国复关议定书修正案文。这是中欧第5轮双边磋商。

△1994年6月6日至8日，对外贸易经济合作部部长助理龙永图率团与美国助理贸易代表道斯金在华盛顿举行双边磋商。这是中美第9轮双边磋商。

△1994年6月28日至7月1日，关贸总协定中国工作组第17次会议在瑞士日内瓦举行，对外贸易经济合作部副部长谷永江率团出席，会议讨论了工作组主席起草的“议定书非正式文件”。

△1994年7月28日至29日，关贸总协定中国工作组第18次会议在瑞士日内瓦举行，对外贸易经济合作部部长助理龙永图率团出席，会议讨论了工作组主席“议定书非正式文件”修正案和中国提交的“复关议定书非正式案文”。

△1994年8月31日，中国代表团提交复关市场准入一揽子出价。

△1994年9月19日至23日，对外贸易经济合作部部长助理龙永图率团在瑞士日内瓦与美国和欧盟就议定书内容进行了谈判。

△1994年9月至12月，中国代表团与27个提出双边市场准入谈判要求的缔约方在瑞士日内瓦进行了三轮市场准入谈判。第一轮谈判自9月12日开始至10月14

日结束，中国代表团与21个缔约方举行了双边谈判。第二轮谈判自10月17日开始至11月5日结束，中国代表团与17个缔约方进行了双边谈判。第三轮谈判自11月28日开始至12月20日结束，中国代表团与14个缔约方举行了双边谈判。

△ 1994年9月底至10月初、11月底至12月中旬，中国服务贸易谈判代表团在瑞士日内瓦与美国、欧盟、澳大利亚、加拿大、日本、新西兰、韩国、瑞士、新加坡、菲律宾、马来西亚等缔约方进行了服务贸易市场准入谈判。

△ 1994年11月28日至12月19日，对外贸易经济合作部部长助理龙永图率团在瑞士日内瓦与各缔约方就农产品、非农产品和服务贸易减让表和议定书进行了谈判。

△ 1994年12月20日，关贸总协定中国工作组第19次会议在瑞士日内瓦举行，对外贸易经济合作部副部长谷永江率团出席，会议未能就中国复关问题达成协议，中国复关谈判未果。

1995年

△ 1995年3月11日至13日，美国贸易代表坎特访华，与对外贸易经济合作部部长吴仪就复关问题达成八点共识。

△ 1995年5月8日至19日，应关贸总协定中国工作组主席吉拉德邀请，对外贸易经济合作部部长助理龙永图率团赴瑞士日内瓦与WTO成员进行非正式磋商。

△ 1995年7月9日至7月28日，对外贸易经济合作部部长助理龙永图率团在瑞士日内瓦与WTO成员进行非正式磋商。中方在磋商中提出逐步放开贸易权的五点建议。

△ 1995年7月11日，WTO总理事会审议中国关于观察员的申请，会议通过接纳中国为WTO观察员的决定。

△ 1995年10月6日，关贸总协定中国工作组主席、瑞士联邦经济部大使吉拉德访华，与中方就中国加入WTO问题举行会谈。

△ 1995年11月8日，美国副贸易代表巴舍夫斯基访华，与对外贸易经济合作部副部长石广生举行会谈，向中方提交了“关于中国加入WTO的非正式文件”，即所谓“交通图”。

△ 1995年11月28日，中国常驻日内瓦代表团大使金永健致函WTO总干事鲁杰罗，提出中国加入WTO的申请。

△ 1995 年 11 月 29 日至 12 月 12 日，对外贸易经济合作部部长助理龙永图率团在日内瓦与 WTO 成员进行非正式磋商。12 月 7 日至 8 日，中国工作组举行非正式会议。

△自 1995 年 12 月 7 日，关贸总协定中国工作组转为中国加入 WTO 工作组。

1996 年

△ 1996 年 2 月 12 日，对外贸易经济合作部副部长孙振宇在华盛顿与美国副贸易代表巴舍夫斯基举行双边磋商，中方对美方“交通图”逐项做了反应。这是中美第 10 轮双边磋商。

△ 1996 年 3 月 20 日至 22 日，WTO 中国工作组第 1 次会议在瑞士日内瓦举行，对外贸易经济合作部部长助理龙永图率团出席，并与 WTO 成员进行双边磋商。

△ 1996 年 6 月 20 日至 21 日，对外贸易经济合作部部长助理龙永图偕助手与欧盟委员会对外关系总司司长阿博特在布鲁塞尔就中国加入 WTO 问题举行磋商。双方就欧盟关于中国加入 WTO 的七点要求交换了意见。这是中欧第 6 轮双边磋商。

△ 1996 年 9 月 16 日至 17 日，对外贸易经济合作部部长助理龙永图率团与美国助理贸易代表李森智在北京举行双边磋商，这是中美第 11 轮双边磋商。

△ 1996 年 10 月 7 日至 9 日，对外贸易经济合作部部长助理龙永图在华盛顿与美国助理贸易代表李森智举行双边磋商。这是中美第 12 轮双边磋商。

△ 1996 年 10 月 30 日至 11 月 1 日，WTO 中国工作组第 2 次会议在瑞士日内瓦举行，对外贸易经济合作部部长助理龙永图率团出席，并与 WTO 成员进行双边磋商，中方作出加入谈判期间“维持现状”的承诺。

△ 1996 年 12 月 17 日至 19 日，对外贸易经济合作部部长助理龙永图率团与美国助理贸易代表李森智在北京进行非正式磋商。

△ 1996 年 12 月 9 日至 13 日，WTO 第一届部长级会议在新加坡举行。会议通过了新加坡部长宣言，包括欧盟 15 个成员国的 29 个国家和单独关税区签署了《关于信息技术产品贸易的部长宣言》，即《信息技术协定》。对外贸易经济合作部部长助理龙永图率中国代表团出席。

△ 1996 年 12 月下旬，WTO 中国工作组主席、瑞士联邦经济部大使吉拉德访华，与中方就中国加入 WTO 问题举行会谈。

1997 年

△ 1997 年 1 月 27 日至 29 日，对外贸易经济合作部部长助理龙永图率团与欧盟委员会第一总司副总司长德培尔在北京举行双边磋商，这是中欧第 7 轮双边磋商。

△ 1997 年 1 月 30 日至 2 月 1 日，对外贸易经济合作部首席谈判代表龙永图率团与美国助理贸易代表李森智在北京举行双边磋商。这是中美第 13 轮双边磋商。

△ 1997 年 3 月 4 日至 6 日，WTO 中国工作组第 3 次会议在瑞士日内瓦举行，对外贸易经济合作部首席谈判代表龙永图率团出席，并与 WTO 成员进行双边磋商，各方就议定书贸易权条款达成协议。

△ 1997 年 3 月 17 日至 20 日，对外贸易经济合作部首席谈判代表龙永图率团与欧盟委员会第一总司副总司长德培尔在北京举行双边磋商。这是中欧第 8 轮双边磋商。

△ 1997 年 4 月 17 日至 23 日，WTO 总干事鲁杰罗访华，与中方就中国加入 WTO 问题举行会谈。

△ 1997 年 4 月 24 日至 30 日，对外贸易经济合作部首席谈判代表龙永图率团与美国助理贸易代表卡希迪在北京进行双边磋商。这是中美第 14 轮双边磋商。

△ 1997 年 5 月 14 日至 15 日，对外贸易经济合作部首席谈判代表龙永图率团与欧盟委员会第一总司副总司长德培尔在布鲁塞尔举行双边磋商。这是中欧第 9 轮双边磋商。

△ 1997 年 5 月 20 日至 23 日，WTO 中国工作组第 4 次会议在瑞士日内瓦举行，对外贸易经济合作部首席谈判代表龙永图率团出席，并与 WTO 成员进行双边磋商，各方就议定书司法审查和非歧视条款达成协议。

△ 1997 年 5 月 23 日，中国与匈牙利在瑞士日内瓦签署 WTO 双边市场准入协议。

△ 1997 年 7 月 31 日至 8 月 1 日，WTO 中国工作组第 5 次会议在瑞士日内瓦举行，对外贸易经济合作部首席谈判代表龙永图率团出席，并与 WTO 成员进行了双边磋商。

△ 1997 年 8 月 6 日，对外贸易经济合作部首席谈判代表龙永图与新西兰外交贸易部副部长比斯利签署中新 WTO 双边市场准入协议。新西兰成为第一个与中国达成双边协议的发达成员。

△ 1997 年 8 月 26 日，对外贸易经济合作部首席谈判代表龙永图率团在汉城与韩

国就中国加入 WTO 问题进行双边谈判，当天下午，双方签署中韩 WTO 双边市场准入协议。

△ 1997 年 8 月 27 日至 29 日，对外贸易经济合作部首席谈判代表龙永图率团在东京与日本就中国加入 WTO 问题进行双边磋商；9 月 2 日至 3 日，双方代表团在北京继续进行磋商。9 月 4 日，中日两国宣布结束货物贸易双边市场准入谈判。

△ 1997 年 9 月 15 日至 17 日，对外贸易经济合作部首席谈判代表龙永图率团与美国助理贸易代表卡希迪在北京进行双边磋商。这是中美第 15 轮双边磋商。

△ 1997 年 10 月 6 日至 15 日，对外贸易经济合作部首席谈判代表龙永图率团在瑞士日内瓦与近 30 个 WTO 中的发展中国家和中小发达国家就市场准入问题进行双边磋商。

△ 1997 年 10 月 13 日，中国分别与捷克和斯洛伐克在瑞士日内瓦签署 WTO 双边市场准入协议。

△ 1997 年 10 月 29 日，中国国家主席江泽民访美期间，中美发表联合声明。中方表示了尽早参加《信息技术协定》的意向，双方同意加紧谈判，以便使中国尽早加入 WTO。

△ 1997 年 12 月 5 日，WTO 中国工作组第 6 次会议在瑞士日内瓦举行，对外贸易经济合作部首席谈判代表龙永图率团出席，并与 WTO 成员进行双边磋商，中国代表团提交了修改后的服务贸易减让表。

△ 1997 年 12 月 8 日，中国与土耳其在瑞士日内瓦签署 WTO 双边市场准入协议。

△ 1997 年 12 月 9 日，中国与新加坡在瑞士日内瓦签署 WTO 双边市场准入协议。

1998 年

△ 1998 年 2 月 16 日至 18 日，欧盟委员会副主席布里坦访问北京，与对外贸易经济合作部部长吴仪就中国加入 WTO 问题举行会谈，欧盟提出中国开放服务贸易的八条原则。2 月 17 日，吴仪与布里坦就中国加入 WTO 谈判进展发表联合声明。

△ 1998 年 3 月 10 日至 12 日，美国副贸易代表费舍尔访问北京，与对外贸易经济合作部首席谈判代表龙永图就中国加入 WTO 问题进行磋商。

△ 1998 年 4 月 7 日至 4 月 8 日，WTO 中国工作组第 7 次会议在瑞士日内瓦举行，对外贸易经济合作部首席谈判代表龙永图率团出席，并与 WTO 成员进行双边磋商，中国代表团组提交 2005 年工业品降税方案。

△ 1998 年 4 月 23 日至 25 日，美国贸易代表巴舍夫斯基访华，与对外贸易经济合作部部长石广生就中国加入 WTO 问题举行磋商。自 4 月 17 日起，美国助理贸易代表卡希迪率团先期来京与对外贸易经济合作部首席谈判代表龙永图进行磋商。这是中美第 16 轮双边磋商。

△ 1998 年 5 月 18 日至 20 日，WTO 第二届部长会议暨多边贸易体制诞生 50 周年庆典于在瑞士日内瓦隆重举行。对外贸易经济合作部首席谈判代表龙永图率团出席。

△ 1998 年 6 月 15 日至 27 日，对外贸易经济合作部部长石广生率团与美国贸易代表巴舍夫斯基在北京就中国加入 WTO 问题进行磋商。中美双方未能在美国总统克林顿访华前达成协议。这是中美第 17 轮双边磋商。

△ 1998 年 7 月 24 日，WTO 中国工作组第 8 次会议在瑞士日内瓦举行，对外贸易经济合作部首席谈判代表龙永图率团出席，并与 WTO 成员进行双边磋商，中方在会上通报了中美双边磋商的情况。

△ 1998 年 10 月 6 日至 7 日，对外贸易经济合作部首席谈判代表龙永图率团与欧盟委员会第一总司副总司长德培尔在北京就中国加入 WTO 问题进行磋商。这是中欧第 10 轮双边磋商。

△ 1998 年 10 月 8 日至 13 日，对外贸易经济合作部首席谈判代表龙永图与美国助理贸易代表卡希迪在华盛顿就中国加入 WTO 问题进行磋商。这是中美第 18 轮双边磋商。

△ 1998 年 11 月 13 日，对外贸易经济合作部部长石广生与美国贸易代表巴舍夫斯基在马来西亚吉隆坡就中国加入 WTO 问题举行磋商。11 月 12 日，对外贸易经济合作部首席谈判代表龙永图与美国助理贸易代表卡希迪在马来西亚吉隆坡进行工作级磋商。

△ 1998 年 12 月 1 日至 4 日，对外贸易经济合作部国际司副司长易小准率团与美国助理贸易代表卡希迪在旧金山就中国加入 WTO 问题进行非正式磋商。

△ 1998 年 12 月 16 日，对外贸易经济合作部部长石广生在华盛顿出席中美商贸联委会期间，与美国贸易代表巴舍夫斯基举行会谈。石广生希望美方拿出“最后的没有水分的一揽子要价单”。

1999 年

△ 1999 年 1 月 12 日，国务院总理朱镕基在会见美国联邦储备委员会主席格林斯

潘时表示，希望4月访美期间中美两国就中国加入WTO问题达成协议。

△1999年1月28日至29日，美国副贸易代表费舍尔访问北京，与对外贸易经济合作部首席谈判代表龙永图就中国加入WTO问题举行会谈。

△1999年2月8日至10日，对外贸易经济合作部首席谈判代表龙永图与美国助理贸易代表卡希迪在华盛顿就中国加入WTO问题进行磋商。双方就美方准备提交的“最后要价单”进行了讨论。这是中美第19轮双边磋商。

△1999年2月22日至3月4日，对外贸易经济合作部首席谈判代表龙永图与美国助理贸易代表卡希迪在北京就中国加入WTO问题进行磋商。双方就美方2月12日提交的“最后要价单”草案进行了讨论。3月3日至4日，美国贸易代表巴舍夫斯基率团访华，与对外贸易经济合作部部长石广生举行会谈。3月4日，国务院总理朱镕基会见了巴舍夫斯基。这是中美第20轮双边磋商。

△1999年3月19日，WTO中国工作组主席吉拉德在瑞士日内瓦召开部分成员代表团团长非正式会议，会议对中国加入WTO谈判形势进行了评估。对外贸易经济合作部首席谈判代表龙永图与美国、欧盟、日本、加拿大、澳大利亚、新西兰、阿根廷、智利、马来西亚等代表团的团长出席会议，并与WTO成员举行了双边磋商。

△1999年3月24日至4月2日，对外贸易经济合作部首席谈判代表龙永图与美国助理贸易代表卡希迪在北京就中国加入WTO问题进行磋商。3月29日至30日，美国贸易代表巴舍夫斯基访问北京，3月30日，国务院总理朱镕基和国务委员吴仪分别会见了巴舍夫斯基。这是中美第21轮双边磋商。

△1999年4月4日至7日，对外贸易经济合作部首席谈判代表龙永图率团与美国助理贸易代表卡希迪在华盛顿就中国加入WTO问题进行磋商。这是中美第22轮双边磋商。

△1999年4月10日，对外贸易经济合作部部长石广生与美国贸易代表巴舍夫斯基签署《中美农业合作协议》。

△1999年4月10日，国务院总理朱镕基与美国总统克林顿发表《中美联合声明》，美方在联合声明中承诺“坚定支持中国在1999年加入WTO”。

△1999年4月13日至15日，对外贸易经济合作部首席谈判代表龙永图率团与加拿大外交国际贸易部部长助理弗雷德在渥太华就中国加入WTO问题举行双边磋商。

△1999年4月22日至24日，对外贸易经济合作部首席谈判代表龙永图与美国

助理贸易代表卡希迪在北京就中国加入 WTO 问题进行磋商。这是中美第 23 轮双边磋商。

△ 1999 年 4 月 26 日至 28 日，对外贸易经济合作部首席谈判代表龙永图与欧盟委员会第一总司副总司长德培尔在北京就中国加入 WTO 问题进行了磋商。这是中欧第 11 轮双边磋商。

△ 1999 年 7 月 5 日至 9 日，对外贸易经济合作部首席谈判代表龙永图与日本通产省国际经济审议官横田淳在北京就服务贸易问题进行磋商。7 月 9 日，双方发表联合新闻公报，宣布结束全部双边市场准入谈判。

△ 1999 年 5 月 13 日至 17 日，澳大利亚副总理费希尔来京出席中澳商贸联委会期间，中澳双方在北京举行 WTO 双边磋商。双方代表团团长分别为对外贸易经济合作部首席谈判代表龙永图和澳外交贸易部副部长斯宾塞。磋商取得重大进展。1999 年 7 月 13 日，澳大利亚外长唐纳访华期间，与对外贸易经济合作部部长石广生发表联合公报，宣布全面结束两国双边市场准入谈判。

△ 1999 年 7 月 27 日至 8 月 4 日，对外贸易经济合作部首席谈判代表龙永图率团在瑞士日内瓦与 WTO 发展中国家成员就中国加入 WTO 问题进行双边磋商。

△ 1999 年 9 月 5 日至 7 日，对外贸易经济合作部首席谈判代表龙永图与美国助理贸易代表卡希迪在北京就中国加入 WTO 问题举行工作级接触。

△ 1999 年 9 月 9 日至 13 日，对外贸易经济合作部部长石广生与美国贸易代表巴舍夫斯基在新西兰奥克兰就中国加入 WTO 问题举行了会谈，标志着两国 WTO 谈判正式恢复。

△ 1999 年 9 月 27 日至 28 日，对外贸易经济合作部部长石广生率团与美国贸易代表巴舍夫斯基在华盛顿就中国加入 WTO 问题进行双边磋商。这是中美第 24 轮双边磋商。

△ 1999 年 10 月 25 日至 26 日，对外贸易经济合作部首席谈判代表龙永图与欧盟委员会贸易总司司长贝塞勒在瑞士日内瓦举行双边磋商。这是中欧第 12 轮双边磋商。10 月 27 日至 28 日，中国代表团还与瑞士、挪威、波兰、菲律宾等 WTO 成员进行了双边磋商。

△ 1999 年 11 月 2 日，对外贸易经济合作部副部长孙振宇与智利外交部副部长费尔南德斯在北京共同签署中智 WTO 双边市场准入协议。

△ 1999 年 11 月 10 日至 15 日，对外贸易经济合作部部长石广生率团与美国贸易

代表巴舍夫斯基在北京就中国加入 WTO 问题举行双边磋商。11 月 13 日和 15 日，国务院总理朱镕基会见了巴舍夫斯基。双方经过 6 天 6 夜谈判，最终达成 WTO 双边市场准入协议。这是中美第 25 轮双边磋商。

△ 1999 年 11 月 15 日，对外贸易经济合作部部长石广生与美国贸易代表巴舍夫斯基共同签署中美 WTO 双边市场准入协议。

△ 1999 年 11 月 26 日，出席中加贸易理事会的对外贸易经济合作部部长石广生与加拿大国际贸易部部长佩蒂格鲁在多伦多签署中加 WTO 双边市场准入协议。

△ 1999 年 11 月 30 日至 12 月 3 日，WTO 第三届部长级会议在美国西雅图召开，会议未能启动 WTO 新一轮谈判。对外贸易经济合作部部长石广生率团出席。

2000 年

△ 2000 年 1 月 17 日至 28 日，对外贸易经济合作部首席谈判代表龙永图率团在瑞士日内瓦与 WTO 成员举行双边磋商

△ 2000 年 1 月 21 日，对外贸易经济合作部首席谈判代表龙永图在瑞士日内瓦分别与巴西和斯里兰卡驻日内瓦代表团大使分别签署 WTO 双边市场准入协议。

△ 2000 年 1 月 24 日至 26 日，对外贸易经济合作部首席谈判代表龙永图率团与欧盟委员会贸易总司司长贝塞勒在布鲁塞尔举行双边磋商。这是中欧第 13 轮双边磋商。

△ 2000 年 1 月 27 日，对外贸易经济合作部首席谈判代表龙永图在瑞士日内瓦与乌拉圭驻日内瓦代表团大使佩雷斯卡斯蒂罗和秘鲁驻日内瓦代表团大使贝纳勒斯分别签署 WTO 双边市场准入协议。

△ 2000 年 1 月 27 日，中国与古巴在北京签署中古 WTO 双边市场准入协议。

△ 2000 年 1 月 28 日，对外贸易经济合作部首席谈判代表龙永图在瑞士日内瓦与挪威驻日内瓦代表团大使约翰内森和冰岛驻日内瓦代表团大使约翰逊分别签署 WTO 双边市场准入协议。

△ 2000 年 2 月 16 日，对外贸易经济合作部首席谈判代表龙永图与菲律宾贸工部代部长鲍蒂斯塔女士在马尼拉签署中菲 WTO 双边市场准入协议。

△ 2000 年 2 月 17 日至 19 日，应对外贸易经济合作部部长石广生邀请，WTO 总干事穆尔访华，与中方就中国加入 WTO 问题举行会谈。

△ 2000 年 2 月 21 日至 24 日，对外贸易经济合作部首席谈判代表龙永图与欧盟

委员会贸易总司总司长贝斯勒在北京就中国加入 WTO 问题进行磋商。这是中欧第 14 轮双边磋商。

△ 2000 年 2 月 22 日，对外贸易经济合作部部长石广生与印度商业与工业部部长穆拉索里·马兰在北京签署中印 WTO 双边市场准入协议。

△ 2000 年 3 月 7 日，对外贸易经济合作部副部长孙振宇与哥伦比亚外贸部副部长奥罗斯科女士在波哥大签署中哥 WTO 双边市场准入协议。

△ 2000 年 3 月 10 日，对外贸易经济合作部部长石广生与泰国副总理兼商业部部长素帕猜在北京签署中泰 WTO 双边市场准入协议。

△ 2000 年 3 月 11 日，对外贸易经济合作部副部长孙振宇与阿根廷外交部国际经济关系和领事事务国务秘书奥拉西奥·奇基索拉在布宜诺斯艾利斯签署中阿 WTO 双边市场准入协议。

△ 2000 年 3 月 20 日至 21 日，WTO 中国工作组第 9 次会议在瑞士日内瓦举行，对外贸易经济合作部首席谈判代表龙永图率团出席，工作组主席吉拉德宣布，中国加入 WTO 谈判多边进程进入最后阶段。

△ 2000 年 3 月 24 日，对外贸易经济合作部首席谈判代表龙永图在瑞士日内瓦分别与波兰驻日内瓦代表团大使约德克和吉尔吉斯驻日内瓦代表团大使苏丹诺夫签署 WTO 双边市场准入协议。

△ 2000 年 3 月 28 日至 3 月 31 日，对外贸易经济合作部部长石广生率团与欧盟委员会贸易委员拉米在北京就中国加入 WTO 问题进行双边磋商。这是中欧第 15 轮双边磋商。

△ 2000 年 4 月 12 日，对外贸易经济合作部部长石广生与马来西亚国际贸易与工业部部长拉菲达·阿齐兹女士在吉隆坡共同签署中马 WTO 双边市场准入协议。

△ 2000 年 4 月 24 日至 28 日，对外贸易经济合作部首席谈判代表龙永图率团与美国贸易代表办公室法律总顾问诺维克在北京就双边谈判中遗留的化肥问题进行了谈判，双方于 28 日凌晨达成一致，并签署双边协议。

△ 2000 年 5 月 16 日，中国常驻日内瓦代表团大使乔宗淮与拉脱维亚常驻 WTO 代表曼尼卡在瑞士日内瓦签署 WTO 双边市场准入协议。

△ 2000 年 5 月 11 日至 13 日，对外贸易经济合作部首席谈判代表龙永图与欧盟贸易总司司长贝斯勒就中国加入 WTO 问题举行工作级磋商。5 月 15 日至 19 日，对外贸易经济合作部部长石广生率团与欧盟委员会贸易委员拉米就中国加入 WTO 问题

举行双边磋商。5月19日，国务院总理朱镕基会见了拉米，当日下午双方达成协议。

△ 2000年5月19日，对外贸易经济合作部部长石广生与欧盟委员会贸易委员拉米共同签署中欧WTO双边市场准入协议。

△ 2000年6月19日至23日，WTO中国工作组第10次会议在瑞士日内瓦举行，对外贸易经济合作部首席谈判代表龙永图率团出席，会议讨论了中国加入WTO议定书和工作组报告书。

△ 2000年7月17日至27日，WTO中国工作组第11次会议在瑞士日内瓦举行，对外贸易经济合作部首席谈判代表龙永图率团出席，会议继续讨论中国加入WTO议定书和工作组报告书。

△ 2000年7月26日，对外贸易经济合作部首席谈判代表龙永图在瑞士日内瓦与厄瓜多尔驻日内瓦代表团大使共同签署中厄WTO双边市场准入协议。

△ 2000年7月27日，中国常驻日内瓦代表团副代表李恩恒在瑞士日内瓦与危地马拉驻日内瓦代表团大使共同签署中危WTO双边市场准入协议。

△ 2000年9月12日至28日，WTO中国工作组第12次会议在瑞士日内瓦举行，对外贸易经济合作部首席谈判代表龙永图率团出席，会议继续讨论中国加入WTO议定书和工作组报告书。

△ 2000年9月24日至27日，为推动多边谈判取得进展，对外贸易经济合作部部长石广生赴瑞士日内瓦，会见了日本、加拿大、巴基斯坦等国驻日内瓦大使、欧委会贸易总司司长卡尔、WTO中国工作组主席吉拉德、WTO总干事穆尔等，并与美国贸易代表巴舍夫斯基和墨西哥贸易部长布兰科通电话，会晤了8个发展中国家驻日内瓦的大使。

△ 2000年9月25日，对外贸易经济合作部首席谈判代表龙永图与委内瑞拉驻WTO大使共同签署中委WTO双边市场准入协议。

△ 2000年9月26日，对外贸易经济合作部部长石广生与瑞士联邦政府委员、经济部长库什潘在瑞士日内瓦共同签署中瑞WTO双边市场准入协议。

△ 2000年9月28日，中国常驻日内瓦代表团副代表李恩恒在瑞士日内瓦与哥斯达黎加驻日内瓦代表团大使共同签署中哥WTO双边市场准入协议。

△ 2000年10月10日，美国总统克林顿签署《授权给予中华人民共和国永久正常贸易关系法案》。

△ 2000年10月12日，应对外贸易经济合作部部长石广生邀请，美国贸易代表

巴舍夫斯基率团访华，国务院总理朱镕基会见了巴一行，石广生与巴举行了会谈。

△ 2000 年 10 月 24 日，中欧就双边遗留问题达成协议。

△ 2000 年 11 月 1 日至 9 日，WTO 中国工作组第 13 次会议在瑞士日内瓦举行，外贸易经济合作部首席谈判代表龙永图率团出席。工作组主席吉拉德因车祸受伤住院，WTO 副总干事拉维耶临时代理主席职务。会议继续讨论中国加入 WTO 议定书和工作组报告书。

△ 2000 年 11 月 13 日至 15 日，在文莱斯里巴加湾召开的亚太经合组织领导人非正式会议期间，对外贸易经济合作部部长石广生率团与美国贸易代表巴舍夫斯基举行会谈。

△ 2000 年 12 月 5 日至 8 日，WTO 中国工作组第 14 次会议在瑞士日内瓦举行，对外贸易经济合作部首席谈判代表龙永图率团出席。会议继续讨论中国加入 WTO 议定书和工作组报告书。

2001 年

△ 2001 年 1 月 10 日至 17 日，WTO 中国工作组第 15 次会议在瑞士日内瓦举行，对外贸易经济合作部首席谈判代表龙永图率团出席。会议继续讨论中国加入 WTO 议定书和工作组报告书，由于在农业国内支持和保险问题存在分歧，各方未能就多边主要遗留问题达成一揽子协议。

△ 2001 年 3 月 7 日至 13 日，对外贸易经济合作部国际司司长易小准在华盛顿与美国代理助理贸易代表伦德就中国加入 WTO 多边遗留问题进行非正式磋商。

△ 2001 年 3 月 22 日至 23 日，对外贸易经济合作部首席谈判代表龙永图在华盛顿与美方进行非正式磋商，并会见了美国贸易代表佐立克。

△ 2001 年 5 月 18 日至 23 日，对外贸易经济合作部首席谈判代表龙永图率团在瑞士日内瓦与美国、欧盟、加拿大、日本等 WTO 成员就中国加入 WTO 问题举行双边磋商。

△ 2001 年 6 月 4 日至 8 日，在上海亚太经合组织贸易部长会议期间，中美两国就中国加入 WTO 多边主要遗留问题进行了磋商。6 月 7 日至 8 日，对外贸易经济合作部部长石广生与美国贸易代表佐立克就农业国内支持问题进行了最后谈判并达成协议。

△ 2001 年 6 月 18 日至 20 日，对外贸易经济合作部部长石广生与欧盟贸易委员

拉米在布鲁塞尔就中国加入 WTO 多边谈判遗留问题达成全面共识。

△ 2001 年 6 月 28 日至 7 月 4 日，WTO 中国工作组第 16 次会议在瑞士日内瓦举行，对外贸易经济合作部首席谈判代表龙永图率团出席。各方就 12 个多边主要遗留问题达成全面共识。

△ 2001 年 7 月 16 日至 20 日，WTO 中国工作组第 17 次会议在瑞士日内瓦举行，对外贸易经济合作部首席谈判代表龙永图率团出席。会议解决了议定书及其附件和工作组报告书中的遗留问题，基本完成中国加入 WTO 多边法律文件的起草工作。

△ 2001 年 9 月 13 日，中国驻日内瓦代表团大使沙祖康与墨西哥驻日内瓦大使共同签署中墨 WTO 双边市场入协议。至此，中国全部完成了与 WTO 成员的双边市场准入谈判。

△ 2001 年 9 月 12 日至 17 日，WTO 中国工作组第 18 次会议在瑞士日内瓦举行，对外贸易经济合作部首席谈判代表龙永图率团出席。会议审议通过了中国工作组报告书（草案）、议定书（草案）、货物贸易减让表、服务贸易减让表以及《关于中国加入 WTO 的决定》（草案），并决定将这些文件提交 WTO 总理事会审议，并最终提交第四届部长级会议审议通过。中国工作组主席吉拉德宣布，中国工作组完成各项工作，结束历史使命。

△ 2001 年 11 月 9 日至 14 日，WTO 第四届部长级会议在卡塔尔首都多哈举行，会议通过多哈部长宣言，正式启动新一轮多边贸易谈判，会议还通过了《关于与实施有关的问题和关注的决定》及《关于〈TRIPS 协定〉与公共卫生的宣言》等文件。

△ 2001 年 11 月 10 日，在卡塔尔首都多哈举行的 WTO 第四届部长级会议审议通过了中国加入 WTO 议定书（草案）和《关于中国加入 WTO 的决定》（草案）。

△ 2001 年 11 月 11 日，对外贸易经济合作部部长石广生代表中国政府签署了《中华人民共和国加入议定书》，并向 WTO 总干事穆尔递交了中国国家主席江泽民签署的《中华人民共和国加入议定书》批准书。

△ 2001 年 12 月 11 日，中国正式加入世界贸易组织，成为 WTO 第 143 个成员。

附录二　中国代表团名单

（一）出席关税与贸易总协定中国工作组会议中国代表团名单

出席中国工作组第 1 次会议中国代表团名单

1987 年 10 月 22 日

团　　长：	钱嘉东	常驻日内瓦代表团大使
成　　员：	李志敏	常驻日内瓦代表团副代表、公使衔参赞
	刘显铭	常驻日内瓦代表团参赞
	王建宾	常驻日内瓦代表团参赞
	马晓野	常驻日内瓦代表团三秘
	丛燕军	常驻日内瓦代表团三秘

出席中国工作组第2次会议中国代表团名单

1988年2月23日至24日

团　长：	沈觉人	对外经济贸易部部长助理
副团长：	钱嘉东	常驻日内瓦代表团大使
	唐玉峰	经贸部国际联络局副局长
成　员：	李志敏	常驻日内瓦代表团副代表、公使衔参赞
	李培初	国家物价局涉外司司长
	陈炳华	海关总署关税司副司长
	赵淑英（女）	国家计委办公厅经济师
	马英群（女）	国家统计局副司级官员
	王建宾	常驻日内瓦代表团参赞
	柳晓昂	国家经委处级总工程师
	李仲周	经贸部国际联络局处长
	张月姣（女）	经贸部条法局处长
	张小康（女）	外交部国际司副处长
	李华云	国家体改委副处长
	任　泉	常驻日内瓦代表团二秘
	马晓野	常驻日内瓦代表团三秘
	丛燕军	常驻日内瓦代表团三秘
	王　磊	经贸部国际联络局官员
口　译：	王世春	经贸部国际联络局官员
	葛　强	经贸部三局官员

出席中国工作组第3次会议中国代表团名单

1988年4月26日至28日

团　　长：	沈觉人	对外经济贸易部部长助理
副团长：	钱嘉东	常驻日内瓦代表团大使
	唐玉峰	经贸部国际联络局副局长
成　　员：	王仕元	国家体改委副秘书长
	朱震元	国家商检局局长
	李志敏	常驻日内瓦代表团副代表、公使衔参赞
	陈全庚	国家外汇管理局顾问、高级研究员
	李培初	国家物价局涉外物价司司长
	陈炳华	海关总署关税司副司长
	庞玉珏	经贸部计划局副局长
	强源炳	经贸部财会局副局长
	李国栋	经贸部贸管局副局长
	张贵相	经贸部政研室副主任
	沙　玮	经贸部二局副局长
	李哲生	海关总署关税司处长
	黄裕康	经贸部三局处长
	吴家煌	经贸部国际联络局处长
	李仲周	经贸部国际联络局处长
	王建宾	常驻日内瓦代表团参赞
	柳孝华	国务院特区办副处长
	李华云	国家体改委流通局副处长
	胡志勤（女）	经贸部一局副处长
	胡金木	财政部税务总局副处长
	张小安（女）	外交部国际司随员
	任　泉	常驻日内瓦代表团二秘

	马晓野	常驻日内瓦代表团三秘
	丛燕军	常驻日内瓦代表团三秘
	王　磊	经贸部国际联络局官员
口　译：	王世春	经贸部国际联络局官员
	葛　强	经贸部三局官员

出席中国工作组第4次会议中国代表团名单

1988年6月28日至30日

团　　长：	钱嘉东	常驻日内瓦代表团大使
副团长：	唐玉峰	经贸部国际联络局副局长
成　　员：	李志敏	常驻日内瓦代表团副代表、公使衔参赞
	陈全庚	国家外汇管理局顾问、高级研究员
	陈炳华	海关总署关税司副司长
	庞玉珏	经贸部计划局副局长
	强源炳	经贸部财会局副局长
	张贵相	经贸部政研室副主任
	李哲生	海关总署关税司处长
	李仲周	经贸部国际联络局处长
	王建宾	常驻日内瓦代表团参赞
	柳孝华	国务院特区办副处长
	杨云天	经贸部贸管局副处长
	胡金木	财政部税务总局副处长
	任　泉	常驻日内瓦代表团二秘
	马晓野	常驻日内瓦代表团三秘
	丛燕军	常驻日内瓦代表团三秘
	段　蜀（女）	国家外汇管理局官员
	裘珊萍（女）	经贸部国际联络局官员
	李海岩	国务院特区办官员
	王　磊	经贸部国际联络局官员
口　　译：	王世春	经贸部国际联络局官员
	葛　强	经贸部三局官员

出席中国工作组第5次会议中国代表团名单

1988年9月27日至28日

团　　长：	沈觉人	对外经济贸易部副部长
副 团 长：	钱嘉东	常驻日内瓦代表团大使
	唐玉峰	经贸部国际联络局副局长
成　　员：	李志敏	常驻日内瓦代表团副代表、公使衔参赞
	陈全庚	国家外汇管理局顾问、高级研究员
	陈炳华	海关总署关税司副司长
	张贵相	经贸部体改办副主任
	黄裕康	经贸部三局处长
	李仲周	经贸部国际联络局处长
	柳孝华	国务院特区办副处长
	李适时	国务院法制局副处长
	杨维宏	常驻日内瓦代表团一秘
	任　泉	常驻日内瓦代表团二秘
	俞雨康	常驻日内瓦代表团二秘
	金德本	国务院特区办科长
	马晓野	常驻日内瓦代表团三秘
	丛燕军	常驻日内瓦代表团三秘
	傅星国	经贸部国际联络局官员
口　　译：	王世春	经贸部国际联络局官员
	葛　强	经贸部三局官员

出席中国工作组第6次会议中国代表团名单

1989年2月28日至3月1日

团　长：	沈觉人	对外经济贸易部副部长
副团长：	钱嘉东	常驻日内瓦代表团大使
	吴乃文	海关总署副署长
	唐玉峰	经贸部国际联络司副司长
成　员：	李志敏	常驻日内瓦代表团副代表、公使衔参赞
	张贵相	经贸部政策体制司副司长
	陈炳华	海关总署关税司副司长
	吴家煌	常驻日内瓦代表团参赞
	李仲周	经贸部国际联络司处长
	周冠山	海关总署关税司处长
	杨维宏	常驻日内瓦代表团一秘
	王世春	经贸部国际联络司副处长
	俞雨康	常驻日内瓦代表团二秘
	何　宁	常驻日内瓦代表团三秘
	王　磊	常驻日内瓦代表团随员
	张　越	外交部国际司官员
口　译：	傅星国	经贸部国际联络司官员

出席中国工作组第7次会议中国代表团名单

1989年4月18日至19日

团　　长：	钱嘉东	常驻日内瓦代表团大使
副 团 长：	唐玉峰	经贸部国际联络司副司长
成　　员：	李志敏	常驻日内瓦代表团副代表、公使衔参赞
	陈炳华	海关总署关税司副司长
	吴家煌	常驻日内瓦代表团参赞
	李仲周	经贸部国际联络司处长
	周冠山	海关总署关税司处长
	杨维宏	常驻日内瓦代表团一秘
	胡金木	国家税务总局处长
	王世春	经贸部国际联络司副处长
	俞雨康	常驻日内瓦代表团二秘
	丛燕军	常驻日内瓦代表团三秘
	何　宁	常驻日内瓦代表团三秘
	王　磊	常驻日内瓦代表团随员
	张　越	外交部国际司官员
口　　译：	傅星国	经贸部国际联络司官员

出席中国工作组第8次会议中国代表团名单

1989年12月12日至14日

团　　长：	沈觉人	对外经济贸易部副部长
副 团 长：	范国祥	常驻日内瓦代表团大使
	唐玉峰	经贸部国际联络司副司长
成　　员：	李志敏	常驻日内瓦代表团副代表、公使衔参赞
	张贵相	经贸部政策体制司副司长
	沙　玮	常驻瑞士使馆商务处参赞
	陈炳华	海关总署关税司副司长
	吴家煌	常驻日内瓦代表团参赞
	李仲周	经贸部国际联络司处长
	周冠山	海关总署关税司处长
	杨维宏	常驻日内瓦代表团一秘
	王世春	经贸部国际联络司副处长
	周庆连	国家体改委副处长
	俞雨康	常驻日内瓦代表团二秘
	丛燕军	常驻日内瓦代表团二秘
	何　宁	常驻日内瓦代表团三秘
	王　磊	常驻日内瓦代表团随员
	张　越	外交部国际司官员
口　　译：	丁玲玲	经贸部国际联络司官员

出席中国工作组第9次会议中国代表团名单

1990年9月20日

代理团长：	范国祥	常驻日内瓦代表团大使
副 团 长：	唐玉峰	经贸部国际联络司副司长
成　　员：	李志敏	常驻日内瓦代表团副代表、公使衔参赞
	王仕元	国家体改委副秘书长
	张贵相	经贸部政法司副司长
	沙　玮	常驻瑞士使馆商务处参赞
	陈炳华	海关总署关税司副司长
	李仲周	经贸部国际联络司处长
	杨维宏	常驻日内瓦代表团参赞
	王世春	经贸部国际联络司副处长
	闫克庆	国家体改委处长
	马晓野	海关总署关税司副处长
	丛燕军	常驻日内瓦代表团二秘
	刘永荣	国家商标局官员

出席中国工作组第10次会议中国代表团名单

1992年2月13日

团　　长：	佟志广	对外经济贸易部副部长
副 团 长：	吴乃文	海关总署副署长
	范国祥	常驻日内瓦代表团大使
成　　员：	龙永图	经贸部国际联络司司长
	徐秉金	国务院机电设备进口审查办公室副主任
	刘向东	经贸部政体司司长
	王锡多	国家计委经贸司副司长
	陈炳华	海关总署关税司副司长
	马　松	国家物价局对外司副司长
	周植林	经贸部进出口司副司长
	计友鹏	经贸部计划司副司长
	王振普	经贸部条法司副司长
	陈全庚	国家外汇管理局顾问
	李仲周	经贸部国际联络司处长
	胡金木	国家税务总局流转司处长
	周连庆	国家体改委流通司处长
	杨燕怡（女）	外交部国际司副处长
	马晓野	海关总署关税司副处长
	李　楠	经贸部办公厅秘书
	杨鸿斌	经贸部贸管司副处长
	金立刚	经贸部美大司副处长
	李泽民	经贸部欧洲司副处长
	王沛霖	国家商检局外事处官员
	傅星国	经贸部国际联络司官员
	王　燕（女）	经贸部国际联络司官员

沙　玮	常驻瑞士使馆商务处参赞
杨维宏	常驻日内瓦代表团参赞
王世春	常驻日内瓦代表团一秘
周冠山	常驻日内瓦代表团一秘
何　宁	常驻日内瓦代表团二秘
王　磊	常驻日内瓦代表团三秘
钟传水	常驻日内瓦代表团随员

出席中国工作组第 11 次会议中国代表团名单

1992 年 10 月 21 日至 23 日

团　　长：	佟志广	对外经济贸易部副部长
副 团 长：	范国祥	常驻日内瓦代表团大使
秘 书 长：	龙永图	经贸部国际联络司司长
成　　员：	徐秉金	国务院机电协调办副主任
	王天策	常驻日内瓦代表团副代表
	马　松	国家物价局收费司司长
	刘向东	经贸部政体司司长
	臧耀民	国务院经贸办外贸司副司长
	黄汝凤	海关总署关税司司长
	李仲周	经贸部国际联络司副司长
	吴家煌	海关总署关税谈判组组长
	王锡多	国家计委贸易司副司长
	陈全庚	国务院外汇管理局高级研究员
	张玉卿	经贸部条法司处长
	李　楠	经贸部办公厅副处长
	张宝竹	海关总署税委办副处长
	王沛霖	国务院商检局副处长
	周连庆	国家体制改革委员会副处长
	杨鸿斌	经贸部贸管司副处长
	马晓野	经贸部美大司副处长
	张　越	外交部国际司官员
	傅星国	经贸部国际联络司官员
	张向晨	经贸部国际联络司官员
	武　跃	经贸部国际商报记者
	杨维宏	常驻日内瓦代表团参赞

王世春	常驻日内瓦代表团一秘
王　磊	常驻日内瓦代表团三秘
钟传水	常驻日内瓦代表团随员

出席中国工作组第12次会议中国代表团名单

1992年12月9日至11日

团　　长：	佟志广	对外经济贸易部副部长
副 团 长：	金永健	常驻日内瓦代表团大使
秘 书 长：	龙永图	经贸部国际联络司司长
成　　员：	吴家煌	海关总署关税谈判组组长
	臧耀民	国务院经贸办外贸司副司长
	李仲周	经贸部国际联络司副司长
	范保青	经贸部政体司副司长
	苏家寿	经贸部贸管司副司长
	阎克庆	国家体改委流通司副司长
	柳孝华	国务院特区办副司长
	李适时	国务院法制局副司长
	张玉卿	经贸部条法司处长
	李　楠	经贸部办公厅副处长
	易小准	经贸部国际联络司副处长
	马晓野	经贸部美大司副处长
	张　越	外交部国际司官员
	傅星国	经贸部国际联络司官员
	王　燕（女）	经贸部国际联络司官员
	阎鲁云（女）	经贸部贸管司官员
	黄胜强	海关总署税委办处长
	王延春	海关总署税委办官员
	谷云龙	中央电视台新闻采访部记者
	顾朝安	中央电视台新闻制作部记者

出席中国工作组第 13 次会议中国代表团名单

1993 年 3 月 15 日至 17 日

团　　长：	佟志广	对外经济贸易部副部长
副 团 长：	金永健	常驻日内瓦代表团大使
秘 书 长：	龙永图	经贸部国际经贸关系司司长
成　　员：	徐秉金	国务院机电协调办副主任
	王天策	常驻日内瓦代表团副代表
	焦素芬（女）	经贸部外资司司长
	吴家煌	海关总署关税谈判组组长
	王锡多	国家计委贸易司副司长
	臧耀民	国务院经贸办外贸司副司长
	李仲周	经贸部国际经贸关系司副司长
	苏家寿	经贸部贸管司副司长
	严克庆	国家体改委流通司副司长
	陈炳华	海关总署关税司副司长
	陈全庚	国家外汇管理局高级研究员
	柳孝华	国务院特区办副司长
	李适时	国务院法制局副司长
	张玉卿	经贸部条法司处长
	孙　泉	国家物价局综合司处长
	李　楠	经贸部办公厅副处长
	姚长春	农业部综合计划司副处长
	黄胜强	海关总署税委办处长
	易小准	经贸部国际经贸关系司副处长
	马晓野	经贸部美大司副处长
	王沛霖	国家商检局副处长
	张　越	外交部国际司官员

傅星国　　　经贸部国际经贸关系司官员

张向晨　　　经贸部国际经贸关系司官员

阎鲁云（女）经贸部贸管司官员

杨维宏　　　常驻日内瓦代表团参赞

王世春　　　常驻日内瓦代表团一秘

林　萱（女）常驻日内瓦代表团三秘

钟传水　　　常驻日内瓦代表团随员

出席中国工作组第14次会议中国代表团名单

1993年5月24日至28日

团　　长：	谷永江	对外贸易经济合作部副部长
副 团 长：	金永健	常驻日内瓦代表团大使
秘 书 长：	龙永图	外经贸部国际经贸关系司司长
成　　员：	王天策	常驻日内瓦代表团副代表
	吴家煌	海关总署关税谈判组组长
	李仲周	外经贸部国际经贸关系司副司长
	陈全庚	国家外汇管理局高级研究员
	黄胜强	海关总署税委办处长
	霍建国	国家经贸委外贸司副处长
	周胜建	外经贸部办公厅副处长
	易小准	外经贸部国际经贸关系司副处长
	姚长春	农业部综合计划司副处长
	白永洁（女）	外交部国际司官员
	王延春	海关总署税委办官员
	傅星国	外经贸部国际经贸关系司官员
	盛宝良	外经贸部国际经贸关系司官员
	史苗苗（女）	外经贸部国际经贸关系司官员
	杨维宏	常驻日内瓦代表团参赞
	王世春	常驻日内瓦代表团一秘
	王　磊	常驻日内瓦代表团三秘
	林　萱（女）	常驻日内瓦代表团三秘
	钟传水	常驻日内瓦代表团三秘

出席中国工作组第 15 次会议中国代表团名单

1993 年 9 月 28 日至 10 月 1 日

团　长：	谷永江	对外贸易经济合作部副部长
副团长：	金永健	常驻日内瓦代表团大使
秘书长：	龙永图	外经贸部国际经贸关系司司长
成　员：	唐玉峰	常驻日内瓦代表团副代表
	陈炳华	海关总署关税司副司长
	李仲周	外经贸部国际经贸关系司副司长
	张月姣（女）	外经贸部条法司副司长
	周冠山	海关总署关税司处长
	胡晓炼（女）	国家外汇管理局政研室主任
	周胜建	外经贸部办公厅处长
	郭永平	国家经贸委外贸司处长
	姚长春	农业部综合计划司副处长
	姚文国	国家动植物检疫所副所长
	张文元	外经贸部贸发司副处长
	王沛霖	国家商检局副处长
	马晓野	外经贸部美大司副处长
	易小准	外经贸部国际经贸关系司副处长
	王延春	海关总署关税司官员
	白永洁（女）	外交部国际司官员
	傅星国	外经贸部国际经贸关系司官员
	张向晨	外经贸部国际经贸关系司官员
	张丽萍（女）	外经贸部国际经贸关系司官员
	杨维宏	常驻日内瓦代表团参赞
	王世春	常驻日内瓦代表团一秘
	刘同泰	常驻日内瓦代表团一秘

王　磊　　　常驻日内瓦代表团三秘
钟传水　　　常驻日内瓦代表团三秘
林　萱（女）常驻日内瓦代表团三秘

出席中国工作组第16次会议中国代表团名单

1994年3月15日至18日

团　长：	谷永江	对外贸易经济合作部副部长
副团长：	俞晓松	国家经贸委副主任
	金永健	常驻日内瓦代表团大使
秘书长：	龙永图	外经贸部国际经贸关系司司长
成　员：	唐玉峰	常驻日内瓦代表团副代表
	许　斌	国家外汇管理局副局长
	周醒海	国家商检局副局长
	徐秉金	国家机电办副主任
	李仲周	外经贸部国际经贸关系司副司长
	王锡多	国家计委外贸司副司长
	吴家煌	海关总署关税司司长
	臧耀民	国家经贸委外经贸司副司长
	易小准	外经贸部国际经贸关系司处长
	张玉卿	外经贸部条法司处长
	刘石桥	国家税委办处长
	胡金木	国家税务总局处长
	周胜建	外经贸部办公厅处长
	汪东虹	海关总署关税司副处长
	姚长春	农业部综合计划司副处长
	赵宝庆	国家动植物检疫总所副处长
	顾　杰	外经贸部外资司副处长
	黄任刚	外经贸部交际司副处长（译员）
	白永洁（女）	外交部国际司官员
	王延春	海关总署关税司官员
	张向晨	外经贸部国际经贸关系司官员

王　燕（女）	外经贸部国际经贸关系司官员
陆跃平	国家经贸委外经贸司官员
马继宪	国家经贸委外经贸司官员
阎鲁云（女）	外经贸部贸管司官员
欧华榕	外经贸部美大司官员
杨维宏	常驻日内瓦代表团参赞
王世春	常驻日内瓦代表团一秘
刘同泰	常驻日内瓦代表团一秘
王　磊	常驻日内瓦代表团三秘
钟传水	常驻日内瓦代表团三秘
林　萱（女）	常驻日内瓦代表团三秘

出席中国工作组第17次会议中国代表团名单

1994年6月28日至7月1日

团　　长：	谷永江	对外贸易经济合作部副部长
副 团 长：	俞晓松	国家经贸委副主任
	侯志通	常驻日内瓦代表团大使
副团长兼		
秘 书 长：	龙永图	外经贸部部长助理
成　　员：	唐玉峰	常驻日内瓦代表团副代表
	徐秉金	国家机电办副主任
	李仲周	外经贸部国际经贸关系司司长
	周醒海	国家商检局副局长
	吴家煌	海关总署关税司司长
	杨贡林	国家外汇管理局司长
	王锡多	国家计委外贸司副司长
	张月姣（女）	外经贸部条法司副司长
	臧耀民	国家经贸委外经贸司副司长
	王　华	国家计委物价司处长
	周胜建	外经贸部办公厅处长
	刘石桥	国务院税委办处长
	易小准	外经贸部国际经贸关系司处长
	邓红国	中国人民银行外资司副处长
	赵宝庆	国家动植物检疫总所副处长
	汪东虹	海关总署关税司副处长
	黄任刚	外经贸部交际司副处长（译员）
	马继宪	国家经贸委外经贸司官员
	寇　明	国家计委外经贸司官员
	王凯园（女）	农业部综合计划司官员

王延春	海关总署关税司官员
白永洁（女）	外交部国际司官员
阎鲁云（女）	外经贸部贸管司官员
张向晨	外经贸部国际经贸关系司官员
赵艳霞（女）	外经贸部国际经贸关系司官员
傅星国	外经贸部国际经贸关系司官员
朱凌燕（女）	国家经贸委外贸司官员
杨维宏	常驻日内瓦代表团参赞
王世春	常驻日内瓦代表团一秘
刘同泰	常驻日内瓦代表团一秘
王　磊	常驻日内瓦代表团三秘
钟传水	常驻日内瓦代表团三秘
林　萱（女）	常驻日内瓦代表团三秘

出席中国工作组第18次会议中国代表团名单

1994年7月28日至29日

团　长：	龙永图	对外贸易经济合作部部长助理
成　员：	唐玉峰	常驻日内瓦代表团副代表
	李仲周	外经贸部国际经贸关系司司长
	吴家煌	海关总署关税司司长
	臧耀民	国家经贸委外经贸司副司长
	易小准	外经贸部国际经贸关系司处长
	姚申洪	外经贸部办公厅副处长
	白永洁（女）	外交部国际司官员
	张向晨	外经贸部国际经贸关系司官员
	傅星国	外经贸部国际经贸关系司官员
	杨维宏	常驻日内瓦代表团参赞
	王世春	常驻日内瓦代表团一秘
	刘同泰	常驻日内瓦代表团一秘
	钟传水	常驻日内瓦代表团三秘
	林　萱（女）	常驻日内瓦代表团三秘

中国复关议定书双边磋商代表团名单

1994年9月

团　　长：	龙永图	对外贸易经济合作部部长助理
成　　员：	李仲周	外经贸部国际经贸关系司司长
	唐玉峰	常驻日内瓦代表团副代表
	吴家煌	海关总署关税司司长
	臧耀民	国家经贸委外经贸司副司长
	易小准	外经贸部国际经贸关系司处长
	姚申洪	外经贸部办公厅副处长
	白永洁（女）	外交部国际司官员
	王　磊	外经贸部国际经贸关系司官员
	张向晨	外经贸部国际经贸关系司官员
	傅星国	外经贸部国际经贸关系司官员
	盛宝良	常驻美国使馆三秘

中国复关市场准入谈判代表团名单

1994 年 9 月至 10 月

团　长：	李仲周	外经贸部国际经贸关系司司长
副团长：	吴家煌	海关总署国际关税司司长
成　员：	刘石桥	国家税委办处长
	吴家康	国家计委商贸司副处长
	孙晓霞	财政部商贸司副处长
	赵宝庆	国家检疫总所副处长
	汪东虹	海关总署关税司副处长
	王延春	海关总署关税司官员
	马继宪	国家经贸委外贸司官员
	石永红	国家机电办官员
	虞成实	外经贸部贸管司官员
	王凯圆（女）	农业部综合计划司官员
	赵艳霞（女）	外经贸部国际经贸关系司官员
	王　燕（女）	外经贸部国际经贸关系司官员
	王世春	常驻日内瓦代表团参赞
	刘同泰	常驻日内瓦代表团一秘
	钟传水	常驻日内瓦代表团三秘

中国服务贸易双边谈判代表团名单

1994年9月20日至10月10日

团　　长：	李仲周	外经贸部国际经贸关系司司长
成　　员：	黄　海	内贸部政策法规司副司长
	赵梅庄	邮电部政策法规司处长
	杨金国	司法部律师司处长
	李亚莹	国家旅游局国际联络司副处长
	仇光玲（女）	外经贸部外资司副处长
	陆跃平	国家经贸委外贸司官员
	杨玉英	国家计委长期规划与产业政策司官员
	王治超	中国人民银行外资司官员
	颜明池	国家民航总局政策法规司官员
	洪晓东	外经贸部国际经贸关系司官员

中国复关市场准入谈判代表团名单

1994 年 11 月

团　　长： 龙永图　　对外贸易经济合作部部长助理

成　　员： 徐秉金　　国务院机电办副主任

李仲周　　外经贸部国际经贸关系司司长

吴家煌　　海关总署关税司司长

臧耀民　　国家经贸委外经贸司副司长

易小准　　外经贸部国际经贸关系司处长

孙晓路　　国家计委外贸司处长

刘石桥　　国务院税委办处长

刘北桦（女）　农业部综合计划司副处长

赵宝庆　　国家动植物检疫局副处长

姚申洪　　外经贸部办公厅副处长

刘　平　　海关总署关税司副处长

白永洁（女）　外交部国际司三秘

王延春　　海关总署关税司官员

王　磊　　外经贸部国际经贸关系司官员

赵艳霞（女）　外经贸部国际经贸关系司官员

张向晨　　外经贸部国际经贸关系司官员

虞成实　　外经贸部贸管司官员

王洪波（女）　外经贸部交际司官员（译员）

服务贸易团成员：

何　宁　　外经贸部国际经贸关系司副处长

仇光玲（女）　外经贸部外资司副处长

洪晓东　　外经贸部国际经贸关系司官员

王治超　　中国人民银行外资司官员

杨玉英　　国家计委三产司官员

出席中国工作组第19次会议中国代表团名单

1994年12月20日

团　　长：	谷永江	对外贸易经济合作部副部长
副 团 长：	俞晓松	国家经贸委副主任
秘 书 长：	龙永图	外经贸部部长助理
成　　员：	唐玉峰	常驻日内瓦代表团副代表
	徐秉金	国务院机电产品进出口办公室副主任
	李仲周	外经贸部国际经贸关系司司长
	吴家煌	海关总署关税司司长
	臧耀民	国家经贸委外经贸司副司长
	孙晓路	国家计委外贸司处长
	刘石桥	国务院税委办处长
	金立刚	外经贸部美大司处长
	易小准	外经贸部国际经贸关系司处长
	刘北桦（女）	农业部综合计划司副处长
	赵宝庆	国家动植物检疫局副处长
	姚申洪	外经贸部办公厅副处长
	刘　平	海关总署关税司副处长
	仇光玲（女）	外经贸部外资司副处长
	何　宁	外经贸部国际经贸关系司副处长
	白永洁（女）	外交部国际司三秘
	杨玉英	国家计委长期规划司官员
	王治超	中国人民银行外资司官员
	王延春	海关总署关税司官员
	朱凌燕（女）	国家经贸委外经贸司官员
	王　磊	外经贸部国际经贸关系司官员
	张向晨	外经贸部国际经贸关系司官员

赵艳霞（女） 外经贸部国际经贸关系司官员
洪晓东 外经贸部国际经贸关系司官员
虞成实 外经贸部贸管司官员
王洪波（女） 外经贸部交际司官员（译员）
杨维宏 常驻日内瓦代表团参赞
王世春 常驻日内瓦代表团一秘
刘同泰 常驻日内瓦代表团一秘
钟传水 常驻日内瓦代表团三秘
林 萱（女） 常驻日内瓦代表团三秘

出席1995年5月非正式磋商中国代表团名单

1995年5月8日至19日

团　长：	龙永图	对外贸易经济合作部部长助理
成　员：	吴家煌	海关总署关税司司长
	臧耀民	国家经贸委外经贸司副司长
	易小准	外经贸部国际经贸关系司处长
	何　宁	外经贸部国际经贸关系司副处长
	姚申洪	外经贸部办公厅副处长
	王　磊	外经贸部国际经贸关系司官员
	张向晨	外经贸部国际经贸关系司官员
	白永洁（女）	外交部国际司官员
	王延春	海关总署关税司官员
	王世春	常驻日内瓦代表团参赞
	王　毅	常驻日内瓦代表团二秘
	林　萱（女）	常驻日内瓦代表团三秘
	盛宝良	常驻美国使馆经商处三秘

出席 1995 年 7 月非正式磋商中国代表团名单

1995 年 7 月 9 日至 28 日

团　　长：	龙永图	对外贸易经济合作部部长助理
成　　员：	吴家煌	海关总署关税司司长
	张宝竹	国务院税委办副主任
	易小准	外经贸部国际经贸关系司处长
	赵宝庆	国家动植物检疫局处长
	何　宁	外经贸部国际经贸关系司处长
	姚申洪	外经贸部办公厅副处长
	汪东虹	海关总署关税司副处长
	王　磊	外经贸部国际经贸关系司副处长
	白永洁（女）	外交部国际司官员
	石永红	国务院机电办官员
	朱凌燕（女）	国家经贸委外经贸司官员
	王　沅	中国人民银行外资司官员
	王延春	海关总署关税司官员
	寇　明	国家计委外经贸司官员
	张向晨	外经贸部国际经贸关系司官员

出席1995年12月非正式磋商中国代表团名单

1995年11月29日至12月11日

团　长：	龙永图	对外贸易经济合作部部长助理
成　员：	徐秉金	国务院机电办主任
	周醒海	国家商检局副局长
	吴家煌	海关总署关税司司长
	张宝竹	国务院税委办副主任
	臧耀民	国家经贸委外经贸司副司长
	田　军	国家计委产业规划司处长
	易小准	外经贸部国际经贸关系司处长
	姚申洪	外经贸部办公厅副处长
	刘　平	海关总署关税司副处长
	王　磊	外经贸部国际经贸关系司副处长
	白永洁（女）	外交部国际司官员
	王延春	海关总署关税司官员
	张向晨	外经贸部国际经贸关系司官员
	盛宝良	常驻美国使馆经商处三秘
	洪晓东	外经贸部国际经贸关系司官员

（二）出席世界贸易组织中国工作组会议中国代表团名单

出席中国工作组第 1 次会议中国代表团名单

1996 年 3 月 20 日至 22 日

团　　长：	龙永图	对外贸易经济合作部部长助理
副 团 长：	吴建民	常驻日内瓦代表团大使
成　　员：		
外经贸部：	李仲周	国际司司长
	易小准	国际司处长
	马晓野	美大司处长
	姚申洪	办公厅副处长
	姚苏峰	发展司副处长
	丁玲玲（女）	国际司官员
	张向晨	国际司官员
	胡盈之	国际司官员
外 交 部：	王小龙	国际司官员
国家计委：	田　军	长期规划司处长
国家经贸委：	马继宪	外经贸司官员
海关总署：	吴家煌	关税司司长
	周冠山	外事司副司长
	王延春	关税司官员
交 通 部：	任为民	外事司官员
国家商检局：	岳小兵	法规司处长
新 华 社：	王文联	外事局处长
常驻日内瓦代表团：		
	唐玉峰	副代表

何　宁	参赞
刘同泰	经贸处一秘
高　斌	经贸处三秘

出席中国工作组第 2 次会议中国代表团名单

1996 年 10 月 30 日至 11 月 1 日

团　　长： 龙永图　　对外贸易经济合作部部长助理

成　　员：

外经贸部： 易小准　　国际司处长

姚申洪　　办公厅副处长

阎鲁云（女）　　贸管司官员

张向晨　　国际司官员

索必成　　国际司官员

胡盈之　　国际司官员

外 交 部： 谈　践　　国际司副处长

国家计委： 田　军　　外事司副司长

徐　林　　长期规划司副处长

张化中　　价格收费司副处长

国家经贸委： 李建勋　　外经贸司副处长

海关总署： 周冠山　　外事司副司长

汪东虹　　关税司副处长

王延春　　关税司副处长

国内贸易部： 李　冀　　法规司副处长

中国人民银行： 杜晓黎（女）　　外资司副处长

国家商检局： 岳小兵　　法规司处长

常驻美国使馆： 盛宝良　　经商处三秘

常驻日内瓦代表团：

唐玉峰　　副代表

何　宁　　参赞

刘同泰　　经贸处一秘

高　斌　　经贸处三秘

出席中国工作组第3次会议中国代表团名单

1997年3月4日至6日

团　　长：	龙永图	对外贸易经济合作部部长助理
成　　员：		
外经贸部：	易小准	国际司副司长
	姚苏峰	发展司处长
	姚申洪	办公厅处长
	杨鸿斌	贸管司副处长
	张向晨	国际司副处长
	王洪波（女）	交际司官员（译员）
	索必成	国际司官员
	胡盈之	国际司官员
外 交 部：	马雪松	国际司一秘
国家计委：	徐　林	长期规划司副处长
	徐　铭（女）	外经贸司官员
国家经贸委：	朱凌燕（女）	外经贸司官员
海关总署：	周冠山	外事司副司长
	汪东虹	关税司副处长
	王延春	关税司副处长
	党英杰（女）	关税司官员
国家机电产品进出口办公室：		
	徐秉金	副主任
国务院关税税则委员会办公室：		
	张宝竹	副主任
	张志勇	副处长
国家商检局：	史书声	总工程师
	周升和	外事处副处长

国家技术监督局：

夏铮铮	认证办公室副主任

常驻日内瓦代表团：

唐玉峰	副代表
何　宁	参赞
高　斌	经贸处三秘

出席中国工作组第4次会议中国代表团名单

1997年5月20日至23日

团　　长：	龙永图	对外贸易经济合作部首席谈判代表
成　员：		
外经贸部：	张玉卿	条法司副司长
	陈　鹏	贸管司处长
	仇光玲（女）	外资司副处长
	易小准	国际司副司长
	张向晨	国际司副处长
	索必成	国际司官员
	胡盈之	国际司官员
	孙　亮（女）	交际司官员（译员）
外 交 部：	马雪松	国际司一秘
国家计委：	包克辛	外经贸司司长
	徐　铭（女）	外经贸司官员
	徐　林	长期规划和产业政策司副处长
国家经贸委：	徐秉金	国家机电产品进出口办公室主任
	石永红	国家机电产品进出口办公室官员
	张宝竹	国务院关税税则委员会办公室副主任
	张志勇	国务院关税税则委员会办公室副处长
	王琴华（女）	对外经济贸易司副司长
	朱凌燕（女）	对外经济贸易司官员
海关总署：	周冠山	外事司副司长
	汪东虹	关税司副处长
	党英杰（女）	关税司官员
农 业 部：	赵宝庆	国家动植物检疫局处长

国家商检局：	周醒海	副局长
	史书声	总工程师、司长
	王沛霖	副司长
	周升和	官员
	蔡　伟	官员
国家技术监督局：		
	夏铮铮	实验室评审管理办公室司长
常驻日内瓦代表团：		
	李仲周	副代表
	何　宁	参赞
	王延春	经贸处二秘
	高　斌	经贸处三秘

出席中国工作组第5次会议中国代表团名单

1997年7月31日至8月1日

团　　长：	龙永图	对外贸易经济合作部首席谈判代表
成　　员：		
外经贸部：	刘俊生	贸管司副司长
	易小准	国际司副司长
	张向晨	国际司副处长
	索必成	国际司官员
	胡盈之	国际司官员
	王洪波（女）	交际司官员（译员）
外 交 部：	马雪松	国际司一秘
国家计委：	吴家康	对外经济贸易司处长
	徐　林	长期规划和产业政策司副处长
国家经贸委：	徐秉金	国家机电产品进出口办公室主任
	石永红	国家机电产品进出口办公室官员
	张志勇	国务院关税税则委员会办公室副处长
	李建勋	对外经济贸易司副处长
海关总署：	吴家煌	关税司司长
	周冠山	外事司副司长
	汪东虹	关税司副处长
	党英杰（女）	关税司官员
农 业 部：	赵宝庆	国家动植物检疫局处长
国家商检局：	史书声	总工程师、司长
	王沛霖	副司长
	田　壮	官员
	周升和	官员
	蔡　伟	官员

国家技术监督局：

夏铮铮　　实验室评审管理办公室司长

常驻日内瓦代表团：

李仲周　　副代表

何　宁　　参赞

王延春　　经贸处二秘

高　斌　　经贸处三秘

出席1997年10月非正式磋商中国代表团名单

1997年10月6日至15日

团　　长： 龙永图　　对外贸易经济合作部首席谈判代表

成　　员：

外经贸部： 索必成　　国际司官员

胡盈之　　国际司官员

国家计委： 徐　铭（女）　外经贸司官员

国家经贸委：

石永红　　国家机电产品进出口办公室官员

张志勇　　国务院关税税则委员会办公室副处长

海关总署： 周冠山　　外事司副司长

汪东虹　　关税司副处长

党英杰（女）　关税司官员

常驻日内瓦代表团：

李仲周　　副代表

何　宁　　参赞

王延春　　经贸处二秘

高　斌　　经贸处三秘

出席中国工作组第 6 次会议中国代表团名单

1997 年 12 月 5 日

团　　长：	龙永图	对外贸易经济合作部首席谈判代表
成　　员：		
外经贸部：	刘俊生	贸管司副司长
	易小准	国际司副司长
	仇光玲	外资司副处长
	张向晨	国际司副处长
	齐红儿（女）	国际司副处长
	王　燕（女）	国际司官员
	索必成	国际司官员
	胡盈之	国际司官员
	孙　亮（女）	交际司官员（译员）
外 交 部：	马雪松	国际司一秘
国家计委：	包克辛	外经贸司司长
国家经贸委：		
	徐秉金	国家机电产品进出口办公室主任
	张宝竹	国务院关税税则委员会办公室副主任
	朱凌燕（女）	外经贸司官员
海关总署：	吴家煌	关税司司长
	周冠山	国际司副司长
	汪东虹	关税司副处长
	党英杰（女）	关税司官员
农 业 部：	赵宝庆	国家动植物检疫局局长助理
国家商检局：		
	史书声	总工程师、司长
	王沛霖	副司长

周升和　　副处长
田　壮　　副处长
蔡　伟　　官员

国家技术监督局：

夏铮铮　　实验室评审管理办公室司长

邮 电 部：赵梅庄　　政法司处长

国内贸易部：

郭国荣　　政法司处长

中国人民银行：

张电中　　外资司处长

常驻日内瓦代表团：

李仲周　　副代表
何　宁　　参赞
王延春　　经贸处二秘
高　斌　　经贸处三秘

出席中国工作组第7次会议中国代表团名单

1998年4月7日至8日

团　　长：	龙永图	对外贸易经济合作部首席谈判代表
成　　员：		
外经贸部：	易小准	国际司副司长
	仇光玲（女）	外资司副处长
	孙　鹏	外资司副处长
	张向晨	国际司副处长
	齐红儿（女）	国际司副处长
	索必成	国际司官员
	郑　力	国际司官员
	王晓东	国际司官员
	陈　畅	交际司官员（译员）
国家计委：	徐　林	长期规划司副处长
	徐　铭（女）	外经贸司官员
国家经贸委：		
	石永红	国家机电产品进出口办公室副处长
	张宝竹	国务院关税税则委员会办公室副主任
	张志勇	国务院关税税则委员会办公室副处长
	霍建国	外经贸司副司长
	李建勋	外经贸司副处长
外 交 部：	马雪松	国际司一秘
海关总署：	吴家煌	关税司司长
	周冠山	外事司副司长
	汪东虹	关税司副处长
	党英杰（女）	关税司官员
农 业 部：	赵宝庆	国家动植物检疫局局长助理

电子部：	周子学	经济调节司副司长
	董云庭	发展研究院院长
	綦福锁	经济调节司综合处副处长
	李　钢	经济调节司综合处官员
机械部：	苏子孟	国际合作司副处长
国家商检局：		
	史书声	总工程师、司长
	周升和	副处长
国家技术监督局：		
	夏铮铮	实验室评审管理办公室司长
内贸部：	尹　虹（女）	政策法规司官员
邮电部：	侯玉兰（女）	政策法规司助理巡视员
司法部：	何　敏（女）	律师司外管处处长
	萧红明	律师司外管处官员
中国人民银行：		
	韩　萍（女）	外资司副处长
中国注册会计师协会：		
	章海贤	外联部副主任
常驻日内瓦代表团：		
	李仲周	副代表
	何　宁	参赞
	王延春	经贸处二秘
	高　斌	经贸处三秘

出席中国工作组第8次会议中国代表团名单

1998年7月24日

团　　长： 龙永图　　对外贸易经济合作部首席谈判代表

成　　员：

外经贸部： 徐秉金　　机电产品进出口办公室主任

易小准　　国际司副司长

仇光玲（女）　外资司副处长

石永红　　机电产品进出口办公室副处长

张向晨　　国际司副处长

齐红儿（女）　国际司副处长

索必成　　国际司官员

郑　力　　国际司官员

王晓东　　国际司官员

汪　震　　交际司官员（译员）

国家计委： 徐　林　　长期规划司副处长

国家经贸委：

罗志扬　　对外经济协调司副处长

外 交 部： 马雪松　　国际司一秘

国务院税则办：

张宝竹　　副主任

海关总署： 吴家煌　　关税司司长

周冠山　　外事司副司长

汪东虹　　关税司副处长

党英杰（女）　关税司官员

国家出入境检验检疫局：

史书声　　总工程师、司长

赵宝庆　　原国家动植物检疫局局长助理

周升和　　副处长

国家质量技术监督局：

夏铮铮　　实验室评估管理办公室主任

信息产业部：

张建斌　　政策法规司官员

国家内贸局：

龙文元　　政策法规司处长

常驻日内瓦代表团：

李仲周　　副代表

何　宁　　参赞

王延春　　经贸处二秘

高　斌　　经贸处三秘

胡盈之　　经贸处三秘

出席 1999 年 3 月非正式磋商中国代表团名单

1999 年 3 月 19 日

团　　长：	龙永图	对外贸易经济合作部首席谈判代表
成　　员：	易小准	外经贸部国际司副司长
	张向晨	外经贸部国际司处长
	齐红儿（女）	外经贸部国际司副处长
	索必成	外经贸部国际司官员
	郑　力	外经贸部国际司官员
常驻日内瓦代表团：		
	李恩恒	副代表
	王延春	经贸处二秘
	杨　静（女）	经贸处三秘
	胡盈之	经贸处三秘
	王晓东	经贸处随员

出席1999年7月非正式磋商中国代表团名单

1999年7月27日至8月4日

团　长：	龙永图	对外贸易经济合作部首席谈判代表
成　员：	易小准	外经贸部国际司副司长
	张向晨	外经贸部国际司处长
	齐红儿（女）	外经贸部国际司副处长
	索必成	外经贸部国际司官员
	郑　力	外经贸部国际司官员
常驻日内瓦代表团：		
	李恩恒	副代表
	王延春	经贸处二秘
	杨　静（女）	经贸处三秘
	胡盈之	经贸处三秘
	王晓东	经贸处随员

出席1999年10月非正式磋商中国代表团名单

1999年10月25日至28日

团　　长：	龙永图	对外贸易经济合作部首席谈判代表
成　　员：	易小准	外经贸部国际司副司长
	邓红国	中国人民银行银行一司处长
	孟昭亿	中国保险监督委员会国际部处长
	张向晨	外经贸部国际司处长
	齐红儿（女）	外经贸部国际司副处长
	索必成	外经贸部国际司副处长
	郑　力	外经贸部国际司官员
常驻日内瓦代表团：		
	李恩恒	副代表
	王延春	经贸处二秘
	杨　静（女）	经贸处三秘
	胡盈之	经贸处三秘
	王晓东	经贸处随员

出席2000年1月非正式磋商中国代表团名单

2000年1月17日至28日

团　　长：龙永图　　　对外贸易经济合作部首席谈判代表

成　　员：

外经贸部：易小准　　　国际司副司长

张向晨　　　国际司副处长

杨国华　　　条法司副处长

傅星国　　　国际司副处长

齐红儿（女）　国际司副处长

索必成　　　国际司副处长

郑　力　　　国际司官员

刘　钢　　　国际司官员

外 交 部：张　越　　　国际司参赞

国家计委：徐　铭（女）　市场流通司官员

国务院法制办：

吴　浩　　　财政金融法制司副司长

中国人民银行：

都晓红（女）　国际司官员

常驻日内瓦代表团：

李恩恒　　　副代表

王延春　　　经贸处二秘

杨　静（女）　经贸处三秘

胡盈之　　　经贸处三秘

王晓东　　　经贸处随员

出席中国工作组第 9 次会议中国代表团名单

2000 年 3 月 20 日至 21 日

团　　长：	龙永图	对外贸易经济合作部首席谈判代表
副 团 长：	乔宗淮	常驻日内瓦代表团大使
成　　员：		
外经贸部：	徐秉金	部长助理
	易小准	国际司副司长
	齐红儿（女）	国际司处长
	石永红	机电司副处长
	傅星国	国际司副处长
	索必成	国际司副处长
	杨国华	条法司副处长
	郑　力	国际司官员
	刘　钢	国际司官员
	袁　园（女）	交际司官员（译员）
外 交 部：	王　玲（女）	国际司三秘
国家计委：	徐　铭（女）	市场流通司官员
国务院法制办：		
	李适时	副主任
常驻日内瓦代表团：		
	李恩恒	副代表
	杨　静（女）	经贸处三秘
	胡盈之	经贸处三秘
	王晓东	经贸处随员

出席中国工作组第10次会议中国代表团名单

2000年6月19日至23日

团　　长：	龙永图	对外贸易经济合作部首席谈判代表
副 团 长：	乔宗淮	常驻日内瓦代表团大使
	李适时	国务院法制办副主任
成　　员：		
外经贸部：	易小准	国际司司长
	张玉卿	条法司司长
	王世春	贸管司副司长
	张向晨	国际司处长
	齐红儿（女）	国际司处长
	孙　鹏	外资司处长
	李成钢	条法司副处长
	傅星国	国际司副处长
	索必成	国际司副处长
	郑　力	国际司官员
	刘　钢	国际司官员
	田　华（女）	交际司官员（译员）
	袁　园（女）	交际司官员（译员）
外 交 部：	王　玲（女）	国际司官员
国家计委：	包克辛	经贸流通司司长
	徐　铭（女）	经贸流通司官员
国家经贸委：		
	李建勋	贸易市场司处长
	曹德荣	对外经济协调司副处长
财 政 部：	张宝竹	税制税则司副司长
	王建凡	税制税则司处长

中国人民银行：

	高鼎新	银行一司官员
海关总署：	王延春	处长
	练　兵	深圳海关副科长
	邹文献（女）	拱北海关副科长

国家出入境检验检疫局：

	李少卿	科技与国际合作司司长
	赵宝庆	科技与国际合作司副司长
	刘卫军	认证监管司副司长

国家质量技术监督局：

	夏铮铮	认证与实验室评审管理司司长

国务院法制办：

	吴　浩	财政金融法制司副司长

中国保险监督管理委员会：

	孟昭亿	国际部副主任

中国证券监督管理委员会：

	谢　庚	办公厅副主任

常驻日内瓦代表团：

	李恩恒	副代表
	胡盈之	经贸处三秘
	杨　静（女）	经贸处三秘

出席中国工作组第11次会议中国代表团名单

2000年7月17日至27日

团　　长：	龙永图	对外贸易经济合作部首席谈判代表
副 团 长：	乔宗淮	常驻日内瓦代表团大使
	李适时	国务院法制办副主任
成　　员：		
外经贸部：	易小准	国际司司长
	张玉卿	条法司司长
	王世春	贸管司副司长
	姚苏峰	发展司副司长
	张向晨	国际司处长
	齐红儿（女）	国际司处长
	孙　鹏	外资司处长
	傅星国	国际司副处长
	索必成	国际司副处长
	李成钢	条法司副处长
	郑　力	国际司官员
	刘　钢	国际司官员
	袁　园（女）	交际司官员（译员）
	田　华（女）	交际司官员（译员）
国家计委：	包克辛	经贸流通司司长
	徐　铭（女）	经贸流通司官员
财 政 部：	张宝竹	税政司巡视员
	叶　绿（女）	税政司副处长
	丁国光	农村司处长
海关总署：	周冠山	国际合作司副司长
	王延春	关税司处长

国家出入境检验检疫局：

李少卿　　科技与国际合作司司长

赵宝庆　　科技与国际合作司副司长

刘卫军　　认证监管司副司长

国家质量技术监督局：

夏铮铮　　认证与实验室评审管理司司长

国务院法制办：

吴　浩　　财政金融法制司副司长

冯雪薇（女）　译审外事司处长

国家外汇管理局：

温建东　　综合司官员

中国保险监督管理委员会：

孟昭亿　　国际部副主任

中国农业科学院：

程国强　　国际农产品贸易研究中心主任

常驻日内瓦代表团：

李恩恒　　副代表

徐慧筠（女）　经贸处二秘

胡盈之　　经贸处三秘

杨　静（女）　经贸处三秘

出席中国工作组第12次会议中国代表团名单

2000年9月12日至28日

团　长：	龙永图	对外贸易经济合作部首席谈判代表
副团长：	乔宗淮	常驻日内瓦代表团大使
	李适时	国务院法制办副主任
成　员：		
外经贸部：	易小准	国际司司长
	张玉卿	条法司司长
	王世春	贸管司副司长
	张向晨	国际司副司长
	齐红儿（女）	国际司处长
	孙　鹏	外资司处长
	傅星国	国际司副处长
	索必成	国际司副处长
	孟冬平（女）	发展司副处长
	宋先茂	机电司副处长
	于　露（女）	贸管司副处长
	李成钢	条法司副处长
	刘　钢	国际司官员
	韩长天	国际司官员
	田　华（女）	交际司官员（译员）
	熊　焰（女）	交际司官员（译员）
外交部：	刘洪洋	国际司处长
	王　玲（女）	国际司三秘
国家计委：	包克辛	经贸流通司司长
	徐　铭（女）	经贸流通司官员

国家经贸委：

霍建国　　对外经济协调司副司长

财 政 部： 张宝竹　　税政司巡视员

丁国光　　农村司处长

叶　绿（女）　税政司副处长

农 业 部： 刘北桦（女）　计划司处长

程国强　　农科院国际农产品贸易研究中心主任

海关总署： 周冠山　　国际合作司副司长

王延春　　关税司处长

国家出入境检验检疫局：

李少卿　　科技与国际合作司司长

赵宝庆　　科技与国际合作司副司长

刘卫军　　认证监管司副司长

国家质量技术监督局：

夏铮铮　　认证与实验室评审管理司司长

国务院法制办：

冯雪薇（女）　译审外事司处长

胡振杰　　秘书行政司研究处官员

国家外汇管理局：

温建东　　综合司官员

中国保险监督管理委员会：

孟昭亿　　国际部副主任

常驻日内瓦代表团：

李恩恒　　副代表

胡盈之　　经贸处三秘

徐慧筠（女）　经贸处二秘

杨　静（女）　经贸处三秘

王晓东　　经贸处三秘

出席中国工作组第13次会议中国代表团名单

2000年11月1日至9日

团　　长：	龙永图	对外贸易经济合作部首席谈判代表
副 团 长：	乔宗淮	常驻日内瓦代表团大使
	李适时	国务院法制办副主任
成　　员：		
外经贸部：	易小准	国际司司长
	张玉卿	条法司司长
	王世春	贸管司副司长
	张向晨	国际司副司长
	齐红儿（女）	国际司处长
	孙　鹏	外资司处长
	傅星国	国际司副处长
	索必成	国际司副处长
	孟冬平（女）	发展司副处长
	李成钢	条法司副处长
	刘　钢	国际司官员
	韩长天	国际司官员
	汪　震	交际司官员（译员）
外 交 部：	刘洪洋	国际司处长
	王　玲（女）	国际司三秘
国家经贸委：		
	罗志杨	对外经济协调司副处长
财 政 部：	张宝竹	税政司巡视员
农 业 部：	刘北桦（女）	计划司处长
海关总署：	周冠山	国际合作司副司长
	王延春	关税司处长

国家出入境检验检疫局：

李少卿　　科技与国际合作司司长

赵宝庆　　科技与国际合作司副司长

国家质量技术监督局：

夏铮铮　　认证与实验室评审管理司司长

国务院法制办：

冯雪薇（女）　译审外事司处长

李富莹（女）　研究司副处长

国家外汇管理局：

温建东　　综合司官员

中国保险监督管理委员会：

孟昭亿　　国际部副主任

文化部： 刘玉珠　　市场司副司长

新闻出版署：

寇晓伟　　副司长

常驻日内瓦代表团：

李恩恒　　副代表

徐慧筠（女）　经贸处二秘

杨　静（女）　经贸处三秘

胡盈之　　经贸处三秘

王晓东　　经贸处三秘

出席中国工作组第 14 次会议中国代表团名单

2000 年 12 月 5 日至 8 日

团　　长：	龙永图	对外贸易经济合作部首席谈判代表
副 团 长：	乔宗淮	常驻日内瓦代表团大使
	李适时	国务院法制办副主任
成　　员：		
外经贸部：	王世春	贸管司副司长
	张向晨	国际司副司长
	齐红儿（女）	国际司处长
	孙　鹏	外资司处长
	傅星国	国际司副处长
	索必成	国际司副处长
	孟冬平（女）	发展司副处长
	宋先茂	机电司副处长
	李成钢	条法司副处长
	刘　钢	国际司官员
	韩长天	国际司官员
	袁　园（女）	交际司官员（译员）
外 交 部：	张　越	国际司副处长
国家经贸委：		
	罗志扬	对外经济协调司处长
财 政 部：	张宝竹	税政司巡视员
农 业 部：	刘北桦（女）	计划司处长
海关总署：	周冠山	国际司副司长
	王延春	关税司处长
国家出入境检验检疫局：		
	李少卿	科技与国际合作司司长

赵宝庆　　　科技与国际合作司副司长
刘卫军　　　认证监管司副司长

国家质量技术监督局：

夏铮铮　　　认证与实验室评审管理司司长

国务院法制办：

李富莹（女）研究司副处长

国家外汇管理局：

温建东　　　综合司官员

中国保险监督管理委员会：

孟昭亿　　　国际部副主任

常驻美国使馆：

洪晓东　　　经商处二秘

常驻日内瓦代表团：

李恩恒　　　副代表
徐慧筠（女）经贸处二秘
杨　静（女）经贸处三秘
胡盈之　　　经贸处三秘
王晓东　　　经贸处三秘

出席中国工作组第15次会议中国代表团名单

2001年1月10日至17日

团　　长：	龙永图	对外贸易经济合作部首席谈判代表
	乔宗淮	常驻日内瓦代表团大使
副 团 长：	李适时	国务院法制办副主任
成　　员：		
外经贸部：	易小准	国际司司长
	张玉卿	条法司司长
	王世春	贸管司副司长
	张向晨	国际司副司长
	刘建华	办公厅处长
	孙　鹏	外资司处长
	傅星国	国际司副处长
	索必成	国际司副处长
	孟冬平（女）	发展司副处长
	李成钢	条法司副处长
	刘　钢	国际司官员
	韩长天	国际司官员
	汪　震	交际司官员（译员）
外 交 部：	王新霞（女）	国际司副处长
国家计委：	徐　铭（女）	经贸流通司官员
国家经贸委：		
	朱凌燕（女）	对外经济协调司官员
财 政 部：	张宝竹	税政司巡视员
农 业 部：	刘北桦（女）	计划司处长
海关总署：	周冠山	国际司副司长
	王延春	关税司处长

国家出入境检验检疫局：

赵宝庆　　科技与国际合作司副司长

刘卫军　　认证监管司副司长

国家质量技术监督局：

夏铮铮　　认证与实验室评审管理司司长

国务院法制办：

冯雪薇（女）　外事司处长

李富莹（女）　研究司副处长

国家外汇管理局：

温建东　　综合司官员

中国保险监督管理委员会：

孟昭亿　　国际部副主任

常驻美国使馆：

洪晓东　　经商处二秘

常驻日内瓦代表团：

李恩恒　　副代表

徐慧筠（女）　经贸处二秘

王晓东　　经贸处三秘

出席2001年5月非正式磋商中国代表团名单

2001年5月18日至23日

团　　长：	龙永图	对外贸易经济合作部首席谈判代表
成　　员：	张向晨	外经贸部国际司副司长
	俞建华	外经贸部国际司处长
	刘建华	外经贸部国际司处长
	索必成	外经贸部国际司副处长
	刘　钢	外经贸部国际司官员
	韩长天	外经贸部国际司官员
常驻日内瓦代表团：		
	李恩恒	副代表
	胡盈之	经贸处三秘
	徐慧筠（女）	经贸处二秘
	杨　静（女）	经贸处三秘
	王晓东	经贸处三秘

出席中国工作组第16次会议中国代表团名单

2001年6月28日至7月4日

团　　长：	龙永图	对外贸易经济合作部首席谈判代表
副 团 长：	乔宗淮	常驻日内瓦代表团大使
成　　员：		
外经贸部：	易小准	国际司司长
	张玉卿	条法司司长
	王世春	外贸司副司长
	张向晨	国际司副司长
	刘建华	办公厅处长
	孙　鹏	外资司处长
	李成钢	条法司处长
	傅星国	国际司副处长
	索必成	国际司副处长
	洪晓东	国际司官员
	刘　钢	国际司官员
	韩长天	国际司官员
	熊　焰（女）	交际司官员（译员）
外 交 部：	白永洁（女）	国际司副处长
国家计委：	徐　铭（女）	经贸流通司官员
国家经贸委：		
	霍建国	对外经济协调司副司长
财 政 部：	张宝竹	税政司巡视员
农 业 部：	刘北桦（女）	计划司处长
海关总署：	周冠山	国际司副司长
	王延春	关税司处长

国家质量监督检验检疫总局：

李少卿	科技与国际合作司司长
夏铮铮	认评司司长
刘卫军	认证监管司副司长
李海清	科技与国际合作司处长

国务院法制办：

冯雪薇（女）	外事司处长

国家外汇管理局：

温建东	综合司官员

中国保险监督管理委员会：

孟昭亿	国际部副主任

国务院发展研究中心：

程国强	教授

常驻日内瓦代表团：

李恩恒	副代表
徐慧筠（女）	经贸处二秘
杨　静（女）	经贸处三秘
胡盈之	经贸处三秘
王晓东	经贸处三秘

出席中国工作组第17次会议中国代表团名单

2001年7月16日至20日

团　　长：	龙永图	对外贸易经济合作部首席谈判代表
副 团 长：	乔宗淮	常驻日内瓦代表团大使
成　　员：		
外经贸部：	王世春	外贸司副司长
	张向晨	国际司副司长
	俞建华	国际司处长
	李成钢	条法司处长
	索必成	国际司副处长
	洪晓东	国际司官员
外 交 部：	王新霞（女）	国际司副处长
海关总署：	周冠山	国际司副司长
	王延春	关税司处长
	练　兵	深圳海关副科长
	邬文献（女）	拱北海关副科长
国务院法制办：		
	冯雪薇（女）	外事司处长
国家外汇管理局：		
	温建东	综合司官员
中国保险监督管理委员会：		
	孟昭亿	国际部副主任
常驻日内瓦代表团：		
	李恩恒	副代表
	徐慧筠（女）	经贸处二秘

杨　静（女）	经贸处三秘
胡盈之	经贸处三秘
王晓东	经贸处三秘

出席中国工作组第18次会议中国代表团名单

2001年9月12日至17日

团　　长：	龙永图	对外贸易经济合作部首席谈判代表
副 团 长：	李适时	国务院法制办副主任
	沙祖康	常驻日内瓦代表团大使
成　　员：		
外经贸部：	张向晨	国际司副司长
	刘建华	办公厅处长
	孙　鹏	外资司处长
	李成钢	条法司处长
	傅星国	国际司副处长
	索必成	国际司副处长
	洪晓东	国际司副处长
	刘　钢	国际司官员
	韩长天	国际司官员
外 交 部：	白永洁（女）	国际司副处长
国家计委：	孙效峰	经贸流通司处长
国家经贸委：		
	霍建国	对外经济协调司副司长
财 政 部：	张宝竹	税政司巡视员
	叶　绿（女）	税政司副处长
农 业 部：	刘北桦（女）	计划司处长
海关总署：	周冠山	国际司副司长
	王延春	关税司处长
	练　兵	深圳海关副科长
	邬文献（女）	拱北海关副科长

国家质量监督检验检疫总局：

李少卿　　国际合作司巡视员

夏铮铮　　国家认证认可监督管理委员会副主任

刘卫军　　国家认证认可监督管理委员会认证部主任

李海清　　国际合作司处长

国务院法制办：

冯雪薇（女）　外事司处长

国家外汇管理局：

温建东　　综合司官员

中国保险监督管理委员会：

孟昭亿　　国际部副主任

新闻出版总署：

寇晓伟　　音像司副司长

国家工商行政管理总局商标局：

吴　群　　国际注册司副处长

国务院发展研究中心：

程国强　　教授

常驻日内瓦代表团：

李恩恒　　副代表

徐慧筠（女）　经贸处二秘

杨　静（女）　经贸处三秘

胡盈之　　经贸处三秘

王晓东　　经贸处三秘

（三）出席世界贸易组织第 4 届部长级会议中国代表团名单

2001 年 11 月 9 日至 13 日，卡塔尔多哈

团　　长：	石广生	对外贸易经济合作部部长
副 团 长：	龙永图	对外贸易经济合作部首席谈判代表
	李适时	国务院法制办副主任
	周秀华（女）	常驻卡塔尔大使
	佟志广	全国人大常委会委员、 全国人大外事委员会委员（出席议联会议）
外经贸部：	高　燕（女）	办公厅主任
	易小准	国际司司长
	姚申洪	办公厅副主任
	王世春	外贸司副司长
	张向晨	国际司副司长
	黄任刚	交际司副司长
	张益俊	《国际商报》副总编
	鄂德峰	办公厅处长
	付　艳（女）	办公厅处长
	俞建华	国际司处长
	李成钢	条法司处长
	刘殿勋	交际司处长
	索必成	国际司副处长
	洪晓东	国际司副处长
	王宝忠	交际司副处长
	韩长天	国际司官员
	王　侃	国际司官员
	袁　园（女）	交际司官员（译员）
	雷国铭（女）	行管局

外 交 部：	白永洁（女）	国际司副处长
国家计委：	刘新华	经贸流通司副司长
国家经贸委：		
	霍建国	对外经济协调司副司长
财 政 部：	张宝竹	税政司巡视员
农 业 部：	刘北桦（女）	计划司处长
海关总署：	李　延（女）	办公厅司长
国家质量监督检验检疫总局：		
	李少卿	国际司巡视员
国务院法制办：		
	冯雪薇（女）	外事司处长
中国保险监督管理委员会：		
	孟昭亿	国际部副主任
全国人大常委会办公厅：		
	尤文泽	外事局处长（参加议联会议）
常驻日内瓦代表团：		
	李恩恒	副代表
	胡盈之	经贸处三秘
	王晓东	经贸处三秘
常驻卡塔尔使馆：		
	魏　华	经商处独立一秘
	傅兰英（女）	经商处独立一秘
双边活动：	周亚滨	外经贸部西亚非洲司副司长
	王成安	外经贸部援外司副司长
	谢中妹（女）	外经贸部西亚非洲司副处长
	贺　松	外经贸部西亚非洲司官员

附录三　双边市场准入协议一览表

（以协议签署时间顺序排列）

NO	WTO 成员	协议签署日期	协议签署地点
1	匈牙利	1997 年 5 月 23 日	日内瓦
2	新西兰	1997 年月 6 日	北京
3	韩国	1997 年 8 月 26 日	汉城
4	捷克	1997 年 10 月 13 日	日内瓦
5	斯洛伐克	1997 年 10 月 13 日	日内瓦
6	巴基斯坦	1997 年 10 月 24 日	日内瓦
7	土耳其	1997 年 12 月 8 日	日内瓦
8	新加坡	1997 年 12 月 9 日	日内瓦
9	印度尼西亚	1997 年 12 月	雅加达
10	智利	1999 年 11 月 2 日	北京
11	美国	1999 年 11 月 15 日	北京
12	加拿大	1999 年 11 月 28 日	多伦多
13	巴西	2000 年 1 月 21 日	日内瓦
14	斯里兰卡	2000 年 1 月 21 日	日内瓦
15	古巴	2000 年 1 月 27 日	北京
16	秘鲁	2000 年 1 月 27 日	日内瓦
17	乌拉圭	2000 年 1 月 27 日	日内瓦
18	冰岛	2000 年 1 月 28 日	日内瓦
19	挪威	2000 年 1 月 28 日	日内瓦
20	菲律宾	2000 年 2 月 16 日	马尼拉
21	印度	2000 年 2 月 22 日	北京
22	哥伦比亚	2000 年 3 月 7 日	波哥大
23	泰国	2000 年 3 月 10 日	北京
24	阿根廷	2000 年 3 月 11 日	布宜诺斯艾利斯
25	吉尔吉斯	2000 年 3 月 24 日	日内瓦

（续表）

NO	WTO 成员	协议签署日期	协议签署地点
26	波兰	2000 年 3 月 24 日	日内瓦
27	马来西亚	2000 年 4 月 12 日	吉隆坡
28	拉脱维亚	2000 年 5 月 16 日	日内瓦
29	欧盟	2000 年 5 月 19 日	北京
30	澳大利亚	2000 年 5 月 22 日注 1	北京
31	以色列	2000 年 6 月 11 日注 2	特拉维夫
32	日本	2000 年 6 月 30 日注 3	北京
33	厄瓜多尔	2000 年 7 月 26 日	日内瓦
34	危地马拉	2000 年 7 月 27 日	日内瓦
35	委内瑞拉	2000 年 9 月 25 日	加拉加斯
36	瑞士	2000 年 9 月 26 日	日内瓦
37	哥斯达黎加	2000 年 9 月 28 日	日内瓦
38	玻利维亚	2000 年 9 月 28 日注 4	日内瓦
39	玻利维亚、多米尼加、洪都拉斯、尼加拉瓜和巴拿马	2001 年 7 月 13 日注 5	日内瓦
40	墨西哥	2001 年 9 月 13 日	日内瓦

注：

1. 澳大利亚：1999 年 7 月 13 日宣布结束谈判，2000 年 5 月 22 日双方签署 WTO 双边市场准入协议文本。

2. 以色列：2000 年 3 月提出关税要价。

3. 日本：1997 年 9 月结束货物贸易谈判，1999 年 7 月结束服务贸易谈判，2000 年 6 月 30 日双方签署 WTO 双边市场准入协议文本。

4. 玻利维亚：2000 年 6 月提出关税要价。

5. 中美五国：2000 年 6 月提出要求中国给予部分产品最初谈判权的要价。

鸣谢

《中国“入世”谈判风云录》在酝酿、编辑和出版过程中得到许多领导和同事的大力支持和帮助，在此特向鄢东、韩勇、洪晓东、傅星国、鄂德峰、胡盈之、陈雨松、田涯、裴文利、陈建宁、王琛、胡玺权、李东超、吴昊、刘怡等表示衷心感谢。

清华大学杨国华教授花费大量时间和精力参与访谈和编辑工作，在此特表感谢。

感谢北京市高朋律师事务所对本书出版的鼎力相助。